DEUTSCHE AGRARGESCHICHTE

Begründet von Günther Franz (†)
Herausgegeben von Friedrich-Wilhelm Henning

Walter Achilles

Deutsche Agrargeschichte im Zeitalter der Reformen und der Industrialisierung

mit 19 Abbildungen
und 35 Tabellen

VERLAG
EUGEN
ULMER

Die Deutsche Bibliothek – CIP-Einheitsaufnahme

Achilles, Walter:
Deutsche Agrargeschichte im Zeitalter
der Reformen und der Industrialisierung /
Walter Achilles. –
Stuttgart : Ulmer, 1993
  ISBN 3-8001-3090-4

© 1993 Eugen Ulmer GmbH & Co.
Wollgrasweg 41, 70599 Stuttgart (Hohenheim)
Printed in Germany
Lektorat: Ulrich Commerell
Herstellung: Steffen Meier
Satz: Hechts Textverarbeitung, Neuhaus am Inn
Druck: Gulde-Druck, Tübingen

Vorwort

Vor mehr als drei Jahrzehnten wurde von Wilhelm Abel, Günther Franz, Heinz Haushofer, Herbert Jankuhn und Friedrich Lütge eine fünfbändige „Deutsche Agrargeschichte" geplant. Die treibende Kraft war hierbei Günther Franz, der auch die Herausgeberschaft für das Gesamtwerk übernahm. Seither ist eine Fülle an neuen Forschungsergebnissen zu vielen einzelnen Fragestellungen vorgelegt worden, so daß eine Neuauflage der bisherigen Bände diesem Forschungsstand nicht mehr hätte gerecht werden können. Damit bot sich auch eine neue Abgrenzung zwischen den Bänden an, zumal da auch neue Autoren gesucht werden mußten, die teilweise andere Forschungsschwerpunkte haben als die bisherigen.

Die vor- und frühgeschichtliche Periode konnte in ihrer zeitlichen Abgrenzung unverändert bleiben. Das Mittelalter und die frühe Neuzeit waren entsprechend den speziellen Forschungsinteressen der drei Autoren Abel, Franz und Lütge sachlich und nicht nach Perioden getrennt.

Diese Dreiteilung wurde nunmehr aufgegeben, auch um die einzelnen Teile besser verzahnen, die Wechselbeziehungen zwischen Landwirtschaft, Agrarverfassung und Bauernstand deutlicher herausarbeiten zu können. Es ist ein Band für das Mittelalter und ein weiterer Band für die frühe Neuzeit geplant. Sodann wurde für das 19. Jahrhundert, bis zum Beginn des Ersten Weltkrieges, und für das 20. Jahrhundert jeweils ein Band vorgesehen, wobei im letzten Band insbesondere auch auf die Probleme der Landwirtschaft in den letzten Jahrzehnten eingegangen wird. Der hier vorgelegte Band für das 19. Jahrhundert nimmt auch die zahlreichen Ansätze der Agrarreformen aus dem 18. Jahrhundert auf und beginnt daher bereits deutlich vor 1800.

Die Vorgaben für den einzelnen Autor waren sehr gering. Es sollte keine schematische Darstellung der einzelnen Perioden vorgenommen werden; das für die Auswahl des einzelnen Bearbeiters wichtige spezielle Forschungsinteresse sollte sich auch in den jeweiligen Gliederungen niederschlagen.

Der hier zuerst vorgelegte Band für die Entwicklung der Landwirtschaft parallel zum Industrialisierungsprozeß im 19. Jahrhundert zeigt den Aufbruch aus der traditionellen Wirtschaftsweise; er macht damit deutlich, in welchem Maße die Landwirtschaft den Industrialisierungsprozeß binnen- und außenwirtschaftlich mit abzusichern geholfen hat. Es werden aber auch die in den letzten Jahrzehnten vor dem Ersten Weltkrieg vom Weltmarkt ausgehenden Einflüsse und damit die unterschiedlichen Situationen in den einzelnen Teilen

Deutschlands aufgezeigt, d. h. die Problematik, die die deutsche Landwirtschaft dann bis zur Gegenwart geprägt hat, sieht man von den Notsituationen in den beiden Weltkriegen und in der jeweiligen Nachkriegszeit einmal ab.

Dem Ulmer-Verlag, vor allem Herrn Roland Ulmer sei an dieser Stelle für das behutsam drängende Interesse besonders gedankt.

Köln, September 1993　　　　　　　　　　　　　Friedrich-Wilhelm Henning

Inhaltsverzeichnis

Vorwort 5

1. Kapitel: Die Landwirtschaft im Spätfeudalismus 11
I Anmerkungen zum Epochenbegriff 11
II Siedlungs- und Bevölkerungsstruktur. 14
  A Die Siedlungsweise 14
  B Die Vollbauern 20
  C Die Landhandwerker 27
  D Die unterbäuerliche Schicht. 34
III Die Agrarverfassung 37
  A Kameralismus und staatliche Agrarpolitik 37
  B Die Grundherrschaft 42
  C Die Gutsherrschaft. 46
  D Ständische Gliederung und ständische Mitregierung. 48
IV Die landwirtschaftliche Erzeugung. 51
  A Die Bodenproduktion 51
    1 Die Organisation der Bodenproduktion. 51
    2 Leistungen der Bodenproduktion 59
  B Die Tierproduktion 62
    1 Die Organisation der Tierproduktion. 62
    2 Leistungen der Tierproduktion. 67
V Leistungen der Landwirtschaft für den Staat 71
VI Das Einkommen aus der Landwirtschaft 77
  A Das Einkommen der Gutsbesitzer. 77
  B Das Einkommen der Vollbauern. 81
  C Das Einkommen der Landhandwerker und der
    unterbäuerlichen Schicht 87

2. Kapitel: Die Agrarreformen 91
I Treibende Ideen und ihre Vertreter. 91
  A Die Spätaufklärung 91
  B François Quesnay (Physiokraten) 95
  C Adam Smith (Liberalismus). 98
II Die grundsätzliche Aufgabenstellung 101
  A Weideservitute und Teilung der Allmende 101
  B Die Ablösung der Grundherrschaft 109
  C Die Ablösung der Dienste 116
  D Die Ablösung der Gutsherrschaft 119
  E Die Ablösung des Zehnten 120
III Politische Ziele. 122
  A Die äquivalente Ablösung 122
  B Die Ablösung zugunsten der Bauern 126

IV   Die Durchführung der Agrarreformen. 129
  A   Vorläufer im 18. Jahrhundert 129
  B   Agrarreformen im 19. Jahrhundert. 134
      1   Preußen. 134
      2   Bayern. 143
      3   Württemberg 146
      4   Sachsen. 150
      5   Hannover 154

3. Kapitel: Die Schlußphase der vorindustriellen Landwirtschaft 163
I   Der Einfluß Thaers 163
  A   Die Fachliteratur vor Thaer. 163
  B   Englische Landwirtschaft 168
  C   Die Fruchtwechselwirtschaft. 172
  D   Rationelle Landwirtschaft 177
  E   Die Schafzucht 182
II   Der Pauperismus 185
  A   Die Bevölkerungsstruktur 185
  B   Die Lohn-Preis-Schere. 189
  C   Der Rückgang der Beschäftigung 192
  D   Die Auswanderung 195
III   Die Landwirtschaft um 1850. 197
  A   Das Anbauverhältnis 197
  B   Leistungen und Bedarfsdeckung 202

4. Kapitel: Die Landwirtschaft in der Industrialisierungsphase. 209
I   Der Anteil der Erwerbstätigen 209
II   Die Intensivierung der Bodenproduktion 214
  A   Die Änderung des Anbauverhältnisses 214
  B   Die Steigerung der Erträge 221
  C   Die Pflanzenzucht. 226
  D   Organische und mineralische Düngung 231
  E   Die Mechanisierung 240
III   Die Intensivierung der Tierproduktion 252
  A   Die Entwicklung der Nachfrage 252
  B   Die Rinderhaltung 255
  C   Die Schweinehaltung 266
  D   Die Schafhaltung 271
  E   Die Pferdezucht 273
IV   Die Steigerung des Arbeitsbedarfs 275

5. Kapitel: Die Grundsatzfrage: Agrar- oder Industriestaat? 286
I   Das Selbst- und Fremdbild der Landwirtschaft 286
  A   Christian Garve 286
  B   Ernst Moritz Arndt 293
  C   Wilhelm Heinrich Riehl. 299
II   Die Bestätigung des Selbstbildes durch den Staat 302
  A   Die Förderung des landwirtschaftlichen Vereinswesens 302
  B   Die landwirtschaftliche Siedlung. 305
  C   Die Schutzzollpolitik 308

III   Die Caprivi-Krise... 316
      A   Auslösende Momente... 316
           1   Die Getreidepreisentwicklung.......................... 316
           2   Änderungen des Schutzzolls............................ 322
           3   Die Entwicklung der landwirtschaftlichen Einkommen 328
      B   Reaktionen 339
           1   Die Gründung des Bundes der Landwirte (BdL)............... 339
           2   Die Gründung der Landwirtschaftskammern.................. 345
      C   Die Schutzzollpolitik im Meinungsstreit........................ 347
IV   Die Beilegung der Krise 354
      A   Maßnahmen des Staates....................................... 354
      B   Die Eigenleistung der Landwirtschaft 356
V   Der Importbedarf an Nahrungsmitteln 361

6. Kapitel: Forschung und Lehre im Überblick 365
I   Die Forschung... 365
II   Die Lehre.. 370

Literaturverzeichnis und Literaturnachweise 374
Sachregister.. 389
Namens- und Ortsregister 393

1. Kapitel
Die Landwirtschaft im Spätfeudalismus

I Anmerkungen zum Epochenbegriff

Wenn in diesem Kapitel die Landwirtschaft in der zweiten Hälfte des 18. Jahrhunderts oder – nahezu deckungsgleich vor den Agrarreformen – behandelt werden soll, so ist der gewählte Epochenbegriff zu begründen; denn allgemein wird diese Zeitspanne als Endphase der Frühen Neuzeit bezeichnet.

Die Wortwahl könnte nahelegen, es sei an eine Interpretation im Sinne des Historischen Materialismus gedacht. Das ist jedoch nicht der Fall. Es handelt sich lediglich um die Weiterverwendung eines Begriffes, der von den meisten Historikern auf das Mittelalter bezogen wird. Eine vorläufige Begründung für dieses Tun kann nur ein kurzer historischer Rückgriff liefern.

In der nichtmarxistischen Verfassungs- und Sozialgeschichte wird der **Feudalismus** auf das Lehnswesen vom 10. bis 13. Jahrhundert eingeengt. Er prägte ebenso die verfassungsrechtliche Seite des damaligen Staates wie die soziale Gliederung der Bevölkerung und entschied gleichzeitig – das wird zuweilen übersehen – über die berufliche Tätigkeit. Otto Hintze, der das Wesen des Feudalismus ergründete, stellte ihn als ein System heraus, das sich besonders dazu eignete, rasch eroberte weiträumige Gebiete mit Hilfe einer Berufskriegerkaste zu beherrschen.

Der Lehnsherr galt als Obereigentümer allen Landes, das er nach Gunst und Verdienst an die Lehnsleute weitergab. Der Lehnsbesitz sicherte aber nicht nur den Lebensunterhalt der Vasallen, er sollte sie gleichzeitig in Stand setzen, die nötigen Waffen zu beschaffen, beritten zum Kriegsdienst zu erscheinen und Verpflegung für den Feldzug mitzubringen. Deshalb durfte das Lehen (feudum) nicht zu klein sein, damit die Überschüsse der Bauernwirtschaften es in materieller Hinsicht dem Ritter erlaubten, seinen Verpflichtungen gegenüber dem Lehnsherrn nachzukommen. Herr und Lehnsmann waren also gleichermaßen daran interessiert, daß die Bauern vollständig und pünktlich die Dienste und Abgaben für das überlassene Land erbrachten. Um die Leistungen der Bauern notfalls zu erzwingen, wurden dem Adel weitere Rechte eingeräumt. Er übte über seine Bauern die Leibherrschaft aus, die ihm weitere Dienste und Abgaben einbrachte und ihn berechtigte, den eigenen Mann zu beerben. Außerdem erhielt er die Befugnis, über die untertänigen Bauern Gericht zu halten und die verhängten Geldstrafen einzuziehen, also die Gerichtsherrschaft über sie auszuüben.

Da es zum Wesen des Mittelalters gehörte, nachhaltig für sein Seelenheil Sorge zu tragen, gründeten Fürsten und Adlige Klöster, die sie mit dem erforderlichen Landbesitz ausstatteten. Weitere Schenkungen kamen im Laufe der Zeit hinzu, so daß die Einkünfte aus dem Besitz oft weit über jenes Maß hinausgingen, das der Konvent zum Lebensunterhalt benötigte. Schon für die Gefolgschaft eines germanischen Fürsten war es ehrmindernd, sich dem Ackerbau zu widmen, und an dieser Ansicht hielten die Ministerialen, die Berufskrieger, während des Mittelalters fest. Aber auch die Mönche waren trotz der vielzitierten Devise „ora et labora" dazu auch nicht bereit. Das Land zu bestellen, überließen sie ebenfalls den Bauern. Ihre Tätigkeit wurde zwar in der Literatur als notwendig und gottgewollt bestätigt, aber gesellschaftliches Ansehen war damit nicht verbunden. Der Bauer war der servus des Krieger- und des Beterstandes.

Die **soziale und besitzrechtliche Stellung** in damaliger Zeit wird gern mit der Modellvorstellung einer Lehnspyramide gekennzeichnet. Sie wird in der Abbildung in vereinfachter Form wiedergegeben.

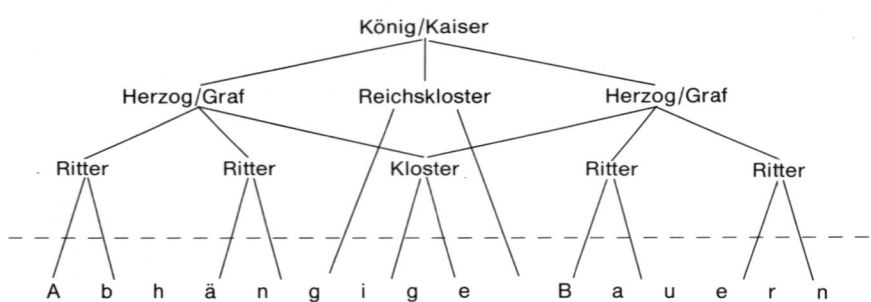

Abb. 1. Modellvorstelung einer Lehnspyramide.

Thomas von Aquin, der bedeutendste Kirchenlehrer des Mittelalters, bezeichnete diese Pyramide als ein naturgemäßes dauerhaftes Gefüge. Der in ihm eingenommene Stand leitete sich seiner Ansicht nach daraus ab, ob eine Person eigenen oder fremden Rechtes war, womit gleichzeitig der Grund zum Stand der Freiheit oder der Dienstbarkeit und des Gehorsams gelegt worden war. Der Bauer war also, fortan auch theologisch gerechtfertigt, der servus der Beter (Klerus) und Beschützer (Adel/Ritter) wie es die weltliche Seite schon 1186 im Reichslandfrieden Barbarossas formuliert hatte.

Vor allem der Adel verlor nur zu bald in dieser staatlichen Organisationsform wesentliche Aufgaben. Im Ämterstaat der Frühen Neuzeit wurde auf seine verwaltende Tätigkeit kaum noch Wert gelegt, auch zog der Landesfürst in vielen Fällen die Rechtssprechung an sich, die er durch geschulte Juristen ausüben ließ. Die Rolle als Beschützer hatte der Adel ausgespielt, denn den

Landsknechtsheeren war ein Ritterheer nicht länger gewachsen. Die Burgen verloren mit der Einführung der Kanonen ihren militärischen Wert. Natürlich sträubte sich der Adel gegen den immer deutlicher werdenden Positionsverlust und zumindest formal gelang es ihm, als Vertreter der Landbevölkerung anerkannt zu bleiben und in vielen Fällen mindestens die niedere Gerichtsbarkeit über sie zu bewahren.

Die Vertretungsbefugnis nahm die Ritterschaft auf den Landtagen wahr, wo sie zusammen mit den Ständen der Prälaten und Städte die Beschlüsse faßte. Gegen Ende der Frühen Neuzeit betrafen sie fast nur noch die Bewilligung neuer oder höherer Steuern, doch wurde gerade auf diesem Gebiet der Interessenkonflikt zwischen den Bauern und ihren Herren deutlich. Ritterschaft und Prälaten versuchten, ihre Exemtion von der Besteuerung zu verteidigen, und die Städte bemühten sich, mit der Zahlung von sogenannten Aversionalbeträgen einer proportionalen Belastung zu entgehen. So wurde nur zu oft der gestiegene Geldbedarf des frühmodernen Staates auf die Landbevölkerung abgewälzt, innerhalb derer die Vollbauern den Löwenanteil aufzubringen hatten. Die Anmaßung der Ritterschaft, auch die Interessen der Landbewohner zu vertreten, trat immer mehr in das Bewußtsein der Beherrschten und verursachte etliche Unruhen. Dennoch wandelten sich die Verhältnisse erst im 19. Jahrhundert grundlegend, und dann auch oft sehr zögernd, wie noch zu zeigen sein wird.

Wird der Territorialstaat des späten 18. Jahrhunderts als Ganzes gesehen, so hat er mit dem Feudalsystem des hohen und späten Mittelalters nur noch wenig gemein. Herrschafts- und Wirtschaftsstrukturen hatten sich ebenso wie das Sozialgefüge beträchtlich verändert. Der Epochenbegriff Frühe Neuzeit wäre vorzuziehen, auch wenn er nur geringe Aussagekraft besitzt und eher durch den konventionellen Gebrauch gerechtfertigt wird. Für etliche Territorien wäre der Absolutismus-Begriff treffender. Doch im Hinblick auf die Bauern verdunkeln beide Begriffe mehr als sie erhellen.

Für die Landbevölkerung, vor allem die Bauern, hatten sich in wirtschaftlicher und sozialer Hinsicht die Verhältnisse nur wenig geändert. Ihr Alltag wurde immer noch durch jene Bindungen geprägt, denen sie im Zeitalter des Feudalismus unterworfen worden waren. In der Literatur des späten 18. Jahrhunderts wurde dieser Sachverhalt mit kritisch-anprangernder Absicht immer wieder betont. Es waren die Landbewohner, die unter den Anachronismen litten, die der absolutistische Staat weiterschleppte. In Mecklenburg kosteten die feudalen Privilegien des Adels den Bauern, die ihm untertänig waren, sogar die Existenz. Da in diesem Band der Bauernstand im Vordergrund des Interesses steht, kann das späte 18. Jahrhundert nur mit einem Begriff gekennzeichnet werden, der jene Bedingungen herausstellt, die sein Alltagsleben bestimmten – und sie waren eindeutig feudaler Art. Wenn DIETRICH GERHARD von der Gesellschaftsordnung vor 1800 im übergreifenden Sinne meinte: „Alteuropa starb in der Tat eines langsamen Todes", so hat diese Feststellung für den Bauernstand die größte Bedeutung. Diese Auffassung ist in den nachfolgenden Abschnitten hinreichend zu konkretisieren und abzusichern.

Das von Gerhard betonte „langsame Sterben" kennzeichnet nicht nur den Wandel vor 1800. Selbst die **Agrarreformen in der ersten Hälfte des 19. Jahrhunderts** stellen keinen Bruch der wirtschaftlichen und sozialen Verhältnisse dar. Ihn zu betonen, wären von der Theorie her noch am ehesten die marxistischen Forscher verpflichtet. Die Dialektik des entwicklungsgesetzlich notwendigen Geschichtsverlaufs fordert den qualitativen Sprung, der den überholten Feudalismus beendet und die fortschrittlichere Gesellschaftsformation des Kapitalismus einleitet. Aus diesem Sprung ist indessen eine Spanne geworden, die von 1807 bis 1871 währt (MOLL, 1988, 11 u. 293). Sie deckt einen ganz erheblichen Teil des hier zu behandelnden Zeitraumes ab, der keiner der beiden Gesellschaftsformationen unzulässig vereinfachend zugeordnet werden darf.

Der Nichtmarxist braucht die Systemfremdheit des „langen Sprunges" nicht zu analysieren. Aber auch er darf die Dauer des Prozesses nicht übersehen, in dessen Verlauf die Bauern das Eigentum am Land erwarben und zu seiner individuellen Nutzung übergehen konnten. Die häufig gemachte Annahme eines raschen Wandels ist deshalb auch für ihn eine fragwürdige Hypothese. Sie kommt im Schlagwort vom Agrarindividualismus ebenso zum Ausdruck wie in den Dichotomien, die Agrarreformen hätten den Übergang von einer Subsistenzlandwirtschaft zu einer kommerzialisierten oder kapitalistischen bewirkt. Bei aller beklagenswerten Unschärfe deuten diese Begriffe doch einen Umbruch an, den es so rasch und in der unterstellten Form gar nicht gegeben hat. Beides wird durch die Wahl des Begriffes Subsistenzlandwirtschaft vorgetäuscht. Er suggeriert einen archaischen Wirtschafts- und Lebensstil, den die Bauern schon vor Jahrhunderten abgestreift hatten.

II   Siedlungs- und Bevölkerungsstruktur

A   Die Siedlungsweise

Die Art, wie die Bewohner das Land besiedelten und bewirtschafteten, war nicht unabhängig von ihrer Kopfzahl. Der Zusammenhang ist jedoch nicht allzu eng. Sonst hätte das erhebliche Bevölkerungswachstum während der zweiten Hälfte des 18. Jahrhunderts förmlich zu einem Umbruch des Bestehenden führen müssen. Blieb er auch aus, so führten doch zwei unabweisliche Forderungen zu Modifikationen der Verhältnisse: Die Zusiedler im Dorf benötigten eine Unterkunft und strebten nach einer weitgehenden Selbstversorgung mit Nahrungsmitteln. Da auch die Gesamtnachfrage beträchtlich gestie-

gen war, mußte überlegt werden, ob durch eine Intensivierung die Nahrungsmittelproduktion gesteigert werden könne, und zusätzlich, ob neue Ackerflächen hinzuzugewinnen wären. Weiterhin fragten die Aufklärer danach, ob die
Erzeugung rationalisiert werden könne, also mit gleichem oder geringerem
Aufwand höhere Ernten zu gewinnen seien. Deshalb war die **Flurordnung** auf
ihre Zweckmäßigkeit hin zu überprüfen. Zwischen den einzelnen Aufgaben
bestanden vielfältige Beziehungen, doch begnügte man sich meistens damit,
nur Teilbereiche zu lösen.

In jedem Falle mußte Wohnraum für den hinzugekommenen Teil der Einwohner eines Dorfes beschafft werden. Bewahrten die bisherigen Bewohner im
vollen Umfang ihren Besitz und die gemeinsam ausgeübten Nutzungsrechte, so
blieb den Zuzüglern nichts weiter übrig, als sich eine Mietwohnung zu suchen.
In Südniedersachsen vermieteten vor allem die Kleinbauern den Einliegern
oder Inquilinen eine Wohnung. Die Halb- und Vollmeier demonstrierten dagegen ihren höheren sozialen Status, indem sie auf eine solche Einnahme verzichteten. Wie sich weiterhin aus den Quellen ersehen läßt, war der hinzugekom-
mene Teil der Dorfbevölkerung recht mobil. Mit seiner Integration in die
Dorfgemeinschaft, wie sie auch immer beschaffen sein mochte, ist daher mit
hoher Wahrscheinlichkeit nicht zu rechnen. ,,Weil sie kommen und gehen", wie
es einmal hieß, war ihre Zahl nur schwer zu erfassen.

Die bisherigen Bewohner leisteten nicht durchgängig Widerstand. War der
Hofplatz groß genug, so trennte der Bauer eine Parzelle ab, um wenigstens ein
Kind mit einem Bauplatz ausstatten zu können. In Realteilungsgebieten teilte
man sogar Wohnhaus und Wirtschaftsgebäude, doch war mit diesem Behelf der
Raumbedarf auf Dauer nicht zu decken. Zahlenmäßig bedeutsam wurde die
Siedlungtätigkeit erst dann, wenn die Obrigkeit eingriff und die Rechte der
Altbewohner zurückdrängte. Dorfnahe Fläche, zuweilen auch der Dorfanger
mußten als Siedlungsgelände zur Verfügung gestellt werden. Da die bisherigen
Einwohner auf diese Flächen nur ungern verzichteten und sich manchmal erst
dem Zwang beugten, kam es zu nicht unerheblichen Spannungen zwischen dem
alten und neuen Teil der Dorfbevölkerung. Zusiedler waren nur dann will-
kommen, wenn man sie als Arbeitskräfte in der Landwirtschaft benötigte. Das
war jedoch im Altsiedelland nicht der Fall. In den Realteilungsgebieten waren
die Höfe ohnehin schon so klein geworden, daß die Familie die überschüssige
Arbeitskraft bei außerlandwirtschaftlichen Tätigkeiten verwerten mußte. Aber
auch in den Anerbengebieten wurde der Bedarf an Saisonarbeitskräften schon
vorher mühelos gedeckt.

Anders sah es dagegen bei den **Gutsbetrieben** aus, gleichgültig ob sie im
Altsiedelland oder im Kolonisationsgebiet lagen. Sie brauchten vor allem dann
mehr Arbeitskräfte, wenn sie fortschrittlichere Verfahren einführten, und das
waren damals arbeitsintensivere. Dementsprechend wuchs der **Bedarf an Arbeitskräften.** Im Kolonisationsgebiet wurden zudem die Gutsflächen vergrö-

ßert, so daß auch aus diesem Grunde mehr Arbeiter benötigt wurden. Im Vergleich zu den Bauernhöfen war es den Gutsbetrieben weit eher möglich, die Landarbeiter seßhaft zu machen, indem sie ihnen Land für eine Kleinstelle zuwiesen, ohne das Eigentum daran aufzugeben. Aus den genannten Gründen weiteten sich im Spätfeudalismus die Gutsdörfer stärker aus als die Bauerndörfer, deren Erscheinungsbild zusätzlich durch eine dichtere Besiedlung geprägt wurde.

Die Beschaffung von Wohnraum modifizierte zwar das Aussehen der Dörfer, wandelte ihre Gestalt aber keineswegs grundlegend ab. Erst recht veränderte der Landhunger der Kleinstellenbesitzer nicht das Landschaftsbild. Der früher beschrittene Weg, Wald zu roden und in Ackerland oder Wiesen umzuwandeln, war inzwischen gründlich versperrt. Schon die Forstordnungen des 16. Jahrhunderts waren vom Grundsatz einer nachhaltigen Wirtschaftsweise geprägt worden, und er zwang neben der Sorge um den Nachwuchs gleichzeitig zur Erhaltung des Areals. Inzwischen war wegen der gewachsenen Bevölkerung nicht nur der Bedarf an Bau- und Brennholz gestiegen. Neu errichtete Manufakturen, die Glas oder Porzellan herstellten, steigerten den Energieverbrauch erheblich. Gleiches gilt für die Orte, wo Salz gesiedet wurde, und für jene, an denen man den Bergbau und die zugehörigen Hütten ausweitete. Da sich die Landesregierungen aus dem gewerblichen Sektor zumindest höhere Einnahmen erhofften als sie von neu angelegten Kleinstellen auf den Dorfe zu erwarten waren, förderten sie ihn vorrangig.

Bei dem weithin verbreiteten Landmangel erstaunt es nicht, wenn gegen 1800 nur noch Hausplätze ohne Land von den Siedlungswilligen erworben werden konnten. In Bayern wurden sie treffend als „Bloß-Häusl" bezeichnet. Jedoch gab es zwei Ausnahmen. Die Ansiedlung der Gutsarbeiter wurde schon genannt. Der Umfang ihrer Stellen wurde meistens so bemessen, daß die Arbeitskapazität der Familie, die vom Gut nicht beansprucht wurde, voll ausgeschöpft werden konnte. Daneben ist auf die Westpfalz zu verweisen, die unter den Reunionskriegen schwer gelitten hatte. Hier gingen die Landesregierungen, vor allem in Pfalz-Zweibrücken planmäßig daran, Großbauernhöfe zu schaffen und sie an tüchtige Landwirte zu verpachten.

Der im späten 18. Jahrhundert rasch wachsende Bedarf an Lebensmitteln führte vor allem zu überproportional ansteigenden Getreidepreisen. Sie verhalfen den Bauern ohne eigenes Zutun zu einem höheren Einkommen. Manche begnügten sich mit diesem Zuwachs, andere strebten danach, die Erträge zu steigern und dadurch die Verkaufsquoten zu erhöhen, um in weit höherem Maße von den enorm gekletterten Preisen zu profitieren. Der Maßnahmenkatalog für **Ertragssteigerungen,** der im Spätfeudalismus bekannt war, erweist sich jedoch als nicht allzu reichhaltig. Das gebräuchlichste und am weitesten verbreitete Verfahren sah vor, den Brachschlag mit Futterpflanzen zu besömmern. Aber dadurch änderte sich nur die Wirtschaftsweise, nicht aber die

Flurverfassung. Nur ein wenig anders sah es aus, wenn im Mittelgebirge die Außenfelder nicht länger in Form einer ungeregelten Feldgraswirtschaft genutzt wurden, sondern die Bauern anschließend auf ihnen eine feste Abfolge von Brache und dem Anbau verschiedener Nutzpflanzen einhielten.

Das Flurgefüge änderte sich auch in den Fällen nicht grundsätzlich, in denen man durch Teilungen recht klein gewordene Flächen wieder zu größeren zusammenlegte. Das geschah recht früh in den Dörfern um Ludwigshafen, in Nassau und auf dem Hohen Westerwald. Besonders aufschlußreich ist das Ergebnis der braunschweigischen Generallandesvermessung im Hinblick auf den landesfürstlich intendierten Landesausbau. Sie wurde praktisch 1750 begonnen und in 428 Ortschaften durchgeführt. Aus den verschiedensten Gründen wurden jedoch in 312 Gemeinden Zusammenlegungen nicht realisiert und nur in 116 gemäß der Absicht des Landesfürsten verwirklicht (KRAATZ, 1975, 99). Das Herzogtum wurde im Spätfeudalismus bereits recht straff regiert und verwaltet. Die aufgezeigte Relation kann deshalb als Indiz dafür gelten, wie schwer es zu jener Zeit noch war, fortschrittliche Ideen mit den damals zur Verfügung stehenden Mitteln in die Praxis umzusetzen. Die **Zusammenlegungen** erreichten erst im 19. Jahrhundert ein beachtliches Ausmaß, und in den Realteilungsgebieten blieben sie sogar dem 20. Jahrhundert vorbehalten. In welchem Umfang nutzbares Ackerland durch den Fortfall der Grenzfurchen hinzugewonnen werden konnte, hing vom Ausmaß der Zusammenlegung ab. Auf jeden Fall schrumpfte der Arbeitsaufwand bei der Bewirtschaftung in ganz erheblichem Maße.

Schon die Zeitgenossen bezeichneten die Vereinigung mehrerer kleiner Parzellen zu einer größeren als **Verkoppelung.** Der Ausdruck sollte jedoch jener Umformung des Flurgefüges vorbehalten bleiben, bei der anschließend die **Koppelwirtschaft** eingeführt wurde. Dazu schritt man häufig, aber nicht durchgängig in Schleswig-Holstein, dem Herzogtum Lauenburg und in Mecklenburg. Beispielsweise könnte man den Besitz an Ackerland in neun Koppeln einteilen, von denen eine bestimmte im ersten Jahr gleich einem Brachschlag bearbeitet würde, danach vier Jahre lang Getreide trüge und anschließend vier Jahre als Weide diente. Damit das Vieh auf den Weidekoppeln bleibt und nicht eigene oder fremde Saatfelder schädigt, müssen alle Koppeln wegen der Rotation mit Hecken oder Gräben gesichert werden. In der Wirklichkeit war jedoch die Koppelwirtschaft derart variantenreich, daß es schwer fällt, ein durchgängiges Prinzip zu erkennen. Der mecklenburgische AMTMANN SCHUMACHER entwickelte immerhin rund 100 verschiedene Vorschläge und stellte außerdem in einem eigenen Kapitel die grundlegenden Unterschiede zwischen der Koppelwirtschaft in den Marschen Schleswig-Holsteins und den verschiedenen Böden Mecklenburgs einschließlich der Geest heraus (1763, Tabb. IV, V, VI). Mit diesem Anbausystem konnte eine erhebliche Intensivierung der Viehwirtschaft verbunden sein.

Zu den Gebrechen der Landwirtschaft, die eine Intensivierung verhinderten, zählten die Änger, Hutungen und Triften, auf denen das Vieh aller Bauern und Stelleninhaber eines Dorfes gehütet wurde. Diese Flächen nannte man **Allmenden oder Gemeinheiten.** Über ihren geringen Wert war man sich allgemein einig. So rechnete man in einem Beispielsfall selbst bei einem Weideanger 1. Klasse mit dem Vierfachen des Umfanges als Äquivalent für eine zweischürige Wiese. Am drastischsten legte wohl JOHANN CHRISTIAN BERGEN die Ursache bloß, als er diese Areale mit den Dirnen verglich und meinte: „Ein jeder macht Gebrauch davon, so oft er sich laben will, aber keiner nimmt sich ihrer an" (1780/1800, 29). Die Dorfgemeinschaft bewies in dieser Beziehung ihr Unvermögen. An Ansätzen, diese Gemeinheiten aufzuteilen und individueller Nutzung zuzuführen, hat es nicht gefehlt. Preußen und Braunschweig sind zu nennen. Am erfolgreichsten war man wohl in Schleswig-Holstein, denn die Koppelwirtschaft macht die gemeine Weide überflüssig.

Die Erhöhung der Nahrungsmittelproduktion wird in der Literatur zuweilen überschätzt, wenn es heißt, nach der Teilung seien diese Flächen vollständig in Ackerland umgewandelt worden. Nur zu oft waren die Hutungen und Triften viel zu feucht, als daß ein solcher Wechsel realisiert werden konnte. Selbst wenn das gelang, muß immer noch der Teil des Ackerlandes abgesetzt werden, auf dem man jenes Futter erzeugte, das vorher auf den Gemeinheiten wuchs. Trotz dieser Einschränkungen ist der erzielte Fortschritt bei **Gemeinheitsteilungen** nicht zu bezweifeln, doch fanden sie in größerem Umfang erst im 19. Jahrhundert statt.

Die radikalste Lösung bestand darin, die gesamte Feldmark in Bezirke mit unbeeinträchtigter Nutzung einzuteilen. Sie praktizierte man im Allgäu besonders ab 1750 bei der sogenannten Vereinödung. Die Höfe wurden aus den Dörfern ausgesiedelt und in die zugeteilte landwirtschaftliche Nutzfläche verlegt. Die Ersparnis an Zug- und Arbeitskräften war enorm. Sie führte auf indirektem Wege zu einer Verbesserung der Ernährungsleistung dieser Betriebe, die den Nichtlandwirten zugute kam. Ob mit der Senkung des Aufwandes eine Erhöhung der Naturalerträge verbunden war, muß beim augenblicklichen Stand der Forschung offen bleiben.

Die gewachsenen und nur zu oft zäh verteidigten Bindungen in Dorf und Flur entfielen dort als Hindernis, wo die Meliorationen einen Umfang erreichten, der die Anlage ganzer Höfe oder Dörfer erlaubte. In solchen Fällen gelang es, die Siedlungsweise rationell zu gestalten und fortschrittliche Ideen in die Tat umzusetzen. Das gelang immer dann, wenn genügend große Flächen gewonnen und ganze Betriebe oder Dörfer, die sogenannten Kolonien, ausgelegt werden konnten.

Mit dem Stichwort **Kolonie** ist der Name Friedrichs II. v. Preußen untrennbar verknüpft. Allein im Oderbruch wurden 56 000 ha Land gewonnen. Später erhöhte sich die Zahl noch um 12 000 ha. Hinzu kam das Warthebruch mit

30 000 ha, und an etlichen anderen Stellen mögen insgesamt noch einmal an 20 000 ha trockengelegt worden sein. Hinter diesen Zahlen verbirgt sich eine enorme Planungs- und Arbeitsleistung. Dennoch darf das Entscheidende nicht übersehen werden. Selbst wenn die meliorierten Flächen im Umfange von 118 000 ha ausschließlich als Ackerland genutzt worden wären, betrüge der Anteil an der 1802 für Preußen ausgewiesenen Ackerfläche von 7 259 630 ha nur 1,6 v. H. Bildlich gesprochen lief die Bevölkerungszunahme der Landgewinnung einfach davon, und sie vermochte zwar das Angebot an Agrarprodukten ein wenig zu erhöhen, bei dem weit rascheren Anwachsen der Nachfrage konnte die Preissteigerung jedoch im Höchstfalle nur geringfügig gebremst werden.

Daran konnten auch die ebenfalls beachtliche Trockenlegung und Urbarmachung des Dachauer- und Donaumooses und die Absenkung des Abtsdorfer Sees in Bayern nichts ändern. Auch die Moorkultivierung im hannoverschen Emsland, die nach 1782 mit einer Planungsgröße von 10 000 ha in Hannover noch zu einem relativ stärkeren Zuwachs als in Preußen führte, konnte an dem inzwischen eingetretenen Mißverhältnis von Angebot und Nachfrage nach Nahrungsgütern grundsätzlich nichts ändern.

Wollte man den Forderungen der zeitgenössischen Theoretiker voll genügen und das Gefüge einer neu anzulegenden Siedlung so rational wie möglich gestalten, so entsprach es allgemeiner Überzeugung, in Form eines **Straßenhufendorfes** sei die Ortschaft in der besten Weise organisiert. Betrachtet man jedoch die Abb. 2, die dieses Ideal weitgehend spiegelt, so lassen sich einige Probleme rasch aufzeigen.

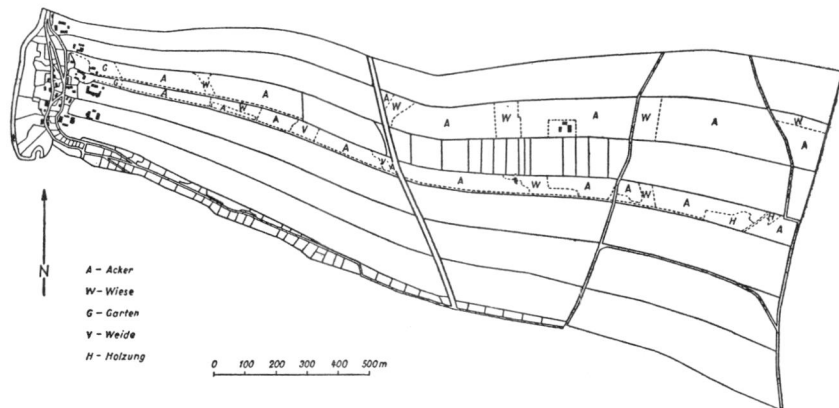

Quelle: OGRISSEK, 1961, 32

Abb.2: Siebenhufen/Oberlausitz, Aufnahme von 1865

Bei der Länge des zu einem Hof gehörigen Streifen Landes ist keineswegs sicher, daß man den Acker so hofnah wie möglich und das arbeitsextensive Grünland so weit wie möglich nach hinten schieben kann. Vielmehr entscheiden bei den abgebildeten Höfen offensichtlich natürliche Gegebenheiten über die jeweilige Nutzungsform. Die Arbeiten auf dem Acker und dem Grünland sind aber zu ganz unterschiedlichen Zeiten zu verrichten, und die Frage läßt sich nicht länger zurückdrängen, wie man zu seinem Arbeitsplatz gelangte, ohne auf den davor liegenden Feldstücken Flurschaden anzurichten. Das Problem verschärft sich noch einmal, da auch auf dem Acker die Feldfrüchte nicht zur gleichen Zeit bestellt und geerntet werden.

Die im Beispiel eingezeichneten Wege stellen wohl eine Abhilfe dar, entsprechen aber nicht dem reinen Typ eines Straßenhufendorfes. Ohne sie müßte eigentlich jeder Bauer einen Weg an der Grenze seines Besitzes anlegen, der bis zum hofseitigen Rain der letzten Parzelle reicht. Diese Forderung würde aber zu einem höheren Anteil der Wege führen als in einer Gewannflur. Zwar wurde bei dieser Siedlungsform das Ideal eines arrondierten Hofes erreicht, doch ist der Verlust an landwirtschaftlicher Nutzfläche nicht zu unterschätzen. Ihn zu minimieren lag nicht nur im Interesse der Bauern; man förderte bei der ständig steigenden Nachfrage nach Nahrungsmitteln dadurch auch das Allgemeinwohl.

Wenn in der siedlungsgeschichtlichen Literatur gern herausgestellt wird, der Staat hätte bei der Anlage von Kolonien Gelegenheit gehabt, die fortschrittlichen Ideen der Zeit in die Praxis umzusetzen, so muß ergänzend auf die hier aufgezeigten Wirtschaftserschwernisse verwiesen werden.

B   Die Vollbauern

Bereits aus Raumgründen ist es unmöglich, die **Betriebsgrößenstruktur** der deutschen Landwirtschaft in feinstufiger Gliederung zu berücksichtigen. Der benötigte Platzbedarf stiege zudem noch einmal ganz beträchtlich an, da in den einzelnen Territorien und Regionen des Heiligen Römischen Reiches deutscher Nation bedeutsame Abweichungen auftraten, die nachzuzeichnen wären, wenn das Bild nicht unzulässig vergröbert werden soll. Wird deshalb auf eine detaillierte Schilderung verzichtet, so ist dennoch zu fragen, wer vereinfachend die gesamte Landwirtschaft repräsentieren soll. Diese Frage hatte sich schon ABEL vorgelegt und dahingehend beantwortet, es sei der Mittelbauer gewesen, der hauptsächlich von Agrarkonjunkturen betroffen gewesen wäre. Nimmt man jedoch seine Standardwerke insgesamt in den Blick (Agrarkrisen 1978, Geschichte 1978), so wird sehr rasch deutlich, daß er den Einkommensverhältnissen der Gutsbesitzer mindestens ebensoviel Platz einräumt wie jenen der Bauern. Überdies zieht Abel auch die unterbäuerliche Schicht in die Betrachtung ein, so daß der Mittelbauer offensichtlich die gesamte Landwirtschaft nicht zu repräsentieren vermag.

Die vorgestellte Dreiteilung macht es erforderlich, zuerst eine **Grenze zwischen Gutsbetrieben und Vollhöfen** zu ziehen. Dazu bedarf es eines Kriteriums. Es wird heute gern darin gesehen, daß der Bauer im Betriebe selbst Hand anlegt. Eindeutigkeit kommt dieser Kategorie jedoch nicht zu. Durch den Vegetationsrhythmus bedingt traten früher bei der Heu- und Getreideernte Arbeitsspitzen auf, die durch das Einstellen von Saisonarbeitskräften oder durch Mehrarbeit der ständig Beschäftigten gebrochen werden mußten. Es ist deshalb leicht vorstellbar, der Besitzer eines größeren Hofes habe nur dann mitgearbeitet, wenn die Arbeit drängte, sich in der arbeitsschwachen Zeit jedoch mit der Betriebsleitung begnügt. Ebenso wird der Großbauer zugegriffen haben, wenn ein Knecht erkrankt war. Genügt die temporäre Mitarbeit bereits, den Bauern von Gutsbesitzern oder Verwaltern zu scheiden, denen das Handanlegen aus Gründen des Standes oder der Stellung suspekt erscheinen mußte? Die Frage mag wissenschaftstheoretisch interessant sein, sie ist jedoch nicht zu beantworten, weil das nötige Quellenmaterial fehlt, das darüber Auskunft geben könnte. Deshalb waren die Statistiker der Neuzeit gar nicht schlecht beraten, als sie mehr willkürlich eine Grenze zogen und Betriebe, die mehr als 100 ha landwirtschaftlich genutzer Fläche (LF) bearbeiteten, als Großbetriebe deklarierten.

Diese Grenzziehung läßt sich nur sehr bedingt auf die Zeit des Spätfeudalismus übertragen. Ein wesentlicher Teil der LF, nämlich das Grünland, wurde damals fast ganz gemeinschaftlich genutzt, so daß im Regelfall nur die Ackerflächen der Gutsbetriebe und Bauernhöfe erfaßt wurden. Erst in der Mitte des 19. Jahrhunderts präsentierten die Statistischen Bureaus der wichtigsten Länder des Deutschen Bundes hinreichend breites und genaues Zahlenmaterial. Aber zu diesem Zeitpunkt ist besonders für Alt-Preußen auf Grund der überwiegend abgeschlossenen Agrarreformen mit erheblichen Besitzverschiebungen zugunsgen der Güter zu rechnen. Da sich die Betriebsgrößen von 1850 bis 1882, der ersten amtlichen Betriebszählung im Deutschen Reich, kaum änderten, sei der Anteil der Betriebe über 100 ha LF wenigstens als Anhalt genannt. Er betrug 1882 24,4 v. H. der LF und sank bis 1907, der letzten Erhebung vor dem Ersten Weltkrieg auf 22,2 v. H. ab. Wie rasch die Aussagekraft dieses Durchschnittswertes überschätzt werden kann, sei an der Abb. 3 gezeigt.

Die ausgesprochen unterschiedliche Verteilung des Klein- und Großgrundbesitzes innerhalb des Deutschen Reiches unterstützt die gemachte Aussage. Die Karte weist zwar schon von Abel gesehene Mängel auf, doch gibt sie die Betriebsgrößenverteilung tendenziell richtig wieder. Günstiger wäre es gewesen, statt der Betriebszählung von 1925 die von 1882 zu verwenden, doch waren die Abweichungen in der Zwischenzeit unbedeutend. Unverkennbar tritt die Dominanz der Großbetriebe in Mecklenburg, Vorpommern und Ost-

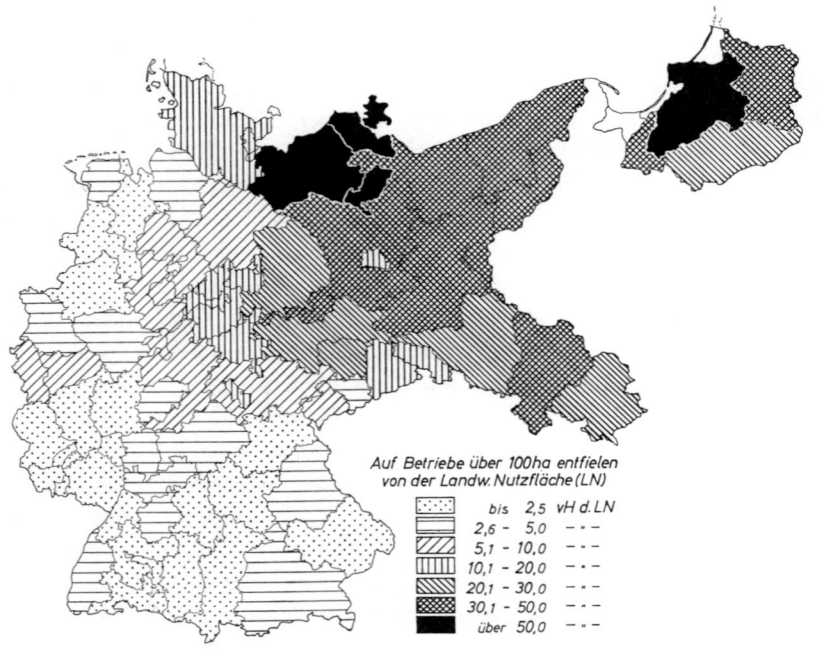

Auf Betriebe über 100ha entfielen
von der Landw. Nutzfläche (LN)

	bis	2,5	vH d. LN
	2,6 -	5,0	- · -
	5,1 -	10,0	- · -
	10,1 -	20,0	- · -
	20,1 -	30,0	- · -
	30,1 -	50,0	- · -
	über	50,0	- · -

Quelle: ABEL, G 1978, 213

Abb. 3: Landwirtschaftliche Großbetriebe in Deutschland im Jahre 1925

preußen hervor, die auf zwei verschiedenen Ursachen beruht. In Mecklenburg wurden die Bauern des Adels schon im 18. Jahrhundert gelegt, so daß die Agrarreformen den Gütern keinen Flächenzuwachs mehr bringen konnten. Auch in Vorpommern muß sich die Verteilung des Ackerlandes schon früh zuungunsten der Bauern verschoben haben. So ergab eine neuere Untersuchung für die Zeit um 1700 einen Anteil der Güter von 61 v. H. auf dem Festland und auf der Insel Rügen von 55 v. H. (SCHILLING, 1989, 21).

Die preußischen Könige dagegen trieben Bauernschutzpolitik, der ein zumindest relativer Erfolg nicht abgesprochen werden kann. Bei den Gütern der Mittelmark konnte KORTH den Zuwachs durch das vorhergehende Bauernlegen erfassen. Das dadurch gewonnene Land war an der Gutsfläche um 1800 mit 5,5 v. H. beteiligt (KORTH, 1952, 43). In drei ostpommerschen Kreisen konnte dagegen sogar eine Zunahme der Bauernstellen im 18. Jahrhundert nachgewiesen werden (SCHNEIDER, 1942, 20). Mit einiger Wahrscheinlichkeit ist jedoch für die alt-preußischen Provinzen anzunehmen, der in der Karte ausgewiesene Anteil sei von den Großbetrieben im Spätfeudalismus noch nicht erreicht worden, da sie zu den Gewinnern bei den Agrarreformen zählten. Die vorstehenden Überlegungen zeigen, mit welcher Vorsicht die Rückschreibung der Karte auf frühere Verhältnisse erfolgen muß. Trotz des regional begrenzten Überwiegens der Güter waren es im Spätfeudalismus im allgemeinen die Bauern, auch in Alt-Preußen, die den größeren Teil des Ackerlandes bestellten.

Die Diskussion, wo die Grenze zwischen **Gutsbetrieben und Bauernhöfen** exakt zu ziehen sei, ist ziemlich belanglos. Aus methodischen Gründen wäre ohnehin statt der Betriebsgröße das erzielbare Einkommen vorzuziehen. Aber selbst dann bliebe die ökonomische Betrachtung unergiebig, die sozialgeschichtliche ist bei weitem vorzuziehen. Gutsherr und Bauer waren durch die ererbten Standesqualitäten und die damit verbundene Rechtsstellung sozial deutlich voneinander geschieden, und daran änderte sich nichts, wenn der Bauer statt vier Hufen sechs oder acht besaß und das Rittergut nur eine unwesentlich größere Fläche bewirtschaftete.

Ganz anders sieht es dagegen aus, wenn jene Scheidelinie gezogen werden soll, die im Feudalismus die **Vollbauern von den Zu- und Nebenerwerbslandwirten** trennte. Definitionsgemäß beziehen die Zuerwerbslandwirte mehr als die Hälfte ihres Einkommens aus der Landwirtschaft, während diese Einkünfte bei den Nebenerwerbslandwirten darunter bleiben und bis gegen Null absinken können. Beide Kategorien sind auf einen Nebenerwerb angewiesen, der bei den Nebenerwerbslandwirten zur Haupteinkommensquelle wird. Welchen **außerlandwirtschaftlichen Tätigkeiten** Zu- und Nebenerwerbslandwirte nachgingen, um ihre Existenz zu sichern, ist erst in den beiden nachfolgenden Abschnitten zu erörtern. Die entscheidende Frage muß aber schon jetzt gestellt werden: Bestanden im Ort oder in erreichbarer Nähe ausreichende Beschäftigungsmöglichkeiten, die das existentiell notwendige Zusatzeinkommen gewährten? Diese Frage kann nicht in jedem Falle bejaht werden. Selbst der kleinste Vollbauer verfügte auch unter den ungünstigen Bedingungen des Spätfeudalismus über eine zwar bescheidene, aber gesicherte Existenzgrundlage. Dieser Sachverhalt prägte in nicht geringem Maße sein Selbstbewußtsein. Die Zu- und Nebenerwerbslandwirte mußten dagegen jederzeit fürchten, daß Not und Elend sie demnächst begleiteten und sie in eine lebensbedrohliche Kümmerexistenz abgedrängt wurden. Vor allem die Nebenerwerbslandwirte waren aus der Sicht der Vollbauern die „kleinen Leute". Aus sozialhistorischem Blickwinkel ist deshalb nicht die Grenzziehung zwischen den Gutsbesitzern und Großbauern die bedeutungsvollere und schwierigere, sondern zwischen den kleinsten Vollbauern und den Zu- und Nebenerwerbslandwirten.

Diese Erkenntnis weist der Forschung die Aufgabe zu, jene Größe eines Bauernhofes zu ermitteln, die der Bauernfamilie gerade noch die benötigten Subsistenzmittel verschaffte. Die **Mindestgröße an Ackerland** nebst den zugehörigen Allmendflächen ist jedoch von mehreren Faktoren abhängig, so daß eine allgemeingültige Antwort nicht gegeben werden kann. Zu berücksichtigen ist die Zahl der zu einer Bauernfamilie gehörigen Personen. Diese Zahl schwankte früher nicht so stark, wie es die heute gültige Schicksalskurve der Bauernfamilie vermuten läßt. Die größten Ansprüche an den Hof wurden entsprechend dieser Kurve immer dann gestellt, wenn die Altenteiler noch lebten und alle Enkel bereits geboren worden waren. Bei der damals erheblich geringeren Lebenserwartung blieb jedoch die Zahl der zu unterhaltenden Altenteiler deutlich geringer als heute. So waren nach einer Enquête, die 1766 im Kurfürstentum Hannover angeordnet wurde, auf 70 Voll- und Nebenerwerbsbetrieben nur 35 Altenteiler zu beköstigen (ACHILLES, 1982, Tab. III). Aber auch die Kinder verließen schon früh die kleineren Höfe, und zwar meistens mit 14 Jahren, wenn die Eltern sie als Kleinknecht oder Kleinmagd verdingen konnten.

Im Vergleich zu der nur wenig schwankenden Familiengröße machte sich die unterschiedliche Bodengüte ungleich stärker bemerkbar. Erntete beispielsweise ein Bauer nur das 3. Korn, wie es damals hieß – also das Dreifache der Aussaat –, so standen ihm nach Abzug der Saat zwei Körner zur Verfügung. Erntete er dagegen nur ein Korn mehr, so war die verfügbare Menge mit drei Körnern bereits um 50 v. H. höher. Zwar wurde dieser Zuwachs durch höhere Abgaben wenigstens zum Teil wieder aufgezehrt, aber da selbst das 5. bis 6. Korn in günstigen Lagen als Durchschnittsertrag gewonnen werden konnte, brauchte hier zu einem Vollhof weit weniger Ackerland zu gehören. So erscheint in der zitierten Enquête ein Bauer in der Elbmarsch, der bei der Getreidewüchsigkeit dieser Böden bereits mit 2,2 ha Ackerland auskam. Sieht man im Kurfürstentum Hannover von den armen Heide- und Gerstenböden ab, so waren jedoch 4 ha Ackerland erforderlich. HENNING (1969, 166) verallgemeinert diesen Wert für die westlichen Gebiete des alten Reiches, während er für die östlichen den doppelten Umfang für einen Vollhof als erforderlich ansieht. Außer der Bodengüte ist als variierender Faktor noch die zuweilen recht erhebliche feudale Belastung zu berücksichtigen, deren Höhe oft schon innerhalb kleiner Räume außerordentlich stark schwankte.

Nachdem die Grenzen für den Stand der Vollbauern gezogen worden sind, muß vor einem Fehlschluß gewarnt werden. Dieser Stand, das gilt besonders für Anerbengebiete, also jene mit geschlossener Hofübergabe, war keineswegs homogen, sondern deutlich geschichtet. Äußerlich tritt diese Schichtung in Form der Hofklassen in Erscheinung. Die Überlappungen sind jedoch häufig so groß, daß die Zugehörigkeit zu einer bestimmten Bauernklasse nur wenig über die Hofgröße aussagt. Die Landwirte werten noch heute die Betriebsgröße als objektives Merkmal für den sozialen Status und früher war es nicht anders. So wurde um 1800 in Südniedersachsen der Ackermann als „hochfahrend" bezeichnet, der auf Halbmeier oder gar Köter herabsah. Das **Schichtbewußt-sein** äußerte sich auch bei der Wahl des Ehepartners, den er bevorzugt in der eigenen Hofklasse suchte und fand. Eine Braut mit auskömmlicher Mitgift zu heiraten, war in den Fällen nicht zu umgehen, in denen überdurchschnittlich viele Kinder eine standesgemäße Aussteuer fordern konnten. Häufiger konnte beobachtet werden, daß der Bräutigam seinen weichenden Geschwistern eine Mitgabe in der Höhe versprach, wie sie die eigene Braut mit auf den Hof gebracht hatte. Offensichtlich bestand bei den Bauern die Neigung, überhöhte Mitgiften auszuloben. Deshalb kontrollierte die Obrigkeit deren Höhe argwöhnisch, da sie andernfalls um die pünktliche Zahlung der Abgaben bangen mußte. Dennoch blieben die Erbauseinandersetzungen ein steter Anlaß, den Hof ungebührlich mit Schulden zu belasten.

Es wäre jedoch falsch, die soziale Schichtung innerhalb der Vollbauern in Anerbengebieten überzubetonen, denn verwandtschaftliche Bande durchzogen den gesamten Stand. Bei der damaligen Kinderzahl hatten nämlich keineswegs alle Töchter auf den großen Höfen eine begründete Aussicht, einen Bräutigam in der eigenen Klasse zu finden. Ehe sie auf dem elterlichen Hof unverheiratet als Magd verblieben, heirateten sie lieber auf einen mittleren oder kleinen Hof. Dessen Erbe waren sie hochwillkommen, brachten sie doch eine höhere Mitgift mit, als sie die weichenden Erben dieses Hofes beanspruchen konnten.

Soweit das überhaupt möglich ist, wurden einigermaßen zutreffende Grenzen für den Stand der Vollbauern gezogen. Der Ausdruck Stand ist jedenfalls für Anerbengebiete vollberechtigt. Man wurde in diesen Stand hineingeboren und verblieb darin, wenn man einen Hof erbte oder einheiratete. Den übrigen Geschwistern blieb dagegen der soziale Abstieg nicht erspart.

Die **Bauernschutzpolitik** der preußischen Könige **beweist den Wert des Bauernstandes** für den Staat. Diese Politik betrieben aber auch die meisten anderen Territorialfürsten, in deren Herrschaftsgebiet die geschlossene Hofübergabe Sitte war. Anhand der ergangenen Verordnungen und Edikte läßt sich sogar der Umkehrschluß belegen, daß es im Interesse der Landes- und Grundherren lag, das Anerbenrecht durchzusetzen und die Bauern an der Teilung ihrer Höfe zu hindern. Die Begründung dafür bleibt den Abschnitten III A und B vorbehalten. Es wäre jedoch voreilig, bei einer wirksamen Bauernschutzpolitik zu folgern, in solchen Territorien habe die Landbevölkerung im Spätfeudalismus weitgehend aus Vollbauern bestanden. Zu dieser Annahme könnte die unzutreffende, aber oft zitierte Bemerkung verleiten, um 1800 seien noch 70 bis 80 v. H. der gesamten Bevölkerung in der Landwirtschaft tätig gewesen; und in zugespitzter Form heißt es zuweilen sogar, der zitierte Anteil habe in der Landwirtschaft sein Brot gefunden.

Beide Aussagen sind womöglich eine Fehldeutung der Bauernschutzpolitik. Wenn sie meistens positiv gesehen wird, so heißt das gleichzeitig ihre Schattenseiten zu übersehen. Wer keinen Hof erbte oder einen Hoferben heiratete, blieb unverehlicht und sank außerdem in den Stand der Dienstboten ab. Ließen sich die aufgewachsenen Kinder noch nicht einmal in dieser Position unterbringen, so begann der Stand der Vollbauern Menschen zu produzieren, für deren

Existenz er nicht mehr sorgen konnte. Da für diesen Überschuß zusätzliches Kulturland nur in völlig unzureichendem Maße zu gewinnen war, mußte er die Landwirtschaft verlassen und sich eine andersgeartete Existenz suchen. Davon wird vorrangig bei der Besprechung der unterbäuerlichen Schicht zu berichten sein (II D). Dieser Umschichtungsprozeß hatte zwangsläufig zur Folge, daß der Anteil der Vollbauern an der gesamten Landbevölkerung abnahm.

Anzugeben, wieviel Prozent die Vollbauern um 1800 ausmachten, ist außerordentlich schwierig. Die entscheidende Frage ist oft nicht zu beantworten, wann der Bauernhof aufhörte, eine sogenannte Ackernahrung zu sein. Die in den Quellen berichtete Klassenzugehörigkeit ist dafür ein viel zu unzuverlässiges Kriterium. Wenn tatsächlich die kritische Grenze in vielen Regionen bei 4 ha Ackerland gelegen hat, so zählt eine nicht zu vernachlässigende Zahl von Kleinstellen, wie Kötter und Köter in Westfalen und Niedersachsen, womöglich auch Gärtner in Ostdeutschland und auf jeden Fall Seldner im Süden, noch zu den **Vollerwerbsbetrieben.** SAALFELD schätzt den Anteil der Vollbauern auf 35 v. H. der Gesamtbevölkerung (1980, 480). Ihnen hätten sodann auf dem Lande 40 v. H. landarme und besitzlose Familien gegenübergestanden. In dieser Relation spiegelt sich nur bedingt das Verhältnis von Vollhöfen zu Zu- und Nebenerwerbsbetrieben. Dafür sorgen bereits die nicht gesondert ausgewiesenen Einlieger. Außerdem war bei den Inquilinen und Kleinststellenbesitzern die Kopfzahl der Familie geringer, und schließlich lebten auf den Vollhöfen etliche Gesindekräfte, deren Zahl nicht unterschätzt werden darf. 1796 dürften sie ein Fünftel der Bewohner eines hannoverschen Vollhofes gestellt haben. Ähnliche Werte läßt das von MÜLLER vorgelegte Material für die Kur- und Neumark vermuten (1967, 80). In Ostpreußen lag um 1775 der Satz auf den Bauernhöfen signifikant höher (HENNING, 1969, 147), was sicherlich mit der hohen Dienstbelastung der dortigen Bauern begründet werden kann. Der von SAALFELD vorgelegten Schätzung des Bevölkerungsanteils auf den Vollhöfen haftet zwangsläufig noch ein bedenkenswerter Mangel an. Aus den Realteilungsgebieten standen ihm nur Angaben aus der Rheinpfalz zur Verfügung, so daß diese Regionen ganz erheblich unterrepräsentiert sind.

Bei der stürmischen Bevölkerungsvermehrung in der Endphase der Frühen Neuzeit ist stets die hohe Geschwindigkeit des Umschichtungsprozesses zu bedenken. Deshalb können aus methodischen Erwägungen heraus nur zeitgleiche Erhebungen miteinander verglichen werden. Für die Zeit um 1800 erfüllt diese Forderung eine hannoversche Erhebung aus dem Jahre 1796. Aus ihr lassen sich für die einzelnen Gruppen recht aufschlußreiche Prozentsätze ermitteln. Den Meierhöfen wurden ein Viertel aller Kothöfe zugerechnet, da ungefähr dieser Anteil noch Vollhöfe darstellte. Diese Gruppe machte in den südlichen Fürstentümern Calenberg, Göttingen und Grubenhaben an der Gesamtzahl aller Höfe und Stellen 32,6 v. H. aus. In den ehemals selbständigen Territorien des Nordens, nämlich Lüneburg, Dannenberg, Hoya, Diepholz,

Bremen, Verden und Lauenburg stieg der Satz auf 47,2 v. H., und in Lüneburg allein betrug er sogar 60,8 v. H. Die Erklärung ist einfach. In diesem Fürstentum war und ist die Bodengüte am geringsten, und außerdem war hier ein außerlandwirtschaftlicher Nebenerwerb am schwersten zu finden. Beide Gründe verringerten die Aussichten eines Siedlungswilligen ganz erheblich, auf einer neu angelegten Nebenerwerbsstelle seinen Lebensunterhalt auch nur fristen zu können.

C Die Landhandwerker

Schon zu Beginn der Frühen Neuzeit war nach allgemeiner Auffassung ein landwirtschaftlicher Betrieb ohne Unterstützung handwerklich geschulter Kräfte nicht mehr zu führen. Sie wurden für die Errichtung der Gebäude benötigt und hatten später die schwierigen Reparaturen auszuführen. Selbst die armen Bauern in der Heide sahen das Decken der Strohdächer als eine angelernte Tätigkeit an, die sie nicht mehr in jedem Falle selber übernahmen. Handwerker wurden aber auch zur Herstellung größerer Geräte und deren Instandhaltung gebraucht. Beim sogenanten toten Inventar sind besonders Wagen und Pflug hervorzuheben, deren Gebrauchswert ohne die Mithilfe der Handwerker nicht mehr den derzeitigen Anforderungen entsprochen hätte. Aber auch das Zuggeschirr der Tiere stellte bei der Anfertigung und den laufend anfallenden Reparaturen besondere Anforderungen an die Geschicklichkeit. Deshalb sind Schmiede, Wagner (Stell- oder Rademacher), eventuell Pflugmacher und Sattler als typisch ländliche Handwerksberufe anzusehen. Das ergibt auch die Gegenprobe. Die Arbeitsleistungen, die sie anboten, wurden in dieser Form in der Stadt nicht nachgefragt. Diese Handwerkszweige bestanden bis zur Mitte dieses Jahrhunderts. Als in den fünfziger Jahren die Landwirtschaft begann, die Betriebe voll zu mechanisieren, hatte sie für diese Handwerker keine Verwendung mehr.

Die **Mithilfe der Handwerker verursachte** bei den Bauern **Aufwendungen,** die nach den Regeln der landwirtschaftlichen Durchführung dem Sachaufwand zuzuordnen sind. Diese Position bestand weitgehend aus den zu bezahlenden Handwerkerrechnungen, die neben dem Lohn auch den Materialaufwand enthielten. Da Eisen und Holzkohlen teuer waren, stellten die Schmiede die höchsten Rechnungen aus. Zu den Ausgaben für die Handwerker kamen nur noch marginale Posten hinzu, da betriebseigenes Saatgut und Futter nicht in Ansatz gebracht werden. Vieh und fremdes Saatgut – mit Ausnahme des Leins – wurden höchstens in Einzelfällen zugekauft.

HENNING quantifizierte bereits den Sachaufwand für ostpreußische Bauernhöfe. Sie wandten für die Unterhaltung der Gebäude 0,085 Taler (T)/ha auf und weitere 1,2 T/ha für die Unterhaltung des Acker- und Fahrgerätes (1969, 182 ff.). Die von ihm für Ostpreußen ermittelten Werte stimmen ausgezeichnet mit denen in der kurhannoverschen Enquête von 1766 überein. Werden die

Zahlen für 100 ha Ackerland auf 26,5 ha reduziert, um sie mit den hannoverschen großen Vollhöfen vergleichen zu können, so ergeben sich in beiden
Fällen 34 T für einen Betrieb der genannten Größe. Die hannoverschen Bauern
wurden bei gleicher Höhe des absoluten Aufwandes jedoch relativ schwächer
belastet, da sie einen höheren Rohertrag erzielten und über ein höheres Einkommen verfügten.

Auf Grund der Quellenlage wäre es unschwer möglich, auf breiter Materialbasis den **Wert des toten und lebenden Inventars** landwirtschaftlicher Betriebe zu ermitteln. Der Kapitalwert allein läßt jedoch noch keine sicheren Rück-
schlüsse auf die Kosten des Unterhalts zu. Dennoch lohnt der Vergleich der
Relationen der einzelnen Kapitalposten zueinander mit dem Verhältnis der
einzelnen Ausgabeposten des Sachaufwandes untereinander, weil er über die
Führung eines landwirtschaftlichen Betriebes ebenso wie über die Beschäftigungsmöglichkeiten der Handwerker Auskunft gibt (Tab. 1).

Auffällig ist der hohe Wert des Zugviehs. Verlor der Bauer Tiere dieser Art,
war die Not groß. Dem Anteil am Inventar mit 43 v. H. entsprach nicht der
Anteil am **Sachaufwand,** der mit 30 v. H. deutlich zurückblieb. Von diesem
Prozentsatz beanspruchte der Schmied nach Henning 19 Prozentpunkte für
den Hufbeschlag und Riemer und Sattler verlangten die restlichen 11 Prozentpunkte. Wird die Gesamtausgabe in Höhe von 30 v. H. auf die Ausgaben der
großen kurhannoverschen Vollerwerbsbetriebe bezogen, wogegen methodische Bedenken nicht bestehen, so war die Zugtierhaltung mit einem Sachaufwand von 10 T verbunden. Ein gleichhoher Betrag kam hinzu, wenn die eigene
Nachzucht nicht ausreichte und nur die Hälfte des Bestandes durch Zukauf
ersetzt werden mußte. In Ackerbaugebieten kam das durchaus vor. Beim
Nutzvieh entfiel dagegen diese Notwendigkeit, so daß der Umfang dieses
Viehstapels die Höhe des Sachaufwandes nicht beeinflußte.

Tab. 1. Gesamtwert des lebenden und toten Inventars eines braunschweigischen Acker-
(Vollmeier-)hofes gegen Ende des 18. Jahrhunderts

Art	Stückzahl	Wert in T.	
Pferde	6	193	
Fohlen	1	20	
Zugvieh			213
Nutzvieh	–		186
Wert des lebenden Inventars			399
Wagen	2	70	
Pflüge	2	5	
Eggen	5	5	
Kleingeräte	–	22	
Wert des toten Inventars			102

Quelle: ACHILLES, 1965, 49

Das tote Inventar erforderte verschiedene Ausgaben: Die Schirrmacher bekamen für Wagen und Gerät 13 v. H. des Sachaufwandes, die Reifenschläger und Rademacher je 9 v. H., die Schmiede erhielten 10 v. H. des Sachaufwandes. Weiterhin wurden 11 v. H. für Teer ausgegeben. Insgesamt sind das 52 v. H. des Sachaufwandes. Der Unterhalt des wenig wertvollen toten Inventars war also keineswegs zu unterschätzen, und dieser Betrag stieg vor allem bei denjenigen Bauern an, die umfangreiche Dienste zu leisten hatten; sie stellten also den Berechtigten nicht nur das Spannvieh und ihre eigene Arbeitskraft zur Verfügung, sondern kamen auch noch für die Instandhaltung des toten Inventars auf.

Die genannten Handwerker mußten in nicht unerheblichem Maße Material zu kaufen. Faßt man die Angaben Hennings zusammen, so können dafür 30 v. H. des Sachaufwandes gerechnet werden, während 70 v. H. als reine Lohnkosten anzusehen sind. Bei einem großen Vollhof in Hannover wurden also um 25 T für Handwerkerlöhne einschließlich der Gebäudeunterhaltung ausgegeben. In dieser Summe mußten sich mindestens vier Handwerker teilen.

Die vorstehenden Angaben lassen sich noch weiter auswerten, wenn man sie auf ein Dorf bezieht. Im Durchschnitt traf man darin im Fürstentum Wolfenbüttel 3 Acker(Vollmeier-)höfe, 4 Halbspänner(Halbmeier-)höfe, 17 Kothöfe und 10 Brinksitzerstellen an. Erfahrungsgemäß waren 4 Kothöfe spannfähig, so daß im wesentlichen mit 11 Höfen zu rechnen ist, wenn das Arbeitsangebot für Schmiede, Sattler und Stellmacher erfaßt werden soll. Der Sachaufwand dieser Höfe betrug insgesamt um 220 T. Nach Hennings Ermittlungen erhielt davon der Schmid 40 T. an Lohn. Beanspruchte er ein gleichhohes Einkommen, wie es die Besitzer der kleinsten Vollhöfe erwirtschafteten, so hätte er die spannfähigen Bauern in drei Dörfern betreuen müssen. Um 1800 gab es jedoch 2 Schmiede in drei Ortschaften. Selbst in diesem am günstigsten gestellten Landhandwerk war ein Schmied – ohne Gesellen – nur halb ausgelastet. Er verdiente absolut gesehen rund 60 T im Jahr mit seinem Handwerk. Der Zwang zur Einkomensmischung, wie Eckart Schremmer diesen Sachverhalt nennt, war damit gegeben.

Die vorgestellte Kalkulation führt unabweislich zu einer Schlußfolgerung: Über die Intensität, mit der in einer Region ein Landhandwerk ausgeübt wurde, gibt nicht die Zählung der Angehörigen eines bestimmten Zweiges Auskunft, sondern das Angebotsvolumen, das über das Ausmaß handwerklicher Tätigkeit entscheidet. Verteilt man diese Größe auf die Kopfzahl aller Beteiligten, wird einmal der Zwang zum Zuverdienst deutlich und zum andern läßt sich die wirtschaftliche und soziale Lage annähernd abschätzen. Wird analog dem Vorgehen bei den Schmieden die Rechnung für die Rademacher durchgeführt, so ist deren Beschäftigungslage noch ein wenig schlechter einzustufen. Waren auf Grund mannigfaltiger Vorarbeiten quantitative Aussagen nur für das südliche Niedersachsen möglich, so dürfen sie doch in ihrer Tendenz unbezweifelt als repräsentativ bezeichnet werden.

Nicht nur die Führung eines landwirtschaftlichen Betriebes entzog den Bauern Geld und verschaffte den Handwerkern auf dem Lande Brot, auch die persönlichen Bedürfnisse spielten eine Rolle. Die Handwerker und ebenso die übrigen Landbewohner benötigten auf jeden Fall Kleidung und Schuhe. Der häufig zitierte Spruch: „Selbstgewebt und selbstgemacht, ist die beste Bauerntracht", erweist sich bei näherem Zusehen als glatte Illusion. Das von Bücher so genannte Hauswerk, das in dem zitierten Spruchwort noch einmal aufscheint, kann im späten 18. Jahrhundert unbesorgt als Anachronismus deklariert werden. Zwar wurde auf vielen, aber keineswegs allen Höfen Woll- oder Leinengarn gesponnen, doch schon in wesentlich weniger Fällen zu Tuchen oder Leinwand verwebt. Das Schneidern von Kleidungsstücken erforderte eine noch größere Geschicklichkeit, die sich die weitaus meisten Landbewohner nicht mehr zutrauten. Erst recht vermochten sie die beim Schlachten anfallenden Häute nicht zu gerben, das Leder zu Schuhen zu verarbeiten und sie anschließend zu flicken. Die große Anzahl der Schneider und Schuster auf dem Lande spricht eine zu deutliche Sprache, so daß sich der Ersatz ihrer handwerklichen Leistung durch Eigentätigkeit der Landbewohner auf das Ausbessern der Kleidung beschränkt haben wird (Tab. 2).

Selbst die sonst so eindringliche hannoversche Enquête von 1766 läßt die Nachfrage der Landbewohner nach Erzeugnissen und Dienstleistungen der Schneider und Schuster höchstens andeutungsweise erkennen. Deshalb muß auf eine quantifizierende Analyse des Beschäftigungsgrades dieser beiden Handwerkszweige verzichtet werden. Statt dessen sei ein Einzelfall zitiert, der ein bezeichnendes Schlaglicht wirft. Von einem Colonus in Ärzen – bei Hameln/

Tab. 2: Anteil einzelner Handwerkssparten an der Gesamtzahl aller Landhandwerker in v. H. im späten 18 Jahrhundert

Sparte	Baden um 1790	Preußen um 1800	Braunschweig* um 1760
Leineweber	25,7	18,9	35,9
Schuhmacher	14,8	7,0	10,8**
Schneider	13,1	15,3	20,6
Schmiede	7,5	15,7	10,4
Wagner	4,5	.	5,6
Zimmerleute	3,2	7,9	2,0
Gesamtanteil	68,8	64,8	85,3

* Ausschließlich der Flecken, deren Sozialstruktur eher jener der Städte entsprach.
** Nur Schuhflicker.

Quellen: Baden = SCHREMMER (1987, 319). Preußen nach KAUFHOLD (1978, 75), Braunschweig = ACHILLES (1972, 31)

Weser – berichtete seinerzeit der Amtmann, er könne mit dem Schusterhandwerk kein Geld verdienen, weil ihm zum Kauf des Leders der nötige Geldvorschuß fehle. Aber selbst wenn er ihn aufbrächte, ergänzte der Berichterstatter, hülfe das auch nichts, da es bei 20 Schustern im Ort an Aufträgen fehle. Bei der Einkommensberechnung wurden deshalb keine Einnahmen aus dem Handwerk eingesetzt.

Der Fall aktualisiert das Problem, das bereits bei den Schmieden und Rademachern begegnete. Genügt es, die Handwerker auf dem Lande nur zu zählen, wie es jetzt wieder geschah (REININGHAUS, 1990, II 2), oder muß zusätzlich der Beschäftigungsumfang erhoben werden, worauf SCHREMMER schon 1972 drang? Bei der Untersuchung des badischen Landhandwerks stieß er auf eine Anordnung des Markgrafen, wonach die übersetzten Handwerke auf dem Lande mit der Seelenzahl in Proportion zu setzen seien. Aber das Hofratskollegium kapitulierte 1803 vor dieser Forderung. Es resümierte, es ließe sich keine Relation zwischen den notwendigen Handwerkern und der Seelenzahl angeben, weil die Professionisten oft, auch hauptsächlich Feldbau trieben, so daß man aus der Zahl der Meister nicht schließen könnte, daß ihrer zu viele seien. Diese Kapitulation vor dem Problem ist nicht ganz verständlich. Aus dem Umfang des landwirtschaflichen Besitzes konnte ungefähr auf das daraus fliessende Einkommen geschlossen werden, und dann stand auch fest, wieviel mit der Ausübung des Handwerks hinzuverdient werden mußte, um die Existenz zu sichern.

Aus agrarhistorischer Sicht ist die häufig untersuchte Frage, ob die Landhandwerker zünftig waren oder nicht, nahezu ohne Interesse. Wichtiger erscheint eine andere Beobachtung. In den braunschweigischen Eheverträgen wurden relativ oft weichenden männlichen Erben 5 T versprochen, die für die Lehre eines Handwerks verwandt werden sollten. Die Bauern sahen also voraus, daß nicht alle Söhne in der Vollerwerbslandwirtschaft unterkommen konnten. Zwei Möglichkeiten wurden durch die Lehre eröffnet: Falls der Sohn in die Stadt abwanderte, fand er dort leichter ein Unterkommen. Falls er auf eine Kleinstelle heiratete, konnte er eher hoffen, den erforderlichen Zu- oder Nebenerwerb zu finden. Diese Hoffnung nützte der bayerische Adel aus, indem er planmäßig solche Stellen auslegte. Schremmer hat das eingehend für die Hofmarksherren nachgewiesen und spricht wegen der damit verbundenen Ausweitung des Handwerks auf dem Lande von seiner Territorialisierung. Die entscheidende Frage ist aber zur Zeit noch nicht beantwortet, nämlich ob sich die Hoffnung der Annehmer solcher Stellen erfüllte oder ob sie trog, wenn sie mit handwerklicher Tätigkeit das dringend benötigte Geld hinzuverdienen wollten. Der Colonus in Ärzen dient als warnendes Beispiel.

Der Adel, der Handwerker anlockte, ging nur ein geringes Risiko ein. Das Einkommen des Neusiedlers interessierte nur insoweit, ob er in der Lage war, die mit der Stelle verbundenen Abgaben zu zahlen. In die Ausübung des

Handwerks wird sich der Herr kaum eingemischt haben. In Bayern wurden zudem die prohibitiv gedachten Landesgesetze umgangen und dennoch Stellen ausgewiesen. Mit ihrer Annahme unterwarf sich der Bewerber den feudalen Bindungen, die mit ihr verbunden waren. Auf Anforderung hatte er wie der benachbarte Bauer zum Frondienst zu erscheinen. Bei den Hofmarksherren war er auch ihrer Gerichtsherrschaft unterworfen. Diese Bindungen unterschieden den Landhandwerker in sozialer Hinsicht wesenhaft von seinem Berufskollegen in der Stadt, und daran änderte sich auch nichts, wenn er in eine Zunft eintrat oder hineingezwungen wurde. Die ökonomischen Auswirkungen der Dienstpflicht hingen mit der Beschäftigungslage des Landhandwerkers eng zusammen. War sie gut, war es rationeller, einen Ersatzmann anzumieten und zum Dienst zu schicken und statt dessen selbst dem einträglicheren Handwerk nachzugehen. Dieser Ausweg war jedoch aller Wahrscheinlichkeit nach nur für wenige lohnend.

Abschließend soll gezeigt werden, wie schwierig es ist, das Landhandwerk zu systematisieren. Zuerst sei auf die **Metzger** hingewiesen, die in Baden immerhin 5,8 v. H. stellten, in Braunschweig nur 2,7 v. H. und in Preußen lediglich 0,2 v. H. Es wäre mit Sicherheit falsch, aus diesen Zahlen auf eine unterschiedliche Fleischversorgung zu schließen. Das Schlachten und Weiterverarbeiten des Fleisches erledigen Bergbauern in den Alpen noch heute ohne fremde Hilfe. Schlachter sind für sie kein notwendiges Gewerbe. Steigen jedoch die Einkommen und damit die Ansprüche, so bedient man sich spezialisierter Kräfte. Bei der kurhannoverschen Enquête erscheinen zwar Lohnausgaben für die Schlachter, doch sind darunter sicherlich Hausschlachter zu verstehen, die nicht durchgängig in die Gewerbestatistiken des späten 18. Jahrhunderts aufgenommen wurden. Da das Ausmaß des Einschlachtens kaum von Agrarkonjunkturen abhing und auch nicht vom jährlichen Ernteausfall, erhielten diese Kräfte mit größerer Sicherheit Aufträge als die Angehörigen der übersetzten Handwerke wie Schneider oder Schuster.

Den größten Widerstand setzten jedoch diejenigen einer Systematisierung entgegen, die sich mit der Erzeugung von Leinengarn und Leinwand befaßten. Die Schwierigkeiten werden vor allem dann nicht geringer, wenn das Landhandwerk als Versorger der Landbevölkerung definiert wird, von dem jene Gewerbe unterschieden werden, die – wie man es früher ausdrückte – für den Export arbeiteten. Lein stellt bestimmte Ansprüche an das Klima und den Boden und konnte deshalb nicht überall angebaut werden. Selbst wo er gut gedieh, blieb die Anbaufläche auf längere Sicht auf rund ein Siebentel der Ackerfläche begrenzt, weil er wegen der geringen Selbstverträglichkeit einer sechsjährigen Anbaupause bedarf. In dicht besiedelten Landschaften, in denen die Bevölkerung in der Leinverarbeitung einen Verdient suchte, war deshalb das Rohmaterial ein knappes Gut. Seinen Wert hatten die Erzeuger durchaus erkannt. Sie widmeten sich selbst dem Garnspinnen, eventuell auch dem Weben, um sich den zusätzlichen Verdienst nicht entgehen zu lassen. Sie verkauften jedenfalls kein Rohmaterial und die unterbäuerliche Schicht mußte es sich auf andere Weise beschaffen.

Um die angedeuteten Verhältnisse zu konkretisieren, sei auf die Petzer Meierhöfe im Hochstift Hildesheim zurückgegriffen, die häufiger in der Literatur zitiert wurden. Auf den Höfen mit 80 Morgen Ackerland wurden $2^1/_2$ Morgen mit Lein bestellt. In den Ertrag eines Morgens mußten sich Knecht, Junge und Magd teilen. Aus der Ernte der restlichen $1^1/_2$ Morgen gewann die Bauernfamilie 27 Boten Flachs; 4 mußten davon für die Haushaltung, Jacken und Hosen abgezweigt werden. Die übrigen 23 Boten ergaben beim Verkauf 46 T. Wegen der hohen Feudalabgaben lag bei diesen Höfen das verfügbare Einkommen mit 108 T deutlich unter dem Durchschnitt. Wären die Erlöse aus dem Garnverkauf nicht hinzugekommen, wären die Betriebsleiter bei einem Resteinkommen von 62 T insolvent geworden. Zwingt das dazu, diese Höfe mit einer Größe von rund 20 ha Ackerland als Zuerwerbsbetriebe einzustufen?

Die wohlhabenderen hannoverschen Bauern verfuhren zuweilen anders. Sie übergaben einen kleinen Teil des selbsterzeugten Leinengarns einem einheimischen Weber; wenn sie – beispielsweise für die Aussteuer einer Tochter – eine bessere Leinwandqualität wünschten. In geringfügigem Umfang können deshalb die **Leineweber** auf dem Lande dem Versorgungshandwerk zugerechnet werden. Den weitaus größten Teil der Leinwand schafften die Weber jedoch zur Beschau auf die Leggen, damit sie nach der Abstempelung beim „Export" bessere Preise erzielten. Damit ist aber nur ein Teil des Warenstroms erfaßt. Leinengarn verkauften die Bauern und die Angehörigen der unterbäuerlichen Schicht auch an die Garnhändler, die es zu einem Teil den ansässigen Leinewebern überließen, in größerer Menge aber an die hochspezialisierten Weber im Wuppertal lieferten. Das Gesinde verfuhr wie die Bauern und gab ebenfalls Leinengarn an die Händler ab, nachdem der geringe Bruchteil für den Eigenbedarf zurückbehalten worden war. Es würde jeglicher Systematisierung zuwiderlaufen, würde man Bauern und Gesinde in den Gebieten mit intensivem Leinanbau gleichzeitig als Handwerker ansehen, die für den „Export" arbeiteten. Der Wert ihrer außer Landes gehenden Erzeugung dürfte jedoch den etlicher Handwerkszweige übertroffen haben.

Bei dem vorgestellten Beziehungsgeflecht dürfte es mehr als schwierig sein, die verschiedenen Absatzwege quantitativ zu erfassen und den definierten Kategorien zuzuweisen. Gegenüber den Forschungsintentionen der Handwerksgeschichte vereinfacht sich jedoch das Problem aus agrarhistorischer Sicht erheblich. Von Bedeutung sind nur die Erlöse, die der Landwirtschaft aus diesen Nebentätigkeiten des Spinnens und Webens zuflossen.

D   Die unterbäuerliche Schicht

Die Definition dieser Schicht wird nicht einheitlich gehandhabt. Zuweilen wird auch von ländlichen Unterschichten gesprochen. Einigkeit besteht jedoch in einem Punkt: Die Stellen waren zu klein, um bei rein landwirtschaftlicher Tätigkeit ein ausreichendes Einkommen zu gewähren. Leider heißt es auch gelegentlich, der Landbesitz reiche nicht aus, um die Besitzerfamilie zu ernähren. Die beiden Formulierungen sind jedoch nicht deckungsgleich. Zwar mußte im Spätfeudalismus vor allem von den Beziehern eines geringen Einkommens ein ganz erheblicher Teil davon für die Ernährung ausgegeben werden, doch gelang es dennoch etlichen Kleinstelleninhabern, die benötigten Nahrungsmittel selbst zu erzeugen. Infolgedessen verspürten nicht alle agrarkonjunkturelle Einflüsse, und nicht bei allen sank das Realeinkommen, wenn die Lebensmittelpreise stiegen. In jedem Fale benötigten die Besitzer Geldmittel, um die übrigen Ausgaben zu bestreiten und nicht zuletzt die Abgaben an Grundherrn und Staat zu entrichten. Zu- oder Nebenerwerb waren deshalb auch dann unumgänglich, wenn man sich – diesmal im Wortsinn – selbst ernährte.

Mit dem geringen Umfang der Stelle verknüpft sich die Assoziation eines niedrigen Einkommens. Diese sich unwillkürlich aufdrängende Vermutung traf auch in den meisten Fällen die Realität, doch ist die Gedankenverbindung nicht zwingend. War der Zu- oder Nebenerwerb einträglich, so konnte das Gesamteinkommen höher liegen als jenes, mit dem sich der Bewirtschafter eines kleinen Vollhofes begnügen mußte. Unter den Landhandwerkern zählten einige **Schmiede** zu dieser kleinen Gruppe, deren Einkommen von jenem der **Müller** in der Regel noch übertroffen wurde. Sie hatten zwar die Mühle fast immer nur gepachtet, doch gebot der Verpächter über den Mahlzwang, das heißt, die im Umkreis wohnenden Landbewohner waren gezwungen, in dieser Mühle ihr Getreide mahlen zu lassen. Dieses feudale Recht begründete ein Monopol, das dem Müller ein nicht gerade geringes Einkommen verschaffte und dem Verpächter den sicheren Eingang einer relativ hohen Pacht. Dennoch versuchten manche Müller, ihr Einkommen auf Kosten der Bauern durch unlautere Machenschaften aufzubessern. Sie zählten deshalb in einigen Gegenden zu den unehrlichen Leuten.

Ein hohes Einkommen und geringes Ansehen besaßen auch die **Schäfer**. Zwei Arten sind zu unterscheiden. Die einen sind förmlich Unternehmer, die von den Gutsbesitzern gegen eine feste Pacht das Weideservitut übernommen hatten, soweit es die Schafhaltung betraf. Dieses Servitut belastete die Wirtschaftsführung der Bauern ganz beträchtlich. So konnte der Feudalherr sogar das Recht haben, seine Schafe im Frühjahr auf dem Wintergetreide zu weiden. In jedem Fall stand ihm die Weidegerechtigkeit auf dem Brachfeld zu, die dessen Besömmerung verhinderte, also den Anbau nicht überwinternder Früchte ausschloß. Der Schäfer trat bei seiner Tätigkeit den Bauern als Nutznießer eines feudalen Privilegs gegenüber, was ihm keine Hochachtung eintragen konnte.

Aber auch dann, wenn der Schäfer die Schafe der Bauern hütete, war er ihnen in der Kenntnis der Tiere überlegen. Sie konnten nicht widersprechen, wenn nur zu oft „ein glücklicher Zufall" die in der Herde mitlaufenden Tiere des Hirten mit Krankheiten verschonte oder gar vor dem Verenden bewahrte. Verblüffend oft warfen seine Mutterschafe Zwillingslämmer, so daß die Bauern mit Recht dem Schäfer skeptisch gegenüberstanden und ihn oft gleich dem Müller als unehrlichen Mann einstuften. Sein Einkommen aber konnte ganz beträchtlich sein und das eines Mittelbauern erreichen. Nicht selten war das Recht, die Schafe eines Dorfes zu hüten, mit dem Besitz einer bestimmten Kleinstelle verbunden. **Kuh- und Schweinehirt** standen dagegen ganz unten auf der Einkommensskala der unterbäuerlichen Schicht. Oft mußten beide zusammengepfercht im Hirtenhaus unterkommen, das der Gemeinde gehörte.

Erwähnt seien noch jene Kleinstellen, mit denen die **Kruggerechtigkeit** verbunden war. Sie hatten der Herrschaft hohe Abgaben zu entrichten. Sie gewährte ihnen aber gleich den Müllern ein feudales Privileg, nämlich den Krugzwang, also das Monopol des Getränkeausschankes. Es konnte noch dahingehend erweitert werden, daß der Krüger nur Bier aus der herrschaftlichen Brauerei beziehen durfte, was dazu verführte, nur geringwertiges Bier zu brauen.

Die bislang genannten Handwerksberufe und weiteren Tätigkeiten reichten bei weitem nicht aus, der gesamten unterbäuerlichen Schicht den dringend benötigten Zuverdienst zu verschaffen. In der Literatur wird deshalb häufig behauptet, sie habe sich in der Vollerwerbslandwirtschaft ein Zubrot verdient. Diese Behauptung gewinnt jedoch erst dann eine hinreichende Aussagekraft, wenn man sie quantifiziert. Diesem Vorhaben entzieht sich jedoch jene Mithilfe der Kleinstelleninhaber während der Arbeitsspitzen, für die zu anderen Zeiten der Bauer im Gegenzuge mit seinem Gespann Ackerarbeiten ausführte. Eine Mithilfe dieser Art und die damit verbundene Gegenleistung waren für die Kleinstelleninhaber existentiell notwendig, doch war damit das Einkommen nicht aufzubessern. Prüft man anhand der kurhannoverschen Enquête die Beträge nach, die von den Bauern an Saisonarbeitskräfte gezahlt wurden, so sind sie erstaunlich gering. Von den 57 Vollerwerbsbetrieben entlohnten nur 31 Tagelöhner, die sie fast ausschließlich in der Getreideernte beschäftigten. Im Durchschnitt wurden je Vollerwerbsbetrieb noch nicht einmal 3 T ausgegeben. Im Regelfall wurde noch im gleichen Wert Naturalverpflegung gereicht, so daß im Schnitt je Vollhof ein Tagelöhner 20 Tage lang Arbeit fand und beköstigt wurde. Oft genug übertraf jedoch innerhalb eines Dorfes die Zahl der Kleinstellen die der Vollhöfe ganz beträchtlich. Bei gleichbleibendem Arbeitsangebot wuchs die Zahl der Arbeitsuchenden, und die Beschäftigungsmöglichkeit verringerte sich entsprechend dem weiter gewordenen Verhältnis. Die genannte Zahl ist besonders wichtig, weil sie für eine Region ermittelt wurde, die innerhalb des alten Reiches noch am ehesten mittel- oder großbäuerlich bestimmt war. Hennings Untersuchungen zufolge spielte auch im Hochstift Paderborn die Vollerwerbslandwirtschaft als Arbeitgeber der unterbäuerlichen Schicht eine völlig untergeordnete Rolle.

Anders sah es in jenen Dörfern aus, in denen sich ein Gut befand. Hier wuchs die unterbäuerliche Schicht am stärksten, weil die Güter am ehesten das Land für ein Haus mit Garten zur Verfügung stellen konnten. War der Boden in den Altsiedelgebieten selbst für solche Kleinstellen schon sehr knapp geworden, so stand er nach Müllers Erhebungen in einem Kolonisationsgebiet wie der Mark Brandenburg noch zur Verfügung. Fördernd wirkte sich ein zweiter Grund aus. Für die Güter war es nicht lohnend, Lein anzubauen und Leinengarn oder Leinwand zu erzeugen. Deshalb fiel es ihnen nicht schwer, Parzellen an Kleinstpächter abzugeben, die darauf Lein bauten und ihn anschließend weiterverarbeiteten. Fiel die Ernte gut aus, so genügten 25 a, eine Vollarbeitskraft das Jahr über zu beschäftigen. Der daraus fließende Verdienst reichte zusammen mit dem auf dem Gut verdienten Tagelohn aus, einer Familie eine insgesamt zwar recht bescheidene, aber relativ sichere Existenz zu gewährleisten. Grundsätzlich anders sah es in den Bauerndörfern aus, wo Leinwand kaum angeboten wurde.

Dieser Einwand aktualisiert die von FRANZ gestellte Frage, wovon die Angehörigen der unterbäuerlichen Schicht eigentlich lebten? Es wäre zu einfach, sie mit der Aufzählung weiterer Tätigkeiten wie Dachdecken, Mithilfe beim Chausseebau, Ziehen von Treidelschiffen, Hollandgängerei, Holzfällen, Arbeit in Manufakturen und Steinbrüchen bereits endgültig beantworten zu wollen. Vollbeschäftigung war allem Anschein nach nicht zu erreichen und sie wurde außerdem durch das Bevölkerungswachstum immer wieder und immer stärker in Frage gestellt. Dieses Wachstum läßt sich für einige Territorien exakt in Zahlen fassen, und Wachstumsraten um 50 v. H. sind für die zweite Hälfte des 18. Jahrhunderts eher die Regel. Der Bevölkerungsüberschuß fand in der Vollerwerbslandwirtschaft praktisch kein Unterkommen mehr, und der Zug in die Stadt erschien bei der dort herrschenden schlechten wirtschaftlichen Lage auch nicht verlockend. So wuchs die unterbäuerliche Schicht überproportional, weil sie neben den eigenen Nachkommen den Überschuß von den Bauernhöfen aufnehmen mußte. Für Braunschweig konnte eine Vervielfachung nachgewiesen werden. Für Sachsen ist eine Verzweieinhalbfachung für den Zeitraum von 1750 bis 1843 belegt. Der deutlich größere Zuwachs dürfte vor den Befreiungskriegen erfolgt sein. Nach den Angaben Saalfelds läßt sich für das alte Reich eine Vervierfachung der unterbäuerlichen Schicht zwischen 1500 und 1800 errechnen. Zu bedenken sind die hohen Menschenverluste während des Dreißigjährigen Krieges, so daß die Zunahme der unterbäuerlichen Schicht im wesentlichen auf das 18. Jahrhundert zu beziehen ist.

Die Zahl der Vollhöfe blieb in den Anerbengebieten nahezu konstant, und sie veränderte sich selbst in den Realteilungsgebieten nicht erheblich. Infolgedessen blieb auch die Zahl jener Menschen weitgehend gleich, die von diesen Höfen stammte und in die unterbäuerliche Schicht absank. Nach 1750 muß ein beträchtlicher Optimismus ihre Angehörigen erfaßt haben, denn sie schlossen in einem zuvor nicht gekannten Umfang Ehen. Die Schicht mußte also überproportional anwachsen. Dabei sind drei verschiedene Entwicklungstendenzen zu beobachten. In den Realteilungsgebieten nahm die Bevölkerung kaum zu, und die Erbsitte förderte soziale Unterschiede nur geringfügig. In den Anerbengebieten wurde dagegen eine ausgeprägte soziale Schichtung der Dorfbevölkerung bewahrt, wobei sich allerdings deren Anteile erheblich verschoben. Die Zahl der Vollhöfe und im Altsiedelgebiet auch der Kleinstellen vergrößerte sich höchstens geringfügig, so daß immer mehr Einlieger in den Dörfern anzutreffen waren. Die soziale Spannbreite erfuhr in den Gutsdörfern, in denen das bäuerliche Element zunehmend zurücktrat, eine noch stärkere Ausweitung durch die zusätzlichen Kleinstellen, so daß man hundert Jahre später meinte, sie sei durch die Ansiedlung von Bauern zu korrigieren.

III Die Agrarverfassung

A Kameralismus und staatliche Agrarpolitik

Sicherlich lag es am aufklärerischen Zug der Zeit, wenn 1727 in Halle und Frankfurt/Oder die ersten Lehrstühle für Kameralistik eingerichtet wurden, deren Zahl sich bis zur Jahrhundertmitte stark erhöhte. Probleme der Gegenwart sollten wissenschaftlich angegangen und einer Lösung näher gebracht werden. Zu den Aufgaben gehörte vorrangig die Verwirklichung merkantilistischer Grundsätze. Danach war die Wirtschaft des eigenen Staates so zu fördern, daß Importe überflüssig wurden, die Exporte dagegen zunahmen. Nur so konnte das oberste Ziel erreicht werden: die positive Zahlungsbilanz. Hinter diesem Ziel steckt die Forderung des absolutistischen Staates nach mehr Edelmetall oder Geld, um die fürstliche Repräsentation, das stehende Heer und den Ausbau der Verwaltung finanzieren zu können.

Merkwürdigerweise stießen sich die Theoretiker dieses Systems nicht an der Ungereimtheit, die sich ergibt, wenn die Mehrheit aller Staaten danach trachtet, eine positive Handelsbilanz zu verwirklichen, mit der damals eine positive Zahlungsbilanz verbunden war. Womöglich wurde dieser Widerspruch übersehen, weil man zwar im Grundsatz nach Exportüberschüssen und Autarkie strebte, beides aber häufig verfehlte und dennoch in keine schwierige wirtschaftliche Lage hineingeriet. Vor allem die Kleinstaaten, die keine Eroberungskriege planten und keinen wirtschaftlichen Druck ausüben konnten, handhabten das Modell bedeutend laxer. Sie strebten aber ebenfalls danach, den Glanz des angestammten Fürstenhauses zu vermehren – und dazu war mehr Geld als bisher nötig. Die Kameralisten hatten deshalb auch dort brauchbare Vorschläge für seine Beschaffung zu entwickeln. Aus diesem Grunde wird der Kameralismus heute recht treffend auch als **Fürstenwohlstandslehre** bezeichnet.

Besonders wichtig war der **Bergbau.** Die Soldaten brauchten Gewehre und Kanonen, und auch der zivile Bereich – die Landwirtschaft machte keine Ausnahme – verwendete mehr Eisen. Stark gefragt war auch Messing als nichtrostende Legierung. Wendet sich der Landwirt den Schriften des wohl bedeutendsten Kameralisten Johann Heinrich Gottlieb v. Justi zu, so ist er überrascht, wie weit der Kameralist über die Landwirtschaft hinausgreift und welche große Rolle andere Gewerbe in seinen Überlegungen spielen. Glaubt man, gegen ihn seinen Nachfolger Johann Beckmann auf dem Göttinger Lehrstuhl ins Feld führen zu können, weil er mit den „Grundsätzen der teutschen Landwirthschaft" das erste rein landwirtschaftliche Lehrbuch schrieb, so liegt auch diesmal der Irrtum auf der Hand. Der Katalog der Göttinger Universitätsbibliothek enthält weit mehr Werke aus anderen Bereichen, so daß die der Landwirtschaft gewidmeten nur einen kleinen Bruchteil ausmachen.

Neben dem Bergbau förderten die Kameralisten vor allem **Tuchmanufakturen,** um die Einfuhr besserer ausländischer Qualitäten zu stoppen. Wurde gleichzeitig die nur selten reflektierte Devise berücksichtigt, wonach ein volkreicher Staat auch ein wohlhabender sei, so konnte eine Regierung nichts Einträglicheres tun, als französische Exulanten aufzunehmen. Sie brachten die erforderlichen Spezialkenntnisse für die Tuchweberei mit und sorgten zusätzlich für ein rasches Bevölkerungswachstum. Bei der optimistischen Grundstimmung während der Aufklärungsperiode sahen nur wenige die Gefahr, die Bevölkerung könne rascher wachsen als die Zahl neueingerichteter Arbeitsplätze und der unbeschäftigte Teil der Einwohner müsse verelenden.

Weitere **Gewerbezweige** wurden durch **fürstliche Privilegien** begünstigt, indem man den Gründungen innerhalb des Territoriums eine Monopolstellung verschaffte, um ihnen wenigstens hier den nötigen Absatz zu sichern. Stieg mit zunehmender Einwohnerzahl die Nachfrage nach Gütern des täglichen Bedarfs, so war das bei Luxusprodukten wie Glas, Spiegelglas, Fayencen und Porzellan durchaus nicht immer der Fall. Da diese Unternehmen gleichfalls das Ansehen des Staates heben sollten, waren sie zuweilen nur durch Zuschüsse am Leben zu erhalten, worunter auch fürstliche Sonderaufträge zu verstehen sind. In solchen Fällen blieben die erhofften Erträgnisse für die Kammerkasse nicht nur aus, sondern die Renommierbetriebe verursachten womöglich sogar noch zusätzliche Ausgaben.

Welcher **Platz der Landwirtschaft in diesem Wirtschaftssystem** zugewiesen wurde, ist unschwer vorauszusehen. Sollten die Manufakturen konkurrenzfähig sein und sich nicht nur im eigenen Land, sondern vor allem beim Export behaupten, so durften die Produktionskosten nicht zu hoch sein. Zu ihnen zählten die Löhne, und da seinerzeit ein Arbeiter ungefähr die Hälfte für Nahrungsmittel ausgeben mußte, durften besonders sie nicht zu teuer sein. Preistaxen für Lebensmittel waren die Folge, doch konnten sie sich oft genug im Wechselspiel von Angebot und Nachfrage nicht durchsetzen. Mit der dienenden Stellung, in der die Kameralisten die Landwirtschaft sahen, braucht keine Verringerung oder Stagnation des Einkommens verbunden gewesen zu sein. Die rasch zunehmende und zudem recht unelastische Nachfrage vor allem nach Brotgetreide sorgte für ganz erhebliche **Preissteigerungen** im späten 18. Jahrhundert, von denen die Landwirte profitierten. Dieser unerwünschte Preisanstieg konnte nur gebremst oder vermieden werden, wenn es gelang, die landwirtschaftliche Produktion erheblich anzuheben. Die Kameralisten mußten also überlegen, welche Mittel dafür zur Verfügung standen.

Diese Frage streifte Beckmann höchstens. Immerhin drangen Justi und Johann Friedrich v. Pfeiffer auf die Abschaffung der Brache, Hutungen und Triften. Die Fruchtfolge jedoch, die Pfeiffer vorschlug, um die Brache zu ersetzen, kann den Ackerbauer nicht überzeugen. Für die Aufteilung gemeinsam genutzter Weideflächen fehlte ein Verfahrensgang, dem alle Beteiligten hätten zustimmen können. Aber nicht nur in diesen Fällen kamen die Kameralisten über die Theorie nicht hinaus. Das Lob des Nationalökonomen Wilhelm ABEL ist verständlich, das Justis Forderung gilt: „Und indem er (der Landwirt, W. A.) den Preis und die Nutzung gegeneinander hält so muss er, nach Massgebung der größeren Nutzung den Gebrauch dieser oder jener Frucht erwählen" (G 1978, 295). Was nützt aber die theoretisch richtige Erkenntnis, wenn die Betriebslehrer die relative Vorzüglichkeit einzelner Betriebszweige oder Kulturarten noch nicht einmal im 19. Jahrhundert kalkulieren konnten und die Lösung erst im 20. Jahrhundert fanden?

Natürlich klingt die **Auffassung von der Organismusnatur** des landwirtschaftlichen Betriebes an, wenn über das Verhältnis des Ackerbaues zur Viehzucht nachgedacht wurde, um eine ordnungsgemäße Düngung zu gewährleisten. Abels erfreuter Rückgriff auf Pfeiffer vermag jedoch nicht zu überzeugen. Wenn nach Meinung des Kameralisten von 60 Morgen Ackerland jährlich 20 gedüngt werden sollen und dafür 52 Stück Großvieh (GV) gehalten werden müssen, ergibt das in der heute üblichen Ausdrucksweise 330 GV/100 ha Ackerland. Diese Zahl ist illusorisch. In drei Erhebungen in Bremen/Verden, Beedenbostel bei Hannover und einigen braunschweigischen Dörfern wurde auf Bauernhöfen maximal ein Viertel des geforderten Umfanges erreicht und in Ostpreußen wurde dieser Wert noch einmal erheblich unterschritten. Das Urteil des Landwirts Theodor Frhr. v. D. GOLTZ gilt immer noch zu Recht, wenn er Justi und Pfeiffer bescheinigt, sie hätten zwar die Hauptursachen des damaligen unbefriedigenden Zustandes der Landwirtschaft erkannt, aber sie hätten sich „noch kein deutliches Bild davon gemacht, wie denn eigentlich ein nach ihrer Ansicht ‚vollkommener Betrieb' zu organisieren oder mit anderen Worten, was an die Stelle der unhaltbar gewordenen Form der Felder- und Feldgraswirtschaft zu setzen sei" (1902/1963, I 335). Den letzten Hausvater, den Pastor Germershausen, kann man in dieses Urteil einschließen.

Es verwundert daher nicht, wenn die sogenannten **Experimental-Ökonomen** die Kameralisten zum Teil recht scharf kritisierten. Tatsächlich beobachteten sie die einzelnen Produktionsverfahren gründlicher und trugen darüber ein erstaunliches Zahlenmaterial zusammen. Sie durchleuchteten auch die ökonomische Seite der von ihnen geleiteten Betriebe sorgfältig. Die negative Kritik schlug aber auch bei ihnen noch nicht in eine konstruktive um. Als Beispiel möge Johann Georg Leopoldt dienen, der es im Dienste des Reichsgrafen v. Promnitz bis zu dessen Güterdirektor brachte. Johann Riem arbeitete seine Grundsätze in das Werk ein und gab es 1802 noch einmal heraus. Aber auch jetzt ist der eigentliche Mangel nicht behoben. Auch Riem beschränkte sich darauf, die heute so genannte spezielle Intensität, beispielsweise des Roggenbaus oder der Milchviehhaltung, zu steigern. Von einer optimalen Zuordnung der Produktionsverfahren ist indessen noch nichts zu entdecken. Es wäre jedoch unhistorisch, Kameralisten, Experimental-Ökonomen und den letzten Hausvätern diesen Mangel vorzuwerfen. Ihr Verdienst besteht darin, die Gebrechen der Landwirtschaft erkannt und der Forschung den richtigen Weg gewiesen zu haben. Man kann die Männer des späten 18. Jahrhunderts nicht tadeln, weil sie noch nicht die einschlägigen Kenntnisse besaßen, die erst im 20. gewonnen wurden.

Abschließend muß auf die zweite, aber aller Wahrscheinlichkeit nach vorrangige Aufgabe der Kameralisten eingegangen werden. Im Dienste des Landesherrn stehend sollten sie nicht nur helfen, „den Flor des Landes" zu heben, sie hatten auch dafür zu sorgen, daß die landesfürstlichen Kassen reichlicher als bisher gefüllt wurden. Infolgedessen hatten diese Lehrstuhlinhaber auch über eine effiziente **Steuererhebung** nachzudenken. Das Ergebnis sei in wenigen Strichen skizziert.

Die damals entwickelten Grundsätze entsprechen weitgehend denen, die heute noch gültig sind. So sollte die Besteuerungsart allgemein verständlich sein, die Höhe war für alle verbindlich festzulegen, und auch die Steuergerechtigkeit klingt an, wenn nicht der Wert der Vermögen oder Betriebsmittel versteuert werden sollte, sondern die daraus oder damit erzielten Einkommen. Für die Handwerker legte Justi beispielsweise eine Überschlagsrechnung vor, um abschätzen zu können, wieviel Steuern der Staat von ihnen verlangen könne, ohne ihre Existenz zu gefährden. Dabei ging Justi einigermaßen vorsichtig zu Werke, wohl auch deshalb, weil er sich der weiten Fehlergrenzen seiner Kalkulation bewußt war.

Gleich ihm forderten auch die anderen Kameralisten die Anlage von Katastern, um die Landwirtschaft korrekter und wirkungsvoller zu besteuern. Auf das Beispiel sei noch einmal zurückgegriffen: Wenn die braunschweigische Regierung die Kosten der Generallandesvermessung übernahm und mit diesem Vorhaben gleichzeitig agrarstrukturelle Verbesserungen anstrebte, so tat sie es doch in erster Linie deshalb, um mit den Feld- und Wiesenbeschreibungen einen „sicheren unbetrüglichen Grund" für die Steuererhebung zu besitzen. Bereits in diesem Punkt war der Bauer dem Handwerker unterlegen. Letzterer konnte einen schlechten Geschäftsgang simulieren, um für die Steuer niedriger eingestuft zu werden. Beim Bauern wurde dagegen einfach mit der Größe des Landbesitzes eine bestimmte Steuerhöhe verknüpft, und bei den nach Mißernten unumgänglichen Remissionen erwies sich der Staat als zäher Verhandlungspartner.

Noch gröber verfuhr man bei den Reichen, den Handelsherren oder den Manufakturbesitzern. Justi betonte zwar, sie mästeten sich am Schweiße ihrer Mitbürger, doch riet er zu großer Vorsicht, da die Blüte der Territorialwirtschaft von ihnen abhinge, und sie – wenn sie zu hart angefaßt würden – ihr Vermögen ins Ausland transferieren könnten. Ganz unverständlich ist schließlich, weshalb er von der herrschenden Lehrmeinung abwich. Um die Reichen wenigstens ein wenig an der Steuerbürde zu beteiligen, sollten die Akzisen oder Verbrauchssteuern vor allem auf Luxusgüter wie Equipagen, aber nicht auf Lebensmittel gelegt werden. Justi widersprach jedoch, weil der Mensch – wie er sich ausdrückte – auch nicht in seinen eitlen Handlungen beeinträchtigt sein will.

Bei dieser Unvollkommenheit, aber auch Widersprüchlichkeit der von den Kameralisten entwickelten Lehrmeinung verwundert es nicht, wenn eine umfassende, in sich konsequente Agrarpolitik noch nicht getrieben wurde. Ähnlich wie bei der Führung landwirtschaftlicher Betriebe beschränkten sich auch die Regierungen auf Einzelmaßnahmen. So trieb die preußische Regierung zwar Bauernschutzpolitik, doch schränkte sie die Rechte der Gutsherren über „ihre" Bauern nicht ein. Selbst nach der Französischen Revolution zementierte sie im Preußischen Landrecht noch einmal die abhängige Stellung der Bauern. Einzelne Verbesserungen wurden zwar geplant, aber am Gefüge des Ständestaates sollte nicht gerüttelt werden. Genauso sah es in Hannover aus. Immerhin verzichtete hier der Staat auf die ihm zustehenden Naturaldienste, doch erhob er anschließend ein Dienstgeld, um bei gewandelter äußerer Form den Fortbestand des alten Rechtes zu dokumentieren. Vielerorts äußerte sich im Spätfeudalismus das Unbehagen an den bestehenden Zuständen. Fortschrittliche Ideen schienen an mehr als einer Stelle auf. Der grundsätzliche Wandel blieb jedoch dem folgenden Jahrhundert vorbehalten.

B   Die Grundherrschaft

Freie Bauern, die nach eigenem Ermessen über den von ihnen bewirtschafteten Grund und Boden verfügen konnten und höchstens ein Schutzgeld zahlten, hat es im Alten Reich nur in gerodeten Waldgebieten, Gebirgen und Küstenlandschaften gegeben. Aufs Ganze gesehen war ihr Anteil an der Landbevölkerung jedoch so gering, daß es nicht lohnt, näher auf sie einzugehen.

Die übrigen Bauern hatten den Boden dagegen nur zur Bewirtschaftung übertragen bekommen. Der abgebende Personenkreis wurde bereits in der Lehnspryramide dargestellt (vgl. Abb. 1, S. 12). Seit dem ausgehenden Mittelalter waren die Patrizier hinzugekommen. Sie erwiesen sich im Unterschied zum Adel, in dem sie nicht selten aufgingen, als ein standesmäßig wenig gefestigtes Element. Deshalb trifft für ihre Nachfolger im Spätfeudalismus der Ausdruck Bürger oder Großbürger besser zu. Alle genannten Personen übten über die Bauern die Grundherrschaft aus.

Auf den vieldiskutierten Ursprung der Grundherrschaft oder ihre Bedeutung für das Entstehen reichsunmittelbarer Herrschaften braucht hier nicht eingegangen zu werden. Trotz dieser Erleichterung bieten die unterschiedlichen Typen der Agrarverfassung „am Abend vor der Bauernbefreiung" als „Ergebnis der Gesamtentwicklung" immer noch genügend Schwierigkeiten, wenn ihre Bedeutung für Herrschende und Beherrschte gewichtet werden soll. „Wichtig ist" – so stellte Friedrich LÜTGE grundsätzlich fest (1967, 182) – „daß sich die **herrschaftliche Grundstruktur der Agrarverfassung** erhalten hat. Das heißt also, daß allen Wandlungen zum Trotz die Form der herrschaftlichen Strukur – Grundherrschaft oder Gutsherrschaft – ...bestehen geblieben ist." Die Gegenüberstellung zeigt unübersehbar, daß der Ausdruck Grundherrschaft nur noch verstanden werden kann, wenn seine konventionelle Bedeutung für das Ende des Ancien Régime bekannt ist. Die Grundherrschaft ist nämlich gleichfalls Bestandteil der Gutsherrschaft. Sie unterscheidet sich von der ersteren dadurch, daß sie die Leibherrschaft, zumindest die Schollenpflichtigkeit, und Gerichtsherrschaft mit einschließt.

Als wenig erfolgreich erwies sich Lütges Versuch, das **Wesen der Grundherrschaft** mit juristischen Kategorien zu erfassen. So meint er von der Nordwestdeutschen Grundherrschaft, der Übergang zum Pachtsystem im 14. u. 15. Jh. habe die herrschaftliche Verfassung aufgelockert, „denn die Pacht hat sachenrechtlich-schuldrechtlichen Charakter und kann daher konsequenterweise nicht als eine grundherrliche Bildung, als Bestandteil einer grundherrlichen Verfassung angesehen werden. Aber dieser Einbruch hat im wesentlichen nur eine vorübergehende Bedeutung gehabt. Eine Ausnahme bildet nur Westdeutschland..; demgegenüber ist in Nordwestdeutschland sehr bald wieder eine grundherrliche Form, die sog. ‚neuere' Grundherrschaft, zum Siege gekommen." Später (190) heißt es: „Aus der Pacht wird ein erbliches, grundherrliches Nutzungsrecht."

Zuerst einmal müßte der allgemeine Übergang zu Pachtverhältnissen bewiesen werden. Lütge vertraut in diesem Punkt dem sehr salopp vorgehenden Werner Wittich, dessen Deduktionen nicht gefolgt werden kann. Aber auch die Rückkehr zur Grundherrschaft ist nicht in der von Lütge beschriebenen Weise erfolgt.

Der bis zum Ablösungsgesetz von 1834 im Herzogtum Braunschweig gültige Salzdahlumer Landtagsabschied von 1597 bestimmte folgendes: Der Meier sei auf der Meierstatt zu belassen, wenn er sich als guter und redlicher Hauswirt betragen habe, aber dann heißt es ausdrücklich: „Damit dem Gutsherrn (heutiger Sprachgebrauch Grundherr, W. A.) ihr dominium utile (vgl. S. 109) nicht intervertirt, noch aus Meyergütern durch die Länge der Zeit Erbzinsgüter gemacht werden mögen; soll jeder Meyer nach Verlauf von neun Jahren die Güter von neuem Meyerweise annehmen."

Rein rechtlich halten also die welfischen Juristen daran fest, die Meierhöfe seien Pachtgüter. Da aber der gute Wirt auf der Meierstatt zu belassen sei, wird das Gut de facto zum **Leibgeding,** und schließlich bei der herkömmlichen Weitergabe an eins seiner Kinder de facto zum **Erbpachthof.** Das Lösen des Meierbriefes und die Weinkaufs-Gebühr erinnern den Meier immer wieder an das Fortbestehen der Grundherrschaft, und dem Grundherrn blieb das Recht, bei Eigenbedarf den Bewirtschafter „abzumeiern". Beim Tode des Meiers stand ihm ein Mortuarium zu. Bei dieser offensichtlichen Vermischung rechtlicher Kategorien lohnt es nicht, die Rechtsnatur eines Leiherechts mit Akribie zu analysieren. Vielmehr ist zu erfassen, welche Rechte der Grundherr über seinen Holden noch besaß und auch tatsächlich durchsetzen konnte.

Als **bestes Besitzrecht** wird allgemein das **Erbzinsrecht** angesehen. Der Begriff deutet bereits auf den Verlust eines wesentlichen Herrenrechtes hin, nämlich die Verfügungsfreiheit bei der Vergabe oder Rücknahme des Bauerngutes. Bereits dieser Verlust hat den römisch-rechtlich geschulten Juristen manche Verlegenheit bereitet. Hatten die Römer unbedingte Verfügungsgewalt über eigentümlich besessene Sachen postuliert, so stand der fortdauernde Besitz des Erbzinsmannes dazu im Widerspruch. Die Juristen behalfen sich, indem sie das Eigentum in das dominium directum und das dominium utile aufspalteten. Ersteres kam dem Grundherrn zu, letzteres dem Bauern. Der Staat hatte im Laufe der Zeit in dieses Recht eingegriffen. Es konnte dem Erbzinsmann gestattet sein, Land zu verkaufen, falls er der Anzeigepflicht gegenüber dem Grundherrn nachkam. Falls jedoch der Staat die Höfe als Steuerquelle ansah, die es zu erhalten galt, konnte der dem gesamten Land die sogenannte **Pertinenzqualität** zusprechen, und der Abverkauf war nicht mehr statthaft. War ein fester Geldbetrag als Grundzins vereinbart worden, so unterlag er während der Jahrhunderte durch die Geldverschlechterung einer fortlaufenden Entwertung. Der Zins konnte zu einer bloßen Anerkennungs- oder Rekognitionsgebühr schrumpfen. War es nicht mehr lohnend, diese Bringschuld jährlich zu begleichen, so wurde sie im mehrjährigen Turnus entrichtet. Neben dem Zins konnte der Erbenzinsmann dem Grundherrn zu Diensten verpflichtet sein. Auch leibherrschaftliche Bindungen an den Grundherrn konnten zusätzlich bestehen, so daß der Herr ein Mortuarium oder eine Todfallsabgabe verlangte.

Schien der Grundherr bei einem sich fortlaufend entwertenden festen Geldzins grundsätzlich am kürzeren Hebel zu sitzen, so bot das Mortuarium die keinesfalls verschmähte Gelegenheit, einen Ausgleich zu schaffen. Der Hofeswert stieg im Laufe der Zeit und damit die Abgabe, falls sich gewohnheitsmäßig ein fester Anteil herausgebildet hatte. Noch ungünstiger sah es für den Bauern aus, wenn er – wie im Hochstift Osnabrück – die Todfallsabgabe jedesmal neu mit dem Grund- und Leibherrn auszuhandeln hatte. Fiel sie zu hoch aus, konnte schon dadurch die Existenz des Hofes gefährdet werden. Aber das geschah auch dann, wenn der neue Bewirtschafter früh verstarb, und die Last erneut vom Annehmer zu tragen war. Auch Justus Möser gelang es nicht, die drückenden Verhältnisse zugunsten der Bauern zu verändern, und bei seiner konservativen Grundeinstellung verteidigte er sogar die zugrundeliegende Ursache, nämlich die Leibherrschaft.

Wie fließend im Spätfeudalismus die Übergänge zwischen den einzelnen Besitzrechten bereits geworden waren, läßt sich leicht zeigen, wenn Erbenzinsrecht und Leibrecht gegenübergestellt werden. Letzteres sicherte dem Bauern das Besitzrecht nur für seine Lebenszeit zu. Damit ist scheinbar eine weit größere Verfügungsgewalt des Grundherrn über den Holden gegeben. Hatte sich auch der Herr mit einem festen Zins einverstanden erklärt, so konnte er ihn doch bei jedem Besitzwechsel den veränderten Umständen anpassen, bei Getreidepreissteigerungen also erhöhen. Bei dieser Sachlage mußte der Bevölkerungsbewegung eine bedeutsame Rolle zufallen. War sie rückläufig, waren Bewerber knapp, die den Hof nur annahmen, wenn der Herr Zugeständnisse machte. Wuchs dagegen die Einwohnerzahl, war es der Herr, der seine Forderungen höher schraubte. Im Spätfeudalismus bestand dazu die Gelegenheit, da die Bevölkerung einen ganz beträchtlichen Aufschwung nahm. War inzwischen die Weitergabe des Hofes an die Witwe oder einen Leibeserben zum nicht mehr umkehrbaren Gewohnheitsrecht geworden und der Zins fixiert, entsprach das Besitzrecht bereits weitgehend dem eines Erbenzinsmannes. Aber auch diesmal konnte der Grundherr an der gestiegenen Leistungfähigkeit des Hofes teilhaben. Wie Christian Heimpel für das Heiliggeisthospital in Biberach zeigen konnte, ersetzten höhere Annahmegelder den entgangenen Nutzen, auf den der Herr bei Preissteigerungen wegen des festen Zinses verzichten mußte.

Das schlechteste Besitzrecht war das **Freistift,** bei dem der Bauer in jedem Jahr nach der Ernte des Hofes entsetzt werden konnte. Dieses Recht offenbarte gerade im Spätfeudalismus seine Schattenseiten. Der Bevölkerungsdruck hatte ein zuvor nie gekanntes Ausmaß erreicht, und dementsprechend gab es genügend Menschen, die um jeden Preis nach einer Existenz Ausschau hielten. Diese Rechtsform war vor allem in Bayern verbreitet. Das Freistift benachteiligte jedoch nicht nur den Bauern. Auch wenn er sich nur kümmerlich durchschlagen konnte und Meliorationen deswegen dringend geboten gewesen wären, hätte der Bewirtschafter dennoch unklug gehandelt, wenn er sie verwirklicht hätte. Der Grundherr hätte ihm den Hof schon nach der nächsten Ernte entziehen und bei der erneuten Vergabe an ihn oder einen anderen Bewerber den Zins heraufsetzen können. Wer unter diesen Umständen eine Verbesserung durchführte, hatte keine Aussicht, von ihr zu profitieren. Infolgedessen stagnierte die Produktionstechnik, und der Schaden für die gesamte Territorialwirtschaft liegt auf der Hand. Mit solchen Höfen war der Flor des Landes nicht zu heben.

Die Neigung zu Investitionen hing damals jedoch nicht allein von der Sicherheit des Besitzes ab. Zwar kosteten die Innovationen meistens nur wenig Geld, doch verursachten sie einen spürbar höheren Arbeitsbedarf, so daß ein hinreichender Anreiz bestehen mußte, wenn sie realisiert werden sollten. Eine gewisse Liquidität des Betriebes war ebenfalls unerläßlich. Sei es, um neues Saatgut zu kaufen oder Zuchttiere zu beschaffen oder eine zusätzliche Arbeitskraft einzustellen oder mehr im Tagelohn verrichtete Arbeit zu vergüten. Auf Grund der günstigen Agrarkonjunktur während des späten 18. Jahrhunderts könnte die erforderliche Liquidität erst einmal grundsätzlich unterstellt werden, doch müssen weitere Voraussetzungen gegeben sein, wenn sie nicht wieder in Frage gestellt werden soll.

Die Höfe mußten sich langfristig im Besitz der Familie befinden. Bei Besitzwechsel durften weder die Todfallsabgabe oder das Annahmegeld zu hoch festgesetzt werden. Die Höhe des Grundzinses durfte nicht mehr dem freien Ermessen des Grundherrn überlassen sein. Aber ein ganz wesentlicher Punkt kam noch hinzu: Der Staat durfte den steigenden Geldüberschuß der Betriebe durch Steuererhöhungen nicht wieder vollständig abschöpfen. Es sei schon jetzt gefragt, was aus der von Lütge so bezeichneten Bauernschutzpolitik der Welfen wird, wenn man auch diesen Punkt berücksichtigt (vgl. S. 85). Die Gutsbesitzer brauchten eine höhere Besteuerung des Staates nicht zu fürchten, da sie sich weitgehend die Exemtion von öffentlichen Lasten bewahrt hatten.

Hält man Rückblick auf Lütges einleitende Bemerkungen zur Grundherrschaft, so ist ein optimistischer Grundzug nicht zu verkennen. Bei Diensten und Abgaben unterstellt er praktisch durchgängig deren Fixierung, so daß sich bei der erheblichen Aufwärtsentwicklung der Agrarpreise die wirtschaftliche Lage der Bauern deutlich verbessert habe müßte. Wie die Besteuerung darauf einwirkte, übergeht Lütge jedoch. Dennoch hätten ihm Zweifel kommen müssen. Im Kurfürstentum Sachsen und in der Provinz Schlesien äußerte sich der Unmut über das fortdauernde Feudalsystem, vor allem über die Dиente, in handfestem Aufbegehren. Im Hochstift Hildesheim und in Schaumburg-Lippe protestierten die Bauern gegen die Staatsverwaltung und das Steuersystem. diesen, inzwischen sogenannten **bäuerlichen Widerstand** kann man nicht einfach als Fernwirkung der Französischen Revolution deklarieren.

Die neuere Forschung hat weitere Konflikte zwischen Herren und Bauern aufgedeckt, die schon früher, und zwar meistens in der institutionalisierten Form des Gerichtsverfahrens ausgetragen wurden. Wenn auch an dem grundsätzlichen Interessengegensatz zwischen Grundherren und Grundholden nicht zu zweifeln ist, bleibt dennoch abzuwarten, welche Repräsentanz den bisherigen Einzelergebnissen zukommt.

C   Die Gutsherrschaft

Das Begriffspaar Grundherrschaft/Gutsherrschaft hat sich eingebürgert, um damit wesentliche Unterschiede in der Agrarverfassung der Altsiedellande und der östlichen Kolonisationsgebiete herauszustellen. Das gelingt jedoch nur, wenn der konventionelle Sprachgebrauch beachtet wird. Im Unterschied zur Grundherrschaft spürten die Bauern, die der Gutsherrschaft unterworfen waren, im alltäglichenLeben die Macht ihres adligen Herrn viel einschneidender, wozu die weit umfangreicheren Frondienste erheblich beitrugen, die wiederum die Führung des eigenen Betriebes beträchtlich erschwerten. Dienten in Braunschweig und Hannover die Großbauern maximal an 104 Tagen im Jahr mit dem Spann, so wuchs die Zahl der Dienst-Tage in Ostpreußen bis auf 500 an. Diese Zahl war natürlich nur zu realisieren, wenn zeitweilig mehrere Personen zum Dienst erschienen.

Abgesichert wurden die höheren Anforderungen an die Bauern durch die Ballung dreier Herrschaftsrechte in der Person des Grundherrn: **Grund-, Leib- und Gerichtsherrschaft.** Im Vergleich zur bloßen Grundherrschaft könnte man die Gutsherrschaft auch als Sonderfall betrachten, bei dem Leibherrschaft (zumindest Schollenpflichtigkeit) und Gerichtsherrschaft hinzukamen. Diese Auffassung bedarf jedoch noch der Ergänzung, denn auch im Altsiedelgebiet waren die Leibherrschaft ziemlich und die Gerichtsherrschaft durchgängig verbreitet. Selbst die Konzentration der drei Rechte in einer Hand kann hier nachgewiesen werden.

Mangels geeigneter Vorarbeiten ist nicht mit letzter Sicherheit zu entscheiden, worauf die höhere Dienstbelastung der Bauern im Osten zurückzuführen ist. Die wahrscheinlichste Annahme stützt sich auf die andersartige Agrarstruktur. Im Osten gab es weit mehr Güter als im Westen und sie bewirtschafteten auch einen entschieden höheren Anteil an der landwirtschaftlich genutzten Fläche. Wegen der geringen Fruchtbarkeit der Böden durften die Bauernhöfe nicht zu klein sein, so daß sich eine weit engerer Relation zwischen Gütern und Bauernwirtschaften als im Westen ergab. Der daraus resultierenden umfangreicheren Dienstbelastung konnten sich die Bauern nicht entziehen. Sie waren zwar nicht leibeigen, wohl aber erbuntertänig. Sie waren also an die Scholle gebunden, hatten in ihrer Jugend den Gesindezwangsdienst zu leisten, benötigten bei der Verheiratung des Konsens ihres Herrn, konnten nur mit seiner Erlaubnis ein Handwerk erlernen und mußten einen Hof zu den festgesetzten Bedingungen annehmen. Mit der Annahme wurde die Grundherrschaft begründet, die den Bauern zu Abgaben, vor allem zu Diensten verpflichtete. Genügte er nach Meinung des Gutsherrn den zu stellenden Anforderungen nicht, so saß er über seinen Untertanen zu Gericht. Entlief der Bauer, leisteten die Behörden Hilfe, um ihn seinem Leibherrn wieder zuzuführen.

Die Frage, weshalb die Gutsherrschaft im Westen und Südwesten des Reiches praktisch fehlte, ist weitgehend überflüssig, da hier Güter des Adels selten waren. Sie wird aber dringlicher für die Mitte Deutschlands – das südliche Niedersachsen, die Magdeburger Börde, Thüringen und das Kurfürstentum Sachsen – sowie die bayerischen Hofmarken, wo die Zahl der Güter nicht unerheblich war. In der Hauptsache waren es zwei Faktoren, die diese intensive Herrschaftsform verhinderten: 1.) die fehlende Leibherrschaft und damit verbundene Schollenpflichtigkeit. Falls die Bauern die Freizügigkeit besaßen, ließen sie ihre Höfe, falls sie die Belastung als zu hoch empfanden, einfach im Stich. 2.) Die Territorialherren verhinderten eine ungebührliche Vermehrung der Frondienste, weil sie die ordnungsgemäße Bewirtschaftung der Bauernhöfe, ihrer Hauptsteuerquelle, sichergestellt wissen wollten. Dagegen trieb der Militärstaat Preußen zwar eine keinesfalls wirkungslose Bauernschutzpolitik, aber dadurch durften die Rechte des Adels nicht angetastet und er dadurch verprellt werden, bildete dieser Stand doch das Rückgrat der Offizierskaste. Die Rücksichtnahme auf den Adel schloß eine forcierte Peuplierungspolitik keineswegs aus, im Gegenteil. Zu den Offizieren gehören die nötigen Mannschaften, wenn ein Krieg geführt werden soll.

Bis heute wird die Gutsherrschaft oft für die ostelbischen Gebiete in unzulässiger Weise verabsolutiert. Daran hat auch eine vierzigjährige intensive marxistische Forschung nichts Wesentliches geändert, die sich praktisch ganz auf das Gebiet der ehemaligen DDR beschränkte. Diese Forschungsrichtung hält sich zugute, den Teilbetriebscharakter der Güter erkannt zu haben. Aber diese Eigenschaft betonte schon Georg Friedrich Knapp, für den die Gutsherrschaft ihrem innersten Sinn nach ein Arbeitsverhältnis war, und zwar das besondere Arbeitsverhältnis jener Zeit für den landwirtschaftlichen Großbetrieb. Darüber hinaus ist schon in der einschlägigen Literatur des späten 18. Jahrhunderts mühelos die Erkenntnis zu finden, ohne die Frondienste der Bauern seien die Großbetriebe, also auch die Domänen des Staates, nicht zu bewirtschaften. Umgekehrt wurde schon um 1800 und zusätzlich in der neueren westlichen Forschung herausgestellt, in welchem Maße die Bauern mehr Zugtiere und Knechte halten mußten, damit sie die Gutsfelder mit bestellen und abernten konnten. Diese Leistungen wurden von den marxistischen Forschern als Arbeitsrente bezeichnet, die dem Gutsinhaber auf Grund feudaler Privilegien zufloß. Aus einer Zusammenstellung Abels ergibt sich, die Arbeitsrente habe es erlaubt, mit einem Drittel der andernfalls benötigten Lohnarbeitskräfte auszukommen. Die frondienstpflichtigen Bauern hatten also zwei Drittel der insgesamt benötigten Arbeitsleistungen zu übernehmen.

Nach der herkömmlichen Definition müßte also bei der Gutsherrschaft das feudale Privileg der Gutsbesitzer und des Staates als Domäneneigner darin bestanden haben, die **Arbeitsrente** zu beziehen. Daneben spielte die **Produktenrente,** also die Naturalabgaben, nur eine bescheidene Rolle. Nun deckten aber die rund 17 000 Gutsbezirke mit ihrem Landbesitz keineswegs die LF des preußischen Staates ab. Schon 1887 warnte Knapp vor dem „Sehfehler", die lassitischen Bauern hätten die Mehrheit aller Bauern dargestellt. Die Floskel, die Gutsherrschaft habe die ostdeutsche Agrarverfassung charakterisiert, ist deshalb eine unzulässige Verallgemeinerung. Auch im Osten überwogen jene Bauern, die nur der Grundherrschaft unterworfen waren. Sie lieferten vorrangig Naturalabgaben. Empfing sie eine Domäne oder ein Rittergut, flossen hier Arbeits- und Produktenrenten zusammen. Um bei solchen Mischformen den Empfängerbetrieb der Guts- oder Grundherrschaft zuordnen zu können, schlug Hartmut Harnisch vor, die Gutsherrschaft dann als gegeben anzusehen, wenn der Gutsbetrieb überwiegend mit Frondiensten bewirtschaftet wurde und außerdem dessen Einkünfte beim Gesamteinkommen überwogen (vgl. S. 76).

Dieser Kompromiß entfaltet seine Aussagekraft erst dann, wenn statt einzelner Güter eine repräsentative Auswahl für eine bestimmte Landschaft untersucht wird. Für die Magdeburger Börde hat HARNISCH (1978) das geleistet und ihren Übergangscharakter zwischen Ost und West herausgestellt. Für das übrige Preußen fehlen nach wie vor solche Untersuchungen. Es kann nur Knapps Warnung durch den Hinweis Lütges unterstützt werden, in der Uckermark habe sich nur in jedem zweiten oder dritten Dorf ein Gut befunden. Anders gesehen läßt sich auch dann die Ausdehnung und damit die Bedeutung der Gutsherrschaft fassen, wenn der Anteil der Lassiten oder Laßbauern an der Gesamtzahl ermittelt wird. Leider ist die Forschung jedoch über die wenigen Zahlen Knapps bis heute nicht hinausgekommen. Für den preußischen Teil Pommerns lautet der Prozentsatz immerhin 53 v. H., bezogen auf die spannfähigen Höfe. In der Provinz Brandenburg betrug der gleiche Satz nur 40 v. H. und wurde in den übrigen Teilen Preußens noch unterschritten.

D   Ständische Gliederung und ständische Mitregierung

Der Einfluß der Landstände auf die Politik des Landesfürsten war im Spätfeudalismus geradezu unbedeutend geworden. Daraus könnte der Schluß gezogen werden, es sei überflüssig, sich mit ihnen zu befassen. Das wäre jedoch voreilig, weil der Ritterstand beanspruchte, nicht nur sich selbst, sondern neben den eigenen Hintersassen den gesamten Bauernstand mit zu vertreten. In dieser Anmaßung liegt die Wurzel für einen Interessenkonflikt, der das politische Geschehen in einigen Territorien nachhaltig bestimmte.

Diese Aussage ist nur zu verstehen, wenn die **Organisation der Landstände** vorgestellt wird. Bereits im Mittelalter drängte „das Land" darauf, an der Regierung beteiligt zu werden. „Das Land" waren aber keineswegs alle Einwohner eines Staates, sondern lediglich deren Repräsentanten. Zu ihnen zählten die Ritter, die urspünglich den Kern des landesfürstlichen Heeres ausmachten und somit über die Wehrkraft des Territoriums entschieden. Unverzichtbar war auch die Mitwirkung der Städte, die zumindest kurzfristig als Geldgeber größeren Einfluß gewinnen konnten. Gemäß den Anschauungen der Zeit war die Mitarbeit der Geistlichkeit unumgänglich. Herangezogen wurden statt aller Kleriker aber nur die höheren Würdenträger, weshalb diese Kurie als Prälatenstand bezeichnet wurde. Dem Range nach nahm sie den ersten Platz ein. Zusammen mit den beiden anderen Kurien der Ritter und Städte bildete sie die Landschaft. Rief der Fürst einen Landtag ein, berieten sich die drei Landstände zuerst getrennt und trafen sich anschließend zur gemeinsamen Beratung. Die Stände hatten auch das Recht, dem Fürsten oder seinem Kanzler Gravamina vorzutragen. Im Regelfall gab zum Schluß jede Kurie ihr Votum geschlossen ab.

In der neueren Forschung hat vor allem Peter Blickle die **Bedeutung der Landstandschaft der Bauern** in einigen Territorien für die Ausgestaltung der Agrarverfassung betont. Diese Forschungsrichtung braucht hier schon deshalb nicht beachtet zu werden, weil – mit Ausnahme Mecklenburgs – der Einfluß der Gesamtinstitution gegen 1800 stark zurückgegangen war, unabhängig davon, ob die Bauern einen zusätzlichen Landstand bildeten oder nicht. In der Regel war der Landschaft nur das Recht verblieben, Steuern zu bewilligen oder bei der Rechnungslegung mitzuwirken.

Weshalb der **Einfluß der Stände nach dem Dreißigjährigen Kriege** fortlaufend zurückging, ist leicht zu begründen. Der nach absoluter Herrschaft strebende Staat intensivierte seine Verwaltung und seinen Anteil an der Rechtssprechung und setzte zu diesem Zweck immer mehr fachlich gut vorgebildete Kräfte ein, die hautberuflich ihrer Aufgabe nachgingen. Deshalb besaßen die landesfürstlichen Bediensteten einen ganz erheblichen Informationsvorsprung gegenüber den nur ehrenamtlich mitwirkenden Inhabern der Landstandschaft. Womöglich interessierten sie sich gar nicht für die politischen Ambitionen des Landesfürsten. Lagen die Besitzungen eines Ritters oder Klosters in zwei verschiedenen Territorien, war es ratsamer, distanzhaltende Neutralität zu wahren. Außerdem kostete die Teilnahme am Landtag Zeit und Geld, und beides mochte der Adlige nicht entbehren. Er war es deshalb zufrieden, wenn sich einige Standesgenossen bereitfanden, in den größeren oder besonders in den engeren Ausschuß zu gehen, mit dem die Landesregierung oft über ein Jahrhundert lang ausschließlich verkehrte. Bei diesem Personenkreis wurde die Grenze zwischen hauptberuflicher und ehrenamtlicher Tätigkeit bereits fließend.

Auch die Kurie der Städte hatte als Geldgeber und damit als Machtträger an Bedeutung eingebüßt. Galt es, rasch größere Summen aufzubringen, hatten sich seit langem Bankhäuser und Hofjuden als leistungsfähiger erwiesen. Die Prälatenkurie bestand in lutherischen Territorien aus landesfürstlichen Bediensteten, denen der Fürst in weltlicher Hinsicht Weistungen erteilen konnte; in geistlicher Hinsicht war er ihr summus episcopus. Trotz der straffen Hierarchie in der katholischen Kirche sah es in geistlichen Staaten anders aus. Oberhirte und Landesfürst wurde der Bewerber durch die Wahl des dem Adel vorbehaltenen Domkapitels. Der günstige Enscheid bedurfte in nicht wenigen Fällen der Nachhilfe. Das Domkapitel handelte bei jeder Wahl ihm zusagende Bedingungen aus, und der Begriff ist in mehrfacher Hinsicht treffend, wenn der Gewählte anschließend die Wahlkapitulation unterzeichnete. Wahrscheinlich liegt hier die Ursache für die oft recht altertümlichen Zustände in geistlichen Staaten; denn die adligen Domherren wachten hier noch wirkungsvoller als anderswo über die Einhaltung ihrer „wohlerworbenen Rechte".

Dennoch war die Macht der Stände im Grundsatz bereits gebrochen. Die Fürsten entschieden über Krieg und Frieden, wofür die Koalitionskriege gegen Frankreich als Beweis herangezogen werden können. Sie bemaßen auch den Umfang der Rüstung, den sie für erforderlich hielten. Die Stände, zu Rat und Hilfe verpflichtet, hatten anschließend bei der Finanzierung auf gangbare Auswege zu sinnen, und das war auf dem Felde der Politik alles. In Bezug auf die **Steuergerechtigkeit** war es dagegen noch sehr viel. Die Landstände stimmten neuen oder höheren Steuern fast immer nur zu, wenn die Exemtion des Adels und der Geistlichkeit – also die Befreiung von öffentlichen Lasten und Diensten – gewahrt blieb. Die Städte handelten als Beitrag unbedeutende Aversionalsummen aus. Die größte Bürde hatten also eindeutig die Bauern zu tragen. Diese ungerechte Verteilung der Staatslasten war ihnen längst nicht mehr verborgen geblieben, und sie gingen teilweise auch zum offenen Widerstand über, wie das die zitierten Unruhen in einigen deutschen Territorien beweisen.

Diese Unruhen beruhten aber auch darauf, daß im Ständestaat immer noch von Rittern und Prälaten Herrschaft über Bauern ausgeübt wurde. Die Kritik an deren **Privilegien** war bei vielen zum Tagesthema in den letzten Jahrzehnten vor den Agrarreformen geworden. In den Vorrechten und der ihnen zugrundeliegenden Ständeherrschaft sah man das letzte Bollwerk des Ancien Régime oder des Spätfeudalismus gegen eine durchgreifende Modernisierung des Staates. Formaljuristisch hatte Friedrich Augsut Ludwig v. d. Marwitz schon recht, wenn er in den geplanten preußischen Reformen einen Verfassungsbruch sah, falls die Stände den Vorschlägen der Regierung nicht zustimmten. Es war aber hoffnungslos, von der Mehrheit den entsprechenden Konsens zu erwarten. Statt auf unzeitgemäß Gewordenes freiwillig zu verzichten, wurden die Privilegien hier wie auch sonst hartnäckig verteidigt.

IV Die landwirtschaftliche Erzeugung

A Die Bodenproduktion

1 Die Organisation der Bodenproduktion

Um gegenwärtigen Ansprüchen zu genügen, müßte für die Zeit um 1800 eine Bodennutzungserhebung vorliegen, die über den Anteil der einzelnen Nutzpflanzen an der Ackerfläche sowie über deren Größenverhältnis zum Grünland Auskunft gäbe. Es müßte zudem begründet werden, warum gerade dieses Größenverhältnis damals als das bestmögliche angesehen wurde. Neben den natürlichen Standortfaktoren Boden und Klima wären ökonomische Bestimmungsgründe heranzuziehen. Schließlich müßte bekannt sein, wie die einzelnen Produktionsverfahren durchgeführt wurden. Setzt man diese Forderungen absolut, lohnt es sich nicht mehr, nach der Organisation der Pflanzenproduktion im Spätfeudalismus zu fragen. Die **Quellenlage** erlaubt nur Antworten von weit bescheidenerem Gültigkeitsumfang.

Diese Feststellung mag überraschen, da in der bisherigen Literatur Schwierigkeiten der angedeuteten Art gar nicht aufgezeigt wurden. Selbst bei Agrarhistorikern, häufiger noch bei Wirtschaftshistorikern schrumpft die zugrundeliegende Problematik nur zu oft auf die verbindlich gemeinte Aussage zusammen: im Spätfeudalismus sei die **Dreifelderwirtschaft** das vorherrschende oder gar alleinige Wirtschaftssystem gewesen, das später durch das Wirken Albrecht Daniel Thaers in die Fruchtwechselwirtschaft überführt worden sei. Der erste Teil dieser Auffassung ist zu bezweifeln, der zweite ist mit Sicherheit falsch.

Bereits die Literatur des späten 18. Jahrhunderts hätte bei den heutigen Autoren erhebliche Zweifel wecken müssen. Der letzte Vertreter der Hausväterliteratur, der evangelische Pastor Christian Friedrich GERMERSHAUSEN, wußte 1783 in seinem Hausvater auf immerhin 182 Seiten über 21 verschiedene Fruchtfolgen zu berichten. Zwar beginnt Germershausen mit der Dreifelderwirtschaft, aber er ergänzt unmißverständlich, es sei ein Fehler mancher klassischer Autoren, eine bestimmter Feldereinteilung überall für die beste zu halten. Deshalb möchte er die Dreifelderwirtschaft auf mageres kaltes Land begrenzt wissen. Kurz darauf zitiert er Johann Gottlieb v. Eckhart, der in seiner Experimental-Ökonomie lehre, für Sachsen, Brandenburg, Magdeburg, Halberstadt und Braunschweig halte er „vier Arten", also eine Vierfelderwirtschaft, für das System, das den größten Nutzen brächte (1783, I 354).

Die gebrauchten Zitate verweisen auf einen wesentlichen Bestimmungsgrund, der bei einer Fruchtfolge über die Zahl der Anbaujahre entschied, bis wieder ein Brachjahr eingeschaltet werden mußte: es war die **Bodenfruchtbarkeit**. Sehr schön läßt sich in dem um Hannover gelegenen Fürstentum Calenberg die entsprechende Abstufung verfolgen. Auf den geringsten Böden hielt man die Dreifelderwirtschaft ein, auf den besseren die Vierfelderwirtschaft, und auf den fruchtbarsten war man zur Fünffelderwirtschaft übergegangen.

Vor 1800 hatten die Theoretiker des Landbaues noch mit einer Schwierigkeit zu ringen: Sie vermochten es nicht, die Ertragskraft der Böden auf ihre chemischen und physikalischen Eigenschaften zurückzuführen. Sie mußten sich bei der Charakterisierung damit begnügen, das Wievielfache der Aussaat der betreffende Boden brächte. Deshalb war es unmöglich, im voraus zu entscheiden, ob eine Fruchtfolge, die sich in einer bestimmten Gegend bewährt hatte, andernorts die gleichen positiven Wirkungen zeigte. Es blieb deshalb den Landwirten nichts weiter übrig, als die angeblich ertragreichere Rotation einfach auszuprobieren. Begreiflicherweise war ein solches Verfahren mit Risiken und Rückschlägen verbunden, die besonders der Wirt einer kleinen Wirtschaft nicht verkraften konnte. Die so oft gescholtene konservative Haltung des Bauerntums hat hierin eine durchaus rationale Wurzel.

Bei dem beschriebenen Kenntnisstand verwundert es nicht, wenn Germershausen die ihm bekannten 21 Ackersysteme oder Fruchtfolgen lediglich beschrieb. Überzeugende Hinweise, auf welche Standorte sie paßten, konnte er noch nicht geben. Diese Aussage unterstützt jenes Kapitel, in dem er die verschiedenen Bodenarten vorstellt.

Bei den Produktionsverhältnissen im Spätfeudalismus scheinen nicht die Schwarzerdeböden, die heute am höchsten bewertet werden, die größten Erträge hervorgebracht zu haben, sondern die Marschböden. Bei ihnen unterschie-

Dreyartiges Ackerfeld.
1783.

a.	b.	c.
Sömmerung.	Waizen.	Gerste.
Braache.	Roggen.	Haber.

1784.

b.	c.	a.
Waizen.	Gerste.	Braache.
Roggen.	Haber.	Sömmerung.

1785.

c.	a.	b.
Gerste.	Braache.	Waizen.
Haber	Sömmerung.	Roggen.

Vierartiges Ackerfeld.
1783.

Sömerung.	Waizen.	Roggen.	Gerste.
Braache.	Roggen.	Gerste.	Haber.

1784.

Waizen.	Roggen.	Gerste.	Sömerung.
Roggen.	Gerste.	Haber.	Braache

1785.

Roggen.	Gerste.	Sömerung.	Waizen.
Gerste.	Haber.	Braache.	Roggen.

1786.

Gerste.	Sömerung.	Waizen.	Roggen.
Haber.	Braache.	Roggen.	Gerste.

Quelle: GERMERSHAUSEN, 1783, I 355 u. 357

Abb. 4: Vorschläge für eine drei- und vierfeldrige Fruchtfolge

den die Zeitgenossen mindestens drei Qualitätsstufen. Die beste ließ es zu, auf die Brache zu verzichten. Dasselbe kann von den Eschböden Nordwestdeutschlands gesagt werden, die durch eine fortwährende Düngung mit Wiesen- oder Heideplaggen entstanden waren. Allerdings erreichten die Esche bei weitem nicht die Leistungfähigkeit der Marschböden. Auf dem weit ärmeren Standort wuchsen nur Roggen und etwas Rauhhafer. Vereinfacht wird die hier getriebene Kultur auch als ewiger Roggenbau bezeichnet.

Systematikern wird der Bericht aus dem Amt Meinersen östlich Hannovers suspekt erscheinen, in dem 1766 der Amtmann folgendes schrieb (ACHILLES, 1982, 27):

„Die Bestellung-Art ist nicht durchgängig einerley, gemeiniglich aber werden drey, auch woll vier Jahre auf eine Bestellung-Zeit gerechnet. In ordentliche Schläge ist keine eintzige Feldmarck eingetheilet, und die Ländereien der Einwohner liegen eintzeln und melirt (vermischt, W. A.) durcheinander, daher können keine ordentlichen Brach-Zeiten gehalten werden, sondern ein jeder läßet nach Gutdüncken hie oder da ein Stück ruhen, welches jedoch nicht anders geschieht, als wenn der Dünger nicht zureicht."

Genauso falsch wie es ist, die Dreifelderwirtschaft schlichtweg zu verallgemeinern, wäre es tadelnswert, diesem Gegenbild einer geordneten Feldwirtschaft eine größere Verbreitung zuzusprechen, wenn auch die Berichte aus den benachbarten Ämtern beweisen, daß Meinersen nicht gleich als Einzelfall betrachtet werden kann. Wichtiger ist etwas anderes: Besaß der Bauer einen hinreichenden Handlungsspielraum, so bemaß er den **Anteil der Brache** nach der verfügbaren **Düngermenge**. Sie spielte neben der natürlichen Fruchtbarkeit die entscheidende Rolle.

Derselbe Weg läßt sich auch in umgekehrter Richtung beschreiben. Der Kameralist Pfeiffer forderte bei der Dreifelderwirtschaft die Düngung des gesamten Brachschlages. Der dazu erforderliche Viehstapel erreichte jedoch eine utopische Höhe (vgl. S. 39). Infolgedessen berichtete Justi, der Brachschlag würde tatsächlich nur alle sechs oder neun Jahre gedüngt. Der Landwirt war bei dieser knappen Versorgung gezwungen, ein Brachjahr einzuschalten, um die Einwirkung von Luft und Wasser auf die **Mineralisation** der festen Bodenteile zu steigern, indem er den Brachschlag drei- bis fünfmal mit Pflug und Haken bearbeitete. Bei der auf diesem Wege beschleunigten Verwitterung wurden zusätzliche Nährstoffe frei und die Erträge wieder angehoben. Bei diesem Vorgehen alterte der Boden schneller, und auf den geringen Standorten konnten irreversible Schäden in absehbarer Zeit auftreten.

Noch ein dritter Grund entschied darüber, wann erneut die Brache zu halten war. Besonders auf kalten und nassen Böden kamen die **Unkräuter** besser fort als die Nutzpflanzen und konkurrierten oft erfolgreich mit ihnen um Licht, Wasser und Nährstoffe. Die Bauern, die solche Tonböden in der Ebene oder gleichgeartete im Hügel- und Bergland bewirtschafteten, bearbeiteten das Brachfeld fünfmal mit Pflug, Haken und Egge, um das aufgelaufene Unkraut zu vernichten und neues zum Keimen anzuregen, das dem folgenden Arbeitsgang zum Opfer fiel. Auf Sandböden genügte dagegen der dreimalige Einsatz der genannten Geräte.

Drei Faktoren waren es also, die gemeinsam bestimmten, wie oft die Brache einzuschalten war. Boden und Klima im doppelten Bezug auf Bodenfruchtbarkeit und Unkrautwüchsigkeit und die Düngermenge. Sie war für den Landwirt zwar keine feste, unveränderliche Größe, aber doch weitgehend vorgegeben. Das Nutzvieh wurde genossenschaftlich gehalten, eventuell waren Weideservitute zu beobachten, so daß der Landwirt nur geringfügig über das Futter und etwas stärker über die Einstreu die Stallmistproduktion beeinflussen konnte.

Die Kameralisten machten es sich bei der vorgegebenen Lage etwas zu leicht, wenn sie zwar nachdrücklich die Abschaffung der Brache forderten, aber keinen gangbaren Weg aufzeigten, wie ohne sie auszukommen sei. Immerhin war die Forderung verständlich, denn das Brachjahr verursachte einen Ernteausfall, der bei der steigenden Bevölkerung wohl die Landwirtschaft durch noch stärker kletternde Getreidepreise begünstigte, durch die Verteuerung der Nahrungsmittel jedoch die übrige Volkswirtschaft benachteiligte. Das Steigen der Getreidepreise regte die fortschrittlichen Landwirte an, nicht nur die Mehrerlöse durch Preissteigerungen einfach hinzunehmen, sondern durch eine Erhöhung der Produktion und die damit verbundenen höheren Verkaufsquoten noch stärker von dem ohnehin lukrativen Getreidebau zu profitieren. Dieses Vorhaben konnte unter den damals herrschenden Bedingungen nur gelingen, wenn man sich mehr Dünger auf eine neue Art beschaffte.

Da die Separation der gemeinsam genutzten Weideflächen in der zweiten Hälfte des 18. Jahrhunderts im allgemeinen noch ein Fernziel war – Ausnahmen könnten berichtet werden –, war der allseits beklagte kümmerliche Zustand der Allmenden nicht zu verbessern. Wollte also der Landwirt mehr Dünger erzeugen, indem er sein Vieh besser fütterte oder gar den Bestand vergrößerte, mußte er das Zusatzfutter auf individuell genutzten Ackerstücken gewinnen. Der sogenannte Bau von **„Kunstwiesen"** war das Schlagwort der Zeit. Es wäre eine Simplifizierung, lediglich das Wirken Johann Christian Schubarts, später Edlen Herrn von dem Kleefelde und des Heil. Röm. Reiches Ritter, herauszustellen. Das Bestreben, die Brachflächen durch vermehrten Düngereinsatz einzuschränken, hatte die Nachdenklichen unter den Landwirten schon vorher veranlaßt, auf Abhilfe zu sinnen. Der Anbau des Rotklees oder Spanischen Klees, wie er damals hieß, stellt nur einen und zudem sehr spät beschrittenen Lösungsweg zur Futtergewinnung dar. Außerdem sei an die Rheinpfalz und Baden erinnert, wo längst vor Schubarts Wirken der Kleebau einen erheblichen Umfang erreicht hatte.

Abhilfe versprach auch die **Koppelwirtschaft,** doch erreichte sie nur in Schleswig-Holstein und in Mecklenburg eine gewisse Verbreitung. Ihre Einführung setzte eine gesamte Neuordnung der gesamten Feldmark voraus. Jeder

Landwirt bekam sein Land zur individuellen Nutzung überwiesen. Er teilte es in sechs, acht, neun oder etwas mehr Koppeln ein. Beispielsweise folgte auf vierjährigen Getreidebau eine ebenfalls vierjährige Nutzung als Weide und zur Heugewinnung. Nach dem Beweiden wurde eventuell ein Brachjahr einge-schaltet, in dem der Mist ausgebracht und untergepflügt wurde. Die mehrfache Bodenbearbeitung befreite außerdem den Acker vom Graswuchs, der sonst beim anschließenden Getreidebau gestört hätte.

·Im Vergleich zur Koppelwirtschaft war die **Besömmerung der Brache** erheblich weiter verbreitet. Als Pionierpflanze kann wohl der Lein angesehen werden, der nässe- und frostempfindlich ist und deshalb meistens erst Ende Mai gesät wurde. Dieser Saattermin störte bei der Bestellung des Sommerfeldes, weil Gerste und Hafer deutlich früher ausgebracht werden müssen, wenn die Ernte nicht enttäuschen soll. Der **Lein** paßte auch aus Gründen der Düngung auf den Brachschlag. Er nutzte sie gut, saugte aber den Boden aus, wie man frü-her bildhaft sagte. Der wesentlichste Grund des Brachens wurde also verfehlt, und schon aus diesem Grunde konnte er nur auf guten Böden im größeren Um-fang angebaut werden oder in viehstarken Betrieben, die über mehr Dünger ver-fügten. Wegen der langsamen Jugendentwicklung mußte der Lein als einzige Frucht gejätet werden und hinterließ deshalb einen unkrautfreien Acker.

Sehr früh war auch der **Kohl** auf dem Brachfeld anzutreffen, der früher in großen Mengen in Form von Sauerkraut verzehrt wurde. Gleich dem Lein entzieht auch er dem Boden zu viel Nährstoffe. Falls der Landwirt den Kohl nicht hackte, wurde er des Unkrauts nicht Herr. Gleiches gilt für die sonst so nützliche **Kartoffel,** deren Anbau schon um 1800 recht ausgedehnt gewesen sein muß. Sie wurde zwar von den Bauern überwiegend in den Gärten kulti-viert, doch stand sie bei den Kleinststelleninhabern schon in größerem Umfang auf dem Acker, und ebenso auf den gepachteten Parzellen der Einlieger, weil sich dieser Personenkreis überwiegend von dieser Pflanze ernähren mußte.

Die Landwirte hatten deshalb nach anderen Nutzpflanzen Ausschau zu halten, wenn sie vermehrt die Brache besömmern und dennoch die mit dem Brachen verfolgten Ziele erreichen wollten. Christophorus FISCHER, der dem Ökonomiewesen der Jesuiten in Prag vorstand, zählte zwar 1719 in seinem „Fleißigen Herren-Auge" die bekannten Brachpflanzen auf, warnte aber vor der Schmälerung von Hut und Weide durch ihren Anbau und meinte, die totale Ruhe des Ackers sei durch nichts zu ersetzen. Franz Philipp FLORINUS, dessen „Adelicher Haus-Vatter" nur drei Jahre später erschien, sah das bereits anders. Nachdem er zuvor die Ähnlichkeit von Erbsen, Linsen und Wicken betont hatte, stellte er von letzteren fest:

„... daß sie dem Grund (Ackerboden, W. A.) mehr Nutzen als Schaden brin-gen, so daß man auf die Felder, wo Wicken gestanden, und die Anfang des Sommers zu Futter abgemähet worden, im folgenden Herbst ... Wäitzen-Korn oder anderes Winter-Getraid anbauen kann" (I 590).

Erwähnt sei noch GERMERSHAUSEN, der bei der Dreifelderwirtschaft ebenfalls damit rechnet, die Brache sei zur Hälfte besömmert, wobei er an erster Stelle Erbsen und Wicken nennt (1783, I 354f.). Sollte eine Vier- oder Fünffelderwirtschaft geherrscht haben, so nimmt er bei ihnen ebenfalls bei der Hälfte des Brachschlages den Anbau von Sommerfrüchten an. Bezeichnend ist, daß er auf die Sömmerung den anspruchsvollen Weizen folgen läßt, während der Roggen nach der Schwarzbrache steht. Das ist nur sinnvoll, wenn bei den Sommerfrüchten die Leguminosen vorherrschen.

Die heutigen Landbauwissenschaften bestätigen die seinerzeit empirisch gefundene Lösung. **Leguminosen** sammeln nicht nur Stickstoff, ihre Wurzelaktivität sorgt auch für den Aufschluß von Kalisalzen und Phosphaten in größerer Tiefe und den Transport in höhere Bodenschichten. Nach dem Verrotten der Leguminosenwurzeln stehen die genannten Nährstoffe schwächer wurzelnden Pflanzen zur Verfügung. Außerdem unterdrücken gut stehende Bestände das Unkraut vorzüglich. Sind die Vorzüge eines Produktionsverfahrens augenfällig, wie das in diesem Falle schon Florinus bestätigte, so warteten die Landwirte nicht erst die wissenschaftliche Begründung ab. Sie setzten das Verfahren vielmehr bereits dann in die Tat um, wenn sie es hinlänglich lange bei den Vorreitern beobachtet und sich dabei Gewißheit über seine Vorteile verschafft hatten.

Wenn solche Brachfrüchte Fischer und Florinus kannten, so ist ihr Anbau in Böhmen und der Oberpfalz sicher. Für Mühlhausen in Thüringen, Ostpreußen, die Mark Brandenburg, Kursachsen, Nassau-Saarbrücken und Braunschweig ist ihr Vorkommen ebenfalls bezeugt. Für die drei südlichen Fürstentümer des Kurfürstentums Hannover lassen sich anhand der Enquête von 1766 auch Zahlenangaben machen. Hier wurden 14,4 v. H. des Ackers mit Brachfrüchten, vor allem Wicken, bestellt. Da hier neben der Dreifelderwirtschaft auch die Vier- und Fünffelderwirtschaft vorkamen, lag der Brachanteil unter einem Drittel. Der ermittelte Prozentsatz bestätigt deshalb Germershausens Vorgabe, die Brache zur Hälfte zu besömmern. In den hannoverschen Marschgebieten baute man statt Wicken Ackerbohnen.

Trotz der großen Vorteile, die der Anbau von Leguminosen mit sich brachte, bleibt Germershausens Warnung bestehen: Ein bestimmtes Feldsystem paßt nicht für alle Standorte. Leguminosen verlangen Böden von leidlicher Fruchtbarkeit und bei den meisten liegen die Ansprüche an die Wasserversorgung über dem Durchschnitt. Ihr Anbau war deshalb auf Sandböden nicht zu verwirklichen. Auch der Klee, ebenfalls zu den Leguminosen gehörig, gedeiht auf diesen Böden nicht. Konnte ein Landwirt also weder Erbsen noch Wicken bauen, war seiner Wirtschaft auch mit dem von Schubart so eifrig propagierten Kleebau nicht aufzuhelfen. Auf den Geestböden, den Sandböden der Lüneburger Heide und in weiten Teilen Brandenburgs war der Spanische Klee auch in den nächsten 150 Jahren nicht anzutreffen.

Weshalb der **Kleebau** sich nur zögernd gegenüber den übrigen landwirtschaftlich genutzten Leguminosen durchsetzte, ist leicht zu begründen. Ackerbaulich bringt der Klee gegenüber Erbsen, Wicken, Linsen und Ackerbohnen keine Vorteile. Er kann jedoch höhere Futtererträge liefern. Ein sorgfältig vorbereitetes Saatbeet und genügend Feuchtigkeit nach der Saat sind dafür erforderlich. Der Klee auf dem Brachschlag wurde bereits in das vorhergehende Sommergetreide eingesät. Falls diese Frucht lagerte, stand der Klee viel zu lückig, und die Ausgabe für das teure Saatgut war vertan. Wer dieses Risiko scheute, baute lieber die anderen Leguminosen an, bei denen er die Saat selbst gewinnen konnte. Diese Pflanzen lassen sich auch besser beseitigen, so daß sie im nachfolgenden Wintergetreide nicht stören.

Gerade der Anfänger war also bei der Einführung des Kleebaus zusätzlichen Schwierigkeiten ausgesetzt, die nur zu oft Fehlschläge hervorriefen, und SCHUBART (1784/85) – der wortgewaltige und übertreibende Propagandist – erfuhr herbe Kritik. Sie reichte hin bis zu persönlichen Schmähungen. Durch Schubarts Begeisterung angestachelt, taten seine Nachahmer nämlich meistens des Guten zu viel. Sie ließen den Klee zu häufig auf demselben Schlag wiederkehren, und das vertragen alle hier genannten Leguminosen nicht. Schubart selbst war durch Erfahrung klug geworden und hielt auf seinen drei Gütern im westlichen Kursachsen eine Fruchtfolge ein, die durchaus akzeptabel ist. Er bebaute innerhalb der Dreifelderwirtschaft den Brachschlag nur zu einem Drittel mit Klee. Die anderen zwei Drittel wurden mit Rüben, Kartoffeln und weiteren Brachfrüchten bestellt. Da Schubart bei jedem Turnus den Kleeschlag auf dem Brachfeld verschob, kehrte er erst beim vierten Durchgang auf demselben Flurstück wieder, und das ist absolut zuträglich. Außerdem gestatteten die Hackfrüchte, also Rüben und Kartoffeln, das Unkraut wieder zurückzudrängen. Nur in dieser Kombination war der Kleebau wirklich praktikabel. Dieses Feldsystem stellte höhere Anforderungen an den Bewirtschafter als bisher, so daß unbedachte Nachahmer scheitern mußten.

Schubarts Fruchtfolge offenbart bei genauerem Hinsehen eine Schwäche: Die Leguminosen nahmen insgesamt nur rund die Hälfte des Brachschlages ein, und nur sie verbesserten den Nährstoffgehalt des Bodens. Die übrigen Brachfrüchte wie Lein, Rüben und Kartoffeln strapazierten ihn dagegen. Die Brache war also nur dann vollständig zu bebauen, wenn man diese Früchte stark düngte; einmal, um ihren eigenen Ansprüchen zu genügen, und zum andern, um die nachfolgenden Nutzpflanzen ausreichend zu versorgen. Schubart verfügte allem Anschein nach über genügend Stallmist, aber das war andernorts keineswegs durchgängig der Fall. Sonst wäre nicht verständlich, weshalb um 1800 zahlreiche Bücher erschienen, deren Titel dem Käufer versprachen, endlich die leidige Düngerfrage zu lösen.

Ein abgerundetes Bild der Pflanzenproduktion kann nicht gegeben werden, wenn die **Tierhaltung** nicht wenigstens gestreift wird. Auf den gemeinsamen

Weidegang der verschiedenen Tierarten wurde bereits hingewiesen, für den während einer nicht unbeträchtlichen Zeit des Jahres auch das Ackerland herangezogen wurde. Nur die Schweine wurden überwiegend im Wald gehalten, und können deshalb aus der Betrachtung ausscheiden. Große Aufmerksamkeit verdienen jedoch die Schafherden und erst in zweiter Linie die Rinderherden. Wegen der guten Wollpreise war vor allem auf Güter und Domänen die Schafhaltung stark ausgedehnt worden. Diese Großbetriebe besaßen das Recht Schafe zu halten und sie nicht nur auf den eigenen Flächen, sondern auch auf den Äckern der Bauern zu weiden. Dieses Weideservitut zwang die Bauern, im Frühjahr die Vorweide auf ihrem Wintergetreide zu dulden. Anschließend wurden die Hutungen und Triften genutzt und außerdem das Brachfeld der Gemarkung. Im Juni, dem Brachmonat, wurde es gestürzt oder gebracht und kam anschließend als Futterfläche nicht mehr in Frage, da die rasch aufeinanderfolgenden Bearbeitungsgänge die auflaufenden Pflanzen wieder beseitigten. Die Herden mußten sich danach ausschließlich mit den Allmenden begnügen.

Das **Weideservitut** begünstigte offensichtlich die feudale Klasse und den Staat als Domäneneigner auf Kosten der Bauern. Sie mußten die Schädigung des Wintergetreides hinnehmen, die den Zeitgenossen nicht verborgen geblieben war. Sie mußten außerdem auf den Anbau von Brachfrüchten verzichten, falls das Servitut streng gehandhabt wurde. Lein und Kohl, die man nicht missen konnte, standen in diesem Fall im Sommerfeld. Der Schäfer pferchte die Schafe nur nachts auf den Feldern des Gutes ein, so daß der Schaden der Bauern durch keinen Vorteil wieder gemindert wurde. Schubart wandte sich deshalb zu recht gegen dieses antiquierte Rechtsinstitut, das neuzeitliche Anbaumethoden ver- oder zumindest behinderte. Es ist aber eine glatte Übertreibung, in diesen feudalen oder reaktionären Hemmnissen eine unübersteigbare Hürde für den Fortschritt zu sehen, wie in der marxistischen Literatur meisten vorgegeben wird. Die Verbreitung des Weideservituts war selbst in Ostelbien keineswegs flächendeckend (vgl. S. 48), und in etlichen deutschen Territorien spielte es praktisch keine Rolle. Auch darf die Möglichkeit nicht übersehen werden, durch Entschädigungzahlungen die Anprüche der Berechtigten zu befriedigen.

Wohnten nur Bauern in einem Dorf, und das traf für die weitaus größere Zahl der Fälle zu, wurden Rinder und Schafe gemeinsam geweidet. Es wäre aber eine Illusion anzunehmen, alle Bauern eines Dorfes wären gleichermaßen fortschrittswillig gewesen. Die trägen, die beim Althergebrachten, dem angeblich längst Bewährten bleiben wollten, bauten keine Brachfrüchte an und warum sollten dann ihre Tiere das Futter auf der Brache entbehren? Blieben sie starrköpfig, blieb der Fortschritt genauso auf der Strecke wie bei einem unnachgiebigen Feudalherrn. Die Einigkeit unter den Dorfbewohnern muß jedoch herstellbar gewesen sein, sonst hätte man nicht im südlichen Hannover die Hälfte des Brachschlages besömmern können. Allerdings gab es auch hier Einsprüche weideberechtigter Bauern.

Abschließend sei auf die **Zehntgerechtigkeit** verwiesen, der fast alle Bauern und etliche Güter unterworfen waren. Das ursprünglich der Kirche gegebene Recht, den Zehnten zu erheben, war ihr längst entglitten. Oft hatte der Landesfürst viele Zehntberechtigungen an sich gezogen, daneben müssen der Adel und das Großbürgertum genannt werden. Der Rest entfiel auf Klöster und Stifte, während nur wenige Pfarrkirchen zehntberechtigt waren. Um die Querelen bei der Aussonderung des Zehnten zu beheben, hatten die Landesfürsten detaillierte Edikte erlassen. Aber die Unterschleife der Bauern hörten nicht auf. Deshalb wurde oft ein Zehnt versteigert, wobei der Meistbietende nicht den vollen Wert erlegen konnte, da jetzt er das Risiko der Schmälerung übernehmen mußte. Bei dieser Sachlage ist es abzulehnen, aus dem Umfang des tatsächlich eingebrachten Zehntkorns auf die Höhe der Naturalerträge zu schließen.

Beim **kleinen Zehnt,** auch Blut- oder Fleischzehnt genannt, sah es ähnlich aus. Er wurde vor allem vom Geflügel erhoben. Die Zinshähne sprangen sprichwörtlich so gut, weil der Bauer die leichtesten Tiere für die Abgabe aussuchte. Beim Lämmer- und Kälberzehnten war es nicht anders. Besser sah es aus, wenn Honig geliefert werden mußte. Bei den Eiern bestand dagegen schon wieder die Möglichkeit, die kleinen auszusondern. Bei diesen Mißlichkeiten, die oft zu Mißhelligkeiten führten, war es besser, statt der Tiere oder ihrer Produkte festgesetzte Geldbeträge einzusammeln. Zu prüfen ist diesmal, ob ihre Höhe den tatsächlich erzielbaren Marktpreisen entsprach.

Nur psychologisch zu erklären ist die von den Zeitgenossen häufig geäußerte Klage, die Zehntpflicht lähme den Fortschrittswillen der Bauern. Immerhin verblieben ihnen bei einer Ertragssteigerung fast neun Zehntel selbst, so daß dem Argument die rationale Basis fehlte. War ihnen allerdings die feudale Klasse ohnehin verhaßt, so ärgerte es sie grundsätzlich, wenn die „Nichtstuer" von ihrer Mehrleistung ohne eigenes Verdienst profitierten – und wenn es auch nur ein Zehntel war.

2   Leistungen der Bodenproduktion

Die Erträge konnten um 1800 schon aus allgemeinen ackerbaulichen Gründen nicht hoch ausfallen. Als Hauptursache ist auf die damaligen **Pflüge** zu verweisen, die heutigen Anforderungen nur sehr bedingt entsprachen. Die Mängel hatten auch die Praktiker erkannt, und die Agrarschriftsteller wurden nicht müde, neue Modelle vorzustellen und anzupreisen. Beigegeben wurden den Publikationen akribisch ausgeführte Konstruktionszeichnungen, die den Nachbau ermöglichten. Aber Eisen war im vorindustriellen Deutschland teuer, den Bauern zu teuer. So blieb es noch bis zur Jahrhundertmitte bei den klobigen Holzgefügen, die einen erheblichen Zugwiderstand besaßen, so daß mit ihnen nur verhältnismäßig flach gepflügt werden konnte. Die Tiefe lag bei 8 bis 12 cm, während heute das Dreifache gefordert wird. Die Pflanzen wurzelten dementsprechend nur flach, und wenn es auch nur kürzere Zeit nicht regnete, litten sie unter Wassermangel. Fielen dagegen reichlich Niederschläge, so war die gelockerte Schicht zu gering, um das Wasser aufzunehmen. Der Boden verschlämmte, oder es standen Pfützen auf dem Acker. In diesem Falle fehlte den Pflanzenwurzeln die Luft. Außerdem konnten bei der flachen Durchwurzelung die Nährstoffe in tieferen Schichten nicht ausgenutzt werden. Zu dieser nur mäßigen Versorgung kam immer wieder der Luft- oder Wassermangel hinzu, so daß oft genug das Wachstum der Pflanzen nicht befriedigte. Kleinststelleninhaber, die ihren Acker weit tiefer mit dem Spaten bearbeiteten, erzielten schon damals deutlich höhere Erträge.

Der Spaten leistete noch in anderer Hinsicht bessere Arbeit. Mit ihm wurde das Unkraut tiefer und sauberer untergebracht als mit dem Pflug. Er besaß noch das hölzerne Streichbrett, obwohl das gewundene eiserne Streichblech bereits bekannt war. Infolgedessen wurde der Boden nicht hinreichend gewendet und im Vergleich mit der geringen Pflugtiefe wurde das Unkraut nur ein wenig verschüttet. Mit den heutigen Pflügen wäre die vier- bis fünfmalige Bearbeitung der Brache nicht nötig gewesen.

Die Art des Säens verstärkte die Mängel. Die englischen Drillmaschinen waren zu teuer. Infolgedessen blieb die breitwürfige Saat mit der Hand oder der Maschine absolut vorherrschend. Die aufwachsenden Bestände konnten nicht gehackt werden, weder mit der Handhacke noch mit der in England längst verwendeten Maschinenhacke. Die Pflegearbeiten beschränkten sich deshalb im Getreide auf das Distelstechen. Nur der Lein wurde regelmäßig gejätet. Die Unkrautkonkurrenz kann bei diesen Anbauverhältnissen gar nicht überschätzt werden. Unkräuter und Ungräser verkraften Trockenheit und Wassermangel besser als die anspruchsvolleren Kulturpflanzen. Sie leiden außerdem stärker unter einem kühlen Frühjahr. Alle drei Gründe verschafften den unerwünschten Mitbewohnern auf dem Acker einen Vorsprung, der häufig die Erträge erheblich drückte.

An diese nicht gerade optimistisch stimmenden Vorüberlegungen knüpft sich die Frage, welche **Erträge** um 1800 tatsächlich zu erwarten waren. Die Antwort fällt jedoch nicht leicht. Die genannten Gründe verursachten erhebliche Ertragsschwankungen von Jahr zu Jahr, so daß mindestens zehn aufeinanderfolgende Ernteergebnisse vorliegen müssen, wenn der Durchschnittswert methodisch leidlich abgesichert sein soll. Aber selbst dann sind Verzerrungen durch sich ballende Mißwachsjahre oder gute Ernten noch nicht auszuschließen. Das beweisen die Zahlen der Tabelle 3.

Das Vielfache der Aussaat genügt, um die Ertragsschwankungen von Jahr zu Jahr zu demonstrieren. Beschränkt sich eine Untersuchung auf einen Bezirk, in dem ein einheitliches Maß verwendet wurde, so kann es beibehalten werden, weil auch die Ernte, die Verkaufserlöse, der Verzehr und der Futterverbrauch damit ausgedrückt wurden und sich die Relationen zwischen ihnen dem Bearbeiter erschließen. Greift die Betrachtung jedoch weiter aus und im fraglichen

Tab. 3: Roggenerträge als Vielfaches der Aussaat (x. Korn) der Klosterwirtschaft
Marienstern, Oberlausitz

Jahr	x. Korn	∅ x. Korn	Jahr	x. Korn	∅ x. Korn
1791	6,1		1801	4,7	
1792	4,3		1802	4,2	
1793	4,1	4,5	1803	4,1	4,1
1794	3,3		1804	2,5	
1795	4,7		1805	4,9	
1796	4,1		1806	4,6	
1797	3,8		1807	3,8	
1798	4,4	4,4	1808	3,8	3,9
1799	5,1		1809	2,4	
1800	4,6		1810	4,7	

QUELLE: ŠOLTA, 1958, 106f.

Gebiet wurden verschiedene Hohlmaße benutzt, so ist die Umrechnung auf ein
einheitliches Raummaß wie Hektoliter unerläßlich. Da sich nach Einführung
des metrischen Systems im Deutschen Reich das Messen der Feldfrüchte in
Gewichtseinheiten durchsetzte, ist es schon bei er Länge des in diesem Bande
behandelten Zeitraums zweckmäßig, von vornherein mit Hilfe der fruchtspezi-
fischen Hektolitergewichte die Umrechnung in dt/ha vorzunehmen.

Eberhard Bittermann hat seiner Ermittlung der Naturalerträge für die Zeit
um 1800 eine Materialbasis zugrunde gelegt, die bis heute nicht nennenswert
erweitert worden ist (Tab. 4).

Tab. 4: Erträge der wichtigsten Feldfrüchte um 1800 in dt/ha

Weizen	10,3	Raps	8,6
Spelz	9,0	Luzerneheu	40,0
Roggen	9,0	Kleeheu	30,0
So.-Gerste	8,1	Wiesenheu	25,0
Hafer	6,8	Kartoffeln	80,0

Quelle: BITTERMANN, 1956, 33

Das von BITTERMANN (1956) ausgewertete Zahlenmaterial ist nicht in jedem
Falle repräsentativ. Es zeigt beispielsweise bei Kartoffeln und Hafer nicht
unbeträchtliche Abweichungen. Seine Ergebnisse dürfen daher nur als Richt-
werte genommen werden, die regional ganz erheblichen Schwankungen unter-
lagen. Bei der umsichtigen Vorgehensweise des Autors dürfte jedoch die
Fehlergrenze, besonders beim Getreide, in einem vertretbaren Rahmen geblieben sein.

B   Die Tierproduktion

1   Die Organisation der Tierproduktion

Im allgemeinen verfügten die Landwirte nur über einen geringen Handlungs-spielraum, wenn sie die Tierproduktion nach ihren Vorstellungen organisieren wollten. Sie hatten es nicht in der Hand, ob sie die Frondienste mit einem Dienstgeld abgelten konnten oder ob sie die Dienste noch in natura ableisten mußten. Traf letzteres zu, waren sie gezwungen, Zugtiere in einer Anzahl zu halten, die in den meisten Fällen über den Bedarf des Hofes hinausging. Das dafür benötigte Futter wurde auf den Bauernhöfen vor allem dem Rindvieh entzogen. Um 1800 wurden immerhin 2,7 Mio. Pferde, aber nur 5,6 Mio. Kühe gehalten. Die für heutige Verhältnisse geradezu grotesk enge Relation von 1 : 2,1 verschleiert aber noch ein wenig das Mißverhältnis. Mit dem Futter für ein Pferd hätte nämlich der Bauer eineinviertel oder anderthalb Kühe ausfüttern können, so daß die Belastung durch den Zugtierbesatz noch schwerer wog, als es das genannte Zahlenverhältnis zu erkennen gibt.

Der Beweis für diese Behauptung läßt sich auch in umgekehrter Richtung führen. Wurden die Naturaldienste in Dienstgeldzahlungen umgewandelt, so konnten viele Bauern die Zahl der Zugtiere verringern. Eine Stichprobe aus dem Fürstentum Wolfenbüttel beweist, welche Bauernklasse den größten Nutzen aus dieser Umstellung zog (Tab. 5).

Tab. 5: Zeitvergleich des Pferdebesatzes in 11 Dörfern um Schöningen in den Jahren 1602 und 1752/68

Bauernklasse	Pferdebesatz/Hof		Viertel-ha Ackerland/Pferd	
	1602	1752/68	1602	1752/68
Ackerhöfe	10,0	6,0	14,7	24
Halbspännerhöfe	7,6	4,2	11,4	21
Kothöfe	2,2	2,2	11,2	12

Quelle: ACHILLES 1965, 19

Die Köter hielten nun einmal ein Gespann, auch wenn es auf ihren kleinen Höfen offensichtlich nicht ausgelastet war. Pferd und Ochsen oder gar Kuh zusammenzuspannen, ist sicherlich mißlich, und außerdem wahrte man sein Sozialprestige, wenn man zu den „Pferdebauern" gehörte. Auch im Amt Calenberg im gleichnamigen hannoverschen Fürstentum brachte die sogenann-te Dienstabstellung den Bauern Vorteile. Von 1774 bis 1800 konnten sie an Pferden und Knechten je 10 v. H. einsparen. Die jährlichen Haltungskosten für ein Pferd und einen Knecht wurden auf 50 und 70 T veranschlagt. Insgesamt gaben die Bauern also 27 220 T weniger aus. Nach der Zahlung der Dienstgelder in Höhe von 15 705 T blieb ihnen der erkleckliche Überschuß von 11 515 T (MEYER, 1822, 19f.)

Trotz der angedeuteten Einschränkung des Pferdebestandes blieb das Futter für das **Rindvieh** knapp. Um 1800 betrachteten es alle landwirtschaftlichen Autoren als Hauptzweig der Nutztierhaltung, und zwar vor allem deshalb, weil es den am vielseitigsten verwendbaren Dünger lieferte. Bei dieser Zweckbestimmung war es folgerichtig, wenn etliche Abhandlungen erschienen, die sich mit dem **„gerechten Verhältnis" der Viehhaltung zum Ackerbau** befaßten. Im wesentlichen ging es dabei um die Relation der Größe des Rindviehstapels zum Umfang des Ackerlandes. Die Landwirtschaft steckte damals in einem wahren Teufelskreis. Die Ackererträge waren vielfach nicht anzuheben, weil es an Dünger fehlte. Die anfallende Menge war wiederum nicht zu steigern, weil die ungepflegten Allmendflächen nur wenig Tiere und die zudem schlecht ernährten. Miserabel war auch die Winterfütterung. Aufgebrühter Strohhäcksel und Spreu, dazu ein paar Handvoll Heu, waren alles, was man den Tieren anbieten konnte. Deshalb war je Tier und insgesamt nur wenig Stallmist zu gewinnen. Trotz dieser mißlichen Lage wären die Ernten der Feldfrüchte noch geringer ausgefallen, wenn nicht über den Stallmist ein Nährstofftransfer von den Weideflächen zum Ackerland erfolgt wäre. Nach einem alten Sprichwort war damals das Grünland die Mutter des Ackerlandes. Auf Grund der lieblosen Behandlung war sie jedoch nur wenig leistungsfähig.

Unter den Autoren, die sich seinerzeit Gedanken um das „gerechte Verhältnis" des Ackerbaues zur Viehhaltung machten, ragt Johann Christian BERGEN weit heraus. Wie die übrigen fortschrittlichen Zeitgenossen ging auch er von der Überlegung aus, man müsse zuerst einmal mehr Futter beschaffen. Deshalb nannte er seine Anleitung zur Viehzucht (1780) vielmehr eine Anleitung zum **Futtergewächsbau** und zur Stallfütterung des Rindviehs. Beide Punkte bilden das absolute Schwergewicht des Buches. Bergen behandelte zuerst die Verbesserung der Wiesen und Weiden und wandte sich anschließend dem Ackerbau zu. Zu den ergiebigsten Kräutern zählte er den Rotklee, die Esparsette und die Wicken. Zu den „künstlichen Wiesenkräutern" rechnete er den Weißklee und verschiedene Futtergräser. Aber auch weiße Rüben, Kartoffeln und Kohl wurden empfohlen. Bergen gab anschließend Ratschläge, wie die einzelnen Futterpflanzen zu verfüttern seien, und wandte sich abschließend dem „gerechten Verhältnis" zu. Die gesuchte Relation sollte jedoch nicht generell gültig sein, sondern sie wurde entsprechend der Bodengüte variiert.

Aber gerade die von Bergen gemachten quantitativen Angaben wurden zwanzig Jahre später, als Thaer das von ihm hoch geschätzte Buch erneut herausgab, das Ziel seiner Kritik. Wie schon bei der zu wählenden Rotation auf dem Acker wird auch hier die gleiche Schwierigkeit deutlich: Der nach Fortschritt strebende Wirt konnte sich zwar über andernorts gewonnene Erfahrungen informieren, ob sie aber für seinen Betrieb taugten, mußte er nach wie vor selbst herausfinden. Ein vorsichtiges Vorgehen war geraten. Jene Autoren hätten ihre Leser überfordert und ihnen ein zu hohes Risiko aufgebürdet, die „revolutionäre Umbrüche" vorgeschlagen hätten. Solche Ratschläge waren indessen gar nicht bekannt und konnten deshalb nicht erteilt werden. Empfohlen wurden immer nur Varianten eines längst in Gang gekommenen Entwicklungsprozesses, nämlich die verstärkte Besömmerung der Brache. Selbst der von Thaer empfohlene Fruchtwechsel stellt grundsätzlich gesehen keine Ausnahme dar.

Wollte ein Landwirt zur ganzjährigen **Stallhaltung** übergehen, stand er vor nicht geringen Problemen. Zuerst war durch sachgerechte Planung ein kontinuierlicher Anfall des Ackerfutters zu sichern. Da es nur frisch verfüttert werden darf, mußte es täglich geschnitten und herangeschafft werden. Für die Einstreu wurde fortan mehr Stroh benötigt, und solange der Getreidebau nicht durch bessere Düngung verbessert worden war, blieb Stroh Mangelware. Das tägliche Entmisten kam hinzu, und schließlich mußten größere Stallmistmengen wieder zum Acker gefahren werden als zuvor. Nach dieser Umstellung mußten die Arbeitskräfte weit mehr arbeiten; womöglich reichte ihre Zahl nicht mehr aus. Vereinfacht kann festgehalten werden: die beschriebene Intensivierung beruhte auf einem weit umfangreicheren Einsatz des Faktors Arbeit.

Es ist aber mit Sicherheit davon auszugehen, daß im Laufe der Zeit auch mehr Rindvieh gehalten wurde. Falls die Ställe vergrößert werden mußten, kostete das Geld, das erst einmal zu verdienen war. Kredite wurden im Spätfeudalismus von den ritterschaftlichen Kassen den Gutsbesitzern oft viel zu großzügig gewährt, dagegen hatten die Bauern oft mit beträchtlichen Schwierigkeiten zu kämpfen. Zwei Ursachen waren es, weshalb die ganzjährige Stallhaltung auf guten Böden zuerst Platz griff. Sie boten gute Voraussetzungen für den Ackerfutterbau, und hier erzeugten die Landwirte die größten Getreideüberschüsse, die sie gegen 1800 zu stetig steigenden Preisen absetzten. Ihre Liquidität wuchs daher ganz erheblich (vgl. S. 87). Hier standen die nötigen Gelder zur Verfügung, wenn der Produktionsfaktor Kapital aufgestockt werden mußte.

Dem Anschein nach erliegen viele Historiker dem Reiz festzustellen, wann und wo eine Innovation erstmalig verwirklicht wurde. Das wäre nicht weiter schlimm, wenn nicht die Gefahren übersehen würden, die mit dem Suchen und Finden verbunden wären. Um 1800 gab es allein rund 1 Mio. Vollerwerbsbetriebe, und es ist deshalb für den Stand der landwirtschaftlichen Entwicklung bedeutungslos, ob eine Neuerung schon konzipiert und auf einem Betrieb auch tatsächlich schon verwirklicht wurde. Selbst die Zahl der frühen Übernehmer, wie sie in der Diffusionsforschung genannt werden, genügt nicht, das zu einem bestimmten Zeitpunkt erreichte durchschnittliche Produktionsniveau zu charakterisieren. Indem aus lauter Entdeckerfreude dieser Personenkreis über Gebühr herausgestellt wird, wird nur zu oft eine Modernität oder gar Revolutionierung vorgetäuscht, die korrekterweise erst zu einem viel späteren Termin konstatiert werden darf. Das gilt nicht nur für den Ackerfutterbau, vor allem für den ominösen Übergang zur Fruchtwechselwirtschaft, sondern ebenso für die Einführung der **Stallfütterung.** Der Wunsch, einen Fortschritt berichten zu können, hat auch schon früher zuweilen den Blick getrübt. So berichtete 1766 für den I. und II. Distrikt des Holzkreises in der Magdeburger Börde der zuständige Landrat v. d. Schulenburg, „das Rindvieh werde gar nicht ausgetrieben, sondern ständig im Stall gehalten". Indessen waren es dreißig Jahre später erst 34 v. H. aller Rinder (HARNISCH, 1978, 75 f.). Selbst auf diesen fruchtbaren Böden wurde der alles beherrschende Futtermangel verspürt, den nur ein Drittel aller Betriebe durch Aufnahme des Ackerfutterbaues leidlich überwunden hatte.

In seinem Kern dürfte ein Bericht von hoher Allgemeingültigkeit sein, den Johann Heinrich Ballüer in (Salzgitter-)Lesse verfaßte und darin die Verhältnisse seines Dorfes in der ersten Hälfte des 19. Jahrhunderts schilderte. Um drei Uhr früh begann der Hirt seinen Zug durch das Dorf und blies vor jedem Hof, damit sich die Kühe der Herde anschlossen. Ballüer hielt diesen frühen Termin für unnötig, da anschließend die Kühe in der Morgenkälte nur herumstanden und kein Futter aufnehmen mochten. Er konnte sich jedoch mit seiner Ansicht bei seinen Berufsgenossen nicht durchsetzen (Ms. in Privatbesitz). Die Deutung ist einfach. Trotz besserer Böden war auch hier der Futtermangel eklatant, und wenn man die Kühe so früh zur Weide trieb, tat man alles in seinen Kräften Stehende, dem Mangel abzuhelfen. Man konnte sich dann auch gegenseitig bestätigen, wie sehr man sich für seinen Hof abmühte und was für ein verantwortungsvoller Bauer man war. Dieses sogenannte Hofdenken beherrschte offensichtlich die Bauern so stark, daß sie damit auch eine unrationelle Handlungsweise verteidigten.

In Anbetracht des weitverbreiteten Futtermangels erscheint es nicht sinnvoll, eingehend jene **züchterischen Bemühungen** darzustellen, die auf höhere Leistungen zielten. Hochgeschätzt waren damals in Norddeutschland die friesischen Kühe, im Süden die Simmenthaler, die am milchergiebigsten waren. Sie brachten diese Höchstleistungen aber nur unter den günstigen Futterverhältnissen des heimatlichen Standorts. Das kommt eindeutig in zwei zeitgenössischen Erkenntnissen zum Ausdruck: 1. Wurden friesische Kühe genauso kümmerlich gefüttert wie jene des einheimischen Landschlages, so schlugen sie zurück, wie man damals sagte. 2. Fütterte man statt dessen die bislang gehaltenen Tiere deutlich besser, so lohnten sie das durch eine höhere Leistung.

Die moderne Tierzuchtlehre hat beide Auffassungen längst bestätigt. Das genetische Potential der Landschläge reichte für deutlich höhere Leistungen aus, falls sie entsprechend gefüttert wurden. Immerhin galt bis nach dem Zweiten Weltkrieg die Forderung, eine Rasse müsse bodenständig sein. Das bedeutet, sie müsse an die Standortverhältnisse angepaßt sein, und darunter verstand man nicht zuletzt die Futterwüchsigkeit. Diese Erkenntnisse schlossen züchterische Bemühungen keineswegs aus, doch kamen sie in ihrer Bedeutung einer sachgerechten Fütterung noch nicht gleich.

Die Gründe die um 1800 den Umfang der **Schafhaltung** bestimmten, wichen von denen der Rindviehhaltung erheblich ab. Die anspruchslosen Landschafe waren zwar in der Lage, das Futter sogenannter Schafhutungen zu verwerten, das vom Rindvieh schon verschmäht wurde, aber solche Hutungen waren nicht allzu zahlreich und wurden durch die Meliorationen fortlaufend verkleinert. Hätte man die Schafe auf diese Standorte beschränkt, wäre ihre Zahl erheblich geringer ausgefallen. Die Bauern strebten jedoch danach, ihren Bedarf an Wolle selbst zu decken. Deshalb hielten sie stets einige Tiere, und zwar auch dann, wenn die Hutungen nicht ausreichten oder wenn gar keine vorhanden waren. Das Schaf wurde sodann zum Futterkonkurrenten für das Rind. Bei der Intensivierung der Betriebe wurde jedoch das Rind bevorzugt, denn Fleisch und Wolle der Landschafe waren nicht begehrt, und der Bauer erlöste dafür nur geringe Preise.

Die geschilderten Verhältnisse änderten sich schon vor 1800 zum Teil gründlich. Merinoböcke wurden zu hohen Preisen in Spanien gekauft und sie deckten die bisher gehaltenen Landschafe. Bei der hohen Nachkommenzahl eines Bockes war diese Verdrängungskreuzung durchaus effizient; denn die Nachkommen wiesen bei dem fortgesetzten Verfahren immer mehr die Eigenschaften der Merino-Rasse auf, bis sie ihr praktisch glichen. Für Merino-Wolle wurde auf dem Markt der neunfache Preis im Vergleich zur geringsten Landwolle erzielt (ABEL, G 1978, 325). An der Rentabilität des geschilderten Vorgehens ist demnach trotz der hohen Ankaufspreise für die Böcke nicht zu zweifeln. Es setzt jedoch Spezialkenntnisse und eine straffe Organisation voraus. Beide Voraussetzungen waren bei einem Gutsbesitzer eher gegeben als bei der Gesamtheit der Bauern eines Dorfes. Sie kannten durchaus gemeinsames Handeln, denn sie berieten manche Gemeindeangelegenheit unter den vollberechtigten Mitgliedern der Dorfgemeinde und hielten sich an die Beschlüsse. Es war aber mehr als schwierig, alle Berechtigten von den Vorteilen einer fortschrittlichen Ackernutzung zu überzeugen und die Allmenden einer individuellen und damit weit ertragreicheren Nutzung zuzuführen. Der gemeinsame Weidegang der einzelnen Tierarten erschien den Gedankenarmen und Trägen nur zu verlockend, weil er mit einigem Abstand die geringsten Anforderungen an den einzelnen Halter stellte, schlichtweg bei weitem am bequemsten war.

Besaß ein Gutsinhaber oder Domänenpächter das Weideservitut für seine Schafherde, wären beide schlechte Ökonomen gewesen, wenn sie das ihnen zustehende Futter nicht über die züchterische Verbesserung der Wollqualität zu weit höheren Preisen als zuvor verwertet hätten. Die feudale Berechtigung war sodann im Wert erheblich gestiegen, und es kann daher nicht verwundern, wenn im allgemeinen ausdrücklich daran festgehalten wurde. Dieses Privileg begünstigte ebenso wie die leichtere Handhabung der Zucht die Schafhaltung auf den Gütern. Es ist daher wenig aussagekräftig, wenn wie üblich zehn Schafe einer Kuh gleichgesetzt werden und dann errechnet wird, die Kopfzahl des

Rindviehs habe die der Schafe um das Sechsfache übertroffen (BITTERMANN, 1956, 43). Im Osten Deutschlands war wegen der hohen Güterdichte diese Tierart von weit höherer Bedeutung als im bäuerlich bestimmten Westen. Das mag an Zahlen aus dem Fürstentum Wolfenbuttel erhärtet werden, das zwischen beiden Teilen eine Mittelstellung einnahm. Vom Gesamtviehbestand in Stück Großvieh (GV = 500 kg Lebendgewicht) entfielen bei den Bauern nur 17,4 v. H. auf die Schafe, während es bei den Gütern 55,8 v. H. waren (SAALFELD, 1960, 115).

Wenig läßt sich über die **Schweine** sagen, deren Haltungsweise nahelegt, sie förmlich als Anhängsel an den landwirtschaftlichen Betrieb zu betrachten. Wie die hannoversche Enquête zeigt, wurden selbst in einem so getreidestarken und ertragreichen Gebiet nur ganz geringe Mengen Getreide in der Endmast eingesetzt. Aus ihnen konnten nur wenige kg Fleisch gebildet werden. Es erweckt auch eher Mißtrauen, wenn von einer „Stoppelmast" die Rede ist. Zwar mögen auf den Getreidestoppeln Ähren neben den sonstigen vegetabilischen Futterstoffen zu finden gewesen sein, und auch nach Würmern und Insektenlarven mögen die Schweine gebrochen haben, doch war insgesamt nur wenig Futter zu verwerten. Von einer Mast im heutigen Sinne kann noch nicht gesprochen werden. Die wichtigste Ernährungsgrundlage bildeten immer noch die Eichen- und Buchenwälder. Manchmal fehlte ein nennenswerter Samenfall, dann gab es nur Sprengmast, zuweilen fielen Eicheln und Bucheckern auch reichlich. Man mußte sich also in jedem Jahr vergewissern, wieviel Schweine die Dorfbewohner, gestaffelt nach Bauernklassen oder Anteilsrechten, zur Mast eintreiben durften. Diese Sachlage zwang dazu, einen gewissen Vorrat junger Tiere zu halten, um eine gute Mast voll ausnutzen zu können. Blieb sie aus, mußte ein Teil der Tiere jung geschlachtet werden.

Die angedeutete Haltungsweise setzt ein marschfähiges Tier voraus, das später zutreffend als deutsches Weideschwein bezeichnet wurde. Bis 1800 handelte es sich um züchterisch kaum bearbeitete, sondern nur domestizierte Wildschweine. Falls sie – was vorkam – über Monate unbeaufsichtigt blieben, verwilderten sie auch wieder. Das Wildschwein ist ebenso wie seine domestizierte Spielart nicht frohwüchsig. Nach einem Jahr wogen diese Tiere 50 kg, nach zwei Jahren 1 dt. Dieses Lebendgewicht wird bei den heute zur Mast verwendeten Rassen in 7 Monaten erreicht.

2   Leistungen der Tierproduktion

Über den Umfang der Fleischproduktion können nur Andeutungen gemacht werden. Zwar hat Bittermann für die Zeit um 1800 auch den **Fleischanfall** bei den einzelnen Tierarten berechnet, doch bestehen gegen die Art seines Vorgehens erhebliche Bedenken. Wesentliche Angaben, besonders über das **Schlachtgewicht** der Tiere, wurden auf städtischen Märkten erhoben, und hierhin lieferte man die besseren Tiere, weil sie überproportional gut bezahlt wurden.

Das gilt besonders für ein Luxusprodukt wie Kalbfleisch. Wie Einzelfälle belegen, konnte Kälbermast durchaus lohnend sein. So erlöste ein Bauer aus den Elbmarschen in Hamburg um 1760 17 T für ein Mastkalb; für den gleichen Betrag war eine mittelalte Kuh zu haben, während eine alte sogar nur 5 T kostete. Aber nicht nur vom Alter hing der Fleischpreis ab, auch die Größe des Tieres spielte eine erhebliche Rolle, und das bei allen Tierarten. Es besteht daher der Verdacht, Bittermann habe die überdurchschnittlichen Werte des selektierten Tiermaterials, das dem städtischen Markt zugeführt wurde, in unzulässiger Weise auf den gesamten Tierbestand des damaligen Reiches übertragen.

Dieser Verdacht kann für das **Schlachtgewicht der Kälber** erhärtet werden, das 19 kg betragen haben soll. Das Lebendgewicht wäre dann mit knapp 40 kg anzusetzen. Wenn aber das Lebendgewicht eines neugeborenen Kalbes mit rund einem Dreizehntel des Lebendgewichts einer Kuh anzunehmen ist, so waren das bei rund 200 kg nur 15 kg für das Kalb. Es mußte also bei der Mast 25 kg zunehmen, wenn beim Schlachten 19 kg Fleisch anfallen sollten. Für diese Gewichtszunahme wurden rund 5 Monate benötigt und hierzu steht Bittermanns eigene, durchaus zutreffende Aussage im Widerspruch, man habe die Kälber früh geschlachtet, um Milch zu sparen. Andererseits war eine solche Milchmast durchaus rentabel, und sie ist auch bezeugt. Wenn der Mäster für solche Tiere 4 T auf dem Markt erlöste, so wurde der normale Absatzpreis um 3 T übertroffen. War Milch weder als Trinkmilch noch als Butter direkt zu verkaufen, so eröffnete dieser Weg dem Halter eine Gewinnchance.

Auch die für das Rindvieh angegebene **Schlachtverhältniszahl** überzeugt nicht. Von 100 ausgewachsenen Tieren sollen jährlich 12, also rund ein Achtel, geschlachtet worden sein. Die Zahl bezieht sich fast ganz auf Kühe. Sie trifft zu, wenn die Kuh, nachdem sie mit 3 Jahren das erste Kalb gebracht hatte, anschließend 8 Jahre lang genutzt wurde. Das durchschnittliche Abgangsalter wäre also mit 11 Jahren anzusetzen. Es war durchaus zu erreichen, doch gibt Saalfeld für ein breiteres Tiermaterial im Braunschweigischen nur ein Durchschnittsalter von 9 bis 10 Jahren an (1960, 75). Wie weitere Angaben beweisen, ist eher mit einem rascheren Umtrieb des Bestandes zu rechnen, so daß mehr Fleisch anfiel. In marktfernen Gebieten war oft auch die Butter nicht abzusetzen, und die Rindviehzucht brachte nur dann einen leidlichen Geldertrag, wenn man die Tiere zum Markt trieb und als Schlachtvieh verkaufte. Die Schlachtverhältniszahl muß also aller Wahrscheinlichkeit nach erhöht werden.

Bittermann meint, um 1800 hätten je Kopf und Jahr 16 kg Fleisch zur Verfügung gestanden, die sich wie folgt auf die einzelnen Tierarten verteilten: Rindfleisch 6,0 kg, Kalbfleisch 2,5 kg, Schweinefleisch 5,4 kg, Schaf- und Geflügelfleisch 2,1 kg.

Auf Grund der vorgetragenen Kritik müßte das Verhältnis von Kalb- zu Rindfleisch zugunsten des letzteren verschoben werden, und zwar ganz erheblich, da mit einiger Sicherheit der Wert für das Kalbfleisch zu hoch, jener für das Rindfleisch zu niedrig ausgewiesen wurde. Bei der landläufig vertretenen Meinung, die Schweinehaltung sei ziemlich unbedeutend, überrascht Bittermanns hoher Wert. Da sich die Schafhaltung in den östlichen Gebieten konzentrierte, müßte ein umfangreicher, aber nicht bezeugter Handel mit Schaffleisch stattgefunden haben, wenn die ausgewiesene Fleischmenge den Durchschnittsverbrauch widerspiegeln soll. Bei den Landbewohnern wäre Bittermanns Gesamtwert zu erhöhen, da sie durchgängig Hühner und Gänse, weit seltener auch Enten hielten. Werden zusätzlich die Ergebnisse anderer Autoren herangezogen, muß bei einem Fleischverzehr von 16 kg/Jahr mit einer Fehlergrenze von $\pm$ 30 v. H. gerechnet werden. Dennoch bleibt die Feststellung unumstößlich: die Fleischversorgung war um 1800 noch außerordentlich gering. Das hinderte eine zahlenmäßig kleine Oberschicht nicht daran, eine Konsumhöhe zu verwirklichen, die der heutigen mit gut 90 kg/Jahr entsprach. Der Durchschnittsverdiener verzehrte also noch weniger, und bei der Unterschicht wird fraglich, ob Fleisch überhaupt auf dem Speisezettel stand.

Das Rindvieh liefert nicht nur Fleisch, sondern auch Milch. Die Kalkulation ist daher lohnend, welche Nutzungsrichtung rentabler war. Ungefähr 700 l sind je Kuh und Jahr – bei einer allerdings beträchtlichen Schwankungsbreite anzunehmen. Gelang es, diese Milch direkt abzusetzen, konnte man dafür rund 20 T in Herzberg am Harz einlösen. War jedoch der Weg zu diesem Markt zu weit, und man konnte nur Butter dorthin bringen, so schrumpfte die Menge auf 25 kg zusammen und der Erlös auf 8 T. Er wurde wieder um 2 T aufgebessert, wenn der bei der Butterproduktion gleichfalls erzeugte Käse ebenfalls verkauft wurde. Aber selbst dann brachte die Verwertung als Trinkmilch das Doppelte ein. Weiterhin verblieb dem Betrieb noch die Molke als Viehfutter. Im Grundsatz darf diese Aussage verallgemeinert werden; sie gilt ohne Unterbrechung bis heute. Hätte man mit dem Futter für eine Kuh statt der Milch Fleisch produziert, so hätte das Rind im Mindestfalle 11 T kosten müssen, da bereits ein wenige Tage altes Kalb 1 T wert war. Ein Erlös von 11 T für ein einjähriges Rind ist jedoch eine Illusion. Also müßte die Milchproduktion in jedem Falle die lukrativere gewesen sein.

Die Schlußfolgerung gilt jedoch nur in der Therorie. Butter konnte im Sommer nicht gelagert werden und verdarb außerdem auf längeren Transporten. Deshalb mußte der Bedarf der Städte von jenen Betrieben gedeckt werden, die hinreichend nahe lagen. Deren Besitzer genossen eine nicht unbeträchtliche Differentialrente auf Grund der größeren Nähe zum Markt (vgl. S. 99). Bei den übrigen Bauern sah es weit schlechter aus. Wohl konnten sie den übrigen Dorfbewohnern noch das fehlende Getreide verkaufen, mindestens eine Kuh hielten jedoch die Kleinststelleninhaber selbst, und auf Grund ihrer Einkommenslage mußten sie mit der selbsterzeugten Milchmenge auskommen, auch wenn sie eigentlich nicht zureiche. Deshalb verwundert es nicht, wenn in der kurhannoverschen Enquête nur bei wenigen Betrieben Butterverkäufe vermerkt wurden. Einige Male wurde sogar ausdrücklich erwähnt, es fehle der nötige Absatz. In solchen Fällen, und sie dürften die weit größere Zahl der Bauern betreffen, war es neben der Kälbermast ratsam, Kühe früher und dann zum doppelten Preis zu verkaufen. Als ausgesprochene Zentren der Butternachfrage sind die Großstädte anzusehen. In den Kleinstädten lebten zwar einer oft zitierten Aussage zum Trotz nur wenige Ackerbürger, doch war hier der Zuschußbedarf ein wenig geringer, da auch die übrigen Einwohner zumindest zu einem Teil eine oder mehrere Kühe in der städtischen Herde mitgehen ließen.

Neben dem Rind kann auch das **Schaf** als Zweinutzungstier angesprochen werden. Welche Nutzungsart zu bevorzugen war, litt bei dieser Tierart keinen Zweifel. Um 1760 kostete ein Merzschaft $^2/_3$ T, und ein Hammel brachte sogar 1 bis 2 T ein. Demgegenüber blieb der Erlös für die geschorene Wolle recht bescheiden. In sonst seltener Übereinstimmung wird der Ertrag je Schaf mit 1 bis 1,2 kg angegeben, woran auch die Einkreuzung von Merinos nichts Wesentliches änderte. Höchstens sank der Ertrag geringfügig ab. Nur die Heidschnucken lieferten die Hälfte der sonst zu erwartenden Menge. Um 1800 kostete ein Stein Wolle zu 22 Pfund 5 T. Dieser Preis wird vielfach bezeugt. Infolgedessen war der Wollertrag eines Schafes 0,5 T wert. Offensichtlich war es einträglicher, das Schaf frühestmöglich für $^2/_3$ T zu verkaufen. Schafffleisch war und ist jedoch in Deutschland nicht beliebt. Zu fragen ist deshalb, ob man es auch los wurde. Die Bauern waren dieser Sorge enthoben, weil sie nur soviel Tiere hielten, wie zur Deckung des Eigenbedarfs an Wolle erforderlich waren.

SAALFELD ermittelte für die letzten 18 Jahre des 18. Jahrhunderts einen Preisanstieg von 13 v. H. für Wolle gleichgebliebener Qualität. Dagegen schnellte der Preis auf 270 v. H. hoch, falls die Wolle von Tieren einer Herde abstammte, in die laufend Merinoböcke eingekreuzt worden waren (1960, 126). Annähernd die gleiche Zuwachsrate berichtete ABEL. Gegenüber 1 Stein Landwolle zu 5 T kostete der Stein veredelter Wolle $12^1/_2$ T (G 1978, 325). War einer Herde genügend Merinoblut zugeführt worden, so übertraf der Wert des Wollertrges mit $1^1/_4$ T je Schaf den eines Merzschafes mit $^2/_3$ T ganz erheblich.

Tab. 6: Mehreinnahmen des Rittergutes Lucklum aus der Schafhaltung in der Zeit von 1783 bis 1800 in T

| | Zuchtböcke | | | Mehreinnahme | | |
| | | | | vered. | | |
Zeit	Ankauf	Verkauf	Saldo	Wolle	insgesamt	je Jahr
1783–1786	220	–	– 220	223	3	1
1787–1790	302	495	193	875	1068	267
1791–1800	997	2882	1885	7641	9526	953

Quelle: Nach SAALFELD, 1960, 125

Bei diesen Herden stand nunmehr die Wollnutzung ganz im Vordergrund, und es war ökonomisch sinnvoll, die Schafe so alt wie möglich werden zu lassen.

Bei den Mehreinnahmen für Wolle wurde in Tab. 6 nur die Preisdifferenz zwischen grober Wolle, wie sie früher ausschließlich verkauft wurde, und veredelter berücksichtigt. Die Vergrößerung der Herde schlägt sich deshalb in den obigen Zahlen nicht nieder. Die ungemein positive Entwicklung, die bereits aus der vorstehenden Tabelle herausgelesen werden kann, verlief also in Wirklichkeit noch etwas günstiger. Aufschlußreich wäre es zu wissen, wie die enorm gewachsenen Geldüberschüsse aus der Schafhaltung die gesamte Ertragslage des Gutes verbessert haben, doch ist darüber nichts zu erfahren.

V   Leistungen der Landwirtschaft für den Staat

Die Landwirtschaft war um 1800 der wichtigste Gewerbezweig für den Staat und die Inhaber feudaler Rechte. Die Einnahmen dieses Empfängerkreises sind – soweit sie aus der Landwirtschaft stammten – aus der Sicht des Landwirts Ausgaben, die sein Einkommen schmälern. Der Verzicht auf diese potentiellen Einkommensteile fällt immer schwer, doch regten gerade die Verhältnisse vor der Jahrhundertwende dazu an, darüber nachzudenken, ob die betreffenden Abgaben und Leistungen noch zu Recht gefordert würden. Die Frage läßt sich auch dahingehend zuspitzen, ob zu jener Zeit noch alle Leistungsempfänger die Staatgewalt repräsentierten?

Formalrechtlich gehörten Grund- und Gerichtsherren zu den Trägern der Staatsgewalt, doch verlor schon vorher diese Auffassung zusehends an Boden (vgl. 2. I.). Der **private Charakter aller Berechtigungen,** sogar der Gerichtsherrschaft, trat bei den Agrarreformen zweifelsfrei zutage. Es ist deshalb sinnvoll, die Leistungen der Landwirtschaft aufzugliedern in solche, die den Grund-, Gerichts-, Leib- und Zehntherren zuflossen, sowie jene, mit denen der Staat Gemeinschaftsaufgaben finanzierte und die fürstliche Repräsentation bestritt. Soweit der Staat selbst Gerichtsherr war, standen ihm auch die Einnahmen aus dieser Herrschaftsform zur Verfügung. Mag diese Aufgliederung auch theoretischen Erwägungen nicht voll genügen, so hat sie doch den Vorteil der Realitätsnähe.

Es wäre verfehlt, von der gesamten Landwirtschaft auszugehen und zu prüfen, welche Leistungen der Staat von ihr bezog. Auszuscheiden sind vielmehr die **Gutsbesitzer,** die sich nach wie vor ihrer adligen Freiheiten erfreuten und nur in geringem Maße, wenn überhaupt, zu den Staatslasten beitrugen. Diese Exemtion nahmen auch die geistlichen Korporationen für die Einnahmen aus ihrem Grundbesitz in Anspruch, jedoch forderte der Landesherr von ihnen häufig höhere Beiträge als von den Gutsbesitzern. Der genannte Personenkreis läßt sich unschwer aus der Landwirtschaft ausgrenzen.

Schwierig wird es bei den **Kleinstellenbesitzern,** deren Landbesitz ein zu geringes Einkommen aus der Landwirtschaft abwarf, so daß es durch die Entlohnung für andere Tätigkeiten aufgebessert werden mußte. Aber auch wenn das gelang, war von dieser Bevölkerungsgruppe nicht viel zu holen, bei den Ärmsten findet man in Steuerlisten gar nicht selten den Vermerk: „cessirt". Wichtiger aber ist etwas anderes. Ob sich die Abgaben jedesmal mit einiger Sicherheit auf die Einkünfte aus der Landwirtschaft oder dem Zu- oder Nebenerwerb zurückführen lassen, kann nur entschieden werden, wenn das jeweilige territorialstaatliche Steuersystem einer exakten Prüfung unterzogen wird. Die aus der Landwirtschaft herrührenden Leistungen an den Staat und die feudale Klasse sind also bei diesem Personenkreis nicht mit absoluter Genauigkeit zu erfassen.

Unberührt von den **Schwierigkeiten der Abgrenzung** bleibt eine Aussage bestehen: Höhere Steuerleistungen waren mit Sicherheit nur von großen einkommensstarken Höfen zu erwarten. Deshalb sanken die Einnahmen eines Staates, wenn sie, wie bei der Realteilung, in Kleinstellen umgewandelt wurden. Diese Aussage schließt nicht unbedingt die zeitgenössische Forderung aus, Domänen aufzusiedeln und Bauernhöfe zu schaffen. Die meist nur mäßige Domänenpacht war unschwer über den Grundzins wieder hereinzuholen, und wenn die Ansiedler Steuern zahlten, empfing der Staat bereits eine Mehreinnahme.

Soll die Schwere der Besteuerung, das gleiche gilt für die übrigen Belastungen, gewichtet werden, so ist das nur quantitativ möglich. Obwohl geschehen, ist es dennoch völlig verfehlt, allein mit der absoluten Höhe der Gesamtheit aller Lasten die Ausbeutung der Bauern beweisen zu wollen. Es führt aber auch nicht weiter, wenn die Gesamtbelastung oder Feudalquote auf den Rohertrag des Betriebes bezogen wird. Fällt er bescheiden aus, kann ein bestimmtr Prozentsatz bereits die physische Existenz der Bewirtschafterfamilie gefährden, während er bei einem hohen spielend abzuzweigen ist. Auch heute werden die ansteigenden Einkommen nicht prozentual gleich, absolut also höher besteuert, sondern darüber hinaus progressiv, ohne daß jemand auf die Idee gekommen wäre, in dem höheren Satz eine besonders schwere Bürde oder gar eine soziale Ungerechtigkeit zu sehen. Noch unglücklicher ist es, wenn als Bezugsmaßstab lediglich der Getreiderohertrag gewählt wird; denn jetzt fehlen ganz wesentliche Einnahmen. Für die Brachfrüchte Lein, Gemüse oder Kartoffeln sind sie keinesfalls zu unterschätzen. Falls auch noch Ackerfutter erzeugt wird, steigen die Einnahmen aus der Viehhaltung, die ohnehin ganz fehlen. Deshalb versagt das Verfahren völlig, wenn Marschbetriebe oder solche aus dem Allgäu in den Vergleich hineingeraten. Diese eklatanten Mängel zwingen dazu, die von Friedrich-Wilhelm HENNING (1969) zuerst eingeführte Methode zu verwenden, mit Hilfe einer **Ertrags-Aufwands-Rechnung** das Einkommen eines Landwirts zu ermiteln und dazu die Belastung in Beziehung zu setzen.

Wenn auch die Ergebnisse der kurhannoverschen Enquête von 1766 nur die Verhältnisse in diesem Territorium widerspiegeln, so sind sie doch geeignet, zu grundsätzlichen Fragestellungen hinzuführen. Um zu erkennen, in welchem Maße der Staat am Einkommen der Bauern teilhatte, ist anhand der Ertrags-Aufwands-Rechnung zuerst jenes Einkommen auszuweisen, das den Bauern zur Verfügung gestanden hätte, falls keine Steuern zu bezahlen waren. Über die Unterschiede bei den gebildeten Größenklassen informiert die Tab. 7.

Tab. 7: Anteil der Staatslasten am Einkommen bei drei Größenklassen im Kurfürstentum Hannover um 1766

Einkommen	Große Höfe		Kleine Höfe		Gemischtbetriebe	
	in T	in v. H.	in T	in v. H.	in T	in v. H.
vorerst verfügbar	233	100,0	156	100,0	131	100,0
Staatslasten	48	20,6	17	10,8	11	8,4
endgültig verfügbar	185	79,4	139	89,2	120	91,6

Quelle: Nach ACHILLES, 1982, 154f.

Auf den ersten Blick scheint die Aufstellung die These zu stützen, größere Höfe seien leistunsfähiger als kleine, und der Staat sei deshalb gut beraten, für ihren Erhalt in Form der Bauernschutzpolitik zu sorgen. Die Aussage verkehrt sich jedoch in ihr Gegenteil, wenn die durchschnittliche Betriebsgröße in den Klassen berücksichtigt wird. Exakt vier kleine Höfe bewirtschaften soviel Ackerland wie ein großer. Hätte also der Staat im Zuge einer Bodenreform die großen Höfe jeweils in vier kleine aufgeteilt, hätte er statt 48 T immerhin 68 T einheben können. Die Erhebung der Steuern oder onera publica wäre aufwendiger und ihr Eingang unsicherer geworden, aber es hätte sich dennoch ein Vorteil für den Staat ergeben müssen.

Die **tatsächliche Leistungskraft** der Höfe ergibt sich jedoch erst dann, wenn der feudale Staat in seiner Gesamtheit in die Betrachtung einbezogen wird. Er verlangte nicht nur die onera publica für sich selbst, sondern zwang notfalls die Landbewohner, Zehnt, Grundzins, gerichts- und leibherrliche Abgaben an die Berechtigten abzuführen und Dienste zu leisten. Vereinfachend sei vorerst angenommen, der Staat sei an diesen Leistungen nicht beteiligt gewesen, sondern nur die von ihm privilegierte Klasse. Dann ergibt sich die in Tab. 8 ausgewiesene Relation. Das nunmehrige Ergebnis läßt keinen Zweifel mehr an der Frage zu, wer den feudalen Staat trug: es waren die großen Höfe. Vervierfacht man die Leistungen eines kleinen Hofes mit 32 T, so betragen sie 128 T. Statt der vier kleinen lieferte der große Hof jedoch 141 T ab. Ihr Eingang war mit weit größerer Sicherheit zu erwarten, denn das Resteinkommen in Höhe von 185 T verschaffte der Bauernfamilie bei Mißernten und Un-

Tab. 8: Anteil der Staatslasten und Feudallasten am verfügbaren Einkommen verschiedener Größenklassen im Kurfürstentum Hannover um 1766

Einkommen	Große Höfe		Kleine Höfe		Gemischtbetriebe	
	in T	in v. H.	in T	in v. H.	in T	in v. H.
vorerst verfügbar	326	100,0	171	100,0	145	100,0
Staatslasten	48	14,7	17	9,9	11	7,6
Feudallasten	93	28,5	15	8,8	14	9,6
endgültig verfügbar	185	56,8	139	81,3	120	82,8

Quelle: Wie Tabelle 7

glücksfällen eine ganz andere Reserve im Vergleich zum Kleinbauern, dessen Einkommen nur 139 T betrug. Von der Differenz, nämlich 46 T, konnte der Größere erforderlichenfalls ein Gespann Pferde kaufen, falls es verunglückte oder einer Krankheit zum Opfer fiel. Neben den häufigen Bränden bedrückte gerade dieser Unglücksfall die Bauern öfter, wie die zeitgenössischen Quellen zeigen.

Die **Zweiteilung der Lasten** führt noch zu einer weiteren wichtigen Erkenntnis, wenn ihre Entstehung bedacht wird. Zehnt, Grundzins und Dienste sind weit älter als die Leistungen an den Territorialstaat. Als er daranging, ein effizientes Steuersystem aufzubauen, wurde er zwangsläufig zum Konkurrenten der feudalen Klasse um die Leistungskraft des Bauern. Sie hatte sich weitgehend auf die großen Höfe abgestützt – jedenfalls in den welfischen Territorien – und die Überschüsse der Bauernwirtschaft bereits so weit abgeschöpft, daß der Staat nur noch in geringerem Umfange am Mehrprodukt partizipieren konnte. Zwar schraubte er seine Forderungen nicht so hoch, daß die Einkommen großer und kleiner Bauern total nivelliert wurden, doch verengte sich die Ausgangs-Relation von 326 T zu 171 T oder 1,9 : 1 ganz erheblich beim tatsächlich verfügbaren Einkommen, bei dem sie auf 185 T zu 139 T oder 1,3 : 1 schrumpfte.

Bereits an dieser Stelle wird sichtbar, welcher Vorteil mit einer umfassenden Agrarreform für den Staat verbunden war. Wurde die Feudalklasse endgültig ausgeschaltet, so floß zumindest nach einer Übergangsfrist dem Staat der abzweigbare Teil der Überschüsse bei der Landbewirtschaftung allein zu. Umgekehrt wird verständlich, weshalb die feudale Klasse sich an die Teilhabe am Ständestaat und das damit verbundene Steuerbewilligungsrecht klammerte. Setzte der Staat die Steuern zu hoch fest und die Gesamtleistung überstieg das Leistungsvermögen der Bauern, so war leicht vorauszusehen, wem der Verzicht aufgebürdet werden würde. – Diese Problematik bleibt verborgen, wenn alle Verpflichtungen eines Bauern zur sogenannten Feudalquote zusammengefaßt werden.

Eine differenzierte Betrachtung der Dienste stößt auf nahezu unüberwindliche Schwierigkeiten. Mit ihnen rangen bereits die zeitgenössischen Theoretiker, die sich nicht einigen konnten, ob sie als ein persönliches Recht der Grund- oder Gerichtsherrn anzusehen waren, oder ob sie öffentlich-rechtlichen Charakter trugen. Die Mehrheit neigte dazu, Dienste, die dem Gerichtsherrn geleistet wurden, als öffentlich-rechtliche Last zu betrachten. Nun wurde zwar in den welfischen Territorien die Amtsverfassung über rund 90 v. H. aller Landbewohner ausgedehnt, aber nur in Braunschweig-Wolfenbüttel wurde allein dem Gerichtsherrn, weitestgehend also dem Staat, gedient. In Hannover beanspruchten etliche Grundherrn jedoch ebenfalls Dienste der Bauern. Nur in den Herzogtümern Oldenburg und Anhalt, aber auch in den südwestdeutschen Kleinstterritorien waren die Verhältnisse eindeutig. Hier fehlte die Zwischenschicht zwischen Landesherrn und Landbewohnern, und wenn sie dienten, dienten sie dem Staat.

Ähnliche Verhältnisse müßten in der von Lütge herausgearbeiteten Südwestdeutschen Grundherrschaft geherrscht haben, bei der es die Landesherrn durchgesetzt hatten, daß Frondienste nur dem Inhaber der Hohen Gerichtsbarkeit geleistet wurden – und das hieß in den meisten Fällen, dem Territorialherrn selbst. Wenn dann aber erklärend von Fuhr-, Bau- und Jagddiensten die Rede ist, so bleibt zu fragen, ob hier nicht jene landesherrlichen Dienste gemeint sind, die neben den grund- und gerichtsherrlichen auf Grund der Landeshoheit gefordert wurden. Die sogenannte Burgveste dürfte davon die bekannteste sein. Gegenüber den sonstigen Dienstverpflichtungen der Landbewohner spielten die **rein landesherrlichen Dienste** in den meisten Territorien nur eine geringe Rolle.

Wie unterschiedlich die Verhältnisse lagen, läßt sich an einem Vergleich zwischen Hannover und Ostpreußen zeigen. In dem niedersächsischen Territorium betrug die Feudalquote der großen Höfe 141 T. Hiervon entfielen 48 T auf die onera publica. Hätten dem Staat alle Dienste zugestanden, so hätte er 21 T hinzugewonnen, und sein Anteil an der Quote wäre auf rund die Hälfte angestiegen. Insgesamt blieb der Anteil der Dienstbelastung mit 14,9 v. H. gering. Sie erreichte jedoch ein ganz anderes Ausmaß bei den Scharwerksbauern in Ostpreußen. Dienten sie den Domänen, machte der Kostenwert der Dienste über die Hälfte der Feudalquote, maximal 62 v. H. aus. Waren solche Bauern dem Adel zu Diensten verpflichtet, konnte der Satz sogar auf 96 v. H. klettern (HENNING, 1969, 215 u. 217). Die Ursache für diese hohen Sätze liegt auf der Hand. Domänen und Rittergüter besaßen in Ostpreußen einen deutlich höheren Anteil an der LF als in Hannover, und deshalb war ihr Bedarf an Diensten weit größer (vgl. S. 46).

Naturaldienste waren für den Berechtigten nur dann nützlich, wenn er sie in seiner Eigenwirtschaft verwandte. Dagegen waren Zehnt- und Naturallieferungen generell verwendbar. In vielen Territorien wurden daher zunehmend mehr Bauern der Grundherrschaft des Landesherrn unterstellt, der auch seine Zehntberechtigungen vermehrte. Als Grundherr trat der Staat den Bauern nicht nur als Landesobrigkeit gegenüber, sondern auch als Mitglied der Zwischenschicht, der feudalen Klasse. Auf diesem Wege kam er einem bedeutsamen Ziel schrittweise näher, nämlich die direkte Staatsbürgerschaft bei möglichst vielen Untertanen herzustellen. Sie war bei allen Domänenbauern und bei der Untertanenschaft der Kleinstterritorien von vornherein gegeben. Am weitesten gedieh der bezeichnete Prozeß in Oldenburg und Anhalt, wo der landsässige Adel praktisch ausgeschaltet wurde. Aber auch in Bayern und Sachsen machte man auf diesem Wege Fortschritte. Sie gingen teilweise wieder verloren, weil die Kurfürsten aus Geldmangel Gerichtsherrschaften verkauften.

Soll also die Leistung der Landwirtschaft an den Staat ermittelt werden, so genügt es nicht, einfach die onera publica aufzuaddieren. Hinzukamen dessen Einnahmen als Zehnt- und Grundherr. Sie ließen sich in den meisten Territorien zwar anhand der Quellen erfassen, doch wäre dabei eine wahre Kärrnerarbeit zu leisten, der man sich bisher entzog. Lediglich für Braunschweig-Wolfenbüttel kann angegeben werden, daß der Herzog ein Drittel aller Zehntberechtigungen besaß. Diese unübersichtliche Lage führte bereits ABEL zu der bedauernden Feststellung, „die Verteilung auf Personen und Institutionen, die das Ziel solcher Rechnungen sein sollte, (konnte) noch nicht klargestellt werden". Soviel geht aber aus seinen Angaben für Ostpreußen, Paderborn und Lüneburg hervor, daß der Staat inzwischen den größten Anteil der bäuerlichen Leistungen an sich gezogen hatte (G 1978, 264). Bleibt auch die repräsentative Aufschlüsselung bäuerlicher Lasten gegenwärtig noch ein Fernziel, so sollte eine Chance nicht übersehen werden: Material steht in Hülle und Fülle zur Verfügung, um die onera publica zu den übrigen Lasten in Beziehung zu setzen, und schon diese Relation gäbe darüber Aufschluß, wie weit der absolutistische Staat die **Entprivilegierung** der Privilegierten oder den **Entfeudalisierungsprozeß** bereits vorangetrieben hatte.

Abschließend sei noch auf ein methodisches Problem hingewiesen, das sich bei prozentualen Aufschlüsselungen ergibt. Wenn in Hannover die großen Höfe nur 34,0 v. H. an onera publica von der Feudalquote an den Staat entrichteten, die kleinen jedoch 54,3 v. H., so läßt sich der höhere Prozentsatz nur deuten, wenn alle Posten der Quote in Betracht gezogen werden. Die kleineren Bauern besaßen ihre Höfe häufig zu dem weit günstigeren Erbzinsrecht, so daß sie weniger Grundzins je ha zahlten als die größeren Meierhöfe. Infolgedessen stieg allein mit dem sinkenden Prozentanteil des Grundzinses der Prozentanteil des Staates. Noch krasser sah das im Alten Land aus, wo die Siedler zu dem sehr günstigen Holler(Holländer-)recht angesiedelt worden waren. Zehnt- und Grundzinsfreiheit ließen den Anteil des Staates auf 88,3 v. H. steigen. – Analog gilt diese Überlegung auch für den rein ökonomischen Maßstab, mit dem Harnisch Guts- und Grundherrschaft unterscheiden will (vgl. S. 48). An der Strenge der Gutsherrschaft änderte sich für die gutsuntertänigen Bauern nichts, wenn ihr Herr als Grundherr so viel Naturalabgaben bezog, daß sein Einkommen aus der Gutswirtschaft unter die Hälfte des Gesamteinkommens sank. Ein einziger Prozentsatz ist immer nur das Korrelat zu den übrigen Positionen. Erst wenn bei ihnen ceteris-paribus-Bedingungen herrschen, gewinnt er seine Aussagekraft.

VI   Das Einkommen aus der Landwirtschaft

A   Das Einkommen der Gutsbesitzer

Wenn auch in der zweiten Hälfte des 18. Jahrhunderts Bevölkerungszählungen noch verhältnismäßig selten waren, so liegen doch aus so vielen Territorien Nachrichten vor, daß die Aussage gewagt werden kann, die Bevölkerung habe sich von 1750 bis 1800 um die Hälfte vermehrt. Dieses Wachstum vergrößerte die Nachfrage, vor allem nach Brot, dem damaligen Hauptnahrungsmittel. Nach etlichen gut übereinstimmenden Angaben verzehrte eine Vollperson im Jahr um 220 kg Getreide. Bereits Gregory King (1648–1712) stellte die Regel auf, die **Getreidepreise** stiegen prozentual schneller als die in Prozent ausgedrückte Fehlmenge. Wenn auch die festen Relationen der sogenannten **Kingschen Regel** von der heutigen Marktlehre abgelehnt werden, so wird jedoch das tendentiell Zutreffende bis heute betont. Diese Aussage läßt sich konkretisieren. Für die beiden Jahrzehnte von 1741–1760 wies ABEL einen Mittelpreis für 1 dt Roggen von 52 g Ag aus. Fünfzig Jahre später, also im Schnitt von 1791–1810, war er auf 85 g Ag gestiegen (A 1978, 289). Der Bevölkerungsanstieg auf 150 v. H. wurde demnach durch den Getreidepreisanstieg auf 163 v. H. überboten. Womöglich, das sei eingeflochten, wäre die Preissteigerung noch eindrucksvoller ausgefallen, wenn sich nicht gleichzeitig die landwirtschaftliche Produktion erhöht hätte, wofür viele Anzeichen sprechen. Auch ist die Substitution des Getreides durch Kartoffeln zu bedenken, schrieb doch bereits um 1770 ein braunschweigischer Pastor von den sogenannten kleinen Leuten auf dem Lande, die Kartoffeln seien ihr Hauptnahrungsmittel.

Die Frage, wer von den erheblich gestiegenen Getreidepreisen am meisten profitierte, läßt sich leicht beantworten. Es waren die Bewirtschafter von Großbetrieben, die von der betriebseigenen Getreideerzeugung den höchsten Anteil für den Verkauf abzweigen konnten. Die Teilhabe an der Preiskonjuntur wurde noch in jenen Fällen gesteigert, in denen das Gut von abhängigen Bauern Naturalrenten bezog, die gleichfalls dem Markt zugeführt wurden. Gestiegene Einnahmen dürfen jedoch nicht einfach mit einem höheren Einkommen gleichgesetzt werden. Eine **Einkommensverbesserung** ist nur dann zu erzielen, wenn die Aufwendungen langsamer als die Einnahmen steigen oder gar nicht anwachsen. Diese Voraussetzung war in den letzten Jahrzehnten des 18. Jahrhunderts gegeben. Auf Grund der wachsenden Bevölkerung stagnierten die Löhne trotz der Verteuerung der Lebensmittel. Erst in den neunziger Jahren gerieten sie wieder langsam in Bewegung, auf dem Lande geschah das womöglich schon um 1770. Aber die Auswirkungen blieben absolut gesehen gering. Blieben die Löhne gleich, so veränderte sich auch der Sachaufwand nur wenig, da er sich in der Hauptsache aus Lohnausgaben für Reparaturen der verschiedensten Art zusammensetzte.

Um zu zeigen, in welchem Umfang die Gutsbesitzer stärker als die Bauern, selbst die Großbauern, von der Preiskonjunktur profitierten, wird eine vereinfachte Ertrags-Aufwands-Rechnung vorgestellt (Abb. 5). Sie stützt sich bei den Bauernbetrieben auf die Ergebnisse für die Höfe der ersten Größenklassen, wie sie anhand der Enquête von 1766 gewonnen wurden. Danach verblieben den Bauernfamilien als Einkommensanteil nur 37 v. H. des Rohertrages.

Um den Vergleich zu erleichtern, werden für die Gutsbetriebe einige Annahmen gemacht: 1.) Je ha Ackerland ist der Rohertrag gleich hoch. 2.) Die Bauernfamilie verläßt den Betrieb; ihre Arbeitsleistung wird durch Lohnarbeitskräfte ersetzt; deren Bezahlung ist die gleiche, wie sie zuvor von den Bauern für Fremdarbeitskräfte geleistet wurde. 3.) Die Güter sind vollständig von den Öffentlichen Lasten befreit. 4.) Der Besatz an Arbeitskräften je 100 ha Ackerland ist auf den Großbauernhöfen und Gutsbetrieben gleich. Dafür sprechen die Angaben ABELS (G 1978, 215) für die Gutsbetriebe und die Angaben über die Gesindekräfte in der Enquête.

Das Ergebnis ist offensichtlich. Besaß ein Adliger ein exemtes Rittergut mit 26 ha Ackerland, so verblieben ihm vom Rohertrag statt 37 v. H. bereits 53 v. H. Konnte er als Angehöriger der Feudalklasse Frondienste fordern, so sanken seine Lohnausgaben und sein Einkommen stieg um den gleichen absoluten Betrag.

An der soeben zitierten Stelle bringt Abel auch eine Zusammenstellung Saalfelds, wonach auf Großbetrieben im 17./18. Jahrhundert die Fronarbeit in v. H. des gesamten Arbeitskräftebesatzes zwischen 43 und 78 v. H. schwankte. Um die Auswirkung zu verdeutlichen, wurde in der Abb. 5 (gestrichelte Linie)

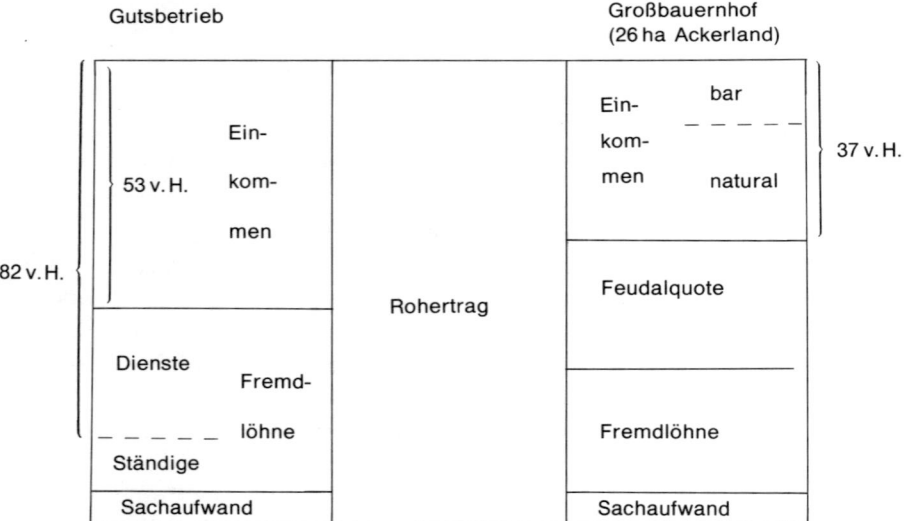

Abb. 5: Vereinfachter Einkommensvergleich bei Guts- und Großbauernbetrieben (siehe Text)

ein Satz von 70 v. H. für Fronarbeitskräfte unterstellt. In diesem Falle stieg der Einkommensanteil auf 82 v. H. des Rohertrages an. Die frönenden Landbewohner verschafften also dem Gutsbesitzer weitere 29 v. H. des Rohertrages als Arbeitsrente oder zusätzliches Einkommen. In dieser Tatsache liegt begründet, weshalb sich die Rittergutsbesitzer zum Teil mit Vehemenz gegen die Agrarreformen wehrten. Sie erklärt gleichzeitig, weshalb nicht wenige Territorialregierungen fürchteten, durch Aufhebung der Dienste bei ihren Domänen Geldüberschüsse einzubüßen und so den Staatshaushalt zu schwächen.

Zu überlegen wäre, ob sich der Anteil der Fronarbeit am Gesamtarbeitsbedarf eines Gutes nicht eher zur Kennzeichnung der Intensität feudaler Herrschaftsausübung oder gar der Gutsherrschft eigne. Aber dann würden in Saalfelds Material die braunschweigischen Domänen von sechs Plätzen bereits den dritten einnehmen, und dieser Rang könnte nur zu leicht eine Agrarverfassung vortäuschen, die im Herzogtum nicht gegeben war. Die Gutsherrschaft fehlte, und viele Bauern dienten gar nicht in natura, sondern zahlten ein Dienstgeld.

Abschließend sei auf die Kehrseite verwiesen, die sich aus der hohen Marktabhängigkeit der Gutsbesitzer ergibt. Sie profitierten mit Sicherheit enorm von den steigenden Agrarpreisen vor und nach 1800. Wählt man die beiden Jahrzehnte von 1741 bis 1760 als Basis, so standen die zehnjährigen Durchschnittspreise des Roggens 1791/1800 bei 145 v. H., 1801/1810 bei 183 v. H. und 1811/1820 bei 185 v. H. Wie es bei dieser enormen Preissteigerung, die sich bei den Gütern in einer ähnlich hohen Einkommenssteigerung niederschlug, zu einer Krise kommen konnte, scheint auf den ersten Blick unerfindlich. Diese Krise betraf jedoch nur die Güter, gut belegt ist dieses Phänomen für Nord- und Ostdeutschland, während die Bauernhöfe kaum berührt wurden. In dieser Differenzierung liegt bereits der erste erklärende Grund. Wie die Abb. 5 zeigt, besteht das Einkommen des Bauern zum weit überwiegenden Teil aus Naturalentnahmen. Rein quantitativ gesehen überwiegt selbst bei den hannoverschen Großbauern noch die geschlossene Hauswirtschaft. Sie sind zufrieden, wenn sie sich satt essen und ausreichend kleiden können. Das geringe Bareinkommen machte nur 32 v. H. des Einkommens aus und reichte lediglich für die notwendigsten anderweitigen Lebensbedürfnisse. Mußte der Bauer bei schlechtem Ernteausfall darauf verzichten, änderte das zwar seinen Lebensstil, aber doch nicht so erheblich. Zudem bestand zumindest bei der Kleidung die Möglichkeit, den Bedarf in einem guten Erntejahr nachzuholen. Ganz anders sah es dagegen bei einem Gutsbesitzer aus. Wird, nur um das Prinzip aufzudecken, ein gleichhoher Eigenbedarf wie bei einer Großbauernfamilie unterstellt, so wären bei 26 ha Ackerland 25 v. H. des Rohertrages dafür abzuzweigen gewesen. Nun bewirtschaftete aber ein Rittergut in nahezu allen Fällen deutlich mehr Land. Nimmt man die fünffache Betriebsgröße an, so waren nur noch 5 v. H. des Rohertrages für den Eigenbedarf erforderlich. Betrug der Einkommensanteil daran, wie in Abb. 5 (S. 78) vorgesehen, 82 v. H., so konnte der Gutsbesitzer

77 v. H. des Rohertrages oder 94 v. H. seines Einkommens bar ausgeben. Versorgte sich sogar der Großbauer noch weitgehend selbst, so konsumierte der Gutsbesitzer weitestgehend Waren und Dienstleistungen, wie sie auf den betreffenden Märkten angeboten wurden. Fielen in einem guten Erntejahr die Preise, so sank sein Einkommen ganz erheblich. Drosselte er nicht rigoros seine Bedürfnisse, so war eine Kreditaufnahme unerläßlich. Anders als beim Bauern standen ihr keine Schwierigkeiten entgegen. Fortan· hätten Zinszahlungen und Amortisation den Lebensstandard des Gutsherrn senken müssen, falls er sich über seine Situation rational Rechenschaft abgelegt hätte.

Ein zweiter wichtiger Grund ist in der sogenannten **Hausse-Spekulation** zu suchen, auf die schon ABEL verwies (G 1978, 347 ff.). Ihr Wesen läßt sich mit Hilfe weniger Zahlen charakterisieren. Der Wert der Lehngüter stieg in Mecklenburg von 1770/79 bis 1810/19 auf 334 v. H. Die Getreidepreise blieben jedoch mit einer Steigerung von 1771/80 bis 1811/20 auf 154 v. H. ganz erheblich dahinter zurück. Da die Viehpreise nicht ganz so rasch kletterten, ist es realistisch, das Wachstum des Rohertrages auf 140 v. H. zu beziffern. Ceteris paribus würde also das Einkommen von ursprünglich 82 v. H. auf 122 Prozentpunkte steigen. Ökonomisch gesehen wäre es also durchaus sinnvoll, das Gut zu einem stark überhöhten Preis zu kaufen, selbst wenn 30 Prozentpunkte für Verzinsung und Tilgung aufzubringen wären, denn das Einkommen stiege dann immer noch um 10 Prozentpunkte an. Die Brisanz dieses Vorgehens wird jedoch deutlich, wenn sich zufällig mehrere Jahre mit geringen Ernten oder niedrigen Preisen häuften.

Auf ein grundsätzliches Problem sei noch an dieser Stelle hingewiesen, weil sein quantitativer Einfluß bei den Gutsbetrieben am größten war. Es handelt sich um die **Grundrente.** Nach den Ursachen für die enormen Steigerungen der Getreide- und Viehpreise forschten schon die zeitgenössischen Theoretiker mit großem Eifer. Die überzeugende Erklärung gelang jedoch erst David Ricardo (1772–1823). Modern ausgedrückt ist die Grundrente für die natürliche Fruchtbarkeit des Bodens zu entrichten. Sie wird für die Gesellschaft umso wertvoller, je rascher die Bevölkerung wächst und der kulturfähige Boden knapper wird. Zwei Möglichkeiten gibt es, der Verengung des Nahrungsspielraums entgegenzuwirken: (1) Neue Böden in die Bewirtschaftung einzubeziehen, doch sind sie meistens wenig fruchtbar und oft recht weit vom Markt entfernt. Infolgedessen erhöhen die höheren Transportkosten den Preis des Getreides und das gleiche besorgt der größere Arbeitsaufwand je erzeugter Produkteinheit auf den ärmeren Böden. (2) Man könnte auch die Arbeitsintensität der bereits kultivierten Böden steigern, doch nehmen die Erträge nicht in dem Maße zu, wie zusätzliche Arbeit aufgewandt wird. Wird also die Relation zwischen Bevölkerung und anbauwürdigen Böden enger, so müssen die Preise für Agrarprodukte steigen. Da je Arbeitsstunde jedoch nicht mehr, sondern weniger erzeugt wird, sinken die Reallöhne. Dieser Mechanismus verhilft den Bodenbesitzern zu wachsenden Einnahmen und Einkommen, die ihnen ohne Eigenleistung zufallen. Sie erreichten bei den Gutsbesitzern den größten Umfang und wurden bislang ausschließlich berücksichtigt.

Vor allem die fortschrittlichen Gutsbesitzer trachteten jedoch danach, ihr Einkommen über die Grundrentensteigerung hinaus zu erhöhen. Das sei an zwei Beispielen belegt. Bei der Pflanzenproduktion sei an die Besömmerung der Brache erinnert, die selbst dann zu einem Mehrertrag führt, wenn die Viehhaltung in unveränderter Weise fortgeführt würde. Im Grundsatz wirken diese zusätzlichen Erträge durch die Angebotserhöhung sogar dem Anstieg der Grundrente entgegen, doch geschieht das erst dann, wenn eine größere Zahl von Landwirten in dieser Weise handelt und das höhere Angebot den Preis drückt. Der einzelne ist deshalb gut beraten, den produktionstechnischen Fortschritt rasch zu nutzen und sich über eine höhere Verkaufsquote einen Einkommensvorsprung zu sichern. Das Mehreinkommen, das auf dem Ertragszuwachs beruht, hat jedoch mit einer Grundrentensteigerung im Sinne Ricardos nichts zu tun.

Fortschritte konnten aber auch bei der **Tierproduktion** verwirklicht werden. Nachdem die vielen Seuchenzüge der Rinderpest abgeklungen waren, gelang es gegen 1800, die Bestände spürbar aufzustocken. Sorgte ein gut organisierter Ackerfutterbau für eine ausreichende Ernährung, so stieg die Milchleistung je Kuh, und zusätzlich aufgestallte Kühe bewirkten eine weitere Ausdehnung der verkäuflichen Mengen. Eine leistungsfähigere Kuh stellt jedoch einen höheren Kapitalwert dar. Diese Differenz muß samt dem Wert der hinzugekommenen Milchkühe verzinst werden. Natürlich stellt die höhere Kapitalverzinsung einen Teil des Einkommens dar. Es führt jedoch zu einer Verwischung der maßgeblichen Ursachen, wenn dieser Teil des Einkommenszuwachses der Grundrente zugerechnet wird.

B   Das Einkommen der Vollbauern

Soll gegenwärtig der Status einer Person oder Schicht innerhalb der Gesellschaftspyramide bestimmt werden, so gilt das Einkommen als einer der wesentlichen objektiven Faktoren. Das war früher nicht so ausgeprägt. So waren der Zwang Frondienste zu verrichten oder gar erbuntertänig zu sein Statusmerkmale, die durch eine gute wirtschaftliche Lage nur bedingt ausgeglichen werden konnten. Dennoch wäre es verfehlt, die Höhe des Einkommens der Bauern als relativ unbedeutend anzusehen. Gegen diese Annahme sprechen auch die Zeugnisse der Zeitgenossen, die das Mißverhältnis von hohem Arbeitseinsatz und der dennoch zu konstatierenden Armut bei den Bauern beklagten (vergl. S. 81).

Das Einkommen der Bauern ist aber auch der einzige untrügliche Maßstab, wenn die sogenannte Ausbeutung nicht nur behauptet, sondern bewiesen und quantifiziert werden soll. Dazu ist zuerst das **Betriebseinkommen** zu erfassen. Es ergibt sich, wenn vom **Rohertrag,** also allen geldwerten Leistungen des Betriebes, der **Sachaufwand** abgezogen wird. Er stellt die Leistungen anderer Betriebe für den Bauernhof dar. Um 1800 waren das nur zum deutlich geringeren Teil Ankäufe von Material wie Holz, Eisen, Teer und Leder, ohne die ein landwirtschaftlicher Betrieb nicht mehr ordnungsgemäß zu bewirtschaften war. Weit mehr Ausgaben entfielen auf die Löhne der Handwerker, die vorrangig für die Unterhaltung der Gebäude und des toten Inventars benötigt wurden. Neuanschaffungen spielten nur eine untergeordnete Rolle, da man Häuser nur nach frühestens hundert, oft aber erst nach zwei- oder dreihundert Jahren ersetzte und auch die Wagen, Pflüge und das Kleingerät wurden immer wieder repariert. Da der einzelne Bauer Materialpreise und Handwerkerlöhne als gegeben hinnehmen mußte, hatte er nur geringen Einfluß auf die Höhe des Sachaufwandes. Wie Abb. 6 aufweist, ist der Einfluß des Sachaufwandes gering anzuschlagen.

Von nicht unbeträchtlichem Umfang waren dagegen die **Fremdlöhne.** Übereinstimmung mit dem Sachaufwand besteht insoweit, als auch die Lohnhöhe beim Barlohn als gegeben hingenommen werden mußte. Bei der Verpflegung sind jedoch zuweilen deutliche Unterschiede anzunehmen, gab es doch Bauern, bei denen das Gesinde aus diesem Grund laufend wechselte. Da aber um 1800 alle auf dem Hofe Lebenden gemeinsam aßen, oft genug auch aus der gleichen Schüssel oder Pfanne, so dürfte in der Mehrzahl der Fälle ein gewisses Konsumniveau die Regel gewesen sein. Betrug der Naturallohn für eine Gesindekraft um 1766 noch 30 T, wozu noch der Barlohn von 13 T kam, so wird rasch erkennbar, wie stark ein überhöhter Gesindebesatz das Einkommen des Bauern

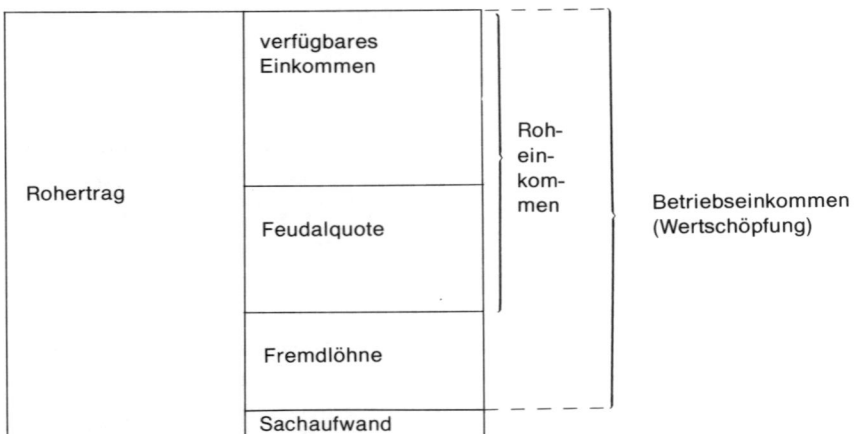

Abb.6: Betriebs-, Roh- und verfügbares Einkommen eines landwirtschaftlichen Betriebes

drücken konnte. Um 1800 rechnete man auf Grund der gestiegenen Nahrungsmittelpreise mit 50 T für die Verpflegung und 5 T mehr Barlohn. Die Wert-
steigerung des Naturallohns schmälerte jedoch nicht das Einkommen des
Bauern, er mußte nur die Barlohnerhöhung zusätzlich aufbringen. Inwieweit
ein tüchtiger Bauer mit wenig Fremdarbeitskräften auskommen konnte, hing
nicht zuletzt vom Umfang der Frondienste ab.

Über das jetzt noch verbleibende **Roheinkommen** hätte der Bauer frei
verfügen können, wenn er nicht in den Feudalstaat, überhaupt in einen Staat
eingebunden gewesen wäre. Die feudale Klasse beanspruchte den Zehnten,
Grundzinsen in verschiedener Form und Dienste. Fast durchgängig gehörte
auch der Landesfürst zum Kreis der Berechtigten. Hatte man früher einmal den
Grundsatz vertreten, der Fürst besäße die Domänen, um mit deren Einkünften
die Gemeinschaftsaufgaben zu finanzieren, so konnte um 1800 davon keine
Rede mehr sein. So betrug schon 1708 im rein agrarisch geprägten Holstein-
Gottorf der Beitrag der Domänen und säkularisierten Klöster nur 20 v. H. zu
den Staatseinnahmen (STEINBORN, 1982, 119). Um 1750 wurde dieser Prozentsatz in den gemeinsam regierten Fürstentümern Wolfenbüttel und Blan-
kenburg unterschritten (ACHILLES, 1972, 79 u. 149). Andere Einnahmequellen
weit größerer Ergiebigkeit waren also längst erschlossen, um die Staatsauf-
gaben zu finanzieren. Auf Grund andersartiger Voraussetzungen beliefen sich
jedoch in Württemberg die Einnahmen aus dem Kammergut und evangeli-
schem Kirchengut zusammen auf 70 v. H. (v. HIPPEL, 1977, I 251).

Als erster hat Henning die Relationen herausgearbeitet, die zwischen der
Gesamtbelastung und dem verfügbaren Einkommen ostpreußischer Bauern im
letzten Drittel des 18. Jahrhunderts bestanden. Aus methodischen Gründen
wird die ursprüngliche Darstellung in absoluten Zahlen bevorzugt. Über das
Ergebnis informiert die Tab. 9.

Bei diesem Zahlenmaterial drängt sich unwillkürlich die Frage auf, wie eine
Bauernfamilie mit 10 bis 22 T Einkommen ein Jahr lang auskommen sollte. Die
Ermittlung bezeichnet Henning als eine Überschlagsrechnung und verweist auf
die wohl zu geringe Bewertung der Gartenfrüchte, auf Remissionen und Hilfen
des Gutsherrn, so daß die Einkommen tatsächlich etwas höher gelegen haben.
Ergänzend wäre zu überlegen, ob nicht durch Brachfrüchte und eine genauere
Erfassung der konsumierten tierischen Produkte das Einkommen noch einmal
gesteigert werden könnte. Diese Einschränkungen nehmen den ausgewiesenen
Relationen jedoch nicht ihre Aussagekraft. Selbst wenn das Spitzeneinkommen
der Köllmer mit 96 T im angedeuteten Sinn erhöht würde, erreichte es dennoch
keine beeindruckende Größe. Geradezu niederschmetternd ist jedoch der Anteil der **Feudalquote** bei den Bauern mit adligem Gutsherrn. Könnte ein
größerer Bauer eine Quote um 50 v. H. noch verschmerzen, wenn ihm anschließend 150 T verblieben, so muß die Relation jedoch als glatte Überfor-
derung gerügt werden, wenn dadurch das Einkommen der Scharwerksbauern

Tab. 9: Anteile der Feudalquote und des verfügbaren Einkommens am Roheinkommen ostpreußischer Bauern im letzten Drittel des 18. Jahrhunderts

Hofgruppe	Größe in ha	Rohein- kommen in T	verfügba- res Ein- kommen in T	Feudal- quote in T	Feudalquote in v. H. des Roh- einkommens
1. Landesherrlich					
Köllmer	60	118	96	22	17
Schatuller	34	88	73	15	17
Hochzinser	50	102	75	27	26
Scharwerker	34	82	41	41	50
Scharwerker	70	105	54	51	49
2. Dem Adel zugeordnet					
Zinsbauern	34	89	61	28	31
Scharwerker	17	65	43	22	34
(41–60 Tage)	34	86	51	35	41
	50	73	33	40	56
Scharwerker	17	103	10	93	90
(252–500 Tage)	34	124	18	106	85
	50	130	20	110	85

Quelle: Nach HENNING, 1962, Tabb. 57–61

des Adels auf knapp 40 T absank. Offensichtlich ging aber auch der Landesherr mit seinen Scharwerkern nicht glimpflicher um.

Eine Feststellung ist noch wichtig. Von der starken Bedrückung der Bauern des Adels profitierte nahezu ausschließlich der privilegierte Stand. Denn wie Henning zeigte (Tab. 9), erreichte die Dienstbelastung dieser Bauern einen Anteil von durchschnittlich rund 90 v. H. der gesamten Feudalquote, so daß der Landesherr von dieser Auspowerung ausgeschlossen blieb und keinen Nutzen daraus ziehen konnte. Die extrem ausgeprägte Gutsherrschaft in Ostpreußen hatte zwei Leidtragende im Gefolge: den Bauern und den Landesherrn. Letzterer konnte die Bauern, die seinem Adel untertan waren, weder finanziell noch Dienste leistend zur Erledigung von Gemeinschaftsaufgaben heranziehen. Der Landesherr war deshalb gezwungen, „seine" Bauern entsprechend höher zu belasten, was vor allem bei den Scharwerkern auf den Domänen offensichtlich wird.

Gemessen an diesen Verhältnissen standen sich die Bauern im Kurfürstentum Hannover bedeutend besser. Hier hatte der **Entfeudalisierungsprozeß** schon früh erhebliche Fortschritte gemacht. Die Bauern waren persönlich frei und ihre Abgaben waren schon 1601 fixiert worden. Nur bei den ungemessenen Diensten bestand noch eine kleine Chance, die Leistungen des Bauern zu erhöhen. Da aber die Patrimonialgerichtsbarkeit nur über 10 v. H. der Bauern ausgeübt wurde, deren Handhabung das benachbarte landesfürstliche Amt kontrollierte, erfreuten sich die Bauern einer vergleichsweise günstigen Stellung. Sie erlaubte andererseits dem Landesherrn, bei der Besteuerung umso stärker zuzugreifen, worunter besonders die großen Höfe litten. Dennoch verblieb auch diesen Bauern ein Einkommen, das erheblich höher ausfiel als bei den ostpreußischen Berufskollegen.

Auch die Kleinbauern können sich mit einem verfügbaren Einkommen von 139 T im Schnitt der 17 erfaßten Betriebe durchaus sehen lassen. So verdienten in dieser Zeit in Hildesheim, unweit der kurhannoverschen Grenze, selbständige Zimmerleute im Dienste der Stadt 80 T, und auch den Vergleich mit Göttinger Offizianten bestehen sie unbedenklich, jedenfalls gegenüber den unteren Chargen (GERHARD, 1978, Anhang). Dagegen erreichten die Bauern in Ostpreußen bei weitem nicht das Einkommen der unteren Bediensteten auf den dortigen Domänen.

Die außerordentlich günstige Preiskonjunktur für Getreide und abgeschwächt für Vieh sicherte den Gutsbesitzern höhere Einkommen. Deshalb ist zu überprüfen, ob das auch für die Bauern zutraf. Die denkbaren Einwände seien an einer Beispielrechnung konkretisiert. Im Schnitt verkauften die großen hannoverschen Bauernhöfe um 1766 für 93 T Getreide und für 41 T Vieh. Da um 1800 die Getreidepreise um rund 50 v. H. höher standen, erlöste der Inhaber eines solchen Hofes im Schnitt 46 T mehr für Getreide und sicherlich weitere 15 T, wenn er Vieh im bisherigen Umfang verkaufte. Dem Plus von 61 T könnten jedoch Mehrausgaben gegenüberstehen. Beim Sachaufwand sind sie in jedem Falle unbedeutend, denn die Löhne und Materialpreise stagnierten und zogen höchstens kurz vor 1800 geringfügig an. Wird eine zehnprozentige Erhöhung unterstellt, verlöre der Hofinhaber 3 T. Wie stark die Barlöhne des Gesindes stiegen, läßt sich nicht mit Sicherheit ermitteln. Die wenigen Hinweise deuten eine Schwankungsbreite von 0 bis 20 v. H. an. Aber selbst der Höchstsatz hätte für den Bauern nur eine Mehrausgabe von 9 T bedeutet. An einem „reellen Plus", um einmal in der Sprache der Zeit zu bleiben, wäre also nicht zu zweifeln.

Wie aber sah es mit der Feudalquote aus? Bei einer Höhe von 141 T ist es immerhin denkbar, daß ein Überschuß von 49 T durch ihre Ausweitung aufgesogen wurde. Andererseits ist eine Steigerung um 35 v. H. in dreißig oder vierzig Jahren angesichts des in jüngster Zeit häufiger herausgearbeiteten bäuerlichen Widerstandes gegen solche Erhöhunen nicht gerade wahrscheinlich. Speziell für Hannover kämen ohnehin nur die Steuern in Frage. Sie wären indessen zu verdoppeln. In Anbetracht der realen Verhältnisse hier und des aufflackernden Widerstandes gegen viel geringere Erhöhungen bei den Bewohnern der Landstädte ist eine solche Zunahme der Belastung jedoch unwahrscheinlich.

Nahmen die Bauern am produktionstechnischen Fortschritt der Zeit teil, besömmerten sie also stärker die Brache mit Leguminosen und erreichte die von Saalfeld vermutete Ertragssteigerung 20 v. H., so wirkte sich diese Rate allein beim Getreide ebenso stark auf das Einkommen aus wie eine fünfzigprozentige Preiserhöhung. Am Rohertrag in Höhe von rund 500 T war nämlich das Getreide mit ungefähr der Hälfte des Wertes beteiligt. Ceteris paribus konnte der Ertragszuwachs vollständig dem Markt zugeführt werden. Es bedarf jedoch noch zahlreicher Regionalstudien, um abschätzen zu können, in welchem Maße die Erträge stiegen und welche Höhe sie um 1800 exakt erreichten. Beim augenblicklichen Forschungsstand ist es nur möglich, Grundsätze und Tendenzen herauszuarbeiten und vor voreiligen Verallgemeinerungen zu warnen .

Schon HENNING stellte fest, während des 18. Jahrhunderts seien die Einkommen der Bauern gestiegen, doch habe sich vor allem die verschiedenartige **Dienstbefreiung** ebenso positiv wie negativ auswirken können (1969, 167f.). Dennoch darf man wohl das Fazit ziehen, im allgemeinen sei mit einer Verbesserung zu rechnen. Wurde schon für die unter günstigen Bedingungen lebenden Bauern im Fürstentum Wolfenbüttel für das späte 18. Jahrhundert eine geradezu sprunghafte Verbesserung ihrer Vermögensverhältnisse nachgewiesen, so bestätigte jüngst HARNISCH im Grundsatz diese Besserstellung für die Herrschaft Boitzenburg, die dem Bereich der Gutsherrschaft zuzuordnen ist (1991, 91). Vor einer Verknüpfung der Agrarpreiskonjunktur mit einer durchgängigen Einkommensverbesserung hat jedoch Hubert FREIBURG nachdrücklich gewarnt. Er kam zu dem Schluß, falls der Anteil der kleinen Bauern in einer Region überwiege, könne eine ungünstige Entwicklung der Agrarpreise eine Erhöhung des Realeinkommens der Mehrzahl der Landbewohner bewirken (1977, 324). Es muß aber auch der Umkehrbeschluß gelten. Demnach wäre nach Freiburg zu befürchten, die Preissteigerung habe zu einer Minderung des Realeinkommens der Kleinbauern und der unterbäuerlichen Schicht geführt.

Prinzipiell gesehen hat Freiburg recht. Nicht jeder Landbewohner erzeugte eine ausreichende Menge an Nahrungsmitteln. Überwog der Zukauf, so schadeten die gestiegenen Agrarpreise mehr als sie nützten. Da Freiburg den Anstieg der Getreide- und Viehpreise ebenso wie das Stagnieren der Nominallöhne zutreffend mit dem Bevölkerungsdruck verknüpft, ist für den Lebensmittel zukaufenden Teil der Landbevölkerung auch die Aussicht mehr als gering, die Mehrausgaben beim Einkauf durch gestiegene Löhne ausgleichen zu können. Als Beleg für Freiburgs These kann wiederum die kurhannoversche Enquête herangezogen werden, wenn die Einkommen um 1766 unter den hier herrschenden Bedingungen bis um 1800 fortgeschrieben werden (Tab. 10).

Die Tabelle bestätigt die allgemein bekannte Tatsache, daß die Teilhabe an der Agrarpreiskonjunktur vom Umfang der Verkaufsquote abhängt. Die größte Hofgruppe gewann 58 T hinzu, die mittlere wegen der überdurchschnittlich vielen getreidestarken Marschbetriebe noch 54 T, während die Kleinbauern

Tab. 10: Verfügbares Einkommen hannoverscher Landbewohner um 1766 und um 1800 mit verschieden großen landwirtschaftlichen Betrieben

| | Ackerland | | | Ge-mischt-betriebe |
	∅ 26,5 ha	∅ 14,0	∅ 6,2	
Um 1766	185,3 T	199,7 T	139,3 T	119,5 T
Um 1800	243,7 T	253,2 T	162,1 T	119,0 T
Einkommensänderung	+ 58,4 T	+ 53,5 T	+ 22,8 T	− 0,5 T

Quelle: ACHILLES, 1982, 133

sich mit 23 T begnügen mußten. Mit 6,2 ha Ackerland waren sie bei den hier vorliegenden Verhältnissen aber noch eindeutig Nutznießer der Preiskonjunktur. In Hannover führte also der Aufschwung der Agrarpreise, den Abel als Indiz und Gradmesser für eine Agrarkonjunktur benutzte, bei allen Vollerwerbslandwirten zu einer Einkommensverbesserung. Es bliebe also die Aufgabe, den von Freiburg gebrauchten Ausdruck Kleinbauern schärfer zu definieren und jene Umstände herauszuarbeiten, unter denen er dennoch zum Leidtragenden einer Agrarkonjunktur werden konnte. Diese Aufgabe erledigt sich jedoch von selbst, wenn nachfolgend die Einkommensverhältnisse der Gemischtbetriebe näher betrachtet werden.

C Das Einkommen der Landhandwerker und der unterbäuerlichen Schicht

Die Landhandwerker von der unterbäuerlichen Schicht abzusetzen, erweist sich in vielen Fällen als ein kühnes Unterfangen. (Flick-)Schuster und Schneider fristeten nur zu oft ein kümmerliches Dasein, und auch die Einkommensmischung aus gewerblichen Einkünften und denen der landwirtschaftlichen Klein(st)stelle verhalf insgesamt zu keiner auskömmlichen Existenz. Landhandwerker wurden jedoch grundsätzlich gebraucht, und wenn das Gewerbe nicht entschieden übersetzt war, so bot es eine ernstzunehmende Einkommensaufbesserung. Müller, Schmiede, Stellmacher oder Wagner, Sattler und Zimmerleute wären als Beispiele zu nennen. Die Differenzierung in der Überschrift soll deshalb nur die Spannbreite der Einkommensverhältnisse andeuten, die beim verfügbaren Einkommen gegeben war. An fließenden Übergängen ist wahrhaftig kein Mangel.

Da verbale Differenzierungen über die tatsächlichen Einkommensverhältnisse keinen hinreichenden Aufschluß geben, wäre nach den **realen Einkommensgrößen** zu fragen. Aber schon die von Günther Franz gestellte Vorfrage, wovon diese Leute überhaupt leben konnten, ist bis heute nicht zufriedenstellend beantwortet. Dem Verweis auf den Tagelohn, den man in der Landwirtschaft angeblich verdienen konnte, wurde bereits für Paderborn und Kurhannover ausdrücklich widersprochen, obwohl gerade in Kurhannover die Landwirtschaft mittel- und großbäuerlich geprägt ist. Auch von hier aus gingen die Kleinstelleninhaber nach Holland, um beim Wiesenmähen und Torfstechen sowie in der Getreideernte Geld zu verdienen. Dieser Hollandgängerei schlossen sich ihre Nachbarn in Westfalen an, obwohl es auch hier an Bauernhöfen, die auf Fremdarbeitskräfte angewiesen waren, keineswegs fehlte. Beschäftigt wurde jedoch Gesinde, und Tagelöhner hatten nur in der Ernte Gelegenheit, für zwei bis drei Wochen Arbeit zu finden. Daneben gab es den Rückgriff auf die Heuerlinge, gegenüber denen sich die Bauern oft wie adlige Grundherrn aufführten.

Eins aber steht fest: die Heuerlinge kauften keine Nahrungsmittel zu, auch wenn sie dem Zwang zum Zuerwerb ausgeliefert waren. Das gleiche gilt für viele Kleinstellenbesitzer. Auch wenn sie einen zusätzlichen Verdienst inner- oder außerhalb der Landwirtschaft benötigten, braucht deshalb ihre **Selbstversorgung mit Nahrungsmitteln** nicht in Frage gestellt gewesen zu sein. Es hilft auch nichts, auf das im Durchschnitt gesunkene verfügbare Einkommen der hannoverschen Gemischtbetriebe zu verweisen. Im Durchschnittswert verschmolzen nämlich gestiegene wie gesunkene Einkommen. Es wäre daher ebenso voreilig wie falsch, gleich die ganze Gruppe als Verlierer einer Agrarkonjunktur im Sinne Abels auszugeben.

Gewisse Andeutungen vermag die hannoversche Enquête zu liefern. Von den vierzehn Gemischtbetrieben kauften drei weder Getreide noch Vieh zu. Vier weitere Stelleninahber verbesserten ihre Ernährung qualitativ, indem sie bis zu 7 T für Viehzukäufe ausgaben. Bei den restlichen sieben Stellen reichte das selbst geerntete lebensnotwendige Getreide nicht aus. Deshalb mußten 4, 8, 9, 10, 18, 30 und 43 T für den Getreideeinkauf aufgewandt werden. Dementsprechend war nur bei drei von vierzehn Stellen mit einer spürbaren Einkommensminderung zu rechnen. Während die drei zukaufsfreien Betriebe ohnehin von der Agrarkonjunktur geringfügig profitierten, gilt das auch noch für vier andere, die ebenfalls noch eine Netto-Marktleistung aufwiesen, wie Freiburg das Überwiegen der Verkäufe gegenüber den Zukäufen benennt. Diese Grenze darf jedoch nicht, wie er es tut, zwischen Vollerwerbs- und Zu- oder Nebenerwerbsbetrieben gezogen werden. Sie verläuft vielmehr innerhalb der unterbäuerlichen Schicht. Trotz der verfehlten Grenzziehung zwischen den Gewinnern und Verlierern bei einer Agrarkonjunktur, wie sie Abel definierte, und der Überbetonung jener, die Einkommensverlust hinnehmen mußten, darf jedoch das grundsätzliche Bedenken Freiburgs nicht heruntergespielt werden. Selbst wenn die sieben Verlierer zum Teil mit glimpflichen Einbußen von dreimal 1 T und einmal 4 T davon kamen, so müssen doch die restlichen drei Stellen genau betrachtet werden. Ihre Inhaber wurden als **Tagelöhner** bezeichnet. Der kleinste Verlust in Höhe von 11 T traf einen im Amt Diepholz.

Sein erstaunlich hohes Einkommen, nämlich 124 T um 1766, sank bis um 1800 auf 113 T ab. Es hielt sich aber immer noch auf annähernd durchschnittlicher Höhe. Die ganze soziale Not aber wird sichtbar bei jenen beiden, die nur 0,33 und 0,09 ha Ackerland bestellten. Der Inhaber der größeren Stelle erzielte nicht unbeträchtliche Nebeneinnahmen, so daß sein Einkommen ursprünglich 101 T betrug, dann aber auf 86 T absank. Damit mag er gerade noch ausgekommen sein. Es handelte sich jedoch um ein Einkommen, das Mann und Frau gemeinsam erwirtschaften mußten, während es ein Hildesheimer Bauhandwerker in dieser Zeit allein verdiente. Wie aber sollte der Inhaber der kleinsten Stelle zurecht kommen, wenn er zwar nur 9 T einbüßte, sein Einkommen um 1800 aber nur noch 60 T ausmachte? Auch in diesem Falle hatte seine Frau mitgearbeitet.

An dieser Stelle wird eine neue Grenze sichtbar, nämlich die zwischen **Kleinststelleninhabern und Einliegern oder Inquilinen.** Sie standen sich noch schlechter. Die Einkünfte fielen noch geringer aus; denn sie besaßen kein Gartenland und hatten höchstens vereinzelt etwas Ackerland gepachtet. Ebenso mußten sie auf das Eintreiben eines Stückes Vieh in die Dorfherde verzichten. Im Gegenzuge aber war eine Ausgabe nicht zu vermeiden, die für die Miete. Wie geschickt sie sich auch anstellen mochten: ein Leben voller Entbehrungen war ihnen gewiß. Soll die Sozialgeschichte der Landbevölkerung geschrieben werden, ist die quantitative Erfassung gerade dieser Gruppe unumgänglich.

Schwierig ist es, das **Einkommen aus dem Garnspinnen** zu ermitteln. Unterstellt man, diese Tätigkeit sei während des Jahres ausschließlich ausgeübt, ergibt sich unter braunschweigischen Verhältnissen ein Tagelohn, der knapp unter dem für Frauen üblichen lag. Infolgedessen lohnte es sich für Gutsbesitzer nicht, korrekt bezahlte Lohnarbeitskräfte mit dem Spinnen zu beschäftigen. Wie notwendig andererseits diese Tätigkeit und der damit verbundene Verdienst für Angehörige der unterbäuerlichen Schicht sein konnte, beweist die kleinste Tagelöhnerstelle, die in der Enquête erfaßt wurde. Das ohnehin bescheidene Jahreseinkommen von 60 T wäre um rund 14 T gesunken, wenn die Einkünfte aus dem Garnspinnen nicht hinzugekommen wären. Wie unterschiedlich die Verhältnisse lagen, beweist die Ertrags-Aufwands-Rechnung für die zweitkleinste Stelle. Ihr Inhaber erwirtschaftete 87 T, zu denen das Garnspinnen aber nur 4 T beitrug.

Besser standen sich jene **Handwerker,** die kein Massengewerbe wie Schneider und Schuster ausübten. Zwar bezog selbst ein Schmied nur Netto-Einkünfte in Höhe von 32 T, bei zwei weiteren lagen sie jedoch über 70 T und 90 T. Auch ein Rademacher erzielte rund 70 T. Da er noch 4,7 ha Ackerland besaß und das verfügbare Einkommen 179 T betrug, ist dieser Hof als Zuerwerbsbetrieb einzustufen. Bei den drei Schmieden verengt sich die Relation zwar beträchtlich, doch überwiegt auch bei ihnen das Einkommen aus der Landwirtschaft. Natürlich sind diese Zahlen alles andere als repräsentativ. Könnte ihnen doch jener Schuster im Flecken Ärzen gegenübergestellt werden, der überhaupt keine Einkünfte aus dem nur dem Namen nach ausgeübten Handwerk bezog; denn ihm fehlte – neben der Nachfrage – bereits das Geld für den Ankauf des Leders. Eine Erweiterung des hier gebotenen spärlichen Materials über die Einkommenslage ist derzeit nicht möglich, da in der handwerksgeschichtlichen Literatur nichts Vergleichbares zu finden ist.

2. Kapitel
Die Agrarreformen

I Treibende Ideen und ihre Vertreter

A Die Spätaufklärung

Was Aufklärung eigentlich sei, fragten sich schon die Menschen im Spätfeudalismus. Immanuel Kants berühmt gewordene Antwort lautet: „Aufklärung ist der Ausgang des Menschen aus seiner selbstverschuldeten Unmündigkeit. Unmündigkeit ist das Unvermögen, sich seines Verstandes ohne Leitung eines anderen zu bedienen." Daß die Unmündigkeit selbstverschuldet sei, hat jedoch im Hinblick auf die Bauern Kant nicht jeder abgenommen. Zwar meinte der Spätaufklärer Johann Michael v. Loen, die Bauern hätten ein „viehisches Ansehen" und die Knechte „seien von dem Vieh, das sie hüteten kaum noch zu unterscheiden", aber dann kommt die Begründung wie ein Paukenschlag: „Wehe den Fürsten, die durch ihre grausame Tyranney und durch ihre üble Haußhaltung den Jammer so vieler Menschen verursachen!"

An den erbarmenswürdigen Lebensumständen der Bauern waren die Fürsten aber nicht nur direkt schuld. Sie trugen zum Elend der Bauern auch indirekt bei, indem sie der feudalen Klasse zuviel Freiraum einräumten. Er wurde schon früh so rigoros ausgenutzt, daß die Bauern zu einem nicht geringen Teil ihr Heil in der Flucht suchten und das Land zu veröden drohte. Um diesen Schaden abzuwenden, fixierte der Herzog Heinrich der Friedsame von Braunschweig 1433 im Vertrage mit der Landschaft einige Besitzwechselabgaben, andere wurden sogar ganz aufgehoben, und erklärend wurde hinzugesetzt: sie möchten „van Rechte, edder van redlicker edder unredlicker Wohnheit, edder van Drange" entstanden sein. Die Bauern waren also zumindest partiell Opfer der Gewalt.

Es gehört zum historischen Zug der Aufklärung, solche Vorgänge wieder aufgegriffen und den Zeitgenossen bewußt gemacht zu haben. Zu den Verkündern erlittenen Unrechts gehörte Johann Christian Schubart, später Angehöriger des Reichsritterstandes mit dem Namenszusatz Edler von dem Kleefelde, dessen Wirken viel zu eng gesehen wird, wenn man ihn nur als Verfechter des Kleebaus ausgibt. In seinen ökonomisch-kameralistischen Schriften stellt er sich seinen Lesern in typisch aufklärerischer Manier vor mit den Worten: „Er ist Menschenfreund, und wünscht nichts eifriger, als vorzüglich des armen Landmans mühselige Umstände ... zu verbessern." Die Leibeigenschaft ist seiner

Meinung nach unmenschlich und unchristlich. Von der Bedeutung des Bauern für den Staat urteilt er: der die „Staatslasten trägt, und der also, weil er sie trägt, den Staat mit ausmacht, so kan ich" – nämlich der an ihm geübten Kritik – „nicht beipflichten; weil dem Bauern als Staatsgliede ebenso viel Recht gebüret wie dem Junker, der im Vergleich mit dem Bauer nichts oder doch nur wenig zu den Staatslasten beiträgt." Dann knüpft Schubart an das Motto des englischen Bauernkrieges an: Als Adam grub und Eva spann, wo war denn da der Edelmann? Grimmelshausen zitierte es im Simplicissimus. Also waren die Bauern eher da als die Junker, die in „den für das Volk betrübten Mittelalter eine Menge Menschen unterjocht haben, die frei waren, und wie es zugegangen? weis jederman." Als man ihm entgegnete, es sei für den Staat gefährlich, „wenn der Bauer im ganzen genommen, den Herrn zu machen anfängt, indem er zu grösern Vermögen, Freiheit und Ansehen gelangt, als sein Stand erfordert und demselben angemessen ist", so höhnt Schubart förmlich, wenn er ähnlich wie v. Loen seinem Kontrahenten die Worte entgegenschleudert: „Wer hat denn das angemessen, und wo? Wehe dem Lande und dem elenden Regenten, dessen Staatsglieder (die Bauern) one Vermögen, Freiheit und Ansehen sein sollten!!!" Nach Schubarts Auffassung ist also aus der geschichtlichen Entwicklung nicht die inferiore Stellung des Bauern und die damit verknüpfte Besserstellung des Grundherrn abzuleiten und zu legitimieren, sondern ganz im Gegenteil das Rückgängigmachen einer gewaltsamen Unterdrückung.

Das alte Herkommen, die wohlerworbenen Rechte des Adels stellte auch Johann Ludwig Ewald in Frage. Er irrte indessen, wenn er meinte, als der Adel zum Kriegsdienst nicht mehr selbst antrat, habe er den Ausfall seiner Dienste durch eine Kriegssteuer ersetzt. Sein Rat, gleich den Ständen von Österreich, Böhmen, Sachsen, Hannover und Hildesheim „freywillig Verzicht (zu) thun", fand einmal nur ein vereinzeltes Echo bei fortschrittlich gesinnten Adeligen, aber nicht bei ganzen Korporationen und zum andern entspricht er nur in ganz grober Annäherung den Tatsachen. Weit überzeugender stellte der sächsische Rechtskonsulent Christian August ARNDT in einer 1797 anonym erschienenen Schrift mit dem bezeichnenden Titel „Über die Beförderung des Zutrauens zwischen Regenten und Unterthanen" den Entwicklungsgang dar.

Die Lehen, so führte Arndt aus, verpflichteten ihre Besitzer „besonders und ausschließlich" zum Kriegsdienst. „Ihre Güter wurden eben deshalb von allen Abgaben und Contributionen befreit, und keine andere Last ruhete darauf, als eben die Verbindlichkeit zum Kriegsdienst. Die Lehen sind also nicht als Belohnungen schon geleisteter, sondern als Sold für immerfort zu leistende Dienste gegeben worden." Da der Kriegsdienst jedoch beschwerlich war, machten „die Vasallen fast bei jedem Aufgebote Schwierigkeiten". Der Staat fing deshalb an, „sich der geworbenen Soldaten zu bedienen". „Da nun, nach dieser vorgegangenen Veränderung, der Zweck, um welches willen man Vasallen angenommen hatte, wegfiel, so hätten auch die Vasallen in den Landen, wo man stehende Armeen einführte, entweder die Unterhaltung dieser Armee über sich nehmen, oder ihre Lehngüter zurückgeben, oder ihre Lehngüter von der Zeit an versteuern sollen. Allein diese Vasallen waren zu mächtig worden ...'" (57ff.). Sie entzogen sich also den Leistungen für den Staat und diese exemte Stellung wurde in den Verfassungen verankert.

Die Schlußfolgerung nahm Arndt schon vorweg (52f.). Sollte eine Regierung beabsichtigen, das Unrecht dieser Entwicklung rückgängig zu machen, so würde von diesem Vorhaben geurteilt: „Es ist verfassungswidrig! Gleichsam, als wenn Verfassung das höchste Gesetz im Staate ausmachte, dessen Vorschriften ihrem Grunde und ihrer Dauer nach, ewig und unabänderlich wären, und nach welchem alle übrigen Grundsätze der Moral und des Rechts sich reguliren müßten. Und doch ist Staatsverfassung ein eben so conventionelles Ding, als Liturgie, Zeremoniel u. a., kann eben so fehlerhaft als diese seyn, und muß mithin, nach Verschiedenheit der Zeiten und Umstände, anders modifizirt, verbessert, und der Vollkommenheit, d. h. den ewigen Gesezzen Gottes näher gebracht werden." Der augenblicklich existierende Staat, und das ist typisch aufklärerisch gedacht, war in seinen Zuständen keineswegs moralisch gerechtfertigt, vielmehr war der Aufklärungsprozeß voranzutreiben und die Organisation des Staatswesens den jeweiligen Fortschritten anzupassen.

Auf welche Weise und zu welchem Ziel die Bauern an diesem Prozeß teilzunehmen hatten, läßt sich an den Werken der sogenannten **Bauernaufklärung** ablesen. Das verbreitetste war zweifellos das Noth- und Hülfsbüchlein des Zacharias Becker, das erstmalig 1788 erschien und bis zum Anfang des 19. Jahrhunderts in 400 000 Exemplaren verbreitet gewesen sein soll. Gleich zu Beginn geht Becker auf die Sozialordnung in der Welt ein und läßt den Pfarrer Wohlgemuth darüber sagen: „Es ist eine schöne Einrichtung Gottes mit den vielerlei Ständen in der Welt. Es müßten Regenten, Räthe, Beamten, Soldaten, Gelehrte, Pfarrer, Aerzte, Kaufleute, Künstler, Handwerker und Bauern, auch Reiche und Arme untereinander seyn: damit einer dem anderen helfe ..." Hier klingt ein Kerngedanke des Kirchenlehrers Augustin an. Statt der bitteren sozialen Satire, die Becker ursprünglich schreiben wollte, nun die Harmonisierungstendenz im Noth- und Hülfsbüchlein. Reich soll der Bauer werden und dabei soll das Büchlein mithelfen, an der Unterordnung unter die Obrigkeit wird jedoch nirgends gerüttelt.

Diesen Grundsatz verfechten auch die Philanthropen, unter denen man im engeren Sinne jene Aufklärer versteht, die das Schulwesen verbessern wollten. Neben dem bekanntesten, Basedow, sind eher Christian Gotthilf Salzmann und Friedrich Eberhard v. Rochow zu nennen, weil sie ihre Aufmerksamkeit dem Landschulwesen zuwandten. Letzterer brachte seine Absichten auf die kurze Formel: „Unser Dichten und Trachten ist, gute Christen, gehorsame Untertanen und tüchtige Landwirte zu bilden." Tatsächlich ist der Gehorsam gegenüber der Herrschaft so etwas wie ein roter Faden, der die Geschichten im

„Kinderfreund" durchzieht, einem Lesebuch für die Elementarschulen, das ebenfalls in mehreren hunderttausend Exemplaren verbreitet war. Zum Trost verspricht Rochow in den von ihm konzipierten Geschichten den gehorsamen Dienstboten eine gute Herrschaft. Aber auch Salzmann tadelte einen Bauern, der Romane und politische Schriften las, mit dem Bemerken; „Lernt er denn daraus, wie man Kartoffelland zurecht machen, seine Kinder erziehen und seine Haushaltung verbessern muß?"

Reinhard WITTMANN zog das überzeugende Fazit: Die Kenntnisse des Bauern müssen unmittelbar auf die Steigerung seiner Arbeitsproduktivität bezogen bleiben. Man appellierte an seinen Erwerbstrieb, wobei Tugend Voraussetzung für den wirtschaftlichen Erfolg war. „Ob dieses spezifisch bürgerliche Leistungsethos den sozioökonomischen Bedingungen der Bauern überhaupt gerecht wurde, fragten die Aufklärer nicht. Während vom Bauern umfangreiche Kenntnisse im agrarischen Bereich gefordert werden, wird jede darüber hinausreichende Bildung abgelehnt" (1973, 157f.).

Das bedeutet nicht, der Ständestaat würde nicht in Frage gestellt. Auch Wittmann meint zwar von den Aufklärern: „Das ständische Prinzip aber, soweit es für die Bauern galt, wurde nicht angetastet"; doch dann schränkt er ein: „Auch wenn man die Notwendigkeit dereinstiger grundlegender Reformen ... nicht verkannte." Weit zupackender war Schubart, der die mühseligen Umstände des Landmanns verbessern wollte und von den Hindernissen auf diesem Wege meinte, „deshalb hasset er (Schubert, W.A.) eingeschränktes Eigentum, Gemeinheiten, Hutungen und Triften von ganzem Herzen, und wünscht jedem Landmann uneingeschränkten Gebrauch seines Eigentums ..., weil er ganz überzeugt ist, ... daß bei Freiheit die Grundstükke um die Hälfte einträglicher gemacht werden können." Diese Forderungen zielen unmißverständlich auf die Entprivilegierung der Privilegierten. Der Ständestaat wird grundsätzlich in Frage gestellt, weil er zumindest im güterreichen Sachsen und Preußen moderne Produktionsmethoden allzu oft verhinderte.

Wittmann zweifelt daran, ob die sogenannte Bauernaufklärung den Bauern überhaupt erreichte; und wenn, ob er sie in der gewählten Form akzeptierte. Gegenüber den pathetischen Erfolgsmeldungen eines Becker sind solche Zweifel zumindest als starke Einschränkung angebracht. Aber darüber darf eine wesentliche Veränderung nicht vergessen werden. Auch der Bauer wird jetzt als bildungsfähig anerkannt. Mit dem Menschenbild, das die Aufklärer heraufbeschwören, läßt sich der Status des Leibeigenen nicht mehr vereinbaren. Zumindest aufgeklärte Herren betrachten den Bauern nicht länger als bloßes Gutszubehör, bei den allein die Arbeitskraft interessiert. Die aufgeklärte Beamtenschaft, und falls ihr Einfluß ausreicht, auch der Staat treten dem Bauern anders gegenüber. Das mußte sich auf das Selbstwertgefühl des Bauern auch dann auswirken, wenn die Bücher der Bauernaufklärer im wesentlichen nur verteilt, aber kaum gelesen wurden.

Schon 1781 schrieb Kant: „Unser Zeitalter ist das eigentliche Zeitalter der Kritik, der sich alles unterwerfen muß. Religion, durch ihre Heiligkeit und Gesetzgebung durch ihre Majestät, wollen sich gemeiniglich derselben entziehen. Aber alsdann erregen sie gerechten Verdacht wider sich und können auf unverstellte Achtung nicht Anspruch machen, die die Vernunft nur demjenigen bewilligt, was ihre freie und öffentliche Prüfung hat aushalten können." An dieser Prüfung nahmen die Bauern ganz offensichtlich teil, und es war ein grundsätzlicher Irrtum, sie durch eine wohldosierte Aufklärung daran hindern zu wollen. Es genügt nicht, auf die vor 1800 weitverbreitete Kritik am Adel und grundbesitzenden geistlichen Korporationen wie in Bayern zu verweisen. Der Unmut richtete sich auch gegen den Staat, der diese Privilegien schützte und obendrein Steuern erhob. Schon vor der Französischen Revolution opponierten die Bauern in Schaumburg-Lippe gegen deren Erhöhung. Gegen den Staat richteten sich auch die Unruhen in Hannover und ebenso im Hochstift Hildesheim, die von der Französischen Revolution beeinflußt wurden. Dagegen zielte der sächsische Bauernaufstand von 1790 eindeutig gegen die Privilegien des Adels, und ein uralter Topos klingt an, der weit über den Bauernkrieg zurückreicht, wenn die Bauern die Schlußverse eines Gedichtes zitierten: Wir schreiben uns von Adam her, wer ist's, der nicht von Adam wär. Kommt her ihr stolzen Edelleute! Wir haben Gottes Wort zur Seite. Die gleiche Zielrichtung war den Unruhen in Schlesien eigen, die schon 1787 aufflackerten. 1792, 1794 und noch 1798 kam es zu ausgedehnten Erhebungen, und hier wurde im sogenannten Nachtwächterlied kurz und bündig festgestellt: „Der Teufel hole den Adel und die Pfaffen." Noch 1807 fürchtete man, als die Franzosen das Land besetzten, eine allgemeine Agrarrevolution (FRANZ, 1970, 245 ff.). Ist die Spätaufklärung auch sicher nicht die einzige Ursache für die Bewußtseinsfindung und die Interessenartikulation des Bauernstandes, so hat sie doch mit Sicherheit dazu beigetragen.

B   François Quesnay (Physiokraten)

Würden François Quesnay und die auf ihn eingeschworene Schule an ihren konkreten Erfolgen im Alten Reich gemessen, so wären sie nicht erwähnenswert. Diese Aussage scheint im Widerspruch mit der Literatur zu stehen, in der häufig Förderern der Landwirtschaft physiokratisches Ideengut unterstellt wird. Diese Vorgehensweise ist jedoch monokausal und wird der Vielfalt der im späten 18. Jahrhundert miteinander konkurrierenden Ideen nicht gerecht. Schon die Kameralisten wollten die Produktionsverhältnisse der Landwirtschaft verbessern, indem sie für die Abschaffung der Frondienste, der Weideservitute und die Aufteilung der Allmenden plädierten. Wer sich die Ideen der Aufklärung zu eigen machte, mußte ebenfalls gegen die bestehende Agrarverfassung Sturm laufen, und wer den Ansichten Adam Smith's folgte, konnte sie genausowenig gutheißen. Die Bedeutung der Landwirtschaft für die Volkswirtschaft und damit für den Staat hatten keineswegs nur die Physiokraten erkannt. Sie haben diese Vorrangstellung jedoch auf die Spitze getrieben, und in dieser Übertreibung liegt der Grund für ihr Scheitern in Frankreich, gleichfalls für die geringe Überzeugungskraft ihrer Ideen in Deutschland und die dadurch bedingte Unwirksamkeit.

Der große Wurf Quesnays liegt in der Entdeckung und Darstellung eines Kreislaufmodells, das der Leibarzt des Königs und der Pompadour analog zum menschlichen Blutkreislauf entwickelte. 1758 veröffentlichte er das **Tableau économique,** und damit lagen die Grundzüge seiner Lehre fest, die von den Anhängern kaum noch weiterentwickelt wurde. Ausgangspunkt der Überlegungen Quesnays ist der ordre naturel, wobei nicht übersehen werden darf, daß diese natürliche Ordnung eine von Gott gesetzte Ordnung ist. Wer an ihr rüttelt, macht sich des Sakrilegs schuldig. Drei Klassen werden bei diesem Modell unterschieden: An erster Stelle steht die classe productive, der jene angehören, die den Boden bebauen. Nur sie erzielen eine „Wertschöpfung", zu der ihnen die natürliche Fruchtbarkeit des Bodens verhilft. Nur sie stecken weniger in den Wirtschaftsbetrieb hinein, als sie herausholen, infolgedessen können nur sie einen produit net erwirtschaften. Der classe stérile gelingt das nicht. Zwar erhöht sich auch im Handwerk der Wert der Güter, auch der Handel verteuert sie, doch beruht die Spanne nur auf dem Kapital- und Lohneinsatz, auf der Addition beider, der nichts eigentlich Schöpferisches anhaftet. Die classe distributive schließlich stellt den zu eigen besessenen Boden zur Verfügung, beaufsichtigt die Pächter und sorgt für Meliorationen wie für das Abführen der Steuern.

Gustav SCHMÖLDERS überzeugt, wenn er schreibt: „Neben dieser kategorischen Einteilung der Wirtschaftszweige in ‚produktive' und ‚sterile' Klassen macht uns heute insbesondere die Rechtfertigung der classe distributive stutzig. An ihr wird die konformistische Einordnung der physiokratischen Lehre in das herrschende Feudalsystem sichtbar; Quesnay und seine Schüler hatten nicht die Absicht, das herrschende Sozialgefüge anzutasten. Infolgedessen mußten sie die Klasse der reichen Grundbesitzer, die von den Abgaben und Frondiensten ihrer Hintersassen nicht selten ein Leben verschwenderischen Müßiganges führten, eine besondere Rolle zuweisen, die ihre ökonomische Existenz rechtfertigte, eben die Rolle der ‚Distribution', der Weiterverteilung des von ihren Pächtern erzeugten Nettoprodukts (produit net)" (1977, 20f.). Da die Physiokraten die Notwendigkeit der classe distributive auch später nicht in Frage stellten, ist es abwegig – wie es jüngst geschah – die Physiokraten zu Gegnern des Feudalismus hinaufzustilisieren.

Dem Fehlurteil liegt wohl eine Täuschung zugrunde. War nach Quesnay die Landwirtschaft die einzige produktive Klasse, so konnte die Volkswirtschaft nur dann leistungsfähiger werden, wenn man diesen Wirtschaftszweig förderte.

Deshalb forderte Quesnay im partiellen Vorgriff auf den Liberalismus Adam Smith's für die Agrikultur die freie Entfaltung im Wirtschaftsprozeß, vor allem den Abbau der staatlichen Gängelei. Den Fortschritt traute er aber kaum den Bauern, eher der grande culture zu, also den Pächtern der Domänen und Güter. In diesem Zusammenhang sei an die Pächter preußischer Domänen und Rittergüter erinnert, die nach Müller weit fortschrittlicher wirtschafteten, als es auf den selbstverwalteten üblich war. Steigt jedoch der produit net, so partizipieren auch die sterile und verteilende Klasse davon. Deshalb kann Quesnay sagen: Laissez faire, laissez aller, le monde va de lui même. Zu ergänzen ist sein Eintreten für den freien Getreidehandel, der damals, vor allem in Notzeiten, nicht geringen Beschränkungen unterlag.

Tauchte diese Lehre auch die Landwirtschaft in das hellste Licht und verklärte sie, so darf doch der düstere Schatten nicht übersehen werden, den sie ebenfalls warf. Da eine Besteuerung der sterilen Klasse zu einer Verteuerung ihrer Erzeugnisse geführt hätte, die auf die Landwirtschaft weitergewälzt wurde, schien es den Physiokraten gerechtfertigt, allein die Landwirtschaft mit einer Einsteuer, der impôt unique, zu belegen. Ein solches **Einsteuersystem** senkte zudem nicht unerheblich die Kosten der Erhebung. Außerdem bot sich der Flächenumfang, eventuell kombiniert mit der Bodengüte, als einfacher Erhebungsmaßstab an. Was nützten Turgots Steuerreformen, wenn die Exemtion des Adels und der Geistlichkeit nicht angetastet wurden? Sie schadeten den Bauern, und so wundert es nicht, wenn sie nur zu bald aktiv an der Französischen Revolution teilnahmen.

Der typisch aufklärerische Zug der Physiokraten liegt in dem Anspruch, ein wissenschaftliches System ausgearbeitet zu haben, das Richtschnur für die Wirklichkeit werden sollte. Der **ordre positiv,** also die tatsächlich bestehende Gesellschafts- und Wirtschaftsordnung, sollte immer stärker dem **ordre naturel** angenähert werden. Ist er das Vorbild, wird die Gesetzgebung – um es mit den Worten Kants auszudrücken – ihrer Majestät entkleidet. Das Tun des Herrschers und seiner Regierung wird fortan mit einem Maßstab gemessen, der selbst dem Gottesgnadentum übergeordnet ist. Wird gar die öffentliche Meinung aufgerufen, über die Annäherung des ordre positiv an den ordre naturel zu wachen und notfalls Kritik zu üben, so wird die revolutionäre Sprengkraft sichtbar, die dem physiokratischen Lehrgebäude trotz aller systemerhaltenden Elemente innewohnt. Als erster erkannte diese Umkehr der Zielsetzung der Abbé Galiani, Schüler Quesnays wie Montesquieus. Naturgemäß hatte nach 1789 niemand mehr in Frankreich ein Interesse daran, die classe distributive zu legitimieren.

Als wenig förderlich erwies sich auch der Versuch des Markgrafen Carl Friedrich von Baden, in drei Dörfern physiokratische Vorstellungen zu verwirklichen. Das Scheitern braucht hier nicht analysiert zu werden, ging doch von dem fehlgeschlagenen Experiment keine werbende Kraft aus. Lohnt es also, in Anbetracht der negativen Erfahrungen in Frankreich und Baden überhaupt von dieser Lehre zu sprechen? Die Frage kann unbesorgt bejaht werden. Physiokratisches Gedankengut war europaweit verbreitet, und wenn die Kameralisten in Deutschland vorrangig Handel und Manufakturen zu fördern suchten und der Landwirtschaft die dienende Stellung des Produzenten billiger Nahrungsmittel zudachten, so kehrten die Physiokraten diese Reihenfolge zugunsten der Landwirtschaft wieder um. Die einseitige Bevorzugung der Landwirtschaft war zwar alles andere als zukunftsträchtig, aber da die Lehre auch in Hofkreisen Eingang fand – Marie Antoinette schmückte ihr Haar mit Kartoffelblüten, Joseph II. führte eigenhändig den Pflug –, trug die physiokratische Schule in nicht geringem Maße zu jenem Sinneswandel bei, der im **Begriff der Agromanie** seinen knappsten Ausdruck findet. Die Forderung nach einer freien von allen Zwängen befreiten Führung landwirtschaftlicher Betriebe ließ sich auch im Mindestfalle nur dann in die Tat umsetzen, wenn die Privilegien der feudalen Klasse gründlich umgeformt wurden. Das Problem ist allerdings, wie die Voraussetzungen für eine effizientere Wirtschaftsführung geschaffen und mit dem Ständestaat vereinbart werden konnten, der in seinen Grundzügen erhalten bleiben sollte.

C   Adam Smith (Liberalismus)

War auch die Agromanie des späten 18. Jahrhunderts in der physiokratischen Lehre mit verwurzelt, so schöpfte doch ein anderer Strang aus der Anglomanie jener Tage weit mehr Kraft. Die englische Wirtschaft galt europaweit als vorbildlich und innerhalb dieses Bereichs nahm die Landwirtschaft nach Umfang und Bedeutung die erste Stelle ein. Interessierte Gutsbesitzer aus Preußen bereisten England, um die dortige Wirtschaftsweise kennenzulernen. Der preußische Staat finanzierte außerdem Reisen von Beamten, die mit der Landwirtschaft befaßt waren. Diesem Vorgehen schlossen sich Sachsen, Braunschweig und Anhalt-Dessau an; Hannover und Baden schickten Bauernsöhne, die in der englischen Landwirtschaft auch praktisch tätig wurden. Ziel solcher Reisen war es jedesmal, nicht nur die englische Landwirtschaft zu studieren, sondern auch zu Hause zu reproduzieren. Letzteres scheiterte in einigen Fällen an der Agrarverfassung, während in England die enclosure-Bewegung bereits ganz erhebliche Fortschritte gemacht hatte, bei der nach Abschluß des jeweiligen Verfahrens die individuelle Bewirtschaftung der Betriebe gesichert war.

Eine ungehinderte Wirtschaftsweise setzte Smith bereits 1776 voraus, als er seine „Inquiry into the Nature and the Causes of the Wealth of Nations" erscheinen ließ. Im Gegensatz zu den Physiokraten schuf die jährliche Arbeit eines Volkes jenen Fonds, aus dem dasselbe alle Bedürfnisse und Annehmlichkeiten des Lebens deckt, die es jährlich verbraucht. Mit dieser Aussage werden Boden und Kapital als Produktionsfaktoren keineswegs entwertet, aber sie werden nachrangig, da sie ohne menschliches Zutun keine Güter hervorbringen. Der Einsatz des Faktors Arbeit und seine Entlohnung werden bei Smith durch den Preismechanismus gesteuert, den es deshalb darzustellen gilt.

Ausgangspunkt der Betrachtung ist **der natürliche Preis,** der als Kostenpreis definiert wird, weil er die Aufwendungen für Arbeit, Kapital und Boden decken muß. Die Angebotselastizität läßt sich am einfachsten erläutern, wenn auf Johann Heinrich v. Thünens Modell vom isolierten Staat zurückgegriffen wird. In ihm sind die Produktionsbedingungen für alle Landwirte völlig gleich, sie produzieren also zu den gleichen Kosten. Bringen sie jedoch ihre Erzeugnisse zum Markt, um sie dort zu verkaufen, so kommen zu den bisherigen Erzeugungskosten Transportkosten hinzu, deren Höhe mit der Entfernung zum Markt korreliert. Der Anstieg der Angebotsgeraden wird also ausschließlich durch die zunehmenden Transportkosten bedingt (Abb. 7). Dagegen verläuft die Nachfragegerade für Brot außerordentlich steil, weil es preisunelastisch nachgefragt wird. Falls also kein Substitutionsprodukt wie die Kartoffel zur Verfügung steht, kaufen die Verbraucher auch dann kaum mehr Brot, wenn die Preise sinken und umgekehrt drosseln sie den Verbrauch des Grundnahrungsmittels nur wenig, wenn die Preise steigen. Im Schnittpunkt liegt jener Preis, bei dem sich die angebotene Menge vollständig absetzen läßt. Gleichzeitig geben die Verbraucher je Brot soviel Geld aus, daß noch jenem Produzenten die Kosten ersetzt werden, der sein Getreide am teuersten anbietet, weil er am weitesten vom Markt seine Wirtschaft betreibt (Grenzproduzent).

Bereits jetzt läßt sich das aufklärerische Harmoniedenken demonstrieren. Der Preismechanismus oder die „invisible hand" sorgt dafür, kaufkräftige Nachfrage und Angebotsmenge aufeinander abzustimmen. Sollte der Marktpreis beispielsweise auf Grund einer kurzfristigen Verknappung steigen, so

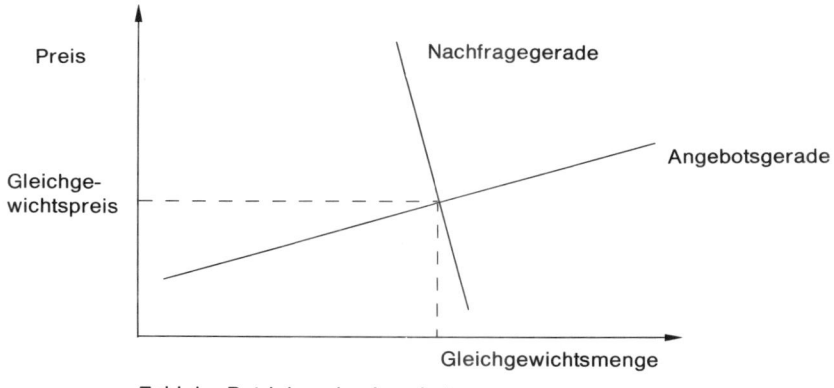

Abb. 7: Natürlicher (Gleichgewichts-)Preis für Brot (siehe Text)

sinkt die Nachfrage nur geringfügig, doch würden jetzt die Produzenten eilen, ihr Getreide zum Markt zu bringen. Das höhere Angebot drückt den Preis, die unbedeutend steigende Nachfrage fängt den Überschuß erst spät auf. Liquide Anbieter weichen den weiter fallenden Preisen aus, indem sie ihr Angebot zurückhalten. Erneut folgt eine Verknappung, die den Brotpreis wieder in die Höhe treibt. In dieser Weise „oszilliert" der Marktpreis um den natürlichen Preis.

Um den Gedankengang Smith's voll zu erfassen, muß das einfache Modell noch um einen wesentlichen Faktor erweitert werden. Die Produktionskosten hängen auch von der Tüchtigkeit eines landwirtschaftlichen Betriebsleiters ab. Führt er moderne Produktionsverfahren ein und erzeugt bei gleichbleibenden Kosten mehr Getreide, so sinkt der Anteil, der auf eine Mengeneinheit entfällt, und der Gewinn steigt um die gleiche Spanne. Da das zusätzlich erzeugte Getreide eventuell nur dann verkauft werden kann, wenn ein Preisnachlaß eingeräumt wird, kann sich die Gewinnspanne wieder verringern. Aber selbst wenn sie wieder auf den früheren Umfang absinkt, macht der Landwirt immer noch einen höheren Gesamtgewinn, weil er jetzt eine größere Menge verkauft. Der geringere Preis wird kaum die Nachfrage stimulieren. Infolgedessen wird rasch zuviel Getreide angeboten, und der Marktpreis sinkt. Der Grenzproduzent, der bisher teuerste Erzeuger, der zur Deckung der Gesamtnachfrage noch benötigt wurde, bekommt seine Kosten nicht mehr ersetzt. Er muß aus der Produktion ausscheiden. Nachdem die Betriebsleiterqualität in das Modell eingeführt worden ist, muß der Grenzproduzent nicht länger jener Landwirt sein, der am weitesten vom Markt entfernt wohnt. An seine Stelle kann jetzt jener treten, der nachlässig und damit zu teuer produziert. Der Boden wandert, wie Smith es will, in diesem Falle zum besseren Wirt.

Gleichzeitig ist der **Harmoniegedanke** auf eine höhere Stufe gehoben worden. Die Selbstsucht der Produzenten stachelt sie an, um des höheren Gewinnes willen so viel und so billig wie möglich zu produzieren. Ihre Konkurrenz läßt die Preise sinken, doch können die zur Versorgung notwendigen Betriebe ihre Kosten decken. Der Verbraucher hingegen wird zum geringstmöglichen Preis mit dem lebensnotwendigen Brot versorgt. Der Glückseligkeit aller, einer der Grundforderungen der Aufklärung, ist die Gesellschaft einen bedeutenden Schritt näher gekommen. Der Eigennutz, Hauptantriebskraft des Geschehens, wird durch die Konkurrenz im Zaum gehalten.

Soll sich das Gewinnstreben der Produzenten zum Wohle der Allgemeinheit auswirken, sind die entgegenstehenden Hindernisse zu beseitigen. Der Zunftzwang im Handwerk muß ebenso fallen wie der Flurzwang in der Landwirtschaft. Hier stören auch noch die Weideservitute und Frondienste, die beide die Dispositionsfreiheit der Erzeuger einschränken. **Gewerbefreiheit und Agrarreformen** sind daher die notwendigen Voraussetzungen für eine Volkswirtschaft, die auch eine wachsende Bevölkerung besser als zuvor mit den Gütern des täglichen Bedarfs versorgt. Schubart hatte in seiner überzogenen, deshalb oft nicht überzeugenden Ausdrucksweise behauptet, „daß bei Freiheit die Grundstücke um die Hälfte einträglicher gemacht werden können". Mit dieser verlockenden Aussage war immerhin die weitverbreitete Hoffnung der Liberalen auf eine griffige Formel gebracht worden. Übersehen wurde der lange steinige Weg zum Ziel, auf dem nicht nur die Agrarverfassung einen Stein des Anstoßes darstellte.

War für die Physiokraten der ordre naturel Richtschnur wirtschaftspolitischen Handelns, die auch den Staat im Grundsatz band, so konnte Smith auf einen solchen Maßstab verzichten. An die Stelle des ordre trat jedoch der **Preismechanismus,** die invisible hand, die das Wirtschaftsgeschehen bestmöglich lenkte. Der Staat hatte sich der Wirtschaftspolitik zu enthalten und nur noch für Verteidigung, Straßenbau, Schulwesen, öffentliche Ordnung und Sicherheit zu sorgen. Nicht nur in wirtschaftlicher, sondern auch in sozialer Hinsicht wurde der Staat zum sogenannten Nachtwächterstaat. Die sich weitgehend selbst überlassene Wirtschaft sollte sich später zum Manchestertum entwickeln. Mit diesem Hinweis wird bereits angedeutet, welche Schwächen dem reinen Liberalismus anhaften, so daß auch er keinesfalls als „Patentlösung" angesehen werden kann.

Wann und wo sich der spätere preußische Staatskanzler v. Hardenberg liberales Gedankengut zu eigen machte, ist schwer zu entscheiden. Wenn er auch die Universität Göttingen besuchte, die zu seiner Zeit als die liberalste Hochschule im Reich galt, so ist doch der hier lehrende Kameralist Johann Beckmann nicht als der geeignete Vermittler anzusehen. Eher käme der braunschweigische Staatsdienst in Frage; denn der Herzog Karl Wilhelm Ferdinand, mit einer englischen Prinzessin verheiratet, stand der Aufklärung sehr aufgeschlossen gegenüber. Dagegen fruchtete die Personalunion mit England in Hannover nur wenig, wo Hardenberg ebenfalls Dienste nahm. Der König war fern und der Adel gab den Ton an. Bei ihm waren staatstreu und konservativ synonyme Begriffe. Anders sieht es bei den preußischen Beamten aus, die in leitender Stellung die preußischen Agrarreformen mit gestalteten. Für sie war der Professor Kraus an der Universität Königsberg der große Lehrmeister, der ihnen liberales Gedankengut vermittelte.

II   Die grundsätzliche Aufgabenstellung

A   Weideservitute und Teilung der Allmende

In den weitaus meisten Fällen sind Weideservitute dem Komplex der Herrschaftsrechte zuzuordnen. Sie milderten bei den Berechtigten die Futterknappheit, deren negative Folgen für die Landwirtschaft um 1800 gar nicht überschätzt werden können. Die Servitute vereinfachten aber auch in nicht geringem Maße die Wirtschaftsführung der Güter. Im späten 18. Jahrhundert wurden sie von Domänenpächtern und Gutsbesitzern nicht zuletzt deshalb so nachdrücklich verteidigt, weil sich auf ihnen die Schafhaltung zu einem außerordentlich lukrativem Wirtschaftszweig entwickelt hatte. Im Vergleich zu den beträchtlich gestiegenen Gelderträgen der veredelten Schafzucht waren jene der Rindviehhaltung nur geringfügig zu erhöhen. Je nach Nutzung besaß deshalb das Weideservitut ein unterschiedliches Gewicht im ökonomischen Bereich.

Hinzu kam als differenzierendes Merkmal auch noch der Absatz. Die Milcherzeugung ordnete Johann Heinrich v. Thünen dem ersten stadtnahen Kreis seines Modellstaates zu, da der rasch eintretende Verderb des Produkts seinen umgehenden Transport erforderte. In jedem Fall standen sich Güter besser als Bauernhöfe, da bei geringen Mengen der tägliche Marktgang für die Bauern nicht lohnte. Etwas günstiger sah es bei der Butter und beim Käse aus. Der höhere Preis je Gewichtseinheit förderte die Transportwürdigkeit, und außerdem erlaubte die etwas bessere Haltbarkeit das Ansammeln größerer Mengen für den Verkauf. Da jedoch ein Pfund veredelter Schafwolle mindestens doppelt so teuer war wie ein Pfund Butter, und Wolle außerdem nahe unbegrenzt haltbar ist, war es für die Güter in marktfernen Gebieten ökonomisch sinnvoll, das Weideservitut bevorzugt durch die Schafhaltung auszunutzen.

Vor allem von der marxistisch ausgerichteten Forschung sind bislang die Hemmnisse der Feudalordnung für den landwirtschaftlichen Fortschritt immer wieder herausgestellt worden. Auch aus „bürgerlicher Sicht" kann an den Weideservituten, den Hut- oder Triftrechten als Hindernis für den produktionstechnischen Fortschritt nicht gezweifelt werden (vgl. S. 66).

Wenig ist darüber bei Lütge zu finden, der konkret nur anmerkt, 1848 seien die Weideservitute in Österreich entschädigungslos aufgehoben worden. Aber auch die neuere Darstellung von Christof DIPPER (1980) bringt in dieser Hinsicht keinen Fortschritt. Enttäuschend ist aber auch die dem Historischen Materialismus verpflichtete Arbeit von Georg MOLL (1988), bei dem nach der Kennzeichnung dieses schädlichen Rechtsinstituts es anschließend wieder aus dem Blickfeld tritt. Dabei wäre es gerade für Preußen außerordentlich wissenswert, welchen Umfang es dort einnahm. Am ehesten hat sich noch Hartmut HARNISCH dieser Frage angenommen, doch führt auch seine quantitative Aussage nicht zum Ziel, da die dem Servitut unterworfenen Flächen gemeinsam mit den separierten ausgewiesen werden (1984, 144); Separation und Hutungsrecht können zwar dieselbe Fläche betreffen, doch ist die Gleichzeitigkeit nicht immer gegeben. Am ehesten hat noch Reiner GROSS die Hut- und Triftgerechtigkeiten gründlich untersucht, und zwar für das Königreich Sachsen. Seit 1792 war hier das Weideservitut relativ bauernfreundlich geregelt worden. In der Zeit der Reaktion setzte jedoch der Adel zum Gegenstoß an. 1818 gelang es ihm auf dem Prozeßwege, die bisherige Regelung zu suspendieren. Bis 1828 zog sich die Diskussion hin, bei der man immerhin etwas Verständnis aufzubringen vermag, wenn der Adel behauptete, für seine Schafherden sei das Beweiden des Brachlandes unentbehrlich. Wenn er aber gleichzeitig anführte, die Vorteile der Besömmerung des Brachlandes für die Bauern seien noch gar nicht erwiesen, so muß man dieser Schutzbehaptung jegliche Berechtigung absprechen. Der Kabinettsminister Graf Einsiedel setzte gegen die Ansichten des Justizkollegiums und die Mehrheit des Geheimen Rates ein adelsfreundliches Gesetz durch, das bei den Bauern großen Unwillen erregte (1968, 70ff.). Er äußerte sich 1830 unüberhörbar, und 1832 setzte das sächsische Ablösungsgesetz den Schlußpunkt unter diese wahrhaft reaktionäre Entwicklung. Leider bringt auch Gross keine Zahlenangaben, die für Sachsen ebenso bedeutsam wie für Preußen wären, wenn die Last der Weideservitute für die Bauern abgeschätzt werden soll.

Waren die **Hut- und Triftgerechtigkeiten** keineswegs mehr zeitgemäß, so trifft dieses Verdikt mit fast gleicher Schwere die genossenschaftliche Haltung des Viehs, die vom Umfang her ungleich bedeutender war. Welche Dorfbewohner das Recht hatten, ihr Vieh in der Dorfherde mit hüten zu lassen, läßt sich nicht generell sagen. Grundsätzlich besaßen die Inhaber der alten Höfe im Dorf das Weiderecht. Die kleinsten konnten durchaus unter der Größe einer Vollbauernstelle liegen. Häufig war der Kreis der Berechtigten aber noch weiter gezogen, zuweilen auch durch herrschaftlichen Druck, und selbst die Besitzer eines Hauses mit Garten trieben an manchen Orten ihr Vieh noch mit in die Herde ein.

Die Interessenlage der einzelnen Dorfbewohner war entsprechend der Größe ihrer Höfe und Stellen recht unterschiedlich. Faßt man die auf den Betrieben gehaltenen Pferde und Rinder zu Großvieheinheiten zusammen und stellt ihnen die Futterflächen gegenüber, so ergaben sich bei der Kurhannoverschen Enquête von 1766 die in Tab. 11 aufgeführten Relationen.

Erstaunlich ist nicht die Abnahme der Futterflächen mit sinkender Betriebsgröße bei den drei Vollbauerngruppen. Hier spiegelt sich vielmehr eine generell gültige Gesetzmäßigkeit. Wird das Ackerland knapper, so versuchen die Wirte, über eine stärkere Viehhaltung Einnahmen und Einkommen zu erhöhen. In-

Tab. 11: Futterflächen in 4 kurhannoverschen Größenklassen in Morgen je GV um 1766

Größe je Hof	Getreide(stroh)	Leguminosen	Weide
über 60	3,38	0,49	0,61
über 30 bis 60	3,10	0,35	0,57
unter 30	1,76	0,07	0,45
Gemischtbetriebe	2,09	0,29	0,36

Quelle: ACHILLES, 1982, 74

folgedessen stehen je GV nur geringere Flächen zur Verfügung. Im geringsten Falle mag nur noch das Futterstroh gerade ausgereicht haben. Die Kleinbauern, daran läßt die Tabelle keinen Zweifel, waren also am dringendsten auf die gemeinsame Weide angewiesen. Dagegen konnten die mittleren und großen Betriebe am ehesten darauf verzichten. Das heißt gleichzeitig, sie konnten mit weit geringeren Schwierigkeiten die Sommerstallfütterung einführen. Überraschend ist die relativ gute Ausstattung der Gemischtbetriebe. Sie verzichteten auf die Pferdehaltung und verfügten deshalb je Rinder-GE über relativ umfangreiche Flächen, wobei sie aber dennoch hinter den mittleren und großen Bauernhöfen zurückblieben. Auf eine Besonderheit muß jedoch dringend hingewiesen werden: Es handelt sich um Gemischtbetriebe mit leidlichem Flächenbesitz. Sank er ab und verfügte am Ende der Stelleninhaber nur noch über ein Haus mit Garten, so war die gemeine Weide die einzige sichere Futterquelle. Wurde Laub zum Streuen und Füttern im Walde gesucht, war mit dem Widerstand der Forstverwaltung zu rechnen.

Offensichtlich waren die Höfe und Stellen entsprechend ihrer Landausstattung in ganz unterschiedlichem Maße in der Lage, das gehaltene Vieh mit betriebseigenem Futter zu versorgen. Das Interesse an der gemeinen Weide mußte sich entsprechend den diskutierten Fakten am schärfsten bei den Kleinbauern und ausgesprochen landarmen Kleinstellenbesitzern ausprägen. Sie profitierten noch in anderer Weise von der Allmende. Schickte der Besitzer eines Leer- oder Bloßhäusels seine Kuh auf gemeinsam behüteten Flächen, so gewann er von ihnen über den nächtlich anfallenden Stallmist Nährstoffe, die ihm die intensive Düngung seines Gartenlandes erlaubten. In dieser Hinsicht nutzte er sein Weiderecht in gleicher Weise wie der Inhaber einer Triftgerechtigkeit. Solange die Brachäcker, Hutungen, Triften, Änger und Wälder gemeinsam genutzt wurden, hatten dabei die Kleinbauern und die Besitzer landarmer oder gar landloser Stellen absolut zwar den kleinsten, relativ aber größten Nutzen. Sie hatten an der Aufteilung dieser Flächen kein Interesse. Eher war mit ihrem Widerstand zu rechnen, der auch hinlänglich bezeugt ist. Dagegen waren die mittleren und großen Bauern die Gewinner, wenn die ins Individualeigentum überführten Flächen proportional zum Besitz an Ackerland zugewiesen wurden.

In landeskultureller Hinsicht und das heißt ebenso in Hinblick auf den produktionstechnischen Fortschritt war die **Beseitigung gemeinschaftlicher Nutzungsformen,** welcher Art sie auch immer sein mochten, die absolut bedeutsamste Maßnahme des Staates während der Reformperiode. Verglichen mit dem Erwerb des vollen Eigentums an den bewirtschafteten Flächen durch die Bauern sind sie von überragender Bedeutung. Dennoch werden die Separationen oft geradezu stiefmütterlich behandelt. Das liegt nicht zuletzt an der Verschiedenartigkeit der durchgeführten Verfahren und der Fülle des angefallenen Materials, das die Übersicht erschwert.

Um wenigstens die Grundzüge aufzuzeigen, sei ein knapper Katalog aufgestellt: Unter den Separationen im engeren Sinne wird die **Aufteilung der Gemeinheiten** verstanden. Ihr beklagenswerter Zustand war vielfach Gegenstand zeitgenössischer Schilderungen, und so verwundert es nicht, wenn solche Flächen einschließlich des Öd- oder Unlandes aufgeführt wurden. Aber schon die einfache Frage, welchen Umfang die Allmende hatte, läßt sich nur für einzelne Territorien beantworten, die vor 1800 zur Vermessung des Landes bei gleichzeitiger Feststellung des Kulturartenverhältnisses geschritten waren. Preußen gehört nicht zu diesen fortschrittlichen Territorien. Besonders kompliziert wird die Abgrenzung der Gesamthude, wenn den Bauern in landesherrlichen oder herrschaftlichen Wäldern ein begrenztes Weide- und Mastrecht zustand.

Sollten die gemeinsam genutzten Flächen aufgeteilt werden, so war mit den Mitteln der Zeit die wechselnde **Bodengüte** nicht korrekt zu erfassen. Nur zu rasch fürchtete der Bauer, sein Nachbar bekäme ein fruchtbareres Stück zugeteilt, während er mit einem schlechteren vorlieb nehmen müßte. Um den befürchteten Schaden vom Hof und von der Familie abzuwenden, für die sich ein Bauer verantwortlich fühlte, und um der Blamage vor den Nachbarn zu entgehen „nicht richtig aufgepaßt zu haben", war es in jedem Falle sicherer, sich der Separation zu widersetzen. Vorschläge der Regierungen auf freiwilliger Basis gemeinsame Wirtschaftsformen aufzuheben, fanden daher nur geringen Widerhall. Ein vom Staat vorgegebener Lösungsweg wurde schon eher akzeptiert.

Bei der Separation im weiteren Sinne wurde auch das Ackerland in das Verfahren einbezogen. Zwei Zwecke standen im Vordergrund: das Anlegen eines ausreichenden Wegenetzes, damit jeder Grundstückseigner ohne Behinderung der Nachbarn seine Parzelle erreichen konnte, und das Zusammenlegen der in Gemengelage liegenden Einzelstücke, um die Bearbeitung zu erleichtern und den Landverlust durch die vielen Grenzfurchen einzudämmen. Um das Ausmaß der zu leistenden Arbeit wenigstens einmal grob anzudeuten, sei auf ein Dorf im Fürstentum Wolfenbüttel zurückgegriffen. Dort ermittelte man in Groß Denkte 1747 bei der Generallandesvermessung 2563 Ackerparzellen mit einer Fläche von 611 ha. Die durchschnittliche Größe betrug also 23,8 a. Bei einer Stichprobe in zwei Wannen lagen in der ersten 86 v. H. aller Teilstücke, in der zweiten 78 v. H. unter 26 a. Nach der Zusammenlegung sank die Zahl der Parzellen auf 28 v. H. des Ausgangsbestandes ab (KRAATZ, 1975, 62). Ein Hinweis darf nicht fehlen: Groß Denkte liegt in einem Gebiet mit althergebrachter geschlossener Hofübergabe.

Zu den Separationen im weiteren Sinne sind aber auch noch jene Vorhaben zu rechnen, bei denen die Gemengelage von Guts- und Bauernländereien beseitigt wurde. Dabei wurden die vielen kleinen Parzellen der Güter zu großen Kämpen zusammengefaßt, die damit einen nicht unerheblichen Rationalisierungsvorteil erlangten. Zusätzlich waren die Ansprüche des Gutes und der Bauern an die gemeinsam genutzten Flächen durch entsprechende Aufteilung und Landzuweisung zu befriedigen. Dabei sprechen einige Anzeichen dafür, die Güter seien überproportional entschädigt worden, entweder durch umfangreichere Landgewinne oder bessere Bodenqualitäten.

Separationen setzen zwingend Vermessungen voraus, und sie sind allein aus Personal- und Kostengründen nicht in kurzer Zeit durchzuführen. Da weiterhin die Separationen die Landeskultur weit stärker förderten als die besitzrechtlichen Umschichtungen durch die eigentlichen Agrarreformen, ist es ein dringendes Desiderat, ihren Beginn und ihren Abschluß zu ermitteln. Anders kann nicht abgeschätzt werden, wann die Bauern zur freien Entfaltung ihrer unternehmerischen Intentionen, zur freien Entfaltung ihrer Selbstsucht, dem Motor der kapitalistischen Wirtschaftsweise, übergehen konnten. Forscher mit einer anderen „Einschätzung" müßten erst beweisen, welche produktionstechnischen Auflagen der Grundherr – die Gutsherrschaft bleibt ausgenommen – seinen Hintersassen machte (vergl. S. 56).

Das gekennzeichnete Desiderat bleibt indessen ein weitgehend unerfüllter Wunsch. Es hilft ausgesprochen wenig, auf die Anfänge der Verkoppelungen in Schleswig-Holstein im 18. Jahrhundert zu verweisen, es nützt auch nicht viel, noch Lauenburg, Kurhannover und die braunschweigische Landesvermessung zu erwähnen, im Reichsmaßstab werden diese Vorläufer zu einer zu vernachlässigenden Größe, und sie sind noch nicht einmal für die angesprochenen Territorien repräsentativ.

Die Teilungsordnung für das Fürstentum Lüneburg von 1802 zählt zu Recht immer noch zu den Vorreitern, die Masse der einschlägigen Gesetze wurde erst in den dreißiger Jahren des 19. Jahrhunderts erlassen. Nimmt man die benötigte Zeit für die Durchführung hinzu, ist es zwar denkbar, daß der Großteil der Arbeit schon vor der Jahrhundertmitte getan sein mag, doch zog sich der Prozeß bis um 1870 hin. Schon aus diesem Grunde ist Skepsis geboten, wenn in den **besitzrechtlichen Veränderungen** ein entscheidender Fortschritt für die Agrikultur gesehen wird. Der **produktionstechnische Fortschritt,** das wird noch zu zeigen sein, folgte weit eher dem Tempo, das durch die zunehmende Zahl der Separationsverfahren vorgegeben war. Auch das soll und kann an dieser Stelle bereits festgestellt werden: Die so oft aufgestellte Behauptung, nach 1800 sei die deutsche Landwirtschaft – angeregt durch Thaer – von der Dreifelderwirtschaft zur Fruchtwechselwirtschaft übergegangen, konnte nur in den Dörfern verwirklicht werden, in denen der Flurzwang gefallen und die individuelle Bewirtschaftung der gesamten Betriebsfläche gesichert war. Das war in den ersten Jahrzehnten des 19. Jahrhunderts aber noch keineswegs bei der Mehrheit der Fall. Aber auch nach der Neuordnung der Feldmark gingen die Bauern aus den verschiedensten Gründen nicht zum Fruchtwechsel über.

Wie zähflüssig der Prozeß der Gemeinheitsteilungen verlief, hat kürzlich Stefan BRAKENSIEK für Nordwestdeutschland untersucht. Die Tab. 12 unterstreicht die Warnung vor einer optimistischen Betrachtungsweise.

Einen Sonderfall der Entwicklung scheint Preußen darzustellen, auf den in der Literatur bis heute gern verwiesen wird. Die entscheidende landeskulturelle Bedeutung der nicht weiter spezifizierten Agrarreformen, so wird häufig die

Tab. 12: Gemeinheitsteilungen in Nordwestdeutschland: Beginn und zeitlicher Schwerpunkt

Territorium oder Region	gesetzliche Regelung	erste Teilung	Zeitraum, in dem mindestens 75 v. H. der Teilungen erfolgte
Lüneburg	1768/1802	1779	1820–1860
Hzgt. Bremen	1768/1825	1772	1825–1865
Verden	1768/1825	1754	1840–1850
Calenberg	1768/1824	1769	1830–1865
Hildesheim	1824	1824	1840–1865
Braunschweig (Börde)	1823/1834	1823	1842–1866
Braunschweig (Bergland)	1823/1834	1847	1848–1880
Göttingen-Grubenhaben	1768/1824	1803	1860–1890
Gft. Schaumburg	1834/1867	1852	1870–1890
Schaumburg-Lippe	1874	1874	1878–1890
Ostfriesland	1765/1842	1765	1765–1800
Altoldenburg/Jever	1806	1806	1820–1860
Gft. Hoya/Diepholz	1768/1824	1777	1830–1865
Oldbg. Münsterland	1763/1806	1806	1830–1890
Hann. Emsland	1763/1835	1835	1870–1910
Ftm. Minden	1771/1821	1770	1821–1860
Tecklenburg	1821	1803	1821–1850
Osnabrück	1785/1822	1785	1800–1840
Ravensberg	1771/1821	1769	1775–1805
Lippe-Detmold	1777/1859	1775	1810–1835
Paderborn/Corvey	1821	1822	1830–1890
Wiedenbrück	1785/1821	1766	1821–1840
Ostmünsterland	1763/1821	1805	1821–1840
Westmünsterland	1763/1821	1808	1821–1860
Kleinmünsterland	1763/1821	1760	1821–1850
Recklinghausen	1765/1821	1765	1821–1860
Gft. Mark (Hellweg)	1774/1821	1770	1775–85/1821–60
Gft. Mark (Emscher)	1774/1821	1773	1775–85/1821–40
Gft. Mark (Sauerland)	1774/1821	1775	1821–1860
Hzgt. Westfalen	1808/1825		1830–1870
Siegen		(Teilungen bedeutungslos)	
Wittgenstein		(keine Teilungen)	

Quelle: BRAKENSIEK, 1991, 422

Großtat auf eine kurze Formel gebracht, zeige sich in einer Verdoppelung der Ackerflächen zwischen 1800 und 1850. Zuerst muß auf den abweichenden Gebietsstand bei beiden Zeiträumen verwiesen werden. Auch der Prozentsatz an Ackerland ist irreführend, wenn undifferenziert die Provinzen Rheinland, Westfalen und Sachsen hinzugenommen werden, in denen der Anteil des Ackerlandes schon vor dem Anfall an Preußen höher lag als in den sechs östlichen Provinzen. Die Betrachtung muß deshalb auf sie beschränkt bleiben.

Um die Entwicklung, aber auch die auftretenden Probleme wenigstens grob skizzieren zu können, wird auf das **Zahlenmaterial** zurückgegriffen, das HAR-NISCH 1984 veröffentlichte. 1802 belief sich das Ackerland auf 7 259 630 ha. Der Anteil an der Gesamtfläche betrug 35,3 v. H. Dieser Satz stieg bis 1849 auf 41,6 v. H. an. 1864 machten nunmehr 10 531 285 ha Ackerland 51,1 v. H. an der Gesamtfläche aus (164). Da in der Zwischenzeit die Intensität der Bewirtschaftung zunahm, ist es zweckmäßig, sie wenigstens in der Weise zu charakterisieren, indem die bestellte Ackerfläche zu Beginn und am Ende der bezeichneten Spanne ausgewiesen wird. Beides ist jedoch nicht exakt zu leisten. Bereits der Ausgangstermin bietet in der publizierten Form unübersteigbare Hindernisse. Der Anteil des Ackerlandes mit 35,3 v. H. an der Gesamtfläche wird nämlich in Prozentpunkten wie folgt aufgeschlüsselt: 17,9 bestellter Acker, 8,8 Brache und 8,6 Dreesch- und mehrjähriges Roggenland (158). In der letzten Kategorie ist nun tatsächlich „Feuer und Wasser" miteinander vereint. Dreeschland wird sehr extensiv genutzt. Einem oder auch mehreren Anbaujahren folgen mehrere Brachjahre. Den Brachanteil abzuschätzen, ist einfach unmöglich. Mehrjähriges Roggenland deutet hingegen auf Eschböden hin, und die Plaggendüngung ist ebenso bezeugt wie der Plaggenhieb auf den Gemeinheiten. Bei diesen Böden wurde in der Regel gar keine Brache gehalten. Da weder der Anteil dieser Böden an der Gesamtzahl noch der Brachanteil beim Dreeschland feststeht, ist für diese 8,8 Prozentpunkte nicht zu entscheiden, welcher Anteil dem bestellten Acker in Höhe von 17,9 v. H. der Gesamtfläche noch hinzugerechnet werden muß. Nur eins steht fest: Als Ausgangszahl ist dieser Wert zu niedrig gewählt. Als Seitenblick sei noch ein Hinweis gegeben: Entfielen vom Acker mit 35,3 v. H. 8,8 Prozentpunkte auf Dreesch- und mehrjähriges Roggenland, wurde auch in den Ostprovinzen genau ein Viertel des Ackerlandes nicht in Form der Dreifelderwirtschaft umgetrieben.

Da für den Schlußtermin 1864 keine Zahlen über das Brachland zur Verfügung stehen, wurde hilfsweise die erste Bodennutzungserhebung von 1878 herangezogen. Dagegen ist prinzipiell nichts einzuwenden. Zu bedenken ist aber die erzielbare Aussagekraft, wenn in Schlesien zu diesem Zeitpunkt nur noch 1,4 v. H. des Ackerlandes brach lagen, in Brandenburg 8,8 v. H. und in Westpreußen, Pommern und Ostpreußen 12,7, 12,8 und 18,5 v. H. (188). Bei solch immensen Abweichungen können Durchschnittswerte nur die Wirklichkeit verschleiern. Selbst wenn Schlesien ausgeklammert wird, unterscheiden sich die Brachanteile in Brandenburg und Ostpreußen immer noch um über 100 v. H.

Gemessen am Umfang der zu lösenden Probleme, der zu bewältigenden Arbeit verwundert es nicht, wenn auch zwischen 1849 und 1864 noch ganz erhebliche landeskulturelle Fortschritte erzielt wurden. Anfangs stellte das „Unkultivierte Land" noch 25,6 v. H. der Gesamtfläche. Am Ende der betrachteten Zeitspanne war diese Kategorie auf 3,4 v. H. geschrumpft. In absoluten Zahlen bedeutet das die Inkulturnahme von 3 627 435 ha Land (163 f.). Annähernd im gleichen Zeitraum wurden noch rund weitere 3,2 Mio. ha vom Hutungsrecht befreit und separiert und in dieser Weise einer intensiveren Wirtschaftsweise erschlossen. Im Vergleich zu diesen beiden Zahlen verliert die bis 1849 erreichte Hektarzahl in Höhe von 9 230 975 ha an Separationen und Servituts-Ablösungen an Eindrücklichkeit (144). Die zwischen 1849 und 1864 hinzugewonnenen rund 4,2 Mio. ha wurden mit immerhin knapp 2 Mio. ha fortan recht intensiv als Acker genutzt, dagegen vergrößerten 1,4 Mio. ha die Waldfläche, die im Vergleich zur landwirtschaftlichen Nutzung als extensiv, trotz der relativen Verbesserung, bezeichnet werden muß. Auf jeden Fall beweist die eingehendere Betrachtung dieser Zeitspanne, wie voreilig es ist zu glauben, die entscheidende Wende sei bis um 1850 bereits vollzogen worden.

B Die Ablösung der Grundherrschaft

Formalrechtlich bestand bis ins 19. Jahrhundert hinein immer noch die Lehnspyramide, in der die Feudalklasse die Mittelstellung zwischen dem Landesfürsten und den Bauern einnahm. Sollten die Verbindlichkeiten der Bauern gegenüber ihren Grundherren abgelöst werden, so mußte der Lehensbesitz dieser Klasse privatisiert oder – wie der zeitgenössische Ausdruck lautet – allodifiziert werden. Damit endete endgültig die Delegation von Herrschaftsrechten an die Zwischenschicht, falls sie nicht doch noch die Patrimonialgerichtsbarkeit behielt. Solche Inkonsequenzen in der konkreten politischen Gestaltung gegenüber der formalrechtlichen Seite werden indessen noch öfter begegnen. Da die praktischen Auswirkungen der Allodifikation recht gering blieben, werden sie hier übergangen.

Die zwischen den Grundherren und Bauern bestehenden, teilweise stark voneinander abweichenden Rechtsverhältnisse wurden bereits beschrieben (vergl. 1. Kap., III B u. C), und für die hier anzustellenden Überlegungen genügt es, nur noch eine Zweiteilung vorzunehmen. Verhältnismäßig einfach lagen von vornherein die zu lösenden Probleme bei den Bauern, die ein Erbrecht an ihrem Besitz besaßen. Bei ihnen war das dominium utile gegeben. Da der Grundzins und eventuell die zu leistenden Dienste das verfügbare Einkommen der Bauern im Wert nur selten erreichten, war ihr Anspruch der gewichtigere. Daraus folgt, die Bauern mußten die Inhaber des dominium directum entschädigen.

Diese eindeutige Problemlösung konnte jedoch nicht einfach auf jene Bauern übertragen werden, die ihr Land nur pachtweise innehatten, beispielsweise zu Meierrecht, als Fallehen oder Freistift. Hier hätte man das Pachtverhältnis einfach fortbestehen lassen können. Die Bauern waren bislang mit der Belastung fertig geworden, und der **Pachtbesitz** eines Hofes muß auch nicht zwingend dem landwirtschaftlichen Fortschritt entgegenstehen, wofür die niederrheinischen Bauern seinerzeit Zeugnis ablegten. Mehrere Gründe trafen jedoch zusammen, durchgängig in allen deutschen Territorien auch diesen Bauern das Eigentum an ihren Höfen zu verschaffen.

Überall dort, wo die Feudalklasse über selbstbewirtschaftete oder verpachtete Güter verfügte, bestand die Gefahr des Bauernlegens. Sie wuchs im 18. Jahrhundert beträchtlich an, da die Preiskonjunktur der Agrarprodukte vor allem bei den Großbetrieben einer Einkommenskonjunktur gleichzusetzen ist. Die Territorialstaaten mußten also gegensteuern, wenn das Land nicht vom steuerzahlenden Bauern zum exemten Grundherrn wandern sollte. Den damit verbundenen Einnahmeverlust konnte und wollte der Staat nicht hinnehmen. In dieser Hinsicht ist die Umwandlung von Pachtbetrieben in zu eigen besessene als endgültiger Sieg der absolutistisch geprägten Bauernschutzpolitik zu bezeichnen, sie ist die gradlinige Fortsetzung des **Entfeudalisierungsprozesses.**

Im welfischen Fürstentum Wolfenbüttel begann dieser Prozeß nachweislich schon 1433, als der Herzog seinen Vertrag mit der Landwirtschaft abschloß (vergl. S. 91). Der Vertragstext gibt gleichzeitig Auskunft über den Interessenkonflikt, den es zu lösen galt. Nachdem die Pest die Bauernschaft stark dezimiert hatte, versuchten die Grundherren über Abgabeerhöhungen bei den noch bestehenden Höfen die bisherige Einkommenshöhe zu erhalten. Schöpften jedoch die Grundherren die Überschüsse der Bauernwirtschaften vollständig ab, so blieb für den Landesherrn nichts mehr übrig. Dagegen sträubte sich der Herzog verständlicherweise. Er konnte außerdem nicht dulden, daß sich die Bauern auf ihre Weise den gestiegenen Anforderungen entzogen. Sie entliefen in die Städte oder entwichen zu einem Grundherren, der sie zu günstigeren Bedingungen ansetzte. Das bedeutete zwar für den neuen Herrn einen Einnahmeverlust, doch war es immer noch besser, als einen wüstgefallenen Hof unbesetzt zu lassen. In diesem Falle war der Einnahmeausfall total. Erst vor diesem Hintergrund wird deutlich, welch hoher Rang der Schollenpflichtigkeit im Feudalismus zukam. Sie war für die Feudalklasse noch bedeutsamer als für den Staat, da der Bauer eher eine Grundherrschaft als einen Staat verlassen konnte. Aber nicht nur die Schollenpflichtigkeit erlosch in Wolfenbüttel ebenso wie die Leibherrschaft insgesamt; 1597 wurden die grundherrlichen Zinse samt Nebenabgaben fixiert. Die Gerichtsherrschaft des Herzogs erstreckte sich über neun Zehntel der Landbewohner und die wenigen Patrimonialgerichte wurden der Aufsicht des benachbarten landesfürstlichen Gerichts unterstellt.

Wolfenbüttel mag ein herausragendes Beispiel dafür sein, wie weit der Entfeudalisierungsprozeß schon weit vor 1800 vorangetrieben sein konnte. Das heißt gleichzeitig, wie wenig Grundherrschaft hier noch Herrschaft war. Grundzins und zugehörige Nebenabgaben können unter diesen Umständen nur noch als

Reallast angesehen werden. Leibeigenschaft und somit die Schollenpflichtigkeit fehlte aber auch in anderen ausgedehnten Territorien und Regionen. Weiterhin wurde der Ausbildung von Gutsherrschaften ein Riegel vorgeschoben. Bayern ist hervorzuheben, wo die Hofmarksverfassung an und für sich eine günstige Ausgangslage geboten hätte.

Erst bei einem Vergleich mit den angedeuteten außerpreußischen Verhältnissen läßt sich die preußische Grundherrschaft ebenso wie die Regierungsweise seiner Könige im 18. Jahrhundert beurteilen. Die Macht des Königs endete bei jenen Junkern, die ihren Gutsbezirk so weit wie möglich vor äußeren Einflüssen abschirmten, und den Landräten, die vom gleichen Klassengeist erfüllt waren. Recht häufig wird Friedrich II. als Repräsentant des aufgeklärten Absolutismus herausgestellt. Dieser aufgeklärte Herrscher versuchte aber gar nicht erst, die Freiheit der gutsuntertänigen Bauern gegen den zu erwartenden Widerstand ihrer Herren durchzusetzen, und er schenkte auch seinen Domänenbauern die Freiheit nicht, woran ihn niemand hätte hindern können. Womöglich zögerte er aus Gründen einer von ihm so verstandenen Staatsräson. Die **Schollenpflichtigkeit** sicherte seinen Domänen die Arbeitskräfte und seinen Musterungskommissionen die benötigten Rekruten. In dieser Beziehung endete offensichtlich das Aufgeklärtsein des Königs, der 1779 seiner Berliner Akademie der Wissenschaften das nicht gerade vom Fortschrittswillen zeugende Thema diktierte: ,,Kann irgendeine Art von Täuschung dem Volke zuträglich sein, sie bestehe nur darinn, daß man es zu neuen Irrthümern verleitet, oder die alten eingewurzelten fortdauern läßt?"

Für die Gesellschaftsordnung des späten 18. Jahrhunderts ist die Agrarverfassung ein nicht zu unterschätzendes Strukturmerkmal. An dem Ausmaß wie der Herrscher versuchte, sie gemäß den Forderungen der Zeit zu verändern oder davon absah oder gegen den Widerstand der Feudalklasse solche Veränderungen nicht durchsetzen konnte, läßt sich nicht nur ablesen, wie aufklärerisch er gesonnen war. Gelang es Friedrich und seinen Nachfolgern nur, einen wirksamen Bauernschutz zu praktizieren und den Bauern immerhin ihre materielle Existenz zu sichern, so ist das bloße Bewahren des Status quo ein sicheres Indiz für die Grenzen, die in dieser Hinsicht einer absolutistischen Regierungsweise gesteckt waren. Wenn häufig betont wird, Preußen habe als erster Staat mit Agrarreformen begonnen und ein lobender Unterton mitschwingt, wird meistens zweierlei übersehen: 1.) der konkrete Anlaß nach dem Tilsiter Frieden (vergl. S. 135) und 2.) der länger als anderswo hinausgeschobene Wandel der Agrarverfassung. Abgesehen von den beiden mecklenburgischen Territorien waren die Grundherrschaftsformen in Preußen noch am stärksten dem Feudalismus verhaftet.

Die Eigentumsverleihung bei Pachthöfen diente aber nicht nur dem Zweck, die Bauernschutzpolitik endgültig und erfolgreich abzuschließen. Es kamen noch weitere Gründe hinzu, die Wolfgang v. HIPPEL einer eingehenden Betrachtung unterzog (1977, 305ff.). Zu Recht stellte er fest, das Eigentum habe nie einen so hohen Stellenwert wie im späten 18. Jahrhundert besessen, es zu bejahen, habe förmlich einem politischen Glaubensbekenntnis geglichen. Wenn es die Liberalen für jedermann forderten, so verfolgten sie damit recht handfeste Zwecke. Ein Mensch, und das war das höchste Ziel der Aufklärer wie der Liberalen, konnte nur dann wahrhaft frei sein, wenn er frei von ökonomischen Zwängen war, wie sie beispielsweise im Feudalsystem die Bauern an ihre Herren banden. Unvollständige Eigentumsrechte wie bei den Erbzinsbauern waren deshalb zu Volleigentum aufzustocken, pachtähnliche Leiheformen ebenfalls in Volleigentum umzuformen. Unausgesprochen klingt hier wohl Quesnays naturrechtliche Begründung an, der Mensch habe das Recht auf Leben und deshalb auch ein Recht auf Bodeneigentum, um seinen Lebensunterhalt zu sichern. Wie wenig zukunftsträchtig diese für Quesnay typisch agrarstaatliche Begründung war, übersah man wahrhaftig nicht nur in Württemberg.

Wie auch in anderen Territorien hielt man eine breite **Streuung des Bodeneigentums** für geboten, und diese Forderung wurde in Württemberg auch gleich dazu genutzt, die Realteilung zu verteidigen. Entsprach die Regierung dem Gebot der Eigentumsstreuung, so wurde von ihren Verfechtern mit Sicherheit eine Anhebung des Volkswohlstandes erwartet. Diese unreflektierte Hoffnung kritisierte zutreffend der Tübinger Professor Knaus, als er entgegnete: „Wesentlich für die ‚Freiheit des Grundeigenttums' sie nicht die völlige Unbeschränktheit in jeder Art der Verfügung über den Grundbesitz oder die völlige Freiheit von privatrechtlichen Grundbelastungen und servituten oder Miteigentum, sondern die völlige Unbeschränktheit in Bebauung und wirtschaftlicher Nutzung des Grundeigentums, soweit dies mit den Beziehungen innerhalb der Gesellschaft vereinbar sei; hierin sei das wesentliche staatsbürgerliche Recht des Grundbesitzers gesichert" (ebd., 333f.). Knaus' Warnung hatte, wie der vorhergehende Abschnitt über die Separationen gezeigt hat, durchaus überterritoriale Bedeutung.

Das gleiche trifft für die gesamte Argumentation zu, die sich in Württemberg wie auch anderswo aus dem europaweiten Gedankengut der Aufklärung speiste, wie aus den Theorien Smith's, die ebenfalls längst die Grenzen der europäischen Staaten übersprungen hatten. So verwundert es nicht, wenn auch die württembergischen Frühliberalen genau wie der sächsische Rechtskonsulent Arndt herausstellten, die feudale Agrarverfassung sei aus Gewalt erwachsen, sie sei ein Unrechtssystem, das auch durch scheinbare Verjährung nicht legitimiert werden könne. Das Dilemma der radikaleren Liberalen erwuchs aus einem zweiten Grund. Wollten sie das Feudalsystem überwinden, konnten sie schlecht die damit verbundenen Abgaben der Bauern als öffentlich-rechtlich deklarieren. Es wäre alles beim alten geblieben und nur der Empfänger hätte gewechselt. So schlossen sie sich der herrschenden Auffassung an, der Grundzins sei privatrechtlicher Natur. Sowie sie das taten, gerieten sie in einen unauflösbaren

Zwiespalt. Sollten die Bauern das Eigentum an ihren Höfen erhalten, indem sich der Staat über die Eigentumsrechte der Feudalklasse hinwegsetzte? Kann Unrecht Recht begründen? So argumentierte auch der preußische Adel. Gefährdete der Staat durch ungerechtes Handeln die Rechtsordnung, so war sie fortan nicht in der Lage, das gerade erworbene Eigentum der Bauern nachhaltig zu schützen. Es blieb deshalb nichts weiter übrig, als einen von drei Seiten akzeptierten Kompromiß zu suchen: vom Staat, vom Adel und von den Bauern.

Das nicht sonderlich überzeugende, aber gern gebrauchte Argument, **ohne Adel sei eine Monarchie nicht lebensfähig,** mag die preußischen Regulierungsedikte von 1811 und 1816 noch erheblich beeinflußt haben, und der Adel profitierte noch von seiner vorgeblich notwendigen Existenz. Wurden seine Privilegien indes nach der Julirevolution in Frankreich zur Ursache des Aufbegehrens in etlichen deutschen Bundesstaaten, drohte sich diese Schutzbehauptung in ihr Gegenteil zu verkehren, und der Adel war eher zu einem Kompromiß bereit, wovon die Bauern profitierten. Das gilt erst recht für jene Gesetze, die im Gefolge der Revolution von 1848 erlassen wurden. Die Bürokratie, und nicht nur die preußische, ergriff dabei stets die Partei der Bauern, da es im Interesse des Staates lag, die Feudalklasse als Zwischenschicht auszuschalten und die direkte Staatsbürgerschaft zu allen Landbewohnern herzustellen. Der Machtzuwachs des Staates stärkte gleichzeitig die Position der Bürokratie.

Hippels Ausführungen bedürfen in einem Punkt der Ergänzung. Der Liberalismus wird von ihm im wesentlichen in seinen allgemeinmenschlichen Bezügen gesehen. Da auch Smith von der Aufklärung herkommt und sie im „Wealth of Nations" in volkswirtschaftlicher Hinsicht weiterentwickelt, besteht zwischen den mehr politischen und den stärker nationalökonomischen Intentionen auch kein Widerspruch. Im Gegenteil, die Verbindung ist bereits hinreichend gekennzeichnet, wenn die wahre Freiheit eines Menschen nur bei ökonomischer Unabhängigkeit gegeben ist. Zu dieser Unabhängigkeit gehört das Eigentum am Boden und dann selbstverständlich auch das Recht, ihn zu kaufen oder zu verkaufen. Der Grundbesitz soll mobilisiert werden, aber nicht nur zum Zwecke der Eigentumsstreuung. Er soll auch zum besseren Wirt wandern, weil der Unfähige ihn verkaufen muß. Setzt dieser Wandel ein, wirtschaften also in Zukunft mehr Tüchtige, oder bewirtschaften sie größere Bodenflächen, so ist durchaus mit einer Hebung des Nationalwohlstandes zu rechnen. Erst wenn diese Wanderungsbewegung außer acht bleibt, wird das bloße Propagieren des Eigentums zu einer ideologischen Einengung, die in ihrer Abstraktheit den Bezug zur Wirklichkeit verliert. Erst die Härte des Markt- und Preismechanismus, der den nicht hinreichend rationell Wirtschaftenden aus dem Produktionsprozeß hinausstößt, bürgt für mehr Wohlstand für alle. Der Reichsfreiherr vom Stein stand als Vertreter einer Bauernschutzpolitik diesen Gedanken fern. Aber nicht nur die württembergischen Liberalen forderten die Verschiebung des Grundbesitzes hin zum besseren Wirt. Diese Forderung war im frühen 19. Jahrhundert vielmehr Allgemeingut. In Preußen vertraten Scharnweber und Thaer diese Richtung.

Ist die politische Entscheidung gefallen, unabhängig vom Besitzrecht alle Bauern zu Eigentümern zu machen, so ist die **Ablösung** im Prinzip ganz einfach. Der Jahreswert des Grundzinses ist entsprechend dem herrschenden Zinsfuß zu kapitalisieren. Der Teufel steckt indessen im Detail. Zwar lag der damals übliche Zinssatz allgemein bei 4 v. H., doch wurde er für den Boden als nicht verbindlich angesehen. Dessen Wert wurde beträchtlich höher eingeschätzt, weil er als sichere Kapitalanlage galt. Diese Auffassung vertrat 1806 schon Carl Philipp SENSBURG, als er für die Gefälle aus liegenden Gründen eine Verzinsung von 3 v. H. als angemessen bezeichnete (14). Ein jährlicher Zinsertrag war also nicht wie es bei dem Zinsfuß von 4 v. H. korrekt gewesen wäre, mit dem Faktor 25 zu kapitalisieren gewesen, sondern bei nur 3 v. H. mit 33. Im zusätzlichen Achtfachen des Jahreszinsertrages wird die **Höherbewertung des Bodens** sichtbar, die sich umgekehrt in einer niedrigen Verzinsung auswirkt. Nachdem in und nach den Napoleonischen Kriegen die Sicherheit des Grundbesitzes erneut bestätigt worden war, schraubte der württembergische Adel seine Forderungen noch höher und hielt nur noch den Zinssatz von 2 v. H. für gerechtfertigt. Der jährliche Grundzins wäre als mit dem Faktor 50 zu kapitalisieren gewesen. Eine Ablösung zu dieser Bedingung erschien den württembergischen Bauern nicht sinnvoll, da die Erblichkeit des Besitzes selbst bei den Fallehen gewährleistet war und sie sich beim Eigentumserwerb für die nächsten Jahrzehnte lediglich die doppelte jährliche Belastung eingehandelt hätten. Das ohnehin nur schwach ausgeprägte Interesse der württembergischen Bauern an der Ablösung flackerte erst auf, als dem Adel der Zinssatz von 4 v. H. oder anders ausgedrückt der Kapitalisierungsfaktor 25 akzeptabel erschien.

Bei den **Besitzwechselabgaben,** die eigentlich durchgängig in Geld geleistet wurden, störte der unregelmäßige Anfall. Diese störende Unvorhersehbarkeit umging man, indem man annahm, im Regelfall wirtschafte eine Generation 30 Jahre lang auf dem Hof, so daß sich als Jahreswert dieser Abgaben ein Dreißigstel ergab.

In der Literatur findet sich ab und an der Hinweis, auch der **Termin der Ablösung** habe mit darüber entschieden, wie schwer den Bauern der Abtrag gefallen sei. Da es bislang bei dem bloßen Hinweis verblieb, ist die Problematik aufzuschlüsseln, die besonders jene Bauern berührte, die ihren Grundzins noch natural lieferten. Wie hoch der **Jahreswert** anzusetzen war, ließ sich tatsächlich nicht so leicht entscheiden. In einer Hinsicht war man sich allgemein rasch einig. Da auch nach 1800 die Ernten recht unterschiedlich ausfielen und die Preise entsprechend noch stärker schwankten, war der Jahreswert nur zu bestimmen, wenn genügend Jahrespreise zu einem Durchschnittspreis zusam-

mengefaßt wurden. Preußen und Hannover wählten gleichmäßig die zurückliegenden 24 Jahre vor dem Ablösungstermin als Bezugsbasis.

Trotz des formal gleichartigen Vorgehens ergeben sich für die Ablösungs-
willigen gravierende Unterschiede. Nach ABEL (A 1978, 308f.) ist für die Zeit
von 1797 bis 1820 für Roggen ein Durchschnittspreis 91,5 g Ag/dt Roggen
anzunehmen, der mit 25 multipliziert ein Kapital von 2288 g Ag ergab, mit dem
die Naturalrente von 1 dt Roggen/Jahr abgelöst werden konnte. In den folgenden 24 Jahren, sie sind als Ablösungszeitraum nicht völlig unrealistisch, erlöste
der Bauer für 1 dt Roggen jedoch insgesamt nur 1608 g Ag. Er mußte also, un-
beschadet einer Verzinsung, 1,4mal soviel Getreide aufbringen als ursprünglich beabsichtigt war. Ungleich günstiger standen sich die hannoverschen
Bauern, wenn sie in gleicher Weise die Ablösung 1835 provozierten. Der
Referenzpreis betrug bei ihnen für die Zeit von 1811 bis 1834 nur 71,6 g Ag/dt,
so daß sich das Ablösungskapital nur auf 1789 T. belief. Da 1 dt Roggen in den
nächsten 24 Jahren insgesamt 1882 g Ag einbrachte, konnten sie 5 v. H. des
Ablösungskapitals einsparen und für sich behalten. Diese Betrachtung kann indessen nur das Prinzip verdeutlichen. Methodisch korrekt wäre es, die Auswirkungen unterschiedlich hoher Getreidepreise auf das Einkommen der Bauern
zu untersuchen und daraus abzuleiten, wie schwer es den Bauern fiel, das
Ablösungskapital aufzubringen.

Aufschlußreich ist es, die Diskussion um den Referenzpreis in Braunschweig
zu verfolgen, wo man einen Teil der angedeuteten Problematik bereits erkannt
hatte. Die Ursache ist aller Wahrscheinlichkeit nach in einem Informationsvorsprung zu suchen, griff man doch ausdrücklich auf die Getreidepreisreihe des
Stiftes St. Blasii zurück, die bis in das 14. Jahrhundert zurückreicht. Man erkannte auf diese Weise sehr rasch die enormen Unterschiede, die sich selbst bei
einem dreißigjährigen Durchschnittspreis ergeben. Die Preise, die man für
1 braunschweigischen Himten Roggen ermittelte, betrugen im Durchschnitt
von 1700–1759 $22^1/_2$ Mariengroschen (Mgr.), von 1760–1789 $26^4/_5$ Mgr.
und von 1790–1829 $38^1/_{20}$ Mgr. 1 T. hielt 36 Mgr. Man erkannte auch klar den
unterschiedlichen Trendverlauf während der drei gebildeten Zeiträume, jedoch
stand man zur Zeit der Beratungen noch ganz unter dem Eindruck des Preistiefs
um 1825, so daß man die Höchstwerte nicht als repräsentativ ansah und sich
deshalb entschloß, den hundertjährigen Durchschnittspreis von 1730 bis 1829
zu wählen. Abgerundet ergab er für 1 Himten Roggen 18 Mgr.

Anschließend versuchte man sich in einer **Marktanalyse,** um die künftige
Preisentwicklung abzuschätzen. Zuerst machte man drei Gründe für die hohen
Preise von 1790–1829 verantwortlich: die wenig ausgebildete Ackerkultur, die
kostspieligen Kriege und den lebhaften Umschwung eines reichhaltigen Geld-
verkehrs. Von einer Verengung des Nahrungsspielraums durch eine rasch
steigende Bevölkerung war also keine Rede. Sodann überlegte man, welche
Faktoren in Zukunft den Preis beeinflussen würden. Vier sah man als wesent-

lich an: Die Verbesserung der Bodenkultur, die Substitution des Getreides durch die Kartoffel, einen durch Edelmetallverknappung steigenden Geldwert und die Verminderung der Kornausfuhr. Da alle vier Faktoren den Getreidepreis drücken würden, wurde vorgeschlagen, den Referenzpreis von 18 auf 16 Mgr. zu senken. Die Regierung erkannte zwar die Rücksichten gegen die Berechtigten an, bestand jedoch aus Sorge für die Erhaltung des Kammergutes, der Herzog war in ausgedehntem Maße selber Grundherr, auf 17 Mgr, (LÜDERSSEN, 1881, 11 f.). Die **Marktprognose** der Braunschweiger erwies sich als falsch. Aber auch heute würde wohl kein Sachkundiger die Getreidepreise für die nächsten zwei oder drei Jahrzehnte voraussagen können und wollen.

Das Beispiel Braunschweig zeigt in herausragender Weise, wie schwierig seinerzeit für den Gesetzgeber die Materie war, die es zu bewältigen galt. Es zeigt gleichsam die Grenzen der Gestaltungsfähigkeit auf. Das Beispiel beweist aber auch, worauf es ankommt, wenn gewichtet werden soll, wie schwer oder auch wie leicht es den Bauern fiel, wenn sie das volle Eigentum am Boden erwarben. Hätte die braunschweigische Regierung unkritisch die preußische Ermittlung des Normalpreises, wie er damals hieß, übernommen, so hätte er bei rund 38 Mgr. gelegen. Wenn entsprechend den vorgestellten Erwägungen jedoch nur 17 Mgr. verbindlich gemacht wurden, so bedeutet das für die braunschweigischen Bauern eine Verminderung des Ablösungskapitals auf 45 v. H. Der nach 1834, dem Datum des Ablösungsgesetzes, einsetzende Preisanstieg erleichterte außerdem den Abtrag ganz erheblich. Da eine kritische Würdigung der Festsetzung des Normalpreises bei Lütge und Dipper fehlt, und auch die marxistische Forschung sich auf den Klassenkampf und Loskauf beschränkt, erschien es nicht zuletzt im Hinblick auf die noch zu diskutierende Problematik der äquivalenten oder subäquivalenten bauernfreundlichen Ablösung gerechtfertigt, das Beispiel Braunschweig ausführlich darzustellen.

C   Die Ablösung der Dienste

Die Ablösung des Grundzinses war eine Aufgabe, der sich alle Regierungen der deutschen Bundesstaaten unterziehen mußten. Wechselte auch die Bedeutung dieser Aufgabe von Staat zu Staat, so sind die Unterschiede doch geradezu belanglos, wenn man sie mit denen bei der Dienstablösung vergleicht. Der Kostenwert der Dienste machte in Ostpreußen den Löwenanteil der Feudalquote aus, bei der Rentengrundherrschaft im Westen und Südwesten des Bundesgebietes waren Naturaldienste dagegen gar nicht verwendbar und wurden deshalb auch nicht gefordert.

Bei der weit zurückliegenden Aufgabe der Eigenwirtschaft hatten die Grundherren entweder den Wert der zukünftig fortfallenden Dienste dem Grundzins zugeschlagen oder statt dessen ein Dienstgeld mit den Pflichtigen vereinbart. In diesen Gebieten stand der Jahreswert der Dienste von vornherein fest und konnte nach entsprechender Kapitalisierung abgelöst werden. Im Laufe der Zeit kam es aber auch anderswo zu einer Umwandlung der Naturaldienste in Dienstgeldzahlungen. Als größeres Gebiet ist Kurhannover hervorzuheben, wo dieser Prozeß auf den Domänen bis 1800 abgeschlossen wurde.

Diesen Tausch der Arbeitsrente gegen eine Geldrente, wie das die marxistischen Historiker nennen, beurteilen sie erheblich anders als die von ihnen so genannten bürgerlichen Historiker. So sieht MOLL (1988) darin einen rein äußerlichen Wandel und wendet sich infolgedessen gegen Henning, der den darin liegenden Vorteil für die Bauern betont. Um das Problem auf den Kern zurückzuführen: Kapitalistisch wird dann gewirtschaftet, wenn die Selbstsucht des Wirtschaftenden sich zum Wohle aller – wie Smith meinte – frei entfalten kann, also über den Arbeitskräftebesatz, das Besatzkapital und den Boden eines Betriebes frei zu verfügen vermag. Löst man sich aus dem Prokrustesbett des Historischen Materialismus, so muß nicht auf die Gesellschaftsformation des Feudalismus so abrupt wie möglich der Kapitalismus folgen; am besten wäre es noch, wenn die Ablösung auf revolutionärem Wege geschähe und die Suche nach solchen Elementen ist dann auch unverkennbar. Sieht man den Wandel dagegen als fließenden Prozeß, so lassen sich Einzelzüge einer kapitalistischen Wirtschaftsweise bereits mit aller Deutlichkeit in einer Zeit entdecken, die noch in vielfältiger Weise, vor allem auf dem Lande, der alten Feudalordnung verbunden war. Natürlich kam solch ein Einzelzug wie der Fortfall der Naturaldienste und die dadurch gewonnene freie Verfügung über die Arbeitskraft noch nicht zu jener Auswirkung, wie das später in einer völlig liberalisierten Wirtschaft der Fall war. Vorteile aber brachte er dennoch mit sich. Dieser **Wandel der Produktionsverhältnisse** formte auch – was den Marxisten entging – das Bewußtsein dieser Bauern mit. Bei ARNDT und RIEHL kann man das nachlesen. Noch eins sei mit aller Klarheit herausgestellt: Wenn das wachsende Mißverhältnis zwischen Produktivkräften und Produktionsverhältnissen zur Maxime wird, müssen zwangsläufig schrittweise Verbesserungen – noch dazu wenn sie nicht von unten erstritten wurden – übersehen oder als bedeutungslos abgetan werden (vgl. S. 121).

Zumindest der Initiator der hannoverschen Agrarreformen, Carl Bertram STÜVE, erkannte bereits den unterschiedlichen Vorteil, den die Besitzer verschieden großer Bauernhöfe bei der **Dienstbefreiung** genießen. Diese Differenzierung des unterschiedlichen Nutzens hat in der Volks- und Betriebswirtschaftslehre längst einen festen Platz. Soweit erkennbar aktualisierte 1967 Karl BRASE diesen Gedanken in der agrargeschichtlichen Forschung (39 ff.). Wird der Dienst mit Fremdarbeitskräften geleistet, so muß der Bauer einen Teil des Rohertrages zu ihrer Entlohnung aufwenden, und sein Einkommen sinkt um diesen Betrag. Das gilt unstrittig dann, wenn eine Arbeitskraft und/oder ein Gespann ausschließlich für den Spann- oder Handdienst gehalten wird. Schwierig wird es aber, wenn eine Arbeitskraft nur zur Hälfte durch den Dienst ausgelastet wird. Verzichtet der Betriebsleiter auf diese Kraft, so müssen die übrigen Arbeitskräfte „dessen Hälfte" mit übernehmen, was zur Zeit einer Arbeitsspitze wie der Getreideernte wahrscheinlich nicht gelingt. Also stellt der Bauer diese Kraft dennoch ein und muß sie voll bezahlen. Rein rechnerisch wäre der Dienst jedoch nur mit den Kosten für eine halbe Arbeitskraft in Ansatz zu bringen.

Wäre also die „andere Hälfte" dieser Arbeitskraft nichts wert? Damit wird die Frage nach den Opportunitätskosten gestellt. Geht beispielsweise der Bauer zur Besömmerung der Brache oder gar der Sommerstallfütterung über, so wächst der Arbeitsanfall beträchtlich, der Knecht wird ausgelastet, landläufig gesprochen, er macht sich bezahlt.

Die Frage nach den **Opportunitätskosten** stellt sich vor allem bei den Kleinbauern. Sie waren nämlich im Regelfall nicht ausgelastet. Das läßt sich sehr schön an den Ergebnissen der kurhannoverschen Enquête zeigen, wenn errechnet wird, wieviel Morgen Land in den drei Betriebsgrößenklassen von einer Arbeitskraft bewirtschaftet wurden, nämlich 21,8, 14,1 und 6,8 Morgen. An der unzureichenden Auslastung der Arbeitskräfte vor allem in den Kleinbetrieben kann also nicht gezweifelt werden, und schon STÜVE fragte sich, welche Erleichterung ihnen die Dienstentlastung brächte. Fanden sie eine außerlandwirtschaftliche Tätigkeit, die entlohnt wurde? War das nicht der Fall, sanken bei ihnen die Opportunitätskosten des Dienstes auf Null. Er kostete sie Zeit, aber kein Geld. Hier liegt der Grund, weshalb sich die Dienstentlastung bis in die Zeit um 1880 hinauszögerte. Die Nachzügler waren im allgemeinen die Kleinbauern, die kein Interesse daran hatten, nur die Ausgaben für die Ablösung zu übernehmen, während zusätzliche Einnahmen nicht erzielt werden konnten.

Ein Punkt verdient noch Interesse. Auf Grund des publizierten Materials läßt sich vergleichen, wie rasch im Königreich Sachsen und Herzogtum Braunschweig die Pflichtigen Dienste und Grundzinse in den ersten fünfzehn Jahren nach Erlaß der betreffenden Gesetze ablösten. In Sachsen wurden bis 1847 82 v. H. aller Anträge auf Dienstentlastung gestellt, aber nur 53 v. H. aller Anträge auf Ablösung der Naturalabgaben. Die Geldabgaben wurden fast ganz erst nach 1848 in den Prozeß einbezogen. Hingegen stießen sich die Bauern weit stärker an den Hutungsrechten, so daß 80 v. H. aller Anträge in die Zeit bis 1847 fallen (GROSS, 1968, 129). In Braunschweig läßt sich ein solch unterschiedliches Interesse der Bauern nicht nachweisen. Bis 1849 entfielen 82 v. H. aller Rezesse auf die Grundzinse und 75 v. H. auf die Dienste. Das Bild ändert sich nur geringfügig wenn statt dessen die Ablösungskapitalien als Maßstab gewählt werden. Bezogen auf die jeweilige Endsumme waren es im gleichen Zeitraum beim Grundzins 80 v. H. und beim Dienst 74 v. H. (LÜDERSSEN, 1881, 116ff.). In Braunschweig entfielen um 1800 10,7 v. H. des Ackerlandes auf die Domänen und 7,9 v. H. auf die Güter des Adels – Vergleichzahlen für Sachsen fehlen. Spiegelt sich in der Präferenz der sächsischen Bauern bei der Dienstablösung womöglich eine stärkere Belastung durch eine quasi Gutsherrschaft oder genau einer kombinierten Grund- und Gerichtsherrschaft?

D Ablösung der Gutsherrschaft

Obwohl sich die Ablösung der Gutsherrschaft über einen lagen Zeitraum hinzog, war sie dennoch die einschneidenste Maßnahme innerhalb der vielgestaltigen Agrarreformen. Die Verknüpfung der Grund-, Gerichts- und Leibherrschaft in der Hand des Rittergutsbesitzers konstituierten den Gutsbezirk als Gerichts- und Wirtschaftsbereich, dem die Bauern nicht entfliehen konnten. Es erübrigt sich, auf die Verhältnisse in den beiden mecklenburgischen Staaten einzugehen, weil hier der Adel das schon früher praktizierte Bauernlegen im 18. und 19. Jahrhundert intensivierte, so daß die Grundherrschaft praktisch erlosch, weil die Rittergutsbesitzer das Bauernland eingezogen und zum Gutsland geschlagen hatten. Bauern gab es hier nur noch auf dem Domanialland zu regulieren. Anders sah es in Preußen aus, wo der Bauernschutz für die Erhaltung der Stellen gesorgt hatte.

   War es schon unzulässig, die vielfältigen Agrarreformen innerhalb des Deutschen Bundes auf die Stein-Hardenbergischen Reformen zu verkürzen, so ist der zweite, ebenfalls nicht seltene Schritt ebenso strikt abzulehnen, die preußischen Agrarreformen auf die Regulierung der gutsuntertänigen Bauern zu beschränken. Leider ist es immer noch kaum möglich, den Anteil an Land zu bestimmen, den die Laßbauern vor der Regulierung besaßen. Bezogen auf den Landbesitz der spannfähigen Bauern im Jahre 1858 in den östlichen Provinzen rechnet HARNISCH mit 27,1 v. H. Da aber Land abzutreten war und Dienstfamilien-Etablissements zum Gut geschlagen wurden, schrumpfte der Landbesitz der ehemaligen Laßbauern auf 19,4 v. H. zusammen. Hinter dem Verlust in Höhe von 7,7 Prozentpunkten verbergen sich aber nur 563 000 ha, die sich nur auf eine von mehreren Verlustquellen beziehen (vgl. S. 141). Nach HARNISCH wären also 72,9 v. H. des Landbesitzes der spannfähigen Bauern nicht gutsherrlich, sondern nur grundherrlich gebunden gewesen und dafür sei die Ablösungsverordnung von 1821 in Frage gekommen. Sie nicht zu beachten, so folgert er, „bedeutet eine kaum zu entschuldigende Vernachlässigung" (1984, 96); denn es war die „größere Hälfte" der Bauern auf die sie anzuwenden war (95).

   In der Literatur wird häufig die Befürchtung geäußert, da die Laßbauern mit erblichem Besitzrecht immerhin ein Drittel ihres Landes, die pachtweise angesetzten sogar die Hälfte an den Gutsherrn abtreten mußten, seien diese Betriebe nach der Regulierung zu einem nicht geringen Teil nicht mehr als Vollerwerbsstelle anzusehen gewesen. Diese Vermutung wird sicherlich in einigen Fällen zugetroffen haben, doch sollte die Auswirkung der Landabtretungen nicht überschätzt werden. Im Schnitt betrug Ende 1838 die Durchschnittsgröße der regulierten Bauernhöfe 19,1 ha. Erstaunlich ist die Landabtretung. In der Provinz Schlesien mußten die Bauern von ursprünglich 15,1 ha immerhin 5,6 ha oder 37,1 v. H. fortan entbehren. Bei den guten Besitzrechten in dieser Provinz ist es verständlich, wenn das abgegebene Land nur geringfügig mehr als ein Drittel der ursprünglichen Durchschnittsgröße betrug. Ist diese Überlegung richtig, so vermögen die Prozentsätze für die übrigen Ostprovinzen nur noch zu verwirren. Abgetreten wurden in Preußen 23,2 v. H., in Posen 10,1 v. H., in Pommern (ohne Stralsund) 29,9 v. H. und in Brandenburg 21,6 v. H. Diese Prozentsätze harren noch der Aufklärung (nach HARNISCH, 1984, 108). Doch zeigt die Durchschnittsgröße der regulierten Höfe, daß nur sehr wenige neben dem Einkommen aus der Landwirtschaft noch einen Zuerwerb benötigten.

Aufschlußreich ist noch eine weitere Aufstellung HARNISCHS (1984, 138). Ihrzufolge wurden bis 1865 in den fünf preußischen Ostprovinzen ohne Posen 56 814 Bauern reguliert. Mit dieser Größe dürfte annähernd die Gesamtzahl gegeben sein. Setzt man sie deshalb gleich 100, so war in den ersten 15 Jahren nach dem Deklarationsedikt von 1816, dem eigentlichen Beginn der Regulierungen, erst für maximal 64,9 v. H. die Einbindung in die Gutsherrschaft gelöst. Verglichen mit den Werten für Sachsen und Braunschweig heißt das doch offensichtlich folgendes: Die preußischen General-Kommissionen begannen ihre Arbeit zwar früher als die vergleichbaren Einrichtungen in den beiden anderen Staaten, sie legten aber keineswegs ein größeres Arbeitstempo vor. Bis zum Revolutionsjahr 1848 hatte man das Deklarationsedikt auf immerhin 80,1 v. H. der betreffenden Bauern angewendet. Mindestens ein Fünftel der Laßbauern harrte also auch jetzt noch des Verfahrens. Die vorgestellten Zahlen warnen eindringlich davor, zu rasch nach dem Erlaß von Edikten und Gesetzen der vorliegenden Art – die Separationen ordnen sich zwanglos ein – greifbare Fortschritte innerhalb der Landwirtschaft zu erwarten.

E   Die Ablösung des Zehnten

In der Literatur über die Agrarreformen spielt die Ablösung der Zehntberechtigungen nur eine untergeordnete Rolle. In der Zeit vor und während der Agrarreformen war das deutlich anders. Zum Teil räumten die Autoren dieser Last einen ganz erheblichen Stellenwert ein. Diese Ansicht gipfelt in der Äußerung: der Zehnte habe oft den ganzen Reinertrag aufgezehrt. Nun wird der Ausdruck Reinertrag oft höchst willkürlich verwendet und hat häufig mit der eindeutigen Definition der Betriebswirtschaftslehre noch nicht einmal mehr am Rande etwas zu tun. Dennoch muß auf eine Besonderheit aufmerksam gemacht werden. Der Zehnte war – zumindest ursprünglich – der zehnte Teil des naturalen Getreideertrages, an dessen Produktionskosten sich der Zehntherr nicht beteiligt hatte. Infolgedessen kann der Wert dieses Nettoertrages nicht mit einem Zehntel des Bruttoertrages gleichgesetzt werden. Das beweist allein schon der hohe Saatanteil um 1800. Erntete man damals ungefähr das 5. Korn, so entfiel 1 Korn auf die Saat, 4 waren vorerst verfügbar. Der Zehntberechtigte beanspruchte den zehnten Teil jedoch von der Gesamternte, von 5 Körnern als $^1/_2$. Bezogen auf den verfügbaren Ernteanteil waren das bereits 12,5 v. H. oder 1 Achtel. Andere Produktionskosten kamen selbstverständlich hinzu, so daß in der zeitgenössischen Literatur für die Ablösung der Zehntpflicht, so auch in Edikten, 1 Sechstel des zehntpflichtigen Landes gefordert wurde. Da überwiegend der Zehnte noch natural gezogen wurde, sah man gleichfalls Landabtretungen als berechtigt an. Zu fragen wäre auch, ob bei einer formalrechtlichen Betrachtungsweise der Wert des Zehnten nicht überschätzt wurde. Der so oft berufene bäuerliche Widerstand oder gar Klassenkampf äußerte sich nämlich gerade bei dieser Last in eklatanter Weise. Die Bauern erfanden immer neue Schwierigkeiten, die sie dem Zehntherrn und seinem Beauftragten machten, und an Unterschleifen ließen sie es wahrhaftig nicht fehlen. Deshalb sind Zehntversteigerungen gar nicht so selten, und falls es den Bauern gelang, eine Solidargemeinschaft zu bilden, fiel das Höchstgebot entsprechend niedrig aus (vgl. S. 58 f.).

In der zeitgenössischen Literatur wird in der **Zehntberechtigung** häufig ein gewichtiges Hindernis für den produktionstechnischen Fortschritt gesehen. Zum ersten wurde betont, der Bauer sei nicht gewillt, mit Nachdenken, Mühe und Schweiß die Erzeugung zu steigern, wenn er wüßte, der Zehntherr habe ohne sein Zutun am Mehrertrag teil. Zum andern wurde herausgestellt, der Zehntberechtigte könne die Brachfrüchte nicht verwerten und unterbinde deshalb deren Anbau. Auch befürchte er bei einem Anbau auf dem Brachfeld ein Nachlassen der Bodenfruchtbarkeit, so daß die Getreideernten geringer ausfielen und damit auch der Zehnte. So überzeugend diese Einwände auch klingen mögen, es wäre falsch, sie zu verabsolutieren. Die weite Verbreitung der besömmerten Brache um 1800 (vgl. S. 56) beweist unumstößlich, daß Lösungswege gefunden wurden. Anfangs war man jedoch recht vorsichtig. So wurde 1709 in der **Zehntordnung** für das welfische Fürstentum Calenberg der Anbau der Brachfrüchte auf ein Viertel des Brachlandes beschränkt. Für diese Früchte wurde eine Geldentschädigung festgesetzt, da die naturale Zehntung nicht praktikabel war. 1801 brachte die Regierung erneut eine Ordnung ein, in der zwar an die Begrenzung auf ein Viertel erinnert wurde, doch dann hieß es beschwichtigend, „falls man sich auf einen höheren Anteil oder den vollständigen Anbau des Brachfeldes geeinigt habe, solle es dabei sein Bewenden haben", denn schließlich war es auch die Absicht der Regierung, „den für den Land-Haushalt so nützlichen Anbau der Futter-Kräuter in mehrere Aufnahme zu bringen". Dieses Beispiel ist ein schöner Beweis dafür, wie auch Bauern zu Trägern des Fortschritts werden konnten, und zwar auch dann, wenn Widerstände der Feudalklasse zu überwinden waren.

Stand das Getreide zwei bis drei Wochen in Hocken vor aller Augen auf dem Felde, so daß der zehnte Teil der Garben erfaßt werden konnte, so spielte sich die Tierproduktion mehr im Verborgenen ab. Infolgedessen unterlag sie nur einer geringfügigen Zehntpflicht. Sie beschränkte sich in der Regel auf Kälber, Lämmer und Geflügel, oft auch nur auf das letztere. Auch der Name Kleinzehnt unterstreicht die geringe Bedeutung.

III   Politische Ziele

A   Die äquivalente Ablösung

Weniger Friedrich Lütge, wohl aber Wolfgang v. Hippel und Reiner Gross schilderten ausführlich die zum Teil leidenschaftlichen Diskussionen und die dabei vorgetragenen Ideen, die den **Agrarreformen** vorangingen, so daß die Ziele der streitenden Parteien mit hinreichender Deutlichkeit hervortraten. Trotz aller Kritik dachte die Feudalklasse, vor allem der Adel, nicht daran, seine soziale Position und die ökonomisch wichtigen Privilegien aufzugeben. Status und Vorrechte sicherten dem Adel einen Lebensstil, auf den er freiwillig nicht verzichten wollte. Soweit aufbegehrende Bauern schon kurz nach dem Ausbruch der Französischen Revolution diese hervorgehobene Stellung stürzen wollten, scheiterten sie. Der Staat setzte Militär ein und konservierte noch einmal die alte Ordnung.

Kurz darauf trat jedoch ein Sinneswandel ein, den die bürgerlich bestimmte Bürokratie kräftig förderte. Dabei geriet der Staat in ein Beziehungsgeflecht, das alles andere als frei von Widersprüchen war. Nach allgemein herrschender Auffassung wurden die Beziehungen zwischen der Feudalklasse und den Bauern als privatrechtlicher Natur erachtet. Griff der Staat in dieses Verhältnis ein, um den Bauern zwecks Hebung der allgemeinen Wohlfahrt zum Eigentum an ihrem Hof zu verhelfen, so verletzte er die Eigentumsrechte der Privilegierten, die sie behalten wollten. Allein dieser formal unauflösbare Widerspruch ließ viele Staaten zögern und bewog sie, den dennoch als notwendig gesehenen Eingriff hinauszuschieben. Das Zaudern war vor allem in jenen Staaten zu verantworten, in denen – wie in Württemberg – die feudalen Lasten nach Zahl und Gewicht längst nicht so drückten wie in Preußen. Dennoch dachte wohl kaum eine Regierung daran, die bestehenden Verhältnisse unangetastet zu lassen. Dazu war inzwischen der Einfluß des französischen Vorbildes zu mächtig geworden und die Reaktionen in den Rheinbundstaaten stützen diese Aussage. Wie der amtliche Text der Zehntordnung in Kurhannover beweist, wollte sie „den für den Land-Haushalt so nützlichen Anbau der Futter-Kräuter in mehrere Aufnahme bringen", und wenn die bestehende Agrarverfassung ihn auch nicht grundsätzlich verhinderte, so waren doch die Behinderungen nicht zu übersehen. Die Agrarproduktion mußte gesteigert werden, wenn die Verknappung der Nahrungsmittel abgewendet werden sollte.

Der Eingriff war aber nicht nur in ökonomischer und staatspolitischer Hinsicht notwendig, er war auch juristisch zu begründen. Zu diesem Zweck griffen die Regierungen auf die **Landeshoheit,** das jus eminens, zurück. So problematisch, wie DIPPER meint (1980, 96), war dieser Rückgriff indessen nicht. Schon vorher hatte man damit operiert. Remissionsordnungen wurden erlassen oder – wie in Braunschweig – nach dem Dreißigjährigen Kriege über Jahrzehnte der Grundzins gekürzt. Es wäre zudem sehr erstaunlich, wenn – um nur ein Beispiel zu nennen – die Leibeigenschaft in vielen Regionen erlosch, weil die Feudalklasse freiwillig darauf verzichtete. An der Nachhilfe der Regierungen dürfte hier nicht zu zweifeln sein, wurde diese Herrschaftsform doch in anderen Territorien nicht nur bewahrt, sondern förmlich reaktiviert.

Aus den genannten Gründen erscheint es doch zu einseitig, das zögerliche Vorgehen etlicher Regierungen allein aus der Rechtsproblematik herzuleiten. Der Staat war nämlich in den meisten Fällen selbst Grund-, Leib- und Zehntherr, die Gerichtsherrschaft ist in diesem Zusammenhang auszuklammern, und wenn er die Beziehungen der Privilegierten zu den Bauern abänderte, zählte er selbst zu den Betroffenen. Außerdem waren nach den Befreiungskriegen die Staatskassen leer, die Verschuldung hingegen stark gestiegen, so daß keine Regierung einen Einnahmeausfall hinnehmen wollte und häufig wohl auch gar nicht konnte. Die Lösung lag auf der Hand. Der Staat verlor nichts, wenn er die bisherigen unzeitgemäßen Berechtigungen aufgab und statt dessen ein äquivalentes Ablösungskapital erwarb, dessen Zinsertrag ihn in voller Höhe für die aufgegebenen Rechte entschädigte.

Diese Lösung bot noch einen weiteren Vorteil. Sieht man von der Diskussion über die Höhe des Zinssatzes ab (vgl. S. 114), die wahrscheinlich spezifisch württembergische Züge trug; denn andernorts hatte man längst den damals üblichen Zinsfuß von 4 v. H. als gerecht akzeptiert, so konnte man eine äquivalente Entschädigung auch gegenüber der Feudalklasse als zumutbar vertreten. Ihr gegenüber blieb jedoch der Staat in einer Hinsicht im Vorteil. Brachten die Bauern die Ablösungsgelder auf, so mußten die Angehörigen der Feudalklasse das nicht ganz einfache Problem lösen, in welcher Weise die Kapitalien wertbeständig und zu gleichem Ertrag angelegt werden konnten. Der Staat dagegen konnte die eingehenden Ablösungsbeträge unbesorgt verwenden, auch wenn sie nur über einen relativ kurzen Zeitraum die Einnahmen erhöhten und dann versiegten. Der Bauer wurde durch das Ablösungsverfahren unmittelbarer Staatsbürger. Stieg seine wirtschaftliche Leistungsfähigkeit, weil er sich gegenüber der Feudalklasse oder dem Staat von seinen früheren Verpflichtungen befreit hatte, so konnte ihn der Staat höher besteuern. Er war bei diesem Vorgehen auch nicht mehr auf die Zustimmung einer Ständeversammlung angewiesen, in der die Ritterkurie den Ton angab. Sie hatte früher oft genug den

Steuerwünschen des Landesherrn skeptisch gegenübergestanden, weil bei einer Erhöhung eventuell ihre eigenen Berechtigungen gefährdet wurden. In dem Maße wie die Ansprüche der Feudalklasse abgelöst wurden, mußte dieses Bedenken gegenstandslos werden. Dieses Fernziel mag die Bürokratie bewußt angesteuert haben, verschaffte es ihr doch einen größeren Handlungsspielraum.

In einer anschaulichen Darstellung (Abb 8,) hat Henning ebenfalls eine äquivalente Ablösung unterstellt. Die hohe Dienstbelastung verweist auf die im Beispiel zugrunde gelegte Gutsherrschaft, doch folgt daraus nur eine graduelle, aber nicht prinzipielle Abweichung gegenüber der reinen Grundherrschaft. Entscheidend ist die höhere Belastung des Bauern, die nach Abschluß des Ablösungsprozesses eintrat. Zu der äquivalenten Geldrente kam die Tilgung hinzu. Häufig wurde sie mit 1 v. H. angesetzt. Zusammen mit der vierprozentigen Verzinsung stieg die Annuität auf 125 v. H. Bezogen auf die Amortisationsspanne könnte man in Umkehrung eines landwirtschaftlichen Sprichwortes die Auswirkung auf die Formel bringen: Arme Väter, reiche Söhne. Die Bereitschaft zur Ablösung konnte durch dieses rechnerisch korrekte Verfahren nicht gefördert werden. Die Erhöhung der Abgabenlast mußte sich vor allem dann auswirken, wenn die Getreidepreise langfristig unter denen des Referenzzeitraumes lagen. Für die früh ablösenden preußischen Bauern traf das zu (Vgl. S. 115).

Ob eine äquivalente Ablösung auch in der marxistisch ausgerichteten agrargeschichtlichen Forschung unterstellt wird, läßt sich nicht mit Sicherheit be-

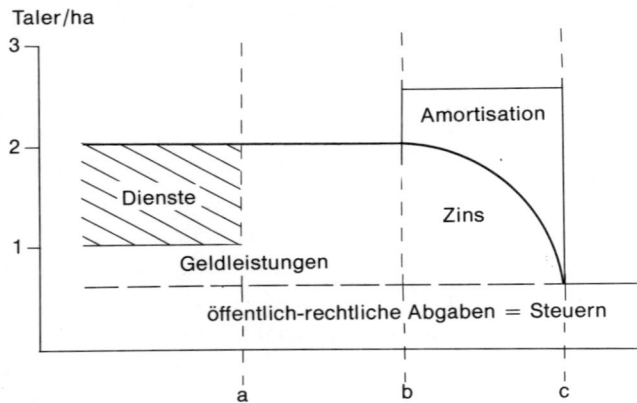

Quelle: HENNING, [7]1989, 46

a = Umwandlung der Dienste in Geldleistungen
b = Eigentumsverleihung mit Festlegung der Ablösungssummen
c = Beendigung der finanziellen Abwicklung der Agrarreformen

Abb. 8: Zeitlicher Verlauf der Umwandlung der Feudalquote in eine äquivalente Geldrente und anschließender Ablösung (schematisiert)

haupten. Zuweilen wurde plakativ herausgestellt, durch die Agrarreformen seien die Bauern lediglich aus feudalen Zwängen in die kapitalistische Zinsknechtschaft überführt worden. Bei dieser Aussage taucht sofort wieder die alte ideologische Streitfrage auf, ob die Bauern zu den Ausbeutern oder Ausgebeuteten während der Gesellschaftsformation des Kapitalismus zu zählen sind. Wird diese Frage für die Großbauern bejaht und für die mittleren und kleinen verneint, bleibt die Grenzziehung dennoch schwierig. Selbst die hannoverschen Kleinbauern hielten regelmäßig eine Magd, so daß ihnen eine praktisch nur minimale, theoretisch aber nicht wegzudiskutierende Chance zur Ausbeutung verblieb. Dem Feudalismus folgt entwicklungsgeschichtlich notwendig die fortschrittlichere Gesellschaftsform des Kapitalismus und dazu sind die Agrarreformen der unabdingbare Schritt. Objektiv sind sie deshalb als fortschrittlich einzustufen. Da die alte Gesellschaftsordnung nicht auf revolutionärem Wege umgestürzt wurde wie in Frankreich, kennzeichnete Lenin diesen Sonderweg als den preußischen. Diese grundsätzliche Abweichung entbindet die marxistischen Historiographen aber nicht von der Pflicht, den revolutionären Zügen, soweit sie während der Reformzeit zu beobachten sind, nachzuspüren und sie zu betonen. Weiter wird der Tätigkeit bürgerlicher Bürokraten besonderes Augenmerk geschenkt, weil dieser Personenkreis am ehesten mit der Bourgeoisie in Verbindung gebracht werden kann, die nach dem Entwicklungsgesetz des Historischen Materialismus berufen ist, den Feudalismus zu überwinden. Gleichzeitig darf der noch herrschenden Klasse kein gutes Zeugnis ausgestellt werden, verkörperte sie doch eine rückständige, überholte Ordnung, in der sie zu den Ausbeutern zählte. Wenn sie dennoch zu den Reformen schritt, so nur deshalb, um die unhaltbar gewordenen Ausbeutungsformen gegen andere auszutauschen. Mit letzteren sind die **Ablösungsgelder** gemeint. MOLL betrachtete sie wohl nicht mehr als Ausdruck der kapitalistischen Zinsknechtschaft, sondern als Relikte des Feudalismus, sonst hätte er nicht als Endpunkt des preußischen Weges das Jahr der Reichsgründung, also 1871, vorschlagen können (1988, 306f.). Wird dennoch am Begriff der kapitalistischen Zinsknechtschaft festgehalten, so müßte sie real in dieser Zeit zu Ende gegangen sein, denn der Kapitalismus überdauerte selbst das langwierigste Ablösungsverfahren und die anschließende Tilgungszeit.

Eine Konsequenz darf an dieser Stelle nicht übergangen werden. Legte der Staat eine **äquivalente Ablösung** in dem von ihm initiierten und mit den politischen Kräften ausgehandelten Ablösungsgesetz fest, so stand dahinter die **politische Entscheidung,** keine der beiden Ablösungsparteien zu bevorzugen oder zu benachteiligen. Der Staat wurde zum Sachverwalter der korrekten Errechnung des Ablösungskapitals, mit dessen Erlegung sich die Bauern von ihren feudalen Lasten loskauften. Der von den marxistischen Historikern geprägte Ausdruck des Loskaufs trifft bei einer äquivalenten Ablösung zu, und es dürfte mehr als schwerfallen, einem Staat, der in dieser Art vorging, patriar-

chalisch-fürsorgliche Züge zuzusprechen. Im nächsten Abschnitt ist allerdings
zu untersuchen, ob diese Aussage verallgemeinert werden darf, anders ausgedrückt, welches Gewicht ihr bei der Vielzahl der bundesstaatlichen Agrarreformen zukommt.

Abschließend ist noch ein Hinweis erforderlich. Eine äquivalente Ablösung
ist eine Zielvorstellung, eine politische Absichtserklärung. Da, um den ersten
Grund zu nennen, die zukünftige Entwicklung der Agrarpreise nicht vorher-
zusehen war, mußte von vornherein unklar bleiben, ob die Ablösenden einen
kleineren oder größeren Anteil des Rohertrages für die Geldrenten oder das Ablösungskapital aufzuwenden hatten (vgl. S. 115). Hinzu kam mindestens noch
eine Schwierigkeit, falls noch Naturaldienste zu leisten waren. Ihr objektiver
Wert konnte allenfalls geschätzt werden, war aber niemals exakt zu ermitteln.
Deshalb sind bei einer Ablösung zwei Aspekte voneinander zu trennen: die
politischen Zielvorstellungen der Gesetzgeber und nachfolgend die **realen
Auswirkungen** auf die Bauern.

B   Die Ablösung zugunsten der Bauern

Die Ziele der Agrarreformen formulierte HIPPEL prägnant, als er schrieb: „Die
Bauernbefreiung erstrebte zunächst vor allem die Beseitigung rechtlicher und
wirtschaftlicher Bindungen zugunsten ökonomischer und politischer ‚Freiheit‘
des Individuums und Staatsbürgers. Der endgültige Abbau älterer, von der
neuen Staatssouveränität inzwischen überholter und ausgehöhlter Herrschafts-
formen und des mit ihnen korrespondierenden Abgabensystems und, damit
unlösbar verbunden, die Integration auch des ‚armen Bauern‘ in die frühkon-
stitutionelle Staats-, Gesellschafts- und Wirtschaftsordnung kann als das entscheidende Ziel der Bauernbefreiung bezeichnet werden.“ Gleich darauf ergänzt er: „Dabei wurde die Berücksichtigung der bestehenden Eigentumsrechte primär zugunsten der ländlichen Bevölkerung, die von den überlieferten
Bindungen am intensivsten erfaßt worden war, konzipiert und verwirklicht; die
Belange der Berechtigten standen nach der Intention des Gesetzgebers – am
deutlichsten in der Revolutionsperiode von 1848/49 – erst an zweiter Stelle“
(1977, 517).

Agrarreformen zugunsten der ländlichen Bevölkerung benachteiligen die
Berechtigten. Spätestens 1852 hat man bereits versucht, diese Benachteiligung
zu quantifizieren. Diese Zahlen vermögen indessen aus noch auszuführenden
Gründen nicht zu überzeugen. Vor allem aber sind sie in methodischer Hinsicht
anfechtbar. Es ist unzulässig, die preußische Gesetzgebung vor der Julirevolution mit Reformen zu vergleichen, die durch diese Erhebung ausgelöst und
beeinflußt wurden; und dieses Bedenken gewinnt an Bedeutung; wenn –
nämlich für Württemberg und Bayern – das für die Regierungen weit ein-
drucksvollere Aufbegehren 1948/49 mit einbezogen wird. Schon aus diesem

Grunde muß die Aussage Hippels relativiert werden, die württembergische Landbevölkerung habe sich sozusagen zum halben Preis von ihren feudalen Lasten losgekauft, und das ist impliziert, mit diesem Satz die Spitzenstellung im Deutschen Bund errungen.

Wenn selbst Moll die Entstehung und Ausformulierung der Gesetze für die verschiedenen Agrarreformen nicht allein auf eine Revolution „von unten" zurückführt, sondern ein Wechselspiel mit einer Revolution „von oben" konstatiert, so führt doch Hippels Darstellung zu einer unübersehbaren Gewichtsverschiebung innerhalb der aufeinander wirkenden Kräfte. Der württembergische Staat trat als Anwalt bäuerlicher Interessen auf und gewann dadurch zumindest einen Teil der patriarchalisch-fürsorglichen Züge zurück, die eine Revolution „von oben" kennzeichnen. Diese Verschiebung muß jenen Historiographen ein Dorn im Auge sein, denen die Spontaneität der Massen und ihre treibende Rolle im entwicklungsgesetzlich notwendigen Wandel als der entscheidende Faktor erscheint. So ist nicht erstaunlich, wenn Moll in dem Kapitel über die württembergische Bauernbefreiung fortlaufend gegen die Darstellungsweise Hippels und die daraus hervorgehenden Urteile polemisiert.

Ohne Moll folgen zu wollen, kann doch sein Zweifel nicht einfach beiseite geschoben werden, ob es bei dieser Revolution „von oben" ausschließlich darum ging, historisch gewachsene, aber durch die Entwicklung überholte Rechte der Feudalklasse zu beschneiden und die Bauern zu bevorteilen. Ergänzend sei daher auf einen Vergleich hingewiesen, der praktisch von der gleichen Konstellation wirkender Ideen und politischer Kräfte ausging (ACHILLES, 1975), wie sie Hippel für Württemberg beschrieb. Ausdrücklich wurde darin zusätzlich danach gefragt, ob die Begünstigung der Bauern durch die einbezogenen Staaten allein die Anerkenntnis ungerecht gewordener Verhältnisse darstellt, auf die damals nicht wenige Zeitgenossen hinwiesen, oder ob gleichzeitig ein nicht zu übersehendes Eigeninteresse des Staates vorlag. Es kann bereits offenkundig werden, wenn anschließend die Steuerpolitik verfolgt wird. Hippel steuerte für Württemberg das nötige Material selbst bei, betonte aber den Zusammenhang zu wenig. Wenn 1821 im nunmehrigen Königreich die direkten Steuern festgelegt wurden und auf den Grundbesitz 70,83 v. H. entfielen, liegt die Vermutung mehr als nahe, ohne eine Verringerung der bisherigen Feudalquote sei dieser Anteil von den Landbewohnern gar nicht aufzubringen gewesen.

Der bereits erwähnte Vergleich, und zwar zwischen den Agrarreformen in Preußen, Hannover und Braunschweig, beschränkte sich nicht nur auf den Verweis der zukünftigen steuerlichen Belastbarkeit der Bauern. Er beschäftigte sich eingehender mit der unterschiedlichen Stellung des Adels in den drei Staaten, der förmlich reziprok die Wertschätzung des Bauernstandes durch die Regierung entsprach. Fiel sie, wie in Braunschweig, besonders günstig für den Bauernstand aus, so wurde hierin ein nicht unwesentlicher Grund gesehen, eine äquivalente Reformkonzeption in eine bauernfreundliche subäquivalente Gesetzgebung umzuformen.

Der auf 1852 zu datierende Versuch wurde schon erwähnt, in dem mit methodisch völlig unzulänglichen Mitteln bewiesen·werden sollte, keine Regierung habe sich derart üer die Ansprüche der Berechtigten hinweggesetzt wie die württembergische. Die parteiische Darstellung, bei Hippel noch als Anmerkung, ist inzwischen wohl über Dipper in die neuere Literatur in der anspruchsvolleren Form einer Tabelle eingegangen. Die Einbußen, in Prozent ausgedrückt, sind für mehrere Bundesstaaten zwar genannt, aber unbelegt geblieben. So mögen sie – für Braunschweig ist der Satz absolut unzutreffend – auf sich beruhen. Der Text jedoch enthüllt die Denkweise der Privilegierten in einer fast schon unübertrefflichen Weise, so daß auf ein Zitat nicht verzichtet werden kann:

„In diesen Ländern, wo nur gegen billige (äquivalente, W. A.) Entschädigung die Lasten entfernt wurden, ist die Erlaubniß abzulösen eine Prämie des Fleißes, der Sparsamkeit des Verpflichteten, eine Aufmunterung, durch allmählige Bezahlung sich frei zu machen, und werden zugleich den Berechtigten durch die Ablösungssummen die Mittel gegeben, große Güter zusammenzukaufen und so in der Folge selbst die Elemente eines kräftigen Bauernstandes zu schaffen.

Aber da, wo die Ablösung ohne genügende Entschädigung ausgeführt wird, werden die Verpflichteten so leicht zu dem Versuch verleitet, durch Capitalaufnahmen auf einmal frei zu werden, und kommen dann so oft in den Fall, abhängiger als früher zu werden oder gar in Gant zu gerathen. Hier werden dem Berechtigten noch dazu die Mittel genommen, oder doch vermindert, mit der verkürzten Ablösungssumme Güter für Kinder und Erben zu kaufen. Hier werden dem Berechtigten große Werthe genommen, ohne daß diese dem Verpflichteten in diesem Verhältniß auf nachhaltige Weise zu gute kommen. Hier wird ein bedeutender Theil des Nationalvermögens zerstört, für welchen man in großen Gütermassen einzelner reicher Güterbesitzer neben zahllosem Bauernproletariat vergebens Ersatz sucht. Wenn die Ablösungen ohne genügende Entschädigung dem Verpflichteten in der früher erwarteten Weise zu gute kommen würden, wie könnte man sich z.B. in Württemberg die zunehmenden Schaaren von Auswanderern, größtentheils aus Landleuten bestehend, erklären, unmittelbar, nachdem ihnen die Hälfte des Werths ihrer Grundlasten ohne Vergütung nachgelassen worden?" (Deutsche Vierteljahres Schrift, 1854, 218).

Die Argumente wollen sich nicht zu einer Kette fügen. Der Artikel wurde aller Wahrscheinlichkeit nach von den württembergischen Standesherren angeregt und kann den Interessenstandpunkt nicht einmal nordürftig verhüllen. Bis 1848 entzogen sie sich weitestgehend den Staatslasten. Was sie verloren, kann deshalb nicht zum Nationalvermögen gezählt werden, und sich als potentiellen Siedlungsträger zugunsten der Bauern hinzustellen, wirkt wahrhaftig nicht überzeugend. Mit der erhaltenen Hälfte haben sie sich jedenfalls nicht in dieser Richtung betätigt.

Die Analyse der besitzrechtlichen Seite der Agrarreformen beschränkt sich in der Literatur weit überwiegend auf die **Erfassung aller Ablösungskapitalien,** eventuell ergänzt durch eine diachrone Spezifizierung ihres Eingangs.

Hinter dieser relativ einfachen Vorgehensweise steht sicherlich die Absicht, jene Gelder zu ermitteln, die von den Landbewohnern entbehrt werden mußten und die Empfänger zwangen, sie wieder gewinnbringend anzulegen. Bei der geringen Kapazität des Immobilienmarktes war es unmöglich, den Gesamtbetrag der Ablösungsgelder wieder in den Ankauf von Boden zu stecken. Dieses Vorhaben war noch am ehesten in den preußischen Ostprovinzen zu verwirklichen, wo die Güter häufig den Besitzer wechselten. Leider läßt sich die wichtige Frage nicht in repräsentativer Weise beantworten, in welchem Umfange Ablösungsgelder zur Förderung des Industrialisierungsprozesses verwendet wurden. Die Anlage dieser Gelder beim Eisenbahnbau scheint eine gewisse Rolle gespielt zu haben.

Die bloße Höhe der Ablösungskapitalien läßt keine Antwort auf die politikgeschichtlich wichtige Fragestellung zu, ob die Regierung eines Bundesstaates eine äquivalente Reform wollte oder nur sie durchsetzen konnte, oder ob sie eine subäquivalente Reform verwirklichte, die stärker den Modernisierungsprozeß in der Landwirtschaft förderte. Aber auch der Agrarhistoriker bleibt unbefriedigt, wenn nur die gesamte Ablösungssumme und der Verlauf ihres Eingangs berichtet wird. Diese Summe bleibt für ihn eine abstrakte Größe, bei der keine konkrete Beziehung zu den landwirtschaftlichen Betrieben hergestellt werden kann. Die Betriebe waren unterschiedlich groß und unterschiedlich belastet, so daß es unzulässig ist, einfach die Gesamtzahl durch die Zahl der Betriebe zu teilen. Aber selbst wenn das sinnvoll wäre, führte die Division immer noch zu keinem brauchbaren Urteil. Erst wenn es gelingt, die Ablösungsbeträge zur Entwicklung der bäuerlichen Einkommen in Beziehung zu setzen, kann abgeschätzt werden, inwieweit dieser Prozeß die Bauern belastete, und gleichzeitig, in welchem Maße sie in der Lage waren, mit Investitionen verbundene Innovationen zu verwirklichen.

IV   Die Durchführung der Agrarreformen

A   Vorläufer im 18. Jahrhundert

Auf Reformansätze im 18. Jahrhundert wurde bereits mehrmals hingewiesen und jedesmal betont, sie könnten für diese Zeit keineswegs als symptomatisch angesehen werden. Es wäre deshalb verfehlt, die Einzelbeispiele – und oft sind es wirklich nur Einzelfälle – hier noch einmal aufzuzählen. Vielmehr ist die Beschränkung auf zwei Vorgänge geboten, die wie in Holstein wenigstens einigen Umfang erreichen oder wie in Österreich ideengeschichtlich von herausragender Bedeutung sind.

In landwirtschaftlicher Hinsicht nahmen und nehmen die **Standortverhältnisse Schleswig-Holsteins** eine Sonderstellung ein. Sieht man von den Geestländerein des Mittelrückens ab, auf denen der Ackerbau um 1800 vorrangig betrieben wurde, so dienten breite Küstenstreifen an der Nord- und Ostsee hauptsächlich der Viehzucht. Die hier gelegenen kolloidreichen Böden, vor allem die alte Marsch, setzten der Bodenbearbeitung einen beträchtlichen Widerstand entgegen, waren aber bei ihrem Nährstoffreichtum als Dauergrünland, begünstigt durch das Seeklima, ausgesprochen ertragreich. Der Ausdruck „Fettweiden" ist durchaus treffend. Rindvieh wurde schon im ausgehenden Mittelalter im Überschuß produziert und westwärts nach Hamburg, Köln und den Niederlanden, ostwärts nach Lübeck und den deutschen Ostseehäfen verhandelt. Kaufmännisches Denken war deshalb den schleswig-holsteinischen Viehproduzenten seit langem vertraut.

Aber auch das Umgeben ausgesonderter Ackerstücke oder Weideflächen mit Zaun und Graben und der anschließenden Nutzung zur Ochsenmast war seit langem bekannt. Gutsbesitzer und Bauern konnten sich jedoch nicht wie die Lübecker Bürger ausschließlich auf die Nutzung solcher Parzellen zur Mast einlassen, sie benötigten auch Getreide zum Lebensunterhalt. Deshalb war eine Kombination anzustreben, auf mehreren Koppeln gleichzeitig Ackerfrüchte und Viehfutter zu erzeugen. Es entstand die **Koppelwirtschaft.** Hinzu kam jedoch noch ein weiteres Moment, bis man daran ging, Gutsfelder und Gemeinheiten in Koppeln zu legen und an Bauern zu verpachten, die zuvor im Rahmen einer Gutswirtschaft durch Ableisten von Frondiensten die Bewirtschaftung des Gutes ermöglicht hatten. Diese Dienste wurden wie überall höchst nachlässig verrichtet und die Erträge der Güter waren dementsprechend schlecht.

Infolgedessen ging man schon vor 1700 daran, neu gerodetes Land arrondiert an die Neubauernstellen zu legen, aber auch Gemeinheiten wurden in dieser Weise zur Ausstattung von Pachthöfen verwendet. Besonders aufschlußreich ist das oft zitierte Vorgehen Hans Rantzaus auf Ascheberg, das sowohl rationales Kalkül wie patriarchalische Fürsorge gleichermaßen beweist. Nach der Vermessung von 1739 begann er damit, Hofland an Bauern zu verpachten. Auf diesen Betrieben konnten 2 Pferde und 10 Kühe gehalten werden. Die Hofgröße war gleichzeitig so bemessen, daß die bisherigen Hofdienste des Pachtbauern fortfallen konnten, weil eine Fläche entsprechender Größe vom Gutsland abgetrennt worden war. Das Land des Bauern wurde in neun Koppeln gelegt, bei denen vier Saatjahre gehalten wurden. Die Pacht, also die einzige Leistung des Bauern an den Gutsherrn betrug 90 T/Jahr (PRANGE, 1971, 210).

Das Vorgehen Rantzaus gilt es in das aufgestellte Kategorienschema einzuordnen. Es handelt sich eindeutig um eine bloße Separation, die auf Initiative des Gutsherrn erfolgte. Er ließ das Land zuvor vermessen und errichtete die neuen Bauernhöfe auf seine Kosten. Er weigerte sich indessen, die reine Pacht in eine Erbpacht umzuwandeln und seinen Untertanen, falls sie eine Stelle bewirtschafteten, den Freikauf von der Leibeigenschaft zu gestatten. Gerade

Hans Rantzau nahm seine Verpflichtungen als Gutsherr sehr ernst. Er beobachtete fortlaufend die Wirtschaftsführung der Pachtbauern, ermahnte, wenn es nötig war, half aber auch, wenn unverschuldet Notfälle eintraten. Solche achtungsgebietenden Einzelfälle sind dennoch nicht geeignet, eine patriarchalisch-fürsorglich aufgefaßte Aufsicht über die Bauern zu rechtfertigen. Genügend Gegenbeispiele beweisen, daß auf solche Einzelfälle keine allgemeinverbindliche Agrarverfassung begründet werden kann. Rantzaus Tätigkeit entbehrt auch nicht des herrschaftlichen Elements. War trotz mehrfacher Vorhaltungen bei einem Pachtbauern keine ordnungsgemäße Wirtschaftsführung erreicht worden, so wurde er seiner Stelle entsetzt.

Die Verkoppelungsbewegung vor allem in Holstein ist leider in ihrem Umfang nicht abzuschätzen. Dennoch bedarf sie einer Würdigung, die bisher unterblieb. Sie zeigt ein Junktim in geradezu klassischer Reinheit, nämlich die Kombination feudaler Besitzverhältnisse mit einer individuellen Wirtschaftsführung. Um es noch einmal anders auszudrücken: der Widerspruch zwischen der Entwicklung der Produktivkräfte und den Produktionsverhältnissen ist beseitigt. Hinzu kommt noch ein Weiteres. Die Bauern müssen als Verkäufer auf dem Markt auftreten, wenn sie für die nötigen Bedürfnisse, vor allem die 90 T Pacht, die erforderlichen Geldbeträge einlösen wollen. Individuelle Wirtschaftsweise und Marktverbundenheit aber sind Ziele, die angeblich erst mit den Agrarreformen erreicht wurden.

Auch in diesem Zusammenhang macht sich der „Sehfehler" bemerkbar, den schon Knapp rügte. Zu sehr stehen die preußischen Laßbauern im Mittelpunkt des Interesses. Wenn sie wie in Ostpreußen auf den selbstbewirtschafteten Flächen praktisch nur den Eigenbedarf an Nahrungsmitteln erzeugten, mögen hier die vielen Güter ausgereicht haben, den städtischen Markt zu versorgen. Wer sollte aber in den weiten Gebieten des Alten Reiches das nötige Getreide liefern, wenn der Gutsbesitz zurücktrat oder nahezu fehlte, die Verstädterung aber ein höheres Ausmaß als im Osten erreichte? Wie konnten die Bauern dem Markt fernbleiben, wenn angeblich schon im Spätmittelalter der Übergang von der Naturalrente zur Geldrente vollzogen worden war? Schließlich ist auch die Bevölkerung in den Städten vor und nach den Agrarreformen nicht so sprunghaft gewachsen, daß sich plötzlich das Versorgungsproblem eklatant verschärfte. Selbst in einem Übergangsgebiet wie Südhannover, im Norden treten die Güter noch stärker zurück, verkauften auch die kleinsten Bauern noch Getreide, nachdem sie den Grundzins in natura abgeführt hatten. Schließlich sei an die Besömmerung der Brache erinnert. Zwar wurde dadurch zuerst die Viehhaltung intensiviert, doch war das Endziel, über den höheren Dunganfall die Getreideernten zu steigern. Diese Intensivierung war weit verbreitet (vgl. S. 56), und dieses Mehr an Getreide konnte und sollte nur auf dem Markt verwertet werden. Die Eigenart größerer Zeiträume herauszuarbeiten, ist sicherlich eine der wesentlichen Aufgaben der Historiographie. Daneben darf aber das Verbindende, der Fluß des Prozesses, nicht übersehen werden. Er ist in der Landwirtschaft besonders ausgeprägt. Entwicklungsbrüche, Agrarrevolutionen zu konstruieren, verbietet sich schon deshalb, weil nicht so sehr der Wandel der Eigentumsverhältnisse oder Agrarverfassung, sondern viel stärker die Umformung der Flurverfassung den produktionstechnischen Fortschritt bewirkte. Die Durchführung der Separationen erforderte indessen Jahrzehnte.

Der spätere Verlauf der Geschichte beeinflußt dem Anschein nach die Art und Weise, wie vorangegangene Zeiträume betrachtet werden. Die meist unzureichende Behandlung **Österreichs** in der deutschen Geschichtsschreibung könnte dafür als Beispiel angeführt werden. Die vielfältigen Gründe können hier nicht untersucht werden, doch bleibt selbst eine abrißhafte Darstellung der Agrarreformen zu unvollständig, wenn nicht wenigstens im entwicklungsgeschichtlichen Teil dieses Land vorgestellt wird. Es wäre auch sicherlich von hohem Interesse, einmal die Absichten Josephs II. mit denen Friedrichs II. v. Preußen zu vergleichen. Bei dem zu erwartenden Umfang einer solchen Darstellung können hier höchstens Andeutungen gemacht werden.

Vom Philanthropismus angeregt hob Joseph II. in seinen Erbländern Böhmen, Mähren und dem unbedeutenden österreichsichen Teil Schlesiens die **Leibeigenschaft** auf. Die auf den untertänigen Gründen haftenden Natural- und Geldprästationen blieben davon unberührt. Der Transfer auf Vorarlberg, Tirol, Ober- und Niederösterreich erwies sich als unnötig, dagegen war das Nachfassen Josephs wegen der steirischen und kärntnerischen Erbholden angezeigt. 1782 wurde die Regelung auf Vorderösterreich ausgedehnt, doch scheint sie hier wenig gefruchtet zu haben. Abgesehen von der Minderung feudaler Rechte fürchtete man vor allem die mit der Freilassung verbundene Freizügigkeit, die bei der ungeheuren Zersplitterung des vorderösterreichichen Staatsgebietes zum Entlaufen anregen konnte. Genauso dachte auch der Markgraf v. Baden, als er im folgenden Jahr seinen Leibeigenen, andere gab es kaum, unentgeltlich die Freiheit gewährte. Wollten sie sein Territorium verlassen, forderte er nicht unbedeutende Abzugsgelder. Die kameralistische Peuplierungspolitik, also das Interesse des Staates, genoß gegenüber den philanthropischen Motiven in dieser Hinsicht eindeutig Vorrang.

Joseph II. beließ es nicht bei der Abschaffung der Leibeigenschaft. 1781 begann gleichzeitig die **Robot-Abolition,** worunter die Umwandlung der Naturaldienste in eine Geldrente zu verstehen ist. Diese Umwandlung wurde auf dem Vertragswege vollzogen und betraf zuerst die Domänenbauern. Dem Beispiel folgten aber auch Adlige. Erleichternd mag die Nachrangigkeit gewirkt haben, die den Einkünften aus dem Gutsbetrieb gegenüber den einkommensstarken Rechten in einer (Wirtschafts-?)Herrschaft zukamen. Sie erreichten in untersuchten niederösterreichischen Dominien im Schnitt nicht einmal 10 v. H. (Knittler, 1989, 216). Als der Kaiser 1790 starb, kam die Abschaffung der Naturaldienste in den Gebieten der Gutsherrschaft, also Böhmen,

Mähren und Schlesien, aber auch in Galizien und Ungarn zum Stillstand. In den übrigen Landesteilen wurde sie fortgesetzt.

Gewährung der Freiheit und Aufhebung der Naturaldienste muten fast wie ein Vorspiel an, wenn das geplante Steuersystem in den Blick genommen wird. Voraussetzung waren aber eine Landesvermessung, die auch begonnen, aber zu Lebzeiten des Kaisers nicht abgeschlossen wurde, und eine Schätzung des Ertrages der Güter. Der Bauer sollte 70 v. H. behalten, $12^2/_9$ v. H. forderte der Staat und $17^7/_9$ v. H. verblieben den Grundherren. Beide Leistungen waren von den Bauern ausschließlich in Geld zu erbringen. Aber auch diese Lasten sollten abgelöst werden können, und die in Aussicht genommenen Kapitalisierungs-faktoren 18 und 20 hätten die Bauern ungemein begünstigt. Die Empörung der Grundherren ist verständlich. Wenn aber auch die Bauern die Aufhebung des Gesetzes durch den Bruder und Nachfolger Leopold II. begeistert begrüßen, so ist man zuerst erstaunt. Das Erstaunen läßt sich jedoch in Verständnis umwan-deln. Die Konzeption des Steuersystems wird nämlich nicht nur vom philan-tropischen Impetus des Bauernbeglückers getragen, sondern es wird auch die Zuchtrute des Lehrmeisters sichtbar, mit der Widerspenstige auf den Weg zu ihrem Glück gezwungen werden sollten. Zur Zeit Josephs stritten in der Steuertheorie zwei Meinungen um die Herrschaft. Die eine Partei wollte die Steuern nach der Höhe des Einkommens bemessen, die andere hielt bei Hand-werkern und Bauern einen gleichhohen Steuersatz für zweckmäßig, der sich an jenem Ertrage ausrichtete, den ein Betrieb – so auch in diesem Falle – bei guter Bewirtschaftung abwarf. Bei diesem Vorgehen genoß der Tüchtige die Mehrer-zeugung unversteuert, der Faule wurde angeblich gezwungen, seine Anstren-gungen zu vergrößern, um die Last tragen zu können. Dahinter steckt die Simplifizierung, schlechte Erträge beruhten ausschließlich auf der Faulheit der Bewirtschafter.

Die Vorgabe bei der Ertragsschätzung, seine Höhe „bei guter Bewirtschaf-tung" zu ermitteln, birgt die Gefahr in sich, ihn überhöht festzusetzen. Geschah das um 10 v. H., stieg die Feudalquote bereits auf 15 v. H. Die Auswirkung läßt sich anhand der Abb. 5 (S. 78) erläutern. Seine wirtschaftliche Lage beurteilte der Bauer nicht nach der Höhe des gesamten verfügbaren Einkommens. Die Naturalentnahmen nahm er vielmehr als selbstverständlich hin und sah deshalb mehr auf den disponiblen Teil, nämlich das Bareinkommen. Das machte jedoch nur ein Viertel bis ein Drittel des verfügbaren Einkommens aus. Wächst jetzt die Feudalquote um 15 v. H., muß sich der Bargeldanteil spürbar verringern. Hinzu kommt noch ein zweiter Grund. Eine gleichhohe prozentuale Belastung des Rohertrages war und ist unmöglich. Fällt er hoch genug aus, sind 30 v. H. eine Bagatelle, ist er dagegen niedrig, drückt dieser Anteil den Belasteten unter das Existenzminimum (vgl. S. 72). Erinnert sei an die Verhältnisse in Kur-hannover. Die Feudalquote belief sich dort bei den Großbauern auf 28,0 v. H. des Rohertrages, bei den Kleinbauern jedoch nur auf 14,6 v. H. An der Absicht

Josephs II., die Lage der Bauern zu verbessern, soll nicht gezweifelt werden. Bei der Wahl geeigneter Mittel bewiesen seine Beamten jedoch nicht die nötige Umsicht. Schließlich wäre auch noch zu prüfen, wo ein Mühl- oder Waldviertler Bauer sein Getreide verkaufen konnte, um das nötige Bargeld für die neuartige Abgabe zu beschaffen.

Bei allen Schwächen in der technischen Ausgestaltung zeichnet sich dennoch das Endziel der Josephinischen Reformen deutlich ab. Der Staat sollte gestärkt werden, um seine Großmachtstellung behaupten zu können. Beim damaligen Entwicklungsstand der Volkswirtschaft sah es Joseph als nötig an, die Bauern zu stützen, um sich wiederum auf sie stützen zu können. Darüber darf der Staatsanteil in Höhe von „nur" $12^2/_9$ v. H. des Ertrages nicht hinwegtäuschen. Handelte es sich um Domänenbauern oder um die jetzt sehr zahlreichen ehemaligen Klosterbauern, die nach der Säkularisation dem Fiskus zinsten, so beanspruchte Joseph die gesamten 30 v. H. für sich. Gegenüber dem Adel aber wollte er den Entfeudalisierungsprozeß mit mächtigen Schritten vorantreiben, ohne sich auf die Diskussion der Eigentumsfrage der Berechtigten einzulassen, die allerdings erst später ihrem Höhepunkt zustrebte. Der Römische Kaiser nahm gegenüber der Feudalklasse eine grundsätzlich andere Stellung ein als der König von Preußen. Die womöglich von Joseph vorschnell deklarierte endgültige Zielsetzung entfachte den Widerstand des Adels geradezu schlagartig auf breiter Front. Begünstigt durch die kurze Regierungszeit und die Schwäche nachfolgender Regenten gelang es dem Adel, die erforderlichen Reformen bis 1848 hinauszuzögern. War Österreich in der zweiten Hälfte des 18. Jahrhunderts, auch schon unter Maria Theresia, ein beispielgebendes Land für den vielleicht allzu kühnen Fortschritt, so muß es in der ersten Hälfte des 19. Jahrhunderts unter die rückständigen Bundesstaaten eingereiht werden.

B   Agrarreformen im 19. Jahrhundert

1   Preußen

Die Agrarreformen im Königreich Preußen, und das heißt weit überwiegend in seinen sechs östlichen Provinzen, haben mit einigem Abstand den breitesten Niederschlag in der Literatur gefunden. Trotz der frühen Kritik des „Kathedersozialisten" Georg Friedrich Knapp, die er schon 1887 vortrug, werden die meisten Darstellungen von einem positiven Grundzug getragen, der selten ausdrücklich an- und ausgesprochen wird, sondern eher zwischen den Zeilen herausgelesen werden kann.

Zu dieser mehr positiv gefärbten Darstellungsweise gehört nicht zuletzt die breite Schilderung, wie sich die preußischen Könige schon im 18. Jahrhundert bemühten, die Lage der Bauern zu verbessern. So beginnt Theodor Frhr. v. d. Goltz, und er fand nicht wenige Nachfolger, die Reihe mit **Friedrich Wilhelm I.** An dessen kolonisatorischer Tätigkeit in Ostpreußen ist nicht zu zweifeln, doch bleibt offen, inwieweit sich die rechtliche und ökonomische Stellung der Bauern verbesserte. Genau das gleiche gilt für die Agrarpolitik seines Sohnes. Peuplierungspolitik, also das Ansetzen von Kolonisten in den meliorierten Bruchgebieten, ist noch keine Reformpolitik. Auf diesem Felde geschah fast nichts. Zwar wurden auf den königlichen Domänen die Gesindezwangsdienste aufgehoben, aber sie waren ohnehin unbedeutend und ihr Fortfall schadete den Pächtern so gut wie nicht, ebenso wie er den Domänenbauern so gut wie nichts nützte. Es ist auch nicht beeindruckend, wenn die Domänenbauern formal die persönliche Freiheit erhielten, jedoch einen Untertaneneid leisten mußten, mit dem die wesentlichen Bindungen der Erbuntertänigkeit aufrechterhalten wurden. Nimmt man die Bauernschutzpolitik hinzu, so ist immerhin über etliche Jahrzehnte hinweg ein gewisses Bemühen der Herrscher zu erkennen, auch etwas für die Lage der Bauern zu tun. Betrachtet man den Zeitraum, der für die geringfügigen Aufbesserungen benötigt wurde, so relativierten sich die sogenannten Erfolge noch einmal. Deshalb ist es auch sachlich gerechtfertigt, die **eigentliche Reformära** mit dem **Oktoberedikt von 1807** beginnen zu lassen, wie es in der neueren Literatur überwiegend geschieht.

Gemessen an der außerordentlich langen Anlaufphase müßte es eigentlich überraschen, wie zügig anschließend in Preußen die Reformen vorangetrieben und abgeschlossen wurden. Der rasche Umschlag von einer langen Phase der Absichtserklärungen, des Planens und Hinauszögerns zum aktiven Handeln ist nicht ausschließlich mit den Entwicklungsgesetzen des Historischen Materialismus zu begründen und ebenso wenig allein mit sozial- oder strukturgeschichtlichen Erwägungen. Vielmehr ist gleichfalls auf die politischen Ereignisse zurückzugreifen, die in der neueren Literatur mehr oder weniger vernachlässigt werden.

Es genügt, auf die Verhältnisse nach dem Tilsiter Frieden zu verweisen und die Absicht der Reformer, Preußen wieder zu jener Machtstellung zu verhelfen, die es zuvor besessen hatte. Zu diesem Zweck war eine Stärkung der Landbevölkerung, vor allem eine **engere Bindung an Staat und Herrscherhaus** unerläßlich. Ob Stein in seiner Nassauer Denkschrift, Hardenberg in seiner Rigaer, sie waren sich bei Abweichungen im einzelnen in diesem Punkt einig. In seiner ebenfalls 1807 in Riga abgefaßten Denkschrift für Hardenberg fand der damalige Oberfinanzrat v. Altenstein wohl die schärfsten Worte: Die Erbuntertänigkeit, „diese persönliche Sklaverei, welche den Menschen zur Sache macht, der erschwerte Besitz von Grundeigentum und die Hindernisse, in einen anderen Stand überzugehen, haben dem Staate unendlichen Schaden zugefügt und die Ausbildung der Nation verhindert... Der Sklave hat kein Interesse an dem Staat. Die Vernichtung seines Herrn ist das Beste, was ihm widerfahren kann." Die Schollenpflichtigkeit des Erbuntertänigen, das fehlende Recht auf freie Berufswahl, der Zwang einen dienstpflichtigen Hof annehmen zu müssen, werden hier auf das schärfste gegeißelt. Für Altenstein beweist die **Erbunter-**

tänigkeit, daß in der Verfassung des Staates **„Spuren gröbster Barbarei"** zurückgeblieben seien. Er versäumt nicht den Hinweis, in Kurland habe der Kaiser Napoleon die Bauern gehörig bearbeiten lassen, „so daß diese erklärten, wie wüßten wohl, daß er bloß komme, um sie vom Druck ihrer Herrn zu befreien."

Natürlich wurden aus leicht durchschaubaren Gründen die Verhältnisse der Gutsherrschaft verabsolutiert, sie spielten indessen in Ostpreußen, der einzigen nicht von Napoleon besetzten preußischen Provinz, eine herausragende Rolle. An einer Notwendigkeit zweifelte damals in Preußen wohl keiner der Verantwortlichen: Wollte man der levé en masse, den französischen Revolutionsheeren, mit einiger Aussicht auf Erfolg erneut entgegentreten, war das eigene Massenaufgebot unumgänglich. Bei der damaligen Bevölkerungsstruktur bedeutete das die **Mobilisierung der Landbewohner.** Es nützte jedoch nichts, wie Altenstein geurteilt hatte, „Sklaven" zu rekrutieren. Vielmehr war, so schon 1903 v. d. Goltz (II, 135) der auf der Masse der Landbevölkerung lastende Druck „zu beseitigen" und den in der Nation reichlich vorhandenen persönlichen Kräften eine freie Betätigung zu ermöglichen.

Ohne besonders dem Reichsfreiherrn von Stein ethische Beweggründe abzusprechen, waren die preußischen Reformen doch anfangs einem politischen Zweck untergeordnet, nämlich die einstige Machtstellung wiederzuerlangen. Zu ihr gehörten aber nicht nur kampfbereite Soldaten, sondern auch eine leistungsfähige Wirtschaft, und damit war es nach 1807 äußerst schlecht bestellt. Preußen war anfänglich ganz auf die Provinz Ostpreußen zurückgeworfen worden. Infolgedessen beschränkten sich die ersten Reformen auf diese Provinz, und da man auf den Adel Rücksicht nahm, wurden die Reformen noch einmal auf die sogenannten **Domänenbauern** begrenzt, also jene, über die der König die Grund-, Gerichts- und Leibherrschaft ausübte, letztere in der Form des Untertaneneides. Mit den Reformen dieser Königsbauern, wie sie auch genannt wurden, verfolgte die Regierung zwei Ziele: Die Treue zum Thron sollte bei den Bauern gefördert oder geweckt werden, und die Eigentumsverleihung sollte getreu liberalen Denkens einen Aufschwung ihrer wirtschaftlichen Lage bewirken. Knapp hat diesen Teil der Befreiung als eine „nach damaliger Lage makellose Lösung" bezeichnet.

Dieses Urteil bestätigt die Arbeit von Volker Gropp (1966) nicht. Preußen hatte eine unerhört hohe Kriegskontribution an den Korsen zu zahlen, und die Regierung konnte es sich in dieser Situation nicht leisten, den Bauern entgegenzukommen und ihre Einnahmen zu vermindern. Sie beschritt vielmehr den umgekehrten Weg, legte den Bauern, wie es Gropp definiert, einen „doppelten Eigentumserwerb" auf, und die Staatseinnahmen stiegen. Mit den Folgen für die Bauern hat sich Karl Brase (1967) auseinandergesetzt und eine erhebliche Mehrbelastung ermittelt. Sie überstieg die Leistungskraft der Bauern und erst 40 Jahre nach den Reformmaßnahmen findet sich öfter in den Akten der

Vermerk „Der Bauer erholt sich" (148). Brase resümiert: Der von Knapp gewählte Ausdruck „Bauernbefreiung" sei wohl eher aus einer euphorischen Stimmung geboren. „Den ehemaligen Scharwerksbauern des Landesherrn in Ostpreußen (hat sie) in der ersten Hälfte des 19. Jahrhundert die Freiheit nicht gebracht", wobei Brase unter Freiheit jene der Wirtschaftsführung versteht (151).

Der Regulierung der Domänenbauern 1808 ging am 9. Oktober 1807 das immer wieder oft emphatisch, aber verkürzt zitierte „Edikt betr. den erleichterten Besitz des Grundeigentums sowie die persönlichen Verhältnisse der Landbewohner" voraus. Dieses **Oktober-Edikt** zeigt unverkennbar den Einfluß liberaler Anschauungen. Der Grundstücksverkehr wird von allen Hemmnissen befreit. Bürger und Bauern können Rittergüter kaufen; man kann zugehörige Landstücke abtrennen, wenn nur die Anzeigepflicht bei den Behörden beobachtet wird. Die Allgemeingültigkeit dieser Regelung läßt also auch die Zerschlagung von Bauernhöfen zu, eine Konzession, die Stein entgegen seiner ursprünglichen Absicht machte. Zuweilen begeistert wird der Schluß des letzten Paragraphen wiederholt: „Nach dem Martinitage 1810 gibt es nur freie Leute, so wie solches auf den Domänen in allen Unseren Provinzen schon der Fall ist". Ausgelassen wird aber oft die Einschränkung „bei denen aber, wie sich von selbst versteht, alle Verbindlichkeiten, die ihnen als freie Leute vermöge eines Grundstücks oder vermöge eines besonderen Vertrages obliegen, in Kraft bleiben."

Wie Ernst KLEIN zutreffend schreibt, mußte die durch das Oktoberedikt gewährte persönliche Freiheit „eine papierne Freiheit bleiben, als ihm (dem Bauern) nicht zugleich die Möglichkeit einer unabhängigen, wirtschaftlichen Existenz eingeräumt wurde" (1969, 63). Es blieben nämlich alle Verbindlichkeiten vermöge eines Grundstücks oder Vertrages in Kraft. Deshalb zieht Klein den Schluß, der geringe Vorteil, „den die Aufhebung der Untertänigkeit gewährte, wurde vollends dadurch aufgewogen, daß die Gutsherrn von ihrer Unterstützungspflicht entbunden wurden und unter bestimmten Bedingungen, welche selbst zu schaffen ihnen nicht schwer fiel, auch Bauernhöfe einziehen durften."

Nur sehr selten wird darauf aufmerksam gemacht, daß Preußen mit diesem Edikt seine Agrarverfassung nur im Hinblick auf die Erbuntertänigkeit änderte und ihm dabei Österreich und Baden zeitlich beträchtlich vorausgegangen waren. Übersehen werden jedoch vor allem jene Territorien und Regionen, in denen zum Teil schon seit Jahrhunderten eine Schollenpflichtigkeit nicht mehr bestand, Ehekonsense nicht benötigt und Gesindezwangsdienste nicht gefordert wurden, von einer Hofannahmepflicht nicht die Rede war und der Beruf frei gewählt werden konnte. Im Grunde genommen ließ das Oktoberedikt die Gutsherrschaft unangetastet.

Unwillkürlich drängt sich aber auch die Frage auf, wieviel bei den Domänenbauern bislang tatsächlich geschehen war, wenn sich die Regierung veranlaßt sah, am 28. Oktober 1807 ein Edikt über die Aufhebung der Erbuntertänigkeit auf allen preußischen Domänen herausgehen zu lassen. Drei Wochen zuvor hatte sie im Oktober-Edikt noch behauptet, diese Untertänigkeit bestünde „in allen Unseren Provinzen" nicht mehr. Jetzt wurde summarisch konstatiert, wohl um Ausflüchten oder Fehlinterpretationen vorzubeugen, es fände keine Leibeigenschaft, Erbuntertänigkeit oder Gutspflicht vom „1. Junius 1808" mehr statt, und zwar wird diese Feststellung vom König auf „alle Meine Staaten" ausgedehnt. Dabei erstaunt die Aufzählung der Untertänigkeitsverhältnisse. Hatten die Amtmänner und Domänenpächter sie verschieden interpretiert, um sie in der Realität zu unterlaufen? Wollte die Regierung mit dieser Reihung jeden Zweifel ausschließen und nunmehr ganz sicher gehen? Auf jeden Fall wurde jetzt die Gutspflicht aufgehoben, die von den Bauern mit dem Untertaneneid beschworen worden war.

Wenn in der neueren Literatur das Oktober-Edikt überwiegend als Auftakt zu den eigentlichen Reformen eingestuft wurde, so ist diesem Urteil zuzustimmen. Noch war der Bauer lediglich freier Herr auf unfreier Scholle. Das war auch den Reformern bewußt. Nachdem Preußen 1810 mit der Aufhebung der Gewerbefreiheit einer liberalen Wirtschaftsordnung einen Schritt näher gekommen war, folgte 1811 das **Edikt über die gutsuntertänigen Bauern,** das ihnen auch in wirtschaftlicher Hinsicht die Freiheit bringen sollte, unabhängig davon ob sie als Domänenbauern der Gutsherrschaft des Königs oder eines Adligen unterworfen waren. Da kurz darauf die Befreiungskriege einsetzten, war dem Edikt nur geringe Wirksamkeit beschieden.

Entscheidend für diesen Teil der Agrarreformen wurde vielmehr das sogenannte **Deklarationsedikt vom 29. Mai 1816.** Ausnahmslos wird dieses Edikt als eine deutliche Begünstigung des Adels gewertet, Siegmund v. FRAUENDORFER nennt es sogar das „berüchtigte Edikt". Von der Seite der Bauern her gesehen hatte der Blutzoll in den Befreiungskriegen keine Früchte getragen, vielmehr war es dem Adel gelungen, seinen Bedenken und Forderungen den Vorrang zu verschaffen. Am pointiertesten hat wohl KLEIN den Umschwung von 1811 bis 1816 herausgestellt und begründet. Hardenberg habe mit dem Reformwerk kein soziales oder humanitäres Problem lösen wollen. Ihn habe vielmehr das finanzielle gefesselt, wie man die von Napoleon auferlegte Kontribution aufbringen könne, eine staatsnotwendige Aufgabe, an der vor ihm Altenstein gescheitert sei. Außerdem waren die übrigen finanziellen Bedürfnisse des Staates zu decken. Gemäß der liberalen Gedankenwelt des Kanzlers sollten die Reformen eine bessere Nutzung des Volksvermögens bewirken und die gewerbliche Wirtschaft beleben. Sehr bald mußte Hardenberg jedoch einsehen, daß schnelle Erfolge nicht zu erzielen wären und deshalb die erhoffte Aufbesserung des Staatshaushaltes so rasch nicht eintreten konnte. Er habe daher Ende 1811 fast ganz das Interesse an den Agrarreformen verloren und sie Scharnweber und den Notablen überlassen (1965, 163f.). Sehr bald gelang es, den bauernfreundlichen Scharnweber auszuschalten. Die Adelsopposition konnte ihren Vormarsch beginnen.

Beim Deklarations-Edikt sind zwei Problemkreise zu unterscheiden, die beide Ansatzpunkte der bisherigen Kritik wurden. Der erste betrifft das Entschädigungsmittel für die Gutsherren, das unverändert seit dem Edikt von 1811 bestehen blieb, also die **Landabtretung**. Sie ist zwar für die kleineren Höfe, als Richtwert wurden weniger als 50 Morgen auf Mittelboden angesehen, nicht bindend vorgesehen, doch müßte erst noch geklärt werden, inwieweit diese Regelung griff. Ausgenommen vom Edikt blieben auch die Domänenbauern in Ostpreußen, Preußisch-Litauen und Westpreußen, die bereits 1808 in der oben angedeuteten Weise reguliert worden waren. Konnte der Bauer kein vererbbares Besitzrecht geltend machen, mußte er die Hälfte des beackerten Landes abtreten. Bereits diese Regelungen mußten zu einer erheblichen Mobilisierung des Grundbesitzes führen, getreu dem Motto des Adels „Den Bauern die Freiheit und uns das Land". Nicht auszuschließen ist aber auch die Vergrößerung der Domänen, allerdings mit Ausnahme jener drei Regionen, in denen die Bauern 1808 das Eigentum an ihren Höfen erhalten hatten.

Das Für und Wider einer Landabtretung ist im Vergleich zu der dagegen vorgetragenen Kritik in der Literatur nur unzureichend erörtert worden. Am ausführlichsten diskutierte diese Frage noch Lütge, doch sind seine Ausführungen nur teilweise überzeugend. Wenn er das Fazit zieht, es sprächen „zahlreiche, gewichtige Gründe gegen eine Entschädigung in Land", so wird diese Aussage nur für die Berechtigten konkretisiert. Er kann zumal in einer Agrarkrise das Land zunächst nur schwer bestellen, wenn er sich Vieh und Ackergeräte neu beschaffen muß. Erschwerend kommt die Errichtung zusätzlich benötigter Wirtschaftsgebäude hinzu. Weiterhin verteuert es die Bewirtschaftung, wenn die angefallenen Parzellen ehemaligen Bauernlandes über die ganze Feldmark verstreut liegen. Aber diese zutreffend geschilderten Erschwernisse der Gutswirtschaft waren nicht Gegenstand der Kritik.

Sie bezieht sich vielmehr auf den Landverlust, den der Bauer hinnehmen mußte. Lütge verknüpft mit der Regulierung die Gefahr, der daraus resultierende plötzliche Eigentumserwerb könne bei dem Fehlen eines Veräußerungsschutzes den Bauern dazu verführen, „auch gegen sein und seiner Familie wohlverstandenes Interesse" den Hof zu verkaufen (1967, 217). Dieser Einwand ist allein schon deshalb nicht stichhaltig, weil der Bauer auch dann dazu berechtigt ist, wenn statt der Landabtretung ein Ablösungskapital errechnet wird. Die Veräußerungsfreiheit ist nicht an eine bestimmte Entschädigungsform gekoppelt. Das bestätigt die Agrargesetzgebung in vielen anderen Bundesstaaten.

Worin liegt die „sehr problematische Tatsache", wenn Bauernland zu Gutsland wird und lediglich die ausgleichenden Faktoren aufgezählt werden? Die

Heranziehung bisher ungenutzten Landes dürfte sehr fragwürdig sein, da zuerst dessen Eigentumsverhältnisse abzuklären wären. Zutreffender ist schon eher die intensivere Nutzung bisheriger ideeller Allmendeanteile, so daß sich die „effektiv genutzte Fläche der Bauernstelle, ja vielleicht sogar vergrößert, und daß b) durch eine bessere und intensivere Kultur die Arbeitsbeanspruchung die gleiche bleibt …, und daß c) schließlich durch den Fortfall der Frondienste und Abgaben der Bauer Arbeitskraft und Geld einspart" (1967, 216). Gegen diese viel zu optimistische Betrachtungsweise ist folgendes einzuwenden: Wie rasch die Bauern zu einer intensiveren Wirtschaftsweise übergehen konnten, hing von den notwendigen Separationen ab. Auf sie mußten die Bauern teilweise jahrzehntelang warten. Wenn 1878 in den preußischen Ostprovinzen – ohne Schlesien – noch 8,8 bis 18,5 v. H. des Ackerlandes unbestellt blieben, also gebracht wurden (vgl. S. 108), so sprechen allein diese Prozentsätze eine mehr als deutliche Sprache. In Braunschweig war man nicht so optimistisch und verwarf die Landabtretung, weil die Regierung fürchtete, die Arbeitskraft der Bauernfamilie sei nach der Landabtretung nicht mehr ausgelastet. Henning steuert den Gesichtspunkt bei, zumindest im Anfang habe sich ein Mißverhältnis zwischen der verringertern Landausstattung des Bauernhofes und der Gebäude und des toten Inventars ergeben, die beide auf die ursprüngliche Größe abgestimmt gewesen wären. Bedenken lassen sich also durchaus finden, wenn Bauernland zum Gut geschlagen wird. Übersehen werden darf aber auch nicht das Beispiel der Territorien und Gebietsteile des früheren Hl. Römischen Reiches, die ebenfalls auf eine Ablösung mit Land verzichteten. Diese Enthaltung wog dort leicht, wo keine Eigenwirtschaft der Berechtigten bestanden. Sie blieb aber keineswegs auf diese Gebiete beschränkt, wie das Vorgehen im Königreich Westphalen beweist (s. Hannover). So muß der Landverlust der gutsuntertänigen preußischen Bauern als ein Spezifikum angesehen werden, das durch die gedrückte wirtschaftliche Lage der Bauern wie die finanzielle Not des Staates nach 1807 verursacht wurde. Erstere konnten zu diesem Zeitpunkt keine Ablösungskapitalien aufbringen, letzterer besaß nicht die Mittel, um für die Bauern eine Kreditkasse einzurichten, die diese Mittel hätte vorschießen können.

Ist also bereits die Landabtretung ein fragwürdiges Mittel, vor den Befreiungskreigen und während der anschließenden Agrarkrise vielleicht das einzig realisierbare, so läßt sich die **Kritik an der preußischen Regulierung** der gutsuntertänigen Bauern nicht länger zurückdrängen, wenn die zusätzlichen Bestimmungen des Edikts von 1816 betrachtet werden. Danach wurden nur noch Bauernhöfe reguliert, die Spanndienste leisteten und, wechselnd nach Provinz, sogar Amt, vor 1749/74 bestanden hatten und in den Steueranschlägen katastriert waren. Außerdem mußte das Kriterium der Ackernahrung erfüllt sein. Schließlich mußte die Stelle unter die Verpflichtung des Gutsbesitzers fallen, sie immer wieder mit Bauern zu besetzen. Alle übrigen „Etablissements" durften eingezogen und ihr Land zum Gutsland geschlagen werden. Mit der Devise „Den Bauern die Freiheit und uns das Land" waren die Gutsherren nach 1811 einen gehörigen Schritt vorangekommen.

Der Landverlust der Laßbauern geht also auf zwei Ursachen zurück: 1. die abgetretenen Flächen bestehen bleibender Höfe und 2. die eingezogenen Flächen der „Dienstfamilien-Etablissements". Vor allem der zweite Vorgang hat wohl Knapp dazu angeregt, ihn mit der **Entstehung des Landarbeiterstandes** in Verbindung zu bringen. Da die Güter schon vorher bestanden und Fröner nicht alle auf dem Gut anfallenden Arbeiten erledigen konnten, kann der Landarbeiterstand wohl kaum jetzt erst begründet worden sein. Nach allgemeiner Auffassung ist er lediglich gewachsen, wofür auch die Zunahme der Kleinstellen im 19. Jahrhundert spricht. Auf jeden Fall wuchs aber das soziale Ungleichgewicht auf dem Lande, so daß der Regulierung der Laßbauern kein Lob gezollt werden kann.

Die Frage danach, welchen Umfang der Landverlust der Bauern, umgekehrt der Landgewinn der Gutsherren, nach Abschluß der Verfahren schließlich erreichte, ist zum Teil leidenschaftlich debattiert worden. Das liegt nicht zuletzt an der mangelhaften amtlichen Statistik, die in methodischer Hinsicht und hinsichtlich der Zuverlässigkeit keineswegs befriedigt. Dennoch sind in der DDR regionale Untersuchungen in einiger Anzahl entstanden. Als Fazit sei Harnischs Zusammenfassung aufgegriffen. Er geht von den Zahlen LÜTGES (1967, 279f.) aus, der drei Verlustquellen aufzeigt:

1) Landverlust regulierter Laßbauern rund   420 000 ha
2a) Freihändiger Aufkauf von 7–8000 spannfähigen Stellen mit   100 000 ha
2b) Freihändiger Aufkauf von 14–16 000

   nicht spannfähigen Stellen mit   ? ha
3) Einziehen von Bauernstellen   300 000 – 500 000 ha

Lütge zieht daraus den Schluß, der Verlust an bäuerlichem Land habe „etwas weniger als 1 Mio. ha = 4 Mill. Morgen" betragen. Gegen diese Aufrechnung macht HARNISCH geltend, schon 1838 seien nach einer bislang unbeachteten Aufstellung die Landverluste um 140 000 ha höher ausgefallen, als sie 1849 angegeben wurden. Auf Grund dieser Tatsache und weiterer Überlegungen folgert er, der von Lütge unterstellte Landverlust sei nicht als Höchst-, sondern als Mindestsatz anzusehen (1984, 145f.).

Harnischs umfassende Studien führen nicht nur zu Lösungen, sie verweisen auch auf ungelöste Probleme. Sträubte sich in nachweisbaren Fällen der Adel anfangs, Landabtretungen zu akzeptieren, weil ihm die Bewirtschaftung zu nicht finanzierbaren Investitionen zwang, so ist der Umschwung, jedenfalls bei der Mehrheit, hin zum Bauernlegen in Ostpreußen oder legalem Landerwerb durch das Deklarationsedikt nicht zu begründen. War es wirklich nur das Streben nach einer sicheren Kapitalanlage, die den Landhunger des Adels auslöste? Gegen diese Deutung spräche die unberücksichtigt gebliebene Agrarbaisse, die nach den Befreiungskriegen die Sicherheit einer solchen Kapitalanlage bei ökonomisch Denkenden in Frage stellen mußte. Noch um 1830 sah man in Braunschweig die zukünftige Entwicklung mit entschiedener Skepsis (vgl. S. 115). Der preußische Adel müßte schon außerordentlich stark vom spätaufklärerischen Fortschrittsglauben ergriffen worden sein, wenn er auf den Landerwerb drängte, oder er müßte ungewöhnlich hellsichtig den Konjunkturaufschwung um 1830 vorausgesehen haben. Auf jeden Fall profitierte er von diesem Zeitpunkt an stärker als die Bauern von Konjunktur, hatte er doch zuvor und während dieser Zeit seine wirtschaftliche Basis nicht unbeträchtlich ausweiten können. Wird womöglich der erst später einsetzende Konjunkturaufschwung, der für die Historiker rückblickend eine Gewißheit ist, zu einer vorweggenommenen Ursache für die Verdammung des „junkerlichen Landraubes"?

Mit diesen Betrachtungen kann die preußische Agrarreform insoweit als abgeschlossen betrachtet werde, als es galt, die spezifisch preußischen Züge herauszuarbeiten. Deshalb ist es auch verständlich, wenn der Regulierung der Laßbauern in der Literatur stets ein breiter Raum zugebilligt wird. Das darf aber nur geschehen, wenn gleichzeitig das wichtigste Faktum nicht überspielt wird: Diese Befreiung ist lediglich repräsentativ für die Besonderheiten der preußischen Agrarreformen, sie ist aber keineswegs repräsentativ für die Agrarreformen in Preußen – und das gilt auch für die sechs östlichen Provinzen. Wenn zu lesen ist, hier habe die Gutsherrschaft vorgeherrscht oder die Agrarverfassung sei von ihr geprägt gewesen, so muß dem widersprochen werden. Schon 1887 warnte KNAPP vor dem „Sehfehler", neben den Lassiten die nur grundherrlich gebundenen Bauern zu übersehen; ihnen sprach er schon damals die Mehrheit zu (I 259, 264f.). LÜTGE schloß sich dieser Auffassung an (1967, 235), die Harnisch dezidiert verteidigte (vgl. S. 119). Zu dieser Aussage steuert leider die jüngste Untersuchung von KAAK (1991) nichts Eigenständiges bei.

Nachdem bereits die Grundsätze der äquivalenten Ablösung entwickelt worden sind, kann die vom Umfang her bedeutendste Reform mit wenigen Hinweisen abgehandelt werden. Jedes abgabepflichtige Grundstück, also auch jeder Bauernhof, wurde 1821 für ablösbar erklärt, wofür der 25fache Jahreswert der Leistungen zu erlegen war. Das Verfahren konnte ebenso der Bauer wie der Grundherr beantragen. Hingegen konnten nur die spannfähigen Bauern einen Antrag auf Ablösung der Dienste stellen, während die Handdienste in beiderseitigem Einvernehmen aufgehoben werden sollten. Zwar konnte auch in diesem Falle der Pflichtige die Ablösung beantragen, doch stand dann dem Berechtigten die Wahl zu, ob er sich mit Land oder Geld entschädigen ließ. Die Höhe der Entschädigung bemaß sich nicht nach dem Wert der bisherigen Frondienste, sondern nach den künftigen Aufwendungen des Berechtigten, wenn er sie durch Lohnarbeitskräfte ersetzte. Unwillkürlich ergibt sich die bislang undiskutierte Frage, wie objektiv die Generalkommissionen die Entschädigungssumme oder das Landäquivalent festsetzten. Zumindest bestand für geschickte Dienstherren die Möglichkeit, großzügig bemessene Forderungen anzumelden.

Auf die hohen Normalpreise und die niedrigeren während der anschließenden Tilgungszeit wurde bereits hingewiesen (vgl. S. 115). Konkretes Material für die Differenz wurde bislang nicht vorgelegt. Nur Brase befaßte sich mit den daraus fließenden Schwierigkeiten, allerdings nur für die Scharwerksbauern ostpreußischer Domänen. Wie sich der preußische Staat ihnen gegenüber verhielt, darf verallgemeinert werden, nicht zuletzt auch deshalb, weil Anfang der zwanziger Jahre die finanzielle Not nicht mehr jener der Napoleanischen Ära glich. Nachdem bereits 1821 regulierte Höfe von Scharwerksbauern versteigert worden waren, suchte die Königsberger Regierung in Berlin um Hilfe nach. Die Gesuche wurden jedoch abgelehnt. Man verstand sich lediglich zu dem Vorschlag, die Bauern könnten die rückständigen Zinsen abdienen. Aber auch dieser Versuch schlug fehl, die Zinsrückstände wuchsen weiter an. Der damalige Finanzminister v. Motz trat diesem Abarbeiten energisch entgegen. „Er sah die Ursache der Zinsreste allein in den überspannten Forderungen aus der Scharwerksaufhebung und Eigentumsverleihung. Da die Abgaben seinerzeit nach den Getreidepreisen bemessen wurden, müßten sie auch künftig nach diesen bemessen werden." Die preußische Regierung verstand sich aber nur zu Übergangshilfen bis 1830. Danach forderte sie wieder den vollen Zins, mit dem Verweis auf die bereits geleisteten „bedeutenden Hilfen". BRASE folgert: Diese Hinweise „müssen den Bauern wie Hohn geklungen haben, denn es kann der preußischen Regierung der Vorwurf nicht erspart bleiben, daß ihre Fürsorge völlig unzureichend war" (1967, 142ff.).

2 Bayern

Obwohl Bayern bis in die Gegenwart hinein als Agrarland einzustufen war, wurden in der Landesgeschichtsschreibung agrargeschichtliche Themen nur vereinzelt bearbeitet. Bis heute wird eine Monographie der Agrarreformen vermißt. Statt dessen scheint die Säkularisation der Klöster und ihres umfangreichen Grundbesitzes das Interesse auf sich und von den Reformen abzuziehen. Das könnte auch aus agrargeschichtlicher Sicht verstanden werden, wenn daraus konkrete Schlüsse gezogen würden, die den Bauernstand betreffen; statt dessen werden aber eher Emotionen angeboten, die einer verklärenden Sicht der Vergangenheit erstaunlich nahe kommen. Was wäre wohl aus Bayern ohne die **Reformen des Grafen Montgelas** geworden?

Zwei Zahlen sind zu nennen, um die Ausgangssituation wenigstens grob anzudeuten: Am Ende des 18. Jahrhunderts waren 10,6 v. H. aller Bauern in Altbayern der Grundherrschaft des Landesherrn unterworfen, 1848 übte er über 63 v. H. der noch grundhörigen Bauern diese Befugnis aus. Aus zwei Gründen kennzeichnet die zweite Prozentangabe die Verschiebung nur ungenau: 1.) waren ganz erhebliche Gebietsteile inzwischen dem Staat an- und eingegliedert worden, und 2.) hat wahrscheinlich die Ablösung der Grundherrschaft durch Bauern des Adels die Relation zusätzlich erweitert. Trotz dieser Einschränkungen dürfte jedoch der Zuwachs am Grundhörigen durch den zuweilen so apostrophierten „Klostersturm" nicht unbeträchtlich gewesen sein. Mit den Zahlenangaben LÜTGES werden zweckmäßigerweise noch zwei weitere kombiniert: Die Grundgefälle schwankten in den Jahrzehnten nach 1819 zwischen 4 bis 7 Mill. Gulden, und diese Beträge stellten 15 bis 22 v. H. der Staatseinnahmen (1967, 253). Statt diese Jahresbeiträge aufzuführen, die im Grundsatz zwar erwähnt, aber nicht quantifiziert werden, beschränkt sich Andreas KRAUS auf die Darbietung des einmaligen „Säkularisatonsgewinnes" in Höhe von 14 Mill. Gulden, ein Betrag also, der alle zwei bis drei Jahre durch die Abgaben der Grundholden erneut dem Staat zugute kam. Anstatt die Stärkung des Staatshaushaltes zu würdigen, beklagt Kraus nur den Verlust auf kulturellem Gebiet, wohl durch Dietmar Stutzer angeregt (1988, 376). Ohne diesen Verlust negieren zu wollen, bleibt jedoch im Unterschied zu den für die Klöster arbeitenden Bediensteten und Handwerker offen, welchen Schaden die Bauern erlitten. Ob der Fortfall der Klosterschulen für sie gravierend war, müßte noch überprüft werden, rekrutierte sich der Land-Klerus doch auch anschließend aus weichenden Bauernsöhnen. Entscheidend aber dürfte etwas anderes sein. Bei dem umfangreichen Grundbesitz der bayerischen Klöster und den daraus eingehobenen Abgaben gerieten nicht unbeträchtliche Mittel in die Verfügungsgewalt der geistlichen Korporationen. Sie nutzten sie zu aufwendigen repräsentativen Bauten und auch der Lebensstil der Insassen war auf einen gehobenen sozialen Status zugeschnitten. Bedienstete und Handwerker fanden dabei zweifellos Lohn und Brot. Den Bauern aber half das nichts. Nach den Untersuchungen einiger Beispielsfälle ist im Gegenteil sogar zu befürchten, daß vor allem die Aufwendungen für die Bauten zu höheren Belastungen der Bauern führten (ZÜCKERT, 1988). Hieraus könnte zumindest zum Teil die antiklerikale Stimmung erklärt werden, die seinerzeit unter ihnen herrschte.

Andererseits zeichnete sich das spätere Verhalten der Bauern nicht gerade durch Konsequenz aus. Bereits 1779 konnten die Urbarsbauern des Landesherrn jene Besitzrechte gegen eine jährliche Rente in erbliche umwandeln lassen, die nur auf Lebenszeit oder gar nur auf wenige Jahre bemessen waren. Von diesem Angebot machten aber nur wenige Bauern Gebrauch, obwohl der Kreis der Betroffenen durch die Säkularisation ganz erheblich ausgeweitet worden war. Dem **Edikt vom 28. 7. 1808** erging es nicht viel besser, das die ungemessenen Dienste in gemessene umwandelte, das grundherrliche Einstandsrecht abschaffte und den Grundzins für ablösbar erklärte. Die vorgesehene Ablösung war jedoch an eine beiderseitige Übereinkunft gebunden, und die Auswirkungen blieben wiederum gering. Wenn Kraus daraus die Folgerung zieht, das Verhalten der Bauern beweise, „wie zufriedenstellend im Grunde die

Rechtslage der Bauern war", so ist diese Wertung mißverständlich. Die äqui-valente Ablösung bringt nun einmal für die nächsten Jahrzehnte eine höhere Belastung, und wenn der Hof trotz eines ungünstigen Besitzrechtes de facto im Besitz der Familie verbleibt, fehlt auch der Anreiz für eine formaljuristische Aufwertung. Hieraus den Schluß zu ziehen, die Bauern hätten kein Interesse an der Freiheit gehabt, wenn sie etwas kosten sollte, kann nicht überzeugen. Die persönliche Freiheit besaßen ohnehin die weitaus meisten. Wenn andererseits die hohen Kontributionen und die Steuerlast als Grund der Unzufriedenheit an-gegeben werden, ergibt sich doch eine merkwürdige Schlußfolgerung. Zuerst zahlt der Bauer ohne Murren den Grundzins, und anschließend grollt er über die Steuern. Das ist genausogut umgekehrt vorstellbar. Wenn zwei Lasten zugleich von einem Einkommen bestritten werden müssen, stellen sie eine Bürde dar, deren Last nur gewichtet werden kann, wenn beide addiert werden. Überdies bleibt Kraus die Antwort schuldig, worin konkret die ausgeschlagene Freiheit bestand. Genausowenig erfährt man über die Angemessenheit der Ablösungssumme. Seine Aussage über die zufriedenstellende Rechtslage der Bauern bedarf daher noch der Überprüfung.

Die Urbarsbauern waren aber auch durch die Verordnungen von 1825 und 1826 nicht zu bewegen, die Initiative zu ergreifen und den Grundzins abzu-lösen. Rein sachlich mag sie der Kapitalisierungsfaktor 25 zu einer abwartenden Haltung bewogen haben. Lütge hat sicherlich dennoch recht, wenn er über die langanhaltende Ruhe seitens der Bauern erstaunt ist. Nach 1825/26 scheinen sie sich ohne erkennbaren Grund mit den bestehenden Verhältnissen abgefunden zu haben.

Dem Staat war die Zurückhaltung der Bauern allem Anschein nach recht. Zwar hatte er sich schon 1808 und in wesentlichen Zügen übereinstimmend 1818 eine Verfassung gegeben, es dabei zugunsten des Adels aber nicht verab-säumt, ein wesentliches Element der feudalen Gesellschaftsordnung zu konser-vieren: die **Patrimonialgerichtsbarkeit.** Sie wurde von einem Teil des Adels und den Hofmarksherren praktiziert. Bei der Säkularisation schieden aus die-sem Kreis die Inhaber der geistlichen Hofmarken aus, so daß der Staat danach statt über 50 v. H. nunmehr über 70 v. H. Landbewohner gebot. Die Recht-sprechungspraxis der Gerichte des Adels war einer der Gründe, weshalb die Bauern 1848 aufbegehrten. Bereits am 4. 6. 1848 wurde die standes- und gutsherrliche Gerichtsbarkeit durch Gesetz entschädigungslos aufgehoben. Drei Monate später folgte der Nachbar Österreich. Auch Preußen beseitigte erst in diesem Jahr die Patrimonialgerichtsbarkeit.

Bereits bei der Gerichtsherrschaft ist es überraschend, wie eine reformfreu-dige Anlaufphase in einer langanhaltenden Stagnation förmlich versandete. Bereits 1807 hatte man die Steuerfreiheit des Adels aufgehoben, während in fünf preußischen Ostprovinzen die Steuern bis 1861 nur für die Hälfte des Gutslandes erhoben wurden. 1808 wurde in Bayern die **Leibeigenschaft**

abgeschafft, die aber von der Verbreitung und Belastung her nur geringe
Bedeutung hatte. Bei der relativ unbedeutenden Zahl und Größe der Gutsbetriebe war der Bedarf an ortsgebundenen Frönern nie von einiger Bedeutung
gewesen. Aber nur zu rasch folgte die Reaktion. Dem Adel wurde die Patrimonialgerichtsbarkeit ausdrücklich zugesichert, und da sie sich mit den Grundsätzen der Verfassung nicht vereinbaren ließ, delegierte der Staat ausdrücklich
diesen Teil der Staatsgewalt an die bisherigen Inhaber, die ihn realiter genau wie
zuvor praktizierten, aber fortan nicht mehr kraft eigenen Rechts.

Ähnlich verlief der Prozeß beim **Grundzins**. Auch hier gab es recht frühe
Anläufe. Erinnert sei an das Jahr 1779, in dem bereits den Urbarsbauern das
Angebot gemacht wurde, ihre zeitlich begrenzten Besitzrechte auf Dauer zu
festigen. Aber dann blieb wie in vielen anderen Bundesstaaten auch alles beim
alten. Die Revolution von 1830/31 führte lediglich zu Studentenunruhen in
München, und sie hatten natürlich nicht die Überlegung zur Folge, die überholte Agrarverfassung müsse geändert werden. Erst als die Revolution von
1848 auch auf das Land übergriff, sah sich der Staat zum Handeln genötigt. Alle
Abgaben und Leistungen wurden in eine feste Geldrente umgewandelt. Besonders wichtig war der Einschluß der Besitzwechselabgaben. Mit der Herein-
nahme in den fixierten jährlichen Bodenzins erwarb der Bauer das Eigentum an
den bewirtschafteten Flächen. Nur pachtweise besessene Höfe gingen also
durch Weiterzahlung der bisherigen Verpflichtungen in das Eigentum des
Bauern über. In Preußen hatte man dafür Landabtretungen gefordert.

Die bauernfreundliche Lösung in Bayern ist sicherlich in dem späten Datum
der Reform zu suchen. Die Begünstigung der Bauern spiegelt sich auch in dem
Kapitalisierungsfaktor 18, mit dem die jährliche Rente in eine einmalige Zahlung umgewandelt werden konnte. Die Berechtigten erhielten jedoch von der
dazwischengeschalteten Ablösungskasse den zwanzigfachen Betrag. Die Differenz deckte die Staatskasse. Der lange Aufschub der Reformen machte Bayern
zum Nachzügler unter den deutschen Bundesstaaten, und die Bauern waren die
Nutznießer. Vergleicht man die Regelungen in Bayern mit denen in andern
deutschen Bundesstaaten, die ebenfalls nach 1848 ergingen, so sind sie jedoch
alles andere als ungewöhnlich. Von einer äquivalenten Abfindung an die Feudalklasse war jetzt nicht mehr die Rede. Der Zeitgeist hatte sich gewandelt.

3 Württemberg

Unter den größeren deutschen Territorien hatte sich das Herzogtum Württemberg durch zwei Besonderheiten ausgezeichnet: Die Bauern besaßen die Landstandschaft und der Adel war durchgängig reichsfrei. Infolgedessen war es die
Regierung gewohnt, mit Bürgern und Bauern zusammenzuarbeiten, während
sie keinen Anlaß sah, die Privilegien des Adels zu stützen. Anders als in
Altbayern spielte im protestantischen Württemberg auch der Besitz geistlicher
Korporationen keine Rolle. Diese Verhältnisse änderten sich ganz erheblich

durch das Bündnis mit Napoleon, der Württemberg zum Königreich erhob und ihm vor allem geistlichen Besitz in Oberschwaben zuwies. Aber auch die Mediatisierten besaßen hier eine größere Bedeutung als in Bayern. Als die wichtigsten seien die verschiedenen Linien der Fürsten von Hohenlohe und die Fürsten von Fürstenberg genannt. Nach 1815 stand die Bürokratie vor der Aufgabe, das Länderkonglomerat in einen einheitlichen Staat umzuformen.

Da die politischen Intentionen der Regierungen bei den Agrarreformen im Vordergrund der Betrachtung stehen, würde es den Rahmen sprengen, die Unterschiede der Agrarverfassung in den ehemals selbständigen Territorien des nunmehrigen Königreiches Württemberg ausführlich zu beschreiben. In der Praxis ist es auch von geringer Bedeutung, ob in Alt-Württemberg das Bauernland zu Erbzinsrecht besessen wurde und beim Erbgang geteilt wurde, oder in Oberschwaben das Fall- oder Schupflehen rechtlich als Pachtgut anzusehen war, aber gewohnheitsmäßig in der Bauernfamilie verblieb. Weit wichtiger ist Wolfgang v. Hippels Feststellung, in der südwestdeutschen Grundherrschaft sei der Zustand bereits weitgehend verwirklicht, den die Agrarreformen in den Gebieten der Gutsherrschaft im 19. Jahrhundert anstrebten. Der Spielraum des Landwirts bei der Betriebsführung war vergleichsweise wenig eingeengt, so daß er pointiert resümiert: „Die Spannung zwischen Produktivkräften und Produktionsverhältnissen war vergleichsweise gering" (1977, 278f.). Bekanntlich trug ihm diese Aussage die polemisch gehaltene Kritik Molls ein (vergl. S.127).

Es genügt bei dem hier verfolgten Zweck, mit der **Gesetzgebung des Jahres 1817** einzusetzen. Sie ist eher ideengeschichtlich von Bedeutung als in ihrer praktischen Auswirkung. Aufgehoben werden sollten die Leibeigenschaft und der Lehensverband der Bauerngüter. Diese Bestimmung betraf vor allem die **Fallehen** und die **Zehnten und Gülten aller Art.** Wie in Bayern hielt man am Grundsatz der Freiwilligkeit fest. Dieses Prinzip war nicht nur eine der Ursachen, weshalb die Reform faktisch scheiterte; sondern gleichzeitig die rechtlich gebotene Handhabe, von ihr keinen Gebrauch zu machen oder sie förmlich lahmzulegen.

Für die Bauern bot diese Reform keinerlei Anreiz, konnten sie doch bei den Steuern den Grundzins absetzen. Wer also ablöste, zahlte zuerst ein Ablösungskapital und anschließend höhere Steuern; anders ausgedrückt: er zahlte die Ablösesumme zusätzlich. Bei den **Mediatisierten** aber standen ganz andere Gesichtspunkte im Vordergrund. Ihre Entmachtung hatten sie noch keineswegs überwunden und sie trachteten deshalb danach, die alte Machtposition so weit wie möglich zu konservieren. Sie wollten Grund**herr** bleiben und nicht – wie sie es sahen – zum Rentenempfänger degradiert werden. Vor allem bei den Fallehen zweifelte kein Jurist am vollen Eigentumsrecht des Herrn, das durch die Ablösung eingebüßt wurde. Bei der vorgesehenen Kapitalisierung zum Zwanzigfachen sahen sie zudem eine partielle Enteignung als gegeben an. Da ihnen die Rheinbundakte und im Anschluß daran die Bundesverfassung ihre Eigentumsrechte garantierten, führten sie unter Berufung auf diese Bestimmung in ihren Gebieten das Edikt nicht durch, so daß auch die Leibeigenschaft bestehen blieb. Dieser Schwebezustand wurde erst 1846 durch einen **Bundesentscheid** zugunsten der Regierung beendet.

Widerstände gegen die Bestimmungen des Ediktes gab es aber auch bei beiden Kirchen und innerhalb der Regierung selbst. Erstere fürchteten ebenso wie die Mediatisierten um ihre Finanzquellen und die Sicherheit ihres Flusses. Beides sahen sie durch die Ablösung grundsätzlich und dem Umfange nach gefährdet – und ebenso dachte die Opposition im Geheimen Rat. Beide Parteien teilten somit die Bedenken der ehemaligen Souveräne. Indirekt erkannten sie also den Rechtsanspruch früherer Landesherren an. Eine zielstrebige Umwandlung der unübersichtlichen Agrarverfassung war bei dieser Meinungs- und Interessenkonstellation nicht zu erwarten, obwohl die unterschiedliche Belastung der Bauern durch Steuern und Abgaben dringend eine Vereinheitlichung erforderte.

Zumindest in der ursprünglichen Absicht sollte das Edikt von 1817 den Bauern Erleichterungen bringen. Diese Absicht wurde in Württemberg von den Bauern kaum anerkannt, doch registrierte sie der Initiator der hannoverschen Agrarreformen Carl Bertram Stüve, der sie zum Anlaß nahm, die Regierung zu mahnen, endlich etwas für die Bauern zu tun. Stüve übersah wohl die württembergische Verordnung von 1818, in der die Kapitalisierung auf den fünfundzwanzigfachen Betrag angehoben wurde. Immerhin wird bei aller fehlenden Gradlinigkeit doch eins deutlich: Den kritischen Zeitgenossen blieb keineswegs verborgen, ob sich die Bauern loskaufen sollten, oder ob die Regierung auf einer subäquivalenten Ablösung bestand, weil sie den Bauernstand aus staatspolitischen Erwägungen begünstigen wollte, um ihn zu erhalten. Das bedeutete gleichzeitig, daß die „wohlerworbenen Rechte" der Grundherren nicht mehr voll anerkannt wurden. Wie schon der sächsische Rechtskonsulent Arndt bemerkte, ist das Recht, und damit auch das Eigentumsrecht, nicht von der in einer Epoche herrschenden Rechtsauffassung zu trennen. Es unterliegt offensichtlich einem Wandel, und nur wenn es ihm folgt, bleibt es konsensfähig und somit verbindliches Recht.

Die Diskussion in Württemberg um eine äquivalente oder subäquivalente Entschädigung bei den Zeitgenossen beweist aber noch etwas anderes: Beide Ablösungsformen sind nicht erst nachträglich zum Maßstab erhoben worden, um frühere Zustände an ihnen zu messen. Sie wurdem vielmehr schon in jener Zeit benutzt, als es galt, die nicht mehr zeitgemäßen Verhältnisse den nunmehrigen Forderungen anzupassen. Der Eigentumsbegriff, um 1780/90 und auch noch um 1810/20 oft verabsolutiert, erwies sich im Laufe der Zeit doch nicht als so sakrosankt, wie ihn Hippel zu Beginn seiner Untersuchungen dargestellt hatte (vergl. S. 112).

Die Julirevolution in Frankreich löste in einigen deutschen Bundesstaaten Agrarreformen aus und diese Ereignisse führten in Württemberg zu einem Wiederaufleben der Diskussion um diesen Fragenkreis. Zwar hatten sich die Finanzen des Staates ebenso wie die Einkommen der Bauern verbessert, doch hatte sich an der grundsätzlichen Konstellation nichts geändert. Der Adel kämpfte nach wie vor um die Bewahrung seiner Rechte. Zwar sah er ein, daß die Leibeigenschaft wahrhaft unzeitgemäß geworden war, doch wollte er ohne Entschädigung nicht darauf verzichten. **Oberstes Ziel** blieb bei jedem Recht, das in der Realität nicht mehr zu halten war, die **äquivalente Ablösung.** Die Regierung befand sich immer noch in dem alten Zwiespalt. Sollte die Gleichheit aller Staatsbürger vor dem Gesetz verwirklicht werden, mußten die feudalen Lasten unterschiedlichen Gewichts beseitigt werden. Da aber vor allem den Mediatisierten nichts ohne ihre Zustimmung abzugewinnen war, mußte sie der Staat für ihren Verzicht entschädigen. Das rief wiederum jene Mitglieder der Regierung auf den Plan, die für die Staatsfinanzen verantwortlich waren. Trotz des persönlichen Einsatzes des Königs geschah bei dieser komplizierten Situation nicht viel. Das läßt sich einwandfrei an dem Ablösungskapital ablesen, das sich für alle entfallenden Rechte ziemlich genau auf ein Elftel jenes Betrages belief, der nach 1848 für den noch verbliebenen Löwenanteil aller Verbindlichkeiten errechnet wurde. Bei diesem Vergleich sind die besonders günstigen Bedingungen zu berücksichtigen, die 1848 den Bauern eingeräumt wurden.

Immerhin fiel jetzt endlich die **Leibeigenschaft,** für die der Berechtigte nach Abzug der Gegenleistungen und eines generellen Abzuges von 8 v. H. mit dem Zwanzigfachen entschädigt wurde. Aber auch die **Frondienste** wurden abgelöst. Aufschlußreich ist eine umfangreiche Tabelle für die Frohnen verschiedener Art, deren Wert zuerst nach tagesüblichen Löhnen und Preisen ermittelt wurde, dann aber wegen der geringeren Leistung um $20-50$ v. H. gekürzt wurde. Der Kapitalisierungsfaktor betrug $20-22^{1}/_{2}$, wenn der Anspruch des Berechtigten errechnet wurde. Der Pflichtige kam dagegen mit einem $10-16$fachen Betrag davon.

Ein Punkt in der vorangegangenen Diskussion verdient Aufmerksamkeit. Folgte die Regierung unverbrüchlich dem **Grundsatz der Gleichheit** aller vor dem Gesetz, so hätten alle feudalen Lasten entschädigungslos aufgehoben werden müssen, weil innerhalb Württembergs es bei jeder Verpflichtung auch Staatsbürger gab, die ihr nie unterworfen gewesen waren. Die Konsequenz ist eindeutig: Zwar konnte die Agrarreform nicht ohne juristische Diskussion angegangen werden, doch bot sie keine ausreichende Handhabe, eine widerspruchsfreie Lösung zu produzieren. Gerade Württemberg ist das herausragende Beispiel dafür, nur das zum Gesetz zu erheben, was in der augenblicklichen Situation politisch durchsetzbar war. Agrarreformen waren nicht allein mit juristischen Mitteln zu bewerkstelligen, sie forderten grundsätzlich auch die politische Entscheidung.

Das Gefühl, zu den Nachzüglern bei den Agrarreformen zu gehören, ließ die württembergische Regierung nicht ruhen. Erneut wurden Gespräche über die Ablösungsmodalitäten geführt, wobei noch Anfang 1848 die Kapitalisierungsfaktoren von 1836, also $20-22^1/_2$, Grundlage des Loskaufs sein sollten. Aber innerhalb kürzester Zeit veränderte sich die Lage schlagartig. Vor allem in den Gebieten der Mediatisierten, besonders in Hohenlohe, rotteten sich die Bauern zusammen. Zwei Rentämter gingen in Flammen auf. Zwar erreichten die Demonstrationen, bei denen es an Drohungen nicht fehlte, wohl nicht das Ausmaß, das die Presse vorspiegelte, doch genügten sie, um eine **Begünstigung der Bauern** zu bewirken, die Hippel als einmalig im Deutschen Reich charakterisiert. Der Richtpreis für die Naturalabgaben lag um gut 25 v. H. unter den Durchschnittspreisen der Jahre 1830/47. Die meisten Grundgefälle und der Zehnte wurden mit 16 kapitalsiert, nachdem 4 v. H. des Jahreswertes als Verwaltungsaufwand abgezogen worden waren. Bei den Besitzwechselabgaben, Teilgebühren und dem Blutzehnten betrug das Ablösungskapital sogar nur das Zehnfache des Jahreswertes. Im Vergleich zu einer äquivalenten Ablösung schätzt Hippel den Erlaß auf rund 50 v. H. Die Unruhen auf dem Lande ebbten rasch ab. Demokraten aus der Stadt versuchten zwar noch, die Landbewohner aufzuwiegeln, so daß vereinzelt von den Bauern die entschädigungslose Aufhebung der Feudallasten gefordert wurde, aber diese Einzelaktionen glichen nur noch dem letzten Aufzüngeln eines verlöschenden Feuers. Die Bauern bewährten sich vielmehr als zuverlässiger Damm, der Thron und Altar vor der Revolution schützte. Diese Darstellung Hippels reizte naturgemäß Moll zu scharfen Widerspruch, der das Denkmodell des Klassenkampfes dagegensetzte.

Ab 1852 versuchten die Mediatisierten, die „Enteignung" zu korrigieren. Tatsächlich waren ihnen einige Pflichten in voller Höhe verblieben, während ihre Einnahmen auf die Hälfte gesunken waren. Den Bemühungen war jedoch nur ein geringer Erfolg beschieden.

4   Sachsen

Die Untersuchung der sächsischen Agrarreformen muß sich trotz der Arbeit von Hubert KIESEWETTER (1988) auf die Monographie von Rainer GROSS (1968) stützen. Selbst wenn die stärker gutsherrlich geprägte Oberlausitz ausgeklammert wird, verbleibt immer noch ein Gebiet, in dem die Gegensätze besonders hart aufeinanderprallten. Sie waren gleichermaßen durch die Agrarverfassung und die Fortschritte in der Landwirtschaft bedingt. Auf 940 Gütern in 3236 Dörfern waren große veredelte Schafherden aufgebaut worden, die außerordentlich hohe Gelderträge abwarfen (vgl. S. 70). Infolgedessen spielten die **Hut- und Triftgerechtigkeiten** eine größere Rolle als anderswo, und die Versuche, die dem Servitut unterworfenen Flächen auszudehnen, mußten zu Konflikten mit den Bauern führen. Weiterhin waren die Güter in größerem Maße zum Ackerfutterbau übergegangen, der zusätzliche Arbeitsleistungen erforderte. Der Landesherr zügelte die **Forderungen des Adels** nach höheren Dienstleistungen nur ungenügend, so daß die Grundherren immer wieder versuchten, sie über das herkömmliche Maß auszudehnen. Dienstverweigerungen waren die Folge und ebenso eine Fülle von Prozessen, fehlte es doch den Bauern nicht an Selbstbewußtsein, die ihre Höfe zu Erbrecht besaßen und persönlich frei waren.

Nach den Unruhen im Jahre 1790 schwenkte die Rechtssprechung auf eine bauernfreundliche Linie ein, bis 1817 die Ritterschaft des vogtländischen Kreises dagegen Einspruch erhob. Ein Kurswechsel wurde vollzogen, und fortan stagnierte der Fortschritt auf den Bauernhöfen. Das war für die sächsische Volkswirtschaft im Grunde genommen unerträglich, da 1815 ein großer Teil der landwirtschaftlichen Überschußgebiete an Preußen gefallen war und sich das rasch industrialisierende Sachsen vor immer größere Probleme bei der Nahrungsmittelbeschaffung gestellt sah. Schließlich erwog selbst die Kommerziendeputation, ob nicht für die allgemeine Wohlfahrt der Getreidebau den Vorrang gegenüber der Schafzucht erhalten müsse. Die Gesetzgebung kam aber einfach nicht voran, nicht zuletzt deshalb, weil der konservativ eingestellte leitende Minister **Graf Einsiedel** alle Beeinträchtigungen der Privilegien seiner adligen Standesgenossen blockierte. Der Funke in der französischen Juli-Revolution zündete deshalb 1830 erneut in Sachsen. Womöglich führte gerade in Sachsen der rasch zunehmende Bevölkerungsdruck und die damit verbundene Verschlechterung der Lage eines nicht unerheblichen Teils der Landbevölkerung auch 1848 wieder zu Aufständen. Die **Ursachen der Rebellion** scheinen jedoch nicht völlig deckungsgleich zu sein, wenn man die unterschiedlichen Aufstandsgebiete vergleicht. Für 1830 können wirtschaftliche Not und Verarmung als Grund für Unruhen angenommen werden, während für 1848 eher die Feindschaft gegenüber dem Adel als Motiv wahrscheinlich gemacht werden kann.

Grundsätzlich läßt sich folgendes festhalten: Da die Bauern ihren Hof zu Erbrecht innehatten, war die Eigentumsverleihung von vornherein kein Streitpunkt. Zu ständigen Reibereien führte aber die **Dienstberechtigung des Adels,** oft genug wohl auch im Verbund mit der gleichfalls ausgeübten **Gerichtsherrschaft** und den **Weideservituten.** Offensichtlich vermag also ein günstiges Besitzrecht allein noch keine Unruhen zu verhindern. Diese Vermutung wird gestützt durch die Verhältnisse in Schlesien. Auch hier besaßen die Bauern das Erbrecht, doch verursachten Diensterhöhungen schon vor und nach 1790 fortlaufend Zusammenstöße mit der Herrschaft. Diese Parallelität stimmt nachdenklich und führt zu dem Vorschlag, nicht so sehr die Mittelstellung der sächsischen Agrarverfassung zu betonen, sondern den quasi gutsherrlichen Einfluß stärker als bisher zu berücksichtigen.

Jedenfalls griffen 1830 die Aufstände in Leipzig und Dresden auch auf ländliche Gebiete über, Erzgebirge und Vogtland werden genannt, und sie beeindruckten den bislang widerstrebenden Adel so stark, daß er im Grundsatz in **Reformen** einwilligte. Im **Gesetz vom 17. 3. 1832** nahm die Einigung Gestalt an. Lütge würdigt es recht positiv, doch kann diesem Urteil nicht gefolgt werden. Auf Antrag des Berechtigten oder Pflichtigen konnten nunmehr die Frondienste, Naturalrenten, Hutungen und Servitute abgelöst werden; gleichzeitig erhielt jeder an einer Gemeinheit Beteiligte das Recht, auf ihre Aufteilung zu dringen.

Wer den Antrag auf Ablösung stellte, war gleichgültig, dem Pflichtigen stand in jedem Falle die Wahl des Ablösungsmittels frei. Er konnte sich für die einmalige Zahl eines Ablösungskapitals entscheiden oder für eine Geldrente. Bereits am 1. 1. 1834 nahm die Landrentenbank ihre Tätigkeit auf, die dem Bauern auf Wunsch die benötigten Ablösungsgelder vorstreckte. Sie hatte er sodann mit 4 v. H. zu tilgen. Bei dem gewählten Kapitalisierungsfaktor 25 war es also rechnerisch gleichgültig, ob er die alte Last weitertrug oder statt dessen die Zinsen an die Ablösungsbank entrichtete. Diese Aussage setzt voraus, der Jahreswert sei korrekt ermittelt worden. Der Fortfall der Dienste, Hutungen und Servitute eröffnete jedoch dem Bauern auf jeden Fall eine Dispositionsfreiheit, die den Übergang zu einer individuellen Wirtschaftsweise erlaubte. Ob gleichzeitig die Feldflur umzugestalten und ein genossenschaftlich begründeter Flurzwang aufzuheben waren, wird in der Literatur höchstens angedeutet. Auf jeden Fall ist es erstaunlich, wenn bis 1884 von 3236 Gemeinden nur 712 oder 22,6 v. H. ein Zusammenlegungsverfahren auf Grund des Gesetzes vom 14. 6. 1834 durchführen ließen (GROSS, 1968, 121). Der geringe Prozentsatz und der lange Zeitraum lassen vermuten, die Zusammenlegung sei für viele Gemeinden keine Voraussetzung für die Übernahme moderner Bewirtschaftungsmethoden gewesen. Falls das zutrifft, käme in dieser Hinsicht bereits dem Gesetz von 1832 eine ganz entscheidende Bedeutung zu.

Es ist nicht leicht zu erkennen, ob die **Ablösungsmodalitäten** eine äquivalente Entschädigung der Berechtigten vorsahen. In diese Richtung deuten zumindest der Kapitalisierungsfaktor 25 und die ausdrücklich zitierte Richtschnur des Handelns, es solle eine „volle Entschädigung" erfolgen. Die Aufmerksamkeit muß sich also auf die Ermittlung des Jahreswertes konzentrieren, für die GROSS einige Hinweise bringt (1968, 106). Analog zum preußischen Vorgehen wurde der Wert der Dienste festgestellt, indem man die erwarteten Ausgaben für die zukünftigen Lohnarbeitskräfte errechnete. Von diesem Betrag wurden die Reichnisse abgezogen, die der Pflichtige für den Dienst empfing. Die Erkenntnis, daß die Fröner die Dienst-Zeit eher abbummelten als abarbeiteten, führte zu einer Kürzung des bisherigen Wertansatzes um ein Drittel. Diese Kürzung wäre ungerecht gewesen, wenn beim Dienst ein bestimmtes Arbeitsmaß vorgeschrieben war. Sie unterblieb deshalb in diesen Fällen.

Zu bedenken ist, ob die Kürzung des Jahreswertes der Dienste um ein Drittel wegen der geringeren Effizienz der Dienste nicht eine Scheinlösung ist; denn es wurden womöglich von vornherein weniger Lohnarbeitskräfte in Ansatz gebracht, wenn sie die bislang von Frönern verrichteten Arbeiten übernehmen sollten. Eine Bevorteilung der Bauern kann deshalb nicht zwingend ausgeschlossen werden. Schon Saalfeld äußerte sich überrascht über den geringen Geldansatz für einen Dienst-Tag in Sachsen im Vergleich zu Braunschweig. Nicht willentlich, aber durch die Terminsetzung wurden die Bauern beim Naturalzehnt mit Sicherheit begünstigt. Als Basis dienten die niedrigen Getreidepreise von 1820 bis 1831, so daß es durch die Wahl des Bezugszeitraumes und durch das anschließende Steigen der Getreidepreise zu einer nicht geplanten **subäquivalenten Ablösung** kam.

Bezeichnete Lütge noch die sächsischen Agrarreformen, wie sie das Gesetz von 1832 vorsah, als so weit in sich abgeschlossen, daß nur noch einige „kleine Gesetze" 1848 und 1851 zum Schließen der Lücken und zur Vereinfachung des Verfahrens erforderlich wurden, so ist dieses Urteil inzwischen von Moll zu Recht in Frage gestellt worden. Aufzuheben waren noch der Mahlzwang und das Recht des Bierverlages; weiterhin waren noch die Dienste abzulösen, die der Landesherr forderte, und nicht zuletzt waren die Lehnsverbände aufzulösen. Starb der Grundherr, wurde eine Besitzwechselabgabe fällig, starb der Grundholde, mußte sie sein Sohn entrichten. Da im Durchschnitt 5 v. H. des Hofeswertes beansprucht wurden, konnte der Hof bei rasch aufeinander folgenden Fällen in Schwierigkeiten geraten. Die Bindungen, denen der Bauer nach 1832 weniger in seiner Wirtschaftsweise als vielmehr in der Verwendung des Reingewinns unterworfen war, betonte schon GROSS (1968, 111). MOLL versucht ihre Bedeutung zu steigern, indem er eine Feststellung Zeises zitiert: „Wertmäßig waren (bis einschließlich 1847 – G. M.) somit zwei Fünftel der Feudallasten abgelöst" (1988, 169). Das bedeutet für Moll, auch nach 1847 sei die bäuerliche Bevölkerung Sachsens immer noch einer „keineswegs bereits rudimentären feudalen Ausbeutung (und Unterdrückung!)" unterworfen gewesen. Der Beweis für diese Aussage ist jedoch lediglich ein Mißbrauch der Statistik. Der Betrachtung wurden immerhin sechs verschiedene Feudallasten zu Grunde gelegt, die Moll und Zeise einfach zusammenzählen, ohne zu fragen, welche Bedeutung die jeweilige für den einzelnen Bauern besaß.

Hinzu kommt noch ein ganz wesentliches Moment, das sich aus einer Besonderheit der sächsischen Reform ergibt, und auf das schon hingewiesen wurde. War der Jahreswert einer Feudallast zutreffend bestimmt worden, so war es bei dem Kapitalisationsfaktor 25 und dem geforderten Zinssatz von 4 v. H. für den Bauern gleichgültig, ob er eine Verpflichtung in der ursprünglichen Form oder als Rente weitertrug. Wählte er also bei einer Last, die ihn nicht so stark beschwerte, die Verrentung, gewann er den nötigen Spielraum, um sich von einer anderen zu befreien, die ihn weit mehr bedrückte. Die Berechtigten erhielten nicht die volle Entschädigung, weil die Landrentenbank ihnen nur $3^1/_3$ v. H. Zinsen zahlte. Sie behielt also $^2/_3$ v. H. ein, um ihre Geschäftskosten zu decken und die Darlehen an die Bauern zu tilgen. Nachdem man anfangs die Kosten überschätzt und anschließend korrigiert hatte, ergab sich für die Bauern eine **Tilgungsdauer von 55 Jahren.** Diese Aussicht hat zumindest die Bauern in der Herrschaft Schönburg nicht davon abgehalten, 1848 erneut aufzubegehren. Trotz der starken Stellung des sächsischen Adels lassen sich dennoch einige bauernfreundliche Züge innerhalb des sächsichen Reformwerkes entdecken.

5 Hannover

Sollen die Agrarreformen im Kurfürstentum und späteren Königreich Hannover dargestellt werden, muß auch auf die **französische Agrargesetzgebung** eingegangen werden, da das Kurfürstentum zum kleineren Teil 1807, dann 1810 weitgehend zum kurzlebigen Königreich Westphalen geschlagen wurde und danach das neue Recht galt. Dieser Rückgriff soll auch erfolgen, um das insgesamt zu zeichnende Bild abzurunden. Die hannoversche Regierung maß dagegen dem Zwischenspiel keinerlei Bedeutung zu. Sie hob 1814 mit nur geringen Abweichungen die von den Franzosen erlassenen Gesetze auf und stellte den alten Zustand wieder her. Schon zu diesem Zeitpunkt erwies sich die hannoversche Regierung als reaktionär. Während Braunschweig die Patrimonialgerichte nicht wieder einführte, also am französischen Grundsatz der Trennung von Rechtssprechung und Verwaltung festhielt, konnte man sich in Hannover trotz befürwortender Stimmen nicht dazu entschließen. Man ging sogar soweit, die Eigenbehörigkeit im angefallenen Hochstift Osnabrück wieder aufleben zu lassen, während der Oldenburger Herzog in den ehemals münsterschen Gebieten seines Landes, die davon allein betroffen gewesen wären, von dieser Restitution absah. Neben der ausgesprochenen konservativen Haltung der Mehrheit des hannoverschen Adels trug zu dieser starren Haltung **Graf Münster** entscheidend bei. Er vertrat in London als Minister bei der Person des Königs die hannoverschen Belange.

Die häufiger geäußerte Vermutung, die Agrarreformen in den Deutschen Bundesstaaten seien durch die Gesetzgebung während der Franzosenzeit merklich gefördert worden, trifft also auf Hannover nicht zu, doch hätte die entschädigungslose **Aufhebung des Zehnten** wie in den französisch gewordenen Gebieten links des Rheins auch den hannoverschen Bauern geholfen. Nach den Ergebnissen der Enquête von 1766 wäre das ausgabefähige Einkommen der Vollerwerbsbetriebe von 172 T auf 189 T angestiegen. Jedoch spielten hier die **Grundzinsen,** vor allem der Meierzins, bei den großen Höfen eine gleichwertige Rolle, während sie gegenüber dem Zehnten bei den mittleren und kleineren Betrieben deutlich abfielen. Da auch in Hannover die kleineren Bauern erheblich zahlreicher waren, hätte die Zehntablösung der Mehrzahl der Vollerwerbsbetriebe eine spürbare Entlastung gebracht. Eins darf jedoch nicht unterschätzt werden: Die Leistungen mit Steuercharakter erreichten fast eine Höhe wie Grundzinsen und Zehnte zusammen. Die sogenannten onera publica standen jedoch bei den Agrarreformen nicht zur Debatte. Der Kostenwert der Dienste stellte durchgängig den geringsten Posten innerhalb der Feudalquote dar. Die insgesamt spürbar höhere Belastung in den südlichen Landesteilen ist jedoch unverkennbar. Sie wurde durch die größere Dichte der Domänen, Kloster- und Adelsgüter bedingt.

Die von der westphälischen Regierung konzipierten Agrarreformen sind nur verständlich, wenn die Lage des Königreichs kurz umrissen wird. Napoleon, der seinen 23jährigen Bruder Jérôme als Herrscher einsetzte, plante einen **Musterstaat,** um „moralische Eroberungen" zu machen. Die Politik des Kaisers war jedoch alles andere als frei von Widersprüchen. Er verpflichtete die Regierung in Kassel, ganz erhebliche Summen an ihn abzuliefern, so daß ihr nichts weiter übrig blieb, als die Steuerschraube kräftig anzuziehen. Sympathie konnte ihr das natürlich nicht eintragen. Zusätzlich war Napoleon längst daran gegangen, eine ihm ergebene Führungsschicht aufzubauen, die er mit Adelstiteln schmückte. Sie bedurfte zum neuerworbenen Stand des standesgemäßen Unterhalts, und der Kaiser hatte nach entsprechenden Revenuen Ausschau zu halten. Um den Ansprüchen seiner Getreuen wenigstens einigermaßen gerecht zu werden, behielt sich der Herrscher Frankreichs die Hälfte aller westphälischen Domänen vor, die aber kaum ausreichen wollte. So mußten sich die Angehörigen niederer Ränge zuweilen in den Einkünften einer Domäne teilen.

Bereits die westphälische Verfassung hob die Leibeigenschaft auf und ebenso die mit ihr verbundenen Verpflichtungen. Mangels realer Bedeutung blieb jedoch das erhoffte positive Echo aus. Die Gebiete der ehemaligen Hochstifte Paderborn und Osnabrück könnten in dieser Hinsicht eine Ausnahme gemacht haben. Alle anderen **feudalen Bindungen und Lasten** wurden durch **Decret vom 18. 8. 1809** für ablösungsfähig erklärt, und zwar die Geldrenten zum zwanzigfachen, Dienste, Fleisch-, Blut- und Fruchtzehnte dagegen zum fünfundzwanzigfachen Betrag des von Sachverständigen zu ermittelnden Jahreswertes. Bei den Diensten wurden die Gegenleistungen abgesetzt, und der Entschädigungsbetrag danach bemessen, welche Kosten dem Berechtigten zukünftig entstanden, wenn er Lohnarbeitskräfte anwarb. Diese Ablösungsmodalitäten kann man nicht gerade als bauernfreundlich beurteilen. Sie boten schon allein deshalb für die Bauern keinen Anreiz, einen Antrag auf Ablösung zu stellen, zu dem sie allein berechtigt waren.

Kaum war dieses Decret ergangen, begann auch schon eine heillose Verwirrung. Die Inhaber kaiserlicher Dotations-Domänen fürchteten um ihre Einkünfte und setzten die Unablösbarkeit ihrer zweifelsfrei feudalen Berechtigungen durch. Was nützte die Einführung des fortschrittlichen Code Napoléon und die Modernisierung der Rechtsprechung, wenn nunmehr für die Bauern zweierlei Recht galt? Waren sie Grundholde einer kaiserlichen Domäne, war ihnen die

Ablösung verwehrt, unterstanden sie dagegen einer westphälischen, so konnten sie einen entsprechenden Antrag stellen. Ablösbar waren auch die Rechte einheimischer adliger Grundherrn, die nach Aufhebung der Steuerfreiheit durchaus geldbedürftig waren. Der ohnehin kritische Bauer wird diese **Rechtsungleichheit als Rechtsunsicherheit** gewertet haben, und fühlte sich nicht ermuntert, die Ablösung zu beantragen. Aber es kam noch schlimmer. Die westphälische Regierung geriet immer stärker, nicht zuletzt wegen der Forderungen des Kaisers, in eine finanzielle Notlage. Sie begann ihre Domänen zu verschleudern, wovon bürgerliche Aufkäufer profitierten, die schon damals als „Kriegsgewinnler" moralisch abqualifiziert wurden. Weiterhin senkte man die Kapitalisierungsfaktoren. Ab 1. 12. 1810 konnten die den Domänen zustehenden Natural-Prästationen mit dem zwanzigfachen Betrage, die Geldrenten mit dem sechzehnfachen abgelöst werden. Den Bauern blieben die Gründe für dieses scheinbare Entgegenkommen natürlich nicht verborgen. Machten sie auch womöglich vereinfachend die luxuriöse Hofhaltung des Königs „Lustik" für den Geldmangel verantwortlich und übersahen die Pressionen Napoleons, so blieb doch das unseriöse Finanzgebaren des neuen Staates eine Realität. Die Bauern blieben mißtrauisch, und die rigorosen Werbemethoden, mit denen ihre Söhne zum Militärdienst gepreßt wurden, nahm sie auch nicht für den Satellitenstaat Napoleons ein. Sein äußerer Glanz stieß sie eher ab. Sie wußten nur zu genau, mit wessen Staatsbeiträgen er finanziert wurde. Wenn aus den genannten Gründen nur wenige Ablösungen zustande kamen, so ist weiterhin der Zeitfaktor nicht zu übersehen. Der Großteil des Kurfürstentums Hannover gehörte von seiner Einverleibung in das Königreich Westphalen bis zum Zug Napoleons nach Rußland nur zwei Jahre der kurzlebigen Schöpfung des französischen Kaisers an.

Vor einem Fehlschluß muß abschließend gewarnt werden. Mehrfach wurde behauptet, **Ablösungen** seien schon deshalb nicht erfolgt, weil es den Bauern an Geld gemangelt habe. Schon Werner WITTICH nahm unter Berufung auf Stüve, also eines Zeitgenossen, das Gegenteil an (1896, 428), und meine Forschungen haben diese Aussagen für Hannover und Braunschweig bestätigt. Der nicht zu unterschätzende Besitz an Bargeld festigt daher noch einmal die Annahme, die abwartende Haltung der Bauern sei mit ihrem Mißtrauen in die junge Staatsschöpfung zu begründen. Nicht zu Unrecht sahen sie das Silbergeld als im Werte beständig an, während sie die rasche Beseitigung des Königreiches Westphalen erhofften. Sie verspürten nur seine Bedrückungen und brachten für die fortschrittlichen Einrichtungen so gut wie kein Interesse auf. – Es wäre aufschlußreich zu erkunden, wie die verworrene und unübersichtliche Agrargesetzgebung in den zu Frankreich gehörigen linksrheinischen Gebieten auf die Bauern wirkte. Hier könnte noch am ehesten das französische Vorbild von ihnen begrüßt worden sein. Sollten solche Reaktionen, die hier immerhin denkbar sind, noch nachgewiesen werden, so haben sie die Bauern im Königreich Westphalen dennoch nicht beeinflußt. Hier standen handfeste Gründe einer Wertschätzung des französischen Vorbildes entgegen. Zu rasch hatte Napoleon seinen Modellstaat zu einem rigoros ausgebeuteten Satellitenstaat herabgewürdigt.

Ähnlich wie in anderen Territorien auch gab es in Hannover schon im 18. Jahrhundert Bemühungen, die Agrarstruktur zu verbessern. Nennenswerte Auswirkungen sind ihnen aber nicht beschieden gewesen. Erst die **Lüneburgische Gemeinheitsteilungs-Ordnung von 1802** markiert einen ernstzunehmenden Beginn. Jedoch wurde sie auf die anderen Landesteile erst in den zwanziger Jahren mit Abwandlungen übertragen. In diesem Jahrzehnt spürten die Bauern die Ungunst der Agrarkonjunktur recht heftig. Statt der Naturaldienste, Zehnten und sonstigen Gefälle hatte man Geldrenten eingeführt, die bei den schlechten Getreidepreisen dazu zwangen, eine deutliche größere Menge als vorher zu verkaufen, um die benötigten Geldbeträge zu erhalten. Außerdem gerieten das weitverbreitete Garnspinnen und auch das Leinwandweben unter den zunehmenden Konkurrenzdruck der aufkommenden Baumwollindustrie – und schließlich belastete die neueingeführte Grundsteuer den Landmann nicht wenig. Carl Bertram Stüve, Advokat in Osnabrück und Mitglied der zweiten Kammer beantragte deshalb schon 1829 die **Befreiung des Grundeigentums.** Die zweite Kammer stimmte zu, die erste lehnte schroff ab. Die von Münster gegen einige Widerstände eingerichtete erste Kammer, die Adelskammer, war als Bollwerk gegen Neuerungen von ihm konzipiert.

Den Stein ins Rollen brachte sodann die Julirevolution in Frankreich. Die Aufstände in Osterode und Göttingen wurden zwar rasch niedergeschlagen, „aber die Aufregung auf dem Lande wuchs so sehr, daß die Landdrostei Hannover zur Beruhigung der Bauern die alsbaldige Ablösung der Zehnten und grundherrlichen Gefälle anzeigte" (WITTICH, 1896, 434). Münster wurde entlassen, der Vizekönig wußte die erhitzten Gemüter zu beruhigen und am 10. November **1831** erging das **Gesetz über die Ablösung der Grundlasten.** In heutiger Ausdrucksweise würde man dieses Gesetz als Rahmengesetz bezeichnen. Eine hinreichende Handhabe zur definitiven Ablösung bot erst das Gesetz vom 22. Juli 1833. Wittich urteilt, die verschiedenen, hier genannten Ursachen des Zustandekommens hätten den „radikaleren Charakter des Gesetzes" bestimmt.

Das unreflektierte Urteil Wittichs wird den Ablösungsbestimmungen nicht gerecht. Die Anträge der zweiten Kammer, das Leibeigentum unentgeltlich aufzuheben und die Renten mit dem Zwanzigfachen abzulösen, wurden von der ersten Kammer abgelehnt. Immerhin scheiterte ihr Versuch, das Gesetz ganz zu Fall zu bringen. Ablösungsfähig waren nur diejenigen Bauerngüter, bei denen die Bauern ein erbliches Nutzungsrecht besaßen. Ein Eigentumserwerb an Pachtgütern, wie er in Preußen, Württemberg und Bayern vorher oder später praktiziert wurde, stand also nicht zur Debatte. Mit dieser Bestimmung wurden die göttingischen und grubenhagenschen Zeitpachtmeier von der Ablösung ausgeschlossen.

Beim **Zehnten** war es zulässig, ihn mit einem Sechstel der Zehntflur abzulösen, doch wurde davon kaum Gebrauch gemacht. Diese Regelung war nur dann statthaft, wenn sie mit der Erhaltung der Höfe vereinbar war. Im übrigen galten als Entschädigungsmittel eine Kapitalzahlung „in ungetrennter Summe" oder die Umwandlung der bisherigen Last in eine Geldrente. Erschwerend wirkte die Bestimmung, wonach alle festen Geld- und Getreideabgaben in Kapital abzulösen waren; denn die Hannoversche Landeskreditanstalt wurde erst 1842 zu dem Zweck errichtet, diese Kapitalien bereitzustellen. Einen eigenen Weg ging man bei der Ermittlung der Jahreswerte. Es wurden zwar wie in Preußen der Durchschnittspreis der letzten 24 Jahre zugrundegelegt, doch trug man der Veränderung der Getreidepreise insoweit Rechnung, daß man die Normalpreise alle 10 Jahre neu bestimmte. Der Jahreswert war anschließend mit 25 zu kapitalisieren. Die Eigenbehörigkeit endete 1836, doch waren alle mit ihr verbundenen Gefälle wie Auffahrt, Sterbfall, Freibriefe und Heimfall mit Ausnahme des Gesindezwangsdienstes abzulösen. Selbst die noch nicht abgefundenen weichenden Erben mußte der Hofannehmer freikaufen. Der Jahreswert ergab sich, indem der Wert der einzelnen Gefälle durch 30 geteilt wurde.

Der **Geldwert der tageweise bemessenen Dienste** wurde durch Normalpreise ausgedrückt. Der Umfang bestimmter Arbeiten, die im Frondient zu erledigen waren, wurde mit den Kosten bewertet, die dem Berechtigten entstanden, wenn er sie durch Lohnarbeitskräfte ausführen ließ. Gegenleistungen waren vom Wert abzusetzen und außerdem sollte „die schlechtere Beschaffenheit der Dienstarbeit" in Abschlag gebracht werden.

Ursprünglich hatte Stüve wie ein württembergischer Frühliberaler argumentiert: Die Rechte der Berechtigten seien „vertrocknet", also nicht mehr zeitgemäß, und durch Zwang und Irrtum entstanden. Hieran aber die Erwartung zu knüpfen, er beabsichtige eine bauernfreundliche Agrarreform, ist von vornherein verfehlt. Stüve erkannte auch dem Adel eine ganz wesentliche Funktion im Staate zu. Deshalb kann das Ergebnis – ein durchgängig äquivalenter Ablösungsmodus – nicht überraschen. Die ausgesprochen bauernfreundliche Lösung im benachbarten Braunschweig fand in Hannover keinen Widerhall.

Schon Wittich hob unmißverständlich eine **Besonderheit der hannoverschen Agrarreformen** hervor: Die Grundherrschaft von Privatpersonen wurde aufgehoben; indem aber die meierrechtlichen Bestimmungen als bäuerliches Privatrecht wieder eingeführt wurden, sah es mit der freien Disposition über das Bauerngut nicht gut aus. Bestehen blieben die geschlossene Hofübergabe, die Erbfolge im Gut, die materielle Bevorzugung des Anerben, die Bestimmung der Abfindung weichender Erben, die Festsetzung einer Interimswirtschaft, auch die der Altenteile und sogar die Bestimmungen über die Wiederverheiratung eines Ehegatten. Formalrechtlich hatte also der Bauer das volle Eigentum an seinem Hof erworben, faktisch waren ihm jedoch die Hände in vielfacher Weise gebunden. Neben den bereits genannten Einschränkungen bedurfte die Beleihung des Hofes und der Verkauf einzelner Parzellen der obrigkeitlichen Genehmigung. Wittich hatte also nicht unrecht, als er formulierte, die Grundherrschaft der Privatpersonen sei durch die Reformen beseitigt worden, doch habe anschließend der **Staat die Obergrundherrschaft** übernommen. Wenn Werner CONZE diese Reformen als liberal bezeichnete, so vermag das nicht zu überzeugen (1947). Wittich empfand den neugeschaffenen Rechtszustand vielmehr als merkwürdig, der erst nach den Anfall an Preußen 1873 und 1874 durch zwei Gesetze beseitigt wurde. In Braunschweig wurde diese Rechtslage sogar bis in die jüngste Vergangenheit konserviert, doch wurde dadurch die Leistungsfähigkeit der Landwirtschaft nicht im geringsten beeinträchtigt. Im interregionalen Vergleich vermag sie damals wie heute spielend zu bestehen.

Neben vielem Richtigen finden sich bei Dipper auch Aussagen, die der Korrektur bedürfen. Eine dieser Art sei aufgegriffen, weil sie ein hohes Maß an Exemplarität besitzt. Die Agrarreformen in Hannover haben nicht erst einen leistungsfähigen Bauernstand mit mittlerem Hofbesitz geschaffen, er war vielmehr schon vorher da und in seiner Wirtschaftsführung nur wenig eingeengt. Auch trat durch die Reformen keine Doppelbelastung durch Ablösungsgelder und Steuern ein. Letztere wurden schon vorher erhoben, und statt der Kapitalien oder Renten wurden zuvor andersartige, aber äquivalente Leistungen gefordert. Höchstens die Tilgung kann als zusätzliche Belastung anerkannt werden. Wie sich eine „vollständige Befreiung mit weitestgehendem Bauernschutz" verbinden kann, ist nicht ersichtlich und nach den vorstehend genannten Einschränkungen der Dispositionsfreiheit in dieser Formulierung nicht haltbar. Es ist auch nur bedingt richtig, wenn es heißt, Stüve habe mit den Bauern mit mittlerem Hofbesitz dem Staat eine „neue, festere Grundlage" verschaffen wollen. Auf ihr basierte er schon vorher. Gleich dem Adel nutzte nach Dipper der Bauernstand die Agrarkonjunktur nach 1829 und dehnte zudem die Nutzfläche seiner Betriebe aus. „Im Gegensatz dazu zählen die unterbäuerlichen Schichten zu den großen Verlierern, die durch die anhaltende Krise auf dem Textilsektor zusätzlich belastet wurden. Der undoktrinäre Liberalismus STÜVEscher Prägung hat so zwar die verhängnisvollen Fehlentwicklungen Ostdeutschlands vermieden und einen leistungsfähigen bäuerlichen Mittelstand geschaffen, er hat ebensowenig wie andere Modelle verhindern können, daß die sozialen Kosten dafür im wesentlichen den Heuerlingen, Häuslern und Brinksitzern auferlegt wurden..." (1980, 75f.).

Indem Dipper die **Auswirkungen der Agrarreformen** sachlich durchaus zutreffend auf die unterbäuerlicher Schicht ausdehnt und sie zum Verlierer erklärt, wiederholt er einen weitverbreiteten Topos, der wegen seiner grundsätzlichen Bedeutung analysiert werden soll. Zuerst müssen die landfremden und unzutreffenden Bezeichnungen Heuerlinge und Häusler zurückgewiesen werden. Wichtig ist der Umfang der unterbäuerlichen Schicht, also der (Klein-) Köter, Brinksitzer, (Neuen-)Anbauern, Beibauern und Häuslinge. Letztere konnten ein Haus besitzen, konnten aber auch nur zur Miete wohnen. Im Norden des Kurfürstentums hielt sich die Zahl der Vollerwerbsbetriebe mit jener der Zu- und Nebenerwerbsbetriebe die Waage, im Süden weitete sich das Verhältnis aus, und die Vollerwerbsbetriebe stellten nur noch ein Drittel aller Betriebe. Damit ist aber die größere Ausdehnung der unterbäuerlichen Schicht im Süden nur unzureichend charakterisiert, da hier eine weitaus größere Zahl von Einliegern lebte, deren Zahl nicht exakt erfaßt werden kann.

Bei Dippers Beschreibung der Lage der Bauern wird der Faktor Zeit einmal gar nicht und zum zweiten nur ungenügend berücksichtigt. 1) Die Vollerwerbslandwirte nahmen schon im 16. und 18. Jahrhundert an der Agrarkonjunktur teil. Agrarpreiserhöhungen vermehrten beim Absatz des überschüssigen Getreides auf dem Markt ihre Einnahmen und zumindest für die erste Zeit danach auch ihre Einkommen. In diesen Zeiten des Aufschwungs sank jedesmal das Einkommen jener, die selbst nicht genug Lebensmittel erzeugten und sie auf dem Markt zukaufen mußten. Dieser Fall des Reallohns traf abgemildert die unterbäuerliche Schicht in dem Maße, wie sie zusätzliche Lebensmittel benötigte, dagegen nahezu voll die städtische Bevölkerung. Dieses Wechselspiel ist seit den Forschungen Abels hinreichend bekannt, und es ist keineswegs eine Folgeerscheinung der Agrarreformen. 2) Dipper meint selbst: „Die beabsichtigte Flurbereinigung, die den Flurzwang beendet und rationellere Verkoppelungen erlaubt hätte, blieb weithin Programm." Später führt er das Gemeinheits- und Verkoppelungsgesetz von 1842 an. Bis dahin ist also nichts Nennenswertes geschehen – siehe Tab. 12 (S. 107) –, und selbstverständlich gab es hinterher schon wegen des Umfangs der zu bewältigenden Aufgaben keinen Umsturz der Agrarstruktur. So ist nicht zu erkennen, wie es den Bauern gelungen sein soll, ab 1829/30 rasch und wirkungsvoll ihre Nutzfläche auszudehnen.

Parallelfälle zu Dippers Art der Argumentation ließen sich leicht beibringen. Nur zu oft werden angebliche Folgewirkungen der Agrarreformen behauptet, ohne zu überprüfen, in welcher Weise und in welchem Umfang sie die vorher bestehenden Verhältnisse verändert haben. Schon Knapp beging diesen methodischen Fehler, als er die Entstehung der Landarbeiterklasse den preußischen Agrarreformen anlastete. Dipper rügt diesen Mangel zu Recht, doch geht er in anderer Beziehung wieder wie Knapp vor. Ebenso vorschnell wird mit dem Datum der Verkündigung eines Gesetzes – zwar nicht durchgängig, aber des öfteren und so auch in diesem Falle – eine Änderung der realen Zustände unterstellt. Bei Gemeinheitsteilungen und Verkoppelungen ist das besonders schwerwiegend, da nach den bisher publizierten Statistiken jeder Bundesstaat dieser Aufgabe erst in einigen Jahrzehnten Herr wurde.

Bei dem Verlust, der die unterbäuerliche Schicht traf, ist der konkrete Sachverhalt leicht aufzuhellen. Denjenigen, die dieser Schicht schon etwas länger angehörten und zumindest ein Haus mit Garten besaßen, wurde – allerdings nicht überall – von der Obrigkeit das Recht verschafft, gegen Entgelt eine Kuh in die Gemeindeherde mit einzutreiben. Dieses Recht entfiel bei der **Gemeinheitsteilung.** Von diesem Verlust wurden aber keineswegs alle Angehörigen der unterbäuerlichen Schicht betroffen, aber es waren gerade die Ärmsten, die kein Weiderecht erlangt hatten. Rechnet man die Milchleistung einer Kuh in Butter um, so betrug der Wert um 1810/20 maximal 12 T. Dieser zahlenmäßig geringe Verlust traf mit Sicherheit jene Landbewohner sehr hart, die ohnehin nur eine kümmerliche Existenz fristeten. Die Mehrzahl der Angehörigen der unterbäuerlichen Schicht mußte sich jedoch ohne ein Weiderecht durchbringen, und es dürfte bei aller zu respektierenden sozialen Not übertrieben sein, wenn durch die Gemeinheitsteilungen die Existenz der unterbäuerlichen Schicht generell in Frage gestellt wird. Dazu bedurfte es gewichtigerer Gründe. Der Rückgang der Hausindustrie, des Leingarnspinnens und Webens, gehörte dazu. Er läßt sich jedoch mit den Agrarreformen nicht in Zusammenhang bringen.

Am bedeutsamsten aber ist Dippers Feststellung, der undoktrinäre Liberalismus Stüvescher Prägung habe ebensowenig wie andere Modelle verhindern können, daß die sozialen Kosten der Agrarreform der unterbäuerlichen Schicht aufgebürdet wurden. Der Einschub „ebensowenig wie andere Modelle" verweist auf die hohe Exemplarität dieser Aussage. Ihr gesamter Tenor ist keinesfalls frei von Kritik. Da Dipper selbst keine bessere Lösung vorstellt, muß nachgeprüft werden, welche Überlegungen der angeblich „undoktrinäre Liberale" Stüve anstellte, wie die Wirtschaftsverfassung Hannovers, und das heißt nicht zuletzt die Verteilung des Landes, beschaffen sein sollte.

In seinem Buch „Über die Lasten des Grundeigenthums und Verminderung derselben in Rücksicht auf das Königreich Hannover", es erschien 1830, entwickelte Stüve **zwei Modellvorstellungen.** Davon ist nur diejenige für einen Agrarstaat von Interesse, da Stüve der Ausweitung des Gewerbes und des Handels in der näheren Zukunft keine Chance einräumte und deshalb mit diesen Aufhilfsmitteln die gegenwärtige Not nicht zu lindern sei. Schon bei den großen Gütern, die er keineswegs aufteilen wollte, sind seine Vorstellungen widersprüchlich, doch können sie wegen des geringen Flächenbesitzes dieser Betriebsgrößenklasse übergangen werden. Bei den übrigen Höfen und Stellen möchte Stüve die Freiteilbarkeit, im Südzipfel des Königreiches gab es sie, praktisch ganz einschränken. Auf jeden Fall sollen die Höfe die Größe einer Ackernahrung behalten. Von einem absoluten Verbot der Güterteilung rät Stüve dagegen ab. „Niemals darf die Veräußerung so weit beschränkt werden, daß es dem betriebsamen erwerbenden Landwirthe unmöglich würde, seinen Wohlstand und eine Wirthschaft zu vergrößern...". Vor der Freiteilbarkeit warnt Stüve auch deshalb, weil sie das Bevölkerungswachstum beschleunige. Mit ihm wüchse die Nachfrage nach Land, die Pachtpreise stiegen. Deshalb sei es besser, wenn die „kleinen Leute" das Land zu eigen bekämen. Das sei besonders gegenwärtig wichtig, weil die andersartigen Verdienste im Schwinden begriffen seien.

Die entscheidende Frage übergeht Stüve. Woher soll das Land genommen werden, wenn die Größe der Bauernhöfe nicht unter die einer Ackernahrung sinken darf und dennoch die „kleinen Leute" das benötigte Land erhalten sollen? Mit dieser Frage verknüpft sich sogleich eine zweite. Von wem bekommt der Staat die benötigten Steuern, wenn lauter kleine Höfe kaum noch Überschüsse abwerfen? Beide Fragen sind in der Praxis nicht zu beantworten. Die Wirtschaft eines Agrarstaates kann nur eine bestimmte Anzahl von Menschen versorgen. Wird sie überschritten, beginnt die Verelendung eines Teils der Bevölkerung. Wird das Elend sozialisiert, macht der Staat bankrott. Bis heute lassen sich diese Zusammenhänge in den Entwicklungsländern studieren. Klammert man die Industrialisierung aus, weiß auch gegenwärtig niemand, wie den Entwicklungsländern bei anhaltendem Bevölkerungswachstum zu helfen sei. In ähnlicher Lage befanden sich die Staaten des Deutschen Bundes in der ersten Hälfte des 19. Jahrhunderts, worauf im Abschnitt über den Pauperismus noch näher einzugehen ist. Diese Zusammenhänge lassen es angezeigt erscheinen, die Politik der damaligen Regierungen der deutschen Bundesstaaten im Rahmen der vorgegebenen Sachzwänge zu sehen. Die Verelendung eines Teils der Bevölkerung in der Spätphase der deutschen Agrargesellschaft war mit den Mitteln einer Agrarreform nicht grundsätzlich zu beheben.

3. Kapitel
Die Schlußphase der vorindustriellen Landwirtschaft

I Der Einfluß Thaers

A Die Fachliteratur vor Thaer

Martin Schulze stellte 1967 die jährlichen Erstausgaben landwirtschaftlicher Schriften chronologisch geordnet zusammen und faßte das Ergebnis in ein Schaubild. Von 1750 bis 1770 stiegen die Erstausgaben geradezu lawinenartig auf das Zehnfache an. Anschließend ebbte die **Publikationsflut** etwas ab, hielt sich aber immer noch auf ungefähr sechsfacher Höhe gegenüber der ersten Hälfte des 18. Jahrhunderts. Für einen einzelnen war es bereits in der zweiten Hälfte des Jahrhunderts unmöglich, alle Bücher zur Kenntnis zu nehmen, geschweige denn zu lesen. Das wäre auch keineswegs erforderlich gewesen; denn manchem Autor rann ein ziemlich seichter Lesestoff aus der Feder. Auch das sollte nicht übersehen werden, man schrieb gern voneinander ab, wobei ernst zu nehmende Agrarschriftsteller durchaus schon mit Quellenhinweis zitierten.

Bei der Masse des erschienenen und höchst ungleichwertigen Schriftgutes war es höchst zweckmäßig, wenn schon Otto von Münchhausen, einer der letzten **Hausväter**, im 2. Teil seines Gesamtwerkes (1765 ff.) Vorschläge für die Bibliothek eines Landwirts entwickelte. Die erste Unterabteilung umfaßt des Hausvaters botanische, physikalische und ökonomische Bibliothek, die zweite des Hausvaters kritische Haushaltungsbibliothek. Das relativ frühe Datum der Vorschläge Münchhausens vermag jedoch keinen ausreichenden Überblick über die Fachliteratur vor Thaer zu geben. Für diesen Zweck ist Friedrich Benedikt Webers „Handbuch der ökonomischen Literatur" geeigneter, das ab 1803 erschien. Zugänglicher ist das „Handbuch der landwirtschaftlichen Literatur", das Max Güntz von 1897 bis 1902 herausgab.

Die Fülle der Literatur verbirgt ihre Grundzüge, obwohl gar nicht so selten reißerisch aufgemachte Titel den geringen sachlichen Gehalt des Inhalts vorausahnen lassen. Das gleiche gilt, wie sie hier genannt werden sollen, von den **Rezeptsammlungen**. In Vieharzneibüchern, deren Zahl gar nicht so klein ist, haben sie am ehesten ihre Berechtigung. Wenn aber hundert Ratschläge gemacht werden, um einen landwirtschaftlichen Betrieb auf die Höhe der Zeit zu bringen, ist Vorsicht geboten. Aller Wahrscheinlichkeit nach hat sich in den Büchern dieser Art ein oft recht umfangreiches Kapitel aus den Schriften der Hausväter verselbständigt.

Nicht die Fülle insgesamt, wohl aber der Umfang der einzelnen Zweige der Agrarliteratur ist kennzeichnend für die Art der Probleme, die den Leser interessierten, bei denen er sich Rat erhoffte. Unübersehbar stand die **Bodennutzung im Vordergrund** der Betrachtung. Das gilt ebenso für die Werke über die gesamte Landwirtschaft wie für Einzelwerke. Gegen Ende des Jahrhunderts nahmen vor allem die Publikationen über die **Futterkräuter** deutlich zu. Bei der Tierhaltung ragen die Zucht, wie man früher verallgemeinernd sagte, der Pferde und Schafe weit heraus, wenn man die Publikationen durchzählt, die sich mit der **Viehzucht** insgesamt befassen. Das Rindvieh, mit absoluter Sicherheit das wichtigste Nutzvieh des Bauern, hat jedoch kaum einen Autor zur Feder greifen lassen. SCHULZE kann nur 8 Bücher aufführen, wozu noch 2 über die Butter- und Käseherstellung sowie 104 über Rinderkrankheiten kommen. Natürlich sind etliche Schriften der letzten Kategorie der Bekämpfung der Hornviehseuche gewidmet, die im 18. Jahrhundert immer wieder auflebte. Doch auch ohne diese Werke besteht noch ein absolutes **Übergewicht der Arzneibücher,** in deren Zahl sich die Bedeutung des Rindviehs für den Landmann ebenso deutlich spiegelt wie die geringe Wirksamkeit der vorgeschlagenen Abhilfen.

Bei der **Schafhaltung** vermag Schulze immerhin 33 Titel nachzuweisen, zu denen 3 über Wollbehandlung und Wollverbesserung kommen, 7 über Schafkrankheiten und 6 über Schäfereirechte, die bei der früheren Flurverfassung von besonderer Bedeutung waren. Nach 1800 schwoll die Literatur über die Schafhaltung noch ganz erheblich an. Eins ist unverkennbar, Bücher über **Tierkrankheiten** sind nur auf die Erhaltung des vorhandenen Viehkapitals gerichtet. Wägt man dagegen die Werke, die speziell der Haltung gewidmet sind – und nur von ihnen sind Fortschritte zu erwarten –, so wurde die Rindviehzucht schlichtweg stiefmütterlich behandelt. Die Werke über Pferdezucht betreffen kaum die von Bauern gehaltenen Tiere, sondern Reit- und Wagenpferde.

Im Vergleich zum heutigen Gewicht der Teilbereiche der Landbauwissenschaften ist die **Vernachlässigung der Ökonomie** schon häufig beklagt worden. SCHULZE führt zwar Werke dieser Gattung auf immerhin zwölf Seiten an, doch tritt der Mangel bei näherem Hinsehen deutlich zutage. Am ehesten könnten noch die 8 Werke zur Schätzungslehre, also der Wertermittlung von Landgütern, zur Betriebswirtschaftslehre im heutigen Verständnis gerechnet werden. Auch die 7 Bücher über die Buchführung betreffen immerhin noch eine zugehörige Hilfswissenschaft, doch ist dadurch das fundamentale Defizit nicht zu verdecken: Bücher über die Betriebsorganisation, das Herzstück der Betriebswirtschaftslehre, sind nicht zu finden. Nur das „gerechte Verhältnis der Viehzucht zum Ackerbau" wird eigens in 5 Monographien abgehandelt, wobei zusätzlich an die Kameralisten zu erinnern ist, die zu diesem Thema schon wesentliche Gedanken vorher vortrugen.

Sigmund v. Frauendorfer übernahm in seiner „Ideengeschichte der Agrarwirtschaft und Agrarpolitik das Urteil Theodors v. d. Goltz, wonach Johann
Georg Leopoldts „Einleitung zu der Landwirtschaft" zu „den besten Büchern
des Jahrhunderts gehört" (1957, 142). Geeigneter erscheint das Originalzitat,
so heißt es bei v. d. Goltz: „Die Werke von Eckhart und Leopoldt gehören zu
den besten landwirtschaftlichen Schriften, welche im ganzen 18. Jahrhundert
bis auf Albrecht Thaer erschienen sind" (1902/1963, I 316). Mehrere Gründe
veranlassen v. d. Goltz zu dieser Bewertung. Beide Autoren verfügen über
hinreichende, Leopoldt über jahrzehntelange Erfahrungen. Sie vermitteln also
keine Schreibstubenwissenschaft, sondern anwendbare Grundsätze. Sie schreiben einen nüchternen und verständlichen Stil, der nicht wie bei den Hausvätern
mit Zitaten antiker Autoren aufgeputzt wird. Schließlich streuen sie immer
wieder Berechnungen einzelner Vorgänge ein, so daß der Mangel an ökono-
mischem Denken, wie er oben herausgestellt wurde, abgemildert wird.

Das Urteil, das v. d. Goltz fällte, bedarf der Korrektur. Leopoldt beschränkte
sich darauf, auf 14 kleinformatigen Seiten die Vier- und Dreifelderwirtschaft
vorzustellen, während der letzte Hausvater, der Pastor Germershausen, seine
Leser auf 182 weit größeren Seiten mit 21 verschiedenen Fruchtfolgen bekannt
machte (vgl. S. 52). Was Leopoldt über die Bestellung der Brache mit Sommerfrüchten zu sagen weiß, konnte man ebensogut schon 1722 im „Allgemeinen
Klugen und Rechtsverständigen Haus-Vatter" des Pastors Philippus Florinus
nachlesen, und zwar bei den Brachfrüchten im dritten Buch über den Feldbau.
Wenn v. d. Goltz im Hinblick auf Thaer als besten Vorläufer neben Eckhart den
in Sachsen und Schlesien tätig gewesenen Leopoldt herausstellt, so stimmt das
gerade bei der Kernfrage, nämlich der Abfolge der Nutzpflanzen auf dem Felde
doch bedenklich. So schrieb Leopoldt im § 11 seines Lehrbuches:

Eintheilung des Ackers in drey Felder: Diese Eintheilung des Landes ist so schön, als
wie die, welche in 4 Theile gebracht worden. Besonders ist diese Eintheilung mit nicht
weniger Lust und Vergnügen in den meisten Orten und Fürstenthümern, z.B. in
Schlesien, im Königreiche Böhmen, und in vielen Gegenden Sachsen u.s.m. zu sehen.
Es kann nicht viel Angenehmeres im Sommer gefunden werden, als wenn so große
Striche Winter- oder Sommergetreide an einander lustig wachsen und grünen."

Bei seinem Naturell hätte Thaer sicherlich die Brauen hochgezogen, wenn ihm
jemand ohne weiteren Kommentar die von ihm so heftig befehdete Dreifelderwirtschaft „als so schön wie" die Vierfelderwirtschaft vorgestellt hätte; und bei
diesem Stil hätte der rationelle Landwirt nur den Kopf geschüttelt.

Im Kapitel über die Versuche zur Umgestaltung der Landwirtschaft in der
zweiten Hälfte des 18. Jahrhunderts sah v. d. Goltz ein Unterkapitel für die
„Landwirtschaftslehre" vor. Für sie führt er drei Repräsentanten an: Christian Reichart, Johann Christian Schubart und Johann Christian Bergen. Dieser
Auswahl wird gern gefolgt. Begrüßt wird auch das Fehlen Johannes Beckmanns, dessen „Grundsätze der deutschen Landwirtschaft" zwar sechs Auf-

lagen von 1769 bis 1806 erlebten, aber dennoch die praktische Landwirtschaft kaum gefördert haben dürften. Das war auch gar nicht die Absicht Beckmanns. Er schrieb sein Buch, weil es unter „der großen Menge ökonomischer Schriften es gleichwohl nur wenige Lehrbücher (gibt), welche zum Gebrauch akademischer Vorlesungen aufgesetzt sind . . .". Deshalb verknüpft er die wissenschaftliche Lehre der Landwirtschaft mit den Naturwissenschaften, vor allem der Botanik. Die Systematik, die er einhält, findet sich ebenso bei Leopoldt. Wenn v. d. Goltz das faktische Defizit an ökonomischen Überlegungen entschuldigt, weil sie zur Kameralistik gehören und nicht speziell zur Landwirtschaft, so muß auf Germershausens Überlegungen zum „Wirtschaftsfuß" verwiesen werden, in denen er durchaus Beachtliches über die Betriebsorganisation zu sagen weiß, jedenfalls im Vergleich zu anderen zeitgenössischen Schriftstellern. Roschers Urteil über Beckmann gefällt dem Autor besser. Es ist aber unabhängig davon wesentlich, jene Urteiler zurückzuweisen, die Beckmann zum Vorläufer Thaers hochstilisieren.

Otto ULBRICHT (1980) hat in eigenen Abschnitten das Verhältnis der drei in Niedersachsen tätigen „Landwirte" Otto v. Münchhausen, Beckmann und Bergen zur „englischen Landwirtschaft" untersucht. Im Grundsatz sind sich alle drei in der Ablehnung englischer Landbaumethoden einig, wobei Beckmann am konziliantesten formulierte, seiner Ablehnung aber dadurch womöglich eine noch größere Wirkung verschaffte. Erst als Thaers „Einleitung (Anleitung) zur Kenntniß der englischen Landwirthschaft" ein ungemein positives Echo fand, befürwortete auch Beckmann den Futterkräuterbau, wie ihn die Engländer betrieben.

Der tatsächliche Sachverhalt kommt weit besser zum Ausdruck, wenn man Reichart, Schubart und Bergen als Schriftsteller vor Thaer bezeichnet und davon absieht, sie als Vorläufer abzustempeln. Dabei fehlt es keineswegs an einer fundamentalen Beziehung. Gleich Thaer sind alle drei Autoren bestrebt, den Brachschlag überwiegend mit Futterpflanzen zu bestellen. Da sie im Herbst das Feld räumen müssen, damit das Wintergetreide rechtzeitig bestellt werden kann, und ursprünglich statt Klee die Sommerfrüchte Erbsen, Wicken, Linsen und Bohnen weiter verbreitet waren, hatte sich der Sprachgebrauch eingebürgert, die Brache werde besömmert. Schubart und Bergen forderten auch die Vergrößerung des Viehstapels, während Reichart darauf nicht einging.

REICHARTS Sonderstellung läßt sich eindeutig anhand seines Fruchtfolgevorschlages belegen, der immerhin 18 Jahre umfaßt. Er steht im 5. Teil seines meist gelesenen Werkes „Land- und Gartenschatz", der in sechs Teilen von 1753 bis 1755 erschien. Bereits die Überschrift des 5. Teils verweist eindeutig auf Reicharts Anliegen: „Von vieljähriger Nutzung der Äcker ohne Brache und wiederholte Düngung." Eine Düngung in 18 Jahren, das mußte einen Landwirt stutzig machen, und wenn nur in 7 Jahren Getreide vorgesehen wurde, mußte er kapitulieren. Was sollte die deutsche Landwirtschaft mit den in den übrigen

11 Jahren erzeugten Pflanzen wie Zwiebeln, Mohn, Saflor, Hirse, Schwarzkümmel, Koriander, Kanariensaat und Anis? Bohnen, Erbsen, Kohl und Rüben hätte sie dagegen verwenden können. Dennoch: diese Fruchtfolge konnte nicht auf breiter Basis zu einer Innovation werden, die für die Landwirte Nutzen stiftete.

Obwohl Schubart sich zu dem Grundsatz bekannte: „daß aller so nötige Futterkräuterbau, von der besten Art, schlechterdings also betrieben werden müsse, daß der unentbehrliche Fruchtkörnerbau nicht im geringsten leide...", verstößt er selbst in seinen ökonomischen-kameralistischen Schriften zweimal erheblich dagegen. Was sollten die deutschen Landwirte mit dem Vorschlag eines Schweizer Bauern anfangen, nach vierjährigem Getreidebau den Acker in bewässerte Wiesen umzuwandeln. Falls das nicht ging, sollten statt dessen ebensolange Luzerne oder Klee gebaut werden. Wer sich mit Rotklee und Luzerne auch nur leidlich auskennt, sagt den Mißerfolg ohne zu zögern voraus. Besser gefällt die Fruchtfolge mit Weizen, Sommergerste mit Kleeeinsaat, Klee, Roggen, Hafer, Brache. In anderen Fruchtfolgen steht der Klee enger, so daß auf die Dauer Kleemüdigkeit nicht ausgeschlossen werden kann. Aber auch die vorgestellte sechsgliedrige Rotation stieß auf Kritik, die aus pflanzenbaulicher Sicht verständlich ist. Da Schubart den Grundsatz aufgestellt hatte, die Brache ganz zu besömmern, „verbesserte" man die genannte Fruchtfolge, indem man auch im 6. Jahr Rotklee anbaute. Sehr bald wurde der Klee „müde", stand lückig, es fehlte eine hinreichende Bearbeitung, und die Quecken breiteten sich aus. Infolgedessen variierte Schubart auf Würchwitz seine Grundsätze. Krapp wurde in die Fruchtfolge hineingenommen und behackt, und so das Land vom Unkraut gesäubert. War es erforderlich, scheute sich Schubart keineswegs, ein Brachjahr einzuschalten. Schließlich wollte Schubart den Brachschlag mit Futterpflanzen besömmern, und das heißt keineswegs, ihn ausschließlich mit Klee zu bebauen. Diese Kritik und die Abhilfe findet man aber nicht in den ökonomisch-kameralistischen Schriften, sondern bei Eduard LANGETHAL (1854, 436ff.). Sicherlich blieb Schubarts Wirken nicht ohne Erfolg, aber seine übertriebenen Anpreisungen und die Mißverständnisse der „Schubartianer" begrenzten doch die angestrebte Breitenwirkung, die auch die bäuerliche Landwirtschaft einbeziehen sollte.

Johann Christian BERGENS „Anleitung zu der Viehzucht oder vielmehr zum Futtergewächsbau und zur Stallfütterung des Rindviehes" erschien 1781. Bereits das Inhaltsverzeichnis läßt erkennen, mit welcher Gründlichkeit Bergen sein Thema angeht. Vor allem aber bringt er sein Anliegen systematisch zu Ende. Zuerst wird der Futtergewächsbau vorgestellt, darauf folgt die Stallfütterung mit den zuvor besprochenen Gewächsen, und dann wird im 60 Seiten langen Schlußkapitel „Von dem Verhältnis der Viehzucht zum Ackerbau" berichtet. Gegenüber der oft ungeordneten Weise zu publizieren, die Schubart kennzeichnet, ist Bergen ein straffer Systematiker. Im Vergleich zu Leopoldt behandelt Bergen den Anbau der Futterpflanzen und die Stallfütterung ungleich gründlicher. Indem er beide Bereiche sorgfältig aufeinander abstimmt, und das keineswegs schematisch, sondern für schlechte, mittlere und gute Böden variierend, beweist Bergen schlagend seine Überlegenheit gegenüber Schubart und Leopoldt. Es verwundert daher nicht, wenn Thaer es als einziges deutsches Buch im 1. Bande seiner „Einleitung zur Kenntniß der englischen Landwirthschaft" (1798) lobend erwähnte. Zwar hatten schon vorher Schubart und Johann Nepomuk Schwerz das Buch Bergens positiv gewürdigt, doch erst nach Thaers Hinweis belebte sich die Nachfrage. Eine Breitenwirkung ist demnach auch von diesem Autor, der noch am ehesten als Vorläufer Thaers bezeichnet werden dürfte, auch nicht ausgegangen.

B   Englische Landwirtschaft

Neben der Schweiz war England das weitaus bedeutendere Vorbild für die fortschrittlichen deutschen Landwirte in der zweiten Hälfte des 18. Jahrhunderts. Sie sahen auch die enclosures, die Einhegungen, nicht so negativ wie heute die Sozialhistoriker. Für die Farmer waren die enclosures, die man auch unter dem zeitgenössischen Sammelbegriff Separationen fassen könnte, die notwendige Voraussetzung für eine individuelle Wirtschaftsweise. Reisende machten sich aus eigenem Antrieb auf, um die englische Landwirtschaft zu studieren, andere wurden von ihren Regenten geschickt, damit sie nach ihrer Rückkehr zu Hause die erworbenen Kenntnisse zum Wohle der einheimischen Landwirtschaft in die Tat umsetzten (vgl. S. 98). Außerdem wurden englische Agrarschriftsteller ins Deutsche übersetzt, oder deutsche Autoren flochten in ihre Werke Anmerkungen über die englische Landwirtschaft ein, wobei sie mit ihrem Urteil nicht zurückhielten.

Vorweg ist eine Bemerkung notwendig. Zwar sprach man schon im 18. Jahrhundert undifferenziert von der englischen Landwirtschaft, doch überdeckt dieser vereinfachende Ausdruck eine nicht unbeträchtliche Vielfalt. Bei den drei großen Neuerungen, nämlich den Fruchtfolgen, der Tierzucht und der Mechanisierung, wird die Formel von *der* englischen Landwirtschaft den tatsächlichen Verhältnissen nicht gerecht. Auch in England waren und sind die Standortverhältnisse, also die durch Boden und Klima vorgegebenen Wachstumsbedingungen, viel zu unterschiedlich, als daß mit einem einzigen System überall eine rationelle Landwirtschaft zu betreiben gewesen wäre. Womöglich hat gerade die in der Realität anzutreffende Vielgestaltigkeit immer wieder die Frage aufleben lassen, was unter englischer Landwirtschaft eigentlich zu verstehen sei.

Die wesentlichste Neuerung in der englischen Landwirtschaft war die **Einführung neuer Futterpflanzen** und ihre Einordnung in die Fruchtfolge. Fünf Kulturarten kam dabei eine besondere Bedeutung zu: Rotklee *(Trifolium pra-*

tense), Luzerne *(Medicago sativa)*, Esparsette *(Onobrychis viciäefolia)*, Weiße oder gelbe Rüben (engl. Turneps oder Turnips, *Brassica rapa*) und das Deutsche Weidelgras (Englisches Raygras, *Lolium perenne*). Bereits diese Aufzählung bedingt eine Schwierigkeit: Die Luzerne wird zwei bis drei Jahre lang genutzt, die Esparsette noch länger. In Fruchtfolgen mit jährlichem Wechsel der Früchte lassen sich diese Pflanzen also nicht einbauen. Man kann sie auch nicht auf ausgesonderten Flächen kontinuierlich kultivieren, da ihr Gedeihen eine hinreichende Anbaupause voraussetzt. Ihr durchaus lohnender und auch verwirklichter Anbau setzt also eine gewisse Flexibilität bei der Planung der Fruchtfolge voraus.

In einem englischen Lehrbuch der Landwirtschaft von 1855 äußerte sich der Verfasser, G.B. ANDREWS, knapp, aber recht präzise über die **Gestaltung der Fruchtfolge,** die neben anderen Gegebenheiten den Bedürfnissen des Marktes zu entsprechen hat. Früher, so heißt es, habe eine siebenjährige Rotation vorgeherrscht, die folgendermaßen aussah: 1.) Brache, 2.) Weizen, 3.) Erbsen, 4.) Gerste, 5.) Klee, 6.) Hafer und 7.) Weide. Sie sei für Tonboden geeignet gewesen, doch unterschied sie sich für einen leichten Lehmboden nur dadurch, daß die Erbsen durch Rüben ausgetauscht wurden. Auf den leichten Böden, fuhr Andrews fort, habe jetzt das vierschlägige Norfolker System größten Vorteil gebracht. Dieses System: 1.) gedüngte Rüben zum Abweiden, 2.) Gerste, 3.) Klee und 4.) Weizen, wird „mit Modifikationen auf einer weiten Strecke leichten Bodens im südlichen Theil Englands befolgt. Falls der Klee gut steht, wird er ein weiteres Jahr genutzt und die Fruchtfolge wird dadurch fünfschlägig". Aber dann kommt die entscheidende Einschränkung: „Auf vielen Thonbodenarten Englands kann das Norfolker System keine Anwendung finden und ist ebensowenig die Brache zu entbehren; so schwierig ist es, einige strenge gelbe und sonstige Thonarten zur gehörigen Gare zu bringen, obgleich kräftiges Entwässern und Croskill's Klösezermalmer (clod-crusher) jedes Jahr die Schwierigkeit, solchen Boden zu behandeln, immer mehr vermindern."

Das **Norfolker System** war bereits im 18. Jahrhundert bekannt geworden und hatte an Verbreitung zugenommen. Wenn jedoch diese Rotation sich bis 1855 nicht überall durchgesetzt hatte, so lagen dafür offensichtlich zwingende Gründe vor. Ergänzt sei, die Rüben oder Turnips kamen auf Tonböden nicht fort. Sie wurden als einzige Frucht gehackt und damit wurde der Acker vom Unkraut befreit. Mußte man auf sie verzichten, wurde die Brache unentbehrlich, um mit mehrfachen Bearbeitungsgängen den Acker vom Unkraut zu säubern. Was deutsche Landwirte als wichtigstes in England lernen konnten, war eine Grundtatsache, eigentlich eine Binsenwahrheit, die sie ebensogut bei Germershausen hätten nachlesen können (vgl. S. 51): eine bestimmte Fruchtfolge paßt nicht für alle Standortverhältnisse. Diese Aussage ist für Landwirte eine Selbstverständlichkeit. Deshalb sollten die Historiker überlegen, ob man einfach in der Zeit vor Thaer durchgängig eine Dreifelderwirtschaft unterstellen darf, die durch sein Wirken in eine ebenso durchgängig praktizierte Fruchtwechselwirtschaft überführt worden sei. England, das Mutterland des Fruchtwechsels, war jedenfalls aus guten Gründen nicht geschlossen zu diesem Anbausystem übergegangen.

Die kurze Schilderung verweist auf einen zweiten Umstand, der die englische Landwirtschaft vor der kontinentaleuropäischen auszeichnete: sie war bereits deutlich stärker mechanisiert. Gerade an der später in Deutschland so genannten Croskill-Walze lassen sich einige Faktoren aufzeigen, die den stärkeren **Maschineneinsatz** in der englischen Landwirtschaft begünstigten. Das Gerät besteht aus schweren gußeisernen Ringen, die nicht fest auf einer Achse sitzen, so daß sich jeder Ring entsprechend der Oberflächengestalt des Bodens auf und ab bewegen kann. Der Umfang des Ringes wird durch kurze Querrippen gebildet, die einige Zentimeter Abstand bewahren. Deshalb rumpelt das Gerät auf glatter Fahrbahn nicht wenig. Diese Rippen zerdrücken feste Bodenkluten, aber sie täten es nicht, wenn das Gerät nicht über das entsprechende Gewicht verfügte. Konnte man die bereits in Deutschland bekannten eisernen Walzen mit Steinen beschweren, manche auch mit Wasser füllen, um das benötigte Gewicht zu erreichen, so mußte man bei der Croskill-Walze auf diesen preiswerten Behelf verzichten und hatte statt dessen das teure Gußeisen zu bezahlen, aus dem die Ringe bestanden. Die deutsche Eisenindustrie war aber zu jener Zeit noch nicht in der Lage, ein solches Gerät zu einem Preis anzubieten, der für die Landwirte erschwinglich war. Es nützte auch nichts, es deshalb in England zu kaufen. Das schwere Gerät hätte nicht unbeträchtliche Transportkosten verursacht, so daß der Preisvorteil beim Einkauf wieder verloren gegangen wäre. Außerdem ist England kleinräumiger. Beim Transport waren also deutlich kürzere Strecken zu überwinden, und dafür stand früher als in Deutschland ein hinreichend ausgebautes Eisenbahnnetz zur Verfügung. Die grundsätzliche Frage, die sich mit diesen Fakten verknüpft, lautet: Wie kann eine agrarische Revolution – von der zuweilen gesprochen wird – verwirklicht werden, wenn die heimische Industrie noch nicht zu ökonomisch vertretbaren Preisen die Betriebsmittel für eine moderne Landwirtschaft bereitstellen kann?

Schon früh führte Jethro Tull in England die **Drillkultur** verbunden mit dem Hacken der Früchte ein. Er verfiel jedoch in einen Fehler, der bei den Pionieren des Fortschritts nicht gerade selten ist. Er pries sein Verfahren überschwenglich an und verstieg sich zu Versprechungen, die in der Praxis nur zu rasch widerlegt wurden. So behauptete er, er könne jede Frucht beliebig lange nacheinander bauen und benötige dazu keinen Dünger. Die Fehlschläge ließen nicht lange auf sich warten. John MILLS konnte daher 1768 feststellen: „Die Wirtschaft mit der Pferdehacke ..., wie sich Herr Tull derselben bedient hat, ist fast durchgängig von den Landwirthen in jedem Lande verworfen worden" (II, 129). Wenn Mills dennoch diese Bearbeitungsweise einführen möchte und einen Weizenschlag beschreibt, bei dem die Saat auf ein Siebtel reduziert und der Weizen mit einer Reihenweite von rund 55 cm gedrillt wurde, so ist leicht zu ermessen, wie weit der Weg noch war, bis jeder Landwirt von den Vorzügen des Drillens überzeugt werden konnte. Immerhin entwickelte Cooke 1782 eine Drillmaschine, deren grundsätzliche Konstruktionsmerkmale bis in die Gegenwart erhalten blieben.

In diese späte Zeit fällt auch der entscheidende Durchbruch beim **Pflugbau**. Die vorher verwendeten gußeisernen Streichbleche waren zu schwer. Sie wendeten und krümelten den Boden, falls die gleiche Zuggeschwindigkeit erreicht wurde, natürlich genausogut wie die zu dieser Zeit entwickelten stählernen Streichbleche. Aber der Pflüger war bei den gußeisernen Blechen bald überfordert, wenn er nach dem Wenden das schwere Gerät immer wieder exakt zur neuen Furche ansetzen sollte. Vor allem bei kurzen Ackerstücken ermüdete der Pflüger nur zu rasch.

Bedenkt man den angegebenen Zeitraum, 1782 bis 1785, in dem praxisreife Drillmaschinen und Stahlpflüge auf dem englischen Markt erschienen, so wird sie mancher der deutschen Reisenden in England noch gar nicht gesehen haben. Es dürfte mindestens bis zur Jahrhundertwende gedauert haben, bis beide Neuerungen allgemein eingeführt waren und als allgemein bewährt galten.

Als dritte und letzte Besonderheit kennzeichnete die englische Landwirtschaft des 18. Jahrhunderts die früh einsetzende **Tierzucht**. Das Einkreuzen von Tieren war eine altbekannte Möglichkeit, gewünschte Eigenschaften miteinander zu kombinieren. Zur Rassenbildung kommt es jedoch erst dann, wenn die neuen Eigenschaften durch Inzucht genetisch verfestigt werden. Dieses Verfahren wurde von den Engländern in dieser Zeit entwickelt. Die Zucht erstreckte sich vor allem auf Schafe und Rinder, bei denen gleichermaßen die Fleischerzeugung das Ziel der Bemühungen war. Der Erfolg wurde auf zwei Wegen gleichzeitig erreicht. Die Tiere wurden auf Frühreife gezüchtet, so daß sich der Umsatz bei der Mast beschleunigte. Außerdem wurde das Körpergewicht ganz beträchtlich erhöht. Von 1710 bis 1795 hatte sich bei Ochsen, Kälbern und Lämmern das Schlachtgewicht mehr als verdoppelt (ULBRICHT, 1980, 62). In dieser Weise den Zuchterfolg zu messen, ist indessen beim Fehlen näherer Angaben fragwürdig. Wird die Mastdauer der genannten Tiere verlängert, um schwerere Schlachttiere zu erzeugen und damit der gestiegenen Nachfrage nach Fleisch zu genügen, so bedarf es keinerlei züchterischer Bemühungen. Allein die bessere Fütterung genügt. Sie setzt allerdings hinreichend vorhandene Futtermengen voraus, die nur über den Ackerfutterbau zu gewinnen waren. In der Endmast konnte aber wohl kaum auf Getreide verzichtet werden. Dessen Einsatz ließ sich nur rechtfertigen, wenn die Preisrelation von Futtergetreide zu Fleisch diese Verwendungsart zuließ.

Mit der vorstehenden Einschränkung wird nicht beabsichtigt, die Zuchterfolge der Engländer in Frage zu stellen. Sie gilt nur für die Quantifizierung des Schlachtgewichts. Durch das Züchten auf Frühreife und spezielle Masteignung wurde die Verwertung des Futters erheblich verbessert, und das schlug sich gleichfalls im ökonomischen Erfolg der Mast nieder. Daraus folgt ein Schluß, den vielleicht auch mancher Englandbesucher, der aus Deutschland kam, zog und auch aus heutiger Sicht ziehen mußte: Die englischen Farmer besaßen die Betriebe, die sie bewirtschafteten, häufig nur pachtweise. Sie standen daher in erheblichem Maße unter einem Erfolgszwang, den der Eigentümer eines Hofes in dieser ausgeprägten Form nicht kannte. Deshalb war das **Streben nach Rentabilität** in England weiter verbreitet als anderswo. Es wurde nur dann ausreichend belohnt, wenn den spezifischen Anforderungen des englischen Marktes die spezielle Ausformung der englischen Landwirtschaft – jedenfalls weiter Teile – entsprach.

Besonders bei der Tierzucht muß einem Reisenden, der die englische Landwirtschaft kennenlernen wollte, diese Erkenntnis gekommen sein. Wer traute es sich zu, in Deutschland fettes Schaffleisch oder teures Kalbfleisch zu verkaufen? Wer wollte Ochsenfleisch in größerem Umfange absetzen? In jedem Falle verteuert der Veredlungsverlust den Preis der mit dem Fleisch eingekauften Kalorie. Wer Kartoffeln und Brot zu einem Teil durch das wohlschmeckendere Fleisch ersetzen will, muß es bezahlen können. In England, wo der industrielle Aufschwung mit dem landwirtschaftlichen parallel verlief, war das der Fall. Wie sollte die deutsche Landwirtschaft vor 1850 eine agrare Revolution verwirklichen, wenn sich die Industrie und damit ein kaufkräftiger Markt erst danach in spürbarer Weise entwickelten?

C Die Fruchtwechselwirtschaft

In den Landbauwissenschaften, speziell sind die Ackerbau- und die Betriebswirtschaftslehre betroffen, ist der Begriff Fruchtwechselwirtschaft eindeutig definiert. Es handelt sich dabei um ein Anbauverhältnis auf dem Acker, bei dem Jahr für Jahr Halm- und Blattfrüchte regelmäßig miteinander abwechseln. Beide stehen also im Verhältnis 1:1 zueinander. Dabei versteht man unter Halmfrüchten die drei Getreidearten Weizen, Roggen und Gerste mit ihren Sommer- und Winterformen und den Hafer. Botanisch exakt sind es monokotyle, also einkeimblättrige Pflanzen, während alle dikotylen oder zweikeimblättrigen Pflanzen zu den Blattfrüchten gezählt werden. Der vierfeldrige Norfolker Fruchtwechsel entspricht der Definition.

Aus heutiger Sicht dient der regelmäßige Wechsel von Halm- und Blattfrüchten dem Zweck, die Vorfruchtwirkung der garefördernden Blattfrüchte den garemindernden Halmfrüchten zugute kommen zu lassen. Sollen Pflanzen gut gedeihen, müssen die Wachstumsfaktoren Wasser, Luft und Wärme im Boden zueinander ins Optimum gebracht werden. Das geschieht durch die auflockernden Bodenbearbeitungsgeräte Pflug, Kultivator und Egge. Bleibt genügend Zeit, die erzielte **Krümelstruktur** durch Bakterien und Pilzgeflechte zu ver-

festigen, spricht man von einem **garen Boden.** Er widersteht einem Regen
besser, als das ein bloß mechanisch gekrümelter Boden vermag. Aber auch die
Verfestigung der Krümel durch den Schleim der Bakterien und die Hyphen der
Pilze verleiht dem Bodengefüge keine absolute Widerstandskraft. Starke Schlag-
regen oder Dauerregen berauben auch einen garen Boden seiner Krümelstruktur. Er sackt zusammen und enthält dann zu wenig Luft und verliert auch
Wärme. Das Pflanzenwachstum ist suboptimal. Ist jedoch ein zweikeimblättri-
ger und damit breitblättriger Pflanzenbestand weit genug entwickelt, so schützt
sein Blätterdach die Bodenoberfläche vor dem Aufprall der Regentropfen; die
Gare des Bodens bleibt erhalten. Dazu trägt auch das Abhalten des Sonnenlichts bei. Die Bodenoberfläche bleibt feucht, so daß ein Teil der Bodenlebe-
wesen die Verfestigung der Bodenkrümel weiter vorantreibt, ein anderer die
Krümelung laufend erneuert. Es hat sich eingebürgert, dafür den nicht ganz
treffenden Namen **Schattengare** zu verwenden.

Nicht nur die oberflächliche Krümelung läßt sich durch den Augenschein
überprüfen. Wird gleich nach der Ernte der Blattfrüchte gepflügt, so zeigt sich
die Gare des Bodens auch in tieferen Schichten. Die Gareförderung gut stehen-
der breitblättriger Pflanzenbestände läßt sich also unschwer empirisch ermitteln
und war im 18. Jahrhundert bereits hinreichend bekannt. Aus dieser Beobachtung zogen die Anhänger des Fruchtwechsels den Schluß, Getreide niemals
nacheinander zu bauen. Das war die einzige unumstößliche Regel, die sie auf-
stellten. Mit dem berühmten vierfeldrigen Norfolker Fruchtwechsel konnte ein
Landwirt in Deutschland jedoch allein nicht auskommen, da er alle vier Getreidearten benötigte. Der Herzog von Schleswig-Holstein-Beck schlug
deshalb schon 1803 vor, eine **achtschlägige Rotation** zu planen, in der die vier
Getreidearten (Weizen, Roggen, Gerste und Hafer) im ständigen Wechsel mit
Futterpflanzen stünden.

Dieser Vorschlag war jedoch gar nicht so einfach in die Praxis umzusetzen.
Der Herzog überließ es dem Betriebsleiter, welche Futterpflanzen er wählte.
Beliebigkeit war jedoch nicht am Platze. Schon Schubart hatte man vorgewor-
fen, die Äcker verunkrauteten zu sehr, wenn man sein System übernähme und
längere Zeit praktiziere. Das gleiche könnte nur zu rasch bei dem Vorschlage
des Herzogs eintreten. Zwei Möglichkeiten der Abhilfe bot er den Zeitgenossen an. 1.) Der Landwirt konnte Rüben bauen, die er behackte und dadurch den
Acker vom Unkraut befreite. Voraussetzung war jedoch ein gedrillter Rüben-
bestand, und wo bekam man damals in Deutschland Drillmaschinen? Nicht
zuletzt auch zu einem erträglichen Preis? 2.) Der Rotklee wurde bereits nach
dem ersten Schnitt umgebrochen, um genügend Zeit für die Säuberung des
Feldes zu gewinnen. Das bedeutete natürlich nichts anderes, als daß die Brache
nun doch nicht total besömmert wurde, wie es die Anhänger des Fruchtwechsels forderten. Insoweit versprachen sie mehr, falls sie diese Maßnahme ergriffen, als sie tatsächlich zu halten imstande waren.

Aus heutiger Sicht muß noch folgendes ergänzt werden. Mit der Klassifizierung der Früchte in garefördernde und garemindernde kommt man auf die Dauer allein nicht aus. Die Stabilisierung der Krümelstruktur, also die **Gare-bildung,** setzt einen hinreichenden **Humusgehalt** des Bodens voraus. Es ist deshalb notwendig, die angebauten Kulturarten auch noch in humusmehrende und humuszehrende einzuteilen. Humusmehrend sind die Leguminosen, humuszehrend sind Lein, Kohlarten, Rüben und ebenso die jetzt stärker in Erscheinung tretende Kartoffel sowie die erst später aufkommenden Futter und Zuckerrüben.

Würde ein Landwirt einen Fruchtwechsel planen, bei dem er häufig Turnips der Unkrautfreiheit wegen anbaute und gleichzeitig der Kartoffel mehr Platz einräumte, so würde der sinkende Humusgehalt die Wirkung garefördernder Vorfrüchte auf längere Sicht immer mehr in Frage stellen. Es war eine Selbsttäuschung, wenn die Engländer meinten, durch das Abweiden der Rüben durch Rindvieh oder Schafe würden sie die Fruchtbarkeit des Bodens erhöhen, weil beim Abweiden durch das Vieh die Exkremente auf den Acker fielen. Der Kreislauf ist in diesem Falle keineswegs geschlossen. Organische Substanz, die sonst zur Humusbildung hätte dienen können, wird im Tierkörper zur Energiegewinnung abgebaut. Mineralsalze, die sonst zur Pflanzenernährung hätten genutzt werden können, werden im Fleisch gespeichert und gehen beim Schlachten und beim Milchverkauf dem Boden endgültig verloren. Der Boden verarmte in der vorindustriellen Landwirtschaft zumindest an Mineralstoffen in jedem Falle, und das geschah auch bei der Fruchtwechselwirtschaft.

Zwei Quellen sorgten für Ersatz. 1.) Die feste Bodenmasse ist einer ständigen Verwitterung unterworfen, bei der Mineralstoffe freigesetzt werden. Das Brachen des Ackers, nicht zuletzt die Bodenbearbeitung, förderte diesen Prozeß ebenso wie der Anbau von Leguminosen. Anders ausgedrückt, bei einem intensiven Fruchtwechsel altert der Boden schneller. 2.) Der Betrieb verfügt neben den Ackerflächen auch noch über Weiderechte, eventuell auch über individuell genutztes Grünland. Die beim Fressen aufgenommenen Nährstoffe kommen samt den bei der Verdauung übrig gebliebenen organischen Substanzen über den Stallmist dem Acker zugute. Der ständig stattfindende Nährstofftransfer war der Grund für das Sprichwort früherer Landwirte: das Grünland sei die Mutter des Ackers. Heute erfolgt der Ersatz der verbrauchten und ausgewaschenen Mineralstoffe durch die Zufuhr von Handelsdüngern.

Das Verhältnis, in dem das Ackerland zum Grünland steht, kurz **Acker-Grünland-Verhältnis** genannt, ist aber nicht nur in pflanzenbaulicher Hinsicht von Interesse. Es beinhaltet auch ein handfestes betriebswirtschaftliches Problem. So schrieb der Herzog: „Wenn bei einem Landguthe wenig oder gar keine Wiesen sind, so sind 4 bis 5 Neuntheile nicht zu viel zu diesem Behufe." 4 Schläge bei einer achtfeldrigen oder 5 Schläge einer neunfeldrigen Fruchtfolge – bei ihr liegt exakt formuliert ein Überfruchtwechsel vor – sind also zum

Futterbau nicht zuviel, wenn Wiesen praktisch fehlten. Dann mangelte es nämlich an Futter für die Sommerstallfütterung ebenso wie an Heu bei der Winterfütterung. Was ist jedoch zu tun, wenn genügend Futter außerhalb des Ackerlandes zumindest für die Winterfütterung gewonnen werden konnte? Längst nicht so rigoros wie später Thaer läßt der Herzog in diesem Fall auch die **Dreifelderwirtschaft** gelten. Ob die Sommerstallfütterung vorzuziehen ist, muß eine Berechnung entscheiden. Selbst ein festes Verhältnis von Acker- zu Futterflächen muß nicht überall eingehalten werden.

Das Fazit lautet deshalb: „Der Endzweck dieser (Fruchtwechsel-)Wirtschaft ist: durch Anwendung des kleinstmöglichsten Theiles des Feldes die verhältnißmäßig größestmöglichste Futtermenge zu produciren, um vermittelst dieses Futters so viel Vieh aller Art reichlich zu jeder Zeit zu ernähren, daß selbiges nicht nur den seiner Bestimmung angemessenen möglichstgrößten Nutzen gewähre, sondern auch so vielen und so kräftigen Dünger erzeuge, als erforderlich ist, das ganze Feld in den tragbarsten Stand zu setzen, und doch dem Ackerboden keine zu k eine Ackerfläche widmen zu müssen" (ebd. 28).

Die zuletzt gemachte Aussage war es, die damals die Landwirte bewegte. Sie fürchteten, den Getreidebau in unangemessener Weise einzuschränken. Dazu trug die meist aufwärts gerichtete Preisentwicklung bei, und die kurze Spanne von 1818 bis 1829 konnte die Landwirte in dieser Auffassung nicht beirren. Im Grunde genommen waren es doch nur die beiden Jahre 1825 und 1826, die im längerfristigen Zeitvergleich einen katastrophalen Tiefstand aufweisen (Abb. 9, S. 176). Getreide, das ist ein bis heute gültiges Faktum, gehört zu den Verkaufsfrüchten und trägt unmittelbar zur Einkommensbildung bei.

Bei der Viehhaltung sah es deutlich anders aus, und diese Verschiedenartigkeit blieb den Zeitgenossen keineswegs verborgen. Futterpflanzen müssen grundsätzlich erst in ein marktfähiges Produkt umgewandelt werden. Damit das geschehen kann, müssen mehrere Voraussetzungen erfüllt sein. Thaer nennt sie im § 370 seiner „Grundsätze der rationellen Landwirtschaft". Das System erfordert mehr Arbeit, wobei jene im Hof und Stall unerwähnt bleibt. Es wird ein höheres Betriebskapital benötigt, und der Absatz der Produkte muß gesichert sein. Sein zeitweiliger Mitarbeiter in Möglin und auch zeitweiliger Kontrahent, Johann Gottfried Koppe, ergänzte diese Aufzählung um zwei wesentliche Punkte: Die Arbeit muß wohlfeil und die „thierischen Erzeugnisse" – so heißen sie nun einmal seitdem – müssen hinreichend teuer sein. Das gilt nicht nur für die Sommerstallfütterung, sondern – das sei hinzugefügt – für die gesamte Fruchtwechselwirtschaft.

Die Verbreiterung der Aussage läßt sich im nachhinein leicht beweisen. Nur Güter oder Großbauernhöfe gingen zur Fruchtwechselwirtschaft über. Bei ihnen war die Wohlfeilheit der Arbeit durchaus gegeben, entweder durch billige Frondienste oder später durch niedrige Löhne, die bei dem zunehmenden Bevölkerungsdruck nicht steigen konnten. Diese Betriebe erzeugten Quali-

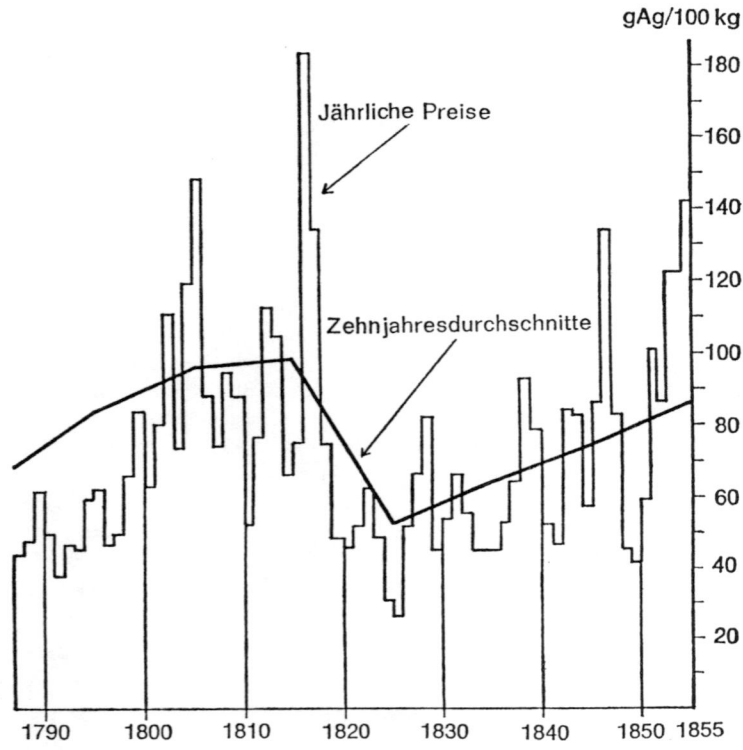

Quelle: HENNING, [7]1989, II 97

Abb. 9: Jährliche Roggenpreise in Jena von 1788 bis 1855, in Gramm Silber je 100 kg (nach F. G. Schulze, Anhang) und Zehnjahresdurchschnitte (nach Abel, A 1978, 309)

tätswolle, die damals hoch bezahlt wurde. Sie war auch leicht abzusetzen, da bei dem hohen Preis auch die Transportkosten über weite Entfernungen abgedeckt wurden. Bei den Bauern bildete dagegen das Rindvieh das Rückgrat der Viehhaltung. Milchprodukte wurden jedoch nicht so stark wie Qualitätswolle nachgefragt. Das Schlachtvieh wäre zwar allein zum Markt marschiert, doch fiel bei wenigen Tieren schon der Treiberlohn merklich ins Gewicht, und es war außerdem fraglich, ob der Lokal-Markt zusätzliche Tiere aufnehmen konnte.

Schließlich sei noch ein ganz entscheidender Grund genannt, weshalb praktisch nur Großbetriebe zur Fruchtwechselwirtschaft übergingen. Thaer setzte das Eigentum an den bewirtschafteten Flächen voraus, ihre Freiheit der Benutzung, die Abwesenheit fremder Rechte und Servitute und eine nicht zu weit entfernte und zerstreute Lage vom Hof. Auch der Herzog empfahl als erstes, für eine bestimmte Rotation die entsprechende Zahl gleichgroßer Schläge zu formieren. Diesen Forderungen konnte ein Gutsbesitzer häufig aus eigener Machtvollkommenheit entsprechen. Die Bauern aber mußten auf die Ablösung der Weideservitute warten, vor allem aber mußte die oft sehr ausgeprägte und unübersichtliche Streulage ihrer Ackerparzellen durch Verkoppelungen bereinigt werden; und sie schritten bekanntermaßen nur langsam voran.

D   Rationelle Landwirtschaft

War Carl Fraas schon mit seiner Benennung der Landwirte vor Thaer als Experimentalökonomen kein sonderlich guter Wurf gelungen, so muß gleichfalls die Bezeichnung der Landwirte danach als „Die Rationellen" als wenig glücklich bezeichnet werden. Albert (!) Thaer ist nach Fraas jener Landwirt, der die Epoche der Rationellen einleitete, und ihm widmete er als einzigem ein eigenes Kapitel. Wenn aber anschließend alle übrigen Landwirte der ersten Hälfte des 19. Jahrhunderts ebenfalls unter dem Begriff „Die Rationellen" subsumiert werden, verliert er seine Aussagekraft. Immerhin läßt sich ein unterscheidendes Merkmal entdecken. „Was Thaer ... in der Betriebslehre und dem Wirtschaftssystem (die Fruchtwechselwirtschaft, W. A.) leistete, trägt den Stempel größter Originalität und rechtfertigt den ihm gegebenen Titel eines Reformators der deutschen Landwirtschaft, obgleich eine sorgfältige Geschichtsforschung überall wird nachweisen können, daß das Reformirte immer schon von Vielen vorbereitet war und nur in Einem einen besseren Ausdruck gefunden hat" (1865, 233). Wie Fraas „größte Originalität" mit der nachfolgenden Aussage „das von vielen Vorbereitete habe nur in einem einen besseren Ausdruck gefunden" glaubwürdig kombinieren will, mag auf sich beruhen.

Fraas bleibt seinen Lesern die Aufklärung schuldig, weshalb er Thaer und die führenden Landwirte seiner Zeit als rationell denkende oder wirtschaftende bezeichnet. Sollte dafür nur der Titel des Thaerschen Hauptwerkes „Grundsätze der rationellen Landwirtschaft" ausschlaggebend gewesen sein? Gleichgültig, ob diese Vermutung zutrifft oder nicht: Thaer hat den Begriff **„Rationelle Landwirtschaft"** definiert, und diese Begriffsbestimmung muß Ausgangspunkt der Betrachtung sein. Danach ist die Landwirtschaft ein Gewerbe mit dem Zweck, durch Produktion – zuweilen auch durch fernere Bearbeitung – vegetabilischer und tierischer Substanzen Gewinn zu erzeugen oder Geld zu erwerben. Der Gewinn – und damit wird jeglicher Raubbau ausgeschlossen – soll nachhaltig sein. „Nicht die mögliche höchste Produktion, sondern der höchste reine Gewinn ... ist Zweck des Landwirths, und muß es sein, selbst in Hinsicht auf das allgemeine Beste."

Mit dieser Feststellung erweist sich Thaer als bedingungsloser Anhänger des Liberalismus. Das bestätigt auch sein Verhalten bei den Agrarreformen. Thaer geht es nicht einfach um die Erhaltung der Bauernhöfe. Werfen die kleinen nur ein Einkommen ab, das dem eines Landarbeiters entspricht, so kann man ebensogut das Land zum Gut schlagen. Hier wird es aller Wahrscheinlichkeit nach besser bewirtschaftet, und die Wanderung des Landes zum besseren Wirt dient dem allgemeinen Besten. Die **Mobilisierung des Grundeigentums** war für Thaer ein unumstößliches Gebot.

Aus der bisher vorgetragenen Definition zieht Thaer den Schluß: „Die **rationelle Lehre** von der Landwirthschaft muß also zeigen, wie der **möglich höchste Gewinn** unter allen Verhältnissen aus diesem Betriebe gezogen werden könne." Im Sinne der gemachten Anmerkung könnte man ergänzen: Je mehr Betriebe den höchstmöglichen Gewinn erzielen, um so stärker dient die Landwirtschaft dem allgemeinen Besten.

Thaer ergänzt: „Nicht die höchste Produktion, sondern der höchste reine Gewinn nach Abzug der Kosten – welches beides in entgegengesetzten Verhältnissen stehen kann – ist Zweck des Landwirths, und muß es sein, selbst in Hinsicht auf das allgemeine Beste." Diese Feststellung dürfte oft überlesen worden sein, denn der Inhalt ist von Thaer förmlich verklausuliert. Einfacher ausgedrückt meint Thaer, auch ein niedriges Produktionsniveau kann zu einem höchstmöglichen Reinertrag führen, wenn es dem Landwirt gelingt, die Kosten entsprechend zu minimieren, um die Spanne zwischen Ertrag und Aufwand wieder zu maximieren. Wie ausgesprochen betriebswirtschaftlich Thaer dachte, zeigt der Zusatz, ein solches Vorgehen diene auch dem allgemeinen Besten. Die Bevölkerung wuchs indessen, die Nahrungsmittel wurden knapper und deren Preise stiegen. Thaer dachte wohl kaum volkswirtschaftlich, sonst hätte er nicht den Landwirten als Variante empfohlen, die Produktion konstant zu halten oder zu verringern, falls dabei die Kosten überproportional gesenkt werden konnten; denn dann winkte ihnen wieder ein höchstmöglicher Gewinn. Was den Verbrauchern der höchstmögliche Gewinn möglichst vieler Landwirte nutzen konnte, ist bei diesem Rat unerfindlich. Dachte Thaer am Ende an eine Einkommensumverteilung über die Steuern? Das wäre wenig effizient gewesen; denn bekanntlich steigen die Nahrungsmittelpreise bei einer Verknappung überproportional. Deshalb steht zu befürchten, das privatwirtschaftliche Interesse habe auch dann im Vordergrund gestanden, wenn das allgemeine Beste dabei verlor.

In wissenschaftlicher Hinsicht ist Thaers Aussage dennoch ein originaler Gedanke und ein großer Wurf. Soll er jedoch verwirklicht werden, muß der landwirtschaftliche Betrieb in einem Ausmaß rechnerisch durchdrungen werden, das vor Thaer schlichtweg unbekannt geblieben war. Weiterhin müssen aber auch brauchbare Grundsätze entwickelt werden, wie die einzelnen Betriebszweige einander zuzuordnen sind, um mit der optimalen Betriebsorganisation den höchstmöglichen Reinertrag zu verwirklichen. Von diesem Ziel bleibt aber auch Thaer noch weit entfernt. Der extensiv wirtschaftende landwirtschaftliche Betrieb, der gerade auf diese Weise Gewinnmaximierung betreibt, bleibt bei Thaer unerörtert.

Erst Thaers Schüler, Johann Heinrich v. Thünen, nahm sich dieser Frage theoretisch an und löste sie in bewundernswürdiger Weise (PETERSEN, 1944). Er unterstellte, so auch der Buchtitel im Kern, einen **„Isolierten Staat"**, der keinerlei Außenhandelsbeziehung pflog, kreisrund war und nur über einen zentralen Marktort verfügte. Der Boden war überall von der gleichen Güte, das Klima ohne Unterschied, und es gab keine Wasserwege. Die landwirtschftlichen Produkte mußten also mit Pferd und Wagen zum Markt gefahren werden. Je weiter der Hof vom Markt entfernt lag, um so höher waren die Transportkosten. Indem Thünen so merkwürdige Annahmen gemacht hatte, von der Wirklichkeit so sehr abstrahierte, war ihm der entscheidende Durchbruch gelungen: Er schuf jene ceteris-paribus-Bedingungen, die es ihm erlaubten, ausschließlich den Einfluß verschieden hoher Transportkosten zum Markt auf die Betriebsorganisation und den Reinertrag unter sonst gleichen Voraussetzungen zu untersuchen.

Das Ergebnis waren Ringe verschiedener Intensitätsstufen um den Marktort, die durch die zunehmende Transportkoster hervorgerufen waren. Diese Ringe werden als **Thünensche Kreise** bezeichnet. Im zweiten, heute kaum noch verständlich, sollte der Wald stehen. Der Transport des Holzes auf dem Landweg war damals unerhört teuer. Fast ganz außen sollte Fleisch produziert werden. Fleisch war mit sehr geringen Kosten zu erzeugen, wenn man die Tiere in großen Herden weidete oder zeitweise frei umherlaufen ließ. Auch die Transportkosten blieben bescheiden, denn die Tiere marschierten selbst zum Markt, verloren dabei allerdings an Gewicht. Die Treiberlöhne spielten in diesem Falle keine nenneswerte Rolle im Vergleich zum Wert der zum Markt getriebenen Herde. Das Thünensche Modell ist also geeignet, den Ochsenfernhandel theoretisch zu begründen, bei dem die Tiere aus Schleswig-Holstein, Polen und Ungarn auf den Märkten westdeutscher Großstädte und Residenzen angeboten wurden. Bei der Anordnung des Waldes nahe der Stadt werden aber schon die Zeitgenossen Bedenken gehabt haben, nutzte man doch früher selbst unscheinbare Flüßchen, um das Holz zum Verkaufsort zu transportieren. Thünens Modell war zu wirklichkeitsfremd und verfehlte deshalb seinen Eindruck auf die Zeitgenossen. Wenn Frauendorfer selbst feststellt, Thünens Erkenntnisse seien vergessen worden und erst kurz vor dem Ersten Weltkrieg bei der Diskussion betriebswirtschaftlicher Probleme wieder herangezogen, so hätte er nicht die ersten Jahrzehnte des 19. Jahrhunderts als „Zeitalter Thaers und Thünens" bezeichnen dürfen.

Selbst bei THAER fehlte noch eine Untersuchung der **Wirkungsgeschichte** seiner Ideen. Bei einigen früheren Landwirten läßt sich sein Einfluß mit Sicherheit nachweisen. Die breite Masse der Bauern folgte seinen Vorschlägen jedoch nicht. Daran ändert auch der vielzitierte Topos nichts, auf Thaers Anregung sei die deutsche Landwirtschaft von der Dreifelderwirtschaft zum Fruchtwechsel übergegangen.

Ein Hinweis ist noch erforderlch, um den damaligen Stand der Betriebswirtschaftslehre zu charakterisieren. Auch Thünen organisierte nicht diejenigen Betriebe um, denen eine zunehmende Extensivierung bei wachsender Entfernung vom Markt den höchstmöglichen Reinertrag verschaffte. Er griff vielmehr auf empirisch erprobte Betriebssysteme zurück, die er entsprechend ihrer Intensität und der Transportwürdigkeit ihrer Produkte in den einzelnen Kreisen anordnete. Selbst das „gerechte Verhältnis" der Viehzucht zum Ackerbau blieb damals auf die mehr ackerbauliche als ökonomische Frage beschränkt, ob die Zahl der gehaltenen Tiere ausreiche, den nötigen Dünger zu produzieren.

Als Thaers „Grundsätze der rationellen Landwirtschafth" von 1809 bis 1812 erschienen, enthielten sie bereits etliche Abschnitte, in denen sich Thaer mit betriebswirtschaftlichen Fragen befaßte. Frauendorfer kritisierte die Vorgehensweise Thaers, indem er als Maßstab seinen eigenen Kenntnisstand anlegte. Thaers Leistung wird man jedoch nur gerecht, wenn man überprüft, in welchem Umfang und in welcher Weise er auf betriebswirtschaftlichem Gebiet über seine Vorgänger hinausging. Zum Vergleich eignen sich die Werke der Experimental-Ökonomen Reichart, Leopoldt und Schubart. Schon ein flüchtiger Blick belehrt über den enormen Fortschritt, den Thaer in den „Grundsätzen" machte.

Ein Mangel darf jedoch nicht verschwiegen werden. Nach § 3 ist das Ziel der rationellen Landwirtschaft „der höchste reine Gewinn". Eine Definition sucht man jedoch vergeblich. Der Abschnitt über die Buchführung enthält weit überwiegend Erläuterungen zur Technik. Obwohl es einleitend im § 225 heißt, nur mit Hilfe der Buchführung, sei der höchste Zweck, doch wohl der höchstmögliche Gewinn, erreichbar, wird über den Jahresabschluß so gut wie nichts gesagt. Erst wenn die „Landwirtschaftliche Gewerbslehre" von 1815 herangezogen wird, hellt sich das Bild auf. Allerdings hätte man Thaers Vorgehensweise schon 1807 in den „Annalen" nachlesen können. Ist die Ertrags-Aufwands-Rechnung vollzogen, so setzt Thaer 4 v. H. vom Überschuß als Zinsen ab, die dem Eigentümer auch ohne Wirtschaftsführung zustehen. Meliorationen müssen sich mit 6 v. H. verzinsen. Sodann wird der Überschuß noch einmal um die Geld- und Naturalentnahmen des Betriebseigners gekürzt. Der verbleibende Rest ist „der **Wirtschaftsgewinn**".

Als Erfolgsmaßstab ist der Wirtschaftsgewinn ungeeignet, denn über seine Höhe entscheiden zwei Größen, die nicht exakt bestimmbar sind: 1.) die Privatentnahmen des Eigentümers in Form von Geld und Naturalien, über deren Umfang es keine verbindlichen Maßstäbe gibt; 2.) die angenommene oder geforderte Verzinsung des Grundkapitals. Letztere ist der typische Zankapfel. Man kann über die Höhe der Verzinsung schließlich einen Konsens finden, man kann sie aber nicht mit wissenschaftlicher Genauigkeit bestimmen. Thaer liefert hierfür selber den Beweis. In den „Grundsätzen" setzt er 4 v. H. als Verzinsung an, in der „Gewerbslehre" läßt er den Prozentsatz offen.

Grundsätzlich ist die angeschnittene Frage bis heute nicht gelöst. Immerhin ist der Reinertrag eines Betriebes inzwischen zweifelsfrei definiert, und zwar als nachhaltige Verzinsung des im Betriebe steckenden Wertes (Kapitals), also der Produktionsfaktoren Boden und Kapital, und zwar eines Betriebes der pacht- und schuldenfrei ist und nur mit fremden Arbeitskräften bewirtschaftet wird. Damit ist man insoweit einen Schritt weiter gekommen, als die Aufgliederung der Zinsen für zwei im Verbund wirkende Produktionsfaktoren nicht länger gefordert wird. Wie soll die Arbeitsleistung der Besitzerfamilie monetär bemessen werden? Dafür könnte man herkömmliche Löhne einsetzen. Schwierig bleibt aber die Bewertung der leitenden Tätigkeit. Übt sie der Betriebseigner aus, könnte man ein Verwaltergehalt für ihn fordern. Erzielt der Eigner einen überdurchschnittlichen Betriebserfolg, schlägt er sich nach der Fixierung der Arbeitskosten in höheren Zinsen für Boden und Kapital nieder, also in einem höheren Reinertrag. Erneut sind die drei Produktionsfaktoren im Produktionsprozeß und seinem Ergebnis miteinander verschmolzen, und ihr zahlenmäßiger Anteil wiederum nicht mit wissenschaftlicher Genauigkeit zu ermitteln. – Dennoch bleibt der Reinertrag ein Erfolgsmaßstab dafür, wie rationell ein Betrieb geführt wird. Man darf diese Zinsgröße nur nicht in einen Einkommensanspruch ummünzen, den es auf dem Felde der Agrarpolitik durchzusetzen gilt. Man muß ihn vielmehr als eine Größe anerkennen, in der sich die Tüchtigkeit des Betriebsleiters widerspiegelt.

Thaers Definition der rationellen Landwirtschaft zwang zu einer etwas eingehenderen betriebswirtschaftlichen Analyse. Sie gibt aber nicht zu erkennen, wie eine rationelle Landwirtschaft in der Praxis zu treiben sei. Die Antwort läßt sich leicht geben. Die Dreifelderwirtschaft läßt Thaer nur für Ungarn gelten. Die Koppelwirtschaft der Schleswig-Holsteiner und Mecklenburger beurteilt er etwas milder, aber „von der möglichsten Vollkommenheit im Allgemeinen und ohne Rücksicht auf besondere Lokalitäten ... ist sie noch weit entfernt". Für den Feldbau gilt demnach: es ist der **Fruchtwechsel** einzuführen. Thaer betont ausdrücklich, er sei in England nicht allgemein, doch ergäben sich bei den modernen englischen Agrarschriftstellern keine wesentlichen Abänderungen gegenüber seinem System. Ausdrücklich erwähnt er den Amtsrat Karbe und den Herzog zu Schleswig-Holstein-Beck, die dieses englische System, speziell den Norfolker viergliedrigen Fruchtwechsel, auf deutsche Verhältnisse modifizierend übertragen hätten. Damit ist die grundsätzliche Antwort für den Ackerbau, den damals wichtigsten Zweig der Landwirtschaft, bereits gegeben: die rationelle Landwirtschaft ist ohne Fruchtwechsel nicht denkbar.

Ein Seitenblick sei gestattet. Häufig wird für das späte 18. und frühe 19. Jahrhundert der fördernde Einfluß der landwirtschaftlichen Sozietäten herausgestellt. Als zweitälteste wurde 1764 in Celle die „Königlich großbrittanische kurfürstlich braunschweigischlüneburgische Landwirthschaftsgesellschaft" auf Anregung König Georgs III. nach englischem Vorbild gegründet. Thaer wurde 1780 ihr Mitglied. Die Gesellschaft verfügte über eine Bibliothek, die bis heute erhalten blieb. Der gedruckte Katalog gibt Auskunft darüber, welche Bücher Thaer zur Verfügung standen. Reicharts „Land- und Gartenschatz" fehlt, bei Schubarts „Oeconomisch-cameralistischen Schriften" der 4. Teil. Über die englische Landwirtschaft war trotz der Personalunion kein Gesamtwerk vorhanden, in der Abteilung Ackerbau sind nur die beiden Engländer Jethro Tull und R. Somerville zu finden. Letzterer stellte Berichte des Board of Agriculture über Dünger-fragen zusammen. Wie sollte Thaer unter diesen Umständen ein Buch über die englische Landwirtschaft schreiben, das bekanntlich einen Extrakt der Erkenntnisse der modernen englischen Schriftsteller darstellt. Wo bleiben Marshal und Young, denen Thaer so viel verdankte? Die Lösung ist einfach: Thaer benutzte die Privatbibliothek seines Freundes Gerhard v. Hinüber, in der die benötigten Werke standen.

Bei dem herausgehobenen sozialen Status der führenden Mitglieder landwirt-schaftlicher Gesellschaft ist eine Frage absolut vorrangig: Hatten diese Sozie-täten überhaupt eine Chance, mit ihren Vorschlägen ein Echo in der breiten Praxis zu finden? Hierüber fehlen noch eingehende Forschungen. Jedenfalls war Schubart betreffs der Wirksamkeit dieser Gesellschaften sehr skeptisch. Die Propagierung des Kleebaus durch die Celler Landwirtschaftsgesellschaft war sicherlich ein guter Anfang, doch erreichte sie nachweislich keine Breitenwir-kung. Als Übermittlerin moderner landwirtschaftlicher Verfahren trat die Ge-sellschaft, jedenfalls bis kurz vor 1800, nach Ulbrichts Forschungen nicht in Erscheinung.

Zu einer rationellen Landwirtschaft gehört auch eine neuzeitliche **Zucht und Haltung des Rindviehs.** Thaer erwähnte in den „Grundsätzen" lediglich die englische Holderness-Art, die aus den Niederlanden stammen soll, während er Rassen, die in den Niederlanden, der Schweiz, Jütland, Ungarn und Podolien vorkamen, weit näher beschreibt. Das liegt sicherlich an seinem Zuchtziel, die Milchleistung gegenüber dem Fleischansatz zu bevorzugen. Ganz knapp deutet Thaer das Zuchtverfahren der Inzucht an und zieht das Fazit: „Ich bilde mir eine Race, die aus der Friesischen, Schweizer und Jütländer Art zusammen-gesetzt ist." Diese Absichtserklärung zeigt eins mit aller Deutlichkeit: Ratio-nelle Landwirtschaft bedeutet für Thaer nicht einfach den Transfer der „engli-schen Landwirtschaft" – wie sie auch immer definiert werden sollte und könnte – nach Deutschland. Bei der Haltung des Rindviehs plädiert Thaer für die Sommerstallfütterung. Nur zwei Ausnahmen läßt er gelten: die sehr seltenen milchergiebigen Weiden in den Marschen und die sehr sandigen Böden, die unter 25 v. H. Lehm und Humus enthalten.

E   Die Schafzucht

Albrecht Daniel Thaer starb 1828 zu Möglin in seinem 77. Lebensjahr. Das denkmalfreudige 19. Jahrhundert kam ohne ein äußerliches Zeichen der Würdi-gung nicht aus. 1850 wurde in Leipzig eine Gedenksäule enthüllt, deren Inschrift auf vier Großtaten des ehemaligen Mediziners auf dem Felde der

Landwirtschaft verweist: Begründung der Landwirtschaftslehre, Förderung des Kartoffelbaus, der Wechselwirtschaft und der Schafzucht. Thaer, der 1826 noch zwei vereinigte Rittergüter erwerben konnte, soll die Ankaufssumme nicht zuletzt durch seine Tätigkeit als Schafzüchter erworben haben. Schon 1811 schrieb Thaer ein Handbuch, tatsächlich ist es eher ein Abriß, für die feinwollige Schafzucht „auf Befehl des Königl. Preuß. Ministeriums des Innern". Der Autor hat dieses Werk später nicht sehr geschätzt. Seinem Ruhm als Schafzüchter hat es jedoch keinen Abbruch getan. Fraas meinte: „Seine Werke über die Erzeugung und Zucht hochfeiner Wolle und hochedler Schafe, werden für die deutsche Nationalwirthschaft unsterblich seyn, denn noch übertreffen wir hierin alle Völker. Er war auch Generalintendant aller preußischer Stammschäfereien."

Thaers Biograph Wilhelm Körte unterstreicht Fraas' Urteil, er sei in den letzten Dezennien Tierzüchter, vor allem Schafzüchter gewesen. Seit 1811 widmete er sich der Zucht dieser Tierart in zunehmendem Maße, „nachdem er 150 ha Reichenower Bauernäcker angekauft und umgelegt hatte, welche nun von einer Schäferei betrieben werden sollten." Nach zehn Jahren war die Herde auf 1200 Stück im Winter angewachsen, womit Körte wohl den vorherigen Abgang der ausgemerzten Schafe und der Hammel andeuten will. Um die Schafzucht zur höchsten Vollkommenheit zu bringen, stellte Thaer den Grundsatz auf: „Man muß jeden besonderen Charakter der Wolle, welchen die verschiedenen Fabrikanten wünschen, – denn ohne sich nach ihnen zu richten, verfällt der Schaafzüchter leicht auf Thorheiten, – möglichst rein darstellen und in sich veredeln; dabei aber Rücksicht nehmen auf das Verhältniß des erlangten Preises zu der Quantität, die von dieser oder jener Art mit gleichem Aufwande hervorgebracht werden kann."

Kürzer kann man die rationelle Landwirtschaft nicht auf eine Formel bringen. Der Markt entscheidet über Art und Umfang der Produktion der Landwirtschaft, und der Tüchtige wird sich bevorzugt jenem Erzeugnis zuwenden, bei dem die Spanne zwischen Aufwand und Ertrag den höchsten Nutzen verspricht. Um dieses Ziel zu erreichen, kaufte Thaer die Bauernäcker zusammen, benutzte spanische Merinoböcke und dann sächsische zur Verdrängungskreuzung, indem er Böcke dieser Rasse immer wieder die anfallenden Kreuzungstiere decken ließ. Inzucht schloß sich nach englischem Vorbild an, bis sich das Genmaterial in den Tieren der Herde derart anglich, das von einer neuen Rasse gesprochen werden konnten. 1826 erzielte Thaer auf der Auktion von 160 Böcken und 194 Mutterschafen 15 510 T. Um seine Kunden durch die hohen Auktionspreise nicht abzuschrecken, der teuerste Bock hatte 1825 auf der Auktion 510 Taler gebracht, verkaufte er sie nach 1826 wieder zu Preisen von 20 bis 200 Talern. Thaer trieb die Schafzucht nicht nur des materiellen Erfolges wegen. Ihn reizten auch die Erkenntnisse, die bei dieser Tätigkeit zu gewinnen waren. Verhinderten sie den höchstmöglichen Gewinn, ließ ihn Thaer fahren.

Allem Anschein nach war aber nur der Erkenntnisdrang auf wissenschaftlichem Gebiet dazu angetan, den rationellen Landwirt in seinem Streben nach dem höchstmöglichen Gewinn zu beschränken.

Die Art, wie Thaer sich der Schafzucht und -haltung annahm, läßt mehrere Schlußfolgerungen von einigem Gewicht zu, und deshalb wurde ihr ein eigener Abschnitt eingeräumt. Erstmalig beschäftigte sich der Celler Hofmedikus 1798 ausgiebig mit der Schafzucht im 1. Bande seiner „Einleitung (Anleitung) zur Kenntniß der englischen Landwirthschaft und ihrer neueren practischen und theoretischen Fortschritte in Rücksicht auf Vervollkommnung deutscher Landwirthschaft für denkende Landwirthe und Cameralisten". Wie zusätzlich der 3. Band beweist, er erschien 1804, fand besonders die Rassenvielfalt, die besondere Formbarkeit des Schafes durch Zucht, Thaers besonderes Interesse. Aufschlußreich wird es, wenn Thaer die Enkreuzung spanischer Merinos beschreibt, die in England in weit geringerem Umfange als in Deutschland erfolgte. Hier stand das qualitativ hochwertige Fleischschaf im Vordergrund züchterischer Bemühungen. Merkwürdigerweise lehnten aber die englischen Tuchfabriken die veredelte Wolle englischer Schafe ab, die durch das Einkreuzen von Merinos verbessert worden war, während sie das von deutschen Schafen stammende Kreuzungsprodukt unbedenklich aufkauften. Thaer wägt ab und meint, für deutsche Verhältnisse sei das Veredeln mit Merinos wohl das zweckmäßige Vorgehen, doch will er sich zu diesem Zeitpunkt noch nicht endgültig festlegen. Das geschah erst 1811.

Damit steht eindeutig fest, was sich schon bei der Rinderzucht andeutete: die Anleitung zur Kenntnis der englischen Landwirtschaft ist keine Rezeptur, nach der die deutsche zu vervollkommnen sei. Die Vielfalt ihrer Methoden ist vielmehr einem Auswahlkatalog vergleichbar, aus dem sich der denkende Landwirt nach sorgfältigem Abwägen das für ihn Passende heraussuchen soll. Thaer selbst ist dafür das beste Beispiel. Die fortschrittliche rationelle Landwirtschaft ist nicht die Kopie der englischen Landwirtschaft. Sie gab es ohnehin nicht. Betont doch Thaer ausdrücklich, trotz der Kleinheit Englands im Vergleich zu Deutschland sei die Landwirtschaft im Inselreich bedeutend vielgestaltiger.

Thaer stand der Landwirtschaft als Gewerbe mit einem gewissen inneren Vorbehalt gegenüber. So heißt es in den „Grundsätzen": „Das Landleben hat bei aller Annehmlichkeit so viel Einförmiges, und bei aller Geschäftigkeit doch solche Stunden der Langeweile, daß dem lebhaften Kopfe solches kaum genügen kann, wenn er sich nicht mit einem anderen Studium beschäftigen kann." Das ist das Studium der Natur und ihrer Gesetze. Voll und ganz der Aufklärung verhaftet ist Thaer, wenn er fortfährt: „Wenn uns die moralische Welt und die gesellschaftlichen Verhältnisse, fast nur den widrigen Anblick des Widerstrebens gegen die beseligenden Gesetze der Vernunft darbieten, wodurch sich Schmerz und Elend über die Erde verbreiten, zeigt uns die Natur nur um so mehr Ordnung und Einheit, je tiefer wir eindringen." Landleben, und das heißt gleichzeitig Landwirtschaft als zu treibendes Gewerbe, wären für einen lebhaften Kopf wie Thaer viel zu einförmig und zu langweilig, wenn nicht das Studium der Naturgesetze, der „beseligenden Gesetze der Vernunft" den erforderlichen Ausgleich brächten. Diesem Zweck diente die Schafzucht, die Thaer mit Systematik und keineswegs nur empirisch betrieb. Was mag Thaer innerlich mit einem Bauern, dem solch ein Ausgleich versagt blieb, verbunden haben? Bemühungen, auch bäuerlichen Wirten zu helfen, lassen sich immerhin nachweisen.

Thaer dachte, das zeigen die „Grundsätze" eindeutig, vom Großbetrieb her. Bei der Sommerstallfütterung des Rindviehs ging er von 80 Stück aus. Er meinte, bei Kleinbetrieben sei der Aufwand für das Futterholen relativ eher noch geringer anzuschlagen, was für den bäuerlichen Betrieb mit Sicherheit nicht zutrifft. Schafe lassen sich nur dann dem vom Markt vorgegebenen Zuchtziel annähern, wenn die Herde groß genug ist, damit auch jene Varianten auftreten, die sich zur Weiterzucht eignen. Ist die Wollproduktion rentabel genug, kaufte Thaer 150 ha Bauernäcker auf, die grob gerechnet mindestens acht Bauernfamilien eine auskömmliche Existenz hätten bieten können. Die Schafhaltung war indessen einträglicher, und wenn dabei nur wenige Arbeitskräfte benötigt wurden, mußten die Familien abwandern und vielleicht in der Tuchmanufaktur einen Verdienst suchen. Ob das allen Angehörigen gelang, ist zumindest zweifelhaft. Rationelle Landwirtschaft hat nach dem höchsten Gewinn zu streben und dient dann auch angeblich dem allgemeinen Besten. Dieses rein rationale Kalkül des rationellen Landwirts formte in nicht wenigen Fällen den Eindruck, den Thaer auf seine Mitwelt machte. Bei den Zeitgenossen stieß er deshalb auf zum Teil scharfe Kritik (vgl. S. 293).

II   Der Pauperismus

A   Die Bevölkerungsstruktur

Der Ausdruck Pauperismus scheint aus dem Französischen zu stammen (pauperisme), und wurde schon von den Zeitgenossen zur Kennzeichnung der Lage breiter Bevölkerungsschichten verwendet. Was damit gemeint war, schildert knapp und präzise der betreffende Artikel in Brockhaus' Real-Encyklopädie von 1846:

Pauperismus ist ein neuerfundener Ausdruck für eine höchstbedeutsame und unheilvolle Erscheinung, den man im Deutschen durch die Worte Massenarmut oder Armentum wiederzugeben versucht hat. Es handelt sich dabei nicht um die natürliche Armut, wie sie als Ausnahme ... einzelne befallen mag; auch nicht um die vergleichungsweise Dürftigkeit, bei der doch eine sichere Grundlage des Unterhalts bleibt. Der Pauperismus ist da vorhanden, wo eine zahlreiche Volksklasse sich durch die angestrengteste Arbeit höchstens das notdürftigste Auskommen verdienen kann, auch dessen nicht sicher ist, keine Aussichten der Änderung hat, darüber immer tiefer in Stumpfsinn und Roheit versinkt, den Seuchen, der Branntweinpest und viehischen Lastern aller Art verfällt, den Armen-, Arbeits- und Zuchthäuslern fortwährend eine immer steigende Zahl von Rekruten liefert und dabei immer noch sich in reißender Schnelligkeit ergänzt und vermehrt.

Sehr früh wurde neben anderen Ursachen eine der wichtigsten erkannt, nämlich die Bevölkerungsvermehrung. Bereits 1798 machte der Engländer Robert Malthus, ältere Gedanken aufgreifend, auf die unterschiedliche Geschwindigkeit des Zuwachses bei der Bevölkerung und der Nahrungsmittelerzeugung aufmerksam. Die Produktion von Nahrungsmitteln war nach seiner Meinung nur in Form einer arithmetischen Reihe zu steigern (2, 4, 6, 8, 10 usw.), während die Bevölkerung nach Art einer geometrischen Reihe wuchts (2, 4, 8, 16, 32 usw.). Die mathematische Formulierung für den Verlauf beider Prozesse wurde zwar langfristig gesehen nicht bestätigt, aber das Vorauseilen der **Bevölkerungsvermehrung** war vor und nach 1800 unverkennbar. Es spiegelt sich in den ständig steigenden **Getreidepreisen** von 1750 bis 1850. Der von Abel ermittelte Durchschnittspreis in mindestens sieben deutschen Städten betrug für 1 dt Roggen

1751/60	51,1 g Ag,	1801/10	95,0 g Ag,
1761/70	58,1 g Ag,	1811/20	96,1 g Ag,
1771/80	62,5 g Ag,	1821/30	51,4 g Ag,
1781/90	57,5 g Ag,	1831/40	62,7 g Ag und
1791/1800	75,4 g Ag,	1841/50	72,4 g Ag.

Offensichtlich ist der enorme Preisverfall im Jahrzehnt 1821/30, der durch das Zusammenwirken reicher Ernten und der Exporterschwernis durch die englischen Kornzölle bewirkt wurde, doch danach ist das erneute Ansteigen unverkennbar. Der Nahrungsspielraum verengte sich erneut. Infolgedessen fielen die Reallöhne und die Getreidepreise stiegen. Die Begründung dafür lieferte 1817 David Ricardo (vgl. S. 80). Die Verengung der Lohn-Preis-Schere mußte vor allem die Armen treffen, die einen nicht unbeträchtlichen Teil ihres Einkommens für Nahrungsmittel ausgeben mußten (vgl. S. 189). Sie wohnten ebenso in der Stadt wie auf dem Lande. Zumindest in Preußen veränderte sich der Anteil der Stadtbevölkerung in der ersten Hälfte des 19. Jahrhunderts noch nicht, auch wenn die Einwohnerzahl Berlins ganz erheblich stieg. 242 000 Zuwanderer vermochten das Gesamtverhältnis noch nicht zu verschieben.

Wenn es im Brockhaus-Artikel heißt, die Volksklasse, die höchstens das notdürftigste Auskommen fände, ergänze und vermehre sich mit reißender Schnelligkeit, so bedarf das einer Erläuterung. Soweit sich das heute übersehen läßt, scheint sich nämlich die Bevölkerung in der zweiten Hälfte des 18. und in der ersten Hälfte des 19. Jahrhunderts in einem annähernd gleichen Tempo vermehrt zu haben. Läßt sich für die Zeit von 1750 bis 1800 ein Wachstum um rund die Hälfte in etlichen Territorien nachweisen, so stieg in den Grenzen des späteren Deutschen Reiches von 1871 die Volkszahl von 1816 bis 1864 von 23,5 auf 37,8 Mio. Menschen (KÖLLMANN, 1976, 10). Das ist zwar eine Vermehrung um 61 v. H. im nahezu gleichlangen Zeitraum, aber aus dem schon vor 1800 rasch fließenden Strom ist deshalb noch kein reißender geworden.

Im Grunde genommen wäre eine Diskussion einer unterschiedlichen Geschwindigkeit des Bevölkerungswachstums ohnehin unergiebig, da sich unabhängig von der Vermehrungsrate jene **Umstrukturierung der Landbevölkerung** fortsetzte, die bereits für das späte 18. Jahrhundert beschrieben wurde. Mit Ausnahme der preußischen Ostprovinzen konnte das Ackerland nicht mehr nennenswert ausgedehnt werden. Wie schon im Altsiedelland vor 1800 blieb der Bevölkerungszuwachs ohne Landausstattung, und die Frage, die Franz schon für die unterbäuerliche Schicht um die Jahrhundertwende stellte, wovon diese Menschen eigentlich lebten, gewann jetzt erst ihre in der Geschichte einmalige Brisanz. Legt man die Zahlen Hennings zugrunde, so kann eine Feststellung getroffen werden: Der Primäre Sektor reichte bei weitem nicht aus, die Stellungsuchenden zu beschäftigen. Um 1800 waren im Primären Sektor von 10,5 Mio. Beschäftigten 62 v. H. oder 6,5 Mio. tätig, um 1850 sank der Prozentsatz auf 55 v. H. ab, muß aber jetzt auf 15,8 Mio. Beschäftigte bezogen werden. Das wären 8,7 Mio. Menschen im Primären Sektor. Von den 5,3 Mio. Menschen, die zusätzlich eine Tätigkeit suchten, fanden nur noch rund 40 v. H. oder 2,2 Mio. im Primären Sektor ein Unterkommen. Diese Aussage bedarf jedoch dringend der Differenzierung.

Die preußischen Ostprovinzen erlebten in der Zeit von 1816 bis 1864 die stärkste Bevölkerungszunahme. Die Bevölkerung verdoppelte sich hier, während sie im Deutschen Bund im Durchschnitt nur um 61 v. H. wuchs. In den Ostprovinzen kamen rund 5 Mio. Menschen hinzu. Berücksichtigt man den Anteil der landwirtschaftlichen Bevölkerung und den Durchschnittssatz der Beschäftigten, so fanden allein in den Ostprovinzen noch 1,8 Mio. Arbeitskräfte im Primären Sektor ein Unterkommen. Nur 0,4 Mio. Beschäftigte nahm dagegen der Primäre Sektor in den übrigen Staaten des Deutschen Bundes auf, in denen die dreifache Bevölkerung wie in den Ostprovinzen wohnte. Das Fazit liegt auf der Hand: Mit Ausnahme der preußischen Ostprovinzen war die Aufnahmefähigkeit des Primären Sektors in den übrigen Gebietsteilen des Deutschen Bundes bereits erschöpft.

Die **Sonderrolle der preußischen Ostprovinzen** läßt sich ebenso erhärten wie begründen, wenn auf Hennings Zahlen für Ostpreußen zurückgegriffen wird. In dieser Provinz wuchs von 1805 bis 1867 die Bevölkerung von 988 000 Menschen auf 1 808 000 an. Die Zunahme betrug also 820 000 Personen. Allein die auf den Gütern tätigen Instleute und Tagelöhner vermehrten sich von 220 000 auf 580 000. Wird die Differenz von 360 000 Köpfen auf die Gesamt-

zunahme bezogen, so stellt sie daran bereits 44 v. H. Auch die Zahl der Eigen-
kätner erhöhte sich von 40 000 auf 144 000. Das Mehr an 104 000 Menschen
stellte noch einmal 13 v. H. der Gesamtzunahme. 57 v. H. des gesamten Zuwachses waren also auf den Gütern tätig, deren Wirtschaftsfläche durch die
Agrarreformen nicht unerheblich vergrößert worden war. Gänzlich wurde
dadurch der Bevölkerungsdruck nicht aufgefangen; denn die Zahl der Landhandwerker stieg relativ auf 315, und das war deutlich mehr als bei der
gesamten Bevölkerung, bei der sich der entsprechende Relativwert nur auf 183
belief.

Einem Hinweis Abels zufolge sollte die überdurchschnittliche Bevölkerungsvermehrung in den Ostprovinzen nicht auf besonders günstige Lebensverhältnisse der Einwohner zurückgeführt werden. Das Elend des Pauperismus
trat in anderen Gebieten des Deutschen Bundes viel krasser in Erscheinung.
Schon v. d. Goltz verwies auf Württemberg, Baden, die Rheinpfalz und Hessen,
wo die **fortlaufende Realteilung** viele Familien in bitterste Not gestürzt hatte.
Daß diese Erbsitte in eine Sackgasse führen mußte, war schon im späten 18.
Jahrhundert abzusehen. Da der badische Staat die Steuern nach dem Umfang
des bewirtschafteten Landes bemaß, fehlten den Kleinbauern bei schrumpfen-
der Betriebsfläche zunehmend die Überschüsse, um sie zu begleichen. Die
später oft lobend herausgestellten Möglichkeiten zum Zu- und Nebenerwerb,
man sprach förmlich von Industriebauern, zeichneten sich bis 1850 noch nicht
ab.

Aber auch in den Anerbengebieten war die Lage nur in Ausnahmefällen
günstiger zu beurteilen. Hatte sich erst einmal eine zahlenmäßig starke unterbäuerliche Schicht gebildet, so war dem weiteren Wachstum kaum Einhalt zu
gebieten. Für Braunschweig hat Ernst Wolfgang Buchholz eine oft zitierte
Regionalstudie vorgelegt, die eigentlich nur die Hilflosigkeit der Regierung
belegt. An Arbeitsbeschaffungsmaßnahmen dachte man höchstens in Notjah-
ren. Im Vordergrund stand vielmehr eine **restriktive Politik.** Sie betraf in
erster Linie die Eheschließung, die nur gestattet wurde, wenn ein entsprechen-
des Vermögen und ein ausreichender Verdienst nachgewiesen werden konnten.
Außerdem erschwerten die Gemeinden den Zuzug, da sie im Falle der Verarmung für die Bedürftigen aufkommen mußten. Köllmann stellte zu Recht fest,
neben den Realteilungsgebieten seien gerade die Gebiete älterer gewerblicher
Verdichtungen wie Schlesien und Minden-Ravensberg zu Zentren des Massen-
elends geworden. Auch unter diesem Aspekt sollte die sogenannte Protoindustrialisierung neu überdacht werden. Um bei Braunschweig zu bleiben, das in
jenem Gürtel intensiver Garnspinnerei und Weberei lag, der sich von Minden-
Ravensburg bis Halberstadt erstreckte: das Massenelend traf nicht alle Dorfbewohner; im Gegenteil, ab 1830 profitierten die Vollbauern wieder von den
steigenden Agrarpreisen, genau wie alle übrigen in den Gebieten mit geschlossener Hofübergabe.

Abschließend sei auf die **beginnende Verstädterung** verwiesen, zu der die Entwicklungsländer in der Gegenwart eine augenfällige Parallele bieten. Es war nicht der Verdienst, der die Wanderungsbereiten in die Stadt zog, sondern die Aussichtslosigkeit, auf dem Lande sein Fortkommen zu finden. Nur zu oft wurden jedoch die Erwartungen der Zuziehenden enttäuscht, so daß Köllmann in dieser Wanderungsbewegung eine Verlagerung der sozialen Lasten vom Lande in die Stadt sieht.

B   Die Lohn-Preis-Schere

Mit den Preisen in der genannten Schere sind die Agrarpreise gemeint. Von ihren Schwankungen wurden vor allem die Niedrigverdiener betroffen. Sie mußten bei sinkendem Einkommen einen steigenden Anteil für Lebensmittel ausgeben. Wenn dieses Gesetz in bündiger Form auch erst der preußische Statistiker Ernst Engel (1821–1896) formulierte, so war es der Sache nach doch schon den Kameralisten bekannt. Bei dem von Engel straff definierten Zusammenhang kommen hier also nur jene Löhne in Betracht, die den unteren Schichten gezahlt wurden. Jenen Schichten also, die vom Pauperismus bedroht wurden.

Als sich Wilhelm Abel mit der Massenarmut und den Hungerkrisen im vorindustriellen Europa (1974) beschäftigte, hat er auch die in Deutschland in der ersten Hälfte des 19. Jahrhunderts bezahlten Löhne systematisch erfaßt. Ganz hat ihn das Ergebnis nicht befriedigt, doch kann es als leidlich gesichert gelten, wenn unwesentliche Abweichungen übergangen werden. Die Nominallöhne blieben während der ersten Hälfte des 19. Jahrhunderts konstant. Die Scherenbewegung ging also nicht von den Nominallöhnen, sondern von den steigenden Preisen für pflanzliche und tierische Erzeugnisse aus, die nach der Agrarkrise in gleicher Weise anstiegen (Abb. 10).

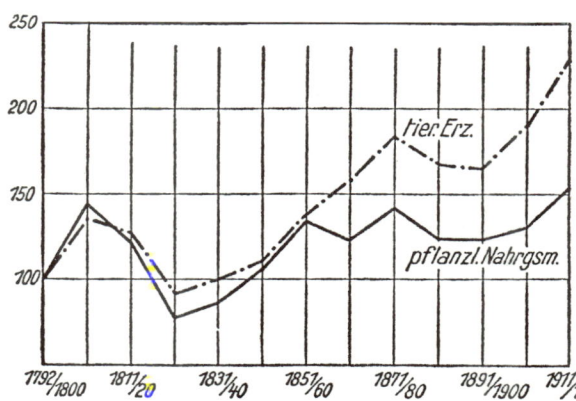

Abb. 10: Preisbewegung pflanzlicher Nahrungsmittel und tierischer Erzeugnisse in Deutschland

Quelle: ABEL G 1978, 394

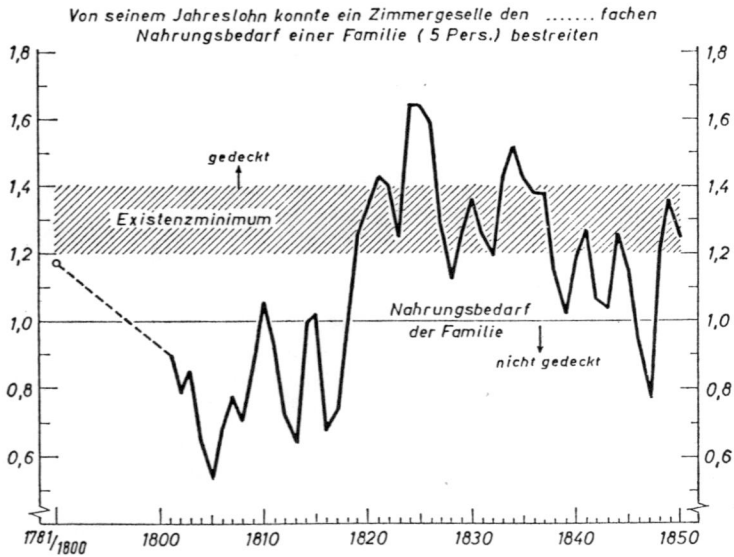

Quelle: SAALFELD nach Abel G 1978, 350

Abb. 11: Kaufkraftschwankungen der Bauarbeiterlöhne in Leipzig 1781/1800–1850

Bei steigenden Lebensmittelpreisen und konstanten Nominallöhnen mußten die Reallöhne sinken. Da sich die Preise für gewerbliche Waren kaum erhöhten, hing der Reallohnfall davon ab, wie hoch der Anteil der Ausgaben für Nahrungsmittel am Einkommen war. Anders ausgedrückt: diejenigen, die am wenigsten verdienten, wurden am stärksten davon btroffen. Diesen Zusammenhang hat Abel mit dem Fall sogenannter Kornlöhne illustriert, doch muß aus methodischen Erwägungen die von Diedrich Saalfeld benutzte Warenkorbmethode bevorzugt werden. Ein wenig wird das Ergebnis überzeichnet sein, da Saalfeld (Abb. 11) für die Familie einen Alleinverdiener unterstellt.

Zweierlei läßt sich der Graphik entnehmen: 1.) Mißernten mit den nachfolgenden überproportionalen Preiserhöhungen (Abb. 9, S. 176) wirkten sich auf die Lebenshaltung der unteren Volksschichten katastrophal aus. 2.) Der Fall des Reallohns, jedenfalls im Trend, ist von 1825 bis 1850 unverkennbar.

In der ersten Hälfte des 18. Jahrhunderts stieg die Leistungskraft der Landwirtschaft aus den verschiedensten, noch darzustellenden Gründen an. Es liegt deshalb nahe, die Ernährungsleistung auf die Bevölkerung zu beziehen und dann die Relationen um 1800 und um 1850 miteinander zu vergleichen. Der Sinn eines solchen Vorgehens soll grundsätzlich nicht bezweifelt werden, doch mahnt die Abb. 12 zur Vorsicht. Nur zu rasch geht eine solche Form statistischer Vergleiche an der Wirklichkeit vorbei.

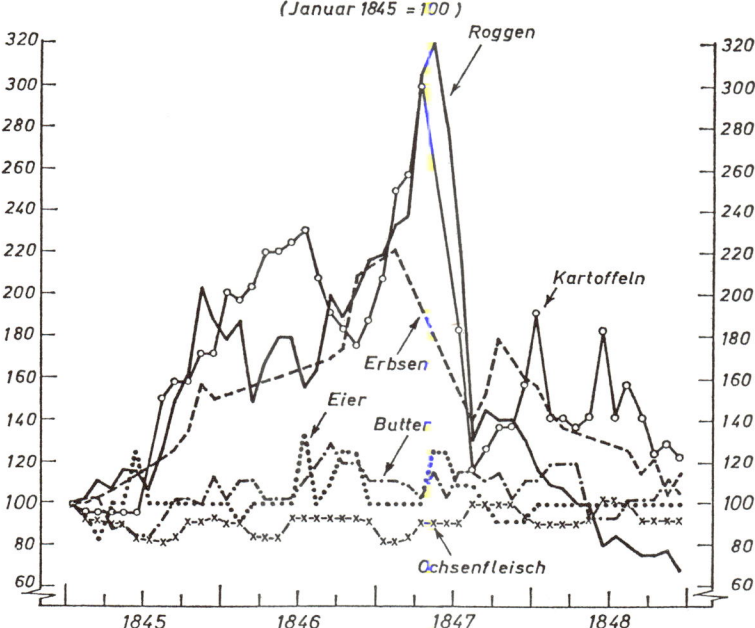

Quelle: ABEL, G 1978, 370

Abb. 12: Monatspreise der wichtigsten Nahrungsgüter in Nürnberg 1845–1848

Wie die Abb. 12 lehrt, verlief die Preisentwicklung in den Jahren 1846 und 1847 außerordentlich unterschiedlich. Die Grundnahrungsmittel Roggen und Kartoffeln weisen einen steilen Anstieg auf, während bei den Veredlungsprodukten Eier, Butter und Ochsenfleisch lediglich die üblichen saisonalen Preisschwankungen zu verzeichnen sind. Für die Deutung ist also der Preisverlauf bei Roggen und Kartoffeln entscheidend. Schon um die Jahreswende 1845/46 erreichten die Roggenpreise ihren ersten Höchststand, danach fielen sie wieder etwas ab. Bei diesem Preisniveau gerieten etliche Verbraucher bereits in Schwierigkeiten, sie wichen auf Kartoffeln aus, deren Preise weiterhin kletterten. Deren Angebot wurde schon deshalb knapper, weil Kartoffeln den Winter über nicht ohne Verluste zu lagern sind. Die schlechte Ernte im Jahre 1846 zeichnete sich schon vor ihrer Einbringung ab, so daß die Preise für die Grundnahrungsmittel weiterhin anzogen. 1847 erreichten sie mit dem mehr als Dreifachen ihren Gipfelpunkt. Zwar fielen jetzt die Roggenpreise rasch ab, aber die Kartoffelpreise folgten diesem Tempo nicht, da sie für die Ärmsten immer noch ein begehrtes Nahrungsmittel darstellten. Weniger mit Eiern oder Butter, wohl aber mit Ochsenfleisch hätte man den Hunger stillen können. Allein es

war viel zu teuer. Auch bei einer Verdreifachung des Kartoffel- und Roggen-
preises war die Kalorie (Joule) immer noch am billigsten mit diesen Produkten
zu erwerben. Stiegen also die Grundnahrungsmittel im Preis, so wurde das
Geld bei den Armen sehr rasch knapp. Sie mußten auf Kleidung, Feuerung und
das wenige bislang gekaufte Fleisch verzichten und ihre Kaufkraft auf jene
Produkte konzentrieren, die den höchsten Sättigungswert und gleichzeitig den
höchsten Nährwert je Geldeinheit besaßen – und das waren nach wie vor die
Grundnahrungsmittel. Die Abb. 12 spiegelt also einen geradezu klassischen
Fall einer inversen Nachfrage nach Roggen und Kartoffeln wider.

Sollte sich für die Jahrhundertmitte eine Erweiterung des Nahrungsspielraums ergeben, weil die Landwirtschaft trotz der nicht unerheblich gestiegenen
Bevölkerung je Kopf mehr Nahrungsmittel erzeugte, so ist dennoch eine Feststellung unabweislich: breite Bevölkerungsschichten hatten an dieser Verbesserung keinen Anteil. Ihnen fehlte die erforderliche Kaufkraft, um jenen Konsum zu verwirklichen, der ihnen ein menschenwürdiges Dasein erst erlaubt
hätte.

C Der Rückgang der Beschäftigung

Wenn im 2. Viertel des 19. Jahrhunderts die Agrarpreise erneut stiegen und sich
dementsprechend die Lebensmittel verteuerten, hatten besonders die Niedrigverdiener allen Anlaß, auf eine Lohnerhöhung zu drängen. Da Abel jedoch eine
Konstanz der Nominallöhne konstatieren mußte, ließen sich offensichtlich
Forderungen dieser Art nicht durchsetzen. Die Zahl der Beschäftigten, vielleicht sollte man besser sagen Beschäftigung Suchenden, stieg in dem zu
betrachtenden 2. Viertel um weitere 3,2 Mio. an, und Arbeitsplätze waren allem
Anscheinnach in dieser Größenordnung nicht zu schaffen. Nur das Königreich
Sachsen, das als erster deutscher Bundesstaat von der Industrialisierung erfaßt
wurde, scheint in dieser Hinsicht eine Ausnahme gemacht zu haben. In Sachsen wanderte nicht nur die Landbevölkerung in erheblichem Umfange ab,
die aufblühende Textilindustrie verkraftete auch eine nicht unerhebliche Zahl
von Zuwanderern. 1861 war die landwirtschaftliche Bevölkerung bereits auf
25,1 v.H. gesunken, während die gewerbliche auf 63,9 v.H. gestiegen war.
Über eine abweichende günstigere Lohnentwicklung liegen trotz KIESEWET-
TERs umfangreicher Untersuchung (1988) keine Angaben vor.

Wurde bislang ein ungenügender Beschäftigungsgrad aus der Konstanz der
Nominallöhne indirekt erschlossen, so läßt sich zumindest bei einer Art des
Erwerbs der Rückgang auch direkt nachweisen, nämlich beim **Garnspinnen
und Leinwandweben.** Das ist zuerst einmal erstaunlich, denn der Verbrauch
an Leinwand war allem Anschein nach in Deutschland keineswegs rückläufig.
Für Preußen berichtete Dieterici folgenden Pro-Kopf-Verbrauch in m Stoff:

1806 = 2,66, 1831 = 3,66, 1840/42 = 3,33 und 1851 = 3,33. Die Zunahme betrug also 29 v. H., und da die Bevölkerung in der gleichen Zeitspanne um rund 60 v. H. wuchs, muß der Gesamtbedarf auf das Doppelte gestiegen sein. Wäre der Anteil der Leineweber an der Gesamtbevölkerung prozentual gleich geblieben, so hätte sich die Nachfrage immer noch um 29 v. H. ausgeweitet.

Diese Ausweitung half den deutschen Garnspinnern und Leinewebern jedoch nur wenig, da sie lediglich den inneren Markt betraf. Ihre Produkte fanden jedoch ihren Hauptabsatz anfangs noch in England, besonders aber in Westindien, bis sie wegen der Konkurrenz der Engländer praktisch nicht mehr zu verkaufen waren. Die Stockung bewirkten zwei Gründe zugleich. Zum einen eroberte das Baumwollzeug den Markt, sodann wurden maschinell gesponnenes Garn und maschinell verwebte Leinwand förmlich zu Preisbrechern. Nur scheinbar steht dieser Aussage die Entwicklung der Zahl nebengewerblich betriebener Webstühle in Preußen entgegen. Ihre Zahl erhöhte sich zwar von 1816 bis 1861/62 von 164 870 auf 276 266 oder auf 168 v. H. – blieb also ungefähr im Rahmen des Bevölkerungswachstums –, doch besagt diese Erhöhung nichts, da keine Angaben über die Auslastung vorliegen.

Für die Selbstversorgung ist es grundsätzlich zweckmäßig, einen Webstuhl anzuschaffen. Die Investition erfordert nur geringe Aufwendungen. Gewann man den zu verspinnenden Flachs selbst und webte daraus Leinwand, so sparte man das Geld für deren Ankauf. Mochte die Arbeitsstunde auch noch so schlecht vergütet werden, so wurde doch das Einkommen erhöht. Erwies sich der nebengewerbliche Weber als recht geschickt, so überbrachte ihm wohl auch der nicht so Tüchtige Flachs, um Leinwand besserer Qualität weben zu lassen. Das verschaffte einen zusätzlichen Verdienst.

Der beschriebenen Art, das Einkommen aufzubessern, muß in den drei preußischen Provinzen Ost- und Westpreußen, Posen und Pommern eine beträchtliche Bedeutung zugekommen sein. Hier stieg die Zahl der nebengewerblich betriebenen Webstühle von 1816 bis 1861/62 auf 216, 535 und 220 v. H. an. In den drei Provinzen, in denen in einigen Landesteilen eine überdurchschnittliche Garn- und Leinwanderzeugung bezeugt ist, sah es dagegen anders aus. Zwar wurden auch hier bis 1831 mehr Webstühle aufgestellt, aber dann ist bis 1861/62 der Abfall nicht zu übersehen. Die Zahl der Stühle sank in dieser Spanne in Schlesien, Sachsen und Westfalen auf 75, 84 und 83 v. H. Bereits jetzt zeichnet sich Schlesien als diejenige Provinz ab, die allem Anschein nach die stärksten Verlust hinnehmen mußte. Wie wichtig es jedoch ist, auch die Auslastung in die Betrachtung einzubeziehen, beweisen die Zahlen für den Export, die Gustav v. GÜLICH berichtete (1845, V 27). Die Ausfuhr Schlesiens betrug Schock Leinwand

1770	101 576	1825	130 541
1786	186 804	1840	46 772
1805	167 713	1842	23 865

Wie muß dieser geradezu dramatische Rückgang jene Weber getroffen haben, die das Leinwandweben als Hauptberuf betrieben haben? Mag sich auch der innere Markt durch das Bevölkerungswachstum ausgeweitet haben; einen solchen Absatzrückgang vermochte er auch nicht im entferntesten wettzu-machen.

In Niedersachsen sah es nicht besser aus. Zwar schilderte GÜLICH (1831, 46 ff.) nur die Verhältnisse in Calenberg, der hannoverschen Kernprovinz, aber die Verhältnisse können unbedenklich verallgemeinert werden. Hier sanken von 1815 bis 1830 die Garnpreise, das Weben spielte nur eine untergeordnete Rolle, doch ging es den Häuslingen, wie hier die Einlieger bezeichnet wurden bis 1825 gar nicht schlecht. Die fallenden Garnpreise wurden nämlich durch noch rascher sinkende Getreidepreise überkompensiert und die von Häuslingen kultivierten Kartoffeln gerieten im allgemeinen gut. Sie konnten deshalb auch ein Schwein mästen und so ihre Ernährung nicht unerheblich verbessern. Ab 1826 aber stiegen die Getreidepreise wegen des geringen Ernteausfalls, und die Bauern begannen die Barausgaben einzuschränken. Die Aussicht, bei ihnen im Tagelohn beschäftigt zu werden, nahm beträchtlich ab. „Unter solchen Um-ständen mußte sich die Lage der Häuslinge um so mehr verschlimmern, da die Zahl derselben," – „in gar vielen Dörfern im Calenbergischen hatte sich etwa v. J. 1800 bis z. J. 1828 die Zahl der Häuslinge in den Verhältnissen von 1 : 4 vermehrt" – „schon früher, aber auch noch in der allerletzten Zeit, sehr gestiegen war, und ihnen hiedurch auch erschwert wurde, eine leidliche Woh-nung zu finden; in manchen Dörfern wohnten in einer elenden Hütte zwei und mehrere solcher Familien beisammen, oft waren auch wohl zwei bis drei Familien auf ein einziges Zimmer angewiesen." Höchst jämmerlich gestalteten sich die Lebensumstände dieser Menschen im Winter 1829/30. Sie hatten kein Geld, um Feuerholz zu kaufen. 1830 mißrieten die Getreidearten und die Kartoffeln. Auch den Bauern fehlte jetzt das Geld, um den Dorfarmen zu helfen. Das Mästen eines Schweins war für die Häuslinge unmöglich. Aber noch nicht einmal das Brotkorn und die Kartoffeln wollten zureichen. „In vielen Dörfern des Calenbergischen sind in diesem Augenblicke (im April 1831), und oft schon seit mehrern Monaten, die Häuser der Bauern von den Allmosen-, meist nur ein Stück trockenes Brot Suchenden, umlagert, und die Diebstähle, welche sich indeß nur auf die ersten Lebensbedürfnisse beschränkten, sind wohl nie so häufig gewesen, als jetzt."

Als Beleg für den Rückgang der Beschäftigungsmöglichkeiten im Garn-spinnen und Leinwandweben läßt sich noch das Herzogtum Braunschweig anführen. Hier wurden um 1800 G v. H. der Ackerfläche mit Lein bestellt. 1856 entfielen noch 3,36 v. H. auf die Ölfrüchte, also Raps und Lein.

D Die Auswanderung

Theodor v. d. Goltz erlebte die sogenannte Caprivi-Krise noch als Zeitgenosse. Der Reichskanzler Graf Caprivi prägte damals das Wort: Entweder wir exportieren Menschen oder Maschinen. Damit war gemeint, entweder wird der Bevölkerungsdruck durch die Auswanderung gemildert, oder der Zuwachs wird in der Industrie beschäftigt, und dann bleibt nichts weiter übrig, als industrielle Erzeugnisse aus- und agrarische Produkte einzuführen. Diese Alternative war jedoch in der ersten Hälfte des 19. Jahrhunderts nicht gegeben. Der auf die Fabrikarbeiter entfallende Bevölkerungsanteil betrug 1846 im Gebiet des Deutschen Zollvereins erst rund 4,4 v. H. In absoluten Zahlen waren das rund 500 000 Arbeiter. Im Vergleich mit der Zahl der Beschäftigten, die um 1850 mit rund 16 Mio. angesetzt wird, ist das ein unerheblicher Anteil. Er bleibt aber auch dann unbedeutend, wenn der Zuwachs an Beschäftigten von 1800 bis 1850 mit knapp 6 Mio. in Betracht gezogen wird.

Die Zwangslösung liegt auf der Hand. Ein Teil der Notleidenden wanderte aus. Wie Abb. 13 zeigt, löste die Versorgungskrise der Jahre 1829/30 keine erkennbare Reaktion aus. Erst als die Verhältnisse sich langfristig als unhaltbar erwiesen, faßte mancher den nicht leichten Entschluß, die Heimat zu verlassen. So wird die Akkumulation der Not in den Zahlen für die Jahre 1847/48 faßbar, als die Kraut- und Knollenfäule der Kartoffel *(Phytophtora infestans)* die Ernte des Hauptnahrungsmittel der Armen fast vernichtete. Auch danach dokumentiert die weiterhin steil ansteigende Kurve die Mutlosigkeit vieler. Ab 1855 ist die Auswanderung im Trend rückläufig. Sehr deutlich zeichnen sich der Boom der Gründerjahre und ebenso die nachfolgende Depression im Kurvenlauf ab. Um 1895 wird schließlich ein Wert erreicht, der nur noch mit dem Fernweh einiger, jedoch nicht mehr mit einem Mangel an Arbeitsplätzen begründet werden kann.

Bereits Gülich hatte die Versorgungskrise der Jahre 1829/30 nicht nur geschildert, sondern zusätzlich die strukturellen Vorbedingungen angedeutet. Die Garnpreise fielen seit mehr als zehn Jahren, und da mit einer Ausdehnung der Maschinengarnspinnerei ebenso wie mit einem wachsenden Konkurrenzdruck des Baumwollzeuges zu rechnen war, konnte der weitere Preisfall unschwer prognostiziert werden. Dagegen war der weitere Anstieg der Getreidepreise und damit im Verbund der Kartoffelpreise wegen der weiterhin wachsenden Bevölkerung zu befürchten. Die zukünftige **Verschlechterung der materiellen Lage breiter Bevölkerungsschichten** war durch die beschriebenen gegenläufigen Trends vorprogrammiert. Abel hat aus dieser Scherenbewegung bereits den wesentlichen Schluß gezogen: Der Pauperismus ist als eine Erscheinung der späten Agrargesellschaft aufzufassen, die nicht mehr in der Lage ist, breiten Teilen der Bevölkerung eine ausreichende Beschäftigung anzubieten. Für die unteren Schichten der Gesellschaft war es zwar nicht

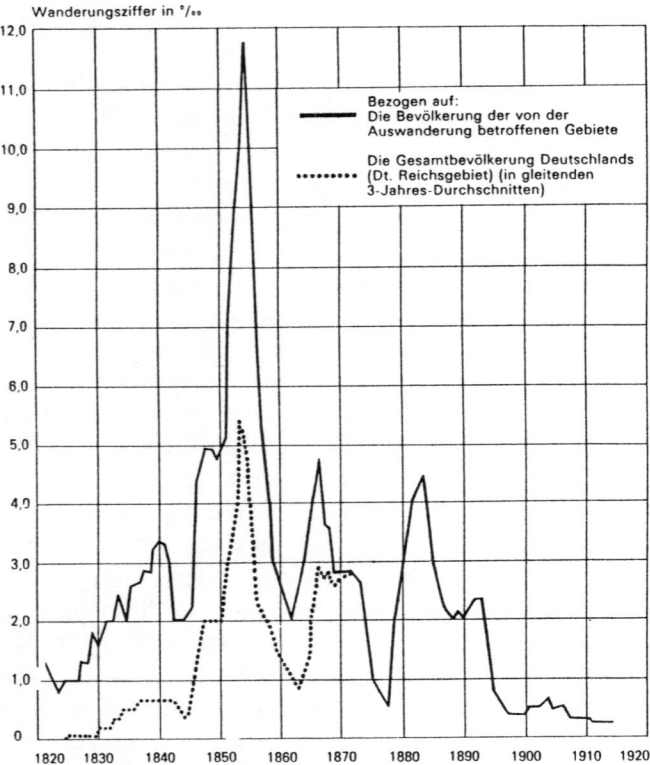

Quelle: P. MARSCHALCK nach KÖLLMANN, 1976, 29

Abb. 13: Entwicklung der Auswanderungsziffer 1820–1914

gleichgültig, wie sich das Produktionsvolumen der Landwirtschaft und damit die Agrarpreise entwickelten; entscheidend aber war ihr unzureichender Verdienst, der die Verelendung vieler verursachte.

Wie Abel ausdrücklich betont, ist es das Unvermögen der Agrargesellschaft, das bei ständig steigender Bevölkerungszahl zum Pauperismus führt und nicht die kapitalistische Ausbeutung in der frühen Industriegesellschaft. **Friedrich Engels,** der das Elend englischer Fabrikarbeiter zutreffend beschrieb, verklärte aus historischer Unkenntnis das präindustrielle Landleben in England zu einer Idylle. Hätte er statt dessen die deutschen Agrarverhältnisse studiert, hätte er bei der verzögerten Entwicklung in Deutschland diejenigen kennengelernt, die tatsächlich vor der Industrialisierung in England herrschten. Ohne die Not der Fabrikarbeiter herunterspielen zu wollen, hätte Engels im Grundsatz die sich in wachsender Zahl bietenden Beschäftigungsmöglichkeiten in der kapitalistisch geprägten Wirtschaft anders beurteilen müssen. Die von ihm verherrlichte Agrargesellschaft kapitulierte indessen vor den bestehenden Schwierigkeiten. Sie sah nur einen Ausweg, nämlich die Auswanderung. Ihre Wohltätigkeit bestand in der Gründung von Vereinen, die das nötige Geld sammelten, um den Auswanderungswilligen die Fahrkarte nach den USA zu kaufen.

III   Die Landwirtschaft um 1850

A   Das Anbauverhältnis

Das Verhältnis, in dem die Anbauflächen der einzelnen Kulturpflanzen auf dem Acker zueinander stehen, belehrt zuerst über die Nachfrage nach pflanzlichen Erzeugnissen. Diese Aussage bedarf jedoch der Ergänzung. Je höher die Entwicklungsstufe ist, die von der Landwirtschaft erklommen wird, um so mehr verwischt sich das Bild. Wird die Viehhaltung ausgedehnt, so muß das notwendige Futter auf dem Acker gewonnen werden. Eine direkte Beziehung zwischen bestimmten Erzeugnissen des Ackerbaus und der damit gefütterten Tierart ist indessen nicht immer herstellbar. So eignet sich das gesamte Acker- futter ebenso zur Ernährung des Rindviehs, der Schafe und schließlich auch der Pferde. Hafer, das typische Pferdefutter, kann auch zur menschlichen Ernäh- rung beitragen. Getreide ist in gewissen Mengen zur ordnungsgemäßen Fütte- rung aller Tierarten erforderlich. Vor allem in der Schweinehaltung könnte ein ganz erheblicher Teil der Getreideernte statt der menschlichen Ernährung der Mast dieser Tiere dienen. Im Anbauverhältnis spiegelt sich also nicht nur der Bedarf der zu ernährenden Bevölkerung an pflanzlichen Nahrungsmitteln wi- der, sondern gleichzeitig jener der Tierhaltung. Ihre Ansprüche waren um 1850 aber noch verhältnismäßig gering ausgeprägt.

Durch die Nachfrage angeregt, aber erst durch den zeitgenössischen Lei- stungsstand der Landwirtschaft verwirklicht, eignet sich das Anbauverhältnis mit gewissen Einschränkungen auch als Gradmesser der Intensität. Hierunter wird der Umfang verstanden, in dem die Produktionsfaktoren Arbeit und Kapital je Flächeneinheit eingesetzt werden. Überwiegt heute bei weitem der Kapitaleinsatz, so war es um 1850 immer noch genau umgekehrt. In welchem Maße die Landwirtschaft höhere Arbeitsleistungen erbringen mußte, läßt sich hinreichend deutlich an den Veränderungen des Anbauverhältnisses seit 1800 ablesen (Tab. 13).

Die vorstehenden Zahlen bieten den unzweideutigen Beweis: Die Landwirt- schaft im Gebiet des späteren Deutschen Reiches ist nicht zur Fruchtwechsel- wirtschaft übergegangen; denn dann hätte der Getreideanteil auf 50 v. H. ab- sinken müssen. Es wäre auch eine Verkennung der Intention des von Thaer pro- pagierten Fruchtwechsels zu meinen, mit 29,9 v. H. Blattfrüchten sei man ihm

Tab. 13: Anbauverhältnis auf dem Ackerland um 1800 und 1850/55 (Gebiet des späteren Deutschen Reiches)

Pflanzenart	in Prozent des Ackerlandes	
	um 1800	1850/55
Weizen und Spelz	7,0	8,8
Roggen	25,1	28,2
Gerste	11,6	5,5
Hafer	15,6	16,3 (u. Hirse)
Sonstiges Getreide	1,8	–
Getreide insgesamt	61,1	58,8
Hülsenfrüchte	3,9	3,8
Kartoffeln	1,5	9,4
Futterhackfrüchte	0,8	–
Rüben, Möhren, Kohl	–	3,1
Handelsgewächse	3,8	3,2
Futterpflanzen	3,9	–
Futterkräuter, Grünfutter, Ackerweide	–	10,4
Brache	25,0	11,3
Zusammen	100,0	100,0

Quellen: Um 1800 BITTERMANN, 1956, 24; 1850/55 VIEBAHN, 1862, II 863ff.

ein beträchtliches Stück näher gekommen. Thaer forderte vorrangig den Anbau humusmehrender Pflanzen, doch entfielen jetzt allein 15,9 Prozentpunkte auf humuszehrende Wurzelfrüchte und Handelsgewächse. Vor allem die Ausdehnung des Kartoffelbaus war erst nachhaltig gesichert, nachdem der Anteil humusmehrender Futterpflanzen um 6,5 Prozentpunkte gestiegen war.

Unentwegte Verteidiger der These des Überganges zur Fruchtwechselwirtschaft könnten auf Baden, Hessen-Darmstadt und Nordalbingien (Mecklenburg, Holstein, Lübeck und Hamburg) verweisen, wo der Getreideanteil tatsächlich auf rund die Hälfte der Ackerfläche absank. Da jedoch eine der Grundregeln des Fruchtwechsels vorschreibt, den gesamten Acker zu bebauen, also keine Brache zu halten, scheidet Hessen-Darmstadt mit seinem überdurchschnittlichen Brachanteil von 15,8 v. H. wieder aus. In Nordalbingien wurde immerhin der Durchschnitt von 11,3 v. H. mit 11,0 v. H. praktisch erreicht, und nur Baden überrascht mit einem sehr niedrigen Prozentsatz von 6,5 v. H. Dementsprechend fällt der Anteil der **Blattfrüchte** mit 35,8 v. H. überdurchschnittlich hoch aus. Davon entfielen 20,3 Prozentpunkte auf die Futterpflanzen einschließlich der Ackerweide, und der Durchschnitt wurde um nahezu das Doppelte übertroffen. Aus diesen Zahlen könnte man auf eine sehr intensive Landwirtschaft schließen. Damit würde auch die kleinbäuerliche Struktur gut übereinstimmen; denn sie war und ist durch eine relativ starke Viehhaltung gekennzeichnet, die ohne einen entsprechenden Ackerfutterbau nicht ausreichend versorgt werden könnte.

Diese Schlußfolgerung ist jedoch nicht mehr als eine Vermutung, und kritisch betrachtet führt diese Konklusion vielmehr an die Grenzen der Analyse. Der Flächenanteil des Ackerfutterbaues allein ist nämlich als Intensitätsmaßstab nicht geeignet. Das sei an zwei extremen Beispielen verdeutlicht. Wird das herangewachsene Grünfutter bei der Sommerstallfütterung täglich geschnitten und zum Hof gefahren, so ist der Arbeitsaufwand ganz erheblich. Thaer rechnete eine volle Arbeitskraft für die Versorgung von 80 Kühen. Hinzu kamen selbstverständlich noch ein Gespann Pferde nebst Wagen, die fast die ganze Zeit über ebenfalls benötigt wurden und kaum zu anderweitigen Zwecken nebenher eingesetzt werden konnten. Der Landwirt konnte diese genannten Arbeiten einsparen, wenn er statt dessen die Kühe austreiben und auf dem Futterschlag hüten ließ. Die sogenannte Ackerweide beanspruchte in diesem Falle den Arbeitskräftebesatz des Betriebes nur bei der Bestellung und in geringfügigem Maße beim Hüten, so daß eine mehrmals bearbeitete reine Brache bereits höhere Ansprüche stellte. Gelang es jedoch, mit Hilfe der Ackerweide die Viehhaltung spürbar auszudehnen, so fielen Mehrarbeiten bei der Gewinnung des Winterfutters und beim Ausmisten an, und in den meisten Fällen kam auch noch das Melken hinzu.

Die kritischen Anmerkungen sind noch nicht vollständig. Es war ein Fehler der Anhänger der Fruchtwechselwirtschaft, statt der gesamten landwirtschaftlichen Nutzfläche immer nur – oder doch mit weitem Vorrang – die Ackerflächen in Betracht zu ziehen. Nicht wenige landwirtschaftliche Betriebe verfügten über sogenanntes natürliches Grünland, das sich zum Beackern nicht eignete. Meistens waren die betreffenden Flächen zu feucht, zuweilen auch zu tonig oder zu hängig. Die Verbesserung dieses Grünlandes war in der ersten Hälfte des 19. Jahrhunderts ein vieldiskutiertes Thema, das in entsprechend zahlreichen Veröffentlichungen seinen Niederschlag fand. Ein Betriebsleiter hätte sich sofort als schlechter Ökonom erwiesen, wenn er das **natürliche Grünland** bei der Organisation des Betriebes vernachlässigt hätte. Da Heu nur in Ausnahmefällen gehandelt wurde, lieferten diese Flächen erst dann einen Geldertrag, wenn Gras oder Heu in marktgängige Produkte verwandelt worden waren. Der rechnende Landwirt hatte deshalb nur soviel Futter auf dem Acker anzubauen, wie zu einer ausreichenden Versorgung des Viehstapels noch fehlte, nachdem jenes auf dem Grünland bereits voll in die Planung einbezogen worden war. Verfügte also ein Betriebsleiter über relativ viel absolutes Grünland, war für ihn die Dreifelderwirtschaft ein günstigeres Betriebssystem als die Fruchtwechselwirtschaft. Der hohe Grünlandanteil gestattete dennoch eine ausgedehnte Viehhaltung, so daß es an Stallmist für den Acker nicht mangelte. Gleichzeitig war der Anteil der Verkaufsfrüchte auf dem Acker höher, so daß diese Betriebsorganisation dem Optimum weit eher entsprach.

Wie wichtig die vorstehenden Überlegungen für eine korrekte **Bewertung des Anbauverhältnisses** sind, beweist Viebahns Statistik des zollvereinten und nördlichen Deutschlands. Nach seiner Zusammenstellung wurden 1855 rund 22,5 Mio. ha Ackerland bewirtschaftet, wozu noch 5,2 Mio. ha Wiesen und 3,5 Mio. ha ständige Weide kamen. Im Durchschnitt entfielen also auf 1 ha Ackerland 0,39 ha Grünland. Boden und Klima konnten diese Relation ganz erheblich verändern. In Schlesien sank sie auf 1 : 0,17 ab, in den niedersächsischen Steuervereinsländern Hannover, Oldenburg, Schaumburg-Lippe sowie Lippe-Detmold stieg sie auf 1 : 0,80 an. Bei solch einem erheblichen Wechsel liegen die gravierenden Folgen für die Betriebsorganisation, und das heißt nicht zuletzt für das Anbauverhältnis, auf der Hand. Für Baden, das eingangs als Beispiel gewählt wurde, heißt das: Wenn das Acker-Grünland-Verhältnis mit 1 : 0,44 den Durchschnitt noch übertraf und hier gleichzeitig die höchste Quote des Ackerfutterbaues erreicht wurde, muß entweder die Viehhaltung einen weit überdurchschnittlichen Umfang erreicht haben oder die Grünlandpflege war nicht ausreichend oder der Ackerfutterbau zu ertragsarm. Bei immerhin drei grundsätzlich denkbaren Lösungen, die noch dazu in der Realität auf die verschiedenste Weise miteinander kombiniert werden können, werden die Grenzen deutlich, die einer Analyse gezogen sind, die sich allein auf Anteil des Futterbaues am Ackerland erstreckt.

Weit sicheren Boden betritt der Analytiker, wenn er den veränderten Prozentsatz des Brachlandes und der **Kartoffeln** in Betracht zieht. Eine Intensivierung ist einfach nicht von der Hand zu weisen, jedoch wäre die Aussage voreilig, die Naturalerträge seien in dem Maße gestiegen, wie die Brachfläche vermindert worden wäre. Auch die Brache wurde nicht willkürlich eingeschaltet, sondern hatte bestimmte Aufgaben zu erfüllen (vgl. S. 53). Schränkte man sie ein, mußten die positiven Auswirkungen durch andere Maßnahmen ersetzt werden. In Hinblick auf die Mineralisation der Nährstoffe ist das anzunehmen, da durch den Ackerfutterbau und die vermehrte Viehhaltung der Dunganfall gesteigert worden war. Im Hinblick auf die Unkrautbekämpfung ist auf die rasant gestiegene Kartoffelfläche hinzuweisen. Das mehrmalige Hacken dieser Frucht dürfte das Unkraut ebenso zurückgedrängt haben wie zuvor die mehrmalige Bearbeitung der reinen Brache. Ihren Anteil schätzt Bittermann für die Zeit um 1800 auf ein Viertel des Ackerlandes. Das ist jedoch, wie seine eigenen Darlegungen zeigen, nur ein grober Anhalt. Da also der Ausgangswert nur annähernd bestimmt werden konnte, erscheint es nicht zweckmäßig, den Rückgang bis um 1855 in eine feste Relation zu bringen.

Die gleiche Zurückhaltung ist beim Kartoffelbau geboten. Für die Zeit um 1800 fehlt es nicht an Hinweisen, wie bedeutsam die Kartoffel für die Ernährung der ärmeren Bevölkerungsklasse bereits geworden war. Sie kultivierte diese Frucht deshalb auf Pachtflächen, deren Pachtsumme sie durch Tagelohnarbeiten in der Ernte wieder abverdiente. Diese Flächen sind womöglich bei statistischen Erhebungen nicht berücksichtigt worden. Mit Sicherheit ist das für die Gärten anzunehmen, in denen die Kartoffel zuerst angebaut wurde.

Wenn auch in Preußen das Gartenland nur 2,8 v. H. der Ackerfläche entsprach, so hätte doch ein Anbau auf einem Drittel dieses Landes den von Bittermann angegebenen Ausgangswert von 1,5 v. H. bereits auf 2,4 v. H. angehoben.

Auf jeden Fall ist an der Intensivierung durch den Kartoffelbau nicht zu zweifeln. Aufschlußreich sind Kalkulationen, die 1889 Johann POHL vorlegte. Auch jetzt noch rechnete er für sämtliche Arbeiten keinerlei Maschinenkosten. Tatsächlich stiegen die Kapitalkosten auch nur unbedeutend an; denn die Kartoffeln wurden „nach dem Pflug" gelegt und bei der Ernte mit diesem Gerät auch wieder ausgepflügt. Zum Häufeln war es geraten, einen Häufelpflug anzuschaffen, und selbstverständlich wurden die Wagen im Betrieb weit stärker belastet, galt es doch beim Erntegut gegenüber Korn und Stroh rund die vierfache Menge zu befördern. Die Kapitalkosten machten sich jedoch erst durch den stärkeren Verschleiß bemerkbar, und schon nach einer Vegetationszeit genoß der Anbauer eine Ernte, deren Wert den einer Getreideernte ganz erheblich übertraf. Der Einführung des Kartoffelbaus konnte also am Kapitalmangel der Bauern gar nicht erst scheitern. Bei der Einführung einer Fruchtwechselwirtschaft hätte das ganz anders ausgesehen.

Dagegen war die Belastung durch Mehrarbeit erheblich. Wählt man als Vergleichsmaßstab den **Arbeitsaufwand** für 1 ha Winterroggen, der auch schon spürbar über den für Sommergetreide lag, so waren rund 22 Handarbeitstage und $8^1/_2$ Zugarbeitstage einschließlich Gespannführer erforderlich. Zu eliminieren sind aber noch die Dreschmaschinenkosten; denn in der ersten Hälfte des 19. Jahrhunderts ist die Verwendung der Dreschmaschine höchstens als ausgesprochener Ausnahmefall denkbar. Leider gehen in der Literatur die Angaben über die Leistungen beim Flegeldrusch ziemlich auseinander, so daß die Annahme von weiteren 12 Arbeitstagen einigermaßen unsicher bleibt. Wichtig ist jedoch eins: Das Dreschen konnte in die arbeitsarme Zeit während des Winters verlegt werden und bedeutete deshalb einen Arbeitsausgleich. Anders sah es bei den Kartoffeln aus. Von vornherein waren 70 Handarbeitstage erforderlich, von denen allein 35 auf die Ernte entfielen. Außerdem wurden noch 16 Zugarbeitstage benötigt. Pohl unterstellte bei den Kartoffeln das Überwintern im Keller. Recht gebräuchlich war jedoch in der bäuerlichen Landwirtschaft auch das Einmieten auf dem Felde, das im Herbst die Arbeit etwas vermindert, insgesamt aber erhöht. Die Folgen für den landwirtschaftlichen Betrieb liegen auf der Hand. Während sich bereits im Frühjahr eine neue leichte Arbeitsspitze abzeichnete, die durch die Saat des Sommergetreides und das Pflanzen der Kartoffeln gegeben war, wurden die Arbeitskräfte in der bislang arbeitsarmen Zeit bis zur Getreideernte durch die Pflegearbeiten bei der Kartoffel stärker ausgelastet. Spätsommer und Herbst wurden dagegen zu einer ausgesprochenen Arbeitsspitze. Die Getreideernte beanspruchte bei annähernd gleichem Umfang und leicht gestiegenen Erträgen die Arbeitskräfte bereits etwas stärker. Anschließend stand die Ernte des Grummets an, und dann folgte die der Kartoffel. In dieser Zeit war auch noch die Saat des Wintergetreides auszuführen, so daß bis zum Oktober bei sich verschlechterndem Wetter die Außenarbeiten nicht abrissen. Ein wenig schoben sich auch noch die Drescharbeiten im Winter zusammen, doch ist dieser Punkt wohl von erheblich geringerer Bedeutung.

Die Frage, ob diese höhere Belastung von dem bisherigen Arbeitskräftepotential getragen werden konnte, oder ob zusätzlich Kräfte eingestellt werden mußten, oder ob mehr Arbeiten an Tagelöhner vergeben wurden, muß zur Zeit offen bleiben. Für Gutsbetriebe könnte sie sicherlich geklärt werden, da genügend Gutsarchive zur Verfügung stünden und gerade die Tagelohn- und Dienstregister mit besonderer Sorgfalt geführt wurden. Für die bäuerliche Landwirtschaft zeichnet sich indessen kein Quellenmaterial ab, das zur Klärung des Problems beitragen könnte, so wünschenswert das im Hinblick auf den Pauperismus auch immer wäre.

Nur eine Verbindungslinie läßt sich ziehen. In dem außerordentlich rasch zunehmenden Anbau der Kartoffel äußerte sich die Nachfrage breiter Bevölkerungsschichten nach dem billigsten Grundnahrungsmittel. Gegen diese Feststellung könnte man einwenden, mit Kartoffeln ließen sich auch Schweine mästen. Das ist zwar richtig, doch wuchs der Bestand an Schweinen bis 1850 erst langsam, nämlich von 3,8 Mio. Stück um 1800 auf 5,3 Mio. Die zusätzlichen 1,5 Mio. und die Erhöhung des Schlachtgewichts aller Tiere hätten jedoch nur 20 bis 25 v. H. der Kartoffelernte beansprucht, falls man weitestgehend die Kartoffel als Mastfutter verwendet hätte. An ihrer Bedeutung als Nahrungsmittel für die Armen kann daher nicht gezweifelt werden. Bei der Fruchtwechselwirtschaft wären statt dessen mehr Rindfleisch und besonders Milch und Milchprodukte angefallen, für die keine zunehmende Nachfrage bestand, wie die Preisbewegung ausweist.

B   Leistungen und Bedarfsdeckung

Wenn bei der Veränderung des Bestandes an Schweinen konstatiert wurde, er sei bis 1850 erst langsam gewachsen, so kann diese Aussage leicht mißverstanden werden. Die dahinter stehende Leistungssteigerung bleibt nämlich beachtlich. Bereits die Zahl der gehaltenen Tiere stieg auf 139 v. H. an. Von weit größerer Bedeutung war jedoch in diesem Zeitraum die Erhöhung des Schlachtgewichtes, das je Tier von 50 auf 70 kg oder auf 140 v. H. wuchs. Da sich der Umtrieb des Bestandes damals noch nicht nennenswert beschleunigt hatte, die Mastdauer also noch gleich blieb, genügt es, die beiden genannten Steigerungsraten miteinander zu kombinieren. Sie beträgt sodann 195 v. H. Bezogen auf das Bevölkerungswachstum, das annähernd mit 60 v. H. zu beziffern ist, muß sich die **Versorgung mit Schweinefleisch** nicht unerheblich verbessert haben. Es ist jedoch mehr als fraglich, ob hierüber eine leicht zu errechnende Quote je Kopf den entscheidenden Aufschluß böte. Für die Armen blieb das Schweinefleisch zu teuer. Bei stagnierenden Nominallöhnen und steigenden Nahrungsmittelpreisen ließ sich bei ihnen bereits die inverse Nachfrage (vgl. S. 192) wahrscheinlich machen, so daß der kaufkräftige Teil der Bevölkerung seine Versorgung überproportional verbesserte. Bleibt auch hier die vorgenommene Zweiteilung der Nachfrager mehr als grob, so fehlt dennoch bereits das Zahlenmaterial, um die auseinanderlaufende Nachfrageentwicklung, also gleichzeitig die auseinanderdriftende Bedarfsdeckung, hinreichend zu konkretisieren. Gelänge das, könnte ein wesentliches Kapitel Sozialgeschichte geschrieben werden. Die Quellenlage erlaubt jedoch nur, unterschiedliche Entwicklungstendenzen des Lebensstandards anzudeuten.

Natürlich ist es wünschenswert, wenn nicht unerläßlich, die Deckung des Bedarfs an Nahrungsmittel durch die Landwirtschaft zahlenmäßig zu fassen. Der berechtigte Wunsch sollte jedoch nicht über die Schwierigkeiten hinwegtäuschen, die im vorhandenen Material begründet sind. Analog zum Vorgehen bei der Schweinehaltung könnte auch bei der **Rinderhaltung** verfahren werden. Hier werden jedoch die Ungewißheiten sofort deutlich, die bei den Zahlen für die Schweinehaltung womöglich nur überdeckt waren. Für 1853 gibt Bittermann einen Bestand von 13,4 Mio. Stück an. Da der Ackerfutterbau bis zu diesem Jahr bereits erheblich ausgedehnt worden war, ist von vornherein mit einem geringeren Ausgangswert des Rinderbestandes zu rechnen. Bittermann beziffert ihn für 1800 mit 10,2 Mio. Stück. Nach einer anderen Quelle wurden jedoch 1816 nur 9,6 Mio. Stück gehalten. Da keine Gründe erkennbar sind, weshalb sich die Rinderhaltung von 1800 bis 1816 um 0,6 Mio. Stück Rindvieh vermindert haben sollte, muß mit Schätzungsfehlern in der bezeichneten Größenordnung gerechnet werden. Je nachdem welcher Wert als Basis gewählt wird, fällt die Zuwachsrate mit 140 v. H. oder 131 v. H. deutlich verschieden aus. Recht merkwürdig sieht es aber auch bei den von Bittermann ermittelten Schlachtgewichten aus. Sie sollen bei Kühen und Färsen bereits von 1800 bis 1838/39 von 103 kg auf 163 kg gestiegen und dann bis 1860/61 praktisch konstant geblieben sein. Der außerordentlich rasche anfängliche Anstieg ist jedoch ebenso unwahrscheinlich wie der anschließende Stillstand der Entwicklung, doch übergeht Bittermann die notwendige Diskussion und beschränkt sich einfach auf die Beschreibung des Verlaufs. Die gebotenen Zahlen sind daher mit großer Skepsis zu bewerten.

Soll die **Milchproduktion** beziffert werden, sieht es nicht besser aus. Bis 1861 soll die Steigerungsrate der Milchleistung je Tier 134 v. H. betragen haben, bis 1850 mögen es also um 70 v. H. mehr gewesen sein. Werden nunmehr Erhöhung des Körpergewichts und der Milchleistung parallel gesehen, so ergibt sich die merkwürdige Relation von + 58 v. H. und + 30 v. H. Dabei waren sich schon die zeitgenössischen Landwirte sicher, durch eine bessere Fütterung der Kühe weit eher die Milchleistung als das Körpergewicht steigern zu können. Zumindest eine Erklärung bietet sich an. Bittermann hat die Milchleistung einer Kuh um 1800 zu hoch angenommen (vgl. S. 69). Reduziert man sie auf 700 oder 750 kg je Tier und Jahr, so fällt die Zuwachsrate mit + 64 v. H. oder + 53 v. H. schon bedeutend glaubwürdiger aus.

Die sicherlich notwendigen Korrekturen können jedoch Bittermanns Aussage nicht umkehren, sondern nur erhärten: Die Versorgung der gewachsenen Bevölkerung mit Milch und Milchprodukten ist im ersten Halbjahrhundert spürbar besser geworden. Eins darf jedoch gerade bei diesen Erzeugnissen nicht übersehen werden. Die Butter, und erst recht die Trinkmilch, waren alles andere als wohlfeile Produkte und spielten deshalb bei der Ernährung der unteren Bevölkerungsschichten keine bedeutsame Rolle. Aber auch die Nachfrage nach Rindfleisch blieb den Kaufkräftigeren vorbehalten. Bestandsentwicklungen und Zunahme des Schlachtgewichts lassen vermuten, das Angebot an Rindfleisch sei wie beim Schweinefleisch auf rund das Doppelte gestiegen.

Recht aufschlußreich sind die Veränderungen, die bei der **Schafhaltung** auftraten. Zuerst überrascht die Bestandsentwicklung, die bei einer Ausgangszahl von 16,2 Mio. (15,0 Mio. 1816?) zur absolut größten Steigerung führte, nämlich 1853 auf 25,1 Mio. Stück. Die Steigerungsrate übertraf mit 155 v. H. (167 v. H. 1816?) die Vermehrung der übrigen Tierarten. Dagegen blieb die Zunahme des Schlachtgewichts mit 123 v. H. unterdurchschnittlich gering. Die Umkehrung der bei Schweinen und Rindern beobachteten Zuwachsraten erklärt sich aus der vorrangigen Nutzung der Schafe als Wollproduzenten. Deshalb wird die Frage vordringlich, in welchem Maße sich das Schurgewicht der Wolle eines Schafes erhöhte. Im Grundsatz ist daran nicht zu zweifeln; denn wenn die Tiere schwerer wurden, mußte das sie deckende Vlies größer werden. Wenn Bittermann jedoch mit einem anfänglichen Schurgewicht von 0,75 kg/ Schaf rechnet, bestehen dagegen Bedenken (vgl. S. 70). Eine auf dieser Basis errechnete Steigerung der Wollproduktion könne nahezu um die Hälfte zu hoch ausfallen. Wahrscheinlich erklärt sich das geringe unterstellte Schurgewicht durch den Rückgriff auf preußische Landschafe, die in ihrem Wollertrag den Heidschafen ähnlich waren.

Wenn Harnisch eine preußische Statistik für das Jahr 1831 dahingehend deutet, die Schafhaltung sei im wesentlichen auf die östlichen Provinzen konzentriert gewesen, so spricht dafür der Anteil von 77,4 v. H. aller in Preußen gehaltenen Schafe. Die Konzentration läßt sich jedoch erst gewichten, wenn der Flächenanteil der östlichen Provinzen mit 73,8 v. H. zum Vergleich herangezogen wird. Als tatsächlicher Konzentrationsbezirk schält sich vielmehr die Provinz Sachsen heraus, auf die bei einem Flächenanteil von nur 9,0 v. H. immerhin 15,5 v. H. aller Schafe entfielen. Da sich die Experten der Schafhaltung in der ersten Hälfte des 19. Jahrhunderts einig waren, nur ein gut ernährtes Schaf liefere eine qualitativ befriedigende Wolle bei gleichzeitig voll befriedigendem Schurgewicht, muß bereits in dieser Periode die Schafhaltung, zumindest jene der feinwolligen Merinos, eher dem schon intensiver wirtschaftenden Betrieb zugeordnet werden als dem noch in extensiver Wirtschaftsweise verharrenden.

Wie sehr bereits regionale Einflüsse zu beachten sind, zeigt das Beispiel des Königreichs Sachsen. Während im Gebiet des Deutschen Bundes (ohne Österreich) die Schafbestände erst 1861 die Höchstzahl erreichten, geschah das in Sachsen schon 1837. Bis 1847 blieb die Abnahme geringfügig, danach beschleunigte sich das Tempo ganz erheblich. Kiesewetter sieht in diesem Rückgang ein Kennzeichen der Frühindustrialisierung des Königreiches, die vor allem auf der rasch aufblühenden Baumwollindustrie fußte. Wie rasch die makroökonomische Betrachtungsweise zu Trugschlüssen führen kann, beweist die mikroökonomische. Der Landwirt produziert nun einmal nur dann Wolle, wenn es sich lohnt. Konkurrierender Wirtschaftszweig ist die Rindviehhaltung, besonders die Milchviehhaltung, für die nahezu ohne Einschränkung das Schaffutter gleichfalls verwendbar ist. Im dichtbesiedelten frühindustrialisierten Sachsen mit einer erheblichen unterbäuerlichen Schicht dürften schon früh die Futterflächen sehr knapp geworden sein. Der Ökonom hatte deshalb zu überlegen, ob er das Futter nicht in der Rindviehhaltung einsetzte, deren Erzeugnisse aus den genannten Gründen einen guten Absatz fanden. Tatsächlich stieg die Zahl der Milchkühe allein von 1834 bis 1853 um 16 v. H. Die höhere Rentabilität der Milchkuhhaltung läßt sich auch aus der Bestandsumschichtung innerhalb des Rindviehstapels zugunsten der Kühe ablesen.

Auf die Handlungsweise der Landwirte wirkten gleichzeitig die Wollpreise ein. Auf ihre ausgeprägte Staffelung war bereits aufmerksam gemacht worden (vgl. S.70). Infolgedessen ist das züchterische Bemühen ebenso als Anpassung an den Markt wie als Streben nach höherer Rentabilität des Betriebes zu werten (Tab. 14).

Tab. 14: Gesamtzahl und Art der gehaltenen Schafe in Preußen 1816 und 1849

	1816	1849
Merionos	719 200	4 452 913
Halbveredelte Schafe	2 367 010	7 942 718
Landschafe	5 174 185	3 901 297
Insgesamt	8 260 395	16 296 928

Quelle: FRANZ, 1976, 291

Während sich der Gesamtbestand nur verdoppelte, versechsfachte sich die Zahl der Merinos, deren Wolle mit Abstand am höchsten bezahlt wurde. Ob jedoch die Bezahlung ausreichend war, deutet Tab. 15 an. Die absolute Ausfuhrmenge erweist sich als nahezu konstant. England war der Hauptabnehmer.

Tab. 15: Jährliche Wollein- und -ausfuhr in Preußen in Zentnern.

Zeitraum	Einfuhr	Ausfuhr	Mehrausfuhr	Mehreinfuhr
1822/33	6 291	101 149	40 858	–
1834/43	134 601	146 911	12 310	–
1844/53	165 962	118 868	–	47 094
1854/64	343 994	119 018	–	224 976

Quelle: MEITZEN, 1871, III 326

Der Bedarf der einheimischen Tuchindustrie wurde jedoch schon vor 1850 nicht mehr gedeckt, und wenn sich auch noch zehn Jahre lang der Schafbestand schwach erhöhte, so blieb doch die Erzeugung immer stärker hinter dem Bedarf zurück. Die Begründung, die v.d. Goltz schon 1886 lieferte, sei in Tab. 16 vorgestellt:

Tab. 16: Entwicklung der Rindfleisch-, Schaf- und Wollpreise in Preußen (relativ)

Jahrzehnt	Rindfleisch	Butter	Wolle
1831/40	100	100	100
1841/50	108	109	88
1851/60	135	133	104
1861/70	165	162	94

Quelle: v. d. GOLTZ, 1886, 195 ff.

Wolle läßt sich nun einmal über weite Strecken ohne großen Aufwand transportieren, sie ist – wie es heißt – ausgesprochen transportwürdig. Da in den überseeischen Ländern aber auch in Rußland dieses Produkt weit billiger zu produzieren war, schieden die deutschen Regionen fortan immer stärker aus der Erzeugung aus. Sie wurde schließlich, gemessen an der Gesamterzeugung der deutschen Landwirtschaft, zu einer marginalen Größe.

Ein kurzer Blick sei noch auf die Ertragssteigerung im **Pflanzenbau** geworfen. Nach Bittermann erhöhten sich die Erträge in dt/ha von 1800 bis 1848/52
bei Weizen   von 10,3 auf 12,3,
bei Roggen   von 9,0 auf 10,7,
bei Gerste   von 8,1 auf 11,2 und
bei Hafer   von 6,8 auf 10,9.
Werden die beiden unterschiedlichen Anbauverhältnisse berücksichtigt, so erhöhten sich die Getreideerträge insgesamt um 27 v. H. Zu einer höheren Gesamternte trug aber auch noch die Ausdehnung der Ackerfläche bei, durch die sich gleichfalls die mit Getreide bestellte Fläche trotz des leicht sinkenden Prozentsatzes vergrößerte, und zwar um 29 v. H. Im Verein mit den höheren

Durchschnittserträgen wuchs deshalb die Getreideerzeugung auf 164 v. H. Für die verzehrbare Menge ist die Steigerungsrate sicherlich zu hoch bemessen, da die Viehbestände nicht unerheblich ausgedehnt worden waren und mehr Getreide zu Futterzwecken benötigt wurde. Deshalb ist es wahrscheinlich, die Zuwachsrate beim Getreide habe mit jener der Bevölkerung nicht Schritt gehalten. Das auftretende Defizit an Nahrungsmitteln war leicht abzudecken. Die Kaufkräftigen nutzten das erhöhte Fleischangebot, während sich die Armen mit Kartoffeln begnügen mußten.

Mit der gestiegenen Produktion des Getreides allein ist der gesamte Leistungszuwachs des Pflanzenbaus noch nicht erfaßt. Zumindest die Kartoffeln müssen noch hinzugerechnet werden. Geschieht das, so liegt die Zuwachsrate ähnlich wie bei der Viehhaltung insgesamt bei über 200 v. H. Für eine Periode, die als kennzeichnend für den Pauperismus angesehen wird, ist die gleichschnelle Entwicklung der Vieh- und Pflanzenproduktion zuerst einmal erstaunlich. Zu vermuten wäre vielmehr ein Voraneilen der Pflanzenproduktion gewesen, da mit diesen Erzeugnissen die Nährwerteinheit billiger angeboten werden kann. Für Frankreich wird diese Präferenz auch berichtet. Neben der beschriebenen unterschiedlichen Nachfrage entsprechend der Kaufkraft wäre noch folgende Lösung denkbar. Kartoffeln waren und sind bei deutschen Verbrauchern verhältnismäßig beliebt und werden nicht nur aus Not verzehrt. In dem Umfange, wie sie verstärkt auf den Tisch kamen, sparte man das teurere Getreide ein, und es wurde Kaufkraft frei. Sie konnte für den Kauf von Fleisch verwendet werden. Dessen Verbrauch war absolut auch um 1850 noch außerordentlich bescheiden, und das fette Fleisch war immer noch das begehrteste. Das Propagieren einer vegetarischen Lebensweise wäre bei dem damaligen niedrigen Niveau des Verbrauchs auf Unverständnis gestoßen und sie hätte auch nicht den realen Bedürfnissen breitester Bevölkerungsschichten entsprochen.

Abschließend muß noch ein Einwand vorgetragen werden. Die berichteten Relativzahlen erwecken den Eindruck, als ob die Produktivität in der Pflanzen- und Tierproduktion annähernd im gleichen Maße gestiegen seien. Diese Parallelität wäre indessen nicht aufgetreten, wenn sie nicht willentlich von den Landwirten herbeigeführt worden wäre. Der Futterbau wurde von ihnen um weitere 6,5 v. H. der Ackerfläche ausgedehnt, und erst das Mehr an erzeugtem Futter erlaubte es, die Rindviehhaltung erheblich auszudehnen. Hätten die Landwirte statt dessen Getreide angebaut, wobei der Arbeitsaufwand erheblich geringer ausgefallen wäre, wäre die Steigerungsrate im Pflanzenbau erheblich größer ausgefallen als jene der Viehhaltung. Vergleiche der beiden Hauptproduktionszweige, bei denen der Ackerbau teilweise Grundlage der Viehhaltung ist, haben deshalb immer etwas Mißliches an sich.

Zusammenfassend läßt sich folgendes für die Zeit um 1850 festhalten, als die eigentliche Industrialisierungsphase begann: Der **Bevölkerungsdruck** hatte ein bedenkliches Ausmaß erreicht. Er läßt sich jedoch nur bedingt mit dem generativen Verhalten der landwirtschaftlichen Bevölkerung in Verbindung bringen. Längst war jener Anteil der Landbewohner mitbestimmend geworden, der in wechselnden Anteilen oder auch gar nicht mehr einer landwirtschaftlichen Tätigkeit nachging. Die unterbäuerliche Schicht war inzwischen in weiten Teilen Deutschlands zu einem Faktor herangewachsen, der das Bevölkerungsverhalten entscheidend mitbestimmte. Wie kürzlich Untersuchungen für Hannover und Braunschweig zeigten, waren es gerade die Angehörigen dieser Schicht, die in die Städte abwanderten, aus denen sich also die Industriearbeiterschaft rekrutierte. Es war deshalb nicht einfach der Bevölkerungsüberschuß der Landwirtschaft, der als eine der Voraussetzungen für die Industrialisierung anzusehen ist. Es war vielmehr die **Unterbeschäftigung der unterbäuerlichen Schicht,** die zum vorrangigen sozialen Problem der Zeit wurde. Solange ihre Angehörigen in den Zweigen der Industrialisierung vor der Industrialisierung wenigstens ein leidliches Auskommen fanden, wurden die sich anbahnenden Spannungen noch verdeckt. Sie mußten bereits dann in voller Klarheit zutage treten, als sich die Zukunftsaussichten der gewählten außerlandwirtschaftlichen Tätigkeiten laufend verschlechterten. Verschärft wurden sie durch das anhaltende Bevölkerungswachstum. Die materielle Basis zerbröckelte, die man in der sogenannten Protoindustrialisierung gefunden zu haben glaubte. In anderen Regionen und mit anderen Beschäftigungszweigen mußte ein neuer Anfang gesucht werden. Dieser enorme Umschichtungsprozeß betraf die Vollerwerbslandwirtschaft noch am wenigsten.

4. Kapitel

Die Landwirtschaft in der Industrialisierungsphase

I Der Anteil der Erwerbstätigen

Die Industrialisierung kann nur verwirklicht werden, wenn sich die Beschäftigungsstruktur innerhalb einer Volkswirtschaft erheblich wandelt. Der sekundäre Sektor – Industrie und Handwerk vor allem – muß sich ausdehnen und bedarf deshalb einer Zufuhr an Arbeitskräften. Der tertiäre Sektor ist in einer vorindustriellen Volkswirtschaft ohnehin nur gering ausgebildet, da bei dem geringen Produktionsniveau neben den lebenswichtigen Gütern Dienstleistungen nur in sehr begrenztem Rahmen in Anspruch genommen werden können. Als abgebender Sektor kommt daher der tertiäre nicht in Frage. Dafür eignet sich nur der primäre, der den größten Anteil der Beschäftigten umfaßt.

In der Literatur trifft man gar nicht so selten auf die Behauptung, um 1800 seien noch 80 v. H. der Beschäftigten in der Landwirtschaft tätig gewesen. Diese Zahlenangabe ist beim augenblicklichen Kenntnisstand eine unzulässige Vergröberung, da allein der Anteil der Stadtbevölkerung mit 25 v. H. zu beziffern ist. Es zweifelt aber auch kaum noch jemand, der die einschlägige Literatur kennt, an der Aussage, auch die Landbewohner seien nicht mehr geschlossen in der Landwirtschaft tätig gewesen. Auf Grund der Quellenlage ist es jedoch nicht leicht und auch nicht mit letzter Genauigkeit möglich, die Vollerwerbslandwirtschaft von jener zu trennen, die im Zu- oder Nebenerwerb betrieben wurde.

Beide Formen der nicht hauptberuflich betriebenen Landwirtschaft besaßen im gesamten Untersuchungszeitraum eine nicht zu unterschätzende Bedeutung. Jedoch wäre es verfehlt, alle Personen, die sie ausübten, einfach der Zahl der in der Landwirtschaft Beschäftigten zuzurechnen, auch wenn sie nur wenige Tage im Jahr landwirtschaftliche Arbeiten verrichteten. Streng genommen wären die Arbeitsstunden zu ermitteln, die tatsächlich diesem Wirtschaftszweig galten, und ihre Zahl wäre mit der Gesamtstundenzahl einer Vollarbeitskraft (AK) in Beziehung zu setzen. Je Jahr könnte man 270 Arbeitstage unterstellen. Da alle Arbeitsleistungen in den Handbüchern für einen zehnstündigen Arbeitstag angegeben werden, mußte eine landwirtschaftliche Vollarbeitskraft im Jahr mindestens 2700 Stunden ableisten. Wer nur 900 Stunden in der Landwirtschaft arbeitete, könnte dementsprechend nur als 0,33 AK anerkannt werden. Es wären also nicht nur die zeitweilig in der Landwirtschaft Beschäftigten zu ermitteln gewesen, sondern gleichzeitig die von ihnen **erbrachte**

Arbeitszeit. Diese Forderung findet indessen keine Entsprechung in den zeitgenössischen Erhebungen, und auch die für die Rechtsstatistik vorgenommenen Berufszählungen machen keine Ausnahme.

In abgeschwächter Form tritt dasselbe Problem auch bei den Personen auf, die ausschließlich landwirtschaftlichen Tätigkeiten in Vollerwerbsbetrieben nachgingen. Bei den Betriebsleitern könnte man höchstens bei recht kleinen Betrieben vermuten, sie seien nicht voll ausgelastet gewesen. Bei den Ehefrauen lagen dagegen die Verhältnisse umgekehrt. Auf kleinen Höfen hatte die Frau nicht nur das Vieh zu versorgen, „sie mußte auch mit aufs Feld", wenn dort die Arbeit drängte. Oft übertraf die **Arbeitszeit der Frauen** auf den Kleinbetrieben die des Mannes nicht unerheblich. Auf mittleren und vor allem auf großen Betrieben widmeten sich die Ehefrauen in zunehmenden Maße hausfraulichen Tätigkeiten und auch der Kindererziehung, so daß sie ab einer bestimmten Betriebsgröße ganz aus dem landwirtschaftlichen Arbeitsprozeß ausschieden. Bei den Söhnen strebte man grundsätzlich die volle Auslastung im eigenen Betrieb oder auf fremden Höfen an, falls nicht wegen der Neigung und der Fähigkeiten des Betroffenen ein Beruf außerhalb der Landwirtschaft gewählt wurde. Ganz anders verhielt man sich wiederum bei den Töchtern. Sie wurden auf dem eigenen Hof beschäftigt, bis sie heirateten. Sie in fremde Dienste zu schicken, widersprach dem bäuerlichen Ehrgefühl. Das tat nur ein Bauer, den die materielle Lage dazu zwang. Gerade bei den weiblichen Familienangehörigen, so wird dieser Personenkreis in der Reichsstatistik genannt, steht zu vermuten, man würde dem tatsächlichen Arbeitskräftebesatz bedeutend näher kommen, wenn neben der Kopfzahl zusätzlich die tatsächlich geleisteten Arbeitsstunden erhoben worden wären.

Die Ausführungen für die haupt- und nebenberuflich Tätigen in der Landwirtschaft führen unabweislich zu dem Schluß, die Zahl der Vollarbeitskräfte sei nur annäherungsweise zu ermitteln. Ähnliches mag in abgeschwächtem Maße auch für das Handwerk gelten. Wenn die Zahl der landwirtschaftlichen Vollarbeitskräfte nur innerhalb nicht unerheblicher Fehlergrenzen bestimmt werden kann, sind **Berechnungen der Arbeitsproduktivität** mit einer mindestens gleichhohen Unsicherheit behaftet. Wenn dennoch als Orientierungshilfen Angaben in beiden Richtungen gemacht werden, sei an die grundsätzliche Kritik erinnert, die ihre Zuverlässigkeit betrifft.

Eine Tabelle (17) ist am ehesten geeignet, über den Umschichtungsprozeß während der Industrialisierungsphase von der Jahrhundertmitte bis zum ersten Weltkrieg zu informieren. Wenn dabei die gesamte Volkswirtschaft in nur drei Sektoren aufgeteilt wird, stört das bei einer speziellen Betrachtung der Landwirtschaft noch am wenigsten. Sie stellt den entscheidenden Anteil am primären Sektor, und die gleichfalls erfaßten Beschäftigten in der Forstwirtschaft, dem Gartenbau und der Fischerei machen zusammen nur einen unbedeutenden Bruchteil aus.

Tab. 17: Anteile der drei Sektoren in v. H. an der Zahl der Beschäftigten (B) und am Nettoinlandsprodukt in Preisen von 1913 (N)

| | Sektoren | | | | | |
| | I | | II | | III | |
Periode*	B	N	B	N	B	N
1849/58	55	45	25	22	20	33
1861/71	51	44	28	25	21	31
1878/79	49	37	29	32	22	31
1880/89	47	36	31	33	22	31
1890/99	41	31	35	38	24	31
1900/04	38	29	37	40	25	31
1905/09	36	26	38	42	26	32
1910/13	35	23	38	45	27	32

* In den ersten drei Perioden weicht der Erfassungszeitraum für das Nettoinlandsprodukt geringfügig ab.

Quelle: HOFFMANN, 1965, 33 u. 35

Der primäre Sektor gab während der Industrialisierungsphase nach Hoffmanns Berechnungen rund 20 Prozentpunkte ab, von denen 13 Punkte der sekundäre und 7 Punkte der tertiäre Sektor übernahm. Unterstellt man für einen Agrarstaat, mehr als die Hälfte aller Beschäftigten müßten dem primären Sektor angehören, so trat der Wandel vom Agrar- zum Industriestaat in den siebziger Jahren ein. Die Tabelle 17 ist geeignet, einen Sehfehler zu suggerieren, den es zu vermeiden gilt. Die Zahl der Beschäftigten in der Landwirtschaft nahm zwar prozentual ab, absolut wuchs sie dagegen an. Von der Jahrhundertmitte bis zum Ersten Weltkrieg war nämlich die Zahl der Beschäftigten von 15,1 Mio. auf 30,2 Mio. gestiegen, hatte sich also verdoppelt. Demnach waren um 1850 8,3 Mio. Beschäftigte in der Landwirtschaft tätig, während es 1913 10,6 Mio. waren. Das ist immerhin ein Zuwachs von 27,7 v. H.

Wechselt man den Standpunkt und stellt statt des Anteils an der Zahl aller Beschäftigten den Anteil am Nettoinlandsprodukt in den Vordergrund des Interesses, so war zwar um die Jahrhundertwende die Landwirtschaft noch mit einigem Abstand der wichtigste Wirtschaftszweig, sie produzierte jedoch schon nicht mehr die Hälfte des Nettoinlandsprodukts. Wird dieses Produkt zum Maßstab gewählt, mit dem der Übergang vom Agrar- zum Industriestaat gekennzeichnet werden soll, so muß er schon um 1840 erfolgt sein.

Aus der Relation des Anteils der Beschäftigten eines Sektors zu ihrem Anteil am Nettoinlandsprodukt kann zumindest in einiger Annäherung die durchschnittliche **Entlohnung** abgelesen werden. Schon vor Beginn der eigentlichen Industrialisierungsphase ist eine Unterbezahlung landwirtschaftlicher Tätigkeiten zu beobachten. Ihr entsprach anfangs die gleiche Erscheinung im sekundären Sektor, also beim Handwerk, bei den Manufakturen, dem Verlagswesen und der Industrie. Bis zum Beginn des Ersten Weltkrieges war dieses Mißverhältnis bei der Landwirtschaft noch ganz erheblich gewachsen. Hatte um 1850 1 v. H. aller Beschäftigten durch landwirtschaftliche Tätigkeiten noch 0,82 v. H. zum Nettoinlandsprodukt beigetragen, so waren es 1910/13 nur noch 0,66 v. H. Die Entwicklung der Arbeitsproduktivität hielt also mit der im sekundären Sektor nicht Schritt. Das wird besonders deutlich, wenn gegenübergestellt wird, welchen Anteil 1 v. H. aller Beschäftigten in diesem Sektor am Nettoinlandsprodukt stellte. Er wuchs von 0,88 v. H. auf 1,18 an.

Aus der voranstehenden Gegenüberstellung lassen sich zwei Zielsetzungen ableiten. 1.) Es muß bei der Darstellung des sich wandelnden landwirtschaftlichen Produktionsprozesses geprüft werden, ob die Betriebsleiter **Chancen zur Rationalisierung** vergaben, oder anders ausgedrückt, welche Möglichkeiten ungenutzt blieben, die Erzeugung rationeller zu gestalten. 2.) Es wuchs nicht nur die Zahl der Konsumenten landwirtschaftlicher Erzeugnisse überproportional an; die Verbraucher verfügten je Kopf auch über eine **steigende Kaufkraft,** so daß mit einer Veränderung der Nachfragestruktur zu rechnen und ihr durch die Landwirtschaft zu entsprechen war. Welche Aufgaben der deutschen Landwirtschaft vorgegeben wurden, zeigt Tab. 18.

In der Tabelle kommt die Sonderrolle der Kartoffel nicht zum Ausdruck. Die Ausgaben für dieses Produkt stiegen bis 1900/04 auf 7,2 v. H., und erst danach

Tab. 18: Vergleich des privaten Verbrauchs wesentlicher Nahrungsmittel 1850/54 und 1910/13 in v. H. der Gesamtausgaben

Nahrungsmittel	1850/54	1910/13
Roggenmehl und -brot	13,9	8,4
Weizenmehl und -brot	8,6	11,5
Kartoffeln	5,1	4,7
Hülsenfrüchte	4,5	1,0
Zucker	0,7	3,4
Obst	2,4	2,9
Südfrüchte	0,1	0,7
Pflanzenfette	4,5	2,7
Pflanzliche Nahrungsmittel insgesamt	45,1	38,7
Rindfleisch	7,9	8,7
Schweinefleisch	7,0	15,7
Schaf- und Ziegenfleisch	2,9	0,8
Schweinefett	1,8	6,4
Eier	2,6	3,3
Milch und Milchprodukte	24,9	20,4
Tierische Nahrungsmittel insgesamt	54,9	61,3
Ausgaben in Mio. M	5 834	18 528

Quelle: HOFFMANN, 1965, 120f.

fiel der Prozentanteil rasch ab. Der Wandel der Verbraucherpräferenzen folgt einerseits den heute geläufigen Gesetzmäßigkeiten, andererseits vermag er auch zu überraschen. Zu erwarten waren die höheren Ausgaben für Veredlungsprodukte oder tierische Erzeugnisse. Sie erreichten aber noch nicht im entferntesten das Ausmaß, das nach dem Zweiten Weltkrieg zu beobachten war. Aber auch in dem zu betrachtenden Zeitraum ist die stärkere Hinwendung zu sogenannten Wohlstandsprodukten bereits unverkennbar. So wurde fortan mehr Geld für Weizenmehl und -brot, Zucker und Südfrüchte ausgegeben. Herausragend sind die Mehrausgaben für Schweinefleisch und Schweinefett, während die Ausgaben für Eier nur geringfügig zunahmen. Auch die Abnahme der Hülsenfrüchte, die sich für Eintopfgerichte besonders eignen, kann mit dem wachsenden Wohlstand erklärt werden. Dagegen erstaunt der Rückgang der Ausgaben für Pflanzenfette, zu denen auch die Margarine gezählt wurde, desgleichen der für Milch und Milchprodukte, vor allem aber der Ersatz beider Gruppen durch das Schweinefett. Offensichtlich kaufte man damals das, was einem schmeckte, und da es eine wissenschaftlich begründete Ernährungslehre noch nicht gab, wurde der Verbraucher an diesem Tun auch noch nicht durch die Sorge um seine Gesundheit daran gehindert.

Die Tab. 18 verweist noch auf einen dritten Aspekt. Trotz aller zu bedenkenden Fehlergrenzen bewirkte der Industrialisierungsprozeß nicht nur eine relative Abnahme der Beschäftigten in der Landwirtschaft, es sank auch im Vergleich zum sekundären Sektor die Effizienz ihrer Arbeitsleistung. Die veränderte Beschäftigungsstruktur erreichte also volkswirtschaftlich gesehen das Optimum nicht. Wären noch mehr Arbeitskräfte aus der Landwirtschaft abgewandert und hätten im sekundären Sektor eine produktivere Tätigkeit aufgenommen, so wäre das Nettoinlandsprodukt noch rascher gewachsen. Es ist müßig darüber zu spekulieren, ob eine noch stärkere Ausweitung der Industrie überhaupt realisierbar war. Bereits in den bestehenden Verhältnissen sind noch zwei Perspektiven verborgen, die es aufzudecken gilt.

1.) Ein landwirtschaftlicher Interessenvertreter würde entgegnen, der überproportional sinkende Beitrag der Landwirtschaft zum Nettoinlandsprodukt sei nicht ihre Schuld. Schuld daran seien vielmehr die **ungenügenden Agrarpreise.** Man habe also, wie es gern heißt, der Landwirtschaft den gerechten Preis vorenthalten. Daran ist folgendes richtig. Der Beitrag zum Nettoinlandsprodukt ist tatsächlich das Produkt aus Menge und Preis, doch führt dieser Sachverhalt auch zu der Frage, ob die Landwirtschaft bei vorgegebenen Preisen über eine noch stärkere Erhöhung der erzeugten Mengen ihren Beitrag zum Nettoinlandsprodukt hätte vergrößern können. Wie die Gegenwart lehrt, hätte sich auch eine Mengensteigerung positiv auf das Einkommen der Landwirte ausgewirkt. Am fehlenden Absatz wäre diese Vorgehensweise nicht gescheitert, denn – wie noch zu zeigen sein wird – die Agrarimporte nahmen bis zum Ersten Weltkrieg ganz beträchtlich zu.

2.) Mit der **Zunahme der Agrarimporte** verknüpft sich sogleich ein weiterer Gesichtspunkt. Sank die Zahl der Beschäftigten in der Landwirtschaft, bestand zumindest die Gefahr, der Selbstversorgungsgrad würde in Zukunft noch weiter abnehmen. Liberal eingestellte Ökonomen vermag das selbstverständlich nicht zu schrecken. Sie plädieren für den Freihandel und eine weltweite Arbeitsteilung. Das Schlagwort der Zeit „Unsere Kühe weiden am La Plata" legt davon Zeugnis ab. Das Eingebundensein in eine weltwirtschaftliche Verflechtung und die daraus resultierenden gegenseitigen Abhängigkeiten werten sie positiv, weil dadurch ihrer Meinung nach der Frieden gesichert wird. Leider stecken sich jedoch die Politiker häufig andere vorrangige Ziele als die Maximierung des Wohlstandes ihres Volkes. Die zunehmenden Spannungen nach 1890 wiesen nachdrücklich auf die Gefahren hin, die mit einer extrem liberalen Auffassung verbunden waren. Deshalb gewann die Sorge um die „Nahrungsfreiheit" – wie sie später von den Nationalsozialisten genannt wurde – vor dem Ersten Weltkrieg zunehmend an Bedeutung.

Wird die Zahl der Beschäftigten in der Landwirtschaft ausschließlich nach ökonomischen Gesichtspunkten bewertet, wird man der Meinungsvielfalt nicht gerecht, die während des gesamten Untersuchungszeitraumes anzutreffen war. Von den Vertretern der verschiedensten wissenschaftlichen Fachrichtungen wurde dem Bauern ein ganz besonderer, und zwar **außerökonomischer Wert für das Volksganze** zugeschrieben; wohlgemerkt dem Bauern, also nicht allen in der Landwirtschaft Tätigen, zu denen auch die Landarbeiter zählten. Diese positive Beurteilung des Bauernstandes durch Außenstehende ist sozialpsychologisch verständlich, nicht zuletzt im Zeitalter der Industrialisierung. Die Auffassung ist auch begründbar, allerdings nicht wissenschaftlich zu beweisen, und deshalb muß sie als irrational bezeichnet werden. Diese Einstellung kann sogar bei einem Betriebswirtschaftler wie Franz WATERSTRADT nachgewiesen werden, der seine Konzeption eines landwirtschaftlichen Betriebes am Unternehmergeist eines modernen Großlandwirts mit kapitalistisch-rationeller Gesinnung ausrichtete. Er schrieb dennoch 1912 im Vorwort seiner „Wirtschaftslehre des Landbaus": „Wir waren ein Bauernvolk und müssen es bleiben, oder wir werden nicht sein."

II   Die Intensivierung der Bodenproduktion

A   Die Änderung des Anbauverhältnisses

Siegmund v. Frauendorfer zählt in seiner Ideengeschichte der Agrarwirtschaft und Agrarpolitik **Wilhelm Roscher** zu den herausragenden Gestalten des 19. Jahrhunderts. Die Würdigung ist fast schon hymnisch und erstreckt sich keineswegs nur auf das agrarpolitische Wirken. In dem Band „Nationalökonomik des Ackerbaues" nahm ROSCHER zu Standortfragen Stellung und widmete dem extensiven und intensiven Ackerbau das gesamte zweite Kapitel. Da Roschers Buch von 1859 bis 1903 14 Auflagen erlebte, dürften die darin geäußerten Vorschläge ein getreues Abbild der seinerzeit herrschenden Meinung sein.

Es genügt, mit wenigen Zitaten anzudeuten, welche Entwicklung Roscher für wünschenswert hielt. Ausgehend von früheren extensiven Formen der Landbewirtschaftung meinte er: „Die Volkswirthschaft im Ganzen also wird zu den intensiveren Ackerbausystemen, die so viel höhere Produktionskosten verursachen, erst dann übergehen, wenn sie muß: d. h. wenn sich die Bedürfnisse einer dicht gedrängten, durch Bildung und Reichtum luxuriös gewordenen Bevölkerung nicht anders befriedigen lassen." Roscher übernimmt also die Intensitätslehre Thünens in der Weise, daß nicht die abnehmende Entfernung vom Markt oder die geringeren Transportkosten die höhere Intensitätsstufe erlauben, sondern die steigenden Preise, die das Wachstum der Bevölkerung hervorruft. Was deshalb gegenwärtig zu tun ist, bedarf für Roscher keiner Diskussion. Der **Übergang zur Fruchtwechselwirtschaft** ist angezeigt. Intensivieren heißt mehr Futterkräuter bauen, oder in seinen Worten: „Ein Hauptmittel, um eine arbeitsintensive Wirthschaft zu einer kapitalintensiven zu machen, besteht in **Ausdehnung des Futterbaues**." Bei diesem Ratschlag übersieht Roscher die natürlichen Grenzen nicht. So gedeiht Klee nicht überall, Hackfrüchte können nicht an steilen Hängen kultiviert werden wegen der Erosionsgefahr, und in Ostpreußen werden Bohnen und Kartoffeln so spät geerntet, daß der Roggen nicht mehr zeitgerecht gesät werden kann.

Der **Zwang zur Intensivierung** ist für Roscher also durch das Bevölkerungswachstum gegeben. Rückblickend muß sein Ausmaß als ganz beachtlich bezeichnet werden. So wuchs von 1864 bis 1913 die Bevölkerung in den Grenzen des Deutschen Reiches von 1871 von 37,8 Mio. auf 67,0 Mio. Menschen an. Im Zuge der Industrialisierung nahm auch die Kaufkraft je Kopf der Bevölkerung um 76 v. H. zu, so daß jene Voraussetzungen gegeben waren, die Roscher für die Intensivierung als notwendig ansah.

Wie gefährlich es ist, ähnlich wie bei Verordnungen und Geboten aus weit verbreiteten Handlungsanweisungen die Wirklichkeit erschließen zu wollen, zeigt die Tab. 19. Roschers Buch, und man muß eine ganze ähnlich ausgerichtete Literaturgattung über den Fruchtwechsel hinzunehmen, hat die Landwirte nicht zu bewegen vermocht, den Futterbau zum Zwecke der Intensivierung langfristig auszudehnen. Zwischen 1850/55 und 1883 ist das zwar noch geschehen, doch war der Anteil der nicht gerade intensiven Ackerweide recht hoch. Danach ist der Rückgang der Futterflächen unverkennbar. Gemildert wird er durch noch stärkeren Abbau der Brachweide, und zumindest in einigen Betrieben gewann man zum Ausgleich das Rübenblatt als wertvolles Viehfutter hinzu. Wenn auch nicht jene Art der Intensivierung verwirklicht wurde, die

Tab. 19: Die Veränderungen des Anbauverhältnisses von 1850 bis 1913 in v. H.

Fruchtart	1850/55	1883	1900	1913
Weizen	8,8	7,5	8,0	7,9
Spelz		1,5	1,3	0,9
Roggen	28,2	22,6	23,2	25,5
Gerste	5,5	6,8	6,5	6,7
Hafer (und Hirse 1850/55)	16,3	17,6	15,9	17,4
Sonstiges Getreide	–	2,2	2,6	2,2
Getreide:	58,8	58,2	57,6	60,7
Kartoffeln	9,4	11,3	12,6	13,6
Zuckerrüben	–	1,3	1,8	2,2
Futterhackfrüchte	–	2,2	2,9	3,8
Rüben, Möhren, Kohl	3,1	–	–	–
Hackfrüchte:	12,5	14,8	17,3	19,6
Hülsenfrüchte	3,8	2,9	2,6	1,5
Futterpflanzen	–	11,3	11,5	11,5
Futterkräuter, Grünfutter Ackerweide	10,4	–	–	–
Ackerweide	–	5,8	4,1	2,8
Humusmehrende Futterpflanzen:	14,2	20,0	18,2	15,8
Handelsgewächse	3,2	1,4	0,7	0,2
Gartengewächse	–	0,5	0,5	0,5
Brache:	11,3	7,1	4,8	2,6

Quelle: 1850/55 VIEBAHN, 1862, II 863ff. Danach BITTERMANN, 1956, 24

Roscher vorschlug, so ist dieser Prozeß dennoch unverkennbar. Der stetig wachsende Hackfruchtanteil forderte einen höheren Arbeits- und Kapitaleinsatz. Beides führte zu höheren Roherträgen, aber auch zu höheren Einkommen. Den Forderungen des Marktes entsprach die Landwirtschaft jedoch nur bedingt.

Nach 1850 könnte die zunehmende Nachfrage eine Ausdehnung des **Kartoffelbaus** bewirkt haben. Die letzte Steigerung vor 1913 traf jedoch schon auf einen rückläufigen Bedarf. Überschüsse brauchen jedoch nicht generell entstanden zu sein. Nicht die gesamte Kartoffelernte läßt sich nämlich als Speisekartoffeln verwerten, da bei steigenden Verbraucheransprüchen nur noch sortierte Ware absetzbar ist. Abgesehen vom Pflanzgut und dem nicht unbeträchtlichen Schwund muß der Rest – in den letzten Jahrzehnten rechnete man mit 30 v. H. – verfüttert werden. Da vor dem Ersten Weltkrieg die Schweinemast einen geradezu einmaligen Aufschwung nahm, wäre es daher leicht gewesen, den unverkäuflichen Rest zu verwerten. Jedoch produzierten die Großbetriebe im Osten sehr viel Kartoffeln, die nicht zur Mast eingesetzt werden konnten, da das Ruhrgebiet, der Hauptabsatzmarkt für Mastschweine, zu weit entfernt lag. Lebende oder geschlachtete Schweine hätte man dorthin nicht schicken können, da die Transportkosten viel zu hoch ausgefallen wären. Infolgedessen wurden die Kartoffeln zu Sprit verarbeitet, dessen Absatz auch nicht ganz einfach war. Zumindest in der Schlußphase wurden die ostdeutschen Großbetriebe mit Hilfe eines sich ausweitenden Kartoffelbaues intensiviert, um den Gewinn zu maximieren, und nicht, um den Ansprüchen des Marktes zu entsprechen. Wurde der Verkauf des Sprits schwierig, so hoffte man auf die Hilfe des Staates.

Bereitete der Kartoffelbau nur in den östlichen Regionen des Reichsgebietes Absatzsorgen, so sah das bei den **Zuckerrüben** grundsätzlich anders aus. Es ist nahezu gleichgültig, wo die Rüben wachsen und die Zuckerfabriken stehen. Zucker stellt je Raum- und Gewichtseinheit einen hohen Wert dar, und auch der Verderb ist so rasch nicht zu befürchten. Deshalb kann das Produkt über weite Strecken transportiert werden, ohne den Gewinn ernsthaft in Frage zu stellen. Damit vereinfacht sich das Problem. Es ist nicht wichtig, wo der Zucker produziert wird, sondern nur, ob Erzeugung und Bedarf im Einklang stehen. Das könnte vorerst vermutet werden, da der Anteil am Budget, das dem Nahrungsmitteleinkauf diente, prozentual wuchs, aber auch absolut zunahm (vgl. Tab. 18, S. 212). Schließlich könnte für diese Annahme auch der relativ geringe Anteil der Rübenanbaufläche sprechen, der aufs Ganze gesehen doch recht bedeutungslos war. Trotz der Zunahme des Zuckerverbrauchs wuchs jedoch der Anteil am Ackerland, der den Zuckerrüben eingeräumt wurde, immer noch zu schnell. 1 Mio. t Zucker mußten jährlich exportiert werden, und der Weltmarkt erwies sich als nicht sonderlich aufnahmefähig. Da Zuckerrüben einen noch höheren Arbeits- und Kapitaleinsatz als Kartoffeln fordern, beides aber auch durch entsprechende Erträge lohnen, ist die forcierte Ausweitung der Zuckerproduktion ein unumstößlicher Beweis für das Gewinnstreben der Landwirtschaft. An der Sorge um den Absatz beteiligten die Rübenbauer, ähnlich wie beim Kartoffelsprit, wiederum den Staat.

Da **Weizen** immer schon besser bezahlt wurde als **Roggen,** da weiterhin die Verbraucherausgaben für Roggenprodukte rückläufig waren, dagegen für die des Weizens zunahmen, ist die leichte Ausdehnung der Roggenfläche nach 1883 nicht recht verständlich. Ehe ein Urteil gefällt werden kann, müßte jedoch für die Hauptanbaugebiete im östlichen Deutschland geprüft werden, ob die derzeit verfügbaren Sorten den Austausch des Roggens gegen den Weizen zuließen; eventuell auch, ob eine stärkere Mineraldüngung die Ausbreitung des Weizenbaus erlaubt hätte. Auf jeden Fall wurde Roggen zuviel erzeugt und in die Anrainerstaaten der Ostsee exportiert.

Offensichtlich bietet die deutsche Landwirtschaft alles andere als ein einheitliches Bild. Zwar bedeutete die Verstärkung des Kartoffelbaus eine durchgängige Intensivierung der Betriebe, aber schon sie erfolgte keineswegs gleichmäßig, wie die Reichsstatistik ausweist. Außerdem gingen verhältnismäßig kleine Regionen mit besten Böden zum Anbau der Zuckerrübe über. Wie sehr hier die Landwirtschaft umgeformt wurde, beweisen die Prozentanteile an der Ackerfläche, die in den sieben Landkreisen mit dem umfangreichsten Anbau um 1910 mit Zuckerrüben bestellt wurden. Es waren in Wolfenbüttel 24,7 v. H., Wanzleben 22,0 v. H., Oschersleben 21,8 v. H., Hildesheim 21,7 v. H., Helmstedt 16,2 v. H., Calbe 15,3 v. H. und in den beiden restlichen Kreisen der Magdeburger Börde Neuhaldensleben und Wolmirstedt bereits nur noch 10,3 und 9,4 v. H. Die außerordentliche Intensität des Ackerbaus wird erst deutlich, wenn die Kartoffeln hinzugerechnet werden. Ihr Anteil betrug in Wolfenbüttel 6,3 v. H., in Hildesheim 6,0 v. H. Mit einem Anteil von 31,9 v. H. Hackfrüchten an der Ackerfläche dürfte der Kreis Wolfenbüttel zu denjenigen des Deutschen Reiches zählen, in denen der intensivste Ackerbau getrieben wurde. Seine Intensitätsstufe wurde auch nicht vom östlichen Nachbarkreis Helmstedt überboten, obwohl hier die Hackfrüchte sogar 32,5 v. H. der Ackerfläche einnahmen. Von diesem Anteil entfielen nämlich 14,2 Prozentpunkte auf die Kartoffeln, die damals nur 60 v. H. des Handarbeitsbedarfs beanspruchten, den die Rüben forderten. Deshalb lag der Aufwand für Handarbeiten in Wolfenbüttel noch um 9,6 v. H. höher. Es ist also eine Vergröberung, einfach den Hackfruchtanteil als Intensitätsmaßstab zu verwenden. Eine Scheidung in Zucker- und Futterrüben, die sich beim Arbeits- und Kapitaleinsatz nur unwesentlich unterscheiden, auf der einen Seite und Kartoffeln auf der andern, ist vielmehr anzuraten.

Von der marxistischen Forschung ist der Einführung des Zuckerrübenbaues in den vier Bördekreisen hohe Aufmerksamkeit gezollt worden. Für sie war diese Region das Paradebeispiel des Übergangs vom Feudalismus zum Kapitalismus, womit zwei Gesellschaftsformationen angesprochen sind. Gemäß den Axiomen des Historischen Materialismus bestimmt der Stand der Produktivkräfte die Produktionsverhältnisse, anders ausgedrückt: die Produktivkräfte entscheiden über den Überbau, der bis zum Umschlagpunkt, dem qualitativen Sprung, die formationsspezifische Trennung der Gesellschaft in Herrschende und Beherrschte, Ausbeuter oder Ausgebeutete erlaubt. Im späten 18. Jahrhundert hatte die Agrarverfassung in der Börde jedoch schon wesentliche feudale Züge verloren. Die Bauern besaßen die Höfe zu Erbrecht und waren auch nicht mehr leibeigen. Auch der Stand der Produktivkräfte ließ sich mit dem in den östlichen preußischen Provinzen nicht länger vergleichen. Der Ackerfutterbau spielte bereits eine erhebliche Rolle, und eine nicht unbedeutende Zahl von Betrieben war bereits zur ganzjährigen Stallhaltung übergegangen. Das Einkommen der Bauern war auch schon vor den Agrarreformen gestiegen, so daß sie zwar immer noch bedeutsame Verbesserungen bringen konnten, aber längst nicht mehr einen Wandel im Grundsätzlichen bewirkten, wie in der altpreußischen Gutswirtschaft. Aber auch der **Kapitalismus in der Landwirtschaft** des Bördegebietes führte nicht zu jenen Resultaten, die den Forderungen der Theoretiker entsprochen hätten. Entgegen den Behauptungen, die Großbetriebe der Kapitalisten hätten die Bauernbetriebe in beträchtlicher Anzahl geschluckt, erweist die Reichsstatistik mehr oder minder ihre Konstanz. Das Idealbild des Theoretikers, wonach in der Börde nur noch wenige Agrarkapitalisten über ein Heer besitzloser Landarbeiter geboten hätte, vermochte selbst die marxistische Forschung nicht nachzuweisen.

Zwei Mängel müssen noch angemerkt werden. 1.) Die marxistische Forschung überging die exzeptionelle Stellung, die dem auf kleinstem Raum konzentrierten Rübenbau innerhalb der Landwirtschaft des Deutschen Reiches zukam. Selbst wenn sie den Kapitalismus in der Börde überzeugend nachgewiesen hätte, wären die dortigen Verhältnisse alles andere als repräsentativ für die übrige deutsche Landwirtschaft gewesen. 2.) In den beiden benachbarten braunschweigischen Kreisen Wolfenbüttel und Helmstedt und dem angrenzenden Altkreis Hildesheim im gleichnamigen preußischen Regierungsbezirk hielt der Rübenbau spielend mit dem in der Börde Schritt. Da alle drei Kreise deutlich stärker bäuerlich bestimmt waren als die vier Bördekreise, hätte sich hier der Einfluß der Produktivkräfte noch klarer abzeichnen müssen. Davon kann jedoch bei der bäuerlich bestimmten Betriebsgrößenstruktur überhaupt keine Rede sein. Vielleicht war es Zufall, daß man diese „Kontrollfälle" gar nicht erst in die Betrachtung einbezog.

Aber auch in nichtmarxistischer Sicht müssen die Rübenbaubetriebe als jene angesehen werden, in denen die kapitalistische Wirtschaftsweise am ehesten verwirklicht wurde. Voraussetzung war die volle Dispositionsfreiheit bei der Art der Bewirtschaftung. Wenn Hannah SCHISSLER als nächsten Punkt die Kommerzialisierung der Betriebe anführt, die über eine bisher schmale Schicht marktbeliefernder Betriebe hinausgehen müsse (1978, 146), so mag diese Aussage für Alt-Preußen noch am ehesten zutreffen. Man fragt sich aber selbst bei den östlichen Provinzen, ob nicht auch hier die Bauern als Anbieter auf dem Märkten auftraten. Die nur grundherrlich gebundenen Bauern, und sie stellten die Mehrheit, konnte niemand daran hindern; und woher nahmen die Laßbauern die Gelder für die Steuern, die der Gutsherr nur für sie abführte, aber wohl kaum grundsätzlich übernehmen wollte? War dagegen der Anteil der Güter an der landwirtschaftlichen Nutzfläche geringer, war der Markt ohnehin auf die Überschüsse der Bauernwirtschaften seit eh und je angewiesen. Da nach einem häufig zitierten Topos die Naturalrenten angeblich längst in Geldrenten umgewandelt worden waren, müßte auch die Klasse der Grundherren als Mittler längst entfallen sein. Die Widersprüche einer generalisierenden Betrachtungsweise liegen auf der Hand, und es bedarf noch eindringlicher Regionalstudien, um die tatsächlichen Verhältnisse zu klären.

Wenn Schissler meint, die kapitalistische Landwirtschaft benötige Kapital, so ist das grundsätzlich richtig. Tatsächlich verlief jedoch die Entwicklung ein wenig anders. Der erste Schritt hin zu einer kapitalistischen Landwirtschaft erfolgte durch die Ausweitung des Kartoffelbaus, ein weitestgehend arbeitsintensiver und kaum kapitalintensiver Prozeß (vgl. S. 201). Selbst die Einführung des Rübenbaues forderte längst nicht so viele Geldmittel, wie sie bei der Einführung einer Fruchtwechselwirtschaft erforderlich gewesen wären. Das zeigen sehr schön die realen Verhältnisse in Wolfenbüttel, Helmstedt und Hildesheim, wo die Bauern selbst die Zuckerfabriken gründeten und trotz der Einführung des Rübenbaus zusätzlich das Startkapital für die Fabriken zusammenbrachten. Der Zucker war das erste Produkt, das ausschließlich von Nichtlandwirten, den Direktoren der Zuckerfabriken, auf dem Markt abgesetzt werden mußte. Aus diesem Grunde und wegen des stärkeren Einsatzes industriell gefertigter Betriebsmittel erreichte die Marktverflochtenheit der Zuckerrübenbaubetriebe das Höchstmaß innerhalb der deutschen Landwirtschaft.

Ob bei der Einrichtung solcher „kapitalistischer" Betriebe die Arbeit zur Ware werden mußte, wie Schissler meint, und die Arbeitsproduktivität anschließend in dem Maße gesteigert werden konnte, „wie das Arbeitsverhältnis patriarchalischer Züge entkleidet und einer ökonomischen Nutzung unterworfen wird", erscheint fraglich. Die niedersächsischen Landkreise Wolfenbüttel, Helmstedt und Hildesheim dienen bereits als Gegenbeweis. Die früheren Gesindeordnungen, aber auch die Handlungsanweisungen in der Literatur für Betriebsleiter, lassen solche patriarchalischen Züge nicht erkennen. Ohne sie grundsätzlich leugnen zu wollen, ist doch zu überprüfen, ob Schissler nicht eine Idylle konstruiert. Jedenfalls trennten sich die kurhannoverschen und braunschweigischen Bauern rasch von den Knechten, die bei nachlassenden Naturaldiensten nicht mehr gebraucht wurden. Andererseits wuchs auf den preußischen Gütern die Zahl der Insten, bei denen schon durch die Beteiligung am Betriebsertrag das Zusammengehörigkeitsgefühl mit der Herrschaft gestärkt werden sollte, und das auch keineswegs ganz patriarchalischer Züge entbehrte. Bei diesen Widersprüchen verbietet sich eine endgültige Antwort von selbst, doch sei allgemein auf die weit größere Bedeutung des Gesindes gegenüber den Landarbeitern hingewiesen (vgl. S. 321). Trotz der Insten läßt sich die Vermutung nicht abweisen, Schissler habe die Betrachtung viel zu sehr auf die Gutsherrschaft und spätere Gutswirtschaft eingeengt.

Bereits das Anbauverhältnis zeigt einzelne Züge, die auf eine Hinwendung zu einer intensiveren Wirtschaftsweise hindeuten. Dennoch erscheint es mißlich, bereits daraus eine sogenannte kapitalistische Wirtschaftsweise abzuleiten. Sie steht und fällt mit dem praktizierten Unternehmertum. Die Gewinnmaximierung ließ aber gerade bei den ostdeutschen Gutsbetrieben zu wünschen übrig. Wahrscheinlich versuchten sie auf agrarpolitischem Felde den entgangenen Nutzen im ökonomischen Bereich zu kompensieren, doch kann darauf erst später, bei der Besprechung der Caprivi-Krise eingegangen werden.

Abschließend muß auch beim Anbauverhältnis vor einer Fehlinterpretation gewarnt werden. Die Durchschnittszahlen für das gesamte Deutsche Reich verdecken nur zu rasch die **regionalen Abweichungen.** Das sei an zwei Beispielen demonstriert. Bei der ersten offiziellen Bodennutzungserhebung im

Jahre 1883 betrug der Anteil des Brachlandes nur noch 7,1 v. H. und ging bis 1900 auf 4,8 v. H. zurück. Hiervon wich der Durchschnitt für das Königreich Preußen in den Grenzen nach 1866 nur unwesentlich ab, wenn man die Entwicklung und die anderen Erhebungstermine bedenkt. 1878 waren es 8,9 und 1893 5,6 v. H. Ganz anders sah es jedoch in Ostpreußen aus, wo zu diesen Zeitpunkten noch 18,5 und 12,6 v. H. des Ackers unbebaut blieben. Dagegen wurde in der Provinz Schlesien der Durchschnitt mit 3,5 und 1,4 v. H. bereits ganz erheblich unterboten. Solche eklatanten Abweichungen blieben nicht auf Preußen beschränkt. Die Bauern im Herzogtum Oldenburg, die Güter spielten hier eine völlig untergeordnete Rolle, bebauten 1907 noch 73,6 v. H. der Ackerfläche mit Getreide und nur 8,6 v. H. mit Kartoffeln. Übertreffen wie Unterbieten des Reichsdurchschnitts deuten auf einen kaum intensivierten Ackerbau.

B Die Steigerung der Erträge

Die Höhe der Durchschnittserträge landwirtschaftlicher Fedfrüchte für größere Gebiete zu ermitteln, bereitete um 1800 den interessierten Zeitgenossen und der staatlichen Verwaltung nicht geringe Schwierigkeiten. Bittermann war deshalb später gezwungen, aus nicht unerheblich voneinander abweichenden Schätzungen einen plausilen Mittelwert zu bilden. Um 1850 gab es jedoch in den meisten Bundesstaaten bereits Statistische Büros oder Ämter, die sich auch mit Ertragsermittlungen befaßten. Diese Aufgabe übernahm schließlich das Kaiserliche Statistische Amt für das gesamte Reich und veröffentlichte die Ergebnisse jährlich ab 1878. Die Aussagekraft der Durchschnittswerte nimmt daher bis zum Ersten Weltkrieg deutlich zu.

Zur besseren Orientierung und um ein treffsichereres Urteil fällen zu können, erscheint es sinnvoll, sich einen Überblick über die Ertragsentwicklung von der vorindustriellen Landwirtschaft bis zur Gegenwart zu verschaffen. Dabei muß die bereits im 18. Jahrhundert einsetzende **Ertragssteigerung** ausgeklammert werden, da es hierfür zwar überzeugende Einzelhinweise gibt, ihre Zahl jedoch nicht ausreicht, um generalisierend einen Durchschnittswert zu konstruieren. Schon der von Bittermann gewählte Ausgang – um 1800 – bleibt unsicher genug. Wegen der besseren Anschaulichkeit wird die Ertragssteigerung vorerst nur mit den Weizenerträgen belegt. Über das Ergebnis informiert die Abb. 14.

Zuerst muß auf die Technik der Darstellung eingegangen werden. Als letzter Wert für den hier bearbeiteten Zeitraum wurde der Durchschnitt der Jahre 1908/12 eingetragen, von dem sich auch die Ernteergebnisse für die Jahre 1913 und 1914 nur unwesentlich unterscheiden. Wenn als nächster Wert der Durchschnitt der Jahre 1918/22 folgt, sieht es so aus, als ob der kriegsbedingte Abfall bereits nach 1910 eingesetzt habe. Da aus methodischen Gründen die Angabe von Durchschnittswerten grundsätzlich vorzuziehen ist, läßt sich diese Zeitverschiebung nicht vermeiden.

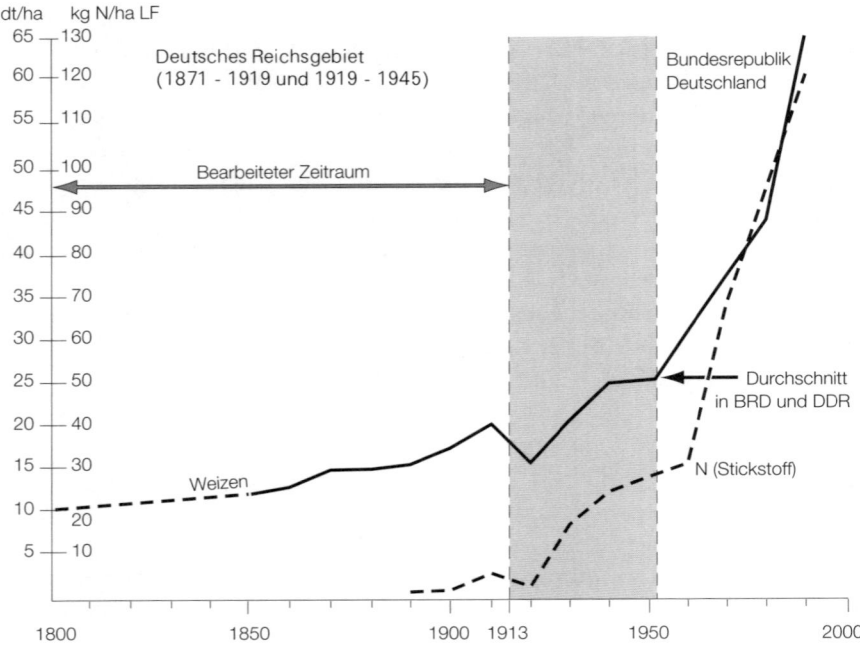

Quellen: BITTERMANN, 1956, 34; Reichsstatistik, Stat. Jbb. der BR Deutschland

Abb. 14: Entwicklung der Weizenerträge in dt/ha von 1800 bis 1986/88

Die Entwicklung eines Faktums, hier der **Weizenerträge,** ist nur zu beurteilen, wenn sie in Relation gesetzt wird. Für die Zeit vor 1800 liegen nur wenige Ertragsnachrichten vor. Sie lassen immerhin soviel erkennen, daß eine nennenswerte Erhöhung der Erträge nur regional und auch nur kurz vor der Jahrhundertwende denkbar ist. Nach dem hier zu verfolgenden Zeitram zeichnet sich vor allem während des Ersten Weltkrieges ein Abfall der Erträge ab, der im Zweiten zu einer Stagnation abgeschwächt wurde. Ab 1951 erhöhten sich die Erträge in der BR Deutschland in einem bislang unbekannten Ausmaß, das nach 1975 noch einmal eine unübersehbare Steigerung erfuhr. Wer unbedingt eine Agrarrevolution konstatieren muß, findet jetzt den entscheidenden Aufschwung. Nach 1951 ist auch endlich der durchgreifende Ersatz der Arbeitskräfte (AK) durch Kapital zu entdecken. Die **Mechanisierung der Betriebe** erreicht jetzt erst ein wirklich umstürzendes Ausmaß. Die rasante Substitution des Produktionsfaktors Arbeit durch den Faktor Kapital spiegelt sich in zwei Quotienten. Vor dem Ersten Weltkrieg wurden 31 AK benötigt, um 100 ha LF zu bewirtschaften. 1989/90 genügten 5,5 AK/100 ha/LF. Gleichzeitig stieg nicht nur der **Verbrauch an Stickstoffdüngern,** sondern aller Handelsdünger. Bald darauf erreichten die Ausgaben für **Pflanzenschutzmittel** eine ähnliche

Höhe. Hinzu kommen weitere für Energie, die in dieser Höhe vor dem Ersten Weltkrieg auch nicht im entferntesten getätigt wurden. Brauchte damals der Betriebsleiter nur 10 bis 15 v. H. des Rohertrages für den Sachaufwand abzuzweigen, so sind es heute – nicht zuletzt wegen der ertragssteigernden Hilfsmittel um 60 v. H. Nachdem sich bis zur Gegenwart der Kapitaleinsatz gegenüber dem Arbeitsbedarf derart erhöht hat, wäre es nunmehr gerechtfertigt, von einer kapitalistischen Landwirtschaft zu sprechen. Treffend ist aber auch der von den Marxisten geprägte Asdruck einer **industriemäßig betriebenen Landwirtschaft.**

Wie die Kurve insgesamt beweist, verlief die Entwicklung der Weizenerträge vor dem Ersten Weltkrieg im Vergleich zu der Zeit danach in deutlich ruhigeren Bahnen. Trotz der so oft hervorgehobenen landeskulturellen Begünstigungen durch die Agrarreformen muß die erste Hälfte des 19. Jahrhunderts als eine Art Anlaufphase bezeichnet werden. Von der häufig in diese Zeit verlegten Agrarrevolution kann überhaupt keine Rede sein. Danach stiegen die Erträge in den fünfziger und sechziger Jahren spürbar an, stagnierten jedoch in den nächsten beiden Jahrzehnten, und erst nach 1890 setzte eine wirklich beachtliche Steigerung der Erträge bis zum Ausbruch des Ersten Weltkrieges ein. Die Mineraldüngung war vor diesem letzten Zeitabschnitt noch gar nicht erwähnenswert.

Hatten sich bis 1860 die Erträge des Sommergetreides gegenüber denen des Wintergetreides überproportional erhöht, so entwickelten sie sich danach bei allen vier Getreidearten bedeutend gleichmäßiger (Tab. 20).

Tab. 20: Entwicklung der Getreideerträge von 1800 bis 1908/12 in dt/ha

Zeitraum	Weizen	Roggen	Sommergerste	Hafer
um 1800	10,3	9,0	8,1	6,8
1848/52	12,3	10,2	9,7	9,5
1858/62	13,0	11,2	11,2	10,9
1868/72	15,1	12,8	15,1	13,2
1878/82	14,6	11,6	15,8	14,1
1888/92	15,8	11,7	15,8	14,5
1898/1902	18,5	14,8	18,1	17,1
1908/12	20,7	17,8	20,1	19,0

Quelle: BITTERMANN, 1956, 34

Diskussionswürdige Unterschiede zwischen den Steigerungsraten der vier Getreidearten treten so gut wie nicht auf. Besonders die gute Übereinstimmung mit dem Roggen ist hervorzuheben, dem vor dem Ersten Weltkrieg die größte Anbaufläche eingeräumt wurde. Die Verlaufskurve der Weizenerträge repräsentiert demnach eine Ertragsentwicklung, wie sie auf rund 60 v. H. der Ackerfläche stattfand.

Grundsätzlich erhöhten sich die **Kartoffelernten** in weit geringerem Ausmaß. Die Anlaufphase währte hier noch länger. Da die Erträge zwischen 1878 und 1892 stark schwankten, erscheint es sinnvoll, die drei Fünfjahresdurchschnitte (89,4; 102,3; 94,9) zu einem zusammenzufassen. Mit 95,5 dt/ha fügt er sich deutlich besser in den Trend ein. Die Steigerungsrate beträgt sodann für die fünfzehnjährige Stagnationsphase gegenüber der Basis mit 80 dt/ha um 1800 nur knapp 20 v. H., während im gleichen Zeitraum die Erträge des Wintergetreides mit rund 50 v. H. und die des Sommergetreides mit rund 100 v. H. deutlich stärker stiegen. Dennoch blieb die Kartoffel konkurrenzfähig. Bezogen auf den Nährwert entspricht 1 dt Kartoffeln zwar nur 25 kg Getreide, doch kommt die Kartoffelernte um 1885 immer noch einem Getreideertrag von 24 dt/ha gleich, während in dieser Zeit tatsächlich nur 11,9 dt/ha Roggen geerntet wurden. Die Ernährungsleistung der Kartoffel war also immer noch doppelt so hoch einzustufen wie die des Roggens, des Hauptbrotgetreides. Die Mehrleistung hatte jedoch ihren Preis. Die Zahl der Zugarbeitstage lag im Kartoffelbau doppelt so hoch wie beim Roggen, und der Bedarf an Handarbeitstagen war (ohne Drusch) sogar dreimal so hoch. Betriebe, die im wesentlichen Lohnarbeitskräfte beschäftigten, mußten schon sorgfältig kalkulieren, wenn sie die Kartoffelfläche ausdehnen wollten.

Bis zum Ersten Weltkrieg wuchsen die Naturalerträge der Kartoffel absolut gesehen schneller als beim Getreide. Bei ihm betrug der Zuwachs von 1895 bis 1908/12 rund 4 dt/ha, bei der Kartoffel immerhin 37,9 dt/ha oder umgerechnet 9,5 dt/ha Getreideeinheiten (GE). Die Relation zum Getreide verbesserte sich dennoch nicht. Die Ernte mit 133,4 dt/ha 1908/12 entsprach rund 33 dt/ha GE, und an Roggen erntete man in diesem Zeitabschnitt 17,8 dt/ha. Das ursprüngliche Verhältnis der Ernährungsleistung Roggen: Kartoffeln wie 1:2 hatte sich sogar noch geringfügig verschlechtert. Wenn dennoch der Kartoffelbau bis 1913 kontinuierlich ausgedehnt wurde, so ist das aus betriebswirtschaftlicher Sicht verständlich.

Die **Hauptarbeitsspitze** des Jahres verursachte die Kartoffelernte im September. In dieser Zeit waren die Kleinbauern und Kleinstelleninhaber durch den Getreidebau allein nicht voll ausgelastet. Bauten diese Landwirte Kartoffeln an, so konnten sie bisher unbezahlte Mußestunden in bezahlte Arbeitsstunden verwandeln, und ihr Einkommen stieg. Allerdings verwerteten sie ihre Arbeitskraft im Kartoffelbau nicht so gut wie im Getreidebau. Diese Überlegung, falls sie überhaupt angestellt wurde, half ihnen jedoch nicht weiter. Blieb die Anbaufläche des Getreides gering, befriedigte auch das Gesamteinkommen nicht. Die sogenannten Kleinen Leute zogen es deshalb vor, lieber eine unterbezahlte Beschäftigung hinzunehmen, als sich mit einer unbefriedigenden Einkommenshöhe zu begnügen. Manche Autoren würden diesen Sachverhalt als partielle Selbstausbeutung charakterisieren, wobei sofort die Frage aktuell wird, wo und wobei ein höherer Stundenlohn winkte.

Die Reichsstatistik bestätigt die vorgestellte Deutung. 1907 wurden in der Größenklasse unter 0,5 ha LF 67,4 v. H. des Ackerlandes mit Kartoffeln bestellt, in der Klasse 0,5 bis 2 ha 34,2 v. H., 2 bis 5 ha 19,0 v. H. und 5 bis 20 ha nur noch 12,3 v. H. Dieser Satz gilt annähernd auch für die Betriebe über 100 ha LF. Weshalb jene mit 20 bis 100 ha LF nur 8,4 v. H. des Ackers mit Kartoffeln bepflanzten, läßt sich vorerst nicht klären.

Gegenüber dem Getreide und den Kartoffeln nahm die Ertragsentwicklung der **Zuckerrüben** einen betont eigenständigen Verlauf. 1893/97 wurde der Gipfelpunkt der Erträge bereits erreicht, und zwar in der Provinz Hannover und im Deutschen Reich mit 310/324 dt/ha. 1908/12 war er dagegen wieder gesunken: Hannover/Reich 265/266 dt/ha. Bei der guten Übereinstimmung beider Werte kann für 1863/67 die Angabe für Hannover mit 264,5 dt/ha als allgemein verbindlich angenommen werden. Die merkwürdige Entwicklung, bei der die Erträge ähnlich wie bei den anderen Kulturpflanzen erst ansteigen, ab 1893/97 aber wieder auf den Ausgangspunkt zurückfallen, läßt sich leicht erklären. Die Zuckerrübe ist nicht selbstverträglich wie die Kartoffeln. Zwar muß die Anbaupause nicht wie bei den Leguminosen auf 6 Jahre ausgedehnt werden, doch sollte sie mindestens zwei, besser drei Jahre währen. Vor allem in der Magdeburger Börde verfiel man jedoch auf den größeren Betrieben auf die Fruchtfolge Weizen/Rüben/Weizen/Rüben, und der Nematode *Heterodera schachtii* stellte sich ein. Der Befall, auch als Rübenmüdigkeit bezeichnet, drückte die Durchschnittserträge ganz erheblich. Dennoch kann die angedeutete Entwicklung auch als eine Überzeichnung der tatsächlichen Verhältnisse angesehen werden. Die Erträge schwankten nämlich ganz erheblich von Jahr zu Jahr, weit stärker als bei Getreide und Kartoffeln, so daß Fünfjahresdurchschnitte unzureichend sind. Vor allem ist es unerläßlich, neben den Naturalerträgen den **Zuckerertrag** je ha zu berücksichtigen. Dann werden auch bei den Erträgen der Zuckerrüben ganz beträchtliche Fortschritte sichtbar (Tab. 21).

Wenn auch die Naturalerträge in der Provinz Hannover mit einer Zunahme von nur 21,6 v. H. ganz erheblich hinter den Steigerungsraten der anderen

Tab. 21: Natural- und Zuckererträge in der Provinz Hannover in dt/ha der Erntejahre 1860 bis 1909

Zeitraum	Naturalertrag	dt Rüben je 1 dt Zucker	Zuckerertrag
1860/69	249,4	12,18	20,48
1870/79	273,2	11,31	24,15
1880/89	296,0	8,95	33,06
1890/99	305,4	8,03	38,02
1900/09	303,2	6,82	44,42

Quelle: Festschrift, 1914, 828

Kulturpflanzen zurückblieben, so hielt jedoch jene des Zuckerertrages mit 116,9 v. H. geradezu spielend Schritt. Zu berücksichtigen ist dabei noch der weit kürzere Zeitraum, in dem sich der Zuckerertrag mehr als verdoppelte. Zu der enormen Steigerung des Zuckerertrages trug in erheblichem Maße der technische Fortschritt bei, indem immer bessere Verfahren zur Zuckerausbeute entwickelt wurden. Aber auch der Pflanzenzucht gebührt ein bedeutsamer Anteil, indem der Zuckergehalt der Rüben, der 1884/88 erst 12,8 v. H. betrug, bis 1903/08 auf 16,1 v. H. erhöht wurde.

C   Die Pflanzenzucht

Seitdem der Mensch Pflanzen anbaut, hat er ihre Eigenschaften durch Zuchtwahl beeinflußt. Beim Wintergetreide geschah das unwillkürlich. So konnten zwangsläufig nur jene Exemplare geerntet werden, die dem Winterfrost getrotzt und der sogenannten Auswinterung im Spätwinter widerstanden hatten. Indem sich diese Auslese im Verlaufe von knapp sechstausend Jahren unzählige Male wiederholte, wurde eine größere Winterhärte im Erbgut verfestigt. Aber auch gewollt trieb der Ackerbauer Selektion. Wurde das Getreide mit der Wurfschaufel geworfelt, um die Körner von den Spelzen zu trennen, so flogen die schweren Körner am weitesten. Da sie einen besseren Aufgang des Getreides und eine raschere Anfangsentwicklung gewährleisten, wurden sie letztendlich zur Saat verwendet. Die fortlaufende Bevorzugung der überdurchschnittlich großen Körner mußte zu einer Erhöhung des Tausendkorn- und auch des Hektolitergewichtes führen, soweit diese Eigenschaften genetisch fixiert sind. Schließlich prägten Boden und Klima geographische Rassen aus, deren Eigenschaften im Erbgut gefestigt wurden. Um nur ein Beispiel zu nennen: Weizen von der Insel Fehmarn wurde wegen seiner Qualität schon um 1600 an der Amsterdamer Getreidebörse fortlaufend zu Höchstpreisen gehandelt. Die Verbesserung, die willkürliche und unwillkürliche Selektion sowie die Herausbildung geographischer Rassen oder Landsorten, sind jedoch überhaupt nicht mit jenen Erfolgen zu vergleichen, die der **planmäßigen Pflanzenzucht** beschieden waren.

Zuerst waren es wieder die Engländer, die ein solches planmäßiges Vorgehen praktizierten. In den sechziger Jahren des 19. Jahrhunderts wurde in Schottland eine Mutation entdeckt, die als Square head oder deutsch als Dickkopf-Weizen bezeichnet wurde. 1876 gelangte der in Britannien vermehrte Typ nach Deutschland und wurde bereits 1880 in zwei Zuchtsorgen angeboten. 1913 verwies Möbius bereits auf rund **20 Weizensorten,** und Carl Fruwirth brachte die Sortenbeschreibung in seiner weit verbreiteten „Pflanzenbaulehre" einem breiten Leserkreis zur Kenntnis. Aber auch in einem anspruchsloseren Lehrbuch, wie es „Schlipf's populäres Handbuch der Landwirtschaft" darstellt, war die Zahl der aufgezählten Sorten kaum geringer. Sie wurden auch bereits nach ihren Ansprüchen an den Standort geordnet, aber wenn in einer Kategorie 6 bis 10 Sorten aufgeführt wurden, litt der anbauwillige Landwirt immer noch unter der Qual der Wahl. Aus ihr wurde er erst erlöst, als in **Sortenversuchen** die einzelnen Sorten methodisch korrekt auf ihre Leistungsfähigkeit hin überprüft wurden. Eine überzeugende Antwort auf die Frage nach geeigneten Sorten erhielt der Landwirt aber nur durch die Ergebnisse eines Versuchsfeldes, das die gleichen Standortfaktoren aufwies wie der eigene Betrieb. Die ersten wurden erst um 1890 angelegt. Anders ausgedrückt, die Resultate eines Versuchsfeldes galten nur unter ähnlichen Boden- und Klimaverhältnissen und waren daher in ihrer Verwertbarkeit räumlich begrenzt. Deshalb ist eine gewisse Dichte des Netzes der Versuchsfelder zu fordern, damit alle Landwirte eine zutreffende Auskunft über de Eignung bestimmter Sorten erhalten können.

Noch eine zweite Voraussetzung ist zu bedenken, wenn die Diffusionsgeschwindigkeit einer Innovation, wie sie eine Neuzüchtung darstellt, abgeschätzt werden soll. Das praxisreif gewordene Zuchtmaterial muß vermehrt werden. Dabei tritt vor allem bei Getreide eine Notwendigkeit auf, die immer wieder die Ausgangsmenge reduziert. Neben der Neuzucht durch Kreuzung und anschließende Inzucht muß fortlaufend die Erhaltungszucht treten. Da genetisch absolut homogenes Saatgut nicht zu erzielen ist, bedeutet jede Befruchtung streng genommen wieder eine Kreuzung, die Nachkommenschaft spaltet auf und die bestimmenden Sorteneigenschaften gehen wieder verloren. Der Züchter muß also immer wieder **sortenreines Saatgut** erzeugen, das anschließend auf ausgesuchten Betrieben vermehrt wird. Diese Vermehrungsbetriebe müssen laufend kontrolliert werden. Das geschieht bei der sogenannten **Saatenanerkennung.** Die entscheidenden Bestimmungen wurden 1896 festgelegt. Erst jetzt wurden dem Käufer Sortenechtheit und Sortenreinheit wirklich garantiert.

Es wäre außerordentlich aufschlußreich zu wissen, welche Mengen an anerkanntem Saatgut erzeugt wurden. Dann wäre abschätzbar, in welcher Zeit und in welchem Umfang die landschaftsgebundenen Landsorten durch leistungsfähigere Zuchtsorten verdrängt wurden. Ihrer Einführung stand bei vielen Landwirten eine psychologisch zu begründende Barriere im Weg. Oft werden zehn bis zwölf Jahre benötigt, um eine neue Sorte zu züchten. Die Arbeit ist außerordentlich lohnintensiv und fordert deshalb einen nicht geringen, aber dennoch angemessenen Preis. Auch der höhere Aufwand auf der Vermehrungsstufe muß sich bezahlt machen. Infolgedessen ist anerkanntes Saatgut bedeutend teurer als die Handelsware derselben Art. Der Mehraufwand ist für jeden Landwirt augenfällig; der Mehrertrag aber nur für den, der exakt kontrolliert. Eine solche Kontrolle und der anschließende Vergleich der Land- und Zuchtsorte aber haben nur einen Sinn, wenn die Aufwuchsbedingungen weitestgehend übereinstimmen. Die Bodengüte ist von erheblicher Bedeutung, aber selbst die Verschiebung des Saattermins um eine Woche kann sich stark auswir-

ken. Solchen strengen Erfordernissen kann nur der Betreuer eines Versuchsfeldes genügen. Der Bauer ist dagegen fast nie in der Lage, einen hieb- und
stichfesten Vergleich durchzuführen. Den Bewirtschaftern großer Güter gelingt das bereits bedeutend leichter. Deshalb sind sie mit Sicherheit bei der
Einführung neuer Sorten die Träger des Fortschritts gewesen. Erst später
wurden sie auch von den Bauern übernommen. Die bloße Übernahme einer
Sorte genügt indessen nicht. Wegen der Abbauerscheinungen muß sich der
Landwirt die werterhaltende Erhaltungszüchtung zunutze machen und regelmäßig anerkanntes Saatgut zukaufen. Dieser Zukauf sichert nicht nur höhere
Erträge, er ist auch rentabel; davon war aber auch nach dem Zweiten Weltkrieg
noch keineswegs jeder Bauer überzeugt – auch nicht in fortschrittlichen Acker-
baugegenden.

Alle Probleme, die bei der Zucht und Einführung neuer Weizensorten
aufgeführt wurden, verschärfen sich noch einmal beim **Roggen.** Im Gegensatz
zum Weizen, der sich weitgehend selbstbestäubt, ist der Roggen Windbe-
stäuber. Liegen also zwei Roggenschläge mit verschiedenen Sorten einigermaßen nahe beieinander, ist der Aufwuchs beider Felder als ein Kreuzungsprodukt anzusehen. Würde das Saatgut aus der eigenen Ernte gewonnen, käme
es im nächsten Jahr zu einer ganz gehörigen Aufspaltung beim Nachbau, und
eine erhebliche Ertragsminderung wäre die Folge. Da Roggen während des
gesamten Zeitraums rund ein Viertel der Ackerfläche bedeckte, war mit dieser
Erscheinung sehr oft zu rechnen. Deshalb ist bereits die Zucht des Roggens
aufwendiger, die Erhaltungszüchtung von ungleich größerer Bedeutung, und
das Saatgut kann nur auf Schlägen vermehrt werden, die hinreichend weit
entfernt von solchen liegen, auf denen fremde Landwirte andere Sorten anbauen. Da anfangs Zucht und Vermehrung einer Sorte in einer Hand lagen,
konnten nur die Besitzer großer Güter ein solches Vorhaben in Angriff nehmen.

Im Vergleich zum Weizen war das Angebot an Roggensorten ungleich
geringer. Daran waren einmal die größeren Schwierigkeiten schuld, die bei der
Zucht von **Roggensorten** zu überwinden sind. Es kann aber gleichfalls an dem
glücklichen Wurf liegen, der Ferdinand v. Lochow mit dem Petkuser Roggen
gelang. Diese Sorte entstand aus einer Kreuzung zweier Landsorten, des
Probsteier Roggens, der südöstlich Kiels gebaut wurde, und des Pirnaer Roggens. Fruwirth bestätigte bereits, diese Sorte sei für die meisten Verhältnisse
geeignet. Für „reiche Ernährungsverhältnisse" empfahl er eine Züchtung
Wilhelm Rimpaus, des Pächters der Domäne Schlanstedt, Prov. Sachsen, und
Besitzers dreier Rittergüter. Wirklichkeit und Fortschritt treten in helleres
Licht, wenn man die verschiedenen Auflagen von „Schlipf's populärem Handbuch" vergleicht. 1880 werden lediglich „vorzügliche Spielarten des Winter-
roggens" genannt, nämlich der Probsteier und Campiner Roggen sowie der
spanische Doppelroggen. Die Auflage von 1922, die noch den Vorkriegsstand
spiegelt, nennt sieben Sorten, ohne dem Petkuser Roggen die von Heinz

Haushofer lebhaft herausgestellte Präferenz zu bestätigen, die auch Fruwirth zumindest andeutete.

Um das Bild abzurunden, sei noch der Johannisroggen erwähnt, der bei Fruwirth, im populären Handbuch und auch bei William LÖBE, einem produktiven und vielgelesenen Agrarschriftsteller der Zeit, aufscheint. Es handelt sich um einen Roggen, der schon Anfang Juli gesät wurde und wegen dieses frühen Termins nur für das Brachfeld in Frage kam, falls er nicht auf ein kurzlebiges Futtergemenge folgte. Im Herbst lieferte er einen Futterschnitt, im nächsten Jahr eine mäßige Körnerernte. In gebirgigeren Gegenden scheint er noch von einiger Verbreitung gewesen zu sein. Zur gleichen Zeit waren also nicht nur Fortschritte zu beobachten; es sollten auch die altertümlichen Züge nicht übersehen werden, die damals noch zur Wirklichkeit gehörten. Die Landwirtschaft bot vor dem Ersten Weltkrieg noch ein weit farbigeres Bild als heute. Von der Monotonie der industriemäßig betriebenen Agrikultur war man damals noch meilenweit entfernt.

Die **Zuchtziele,** die man beim **Getreide** anstrebte und auch erreichte, waren verschieden. Natürlich sollte grundsätzlich der Naturalertrag gesteigert werden, doch war das indirekt oft am wirkungsvollsten. Zwar waren bereits die Landsorten des Weizens und Roggens ziemlich winterhart, doch waren Verbesserungen erwünscht, da der Umbruch und die anschließende Neuansaat beträchtliche Kosten verursachten. Vor allem galt es die Standfestigkeit zu erhöhen; denn wenn Getreide früh lagert, kann der Ertrag auf die Hälfte absinken. Diesem Ziel kam der Züchter häufig am ehesten näher, wenn der Halm verkürzt wurde. Das Stroh ist der deutlich geringwertigere Teil des Getreides, und es erscheint deshalb sinnvoll, die Photosyntheseleistung der Pflanze mehr zur Körnerbildung zu nutzen als dem Wachstum des Strohs zu überlassen. Dieses Zuchtziel bietet weitere Vorteile. Lagert das Getreide nicht, so ist es weit leichter zu mähen. Lagert es hingegen doch, so gibt es den sogenannten Durchwuchs grüner Pflanzenteile, Unkraut wuchert hoch, und das mühsam gemähte Getreide muß lange auf dem Felde stehen, bis es endlich so trocken ist, daß es eingefahren werden darf und sich in der Scheune nicht selbst entzündet. Steht das Getreide in nassen Jahren zu lange in Stiegen auf dem Felde, kann es auch noch auswachsen. Die Wertminderung ist enorm.

Die aufgezählten Vorteile genoß jedoch nur der Gutsbesitzer und Großbauer ohne Einschränkung. Der Mittel- und Kleinbauer hingegen, noch dazu in grünlandreichen Gebieten, baute bewußt viel Roggen an, weil er viel Stroh brauchte. Die Viehhaltung war in diesen Betrieben überproportional stark und der Bedarf an Einstreustroh entsprechend hoch. Man benötigte das lange Roggenstroh aber auch, um die Garben aller Getreidearten damit zu binden. Dagegen dürfte es zum Dachdecken nur noch in Ausnahmefällen Verwendung gefunden haben. Sollte der Roggen lagern, so verfügten diese Betriebe über die nötige Arbeitskraftreserve, um den Mehraufwand zu bewältigen. Er wurde als wetterbedingt, als Folge höherer Gewalt hingenommen. Die verschlechterte Verwertung der Arbeitsstunde rechnete niemand nach.

Um 1890 wurden die ersten Feldversuche angelegt, bald darauf wurden die ersten Bestimmungen für die Saatenanerkennung erlassen und um den Kreis zu schließen: erst 1900 veröffentlichte Carl Correns „Gregor Mendels Regel über das Verhalten der Nachkommenschaft der Bastarde", Hugo de Vries „Das Spaltungsgesetz der Bastarde" und Erich von Tschermak-Seysenegg seine Arbeit „Über Kreuzung von *Pisum sativum*". War die Pflanzenzucht von den praktischen Landwirten eher empirisch vorangetrieben worden, so folgte jetzt die theoretische Fundierung. Zusammengenommen führen alle Fakten zu der Aussage: die positiven Auswirkungen der Pflanzenzucht lassen sich erst mit dem Aufschwung der Erträge nach 1890 in Zusammenhang bringen.

Im Vergleich zur Zucht des Getreides bietet die der **Kartoffel** geringere Schwierigkeiten. Entspricht das Kreuzungsprodukt den gestellten Anforderungen, ist die weitere Vermehrung unproblematisch. Sie erfolgt auf vegetativem Wege, das heißt, nicht der Samen, sondern ein Pflanzenteil – eben die Kartoffel – wird zur Erzeugung von Nachkommen benutzt. Infolgedessen sind die sogenannten Töchtergenerationen alle erbgleich, eine Aufspaltung findet also nicht statt. Dementsprechend entfallen auch die Abbauerscheinungen. Auf eine Erhaltungszüchtung kann praktisch verzichtet werden. Anders sähe es bei der Zucht auf Resistenz gegen Pflanzenkrankheiten der Kartoffel aus, doch wurde sie damals erkennbar noch nicht praktiziert. Auch die **Zuchtziele** waren nicht problematisch. Geschmack, Farbe und Stärkegehalt der Speisekartoffeln wurden variiert, daneben spielte die Zucht stärkereicher Futterkartoffeln eine Rolle. Der Landwirt forderte außerdem verschiedene Reifetermine, um die Arbeitsspitze bei der Ernte strecken zu können. Nachdem Carl Fruwirth die Sortenliste von 1917 durchgesehen hatte, offenbarte sich der geringere Schwierigkeitsgrad bei der Züchtung wie folgt: „Die Zahl der Kartoffelsorten ist eine so erhebliche und zunehmende, daß trotz vieler Anbauversuche (die in Deutschland in den Berichten der Deutschen Kartoffel-Kultur-Station, Berlin N., gesammelt werden) ein sicheres Urteil nur für einige derselben ermittelt werden konnte."

Technisch schwierig ist die Zucht der **Zuckerrübe,** da sie erst im zweiten Anbaujahr einen Samenträger ausbildet und außerdem Windbefruchter ist. Dennoch sind gerade bei ihr, womöglich durch die Lukrativität des Anbaus und der straffen Organisation zwischen Anbauern und Fabriken, die größten Erfolge erzielt worden. Am Anfang des Jahrhunderts mußte Franz Karl Achard noch Zuckerrüben mit rund 4 v. H. Zucker verarbeiten, und die bedeutenden Kosten wurden nur gedeckt, weil Mitteleuropa durch die Kontinentalsperre Napoleons keinen Zucker aus Zuckerrohr einführen konnte, und deshalb der Preis enorm gestiegen war. Auch um die Jahrhundertmitte war die Konkurrenzfähigkeit bei einem Gehalt von 5 bis 6 v. H. in den Zuckerrüben noch nicht eindeutig gegeben. Als Preußen eine Zuckersteuer einführte, mußten etliche Fabriken schließen. Danach ging es aber steil bergauf. Vor dem Ersten Weltkrieg betrug der **Zuckergehalt** bereits 16 v. H., und er ist bis heute nicht mehr wesentlich gesteigert worden.

D   Organische und mineralische Düngung

Über die Faktoren, die für das Pflanzenwachstum unerläßlich sind, hatten die fortschrittlichen Landwirte in der ersten Hälfte des 19. Jahrhunders trotz allen Bemühens nur unvollkommene Vorstellungen. Natürlich war bekannt, daß Trockenheit und Kälte das Pflanzenwachstum behindern. Ebenso wußte man, daß umgekehrt in Verwesung begriffenes organisches Material – vor allem im Verein mit dem Harn und Kot der Tiere – das Wachstum erheblich fördert. Die günstige Wirkung des Mergels war sogar schon seit keltischer Zeit bekannt. Aber dieses Wissen reichte nicht aus, um die beteiligten Faktoren in ein optimales Verhältnis zu bringen und in dieser Weise den Pflanzenertrag zu maximieren. Vor allem um und kurz nach 1800 kommt das Ungenügen an den realen Verhältnissen ebenso wie die ganze Hilflosigkeit zum Ausdruck, wenn fortlaufend Bücher mit reißerischem Titel erschienen, deren Autoren versprachen, endlich das Düngerproblem zu lösen. Jedoch ist größte Skepsis geboten.

Wie sehr diese Mahnung berechtigt ist, beweist das Wirken Albrecht Daniel Thaers. Häufig wird gerühmt, er habe die Landwirtschaft auf eine wissenschaftliche Basis gestellt. Bei der von ihm begründeten **Bodenstatik,** also der **Lehre von der Ernährung und Düngung der Pflanzen,** handelt es sich jedoch um einen **Irrtum.** Es ist indessen nicht Thaer anzulasten, weil er beim Stande der Wissenschaften, vor allem der Chemie und Botanik, damals noch gar nicht aufzuklären war. Zwangsläufig traten an die Stelle gesicherter wissenschaftlicher Erkenntnis die Übernahme und schließlich auch die halsstarrige Verteidigung subjektiver Überzeugungen.

Immerhin waren alle führenden Landwirte der Zeit Anhänger der Lehre von der Bodenstatik, die Thaer begründet hatte, und die sein Schüler Karl von Wulffen ausbaute und in ein wissenschaftliches Gewand kleidete. Sehr häufig wird **Justus Liebigs Werk von 1840** „Die Chemie in ihrer Anwendung auf Agrikultur und Physiologie" als bahnbrechend bezeichnet. Es wäre jedoch falsch, den Erscheinungstermin des Buches mit einem Wendepunkt gleichzusetzen; denn in den nächsten vierzig Jahren nach seinem Erscheinen geschah praktisch nichts. Es wäre geradezu simpel, die enorme Verzögerung einfach mit der konservativen Haltung der Landwirte zu erklären. Die Tüchtigen unter ihnen teilten nicht nur den Fortschrittsglauben ihrer Zeit, sie waren vielmehr seine Verfechter. Der ganze angesprochene Fragenkreis erwies sich jedoch als hochgradig komplex und bedurfte daher einer langwierigen Analyse. Der Schweizer Forscher Théodor de Saussure klärte 1804 den Vorgang der **Photo-**

synthese auf. Durch die Energie des Sonnenlichts werden Kohlendioxid und Wasser zu Zucker vereinigt, wobei Sauerstoff frei wird. Dieser Prozeß ist in doppelter Hinsicht Grundlage allen Lebens. Nur die Pflanzen sind autotroph, also in der Lage, aus den anorganischen Substanzen Kohlendioxid und Wasser die organische Verbindung Zucker aufzubauen (Assimilation). Zucker stellt für Tiere und Menschen einen Energieträger her, der bei der Atmung verbrannt wird, und Kohlendioxid und Wasser werden wieder ausgeschieden. Da Kohlendioxid bei höherer Konzentration in der Luft als Gift wirkt, gäbe es auf dieser Welt kein Leben, wenn das Gas nicht wieder von den Planzen in organische Substanz verwandelt würde. Darunter sind nicht nur die verschiedenen Zuckerarten zu verstehen. Die Pflanze ist auch fähig, sie in Zellulose und Lignin umzuformen, die zur Bildung und Versteifung der Zellwände benötigt werden.

Mit der Erhellung der Photosynthese war zwar viel gewonnen, doch fehlte noch die entscheidende Erkenntnis. Die physiologischen Prozesse innerhalb der Pflanze spielen sich im Zelleiweiß ab, und zu seiner Bildung reichen Kohlendioxid und Wasser nicht aus, das Element Stickstoff muß hinzutreten. Ein wenig heimtückisch entzieht es sich jedoch dem Nachweis. Wird eine Pflanze getrocknet und verbrannt, so klärt die Analyse der Asche den Forscher darüber auf, welche Mineralstoffe die Pflanze zu ihrem Wachstum dem Boden entzogen hat. Die stickstoffhaltige Amidgruppe des Eiweißes wird jedoch bei der Verbrennung in Ammoniak verwandelt. Das Gas entweicht in die Luft und entzieht sich auf diese Weise dem Nachweis in der Pflanzenasche. Ungeachtet dieser Schwierigkeit hatte jedoch Théodore de Boussingault bereits die zentrale Bedeutung des **Stickstoffs** für das Pflanzenwachstum erkannt. Er wies nach, das Nährelement würde in Form der Salze der Salpetersäure, also als Nitrat, aufgenommen. 1839 bestätigte Sprengel diese Ansicht, nach der Salpeter nicht länger als „Reizmittel" für das Pflanzenwachstum anzusehen sei, wie es die Anhänger der Humustheorie wollten, sondern als wirkliches Nahrungsmittel. Bei diesem Erkenntnisstand war es naheliegend, den Wert eines Düngemittels in der Hauptsache nach seinem Stickstoffgehalt zu bemessen.

Liebig schloß sich jedoch dieser Auffassung nicht an. Er sah vielmehr einen Kreislauf. Ausgangsmaterial ist dabei die organische Substanz, bei deren Verrottung Ammoniak entsteht und in die Atmosphäre entweicht. Mit den Niederschlägen wird es jedoch in Form von Salmiak dem Boden wieder zugeführt. Deshalb ist höchstens eine Zusatzdüngung nötig. Der 1840 ausgesprochene noch moderate Standpunkt wurde schon 1843 revidiert. Nunmehr sah Liebig im Ammoniak der Luft die alleinige Stickstoffquelle für die Pflanzen, und diese Auffassung verteidigte er totz gut begründeter Einwände bis 1862. Bis zu diesem Zeitpunk hielt er mit Entschiedenheit daran fest, Ausgaben für stickstoffhaltige Düngemittel seien pure Verschwendung. Diese Auffassung widersprach jedoch den Erfahrungen der Praktiker. Kot und Harn enthalten Stickstoff, sie riechen bereits an warmen Tagen unverkennbar nach Ammoniak, und waren längst als wirksame Dünger erprobt. Auch der seit 1842 importierte Guano, also die Vogelexkremente von den Inseln im Pazifik, hatten sich inzwischen als hervorragendes Düngemittel bewährt. Gegenüber diesen Naturstoffen war jedoch Liebig mit einen Patentdüngern gescheitert, mit denen er alle Stoffe ersetzen wollte, die beim Wachstum der Pflanze verbraucht worden waren. Zu allem Überfluß hatte Liebig auch noch versprochen, bei Anwendung seiner Patentdünger könne der Landwirt eine Pflanze mit hohen Natural- und Gelderträgen beliebig lange auf derselben Fläche hintereinander anbauen. Nicht nur Stickstoffmangel trat ein, Pflanzenkrankheiten kamen hinzu, und Liebig konnte seine Versprechen nicht einlösen. Er diskutierte scharfzüngig mit den Verfechtern der Bodenstatik, diese antworteten gereizt, und die Einführung der Mineraldüngung verzögerte sich erheblich.

Die sogenannten **Statiker oder Stickstöffler** hatten einen Vorteil auf ihrer Seite, nämlich den Augenschein und auch den Erfolg. Die von ihnen bevorzugten Düngestoffe förderten offensichtlich das Gedeihen der Pflanzen. Also war Thaers Aussage scheinbar richtig, „der Dünger und der nach seiner Zersetzung zurückgebliebene Moder ist der Hauptbestandteil der Nahrung aller von uns kultivierten Pflanzen, wodurch sie leben, wachsen, und zu ihrer Vollendung mittelst des Samenertrages kommen." Könnte das Substantiv „Hauptbestandteil" im § 248 der „Grundsätze" noch mißdeutet werden, so läßt der § 250 keinen Zweifel mehr zu: „Da also die Pflanzen die nährende Materie aus dem Humus oder dem Rückstande der thierischen und vegetabilischen Verwesung ziehen, so muß diese durch das Wachstum der Pflanzen im Boden vermindert und endlich erschöpft werden, und zwar in dem Verhältnisse, worin die Pflanze solche ausziehen, oder, was einerlei ist, in sich enthalten; vorausgesetzt nämlich, daß sie von dem Acker abgeerntet und weggeführt werden." Thaer geht nun streng logisch vor, indem er in den folgenden Paragraphen auf Grund seiner Untersuchungen angibt, in welchem Umfange die Pflanzen die nährende Materie verzehren. Darauf folgt, in welcher Weise sie wieder ersetzt wird, nämlich durch den Dünger, das sogenannte Eingrasen und eine gehörig bearbeitete reine Sommerbrache. Wird jetzt noch ermittelt, in welchem Umfang die Zufuhr erfolgen muß, so ist die Bodenstatik gesichert, nämlich das Gleichgewicht zwischen dem Entzug der Pflanzennährstoffe und ihrer Zufuhr. Die Bodenfruchtbarkeit bleibt angeblich dauerhaft erhalten.

Erst vor dem Hintergrunde dieser theoretischen Überlegungen Thaers läßt sich der von ihm so leidenschaftlich propagierte **Fruchtwechsel** verstehen. Diese Fruchtfolge verstärkt die Humuszufuhr für die zehrenden Pflanzen, also das Getreide, und sichert höhere Erträge, ohne die Bodenfruchtbarkeit zu erschöpfen, wozu der über den verstärkten Futterbau vermehrt anfallende Stallmist wesentlich beiträgt. Die Zufuhr organischer Substanzen verschafft dem Ackerbauer einen weiteren Vorteil, der in der Diskussion zwischen den Statikern und Liebig jedoch keine Rolle spielte, was ein bezeichnendes Schlaglicht auf ihren zeitgebundenen Wissensstand wirft. Der Abbau des organischen Materials erfolgt durch das Bodenleben, es ernährt also Bakterien, Pilze, Würmer und Insekten, die erst die Krümelstruktur zur dauerhaften Gare verfestigen (vgl. S. 172f.). Luft, Wasser und Wärme, drei ganz bedeutsame Faktoren des Pflanzenwachstums, werden also über die Krümelstruktur optimiert und dementsprechend wird das Pflanzenwachstum gefördert. Durch eine reine Mineraldüngung ist dieser wachstumsfördernde Bodenzustand nicht zu erzielen. In Erkenntnis dieses Zusamenhanges stand auch die Wissenschaft einer viehlosen Wirtschaft noch nach dem Zweiten Weltkrieg recht skeptisch gegenüber.

Mit der Fruchtwechselwirtschaft, und das konnte Thaer noch nicht übersehen und deshalb auch nicht voraussehen, kann ein bestimmtes Ertragsniveau nicht überschritten werden. Der Humusgehalt eines Bodens stellt ein Fließgleichgewicht zwischen Auf- und Abbau dar und kann nicht beliebig erhöht werden. Je mehr Humus oder organisches Material dem Boden zugeführt wird, umso besser wird seine Struktur. Wärme, Wasser und Luft fördern das Bodenleben und damit die Zersetzung, die schließlich bei der Mineralisation endet. Die Endprodukte sind Kohlendioxid, Wasser und Pflanzenasche oder Mineralstoffe. Das Bodenleben ist zwar vermehrbar, aber nicht in beliebigem Maße, so daß der Umfang der Rotte organischer Substanzen im Boden auf eine unübersteigbare Grenze stößt, damit aber auch das Angebot an Mineralstoffen, die für die Ernährung der Pflanzen unerläßlich sind. Mit dem Fruchtwechsel war zwar ein höheres Ertragsniveau zu erreichen, als es um 1800 üblich war; der innerbetriebliche Kreislauf der Pflanzennährstoffe konnte jedoch nicht jene Mineralstoffmengen bereitstellen, die für die Erträge um 1890 erforderlich waren. Sie forderten gebieterisch die Ergänzung durch Mineralstoffe aus anderen Quellen.

Zusammenfassend läßt sich folgendes festhalten: Die Regeln der Statik sichern dem Augenschein nach nachhaltig die Bodenfruchtbarkeit. Die Verrottung der organischen Substanz fördert 1.) die Bodenstruktur und die Gare. Dadurch werden die drei Wachstumsfaktoren Wasser, Wärme und Luft optimiert, die neben der Mineralstoffversorgung das Pflanzenwachstum entscheidend begünstigen. Der Humus liefert 2.) Mineralstoffe, so daß auch die Versorgung mit diesem Wachstumsfaktor deutlich verbessert wird. Das Angebot von Mineralstoffen über die Humuszufuhr ist jedoch mengenmäßig begrenzt, so daß allein mit ihrer Hilfe ein bestimmtes Ertragsniveau nicht überschritten werden kann.

Die beschriebenen positiven Wirkungen, die rottende organische Substanz im Boden entfaltet, lassen es verständlich erscheinen, wenn auch die führenden Landwirte um 1850 der Mineraldüngung reserviert gegenüberstanden. Es war aber nicht nur das Hängen am Altbewährten, es war auch die ausgesprochen selbstbewußte, wenn nicht arrogante Art, in der Liebig die neuen von ihm gefundenen Wahrheiten verkündete. Seine Mißerfolge in der Praxis hinderten den Chemiker nicht daran, die Wirtschaftsweise der Statiker zu verdammen.

Liebig warf ihnen unumwunden vor, sie trieben Raubbau am Boden. Die Statiker reagierten auf diesen Vorwurf heftig, hatte sich doch keine Schule vor ihnen so intensiv, fast schon leidenschaftlich darum bemüht, die Bodenfruchtbarkeit zu erhalten. Dennoch hatte Liebig auf seine Art recht.

Als Thaers „Grundsätze" 1880 erneut herausgegeben wurden, brachte der gleichnamige Nachfahre, Professor der Landwirtschaft in Gießen, als Kommentator ein gewisses Verständnis für das Verhalten der Statiker auf, die so treu und fest die Lehre seines Vorfahrens bewahrt hatten. Er konnte dennoch ein gewisses Befremden über die Enschiedenheit nicht unterdrücken, mit der sie die Lehre von der **Mineralstoffernährung der Pflanzen** abgelehnt hatten.

Unter den Vorläufern ragt Carl SPRENGEL heraus, der schon in Celle Thaers Schüler wurde und in Möglin als Assistent und dann als Gutsinspektor wirkte. Die Praxis allein befriedigte ihn nicht, so daß er 1821 nach Göttingen ging und dort die wichtigsten Naturwissenschaften studierte. 1831 wechselte er an das Collegium Carolinum in Braunschweig über. Gleich Thaer hielt er die Verbindung wissenschaftlicher Arbeit mit praktischer Erprobung für zwingend, doch bot sich hierfür kaum Gelegenheit. Deshalb ging Sprengel 1839 nach Regenwalde in Pommern, gründete die „Landbau-Academie", und konnte bald darauf als Gutsinspektor und Bewirtschafter weiterer Ackerlandes die von ihm so dringend gewünschten Feldversuche durchführen. Bereits 1831/32 war seine „Chemie für Landwirthe, Forstmänner und Cameralisten" in Göttingen erschienen und 1839 kam in Leipzig „Die Lehre vom Dünger oder Beschreibung aller bei der Landwirthschaft gebräuchlicher vegetabilischer, animalischer und mineralischer Düngermaterialien, nebst Erklärung ihrer Wirkungsart" heraus. War Sprengel als Thaer-Schüler auch mit der Humus-Theorie vertraut, so spricht es für die Unabhängigkeit seiner Forschungsarbeit, wenn er resümierend feststellt: „Alle älteren Analysen der Bodenarten haben deshalb sehr wenig Wert, indem man dabei gerade diejenigen Körper unberücksichtigt ließ, welche bei der Ernährung der Pflanze mit die wichtigste Rolle spielen, wozu unter anderem der Gips ($CaSO_4$), das Kochsalz ($NaCl$), die Kali- (KCl, K_2SO_4), Ammoniak- (($NH_4)_2SO_4$) und phosphorsaueren Salze (z.B. $CaHPO_4$) gehören." die in Klammern hinzugesetzten Formeln der von Sprengel genannten Verbindungen verweisen auf fünf lebensnotwendige Elemente, auf die keine Pflanze verzichten kann, nämlich Stickstoff (N), Phosphor (P), Kalium (K), Kalzium (Ca) und Natrium (Na). Wenn damit auch die Reihe der erforderlichen Nährelemente noch nicht ausgeschöpft ist, so wurden doch die hauptsächlichen bereits erkannt. Stickstoff, Phosphor und Kali müssen grundsätzlich hinzugedüngt werden. Wesentlich ist auch das Kalzium, doch ist es als Pflanzennährstoff meistens in ausreichender Menge vorhanden. Soll jedoch der Boden gut krümeln, wird es in großen Mengen benötigt. Diese sogenannte Bodendüngung muß außerdem in regelmäßigen Abständen wiederholt werden, da das Element (in Ionenform) der Auswaschung unterliegt.

Immerhin hatte Carl Sprengel, er starb 1859, noch zwanzig Jahre Zeit, seine 1831/32 und 1839 publizierten Erkenntnisse zu propagieren. Vielleicht hat Heinz Haushofer recht, wenn er den Tätigkeitsort Regenwalde für zu abgelegen hält, es mag auch beigetragen haben, daß Sprengel nur für die deutsche Landwirtschaft schrieb, während Liebig sein 1840 erschienenes Hauptwerk bereits als berühmter Chemiker auf Anregung der British Association for the Advancement of Science verfaßte. Eins sollte aber nicht übersehen werden: Bis zum Todesjahr Sprengels gelang es auch Liebig nicht, seiner Lehre zum Durchbruch zu verhelfen. Von 1850 bis 1870 stiegen die Erträge (vgl. Abb. 14, S. 222) auch ohne Mineraldüngereinsatz, danach stagnierten sie allerdings bis 1890. Ab 1870 ist wirklich nicht mehr zu verstehen, weshalb sich die deutsche Landwirtschaft immer noch der Mineraldüngung verschloß; denn jetzt verletzte man auch die Regeln der Statik. Der Anbau humuszehrender Hackfrüchte nahm laufend zu, der Anbau humusmehrender Futterpflanzen hielt jedoch nur anfangs Schritt und fiel dann sogar ab (vgl. Tab. 19, S. 216). Außerdem hatte Liebig 1862, also 22 Jahre nach Erscheinen seines Hauptwerks, seine Ansicht über die Stickstoffernährung der Pflanzen modifiziert und war, wenn auch zögernd, kurz vor 1870 auf die Linie der zuvor sie heftig befehdeten „Stickstöffler" eingeschwenkt. Seit dieser Zeit bleibt unbegreiflich, weshalb die deutschen Landwirte dem Boden nicht wieder diejenigen Mineralstoffe zurückgeben wollten, die ihm zuvor von den Pflanzen entzogen worden waren. Bei der fortlaufenden Ausdehnung des humuszehrenden Hackfruchtbaues gewann deshalb Liebigs Warnung vor dem Raubbau am Boden ein immer größeres Gewicht. Es klingt die später zu diskutierende Frage an (vgl. 5.K.III), ob nicht die Landwirte versuchten, auf agrarpolitischem Felde jenes Versäumnis wettzumachen, das ihnen bei der Mineraldüngung unterlief.

1881 schien der leidige Streit um die Stickstofffrage noch einmal aufzuleben. Seit 1865 hatte der Landwirt Albert Schultz, ein leidenschaftlicher Anhänger Liebigs, auf seinem Gut Lupitz in der Altmark Versuche angelegt und nach einigen Fehlschlägen eine sich bewährende Fruchtfolge gefunden. Er baute Lupinen an, die er nur mit Phosphat- und Kalisalzen düngte. Danach gedieh das Getreide auch ohne Stickstoffdüngung ausgezeichnet, jedenfalls erheblich besser, als es je zuvor auf dem ausgesprochen armen Sandboden der Fall gewesen war. Nachdem Schultz-Lupitz seine Erfahrungen 1881 veröffentlicht hatte, dauerte es bis 1886, bis Hermann Hellriegel das schon längere Zeit diskutierte Rätsel löste, warum die Leguminosen ohne Stickstoffzufuhr genausogut wachsen wie bei einer Düngung mit diesem Nährstoff. In methodisch unanfechtbarer Weise erhärtete er die Vermutung, die Knöllchenbakterien an den Wurzeln seien die Ursache. Sie sind tatsächlich in der Lage, den elementaren Stickstoff der Bodenluft zur Eiweißsynthese zu verwenden. Sterben diese Bakterien ab, wird Ammoniak frei, das in wässriger Lösung für die Pflanzen aufnehmbar ist.

Wenn angedeutet wurde, die Landwirte hätten nach 1870 mehr Mineraldünger verwenden sollen, so ist es an der Zeit, die tatsächlich gestreuten Mengen in die Betrachtung einzubeziehen (Tab. 22).

Tab. 22: Verbrauch an Handelsdüngemitteln von 1878/80 bis 1913/14 jeweils in kg Reinnährstoff/ha LF

Zeit	N	P_2O_5	K_2O
1878/1880	0,7	1,6	0,8
1898/1900	2,2	10,3	3,1
1913/1914	6,4	18,9	16,7

Quelle: BITTERMANN, 1956, 112

Bei den geringen Ausgangswerten ist es nicht zweckmäßig, Steigerungsraten in Prozent zu errechnen. Statt dessen ist folgendes zu bedenken: Die Viehbestände wuchsen und die Erträge auf dem Felde stiegen an. Die verfütterten Mengen vergrößerten sich und ebenso die eingestreuten. Da nach der in Stuttgart-Hohenheim entwickelten Formel die halbe Trockensubstanzmenge des Futters im Frischmist wiederkehrt, die Trockensubstanz der Einstreu ganz, mußte sich der Stallmistanfall ebenfalls erheblich erhöhen. Es ist deshalb unzulässig, die sich verbessernde Ernährung der Feldfrüchte allein unter dem Gesichtspunkt zu betrachten, in welchem Umfange mehr Handelsdünger ausgebracht wurden. Vielmehr müssen gleichfalls jene Nährstoffmengen in die Betrachtung einbezogen werden, die in Form von Stallmist und Jauche dem Acker zugeführt wurden. Erst der Anteil der wirtschaftseigenen Dünger und derjenige der zugekauften Handelsdünger lassen erkennen, in welchem Ausmaß die deutsche Landwirtschaft auf betriebsfremde Vorleistungen zurückgriff, um die Erträge der Feldfrüchte zu steigern (Tab. 23).

Da vor allem die Jauche, aber auch der Stallmist nur wenig Phosphate (P_2O_5) enthalten, mußten erhebliche Mengen in Form von Handelsdüngern zugekauft werden. Ab 1898/1900 entspricht das Verhältnis von N : P_2O_5 : K_2O annähernd dem Bedarf der Nutzpflanzen. Beim Kali (K_2O) spielen die wirtschaftseigenen Dünger immer noch eine wesentliche Rolle, und das gilt erst recht für den

Tab. 23: Entwicklung der Gesamtnährstoffzufuhr von 1878/80 bis 1911/13 in kg Reinnährstoff je ha LF

Zeit	N			P_2O_5			K_2O		
	WD*	HD*	zus.	WD	HD	zus.	WD	HD	zus.
1878/80	16,3	0,7	17,0	6,4	1,6	8,0	15,2	0,8	16,0
1898/1900	24,8	2,2	27,0	11,7	10,3	22,0	26,9	3,1	30,0
1911/1913	31,6	6,4	38,0	14,1	18,9	33,0	32,3	16,7	49,0

* WD = wirtschaftseigene Dünger, HD = Handelsdünger

Quellen: HAHNE nach Bittermann, 1956, 116 und 112.

Stickstoff (N), dem eigentlichen Motor des Planzenwachstums. Auch wenn man aus den wirtschaftseigenen Düngern nur den Stallmist herausgreift, lieferte er 1911/13 24,6 kg N/ha LF, während die zugekaufte Menge mit 6,4 kg N/ha LF glatt abfällt. Hielten sich also bei Phosphaten und Kali die zugekauften und betriebseigenen Düngestoffe noch annähernd die Waage, so ist das Übergewicht der wirtschaftseigenen beim Stickstoff unübersehbar. Bis zum Ersten Weltkrieg kam also den hofeigenen Düngern noch die größere Bedeutung zu, auch wenn die in ihnen enthaltenen Nährstoffe nicht so gut ausgenutzt wurden wie jene in den Handelsdüngern.

Eins stimmt den Praktiker nachdenklich: die Menge von 6,4 kg N, das wären 41 kg Chile- oder damals Chilisalpeter, ist auch in der Salpeterform viel zu gering, als daß sie auf 1 ha LF verteilt werden könnte. Hinter diesem Durchschnittswert verbirgt sich offensichtlich eine andersgeartete Wirklichkeit. Zuerst ist die Dimension zu korrigieren. Es wäre unsinnig, einen Stickstoffdünger gleichmäßig auf der LF auszubringen. Das Grünland, „die Mutter des Ackerlandes", dürfte keinen bekommen haben. Entsprechend dem Anteil des Ackerlandes ist deshalb die Menge mit 1,36 zu multiplizieren. Sinnlos wäre es aber auch, die Leguminosen und das Brachland mit Stickstoff zu düngen, so daß nur 80 v. H. der Ackerfläche verbleiben. Deshalb ist diesmal der Faktor 1,25 anzuwenden. Auf 80 v. H. mit N zu düngendes Ackerland streute man also 1913 im Schnitt 10,9 kg N/ha. Auch diese Menge bereitet bei der angestrebten gleichmäßigen Verteilung noch Schwierigkeiten. Vor allem aber bleibt sie deutlich hinter den zeitgenössischen Düngungsempfehlungen zurück (Tab. 24).

Den Verhältnissen der Praxis entsprechend wurde bei den Hackfrüchten jene Empfehlung berücksichtigt, die eine vorherige Stallmistabgabe einschloß. Man hätte also auf 80 v. H. des Ackerlandes um 1885 rund 25 kg N/ha zudüngen müssen, um 1906 dagegen 35 kg N/ha. Bei einer verabreichten Menge von rund 11 kg wurde also vor dem Ersten Weltkriege nur ein knappes Drittel des Ackerlandes nach jenen Empfehlungen versorgt, die von den Versuchsanstalten in vielen Feldversuchen herausgearbeitet worden waren.

Dieses wahrhaft enttäuschende Ergebnis bedarf des Kommentars. Es fehlte vor allem anfangs ganz einfach an **Fachwissen,** um die Düngemittel sachgerecht einzusetzen. Schon der Einkauf bereitete Schwierigkeiten. Die Gehalte an Reinnährstoffen trafen nicht immer zu, so daß der Landwirt Gefahr lief,

Tab. 24: Empfohlene Stickstoffdüngung um 1885 und um 1906 in kg/ha

Zeit	Halmfrüchte	Kartoffeln	Zuckerrüben
um 1885	25	25	30
um 1906	32	40	40

Quellen: WAGNER, 1885, 75 u. 79; STUTZER, 1906, 140ff.

nicht den vollen Gegenwert für den gezahlten Preis zu erhalten. Die Be-
lieferung mit Handelsdüngern setzte auch eine entsprechende Verdichtung
der Verkehrswege, besonders des Eisenbahnnetzes voraus. Entscheidend aber
war das Wissen um den Düngereinsatz, das den meisten fehlte. Nur wenige
besuchten eine Fachschule (vgl. 6.K.II), und die einschlägige Literatur ließ
beträchtliche Lücken offen. Emil WOLFF, renommierter Agrarkulturchemiker,
Haupt der „Stickstöffler" gegen Liebig, gab 1877 in siebenter Auflage eine
Düngerlehre heraus. Die Beschreibung des Chilisalpeters, des einzigen Stick-
stoffdüngers, nimmt noch nicht einmal eine Seite ein. Da der Salpeter von
„unsicherer Wirkung" ist, schreckte Wolff den Praktiker eher ab, als daß er ihn
zur Verwendung dieses Handelsdüngers ermunterte. 1885 erklärte Paul WAG-
NER, der Leiter der bekannten Versuchsanstalt in Darmstadt und Pionier der
Handelsdüngerverwendung, die meisten Fragen der Anwendung seien noch
ungelöst. Einen ganz erheblichen Fortschritt stellte die Düngerlehre von A.
STUTZER dar, die 1905 in 15. verbesserter Auflage erschien. Die Auflagenzahl
spiegelt ganz sicherlich den Bedarf an diesen Büchern. Enttäuschend ist das
wohl anspruchsvollste „Lehrbuch der Landwirtschaft" jener Zeit, das Guido
Krafft begründet hatte, und dessen spätere Auflagen Carl Fruwirth besorgte. In
der Ackerbaulehre gibt er eine allgemeine Übersicht über die Handelsdünger.
Im Band über die Pflanzenbaulehre bleiben die gezielten Ratschläge für die
Düngung der einzelnen Kulturpflanzen deutlich hinter dem zurück, was Stutzer bereits zu bieten hatte.

Schließlich waren die Handelsdünger relativ teuer. Während heute ein Landwirt 1 kg N gegen 4 kg Getreide eintauschen kann, mußte der Vorgänger vor
dem Ersten Weltkrieg die doppelte Menge und mehr dafür hergeben. Wie seit
Eilhard Mitscherlichs Forschungen bekannt ist, nimmt der Ertragszuwachs bei
steigender Düngung rasch ab. Bringt die erste Düngermenge noch eine Steigerung um 1,0, so bewirkt die zweite gleichhohe nur noch ein Mehr von 0,5.
Anders ausgedrückt: Die erste Düngermenge macht sich besonders gut bezahlt, ihr Einsatz ist auch bei hohen Preisen rentabel. Wer daraufhin aus der
Rückschau von den Landwirten fordert, sie hätten auch schon vor dem Ersten
Weltkrieg mehr Handelsdünger streuen müssen, muß sich die Gegenfrage
gefallen lassen, wer wußte damals schon um diese erst später erkannten Zusammenhänge? Die Gegenfrage wäre indessen mißverstanden, wenn damit der
unbefriedigende Handelsdüngerverbrauch generell entschuldigt werden sollte.
Andererseits sollte sie den Urteilenden daran hindern, die mental bedingten
Schwierigkeiten zu übersehen, die von den Landwirten auf einem so neuar-
tigen, kaum vertrauten Gebiet überwunden werden mußten.

E   Die Mechanisierung

Der Maschineneinsatz in der deutschen Landwirtschaft vor dem Ersten Weltkrieg ist bislang ein ausgesprochenes Stiefkind der Forschung geblieben. Anläufe, aber leider nichts Grundlegendes, hat es zwar gegeben, aber die Entwicklung ist noch nicht einmal in ihren Grundzügen mit einiger Sicherheit zu
überschauen. Diese Aussage gilt keineswegs für die technische Entwicklung der
Maschinen und Geräte, die sogar recht gut zu verfolgen ist, doch interessiert
den Landwirt im wesentlichen, in welchem Umfange sich die Landwirtschaft
dieser Hilfsmittel bedient und welchen Vorteil sie aus ihrer Benutzung zieht.
Darüber ist trotz der Reichsstatistik mit ihren drei spezifischen Erhebungen
nicht alles Wünschenswerte zu erfahren, und die betriebswirtschaftliche Seite
des Einsatzes ist bislang so gut wie gar nicht erörtert worden, obwohl es nicht
an frühen Vorbildern fehlt.

Mineraldünger wie Maschinen zählen gleichermaßen zum **Produktionsfaktor Kapital.** Deshalb könnte man annehmen, ihr verstärkter Einsatz bedeute
eine Intensivierung der Betriebe und eine damit verbundene Einkommenserhöhung. Bei dem damaligen Umfang der Mineraldüngerverwendung ist diese
im Grunde genommen recht schlichte Überlegung auch richtig, denn diese
Dünger sind ein ertragssteigerndes Hilfsmittel, das bei den damaligen Markt-
verhältnissen das Einkommen geradezu zwangsläufig erhöhen mußte, falls man
nicht die Düngemittel völlig falsch anwandte. Bei den Maschinen und Geräten
steht jedoch nur eins fest: Sie verursachten mit Sicherheit Kosten. Sie halten
nur eine bestimmte Zeit, so daß der Neuwert amortisiert werden muß, damit
bei der Wiederbeschaffung der entsprechende Geldwert zur Verfügung steht.
Man hätte auch das in der Maschine steckende Geld auf der Bank zinstragend
anlegen können, so daß der Maschinenwert zu verzinsen ist. Maschinen müssen
auch mit Sicherheit repariert werden. Außerdem fallen bei ihrem Einsatz in der
Regel Energie- und Materialkosten an. Die Ausgaben sind dem Landwirt
gewiß, der Nutzen muß dagegengesetzt und sorgfältig vorausbestimmt werden. Erst wenn er mit hoher Wahrscheinlichkeit größer ist als die Ausgaben,
kann zum Kauf geschritten werden. Nur dann hat der Betriebsleiter als rationeller Landwirt gehandelt. Nach den Fehlschlägen in der Entwicklungshilfe
sind die angedeuteten Grundsätze breiteren Kreisen bekannt geworden. In
historischen Darstellungen weht dagegen zuweilen ein fortschrittsfreudiger
Geist, und es wird begeistert aufgezählt – so noch Thomas Nipperdey 1990
wohl Haushofer folgend – was man schon alles hatte und konnte. Umgekehrt
fehlt es aber auch nicht an Vorwürfen, die deutschen Landwirte hätten dem
Fortschritt dichter auf den Fersen bleiben sollen.

Die Forderung nach einer objektivierenden Betrachtungsweise ist deshalb
unvermeidlich. In Anfängen ist sie schon bei dem bereits zitierten William Löbe
nachweisbar, der 1854 eine Vergleichsrechnung vorlegte, was der Ausdrusch

mit der Maschine gegenüber dem Handdrusch koste. Das Ergebnis, der Landwirt könne fast die Hälfte des bisherigen Drescherlohns sparen, ist indessen mit Sicherheit eher als Zeichen einer optimistischen Sicht denn als Zeugnis für eine korrekte Berechnung zu werten. Gründlicher ging v. d. Goltz vor, der eine systematische Übersicht über den Nutzen gab, den Maschinen und Geräte auf landwirtschaftlichen Betrieben stiften konnten:

1.) Ersparnis an Arbeitskraft oder Ersatz einer Arbeitskraft durch eine andere;
2.) Beschleunigung der Arbeit;
3.) Verbilligung der Arbeit;
4.) Ausgleichung in dem Bedarf an menschlichen Arbeitskräften während der verschiedenen Jahreszeiten;
5.) Bessere Ausführung der Arbeit.

Der zentrale Punkt ist eindeutig der 3. Was nützt es, beispielsweise Saisonarbeitskräfte einzusparen, wenn die Mähmaschine teurer arbeitet als die Tagelöhner. Grundsätzlich erhöht auch die Verkürzung der Arbeitszeit nicht den ökonomischen Erfolg. Zwei Gründe können jedoch dafür sprechen: 1.) Die Arbeitskräfte im Betrieb sind andauernd überlastet und können die anfallenden Arbeiten nur unter Aufopferung ihrer Gesundheit erledigen. 2.) Die zusätzlich gewonnene Arbeitszeit wird anderweitig gewinnbringend verwendet. Schließlich erhöht auch die bessere Ausführung der Arbeit den Betriebserfolg, doch können als Beispiele nur die Drillmaschine und die Zentrifuge genannt werden.

Heinz Haushofer meinte: „Der fortschrittliche deutsche Bauernhof vom Ende des 19. Jahrhunderts besaß durchwegs die Mähmaschine (und zwar als Grasmähmaschine und zum Teil als Bindemäher), Heuerntemaschinen (Pferderechen und Heuwender), Drillmaschinen, die ersten Düngerstreumaschinen und verfügte entweder über eigene oder genossenschaftliche oder von Unternehmern bereitgestellte Dreschmaschinen." Das klingt recht optimistisch, findet aber mit Ausnahme der Dreschmaschine keine Bestätigung in der Reichsstatistik.

Bekanntlich hängt die **Rentabilität der Maschinenverwendung** weitestgehend von der Einsatzfläche ab, und das heißt fast immer: von der **Betriebsgröße.** Über ihre Gruppierung ist deshalb eine Übersicht vorzulegen. Laut Reichsstatistik bestanden im Deutschen Reich 1907 in der Größenklasse von

5 bis 10 ha LF	652 789	Betriebe,
10 bis 20 ha LF	412 741	Betriebe,
20 bis 50 ha LF	225 697	Betriebe,
50 bis 100 ha LF	36 494	Betriebe und
über 100 ha LF	23 566	Betriebe.

Da in den Zu- und Nebenerwerbsbetrieben Kauf und Benutzung einer Maschine nach anderen Kriterien erfolgen als in Vollerwerbsbetrieben, ist es erforderlich, die Gruppe der Betriebe von 5 bis 10 ha LF entsprechend aufzuschlüsseln. Unter durchschnittlichen Verhältnissen wurde von den Nationalsozialisten zwar die untere Grenze mit 7,5 ha LF angenommen. Hermann BENTE unterstellte in seiner „Agrarpolitik" (1937) ungefähr 850 000 Erbhöfe mit 7,5 bis 125 ha LF. Berücksichtigt man die Gebietsabtrennungen auf Grund des Versailler Vertrages, so mögen dieser Kategorie vor dem Ersten Weltkrieg rund 950 000 Betriebe angehört haben. Da sich die Zahl der Betriebe mit 10 bis 100 ha LF 1907 bereits auf 674 932 belief, kann höchstens die Hälfte der Betriebe zwischen 5 und 10 ha LF als Vollerwerbsbetrieb eingestuft werden. Die Masse der Bauernhöfe ist also vor allem in der Klasse von 10 bis 20 ha LF zu finden und schon in ganz bedeutend schwächerem Maße in der Klasse von 20 bis 50 ha LF.

Bei der Zahl der Betriebe über 100 ha LF ist es offensichtlich überflüssig, bei der vorgelegten Überschlagsrechnung noch die Betriebe zwischen 100 und 125 ha LF zu berücksichtigen. Dabei wäre überdies zu fragen, ob sie noch den Charakter eines Bauernhofes besaßen. Eine Schlußfolgerung ist indessen unumgänglich. Gegenüber rund oder knapp 950 000 bäuerlichen Vollerwerbsbetrieben spielten im Deutschen Reich die 23 566 Großbetriebe mit über 100 ha LF keine bedeutende Rolle. Regional ist das sicher anders zu sehen. Da aber in der Geschichtsschreibung Aussagen von allgemeinerer Gültigkeit unerläßlich sind, muß – bei allen Skrupeln – die Betriebsgrößenklasse von 10 bis 20 ha LF als leidlich repräsentativ für die deutsche Landwirtschaft, besonders für die bäuerliche Landwirtschaft angesehen werden. Wie es hier mit dem **Maschineneinsatz** bestellt war, zeigt die Tab. 25. Sie wurde etwas umfangreicher gestaltet, um die stets notwendigen Vergleiche ziehen zu können.

Wird auf Haushofers Aussage zurückgegriffen, wird sofort erkennbar, wie rasch eine zu optimistische Formulierung aus der Feder fließt. Schon am Ende des 19. Jahrhunderts soll „durchwegs" jeder fortschrittliche Bauernbetrieb eine Mähmaschine besessen haben. Salopp könnte man antworten, dann waren also Dreiviertel aller Betriebe zwischen 10 und 20 ha LF nicht fortschrittlich, bei der nächstgrößeren Klasse war es immer noch die Hälfte und erst in den

Tab. 25: Benutzung von Landmaschinen in verschiedenen Größenklassen in v. H. der betreffenden Klasse im Jahre 1907

Größenklasse in ha/LF	Versch. Sämaschinen	Mähmaschinen	Dreschmaschinen	Zentrifugen	Hack-Maschinen
5– 10	6,7	5,6	60,4	15,3	0,2
10– 20	**18,7**	**24,6**	**84,3**	**22,9**	**0,7**
20– 50	36,4	48,9	97,6	30,5	1,8
50–100	60,9	70,4	107,9	30,7	5,5
über 100	105,7	82,4	94,3	28,4	11,9

Quelle: Reichsstatistik

großbäuerlichen Betrieben zwischen 50 und 100 ha LF sinkt dieser Anteil auf ein knappes Drittel ab.

Ist mit diesen Feststellungen die konservative Haltung der Betriebsleiter auf mittleren und kleineren Höfen bereits bewiesen? Ehe vorschnell geurteilt wird, erscheint es sinnvoll, einen betriebwirtschaftlich geschulten Zeitgenossen zu befragen. Im Hinblick auf die Benutzung einer Mähmaschine stellt v. d. GOLTZ zuerst grundsätzlich fest, sie sei nicht zwingend, da die Qualität der Arbeit nicht verbessert wird. Ob sie die Arbeit verbillige, hinge von der Höhe der Löhne ab. Bei niedrigen sei die Handarbeit meistens vorzuziehen. Außerdem sei die Einsatzfläche zu berücksichtigen. Würden 100 ha gemäht, entfielen auf 1 ha an Maschinenzins und Abnutzung 0,48 M, kämen dagegen nur 10 ha in Frage, wären es bereits 4,80 M. Deshalb gilt: „Größere Güter haben vor kleineren dadurch einen bedeutenden Vorzug, daß sie viel eher Maschinen mit Vorteil in Anwendung bringen können, bzw. daß ihnen die Maschinenhaltung billiger zu stehen kommt."

V. d. GOLTZ weiß jedoch einen Ausweg für die kleinen Betriebe: „Der Nachteil, in welchem jede kleinere Wirtschaft sich gegenüber jeder größeren, bezüglich der Verwendung von Maschinen befindet, kann allerdings zum Teil ausgeglichen werden, wenn sich mehrere kleinere Wirtschaften zur genossenschaftlichen Anschaffung und Benutzung gewisser Maschinen verbinden oder wenn sich Unternehmer finden, welche diese Maschinen auf ihre Kosten erwerben und den benachbarten Landwirten mietweise überlassen. Beide Wege sind ja hier und da mit Erfolg beschritten worden, aber noch lange nicht in dem Umfange, wie es im Interesse der gesamten Landwirtschaft gewünscht werden muß." Der betriebswirtschaftlich absolut zutreffende Rat, den v. d. Goltz erteilte, fand erst nach dem Zweiten Weltkrieg mit der Gründung der Maschinenringe ein leidliches Echo.

Einen gewissen, allerdings bescheidener Widerhall hat er sogar schon zu seiner Zeit gefunden. In der kleinsten Klasse von 5 bis 10 ha LF benutzten tatsächlich 41,7 v. H. aller Betriebe, die eine Mähmaschine einsetzten, eine geliehene. Da der Bauer jedoch gerne unabhängig ist, das Wort „Kompanie ist Lumperie" legt davon das entsprechende Zeugnis ab, schrumpft der Prozentsatz bereits in der kleinsten Vollerwerbsklasse von 10 bis 20 ha LF auf 20,0. In den beiden größeren Klassen ist bereits mit einem rentablen Einsatz zu rechnen, so daß die Prozentzahlen mit 9,0 und 4,8 kaum noch einen Aussagewert besitzen.

Die entscheidende Frage ist jedoch noch offen. 75,4 v. H. aller Betriebsleiter in der Klasse von 10 bis 20 ha LF verwendeten keine Mähmaschine und schnitten statt dessen das Getreide mit der Sense oder gar mit der Sichel. Waren sie rückständig? Diese Frage läßt sich nur nach einer Vergleichsrechnung beantworten. Für einen mittleren Hof der Klasse mit 15 ha LF wird gemäß dem Reichsdurchschnitt eine Getreidefläche von 9 ha unterstellt. Der Anschaffungs-

preis eines Flügelmähers (Abb. 15) betrug um 1885 rund 750 M. Bei zwanzig-
jähriger Nutzung und 4prozentiger Verzinsung des halben Neuwertes entstehen je Jahr 52,50 M an fixen Kosten, zu denen noch 1,50 M für die Unterbrin-
gung gerechnet werden. Bei 9 ha Getreidefläche ist also jeder ha bereits mit 6 M
fixen Kosten belastet. Läuft die Maschine, fallen Reparaturen an, Schmierstoffe
werden verbraucht, die Pferde müssen besser gefüttert werden, ihr Geschirr
wird stärker beansprucht. Werden bei der geringen Ausnutzung als Mindestwert 9 M im Jahr gerechnet, ist der ha Getreidefläche nunmehr mit 7 M
Maschinenkosten belastet. Zwei Mann wurden zur Bedienung eines Flügelmähers benötigt, die an einem zehnstündigen Arbeitstag 3 ha mähten. Also
müssen 2/3 Männerarbeitstage gerechnet werden, und da die Garben noch zu
binden und in Hocken aufzustellen waren, kam mindestens noch ein Frauen-
arbeitstag dazu. Zusammen mit dem Lohnaufwand in Höhe von knapp 3 M
ergeben die **Maschinenkosten** mit 7 M Gesamtkosten in Höhe von 10 M/ha.
Wurde dagegen das Getreide mit der Sense gemäht, ebenso mit der Hand aufgenommen und zu Garben gerafft, danach ebenfalls gebunden und in Hocken
gesetzt, so fielen bei gleichen Lohnsätzen für 1 ha nur 9 M an. Der Betriebsleiter
mit einer Getreidefläche von 9 ha war also bei den Rahmenbedingungen um
1885 gut beraten, wenn er keinen Flügelmäher kaufte. Ob er sich für eine weit
billigere Maschine, einen Grasmäher mit Ablagetisch entscheiden sollte, ist
ebenfalls fraglich. Soll er rentabel arbeiten, so schon v. d. Goltz, ist eine ganz
erhebliche Zahl weiblicher Arbeitskräfte erforderlich, die allen Höfen eines
Dorfes in der Ernte wohl kaum zur Verfügung standen.

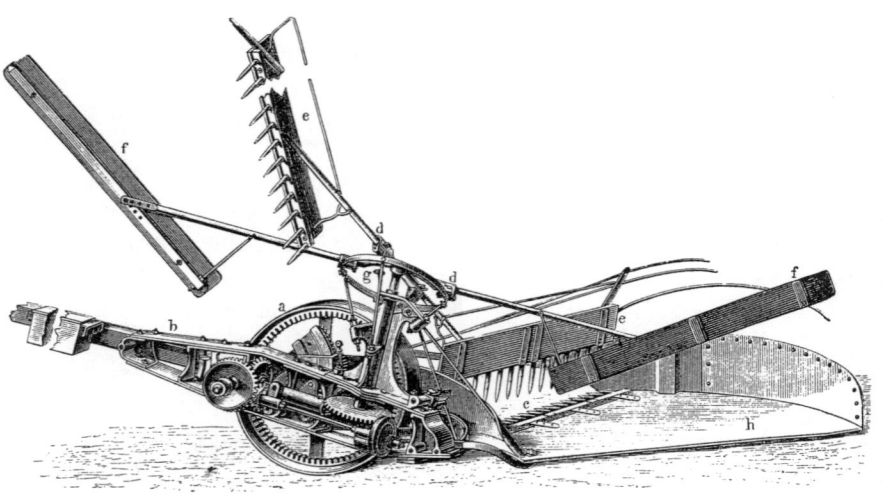

Quelle: Meyers Konversationslexikon, 11. Bd., Leipzig 1888, 100f.

Abb. 15. Flügelmäher der Fa. Samuelson

Kurz vor dem Ersten Weltkrieg hatten sich die Verhältnisse jedoch erheblich geändert. Der Preis eines Flügelmähers war auf zwei Drittel des Preises von 1885 gesunken. Somit betrugen die Maschinenkosten nur noch 4,67 M/ha. Rechnet man statt knapp 3 M/ha Lohnkosten 4 M hinzu, konnte 1 ha bereits für 8,67 M gemäht werden. Bei reiner Handarbeit wären jetzt statt 9 M immerhin 11,50 M aufzuwenden gewesen. Es ergibt sich also eine Ersparnis von 2,83 M/ha oder von 25,47 M bei der unterstellten Getreidefläche von 9 ha. Einen Geldbetrag in dieser Höhe verlor andererseits der Bauer schon dann, wenn er auf 9 ha Getreidefläche nur 1 dt Roggen insgesamt weniger erntete. Der Vorwurf, wegen zu zähen Festhaltens am Althergebrachten den ökonomischen Vorteil einer Innovation versäumt zu haben, kann auch jetzt praktisch nicht erhoben werden.

Außerdem würde der strenge Theoretiker gegen die vorstehende Rechnung einwenden, sie sei geschönt. Es seien nämlich nicht die Gesamtkosten der Zugtiere eingesetzt worden, sondern nur die Mehrkosten. Der Maschineneinsatz sei also noch teurer als errechnet, und es sei deshalb in jedem Falle davon Abstand zu nehmen.

Diesem Einwand wird jedoch nicht gefolgt. Ist der Bauer mit seinem Gesinde bei der Getreideernte beschäftigt, kann er nicht gleichzeitig als Gespannführer fungieren und mit den Pferden innerhalb oder außerhalb seines Betriebes Geld verdienen. Die Pferde standen vielmehr nutzlos im Stall und mußten dennoch ernährt werden. Spannte man sie dagegen vor den Flügelmäher, entstanden dem Betriebsleiter tatsächlich nur jene Mehrkosten, die in die Kalkulation eingingen. Analog zu dieser Überlegung kann aber auch folgender Schluß gezogen werden: Um 1 ha Getreide zu mähen, war der Bauer samt seinem Knecht, der auf Betrieben dieser Größe vor dem Ersten Weltkrieg durchgängig gehalten wurde, 1 Tag mit dem Mähen eines Hektars beschäftigt. Ihm halfen die Magd oder eine erwachsene Tochter und außerdem die Ehefrau. Er benötigte also noch 1 bis 2 weibliche Arbeitskräfte zusätzlich. Sie kosteten ihn um 1885 maximal 3 M an Lohn, die Maschine dagegen verursachte einen Aufwand von 7 M. Kurz vor dem Ersten Weltkrieg war die Relation bedeutend enger geworden. Aber der Lohnaufwand erreichte die Maschinenkosten in Höhe von 4,67 M immer noch nicht. Durch den Einsatz eines Flügelmähers konnte also ein Bauer in der Klasse von 10 bis 20 ha höchstens in Ausnahmefällen sein Einkommen steigern. Er hätte allerdings die Arbeitszeit während der Ernte durch den Maschineneinsatz deutlich verkürzen können. Von dieser Möglichkeit machte immerhin ein Viertel aller Betriebleiter der repräsentativen Klasse Gebrauch. Eine Gewinnmaximierung hatten aber auch sie in der überwiegenden Zahl der Fälle keineswegs erreicht. Einige Betriebsleiter hatten wahrscheinlich eine Mähmaschine auch aus dem Grunde gekauft, um das Prestige zu genießen, das die so augenfällige Teilhabe am technischen Fortschritt verleiht.

Der Bauer und seine Familie waren also in der Mehrzahl bereit, während der Getreideernte beträchtlich länger zu arbeiten. Zwölf Stunden währte ohnehin die offizielle Arbeitszeit im Sommer, so daß auch mit vierzehn- bis sechzehnstündigen Arbeitstagen gerechnet werden muß. Deren Zahl blieb aber begrenzt. Die 9 ha des Beispielbetriebes waren in acht vollen Arbeitstagen mit Sicherheit zu mähen und in Hocken zu stellen, da das Sommergetreide deutlich weniger Arbeit bereitet als das Wintergetreide. Diese Außenarbeiten mußten bei leidlichem Wetter erfolgen. Sie waren deshalb nicht ausgesprochen unangenehm. Dagegen fand der Drusch des Getreides auf der Scheunentenne statt. Diese anstrengende und ausgesprochen eintönige Tätigkeit war verständlicherweise unbeliebt. Leider gehen die Arbeitsnormen für den Flegeldrusch weit auseinander und schwanken bei derselben Getreideart zwischen 20 und 40 Garben bei einem zehnstündigen Arbeitstag, wobei die Reinigung des Getreides eingeschlossen ist. Wurde das Getreide von einer Dreiergruppe mit dem Flegel gedroschen, diese Gruppe war am beliebtesten und effizientesten, so sind bei 9 ha Getreide um 90 Arbeitstage für die Gruppe anzunehmen. Abweichungen nach unten, aber auch nach oben, sind in erheblichem Maße denkbar.

Werden nach dem gleichen Verfahren wie beim Flügelmäher die **Kosten für eine Dreschmaschine** kalkuliert, so unterscheiden sich die Resultate beträchtlich. Die Produktivität einer AK wird selbst bei kleinen Typen erheblich rascher gesteigert, während die Maschinenkosten je AK deutlich niedriger ausfallen. Erhöhte in bäuerlichen Betrieben der Einsatz der Maschine auch häufig nicht das Einkommen, so war doch die Verringerung der Arbeitszeit in größerem Umfang und zu weitaus niedrigeren Preisen zu haben als bei einer Mähmaschine. Nimmt man die ungünstigen Bedingungen der Handarbeit hinzu, so verwundert es nicht, wenn auch auf den Bauernhöfen die Dreschmaschine schon früh ihren Einzug hielt. Bereits 1882 waren 18,7 v. H. der Betriebe von 5 bis 20 ha LF zum Maschinendrusch übergegangen, 1895 42,8 v. H. und 1907 69,7 v. H. Die höheren Prozentsätze in den nächsten beiden Größenklassen zeigen schon bei den beiden vorhergehenden Erhebungsterminen ähnliche Relationen wie 1907.

Die knapp angedeutete lang anhaltende Dauer des **Flegeldruschs** im Winter wurde von keiner anderen landwirtschaftlichen Tätigkeit übertroffen. So verwundert es nicht, wenn diese Arbeit im Bewußtsein der ländlichen Bevölkerung einen besonderen Rang einnahm. Die in Schlesien gebräuchliche Bezeichnung Dreschgärtner für einen Kleinstellenbesitzer legt davon Zeugnis ab. Im Winter kaum mit anderen Tätigkeiten befaßt, waren diese Menschen auf den monatelangen Drusch als Verdienstquelle angewiesen. Sie droschen das Getreide um den 10. bis 16. Scheffel. Das gleiche gilt für alle Gutsarbeiter. Der sozial eingestellte v. d. Goltz meinte sicherlich zu Recht, der ungleichmäßige Arbeitsanfall während des landwirtschaftlichen Arbeitsjahres würde von Betriebsleitern und Arbeitern als eins der größten Übel in der Landwirtschaft angesehen.

Deshalb solle der Leiter „die Anwendung der in den arbeitsreichsten Perioden zur Benutzung kommenden Maschinen möglichst weit ausdehnen; dagegen in solchen Perioden des Jahres, in welchen ohnedem in der Wirtschaft wenig zu thun ist, nur dann arbeitssparende Maschinen gebrauchen, wenn dadurch so erhebliche Vorteile erzielt werden, daß die etwaige nachteilige Rückwirkung auf die Lage der arbeitenden Klasse nicht ins Gewicht fällt." An anderer Stelle meint v. d. Goltz in Übereinstimmung mit diesem Gedanken, es gelte die ständig Beschäftigten das ganze Jahr über auszulasten, wodurch der Ankauf mancher Maschine entfiele.

Dagegen hatte Löbe schon 1856 den Gutsbesitzern vorgerechnet, wieviel Drescherlohn sie beim Einsatz einer Dreschmaschine einsparen konnten. 1887 meinte er: „Der Haupteinwand aber, den man gegen die Dreschmaschinen erhebt, ist der, daß sie einer großen Zahl Handarbeiter sichern Verdienst in den Monaten, in welchen die meisten andern Arbeiten stocken, entziehe und auf diese Weise Unzufriedenheit unter den Arbeitern hervorrufe." Löbe erwidert, auch die Benutzung der Dreschmaschinen erfordere Arbeitskräfte, und dem Übelstand ließe sich „leicht begegnen, wenn die Arbeiter zu Meliorationsarbeiten verwendet werden." Die lapidare Gegenfrage lautet, welche damals in Frage kamen und den gleichen Beschäftigungsumfang versprachen. Die Antwort kann nur negativ ausfallen. Zwischen 1895 und 1907 verringerte sich die Zahl der ständig in der Landwirtschaft tätigen Personen um 0,4 Mio. Auf sie konnte man im Winter unschwer verzichten, nicht dagegen im Sommer und Herbst. Vor allem die Güter sahen sich nach Ersatz um und fanden ihn in den polnischen und russischen Wanderarbeitern, deren Zahl 1907 bereits 0,26 Mio. betrug und bis 1913 auf 0,43 Mio. angewachsen war. Der Einsatz der Dreschmaschine kostete demnach zumindest deutschen Landarbeitern den Arbeitsplatz und verschärfte die sozialen Spannungen zwischen Gutsbesitzern und Landarbeitern. Bei den Gütern mag zur Einschränkung der ständig Beschäftigten im Verein mit der Dreschmaschine auch die Verwendung von Mähmaschinen beigetragen haben. Im allgemeinen war deren Einsatzzeit aber viel zu kurz, als daß ihre Verwendung einen Arbeitsplatz gefährdet hätte.

Mäh- und Drescharbeiten verbesserten weder die Qualität der Arbeit noch steigerten sie die Erträge. Mit ihrer Hilfe wurden die Arbeiten nur rascher, vor allem mit der Dreschmaschine, auch billiger erledigt. Bei der Anschaffung von **Drill- und Hackmaschinen** traten jedoch zwei andere Gesichtspunkte in den Vordergrund. Durch ihre Verwendung sollte die Qualität der Arbeit erhöht und dadurch die Naturalerträge gesteigert werden. Der Zweck, weshalb die Landwirte diese beiden Maschinen gebrauchten, läßt sich am leichtesten aufhellen, wenn zuerst der Einsatz der Hackmaschinen untersucht wird.

14412 Maschinen dieses Typs wurden 1907 benutzt. Davon allein 1029 in dem unbedeutenden Herzogtum Braunschweig, das an der Ackerfläche des Deutschen Reiches nur 0,73 v. H. stellte. Bei den Hackmaschinen betrug der

Prozentsatz jedoch 7,14. In absoluten Zahlen ergab sich für 1 Hackmaschine in Braunschweig eine fiktive Einsatzfläche von 174 ha Ackerland, während es im Durchschnitt des Reiches immerhin 1695 ha waren. Anders ausgedrückt: in dem kleinen Herzogtum wurde der Reichsdurchschnitt um das 9,7-fache überboten. Herausragende Zahlen wiesen auch das noch kleinere Herzogtum Anhalt auf, wo auf 1 Hackmaschine 314 ha Ackerland entfielen, sowie die preußischen Provinzen Sachsen (3006 Stück), Hannover (2005), Rheinland (1301) und Schlesien (1280). Die größeren absoluten Zahlen müssen jedoch relativiert werden. Danach hielt Sachsen mit 490 ha immer noch die Spitzenstellung, Hannover und Rheinland mit 574 und 782 ha fallen dagegen bereits deutlich ab, und Schlesien übertraf mit 1658 ha den Reichsdurchschnitt praktisch schon nicht mehr. In den beiden genannten Herzogtümern und den vier preußischen Provinzen wurden bereits 62,7 v. H. aller Hackmaschinen benutzt, obwohl diese Regionen nur 24,9 v. H. des gesamten Ackerlandes besaßen. Das ergab eine durchschnittliche fiktive Einsatzfläche von 673 ha, während es bei der weitaus größeren Restfläche mit 75,1 v. H. 3412 waren.

Der eklatante Unterschied ist leicht zu begründen. Hackmaschinen wurden besonders in größeren Betrieben verwendet, die viel Zucker- und Futterrüben bauten. Sie konnten gleichfalls zum Hacken des Winterweizens benutzt werden. Sie befreiten durch ihre Arbeit die Kulturpflanzen von der Konkurrenz des Unkrautes um Nährstoffe, Licht und Wasser und erhöhten dadurch die Naturalerträge. Voraussetzung waren in Reihen gedrillte Bestände. Beabsichtigte also ein Landwirt, Rüben und Weizen mit der Hand oder der Maschine zu hacken, so war er gezwungen, das Saatgut mit der Drillmaschine auszubringen.

Über die Vorzüge dieser Maschine wurde in Deutschland lange Zeit debattiert. Gegenüber der breitwürfigen Handsaat läßt sich mit ihr keine Arbeit einsparen. Im Gegenteil, die Maschine verursacht zusätzliche Kosten, und zwei Pferde müssen außerdem davor gespannt werden. So mag die Feststellung nicht ganz unverständlich sein, die 1841 der in Stuttgart-Hohenheim tätige Landwirtschaftslehrer J. A. Schlipf traf, in England würde „sogar" das Getreide gedrillt. Der spätere Bearbeiter seines Handbuchs äußerte sich aber selbst 1880 noch sehr zurückhaltend. 1887 beurteilte Löbe die Vorzüge etwas günstiger, und nur Johann Pohl, der österreichische Betriebswirtschafter, sah 1889 die Kosten durch die Saatguterersparnis als gedeckt an. Die wichtigeren Vorzüge des Schutzes der Saat vor dem Vogelfraß, der gleichmäßigen Saatgutverteilung, der gleichmäßig tiefen Ablage und dem damit verbundenen rascheren Aufgang der Saat bis hin zur besseren Homogenität des Bestandes und schließlich der gleichzeitigen Abreife wurden dagegen nur andeutungsweise diskutiert. Auch die gegebene Möglichkeit, den Bestand anschließend mit der Hacke zu fördern, wurde nur selten erwähnt. Auch bei dieser Maschine behinderte eine psychologisch bedingte Schwierigkeit die Einführung im großen Stil. Die Kosten waren gewiß, die Vorteile dagegen nur schwer exakt zu ermitteln.

Bereits die in der Tab. 25 (S. 242) nachgewiesenen Prozentsätze für den Einsatz von **Sämaschinen** in den einzelnen Betriebsgrößenklassen können nicht gerade als Beweis für den Fortschrittswillen der deutschen Landwirtschaft gewertet werden, und dabei bedürfen diese Sätze noch einer Korrektur. Sie betreffen nämlich neben den zahlenmäßig unbedeutenden Dibbelmaschinen und den Drillmaschinen auch die breitwürfig arbeitenden Sämaschinen. Es bedarf schon einiger Geschicklichkeit, bei der Handsaat das Saatgut einigermaßen gleichmäßig zu verteilen, und lediglich diese Schwierigkeit nahm die breitwürfig arbeitende Maschine dem Arbeiter ab. Die wesentlichen Vorzüge, die eine Drillmaschine besitzt, sucht man jedoch bei dem breitwürfig arbeitenden Typ vergeblich. Es ist daher dringend erforderlich, aus der Gesamtzahl aller Sämaschinen die Drillmaschinen auszusondern, weil nur der Einsatz dieser Maschinen den technischen Fortschritt dokumentiert. Das Vorhaben scheitert zwar nicht gänzlich, ist aber auch nicht zur Gänze auszuführen, weil die Reichsstatistik das benötigte Zahlenmaterial nur zum Teil enthält. 16 Bundesstaaten erfaßten nämlich nur die Gesamtzahl der Sämaschinen, ohne nach Typen zu differenzieren. Immerhin wurde für Preußen, und damit waren 1907 bereits 68,7 v. H. des Ackerlandes repräsentiert, der Anteil der Drillmaschinen gesondert ausgewiesen: Von 194542 Sämaschinen waren es 60190 oder 30,9 v. H. Kleinräumig betrachtet, die Regierungsbezirke Hildesheim, Magdeburg und Merseburg sind zu nennen, konnte der Prozentsatz ebenso wie in Braunschweig und Anhalt ganz erheblich klettern und 80 bis 90 v. H. erreichen.

Setzt man die geschätzte Zahl aller Drillmaschinen zu der Gesamtzahl aller **Hackmaschinen** in Beziehung, so ergibt sich ungefähr ein Verhältnis von 6:1. Der weit höhere Anteil der Drillmaschinen dürfte zwei Ursachen haben. Einmal verwandten vor allem die kleinen Rübenbaubetriebe diese Maschine und hackten anschließend die Rüben oder den Weizen mit der Hand. Zum andern wurde die Drillmaschine von fortschrittlichen Landwirten auch ausschließlich im Getreidebau benutzt, weil sie bereits von den Vorzügen der Drillsaat überzeugt waren. Ihre Zahl blieb indessen relativ gering. Ist schon der prozentuale Anteil jener Betriebe in Tabelle 25 (S. 242) nicht beeindruckend, die überhaupt eine Sämaschine verwendeten, so verliert der Wert jeglichen Glanz, wenn er auf einen Anteil reduziert wird, wie er in Preußen für die Drillmaschinen zutraf. Als Beweis für eine rasche, fortschrittsträchtige Mechanisierung der deutschen Landwirtschaft können sie wirklich nicht herangezogen werden. Der weitaus größere Anteil der Ackerfläche des Deutschen Reiches wurde auch vor dem Ersten Weltkrieg noch breitwürfig mit der Hand besät.

Welche Rätsel der Maschineneinsatz aufgeben kann, sei an einem Sonderfall demonstriert. Im Königreich Sachsen wurden zwar überdurchschnittlich viele Kartoffeln gebaut, doch stellte die sächsische Kartoffelanbaufläche nur 3,83 v. H. der LF des Reiches. Dennoch liefen hier 5652 **Kartoffelerntemaschinen,** und das waren immerhin 51,4 v. H. aller im Reich verwendeten. Dagegen scheint man im Königreich von Kartoffelpflanzmaschinen nichts gehalten zu haben und begnügte sich mit einem Anteil an der Gesamtzahl von 1,7 v. H. Vielleicht läßt sich die außerordentliche Verbreitung der Kartoffelerntemaschinen folgendermaßen erklären. Da der Zuckerrübenanbau in Sachsen nur eine unbedeutende Rolle spielte, wurde die Kartoffelernte zu der herausragenden Arbeitsspitze. Saisonkräfte waren in dem zwar dichtbesiedelten, aber hochindustrialisierten Sachsen für eine nur kurzfristige Beschäftigungsperiode und eine außerdem schwere und schmutzige Arbeit kaum zu bekommen, so daß hier die Maschine tatsächlich den ausgedehnten Kartoffelbau erst gestattete. Vielleicht ist der Einsatz der Erntemaschinen aber auch ein Anzeichen für den Gruppenkonformismus innerhalb der großbäuerlichen Betriebe, der diese Käufe mit verursachte.

Abschließend muß noch ein ganz entscheidender Mangel hervorgehoben werden. Über den zahlenmäßigen **Einsatz neuzeitlicher Bodenbearbeitungsgeräte** seit 1850 ist so gut wie nichts bekannt. Lediglich die Zahl der Dampfpflüge wurde ermittelt, doch dürften sie auf nicht mehr als 2 v. H. der Ackerfläche des Deutschen Reiches zum Einsatz gekommen sein. Es ist deshalb verfehlt, von einer „Zeit des Dampfpfluges" zu sprechen. Entscheidend ist vielmehr, in welchem Umfang der frühere Pflug mit Streichbrett (Abb. 16, S. 251) durch einen mit stählernem Streichblech abgelöst wurde. Diese Pflüge wendeten den Boden besser und eigneten sich deshalb auch in höherem Maße zur Unkrautbekämpfung. Gleichfalls krümelten sie die Schollen intensiver, so daß sich durchgängig und rascher der Garezustand herausbilden konnte. Vor allem aber wurde tiefer, also statt 8 bis 12 cm, nunmehr auf 20 bis 25 cm, gepflügt. Der Wurzelraum der Pflanzen vergrößerte sich um das Doppelte bis Dreifache, den Pflanzen waren weit mehr Nährstoffe zugänglich; auch Trockenheit wirkte sich nicht so rasch und durchgreifend aus, vermochte doch ein tiefgepflügter, gut gekrümelter Boden weit mehr Niederschlagswasser aufzunehmen und zu speichern.

Im Zusammenhang mit diesem Gerät muß die **Ausdehnung des Zugtierbestandes** gesehen werden. Die Zahl aller Pferde wuchs von 1853 bis 1913 von 2,7 Mio. auf 4,6 Mio. Stück an. Die erhebliche Vermehrungsrate bleibt, auch wenn die Zahl der Militärpferde von 100 000 auf 160 000 anstieg, und später einige Tiere mehr vor Droschken, Pferdebahnen und Brauereiwagen gespannt wurden. Das Pferd zieht den Pflug nicht nur schneller als Ochse oder Kuh, die Pferdeanspannung erlaubt gegenüber den Zugkühen erst den größeren Tiefgang. Wegen der beschriebenen vielfältigen fördernden Wirkungen, die von einer gewandelten Pflugarbeit ausgingen, ist es deshalb höchstwahrscheinlich, dieser Wandel habe die spürbar steigenden Erträge von 1850 bis 1870 bewirkt. Pflanzenzucht und Mineraldüngung können daran nach den bisherigen Feststellungen noch nicht beteiligt gewesen sein. Ob bei der verbesserten Boden-

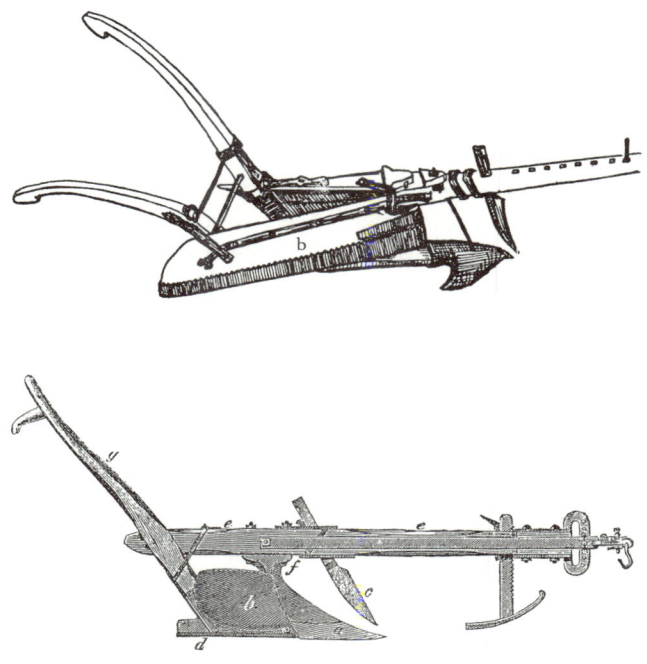

Quellen: GEBHARD/SPERBER, 1978, 25; SCHLIPF, 1880, 40

Abb. 16. Pflug mit Streichbrett (b) oben und Streichblech (b) unten (SCHWERZ)

bearbeitung auch dem Kultivator eine erwähnenswerte Rolle zufiel, sollte offen bleiben, da sein Einsatz weitgehend auf die Vorbereitung des Rübensaatbettes beschränkt blieb. Höchstens wäre noch seine Verwendung bei der Queckenbekämpfung zu erwähnen.

Bei der Bedeutung des Pfluges ist der Entwicklungsgang nachzuzeichnen, wie sich die **Konstruktion des Pfluges** veränderte und seine Leistungsfähigkeit erhöhte. Ausgangspunkt für die moderne Entwicklung war in jedem Falle jener Typ, der um und kurz nach 1800 in Flandern und Brabant gebräuchlich war. Schwerz entwickelte ihn in Stuttgart-Hohenheim weiter, weitere Verbesserungen brachte sein Nachfolger Weckherlin an. Noch 1880 kennt der Bearbeiter des Schlipfschen Handbuches neben Sondertypen nur diesen Pflug und dazu den Howardschen aus Bedford. Eine weitere Variante der ursprünglichen Konstruktion kam über Mathieu de Dombasle, der bei Nancy eine Domäne bewirtschaftete, unter seinen Namen nach Deutschland. Der weiteste Weg führte von Flandern über Schottland nach den USA. Der Domänenpächter Pistorius bei Berlin kaufte dort ein paar Exemplare und übergab sie dem Schlossermeister Heinrich Ferdinand Eckert, damit er sie den heimischen

Verhältnissen anpaßte. Eckertsche Pflüge sind neben den von Rudolf Sack in Leipzig-Plagwitz hinreichend bei LÖBE 1887 vertreten, vermißt wird noch die renommierte Pflugfabrik Eberhard in Ulm.

So befriedigend es auch sein mag, die markanten Stationen des Fortschritts aufzuzeigen, es bleibt doch ein nagender Zweifel. Um 1850 umfaßte die Ackerfläche des späteren Deutschen Reiches rund 24 Mio. ha. Bei der damaligen Betriebsgrößenstruktur belief sich der Bedarf auf mindestens 2 Mio. Pflüge moderner Bauart, und es stimmt mehr als nachdenklich, wenn Sack 1857 aus Rußland einen Auftrag über 120 Pflüge bekam, die er mangels eigener Kapazität in England bauen lassen mußte. Woher nahmen die deutschen Landwirte so rasch die leistungsfähigeren Pflüge, wenn mit ihrem verstärkten Einsatz der merkliche Anstieg der Naturalerträge nach 1850 begründet werden soll? Sicherlich wurden damals nicht wenige Pflüge aus England importiert; war ihre Zahl indessen so bedeutend, daß ein insgesamt spürbarer Aufschwung die Folge war? Muß nicht doch dem Futterpflanzenbau, der nach vorausgehenden Separationen von der Jahrhundertmitte bis 1883 erheblich verstärkt wurde (vgl. Tab. 19, S. 216), ebenfalls ein gebührender Platz eingeräumt werden? Sicherlich bewirkten die Verbesserung der Pflugarbeit und die Ausdehnung der Anbauflächen humusmehrender Blattfrüchte kumulativ die höheren Erträge. Die keineswegs unbedeutende Frage jedoch, inwieweit die Fortschritte der Landtechnik, besonders bei den Bodenbearbeitungsgeräten, daran beteiligt waren, läßt sich zur Zeit noch nicht mit der wünschenswerten Exaktheit beantworten.

III   Die Intensivierung der Tierproduktion

A   Die Entwicklung der Nachfrage

Die Nachfrage nach einem bestimmten Nahrungsmittel ist keine feststehende Größe. Zwar war die Vielfalt an verfügbaren Lebensmitteln um 1800 noch erheblich geringer als am Ende des Untersuchungszeitraumes, doch war es auch damals schon möglich, ein Lebensmittel durch ein anderes zu ersetzen oder – wie es bei den Marktkundlern heißt – zu substituieren. Infolgedessen kann der Verzehr eines Lebensmittels sinnvoll immer nur im Zusammenhang mit dem aller übrigen betrachtet werden.

Mit welchen Anteilen die einzelnen Lebensmittel in den Gesamtverzehr eingehen, kann von den sogenannten **Konsumgewohnheiten** abhängen. Dafür liefert das Reichsland Elsaß-Lothringen ein schönes Beispiel. Hier wurde 1907 ein Fünftel des Ackers mit Weizen bestellt, während es im Reichsdurchschnitt nur ein Dreizehntel war. Eine besonders hohe Bodenfruchtbarkeit war dafür sicher nicht verantwortlich, denn dann bliebe unverständlich, weshalb in mindestens gleich fruchtbaren Gebieten wie Hildesheim, Braunschweig, Magdeburg, Merseburg und Anhalt der stets höher bezahlte Weizen nicht den gleichen Platz auf dem Acker einnahm. Als Erklärung für den hohen Weizenanteil im elsässischen Ackerbau ist vielmehr das Vorbild Frankreichs heranzuziehen. Bekanntlich genießt dort der Verzehr von Weizenbrot eine hohe Präferenz. Umgekehrt läßt sich der unterdurchschnittliche Kartoffelbau in Württemberg nicht mit Hilfe pflanzenbaulicher Erwägungen deuten, sondern ebenfalls nur mit den hier herrschenden Konsumgewohnheiten. Man schätzt hier eher Getreideprodukte wie Spelz (Dinkel) oder Spätzle, die als Beilage zum Fleisch zwangsläufig den Verbrauch an Kartoffeln zurückdrängen.

So interessant es auch sein mag, regional begrenzten Verzehrsgewohnheiten nachzuspüren, so verdunkeln solche Einzelzüge doch nur die allgemeine, generell gültige Entwicklung. Sie ist hier – schon aus Platzgründen – vorrangig darzustellen. Wesentliches wurde bereits in der Tab. 18 (S. 212) angedeutet. Ganz offensichtlich ist zwischen 1850 und 1913 die partielle **Abkehr von den pflanzlichen Nahrungsmitteln** und die damit verbundene **Hinwendung zu den tierischen.** Beide Kategorien erzeugte die deutsche Landwirtschaft. Soll die Steigerung ihrer naturalen Produktivität gemessen werden, müßten beide auf einen gemeinsamen Nenner gebracht werden. Er scheint mit der bereits eingeführten Getreideeinheit (GE) gegeben zu sein. Während erst 4 dt Kartoffeln 1 GE ergeben, wird umgekehrt 1 dt Schweinefleisch mit 5 GE bewertet, weil 5 GE nötig sind, um sie zu erzeugen. 1 dt Schweinefleisch enthält jedoch keineswegs die fünffache Energiemenge, die in 1 dt Getreide steckt. Vielmehr sind beide Nahrungsmittel, in Kalorien oder Joule ausgedrückt, fast als gleichwertig anzusehen. Bei der Erzeugung von Schweinefleisch werden also praktisch 5 Kalorien auf 1 reduziert. Infolgedessen muß Schweinefleisch von vornherein fünfmal teurer sein als Getreide. Hinzu kommen jedoch noch weitere Kosten. Sie betreffen das Ferkel, den Stallplatz, die Einstreu, einen Verlustausgleich und vor allem den Lohnaufwand für das Füttern und Ausmisten. Eventuell ist noch der Tierarzt zu berücksichtigen, und schließlich könnte man den Nährstoffgehalt des Schweinemistes als Einnahme gegenrechnen. Annähernd läßt sich sagen, der Futteraufwand und die Nebenkosten verteuern die Kalorie im Schweinefleisch gegenüber einer im Getreide um das Achtfache. Wird statt einer Getreidesuppe, wie sie um 1800 üblich war, Brot gegessen, engen die Kosten für die Umwandlung des Getreides in Brot die angeführte Relation wieder etwas ein. Die grundsätzliche Aussage bleibt jedoch erhalten: erst ein hinreichend hohes Einkommen erlaubt es dem Verbraucher, den Konsum an durchaus bekömmlichen und noch dazu preiswerten vegetabilischen Erzeugnissen einzuschränken und sich stärker dem Verzehr verschiedener Fleischarten zuzuwenden, die von den meisten Menschen als wohlschmeckender eingestuft werden. Die Rate, um die sich der Nährstoffgehalt im Fleisch gegenüber dem Ausgangswert im Getreide verringert, wird als Veredlungsverlust bezeichnet. Soll die Nachfrage nach Fleisch abgeschätzt werden, ist zusätzlich die Verteuerung durch weitere Produktionskosten zu berücksichtigen. Nach diesen Ausführungen muß das bereits erwähnte Engelsche Gesetz noch einmal aufgegriffen werden. Die meistens zitierte Fassung: bei steigendem Einkommen sinkt der für Lebensmittel ausgegebene Einkommensanteil prozentual ab, verdeckt einen wichtigen Sachverhalt. Die absolute Höhe der Ausgaben nimmt nämlich zu, jedenfalls im Durchschnitt der Bevölkerung. Im wesentlichen ist die Verteuerung auf den Ersatz vegetabilischer Nahrungsmittel durch das teuere Fleisch zurückzuführen. Daneben kommen noch weitere Substitutionen in Frage. Es sei an den verstärkten Verzehr von Weizenbrot gegenüber Roggenbrot erinnert, und der gleiche Effekt tritt ein, wenn statt des heimischen Obstes mehr Südfrüchte gegessen werden (vgl. Tab. 18, S. 212). In diesem **Veredlungsprozeß** steckt eine nicht unbeträchtliche **Chance für die Landwirtschaft.** Sie bekommt nicht nur die verfütterten pflanzlichen Produkte bezahlt, die bei steigender Erzeugung natural gar nicht mehr abzusetzen wären, sie bekommt auch die Arbeit vergütet, die aufgewandt werden muß.

Folgt man den Zahlen Walther G. HOFFMANNS, so hat sich von 1850/54 bis 1910/13 das Engelsche Gesetz erst geringfügig ausgewirkt. Der durchschnittliche **Ausgabenanteil für Nahrungsmittel** sank erst von 42,6 auf 38,9 v. H. ab, von 1950/54 bis 1988 dagegen von 36,3 auf 15,6 v. H. In Preisen von 1913 betrug in der Ausgangsperiode die Ausgabe für Nahrungsmittel 5834 Mio. M. Wären die einzelnen Nahrungsmittel im gleichen Umfange wie bisher verzehrt worden, so hätte bei einer Bevölkerungsvermehrung von 1850 bis 1910 um 83,3 v. H. dieser Betrag auf 10 694 Mio. M ansteigen müssen. Tatsächlich gaben die Verbraucher jedoch 18 528 Mio. M für Nahrungsmittel aus; 7834 Mio. M hätten sie also einsparen können, wenn sie mit der gleichen Versorgung wie um 1850/54 zufrieden gewesen wären.

Offensichtlich war das aber nicht der Fall. Die enorme **Erhöhung der Verbraucherausgaben** von 1850/54 bis 1910/13 belief sich auf immerhin 315 v. H. Wird die daran beteiligte Bevölkerungsvermehrung mit 83 v. H. eliminert, verbleiben + 72 v. H. für die gestiegenen Ausgaben je Kopf. Die bloße Bevölkerungsvermehrung hätte zu keiner Umschichtung des Verbrauchs geführt, und die Landwirtschaft hätte die bisherige Angebotsstruktur beibehalten können. Die höhere Kaufkraft je Kopf zwang sie jedoch zu einer Ausdehnung der Veredlungswirtschaft. Auf die gesamte Nation bezogen betrug sie, wie schon errechnet, 7834 Mio. M. Davon gaben die Verbraucher rund 2350 Mio. M für teurere pflanzliche Erzeugnisse aus, aber 5490 Mio. M zusätzlich für solche der Tierhaltung. Die deutsche Landwirtschaft folgte den Anreizen des Marktes und bot von 1883 bis 1913 bei fast allen tierischen Erzeugnissen die doppelte Menge an; bei Schweinefleisch war es sogar die dreifache. Nur die Erzeugung des mengenmäßig unbedeutenden Geflügelfleisches blieb weit hinter diesen Steigerungsraten zurück.

Die Rückwirkung auf die Pflanzenproduktion konnte nicht ausbleiben. Von 1883 bis 1913 hielt sie zwar mit der Bevölkerungsvermehrung einigermaßen Schritt, doch da die Erzeugung tierischer Produkte mit einem beträchtlichen Veredlungsverlust verbunden ist, wuchs im gleichen Zeitraum der Futterverbrauch um 82 v. H. Diese zusätzlich benötigten Mengen konnte die Landwirtschaft aus eigener Kraft nicht mehr bereitstellen, und es wurden zunehmend Futtermittel eingeführt. Wegen ihrer erheblichen außen- und agrarpolitischen Bedeutung sind diese **Importe** in einem eigenen Abschnitt (5.V) darzustellen.

Im hier zu besprechenden Zeitraum der Hochindustrialisierung ist der Markt für Nahrungsmittel nahezu ohne Einschränkung als **Verbrauchermarkt** zu charakterisieren, das heißt, bei dem Aufeinandertreffen von Angebot und Nachfrage kommt letzterer das entscheidende Gewicht zu. Infolgedessen hat eine später von den Erzeugern betriebene Werbung immer nur eine sehr bescheidene Wirkung oder auch gar keine erzielt. Trotz der grundsätzlich schwachen Marktposition genoß jedoch die Landwirtschaft vor dem Ersten Weltkrieg einen nicht zu unterschätzenden Vorteil: was sie erzeugte, konnte sie auch absetzen. Im Vergleich zu konkurrierenden Produktgruppen wie Genußmittel, Wohnung, Möbel und Hausrat, Bekleidung sowie Gesundheits- und Körperpflege wahrten die Nahrungsmittel ihre Präferenz noch weitgehend. Die einkommensbedingte Elastizität der Nachfrage war mit einem Quotienten in Höhe von 0,84 noch ausgezeichnet. Er kennzeichnet die unterschiedlichen miteinander verknüpften Wachstumsraten. Stieg das Einkommen um 1 v. H., wuchsen die Ausgaben für Nahrungsmittel um 0,84 v. H. Heute wären die Landwirte froh, wenn der Quotient wenigstens noch bei 0,1 läge, allein bei den meisten Nahrungsmitteln ist der **Sättigungspunkt** längst erreicht. Soll zu dem Verbraucherverhalten nach 1850, vor allem nach 1880, eine parallele Erscheinung in der jüngeren Vergangenheit gesucht werden, so kann es nur mit dem während der sogenannten Freßwelle nach 1950 verglichen werden. Die konkreten Zahlen, die ebenso dieses Verhalten belegen wie die vorstehende Behauptung stützen, bleiben sinnvollerweise den Abschnitten über die einzelnen Nutztierarten vorbehalten.

B Die Rinderhaltung

Nachdem Bittermann die Gesamtproduktion der Tierhaltung erfaßt und die Anteile der einzelnen Nutztierarten ausgewiesen hatte, meinte er, abgesehen vom Kalbfleisch hätten die beiden anderen Produkte der Rindviehhaltung, Kuhmilch und Rindfleisch „ihren Anteil nahezu unverändert behauptet". Die von ihm vorgenommene methodische Aufbereitung des Materials entspricht jedoch nicht der hier notwendigen Zielsetzung. Um die verschiedenen Erzeugnisse der Viehhaltung miteinander vergleichen zu können, hatte Bittermann sie entsprechend dem jeweiligen Wert in GE zusammengezählt. Dieses Verfahren führt jedoch zu Verzerrungen und damit auch zu Mißverständnissen. Dem Verbraucher ist nämlich der höhere Aufwand für 1 dt Lebendgewicht beim Rind mit 6 GE gegenüber nur 5 GE beim Schwein gleichgültig. Er interessiert sich statt dessen für den Preis, den Geschmack und den Nährwert des Produkts, und trifft nach diesen Kriterien seine Kaufentscheidung. Beim Nährwert hätte ihn die Bewertung in GE sogar völlig in die Irre geführt. 1 dt Lebendgewicht liefert nämlich bei Rind nur um 55 kg Fleisch, während es beim Schwein rund 80 kg sind. Dieser Sachverhalt läßt sich auch anders ausdrücken: Um 1 dt Rindfleisch zu erzeugen, waren stattliche 10,91 GE erforderlch, während der Schweinehalter für 1 dt Schweinefleisch nur 6,25 GE aufzuwenden brauchte. Da jedoch damals recht fettes Schweinefleisch beliebt war, lag dessen Energiegehalt je kg eher höher als beim Rindfleisch. Die **Aufwandsrelation** entspricht also nicht im geringsten jener des Nährwertes. Nur wegen des fast doppelt so hohen Aufwandes dem Landwirt auch einen fast doppelt so hohen Preis zuzugestehen, wären wohl nur wenige Verbraucher bereit gewesen. Sie waren dazu auch keineswegs gezwungen, wurde doch zunehmend mehr einheimisches Schweinefleisch angeboten. Nachdem die Kühltechnik weiterentwickelt worden war, kam auch ausländisches, vor allem argentinisches Rindfleisch zum Verkauf, so daß der Preisdruck bei der Rindfleischproduktion noch einmal verstärkt wurde. Der Mehraufwand für die Erzeugung von 1 kg Rindfleisch wurde zufolge der preußischen Preisstatistik nicht honoriert. Von 1860 bis 1910 lag der Preis für Rindfleisch anfangs deutlich, später geringfügig unter dem für Schweinefleisch. Erst 1911/12 kehrte sich das Verhältnis um.

Von den Kleinbauern wurde das Rindvieh zum Zug und zur Milch- und Fleischgewinnung genutzt. Die Züchter waren sich bereits darüber klar, daß bei drei verschiedenen Ansprüchen nicht jede Leistungsart maximal ausgebildet sein konnte. In dieser Hinsicht standen sich die größeren Bauern besser, und das galt ebenso für die Gutsbesitzer, denen beim Rindvieh die Eignung zum Zug unwichtig war. Aber selbst die Kombination der Fleisch- und Milchproduktion stieß immer noch auf erhebliche Schwierigkeiten. Am ehesten entsprach wohl noch die Landwirtschft im gesamten norddeutschen Raum den Erfordernissen des Marktes. Die Fleischnutzung wurde bewußt zugunsten der Milchgewinnung zurückgestellt. Zum Zug waren die hier gehaltenen Schläge nur mit großen Einschränkungen geeignet.

Unabhängig von der spezifischen Eignung einer Rasse kann der Landwirt den Aufbau seines Rindviehstapels unterschiedlich organisieren und auch mit diesem Mittel die Fleisch- oder Milchproduktion begünstigen. Werden die meisten Kälber schon kurz nach der Geburt geschlachtet und nur so viel zur Aufzucht zurückbehalten, wie zum Ersatz alter abgehender Kühe benötigt werden, so wird der Jungviehbestand auf das absolute Minimum reduziert und der Anteil der Milchkühe am Gesamtbestand steigt dementsprechend. Der notwendige Bestand an Vatertieren kann bei dieser Überlegung vernachlässigt werden, da auf 60 bis 80 Kühe nur ein Bulle gehalten zu werden braucht. Den skizzierten Weg sind vor allem jene Betriebe gegangen, die in Stadtnähe lagen und für Milch und Milchprodukte einen guten Absatz fanden, der nur mit geringen Transportkosten belastet war. Die deutsche Landwirtschaft insgesamt hat jedoch, wenn auch nicht gerade entschieden, aber doch deutlich erkennbar die andere Richtung eingeschlagen (Tab. 26).

Während also der Bestand an Milchkühen nur um 29,4 v. H. zunahm, wuchs der Gesamtbestand um 40,0 v. H., doch blieb auch dieser Zuwachs hinter der gleichzeitigen Bevölkerungsvermehrung um 76,3 v. H. noch ganz erheblich zurück. Der österreichische Agrarwissenschaftler Johann Baptist LAMBL leitete aus dem Zurückbleiben der Tierbestände hinter dem Wachstum der Bevölkerung seine **Depekorationstheorie** ab und beschwor die düsteren Schatten einer drohenden Unterversorgung. Davon konnte jedoch keine Rede sein. Schlachtete man 1861 eine Kuh erst nach 7,5 Nutzungsjahren, so verließ sie 1913 bereits nach 4,6 Jahren den Stall. Bei diesem beschleunigten Umtrieb stieg der Fleischanfall ganz erheblich. Außerdem stieg das Schlachtgewicht der Kühe im gleichen Zeitraum noch um 37,2 v. H. Als dritter Punkt ist die Bestandsverschiebung zuungunsten der Kühe und damit zugunsten der Schlachttiere zu bedenken. Aus diesen drei Gründen verdoppelte sich im Mindestfalle die Fleischerzeugnisse und ging über die Bestandsvergrößerung um 40 v. H. ganz beträchtlich hinaus. Aber auch diese Anstrengungen der Rindviehhalter reichten nicht aus, die ursprüngliche Vorrangstellung bei der Fleischversorgung zu halten. Zwei Zahlenpaare sprechen eine zu eindeutige Sprache. Die Verbraucher verzehrten je Kopf und Jahr

1883   12,6 kg Rindfleisch und 14,2 kg Schweinefleisch,
1913   16,9 kg Rindfleisch und 34,1 kg Schweinefleisch.

Beide Fleischarten kennzeichnen den Gesamtverzehr hinreichend, da für alle übrigen Arten nur noch rund 3 kg hinzugerechnet werden müssen. Aufschlußreich ist der Zeitpunkt, nach dem die Bestandsverschiebung einsetzte. Die um 1883 beginnende Hochindustrialisierung verschaffte den Nachfragern ein hö-

Tab. 26: Anteil der Milchkühe am Rindviehbestand in Stück und v. H. von 1861 bis 1913

Jahr	Gesamtbestand	Milchkühe	Anteil in v. H.
1861	14 999	8 093	54,0
1883	15 787	8 634	54,7
1892	17 556	9 449	53,8
1900	18 946	9 800	51,7
1913	20 994	10 470	49,9

Quelle: BITTERMANN, 1956, 42 u. 59

heres Einkommen, das eine verstärkte Nachfrage nach Fleisch auslöste, und offensichtlich reagierten auch die Rindviehhalter auf den Nachfrageimpuls.

Zu fragen wäre, weshalb die **Rindviehhalter in Konkurrenz zu den Schweinehaltern** traten, der sie offenbar nicht gewachsen waren. Waren sie in diesem Wettstreit nicht schon durch den fast doppelt so hohen Aufwand bei der Fleischerzeugung von vornherein in die Verliererrolle gedrängt? Damit wird die Kernfrage berührt, weshalb die Landwirtschft an der Rindviehhaltung festhielt und sie im Durchschnitt sogar noch ausdehnte. Die erste Antwort ist sehr einfach. Der GE-Schlüssel erweist sich nämlich auch in einer anderen Richtung als unbrauchbar. Es wird damit Futter in Form von Gras und Heu bewertet, das überhaupt nicht marktgängig ist. Besaß ein Landwirt Wiesen und Weiden, die absolutes Gründland darstellten, also nicht ackerfähig waren, so war nur eine Nutzung mit Wiederkäuern sinnvoll. Da das Schaf aus bereits geschilderten Gründen als Konkurrent zunehmend an Bedeutung verlor (Vgl. S. 206), warf das absolute Grünland nur dann Erträge ab, wenn man den Aufwuchs mit Hilfe der Rindviehhaltung in marktfähige Produkte wie Fleisch, Leder und Milch verwandelte.

Ein zweiter Grund kam hinzu. Wie die damaligen Autoren ausführlich erörterten, lieferte die Rindviehhaltung den meisten, relativ auch nährstoffreichsten Mist, der zudem für alle denkbaren Zwecke verwendet werden konnte. Ohne Stallmist war nach damaliger Auffassung ein landwirtschaftlicher Betrieb nicht zu führen. Die Mineraldüngung wurde immer nur als eine Ergänzung angesehen. Diese Auffassung läßt sich durchaus mit dem heute vertretenen Standpunkt vereinbaren. Die Zufuhr organischer Materials ist unerläßlich, wenn die günstigen physikalischen Eigenschaften des Bodens erhalten bleiben sollen (vgl. S. 234). Wenn das gegenwärtig in immer geringerem Maße durch den Stallmist geschieht und andere Formen der Zufuhr organischer Masse bevorzugt werden, so muß die Zeitbedingtheit der jeweiligen Handlungsweise gesehen werden. Vor dem Ersten Weltkrieg waren zwar schon die positiven Folgen einer **Gründüngung** bekannt, doch hatte sie noch keinen rechten Eingang in die Praxis gefunden. Über die ebenfalls positiv zu beurteilende Wirkung einer Strohdüngung besaß man dagegen noch keinerlei Kenntnisse. So blieb bis 1914 die Anschauung im Kern ungebrochen, die Rindviehhaltung sei in jedem Falle beizubehalten, da ein ordnungsgemäß wirtschaftender Landwirt auf den Stallmist nicht verzichten könne. Angestellte Betriebszweigkalkulationen ließen die Rentabilität der Rindviehhaltung nicht gerade in einem günstigen Licht erscheinen; deshalb betrachtete man sie häufig lediglich als ein notwendiges Übel.

Diese Abwertung erschien aber schon den aufmerksamen Zeitgenossen nicht gerechtfertigt. Sie hatten die günstigere Preisentwicklung bei den tierischen Erzeugnissen gegenüber den pflanzlichen erkannt (vgl. Abb. 10, S. 189) und schlossen daraus zutreffend, die Gunst des Marktes erlaube es durchaus, auch die Rindviehhaltung rentabel zu gestalten. Allerdings müsse die Nachlässigkeit, mit der sie bisher betrieben worden sei, überwunden werden. In zweierlei Hinsicht wurden Fortschritte gefordert: bei der Züchtung und bei der Fütterung.

Ehe beide Möglichkeiten diskutiert werden, sei noch kurz ein dritter Grund erwähnt, der von den Zeitgenossen praktisch übersehen wurde. Vielleicht geschah das, weil er als Selbstverständlichkeit angesehen wurde, und vielleicht auch, weil vor dem Ersten Weltkrieg an der Notwendigkeit Rindvieh zu halten ohnehin niemand zweifelte. Die Inhaber kleiner und mittelbäuerlicher Betriebe konnten sich schon deshalb nicht vom Rindvieh trennen, weil die Arbeitskraft ihrer Familie ohne diesen Produktionszweig gar nicht ausgelastet gewesen wäre. Die Frage, ob sich eine Arbeitsstunde beim Füttern und Melken des Rindviehs besser verwertete als im Pflanzenbau, spielte eine völlig untergeordnete Rolle. Das Einkommen, das die Betriebsinhaber aus dem Pflanzenbau erzielen konnten, reichte allein nicht aus. Das Einkommen aus der Nutztierhaltung, und deren Haupzweig war das Rindvieh, mußte hinzukommen, damit insgesamt eine Höhe erreicht wurde, die für den damals angestrebten Lebensstandard ausreichte.

Die Frage, ob die Zucht oder eine zweckmäßige Fütterung rascher zum Erfolg führt, wurde von den Zeitgenossen um 1890 eindeutig beantwortet. Sie gaben der **Zucht** den Vorrang. Das ist nicht nur aus heutiger Sicht befremdlich. Schon die führenden Kameralisten und die führenden Landwirte um 1800 hatten den Grundsatz vertreten, das Einkreuzen der Tiere leistungsfähigerer Rassen habe nur Sinn, wenn man die anspruchsvolleren Kreuzungsprodukte auch besser füttern könne. In Übereinstimmung damit vertraten sie den Grundsatz, lieber weniger Tiere zu halten und sie gut zu versorgen, als einen zu großen Viehstapel nur mäßig zu ernähren und ihn im Winter womöglich nur vor dem Verhungern zu bewahren (vgl. S. 65). Glaubte man um 1890 wirklich, das genetische Potential der Kühe für die Milchleistung bereits ausgeschöpft zu haben? So wenig diese Auffassung zu überzeugen vermag, wird sie doch ein wenig verständlicher, wenn man sich den Stand der Fütterungslehre vergegenwärtigt, den sie um 1809 erreicht hatte.

Bereits 1871 hatte William Löbe eine voluminöse **Fütterungslehre** vorgelegt, deren Umfang jedoch einen sachlichen Gehalt vortäuscht, der keinesfalls gegeben war. Ein ganz beträchtlicher Teil ist der Beschreibung der spezifischen Wirkungen und des Nährstoffgehaltes einzelner Futtermittel gewidmet. Selbst Ausgefallenes wurde aufgenommen, und wer dafür Interesse hat, kann in diesem Buch den Nährstoffgehalt der Seerosen nachschlagen. Daneben treten viele andere Futtermittel, die der Praktiker nur in Ausnahmefällen verfütterte und die mancher wohl nie zu Gesicht bekam. Fast gewinnt man den Eindruck, der wissenschaftliche Charakter eines Buches sei bereits erwiesen, wenn so viel Futterstoffe wie möglich, und seien es abwegige, aufgeführt wurden. Wie die praktischen Landwirte, die aus solchen Büchern Nutzen ziehen sollten, auf diese Häufung reagierten, ist nicht bekannt. Auf jeden Fall fand Löbe bis zum Ersten Weltkrieg viele Nachahmer, bei denen sich ebenfalls die Fütterungslehre fast schon in einer aufzählenden Reihung der Futtermittel und ihrer Zubereitung samt den zugehörigen Maschinen und Geräten erschöpft.

Die Epigonen waren oft krasser in ihrer Einseitigkeit als Löbe, der die erste zusammenfassende Fütterungslehre schrieb. Immerhin wußte er auch wertvollere Abschnitte anzubieten, die man in späteren Werken vergeblich sucht. In den positiv zu beurteilenden Partien tauchen zwei Namen immer wieder auf: der von **Emil Wolff,** der vor allem als Agrarchemiker tätig war und der an der Landwirtschaftlichen Akademie, der späteren Hochschule, in Stuttgart-Hohenheim unterrichtete, und **Julius Kühn,** der 1862 als erster einen Lehrstuhl für Landwirtschaft an der Universität Halle erhielt.

Grundlegend ist Wolffs Erkenntnis, größere Tiere könnten mit weniger Futter auskommen als kleinere. Letztere hätten im Verhältnis zum Volumen eine relativ große Oberfläche, so daß sie mehr Wärme abstrahlten als größere. Die kleineren verbrauchten also je 1000 kg Lebendgewicht einen höheren Futteranteil, um die Körpertemperatur aufrecht zu erhalten, und dieser Anteil stehe zu keinem Zweck mehr zur Verfügung, der dem Landwirt nützen könne. Deshalb, so Wolff, seien die Engländer gut beraten gewesen, als sie in den letzten Jahrzehnten das Schlachtgewicht des Rindviehs drastisch erhöht hätten. Mit dieser Aussage läßt sich Tab. 27 in Verbindung bringen, die Grouven anhand von Fütterungsversuchen aufgestellt hatte und 1859 publizierte.

Der degressiv steigende Bedarf ist nicht nur beim Trockenstoff, heute Trockenmasse, sondern auch bei allen Nährstoffgruppen gegeben.

Die Tab. 27 ist bei näherer Interpretation das getreue Abbild des damaligen Wissensstandes. Es begegneten bereits die Nährstoffgruppen, die auch heute noch als Einteilungsschema benutzt werden. Offensichtlich hat auch Grouven den damals so genannten Holzstoff, später Rohfaser, erfaßt, da sich anders das Nährstoffverhältnis nicht errechnen läßt. Wenn der Holzstoff in der Tabelle jedoch ausgelassen wurde, so ist das sicherlich kein Zufall. Man konnte seinen Einfluß auf den Verdauungsprozeß noch nicht sicher bestimmen. Infolgedessen

Tab. 27: Täglicher Nährstoffbedarf unterschiedlich schwerer Kühe nach GROUVEN in kg

Gewicht	Trocken-stoff	Protein-stoffe	Fett	Kohlen-hydrate	Nährstoff-verhältnis
350	9,5	1,1	0,3	5,3	1 : 11,0
500	12,5	1,6	0,35	7,2	1 : 10,8
650	14,5	1,9	0,6	8,2	1 : 10,2

Quelle: LÖBE 1871, 374

blieb ungewiß, welchen Nährwert dieser Stoff besaß. Bei geringerer Konzentration im Futtermittel ist er durchaus gegeben, bei höherer drückt er dagegen die Verdaulichkeit der Eiweiße, Fette und Kohlenhydrate. Das war jedoch damals noch unbekannt, sonst hätte Löbe in der zitierten etwas obskuren Aufzählung Ginster und Stachelginster nicht unter die Kraftfuttermittel einreihen können.

Vor allem, und das ist für eine rationelle Fütterung ganz wesentlich, kannte man schon den Unterschied zwischen Erhaltungsbedarf und Leistungsfutter. Damals, wenn auch nicht voll identisch, als Beharrungs- und Meliorationsfutter bezeichnet. Ersteres diente zur Erhaltung eines ausgewachsenen Tieres, dem eigentlich keine Leistung abverlangt werden durfte. Das weite Nährstoffverhältnis von Eiweiß zu Kohlenhydraten entspricht ungefähr heutigen Vorstellungen. Sollte ein Tier aber etwas produzieren, Fleisch, Milch oder Wolle, so war zusätzlich das sogenannte Meliorationsfutter erforderlich. Da die gebildeten Produkte besonders eiweißhaltig sind, erkannte man auch bereits die Notwendigkeit, für diesen Zweck besonders eiweißreiche Futtermittel einzusetzen.

Aber nun kommt der logisch nicht ganz nachvollziehbare Bruch. Da eine Kuh auch bei ausschließlichem Erhaltungsfutter nach der Geburt des Kalbes doch etwas Milch gibt, den Schafen stets etwas Wolle wächst, gab man es auf, die Grenze zwischen Beharrungs- und Meliorationsfutter genauer abzustecken. Pferde können also bei Verabreichung des Beharrungsfutters „mäßige Arbeit leisten", „das Milchvieh (kann) eine bestimmte Menge Milch liefern, obschon es nur das an sich notwendige Beharrungsfutter erhält." Damit ist die Aufweichung gegeben. Wolff, Kühn und andere entwarfen also einen feststehenden Tagesbedarf für eine Milchkuh, den sie in Form der in Tab. 27 (S. 260) genannten Nährstoffe einschließlich des Holzstoffes anführten. Da inzwischen genügend Futtermittel analysiert und die Resultate in Tabellen aufgelistet worden waren, konnte man mit ihrer Hilfe die verschiedensten Futterrationen sozusagen am Schreibtisch konstruieren. Die Rationen bewährten sich auch weit überwiegend in der Praxis, und die Kühe gaben selbstverständlich auch eine leidliche Menge Milch. Nur eins läßt sich den Lehrbüchern bis nach 1900 nicht entnehmen, wie bei einer bestimmten Kuh über die Fütterung die Milchmenge gesteigert werden kann. Das ist erstaunlich, hatte doch schon die Praxis um 1800 erkannt, es sei besser, eine Kuh des heimischen Landschlages besser zu füttern, da sie dann eine weit höhere Milchmenge gäbe als eine zugekaufte Kuh eines leistungsstarken Schlages, deren erheblich höhere Ansprüche aber durch das vorhandene Futter nicht gedeckt werden könnten.

Vergegenwärtigt man sich die geschilderte Lage, wird es verständlich, weshalb sich die Landwirtschaft größere Fortschritte bei der Züchtung erhoffte. Aber auch bei ihr begegnet das gleiche Phänomen, das analog schon bei der Tierernährung beschrieben wurde. War es bei ihr die zuweilen schon endlose

Reihung der Futtermittel bei knappster Darstellung der in der Fütterung zu beobachtenden Grundsätze, so war es in der eigentlichen Tierzucht die ausgiebige Beschreibung der Schläge, während die Erläuterung der Zuchtverfahren fast wie ein Anhängsel erscheint. Selbst anspruchsvolle Chromolithographien, auf denen die männlichen und weiblichen Vertreter der einzelnen Rassen abgebildet wurden, können über einen Sachverhalt nicht hinwegtäuschen: die Landwirtschaftslehre hatte die erste Stufe jeder Wissenschaft noch nicht gänzlich überwunden, nämlich diejenige der exakten Beschreibung der Wirklichkeit.

Sie war weit vielgestaltiger – und bei den Rinderschlägen – auch im Wortsinn weit farbiger als heute. Sollen jedoch die Grundzüge der Entwicklung herausgearbeitet werden, so erweist sich die bunte Palette eher als hinderlich und in einem beträchtlichem Maße auch als überflüssig. Mit einem achtungsgebietenden Aufwand hat die Deutsche Landwirtschafts-Gesellschaft (D.L.G., später DLG) 1896 und 1906 mit Hilfe umfassender statistischer Erhebungen den jeweiligen Stand der Tierzucht erfaßt und in den „Arbeiten der Deutschen Landwirtschafts-Gesellschaft" veröffentlicht. Im Rückblick konnte festgestellt werden, in den vergangenen zehn Jahren sei allein die Zahl der Züchtervereinigungen von 244 auf 1153 gestiegen. Die Vervielfachung täuscht jedoch einen Fortschritt vor, der in diesem Umfang noch nicht zu verzeichnen war. Die Zahl der Kühe, die von einer Vereinigung betreut wurden, stieg wesentlich langsamer, nämlich von 1896 bis 1906 bei den Höhenrindern von 64 081 Tieren auf 99 610 Tiere und bei den Tieflandrindern von 52 890 Tieren auf 148 540 Tiere. Ohne den Züchtervereinigungen, besonders denen des Tieflandrindes, ihre unstreitigen Erfolge mindern zu wollen, bedürfen die Zahlen noch eines Bezugspunktes. So wurden bei den

Höhenrindern   1896 0,80 v. H. und 1906 1,19 v. H., bei den
Tieflandrindern   1896 0,55 v. H. und 1906 1,41 v. H. aller
Tiere von den Züchtervereinigungen erfaßt.

Nur in diesen Organisationen war mit einer zielstrebigen Zucht und damit auch mit einem bemerkenswerten Fortschritt zu rechnen. Die Mitglieder durften ihre Kühe nur von angekörten Bullen oder Stieren decken lassen und mußten sich außerdem der regelmäßigen Milchkontrolle unterwerfen. Aus der im Herdbuch aufgezeichneten Milchleistung der weiblichen Vorfahren einer Kuh kann zusammen mit dem eigenen Leistungsvermögen auf die erbliche Veranlagung geschlossen werden. Bei Bullen steht für diesen Zweck sozusagen nur die weibliche Seite des Stammbaums zur Verfügung. Vor dem Ersten Weltkrieg wurde jedoch die Zucht auf äußerliche Merkmale noch sehr stark betont, obwohl diese Merkmale im Ausland bereits als zweifelhaft für die Fleisch-, vor allem die Milchleistung abgetan worden waren.

1896 stellten die **Tieflandrinder** am Gesamtbestand einen Anteil von 54,6 v. H., 1906 war er ganz leicht auf 55,8 v. H. angestiegen. Immerhin 26 verschiedene Schläge wurden 1906 noch züchterisch bearbeitet. Überragend war die Stellung jener drei, in die holländisches Rindvieh eingekreuzt worden war. Den Löwenanteil stellten die Schwarzbunten, zu denen noch einige blau- und rotbunte Holländer kamen. Insgesamt entfielen auf die drei genannten Schläge gut ein Fünftel aller Tieflandrinder. Ein beachtlicher Erfolg wurde beim Landvieh erzielt, das von 17,0 auf 7,5 v. H. zurückging. Dagegen blieb das Vieh, das mangels beonderer Merkmale in die Sammelkategorie „Unbestimmter Niederungsschlag" aufgenommen worden war, mit einem Anteil von jeweils über 10 v. H. der Zahl nach konstant.

Bei den **Höhenrindern** lagen im Vergleich zu den Tieflandrindern die Verhältnisse recht ähnlich. 27 Schläge waren in den Zuchtvereinigungen vertreten. Unter ihnen nahm das Fleckvieh mit ebenfalls einem Fünftel wiederum eine überragende Stellung ein. Bei diesem Schlag waren in starkem Maße Rinder aus der Schweiz, vor allem dem Simmenthal, eingekreuzt worden. Mit 18,3 v. H. lag der Anteil des Landviehs noch etwas höher als bei den Tieflandrindern, und er stieg sogar noch auf 20,7 v. H. zwischen beiden Zählungen an. Lediglich die Zahl der Tiere, die der Sammelkategorie „Unbestimmer Höhenschlag" zugeordnet worden waren, sank im Berichtszeitraum von 7,1 v. H. auf 4,5 v. H.

Züchterische Erfolge wurden nicht nur in den Züchtervereinigungen erzielt. Die Bauern schlossen sich auch zu Genossenschaften zusammen, auch zu Vereinen und anderen Gruppierungen, und hielten gemeinschaftlich einen oder mehrere Stiere. Insgesamt wurden 1907 7838 Vatertiere gezählt, die von solchen Zusammenschlüssen gehalten wurden. Rechnet man 100 Kühe auf einen Bullen, so erstreckte sich die züchterische Verbesserung auf eine Kuhzahl, die jene in den Züchtervereinigungen erfaßten bereits um das Vierfache übertraf. Am Gesamtbestand blieb der Anteil dieser Kühe, die von angekörten Bullen gedeckt wurden, mit 7,7 v. H. dennoch gering. 1907 erreichte die Zahl aller Kühe, die organisatorisch erfaßt und dadurch effizient züchterisch betreut wurden, einen Anteil von 9,7 v. H. Auch gegen Ende des Untersuchungszeitraums ist es offenbar angebracht, die allgemeine Wirksamkeit von Züchtervereinigungen und Bullenhaltungsgenossenschaften zurückhaltend zu beurteilen. Bei den Gemeinschaften, die Vatertiere hielten, tritt das bereits von den Züchtervereinigungen her bekannte Verhältnis wieder in Erscheinung: Die zu den Tieflandschlägen gehörigen Bullen übertrafen mit 51,4 v. H. die Stierhaltung bei den Höhenrindern geringfügig.

Bei allen Relationen, die in verschiedener Hinsicht zwischen Höhen- und Tieflandrindern aufgestellt wurden, neigte sich stets die Waage ein wenig zugunsten der letzteren. Daraus könnte gefolgert werden, die **Milchnutzung** sei gegenüer der **Fleischgewinnung** bevorzugt worden. Dieser Schluß ist jedoch nicht erlaubt. Von 1861 bis 1913 stieg die Milchleistung je Kuh nur um 91,3 v. H., während sich der Fleischanteil mindestens verdoppelte. Auch bei den Tieflandrindern ließ sich die Fleischleistung rasch steigern, indem man den

Umtrieb verkürzte und das Schlacht- oder Lebendgewicht erhöhte. Sind beide Nutzungsrichtungen beim Rindvieh vor dem Ersten Weltkrieg nach diesen Überlegungen als gleichwertig anzusehen?

Die Frage ist in dieser Form nicht zulässig, da sie zu umfassend gestellt ist. Wer auf guten Absatz der Milch hoffen konnte, erachtete zu Recht die Fleischnutzung als nebensächlich. Wer jedoch weiter vom Markt entfernt wohnte, mußte die Milch entweder selbst zu Butter und Käse verarbeiten – die Zahl der in den Betrieben verwendeten Milchzentrifugen war ganz beachtlich –, oder er mußte sie an eine Molkerei liefern. Für diese sogenannte Werkmilch wurden aber weit geringere Preise gezahlt als für Trinkmilch. Offensichtlich bemühte man sich, den Absatz über genossenschaftliche Zusammenschlüsse zu fördern. 1890 hatte es erst 639 Molkereien dieser Rechtsform gegeben, doch waren es 1910 bereits 3333. Wagt man auf Grund der berichteten Anlieferung bei 1819 solcher Molkereien eine Hochrechnung, so wurden 19,0 v. H. der ermolkenen Milch bei den Genossenschaftsmolkereien angeliefert. Natürlich kamen vor dem Ersten Weltkrieg nicht wenige Privatmolkereien noch hinzu, doch mußte sich dennoch die Mehrzahl der Landwirte ernsthaft mit der Frage auseinandersetzen, wie Milch und Milchprodukte zu vermarkten waren.

Über die Alternative, ob die Milch- oder Fleischproduktion zu bevorzugen war, brauchte jene zahlenmäßig kleine Gruppe nicht nachzudenken, die aus anerkannten Züchtern bestand und ihre Zuchttiere zu hohen Preisen verkaufen konnte. Die Mehrheit der Landwirte stand jedoch im Grunde hilflos vor der bezeichneten Entscheidung, denn die Betriebslehre vermochte keine Hilfe anzubieten, und die Tierernährungslehre gewährte sie erst spät.

Da ein Rind, das gleichermaßen auf Fleisch- und Milchnutzung gezüchtet wird, zur Gewinnmaximierung nicht taugt, war die betriebswirtschaftliche Frage einfach nicht zu umgehen, welche Produktionsrichtung zu bevorzugen war, ohne die andere deswegen etwa gänzlich auszuschalten. Die notwendige Schwerpunktverschiebung scheint aber von den Zeitgenossen nicht gesehen worden zu sein. So urteilte v. d. GOLTZ 1886 über die „Rindviehhaltung behufs Erzeugung von Milch oder Molkereiprodukten" lapidar: „Diese Art der Rindviehhaltung ist die bei weitem häufigste." Bei der damals schon beginnenden Ausdehnung der Rindfleischerzeugung überrascht die strikte Aussage ein wenig. Sie verlor außerdem bei der jetzt verstärkt einsetzenden Rindfleischproduktion zunehmend an Überzeugungskraft. Die Landwirte handelten gar nicht unvernünftig, wenn sie neben der unumgänglichen Milchnutzung, nicht zuletzt für den Eigenverbrauch, das Rindvieh auch als Fleischlieferanten betrachteten. Immerhin stiegen die Preise für Rinder (Lebendgewicht) von 1881/85 bis 1911/13 um 56 v. H., während die für Butter im gleichen Zeitraum nur um 21 v. H. zunahmen. Wie bei solchen Preisveränderungen die Rindviehhaltung zu organisieren sei, erwog Friedrich Aeroboe erst 1917. Aber auch jetzt diskutierte er das zugrunde liegende Problem nur verbal und bot kein Kalkulationsschema an, das es erlaubt hätte, bei vorgegebenen Preisen zu errechnen, welche Nutzungsrichtung unter den herrschenden Umständen den höheren Gewinn versprach.

Blieben bei der Betriebslehre berechtigte und dringliche Wünsche offen, so sah das bei der **Tierernährungslehre** anders aus. Für den entscheidenden Durchbruch sorgte **Oskar Kellner,** der als Direktor der Landwirtschaftlichen Versuchsanstalt in Leipzig-Möckern vorstand. Die bereits geschilderte Einteilung der Nährstoffe eines Futtermittels ließ er bestehen, doch ging er einen ganz entscheidenden Schritt weiter. Er begnügte sich nicht mit der Analyse der Nährstoffe im Futtermittel, sondern stellte im Fütterungsversuch fest, welcher Anteil bei jeder Nährstoffgruppe verdaulich war. Für die Milchleistung einer Kuh ist es unwichtig, wieviel Eiweiß man ihr im Futter zuführt. Entscheidend ist, wieviel sie davon verdaut. Außerdem bekam Kellner die Sonderrolle des Holzstoffs, der Rohfaser, in den Griff. Die Hauptbestandteile, Zellulose und Lignin, wurden nur bedingt als Nährstoff gewertet, und bei steigendem Gehalt im Futtermittel gab es ganz beträchtliche Abzüge. Aus dem verdaulichen Eiweiß und Fett, den verdaulichen Kohlenhydraten sowie der angemessenen Berücksichtigung der Rohfaser errechnete Kellner schließlich als neuen Kennwert den **„Stärkewert",** den ein bestimmtes Futtermittel besaß. Für Wiederkäuer wurde dieser Maßstab bis in die jüngste Vergangenheit als verbindlich angesehen.

Wissenschaft und Praxis verschlossen sich keineswegs Kellners Erkenntnissen. Sein Lehrbuch über „Die Ernährung der landwirtschaftlichen Nutztiere" erschien erstmalig 1905 und erlebte bis 1909, damit allerdings auch bis zum Ersten Weltkrieg, fünf Auflagen. Die „Grundsätze der Fütterungslehre" waren für ein breiteres Publikum gedacht. Sie wurden, ebenfalls bis 1909, dreimal aufgelegt. In einem Punkt ist Kellners Darstellungsweise trotz des geradezu epochemachenden Fortschritts dennoch enttäuschend. „Für die bloße Lebenserhaltung" einer Kuh rechnete er bei einem Gewicht von 500 kg 2,0 bis 2,5 kg Stärkewert mit 0,3 kg verdaulichem Eiweiß. Er fährt dann fort, „die **Nahrungsmenge** muß sich selbstverständlich **nach der Leistung der einzelnen Tiere** richten. Niemand wird bezweifeln, daß eine Kuh, die täglich 20 l Milch gibt, mehr Nahrung braucht wie eine Kuh, die nur 8 l erzeugt." Infolgedessen ist zum Erhaltungsbedarf an Futter je l Milch 225 g Stärkewert mit 60 g verdaulichem Eiweiß hinzuzurechnen. Im Sinne der Ernährungslehre ist Kellners Aussage absolut korrekt. Aber es fehlt die betriebswirtschaftliche Anwendung, die heute jeder Landwirtschaftsschüler lernt. Erzeugen, und das Beispiel entspricht voll der Praxis, drei bessere Kühe soviel Milch wie vier schlechtere, so spart der Halter der besseren Kühe beim Futter den Erhaltungsbedarf für eine Kuh ein. Beim Stärkewert reicht er für 10 l Milch aus, an verdaulichem Eiweiß müßten noch 300 g zugefüttert werden. Anders ausgedrückt: diese 10 l Milch kosten an Futter nur 300 g verdauliches Eiweiß, und das ist hochrentabel.

Jetzt endlich liegt die theoretische Begründung für die Aussage vor, die schon bei den Kameralisten nachzulesen ist, es sei besser, nur wenige Kühe zu halten und diese gut zu füttern, als eine größere Stückzahl, die nur knapp ernährt werden könne. Aber noch ein zweiter Weg für die Gewinnmaximierung steckt in Kellners Lehre. Bei einer Kuh, die 20 l Milch gibt, ist der Liter anteilig nur mit einem Zwanzigstel des Erhaltungsbedarfs belastet; bei jener die nur 10 l erzeugt, jedoch mit dem doppelten Anteil. Also folgt daraus, je höher die Milchleistung einer Kuh ist, umso geringer ist der Futteraufwand für einen Liter Milch und umso rentabler ist dieser Zweig der Nutztierhaltung. Aber diese dezidierten Formulierungen sucht man vor dem Ersten Weltkrieg vergeblich in den Lehrbüchern.

Abschließend muß noch auf eine Erscheinung eingegangen werden, bei der ein Widerspruch zu den vorhergehenden Darlegungen konstruiert werden könnte. Vor Kellner forderte niemand, die Kühe nach Leistung zu füttern, dennoch nahm sie von 1861 bis 1913 je Tier und Jahr um 91,3 v. H. zu. Dafür bietet sich eine Erklärung von vornherein an. Bemißt man die Einheitsration nach Durchschnittswerten für den gewichtsabhängigen Erhaltungsbedarf und die Michergiebigkeit, so muß auch die Milchleistung steigen, wenn sich das Lebendgewicht der Tier erhöht. 37,2 Prozentpunkte erklären sich bereits aus diesem Sachverhalt, 54,1 harren danach noch der Deutung. Sie ist mit den Erfolgen der Zucht durch die relative Einsparung an Erhaltungsfutter gegeben und zum anderen mit der besseren Fütterung. Die ermüdende Aufzählung der einzelnen Futtermittel hatte nämlich doch einen gewissen Erfolg gezeitigt. Als besonders milchtreibend hatte man die Ölkuchen erkannt, die aus dem Ausland importiert werden mußten. Da bei ihrer Verfütterung der Erhaltungsbedarf schon gedeckt ist, müssen die **Ölkuchen als reines Leistungsfutter** angesehen werden. Nach einer alten Faustregel gibt 1 kg 2 l Milch, so daß es auch dem wenig gebildeten Betriebsleiter rasch gelang, die Rentabilität des Einsatzes zu überprüfen. 1,3 Mio. t der verschiedenen Ölkuchen wurden vor dem Ersten Weltkrieg eingeführt. Hätte die deutsche Landwirtschaft auf diese Zusatzfuttermittel verzichtet, wäre die Milchleistung um 11,3 v. H. geringer ausgefallen. Der Anteil an der Zuwachsrate von 1861 bis 1913 beträgt immerhin 18,9 v. H.

C Die Schweinehaltung

Nur für die Zeit von 1883 bis 1913 lassen sich einigermaßen zuverlässige Vergleichszahlen beibrigen. In dieser Zeitspanne stieg die Rind- und Kalbfleischproduktion um 92 v. H., während die des Schweinefleisches um 248 v. H. zunahm. Die fast dreimal so große **Ausweitung der Schweinefleischerzeugung** beweist zweierlei: 1.) Nicht das Rind-, sondern das Schweinefleisch übernahm die Aufgabe, die fast schon unglaublich gestiegene Nachfrage nach Fleisch aufzufangen. Der einkommensbedingte Koeffizient der Nachfrage nach

Schweinefleisch erreichte um 1900 den wahrhaft achtungsgebietenden Wert von 1,5; bis zum Ausbruch des Krieges sank er auf 1,3 ab. Eine Einkommenserhöhung um 1 v. H. stimulierte die Kauflust derart, daß die Verbraucher die Ausgaben für Schweinefleisch maximal um 1,5 v. H. steigerten. 2.) Die Produktionsverfahren für Schweinefleisch müssen sich gegenüber der Zeit um 1800 grundsätzlich geändert haben, wenn diese ungeheure Mehrproduktion vom Markt gefordert und dann auch von den Erzeugern angeboten wurde.

Die Voraussetzungen dafür sind beim Schwein durch die grundsätzlich anders geartete Anatomie und Physiologie des Verdauungsapparates gegeben. Das Rind bedarf als Wiederkäuer voluminöser Futtermittel mit einem relativ hohen Rohfasergehalt, damit die Pansenflora im Gleichgewicht bleibt. Infolgedessen sind Grünfutterpflanzen des Ackers, aber auch Gras und Heu und bedingt auch Stroh für die Erhaltung der Gesundheit unerläßlich. Sie wird auch durch den Weidegang gefördert. Die Abhängigkeit der Rinderhaltung von den natürlichen Standortbedingungen ist daher bis heute gegeben. Das Schwein dagegen ist Allesfresser wie der Mensch und damit sein Nahrungskonkurrent. Solange die Versorgungslage angespannt blieb, und das war bis um 1850 für große Teile der Bevölkerung der Fall, konnten dem Schwein nur jene Nahrungsmittel zugebilligt werden, die der Mensch verschmähte. In der Stadt waren das die Abfälle der Haushalte und der Bäcker und in nicht zu unterschätzendem Maße die Mühlennachprodukte. Auf dem Lande kamen vor allem die Eicheln und Bucheckern hinzu. Bei dieser Waldmast wurden besonders die Eicheln geschätzt, weil bei ihrer Verfütterung der Speck fest und kernig wird.

Hinzu kommt noch eine Eigenschaft des Schweins, die einen zügigen Bestandsaufbau außerordentlich befördert. Es ist rasch- oder frohwüchsig und früh geschlechtsreif. Deshalb können sich bei guter Waldmast selbst Wildschweinbestände innerhalb eines Jahres verdreifachen. Das Wildschwein und in seiner domestizierten Form das spätere Deutsche Weideschwein werden in ihrer Wüchsigkeit aber noch einmal ganz erheblich durch die in Südostasien gehaltenen Rassen übertroffen. Dementsprechend tritt bei ihnen auch die Geschlechtsreife bereits nach 8 Monaten ein, während sie sich bei normalem Futterangebot beim Wildschwein bis zum 12. oder 14. Monat verzögert. Da im deutlich früher industrialisierten England die Nachfrage nach Fleisch weit früher als in Deutschland anstieg, verwundert es nicht, wenn die fortschrittlicheren Landwirte Englands sich die Weltläufigkeit ihrer Landsleute zunutze machten und sich von ihnen südostasiatische Rassen zum Zwecke der Einkreuzung beschaffen ließen. Ähnlich wie bei den Schafen war die Frohwüchsigkeit des asiatischen Elternteils mit einer frühzeitigen Verfettung gepaart, die sich auch auf das Kreuzungsprodukt übertrug. Auch in diesem Falle teilten die deutschen Verbraucher nicht den Geschmack der Engländer. Wenn sie auch der Fettanteil längst nicht in dem Maße schreckte, wie das heute der Fall ist, so war doch ausgesprochen fettes Schweinefleisch nicht so gut abzusetzen.

Aufschlußreich ist das Verhalten der Oldenburger, die sich als Schweine-
züchter und -mäster schon früh einen Namen machten. Legt man die **Viehzäh-
lungen** von 1882 und 1907 zugrunde, so stiegen im Reichsdurchschnitt die
Schweinebestände um 103,4 v. H., während sie in **Oldenburg** mit 196,3 v. H.
fast die doppelte Steigerungsrate erreichten. Hier wurden die Schweine vor
allem von den Geestbauern und noch einmal verstärkt im Süden des Landes
gehalten. Um 1850 begann man bereits mit **Einkreuzungen,** doch spielte in
den ersten Jahrzehnten das Poland-China-Schwein die dominierende Rolle.
Diese Rasse war aus Amerika eingeführt worden. Sie war nicht so anfällig wie
die englischen Rassen, die einen höheren ostasiatischen Blutanteil aufweisen.
Auch im Typ stand es dem ursprünglichen deutschen Hausschwein näher,
verfettete also nicht so rasch. Auf die Dauer konnte sich jedoch das Poland-
China-Schwein nicht durchsetzen. Statt dessen hielt man Sauen in Reinzucht,
die dem späteren Deutschen Landschwein bereits weitgehend entsprachen und
kreuzte sie mit Yorkshire- oder Berkshire-Ebern. Bereits knapp vier Monate
nach der Paarung stand ein Kreuzungsprodukt, ein Hybride, zur Verfügung,
das den Wünschen des Marktes entsprach. Die gesamte Nachkommenschaft
war gemäß der Mendelschen Regel uniform, so daß stärker abweichende Typen
bei der Haltung und Fütterung nicht gesondert zu berücksichtigen waren. – In
Mittel- und besonders in Süddeutschland hielt man den einheimischen Rassen
stärker die Treue. Erwähnt seien das Schwäbisch-Hallische Schwein und das
Bayerische Landschwein.

Ganz im Unterschied zum Rind bereitete das Schwein auch bei der Fütterung
keine nennenswerten Probleme. Es fraß eben alles. Wenn auch, das muß hinzugefügt werden, mit unterschiedlichem Erfolg. Jedoch sind gerade gedämpfte
oder gekochte Kartoffeln ein ausgezeichnetes Mastfutter, und nachdem der
Anbau dieser Nutzpflanzen im 19. Jahrhundert gegenüber allen anderen Arten
am stärksten ausgedehnt worden war, drängte der nicht marktfähige Teil der
Ernte auf eine sinnvolle Verwertung. Die Intensivierung des Ackerbaus und die
der Viehhaltung in Form der Schweinemast ergänzten sich ausgezeichnet.
Ausgerechnet in Oldenburg blieb die Kartoffelfläche jedoch hinter dem Reichsdurchschnitt beträchtlich zurück. Die extensive Ackerwirtschaft behinderte
hier die Intensivierung der Schweinehaltung nicht, da auf dem Wasserwege
leicht ein anderes, längst bewährtes Schweinefutter herangeholt werden konnte, nämlich die Gerste, die als Schrot verfüttert wurde. So ist es nicht erstaunlich, wenn Carl Lehmann schon kurz nach 1850 für die einzelnen Mastab-
schnitte Futternormen jeweils für eine vorrangige **Kartoffel- oder Getreide-
mast** aufstellte. Diese Normen bewährten sich derart in der Praxis, daß sie noch
nach dem Zweiten Weltkrieg – bei einer Senkung des teureren Eiweißfutters –
als zutreffend angesehen wurden. Aber auch Kellner stellte solche rezeptartig
gestalteten Fütterunsgrundsätze auf. Ihre Übernahme in „Mentzels Taschen-
kalender", dem wohl am weitesten verbreiteten Druckerzeugnis für die Land-

wirtschaft, sicherte diesmal ohne Verzögerung das Zusammenspiel zwischen Wissenschaft und Praxis.

Wie beim Rind stieg die Produktion des Schweinefleischs nicht nur durch eine Vergrößerung der Bestände an, sondern auch durch eine Beschleunigung des Umtriebs und ein zunehmendes Schlachtgewicht. Die Tab. 28 unterrichtet über den Einfluß dieser drei Faktoren.

Vergegenwärtigt man sich für das Rindvieh die entsprechende Entwicklung der Bestände und der Fleischproduktion, so wird sofort der gravierende Unterschied deutlich. Beim Rindvieh stieg im gleichen Zeitraum der Bestand nur auf 133 v. H., jedoch die Erzeugung des Rindfleisches auf 192 v. H. Der beschleunigte Umtrieb und das höhere Schlachtgewicht hoben demnach die Fleischerzeugung um 44 v. H. über die Bestandsvermehrung an. Beim Schwein waren es nur 25 v. H. Beide Faktoren besaßen also längst nicht die Bedeutung wie beim Rind. Dieser Unterschied beruht auf zwei Ursachen. 1.) Schon bei der früheren Haltungsweise hatte man junge Schweine sozusagen in Reserve gehalten, um eine nicht sicher vorhersehbare Waldmast maximal nutzen zu können. Da sie in der Mehrzahl der Fälle ausblieb, wurden aus Mangel an anderem Futter überwiegend junge Schweine geschlachtet. 2.) Schweine setzen von einem bestimmten, rassebedingten Alter an kaum noch Fleisch, sondern überwiegend Fett an. Der Futteraufwand für das Fett ist über doppelt so hoch wie für Fleisch, so daß sich die Erzeugung sogenannter Speckschweine unverhältnismäßig stark verteuert. Der Verbraucher wünscht weder ein derart verfettetes Schwein, noch will er den weit höheren Preis bezahlen. Deshalb wurden schon vor dem Ersten Weltkrieg die für den Markt produzierten Mastschweine mit einem Alter von rund 1 Jahr und einem Lebendgewicht von 1 dt abgegeben.

Die kurze Verweildauer der Mastschweine im Stall senkt ihre Ansprüche an die Haltung. Irgendwo fand sich schon ein Platz, wo man Mastschweine unterbringen konnte. Die Ferkel kauften die meisten Mäster zu. Für die Bauern war es arbeitswirtschaftlich günstig, in der arbeitsarmen Zeit im Winter weit mehr Schweine zu halten und mit ihrer Hilfe den unverkäuflichen Teil der

Tab. 28: Zunahme der Schweinebestände und der Schweinefleischproduktion von 1883 bis 1913

Zeit	Bestand in 1000 Stück	in v. H.	Produktion in 1000 t	in v. H.
1883	9 206	100	656,9	100
1892	12 174	132	–	–
1900	16 807	183	1428,6	217
1907	22 147	241	–	–
1913	25 659	279	2283,7	348

Quelle: BITTERMANN, 1956, 42 u. 55

Kartoffelernte zu verwerten. Sie bauten im Verhältnis mehr Kartoffeln als die Großbetriebe, und sie hielten auf 100 ha LF auch deutlich mehr Schweine. Von 1882 bis 1907 verdoppelten sich in allen Größenklassen die Bestände, in den Betrieben über 100 ha LF verdreifachten sie sich sogar, doch blieben sie absolut mit 19,6 Stück/100 ha LF wenig beeindruckend. Schon die Betriebe von 20 bis 100 ha LF hielten 39,2 Tiere, die in der Reichsstatistik so genannten mittelbäuerlichen Betriebe mit 5 bis 20 ha LF brachten es auf 60,8 Schweine, doch wurde diese Zahl von den kleinbäuerlichen Betrieben mit 94,0 und den Parzellenbetrieben unter 2 ha LF mit 253,2 Stück noch einmal erheblich überboten. Der fast exorbitante Wert bei den Parzellenbetrieben darf jedoch nicht überschätzt werden. Auch wenn diese Betriebe, falls man sie überhaupt als solche ansprechen kann, nicht nur Schweine hielten, um die Selbstversorgung mit Fleisch zu sichern, sondern noch weitere, um den Barlohn durch den Verkauf aufzubessern, so bleibt ihre Bedeutung für den Markt trotz ihrer großen Zahl von über 2 Mio. dennoch absolut gesehen unbedeutend.

Die enorme Nachfrage nach Fleisch bot den Landwirten die günstige Gelegenheit, die Erzeugnisse des Ackerbaus zu veredeln und über die höheren Einnahmen ein gleichfalls höheres Einkommen zu erzielen. So meinte 1883 H.VON MENDEL, „daß der Oldenburger Landwirt, besonders im Süden des Herzogtums, sich daran gewöhnt hat, die Körnerfrucht des Feldes nur durch den Hals der Haustiere zu verwerten." Mag diese Äußerung schon für Oldenburg übertrieben sein, so hat auf jeden Fall die deutsche Landwirtschaft die ihr gebotene Chance nicht im vollen Umfang genutzt, sonst wäre vor dem Ersten Weltkrieg nicht noch Vieh, lebend und geschlachtet, eingeführt worden. Immerhin beruhte der Verzehr zu 7 v. H. auf diesen Importen. Die eigentliche Ursache der **Unterversorgung mit Fleisch** trat bei der Schweinemast zutage. Zwar war bei ihr der Veredlungsverlust noch am geringsten, doch reichte die Getreideerzeugung nicht aus, um ihn zu decken. Allein 3,2 Mio. t Gerste mußten vor allem aus Rußland eingeführt werden, und diese Zufuhr übertraf bereits die deutsche Gerstenernte geringfügig. Weiteres Futtergetreide im Umfange von 1 Mio. t wurde zusätzlich importiert. Hätten die deutschen Landwirte die 4,2 Mio. t allein in der Schweinemast verwendet, hätten sie daraus rund 800 000 t Schweinefleisch erzeugt. Das wären 23 v. H. der gesamten Fleischproduktion oder 35 v. H. der Erzeugung an Schweinefleisch gewesen.

Bei der großen Bedeutung des Schweinefleischs für das gesamte Angebot liegt es nahe, aus der Schweinehaltung einen hohen Rang für die landwirtschaftlichen Betriebe abzuleiten. Das ist jedoch nur für die wenigen zulässig, die sich auf die Schweinemast spezialisiert hatten. Aufs Ganze gesehen übte die Schweinehaltung jedoch nur einen geringen Einfluß auf die Organisation der Betriebe aus. Werden die Rinder- und Schweinebestände auf Großvieheinheiten (GV = 500 kg Lebendgewicht) umgerechnet, so stehen Rind- und Schweinehaltung im Verhältnis 100 : 15,2 zueinander.

D   Die Schafhaltung

Wenn auf diesen Zweig der Viehhaltung während der Industrialisierungsphase eingegangen wird, so geschieht das nur zu dem Zweck, das Gesamtbild abzurunden. Wie bereits für das Königreich Sachsen gezeigt werden konnte (vgl. S. 205), fallen Beginn der **Industrialisierung und Rückgang der Schafhaltung** zusammen. Die Gründe für diesen Rückgang brauchen nicht wiederholt zu werden. Sie wirkten bis zum Ersten Weltkrieg gleichermaßen fort. Im Unterschied zum früh industrialisierten Sachsen nahmen die Schafbestände in den übrigen Staaten des Deutschen Bundes (ohne Österreich) nicht schon seit 1840 ab, sondern erst seit 1861. In diesem Jahr wurde mit 28,02 Mio. Stück die Höchstzahl erreicht. Bis 1892 war der Bestand mit 13,59 Mio. Tieren auf weniger als die Hälfte gesunken. Bis 1913 beschleunigte sich die Abnahme je Jahr noch einmal erheblich, so daß jetzt nur noch 5,52 Mio. Stück gehalten wurden.

Von 1861 bis 1913 entwickelten sich die Rindvieh- und Schafbestände offensichtlich in gegenläufiger Richtung. Erstere nahmen um 40,0 v. H. zu, letztere um 80,3 v. H. ab. Der Vergleich gibt in dieser Form noch nicht den gewünschten Aufschluß, da das weit kleinere Stück Schafvieh nicht einfach mit einem Stück Rindvieh in Bezug gesetzt werden darf. Im allgemeinen rechnet man 10 Schafe auf 1 Kuh, doch ist diese Relationen nicht geeignet, in Stückzahlen erfaßte Bestände miteinander zu vergleichen. Beim Rindvieh ist der Anteil des Jungviehs weit größer als beim Schafvieh, so daß 8,8 Stück Schafvieh einem Stück Rindvieh gleichzusetzen sind. Der Rückgang der Schafe von 1861 bis 1913 um 22,50 Mio. Stück entspricht also nach der Umrechnung 2,56 Mio. Stück Rindvieh. Der Bestandszuwachs beim Rindvieh in Höhe von 5,95 Mio. Stück ist also zu 43,0 v. H. nichts weiter als der Ausgleich für die ganz außerordentlich geschrumpfte Schafhaltung.

Aussagen der vorstehenden Art, bei denen die unterschiedlichen Verhältnisse im Deutschen Reich in einer einzigen Zahl zusammengepreßt werden, vergröbern nicht nur den zugrunde liegenden Sachverhalt, oft genug verschleiern sie ihn auch; und das ist hier der Fall. Neben der nachgewiesenen Kompensation der Schafe durch Rinder nahm der Bestand an Wiederkäuern insgesamt zu. Kompensation, vor allem die Zunahme verteilten sich jedoch ganz unterschiedlich auf die verschiedenen Betriebsgrößen, worüber die Tab. 29 den erforderlichen Aufschluß gibt.

Die drei Betriebsgrößenklassen zwischen 2 und 100 ha LF zeigen in den beiden Zeitabschnitten und untereinander nur geringe Unterschiede, die es nicht auszudeuten lohnt. Dagegen ist die geringere Viehhaltung auf den Großbetrieben über 100 ha LF einfach unübersehbar. Sie verringerten bereits im ersten Zeitraum die Schafhaltung drastisch. Der Rückgang entspricht 7,8 Stück Rindvieh, dem in der Rinderhaltung nur ein Zugang von 5,2 Stück gegenüber-

Tab. 29: Entwicklung der Rinder- und Schafbestände von 1882 bis 1907 in verschiedenen Größenklassen in Stück je 100 ha LF

Erhebungsjahr				Größenklasse				
	2–5 ha		5–20 ha		20–100 ha		über 100 ha	
	Ri.	Sch.	Ri.	Sch.	Ri.	Sch.	Ri.	Sch.
1882	81,8	22,8	60,2	29,4	42,1	55,5	19,8	147,1
1895	85,3	14,9	64,1	19,3	47,1	35,5	25,0	78,7
1907	95,4	10,9	75,5	13,9	56,9	25,0	33,0	62,0
Zu-/Abnahme	+13,6	−11,9	+15,3	−15,5	+14,8	−30,5	+13,2	−85,1
Abnahme in in Stück Rindvieh		−1,4		−1,8		−3,5		−9,7
Gesamtzunahme in Stück Rindvieh		+12,2		+13,5		+11,3		+3,5

Quelle: Reichsstatistik.

stand. Bis 1895 nahm die Viehhaltung also ab. Erst danach stockten auch die Großbetriebe den Viehbestand auf, indem sie mit 8,0 Stück Rindvieh den Rückgang bei der Schafhaltung um 1,9 Stück glatt überkompensierten. Aber auch jetzt erreichte die Nutztierhaltung der Großbetriebe nicht im entferntesten das Ausmaß, das auf Bauernhöfen gebräuchlich war. So wurden in den Betrieben von 5 bis 100 ha LF rund 66 Stück Rindvieh/100 ha LF angetroffen, in denen über 100 ha LF jedoch nur die Hälfte. Etwas günstiger wird das Bild, wenn die Schafe in die Relation einbezogen werden, nachdem ihre Zahl nach dem zuvor genanten Schlüssel in Stück Rindvieh umgerechnet worden ist. Nach dieser Operation stehen rund 68 Stück „Rindvieh" auf den Bauernhöfen 40 auf den Großbetrieben gegenüber. Soll die Schweinehaltung einbezogen werden, so stören die beträchtlichen Abweichungen bei den jeweiligen Umrechnungsschlüsseln, die von einzelnen Autoren für zutreffend gehalten werden. Wird ein Mittelwert genommen, so erweitert sich die Relation wieder zugunsten der Bauernbetriebe auf 78 zu 44 Stück „Rindvieh"/100 ha LF.

Aus der weit geringeren Viehdichte bei den Großbetrieben muß ein wesentlicher Schluß gezogen werden. Nur zu oft wird bei ihnen die stärkere Mineraldüngung als Gradmesser des rascheren Fortschritts im Vergleich zu den Bauernhöfen benutzt. Da diese jedoch um 77 v. H. größere Tierbestände hielten, muß sich der Mehranfall an Stallmist ungefähr in der gleichen Größenordnung bewegt haben. Dessen Mineralstoffgehalt war von den Gütern erst einmal auszugleichen, ehe von einer besseren Düngung der Nutzpflanzen gesprochen werden kann. Schwierig ist es, die positive Wirkung der organischen Substanz auf die Struktur des Bodens in Zahlen zu fassen, doch besaßen die Bauern auch in dieser Beziehung zuerst einmal einen Vorsprung.

Schließlich ist folgende These wohl nicht zu kühn. Die Leiter der Großbetriebe waren derartig auf die Schafhaltung fixiert, daß sie die gewandelten

Anforderungen des Marktes nicht hinreichend wahrnahmen, zumindest die sich neuerdings bietenden Chancen der Einkommensverbesserung nur in unzureichender Weise ausnützten. Sie betrafen die Erzeugnisse der Rinder- und Schweinehaltung, die überproportional im Preise stiegen. In Stück Rindvieh gerechnet hielten die Betriebe von 5 bis 100 ha LF davon 76 auf 100 ha LF, die Betriebe über 100 ha LF jedoch nur 37. Da sich die Preise für Rind- und Schweinefleisch zunehmend gegenüber denen für andere landwirtschaftliche Produkte verbesserten – insbesondere für Wolle –, verzichteten die Großbetriebe auf einen Einkommenszuwachs, den die Bauernbetriebe verwirklichten.

E   Die Pferdezucht

Für die überwiegende Zahl der landwirtschaftlichen Betriebe war die Pferdehaltung in erster Linie ein **Kostenfaktor.** Seine Höhe ist von allen Betriebswirten in der zweiten Hälfte des 19. Jahrhunderts kalkuliert worden. V. d. Goltz gibt darüber in seiner Taxationslehre eine vergleichende Übersicht, doch erübrigt sich aus verschiedenen Gründen, auf die Problematik einzugehen. Sie ist nicht zuletzt durch die angewandten Methoden gegeben, die in dieser Form heute nicht mehr verwendet werden. Es genügt auf zwei Unterschiede zu verweisen: 1.) wurde die doppelte Buchführung zugrunde gelegt, und 2.) schlug man auch die Unterhaltung der von den Pferden gezogenen Geräte zu den Kosten, weil sie untrennbar mit der Pferdehaltung verbunden waren. Es verblüfft auch der rechnerische Vergleich mit der Ochsen- und Kuhanspannung, bei dem der Arbeitstag als Vergleichsmaßstab gewählt wurde. Da aber Ochsen und erst recht Kühe je Arbeitstag nicht die gleiche Leistung wie Pferde erbringen, werden die Kosten für die Pferdeanspannung bei dieser Art des Vorgehens zu hoch veranschlagt.

Auf jeden Fall mußten die Pferde gefüttert werden, und selbst für ein leichtes ostpreußisches Arbeitspferd wurden bereits 18 dt Hafer je Jahr gerechnet. Unter durchschnittlichen Ertragsverhältnissen benötigte man immerhin 1 ha, um diese Hafermenge zu erzeugen. Weiterhin wurde neben dem gleichzeitig anfallenden Futterstroh noch Heu gegeben. Bezogen auf die genannte Hafermenge wurden 15 dt je Jahr unterstellt. Hätte man diese Menge als Leistungsfutter an die Kühe verfüttert, hätte man damit rund 1800 l Milch produzieren können, falls man das zusätzlich erforderliche Eiweißkonzentrat zugefüttert hätte. Weitere Barausgaben kamen unvermeidlich hinzu. Der Sattler mußte bezahlt werden, und auch der Schmied forderte seinen Lohn. Schließlich konnte der Landwirt nicht alle Reparaturen am Stall selbst ausführen. Er war deshalb gut beraten, wenn er den Umfang der Pferdehaltung so stark wie möglich drosselte, ohne dadurch die termingerechte Erledigung der Gespannarbeiten zu gefährden.

Wenn auch die planmäßige Zucht der Pferde ein noch höheres Alter aufweist als die der Schafe, so ist das für die Landwirtschaft fast ohne Belang. Die Territorialstaaten richteten anfangs die Gestüte ein, um ihren Bedarf an geeigneten Reit- und Wagenpferden für die Kavallerie, Artillerie und den Train zu sichern, denn die von den Bauern gehaltenen Exemplare entsprachen durchgängig nicht den gestellten Anforderungen. Die dem Zuchtziel entsprechenden Hengste wurden im Sommer auf dem Lande verteilt, wo sie von den Bauern gehaltene Stuten deckten. Später überprüften die Remontekommissionen die Nachzucht. Entsprach sie ihren Wünschen, kauften sie die zwei- bis dreijährigen Tiere an. Von der **Pferdezucht als Einnahmequelle** konnten jedoch nur wenige Betriebe profitieren. Daran änderte auch der Anstieg der gehaltenen „Dienst-" oder Militärpferde nichts, deren Zahl – wie Henning berichtet – von 1875 bis 1913 von 100 000 auf 160 000 Tiere wuchs. Wird die Nutzungsdauer auf 8 Jahre gekürzt, in der Landwirtschaft rechnete man im Regelfall mit 10 Jahren, so wurden jährlich 20 000 Remonten benötigt. Bezogen auf über 900 000 Vollerwerbsbetriebe konnten also nur wenige darauf hoffen, durch den Verkauf künftiger Militärpferde Geld einzunehmen.

Als Beispiel für ein solches Aufzuchtgebiet sei Nordhannover herausgegriffen. Hier lag der Grünlandanteil deutlich höher als im Reichsdurchschnitt, so daß die Stuten und Fohlen bei geringstem Arbeitsaufwand lange auf der Weide gehalten werden konnten. Die Rindviehzucht war nicht so konkurrenzfähig wie anderswo, da bei der gegebenen Marktferne Trinkmilch überhaupt nicht und Milchprodukte nur mit einigem Aufwand abgesetzt werden konnten. Was sollten aber selbst hier auf den leichten Böden die Bauern mit Pferden eines Schlages anfangen, die es den in Hannover garnisonierten Königsulanen erlaubten, gleich andern Regimentern der leichten Kavallerie bei Kaisermanövern eine spritzige Attacke zu reiten? Für die Ackerarbeiten bevorzugten die Landwirte die schwerer fallenden Fohlen. Aber selbst damit konnten die auf Zukauf angewiesenen Bauern in Südniedersachsen nichts anfangen, wenn sie die Pflugarbeiten und nicht zuletzt die Hackfruchternte bewältigen wollten. Die ursprünglichen Zuchtziele taugten nur noch für einen sehr geringen Bedarf, und der Staat trug durchaus dem neuen Rechnung, indem er später auch schwerere Hengste auf die Deckstationen schickte.

Die Richtung, die bei der Intensivierung der Landwirtschaft einzuschlagen war, zeichnete sich für die Züchter deutlich ab. Schon wenn der Landwirt tiefer pflügen wollte, brauchte er ein kräftigeres Pferd, das als Reitpferd höchstens noch bedingt verwendet werden konnte. Vor allem die Oldenburger sind zu nennen, später auch die schwerer gezüchteten Hannoveraner. Auf den Sandböden war mit ihnen auch noch die Kartoffelernte einzubringen, auch wenn nasses Herbstwetter die Zugarbeit erheblich erschwerte. Auf mittleren und schweren Böden versagten sie jedoch. Bei Nässe werden diese Böden schmierig und plastisch, die Wagen sinken tiefer ein, und die Landwirte benötigten deshalb Zugpferde, die eine weit höhere Zugkraft besaßen. Erst recht wurden solche Exemplare für die Rübenernte benötigt, die sich an die Kartoffelernte anschließt, und bei der das Wetter oft noch widriger ist. Da die Zugkraft eines Pferdes von seinem Gewicht abhängt, sah sich der Hackfrüchte bauende Landwirt in der Mehrzahl der Fälle genötigt, Pferde aus Kaltblutschlägen zu verwenden. Sie wurden zuerst in Flandern und Brabant gezüchtet. Die Herkunft führte bei den Bauern zu der Kurzbezeichnung „Belgier". Entsprechend den gestiegenen Anforderungen an die Zugkraft der Pferde nahm die Verbreitung dieser Rasse vor dem Ersten Weltkrieg ganz erheblich zu.

Leider fehlen über die Verschiebung der Rassen die nötigen Zahlenangaben. Deshalb ist es nicht möglich, die insgesamt der Landwirtschaft zugewachsene Zugkraft abzuschätzen. Die höheren Bestandszahlen allein (vgl. S. 250) reichen dazu offensichtlich nicht aus. Da Kaltblutpferde auch besser gefüttert werden müssen, gelingt es ebenfalls nicht, den Anteil jener Flächen am gesamten Ackerland auszuweisen, der für das Pferdefutter benötigt wurde und nicht mit Verkaufsfrüchten bestellt werden konnte. Um diese Fragen beantworten zu können, müßten Regionalstudien in einer Anzahl vorliegen, die für das Deutsche Reich repräsentativ wären. Der Weg bis zu dem angedeuteten Ziel ist jedoch noch weit, da Untersuchungen dieser Art praktisch überhaupt nicht vorliegen.

IV Die Steigerung des Arbeitsbedarfs

Die Veränderungen innerhalb der Landwirtschaft während der Industrialisierungsphase wurden in diesem jetzt abzuschließenden Kapitel als eine sich zunehmend verstärkende **Intensivierung der Pflanzen- und Tierproduktion** beschrieben. Im Abschnitt über die Mechanisierung mußten die Grenzen aufgezeigt werden, die damals noch der Substitution des Produktionsfaktors Arbeit durch den Faktor Kapital in Form von Maschinen gezogen waren. Ihr Einsatz beschränkte sich auf kurze Abschnitte innerhalb der einzelnen Produktionsverfahren. Deren durchgängige Mechanisierung war dagegen noch ein Wunschtraum, der erst in der jüngsten Vergangenheit Wirklichkeit wurde. Infolgedessen mußte mit der Intensivierung der Betriebe auch ihr Arbeitsbedarf steigen. Nur qualitativ diese Steigerung zu beweisen, hieße nichts weiter als eine Binsenwahrheit zu belegen. Sie wird nur scheinbar durch die Zunahme der Arbeitskräfte in der Landwirtschaft bestätigt, die von 1849/58 bis 1910/13 2,3 Mio. betrug. Die Vermehrung der Beschäftigten um 28 v. H. könnte nämlich durch eine entsprechende Abnahme der Jahresarbeitszeit kompensiert worden sein. Es ist deshalb unzureichend, die Positionen des Mehrbedarfs lediglich aufzuzählen. Quantitative Erwägungen sind vielmehr anzuschließen, und das gewonnene Gesamtbild ist, auch wenn es sich nur in Umrissen abzeichnet, mit der Zahl der Beschäftigten in Beziehung zu setzen.

Das Vorhaben stößt auf nicht geringe Schwierigkeiten, und außerdem ist seine Aussagekraft zu bedenken. Geradezu extreme **Unterschiede** lassen sich mühelos aufzeigen. So belief sich der Anteil der Kartoffeln in der Provinz Ostpreußen nur auf 8,8 v. H. des Ackerlandes und blieb ganz erheblich hinter dem Reichsdurchschnitt in Höhe von 13,0 v. H. (1907) zurück. Außerdem bewirtschafteten hier die Großbetriebe 37,1 v. H. der landwirtschaftlichen Nutzfläche und die Viehhaltung blieb, bezogen auf 100 ha LF, weit hinter der auf den Bauernhöfen zurück. Die Zahlen mit 46,6 Stück Rindvieh oder 20,6 Kühe sprechen bereits eine deutliche Sprache. Im Herzogtum Braunschweig wurde die arbeitsintensivste Landwirtschaft betrieben. Zwar erreichte hier der Hackfruchtanteil mit 31,9 v. H. nur den zweitbesten Wert, doch glich der höhere Zuckerrübenanteil den leichten Vorsprung Anhalts beim Gesamtwert schon weitgehend wieder aus. Vor allem wurden in diesem bäuerlich bestimmten Gebiet immerhin noch 58,8 Stück Rindvieh oder 28,2 Kühe auf 100 ha LF gehalten, während das im Ackerbau konkurrierende Anhalt bei der Viehhaltung nahezu übereinstimmend auf die Werte Ostpreußens zurückfiel. Der stärkere Anteil der Großbetriebe macht sich bei den Durchschnittswerten für Anhalt ähnlich wie in Ostpreußen bei der Viehhaltung bemerkbar.

Obwohl die landwirtschaftliche Nutzfläche in der Provinz Ostpreußen 11,7 mal größer war als in Braunschweig, waren hier die Verhältnisse keineswegs einheitlich. So wurde beispielsweise im Weserbergland kein Rübenbau getrieben. Hier stieß der Beobachter vielmehr auf dürftige Verhältnisse, die bei den reichen Bauern in den Kreisen Braunschweig, Wolfenbüttel und Helmstedt nur Geringschätzung hervorgerufen hätten. Bei diesen Abweichungen auch auf kleinstem Raum wäre es deshalb methodisch korrekt, nicht einzelne Regionen zu betrachten und deren Unterschiede hervorzuheben, sondern statt dessen verschiedene Betriebstypen zu bilden. Als konstituierende Merkmale müßten das Anbauverhältnis auf dem Acker, Umfang und Art der Viehhaltung und die Betriebsgröße herangezogen werden, wie das gegenwärtig beim Agrarbericht der Bundesregierung geschieht. Für die Zeit vor dem Ersten Weltkrieg wäre außerdem noch der unterschiedliche Maschinenbesatz zu bedenken, wenn der Bedarf an Arbeitskräften abgeschätzt werden soll. Der aufgezeigte Weg kann jedoch aus zwei Gründen nicht beschritten werden: 1.) Es fehlt an dem nötigen Material, um verschiedene Betriebstypen gegeneinander abzugrenzen. 2.) Der hier gesetzte Rahmen würde bei diesem Vorgehen völlig gesprengt. Es bleibt deshalb nur übrig, eine andeutende Schilderung zu versuchen, die sich auf die Durchschnittswerte für das Gebiet des Deutschen Reiches in den Grenzen von 1871 stützt.

In die anzufertigende Skizze sind zuerst die **Veränderungen des Anbauverhältnisses** einzuzeichnen, da in den ersten Jahrzehnten nach der Jahrhundertmitte auch die Umstrukturierung der Viehhaltung ausschließlich darauf fußte.

Am bedeutsamsten war von der Jahrhundertmitte bis zum Ausbruch des Ersten Weltkrieges der Rückgang der Brache, oder positiv gewendet, die Zunahme der bestellten Flächen. Sie betraf rund 9 v. H. des Ackerlandes, dessen Umfang sich in dieser Zeitspanne nicht mehr nennenswert veränderte. Auch der Getreideanteil schwankte nur geringfügig. Vereinfachend lassen sich daher die 9 v. H. ehemalige Brachflächen auf die einzelnen Kulturpflanzen wie folgt aufteilen: 4 Prozentpunkte für Kartoffeln, 3 für Rüben und je 1 Prozentpunkt für Getreide und Futterpflanzen.

Ehe die für den Anbau hinzugewonnenen Flächen näher betrachtet werden, erscheint es sinnvoll, sich zuvor jenem weit größeren Areal zuzuwenden, das bereits um 1855 bebaut wurde. Bis 1913 hatten sich die Erträge beim Getreide knapp verdoppelt und die der Kartoffeln um rund 70 v. H. erhöht. Die erheblich gestiegenen Erntemengen verursachten mehr Arbeit. Die Steigerung ist daher zumindest grob abzuschätzen.

Das Vorhaben stößt auf keine grundsätzlichen Schwierigkeiten, da die Betriebslehrer in der zweiten Hälfte des 19. Jahrhunderts den durchschnittlichen Arbeitsbedarf für die einzelnen Arbeitsgänge zusammenstellten und die Übereinstimmung im allgemeinen befriedigt. Gewisse regionale Abweichungen sind ohnehin von vornherein zu erwarten. Jeder Betriebslehrer stützte damals seine Aussagen auf Beobachtungen in der Praxis, die er im Umkreis seines Wohnortes, gleichzeitig dem seiner Lehrtätigkeit, gemacht hatte. Außerdem sind die zugehörigen Anbauflächen bekannt, auf denen zunehmend mehr Arbeit geleistet werden mußte.

Hätten beim Getreide die höheren Ernten allein auf einer höheren Körnerzahl je Ähre und einem höheren Gewicht der Getreidekörner beruht, wären erst beim Erdrusch Mehrarbeiten angefallen. Es hätte lediglich mehr Getreide auf den Kornboden transportiert werden müssen und von dort wieder zum Marktort oder zur Verladestation. Tatsächlich war jedoch die **Bestandsdichte** der entscheidende Faktor für die gestiegenen Erträge. Infolgedessen war bereits das Mähen schwieriger, die Zahl der zu bindenden Garben stieg proportional, ebenso die Zahl der aufzustellenden Hocken, der aufzuladenden und heimzufahrenden Fuhren; sie mußten wieder abgeladen und die Garben in die Scheune eingebanst werden. Schließlich hängt auch die Dauer des Dreschens mit der Maschine im wesentlichen von der zu verarbeitenden Strohmenge ab. Für die Zeit um 1885 werden für diese Arbeitsgänge insgesamt um 7 Arbeitstage je ha veranschlagt. Rechnet man den Bedarf auf die Ertragshöhe um 1850 zurück, und anschließend auf die um 1913 hoch, beträgt die Spanne rund 80 v. H. Um 6 Arbeitstage waren also je ha Getreidefläche zusätzlich erforderlich. Bezogen auf eine Anbaufläche von 14,7 Mio. ha Getreide waren das insgesamt 88,2 Mio. Arbeitstage.

Soll dieser Mehraufwand gewichtet werden, ist er auf die Zahl von 8,2 Mio. Arbeitskräften zu beziehen, mit der allgemein für die Zeit um 1850 gerechnet wird. Die ermittelte Zahl von Arbeitstagen muß also noch in Vollarbeitskräfte (AK) umgerechnet werden. Das setzt die Kenntnis der jährlich geleisteten Arbeitstage voraus. Ihre Zahl wurde um 1885 mit 270 je Jahr angenommen. Also wären noch 326 700 AK rein rechnerisch zusätzlich erforderlich. Das Ergebnis verändert sich nur wenig, wenn die zusätzliche Getreideanbaufläche in Höhe von 1 v. H. des Ackerlandes hinzugenommen wird. Der Arbeitsaufwand dürfte mit insgesamt 26 Arbeitstagen je ha einigermaßen wirklichkeitsnah gegriffen sein. Bei 245 000 ha waren noch einmal 6,37 Mio. Arbeitstage abzuleisten, umgerechnet ergibt das die fiktive Zahl von 23 600 AK. Insgesamt läßt sich demnach der **Mehrbedarf** an Arbeitskräften für die höheren Getreideernten und die leicht ausgedehnte Anbaufläche auf **350 000 AK** schätzen.

Um eine Fehlerquelle anzudeuten, aber auch um die damaligen Arbeitsbedingungen zu illustrieren, sei noch auf folgendes verwiesen. Die **Arbeitszeit** wechselte im landwirtschaftlichen Arbeitsjahr nicht unerheblich. An den kurzen Wintertagen wurde nur 8 Stunden lang gearbeitet. Im Frühjahr und Herbst betrug die Arbeitszeit 10 Stunden und im Sommer immerhin 12. In dieser arbeitsreichen Zeit, so ergänzt v. d. Goltz, sei oft auch länger gearbeitet worden. Je nach Klima waren die einzelnen Arbeitsperioden verschieden lang, so daß nicht einfach das arithmetische Mittel genommen werden darf, das 2700 Arbeitsstunden je Jahr ergäbe. Bei der weit längeren Dauer der Sommerperiode sind vielmehr 3000, eventuell sogar 3300 Arbeitsstunden anzunehmen. Bei einer 40-Stunden-Woche und sechswöchigem Urlaub beträgt die Jahresarbeitszeit nur noch die Hälfte des genannten Höchstwertes. Da die Angaben in der Literatur stets auf zehnstündige Arbeitstage bezogen werden, ist die Hochrechnung auf AK etwas zu hoch ausgefallen. Bei der Annahme, sämtliche Zusatzarbeiten seien mit zwölfstündigen Arbeitstagen angefallen, wäre die Zahl um ein Sechstel zu kürzen. Diese Korrektur darf jedoch getrost unterbleiben, da die Fehlergrenzen der Kalkulation ohnehin weit gesteckt sind.

Der höhere Arbeitsbedarf, den gestiegene Erträge verursachten, entspricht bei den **Kartoffeln** insoweit dem beim Getreide, als er nur die Erntearbeiten betraf. Bei den Kartoffeln lag jedoch nicht nur der Gesamtarbeitsbedarf deutlich höher, sondern der Anteil der Erntearbeiten stieg hier auf die Hälfte an. Ziemlich übereinstimmend wird um 1885 mit 35 Arbeitstagen je ha gerechnet, von denen entsprechend dem Vorgehen beim Getreide der Mehrbedarf für die Ertragssteigerung mit 70 v. H. oder 25 Arbeitstagen je ha in Ansatz zu bringen ist. Bei einer Anbaufläche von rund 2,3 Mio. ha um 1850 beläuft sich der zusätzliche Arbeitsbedarf auf 57,5 Mio. Arbeitstage oder 212 900 AK. Hinzu kommt die mit Kartoffeln bestellte frühere Brache mit 4 v. H. der Ackerfläche, für die rund 70 Arbeitstage je ha erforderlich waren. Umgerechnet waren noch einmal 253 700 AK in Form von Saisonarbeitskräften einzustellen. Mit ungefähr 467 000 AK erforderte der Kartoffelbau deutlich mehr Zusatzkräfte als der Getreidebau mit 350 000 AK.

Bei der Pflanzenproduktion ist noch der **Rübenbau** zu berücksichtigen. Trotz einiger Bedenken kann bei der hier beabsichtigten überschlägigen Summierung des Mehrbedarfs mit einer Ausdehnung der Anbaufläche der Zuckerrüben und in geringfügigem Ausmaß der Futterrüben um 3 v. H. der Ackerfläche gerechnet werden. Der Einfachheit halber sind ungefähr zutreffend 100 Arbeitstage je ha zu unterstellen, woraus ein Gesamtbedarf von 271 500 AK folgt.

Sachliche Gründe verbieten es, die geringfügige Vergrößerung der **Futterfläche** in die Kalkulation einzubeziehen. Zwar läßt sich noch die Bestellung abschätzen, die einen Bedarf von 23 200 AK ergäbe, doch ist mit dieser Zahl kaum etwas gewonnen. Entscheidend für den Arbeitsaufwand ist die Art, wie das aufgewachsene Futter verwertet wird. Läßt der Landwirt es einfach abweiden, bleibt er absolut unbedeutend. Hält er dagegen die Kühe im Stall und schneidet täglich eine frische Portion Futter, so ist der Aufwand auf jeden Fall beträchtlich, in seiner Höhe aber nicht zu erfassen, da er von der Entfernung zwischen Feld und Stall sowie der täglich gemähten Menge abhängt. Je kleiner sie ist, umso mehr schlägt die Fahrzeit zu Buch, umso höher wird der Aufwand je ha, aber auch je Kuh. Deshalb hatte Thaer unrecht, als er meinte, im Großbetrieb könne 1 AK das Futter für 80 Kühe herbeischaffen, im Kleinbetrieb käme man jedoch je Kuh mit weniger Arbeit aus.

Die vorgestellten Zahlen können lediglich als eine Untergrenze des tatsächlichen Mehrbedarfs betrachtet werden. Beim Getreide wurde noch die erhöhte Zahl der einzubringenden Fuder berücksichtigt. Bei den Kartoffeln geschah das bereits nicht mehr, da die Fehlergrenze einfach zu weit hinausgeschoben worden wäre. Besonders im Herbst waren die Feldwege oft schlecht befahrbar und die Wagen durften nicht zu schwer beladen werden, wenn der Bauer nicht stecken bleiben wollte. Auch die Entfernung zwischen Feld und Hof wechselte viel zu stark von Hof zu Hof, als daß es sinnvoll wäre, Durchschnittswerte aufzustellen. Es gehört daher zu den Grundsätzen der landwirtschaftlichen Arbeitslehre, diese Zeiten bei den Richtwerten für die Arbeitserledigung auszulassen. Weiteres kam hinzu. Wurden die Kartoffeln im Betrieb verzehrt und verfüttert, oder brachte man sie zur nächsten Stadt oder zum Bahnhof, weil sie als Speisekartoffeln besser bezahlt wurden und das Einkommen stärker erhöhten, als das über die Veredlung möglich war? Auch in diesem Falle wächst die Zahl differenzierender Faktoren derartig an, daß sich eine Suche nach Durchschnittssätzen verbietet. Nur eins steht fest: Von der Jahrhundertmitte bis 1913 mußten um 70 v. H. größere Kartoffelmengen befördert werden.

Bei den Rüben war das Mengenproblem noch bedeutsamer, da die Naturalerträge je ha rund doppelt so hoch lagen wie bei den Kartoffeln. Außerdem konnten sie nicht auf dem Hof in irgend einer Form verbraucht werden, sondern waren ausnahmslos zum Bahnhof oder zur Fabrik zu transportieren. Wenn schon Thaer die Landwirtschaft als ein Transportgewerbe wider Willen bezeichnet hatte, so wurde sie es jetzt in einem Ausmaß, das er schwerlich voraussehen konnte.

In der zu betrachtenden Zeit stieg aber auch der **Betriebsmitteleinsatz.** Für die Pflanzenproduktion sind Zukaufssaatgut und mineralische Düngemittel zu nennen. Auch sie waren nicht nur von der Bahnstation zu holen und aufs Feld zu bringen, denn die Mineraldünger waren zusätzlich auszustreuen. Bei dieser deutlich stärkeren Nutzung der Geräte und nicht zuletzt des Fuhrparks fielen zwangsläufig mehr Wartungsarbeiten an.

Der überschlägig ermittelte Mehrbedarf in Höhe von 1,137 Mio. AK stellt entsprechend den zusätzlich gemachten Bemerkungen tatsächlich nur einen Mindestwert dar, der nicht unerheblich in der Realität überschritten wurde. In welchem Ausmaß das geschah, entzieht sich indessen einer exakten Feststellung.

Die Unsicherheiten nehmen leider noch einmal zu, wenn der gestiegene Arbeitsaufwand für die **Viehhaltung** abgeschätzt werden soll, und das gilt selbst dann, wenn man sich mit einer nur groben Annäherung begnügt. Die Erklärung ist einfach. Der Umfang der sogenannten Innen- oder Hofarbeiten hängt ganz erheblich davon ab, wie zweckmäßig die Gebäude eingerichtet sind. Es fehlt schon in der Fachliteratur des 18. Jahrhunderts nicht an Vorschlägen, wie die Wirtschaftsgebäude rationell zu gestalten seien. Indessen wurden solche Vorschläge entsprechend dem damals vorherrschenden Trend nur für die Gutsbetriebe gemacht. Deren Zahl ist indessen im Vergleich zur Gesamtzahl aller Vollerwerbsbetriebe gering. Ihre Bedeutung vermindert sich noch einmal, da auf den Gutsbetrieben im Verhältnis weit weniger Vieh stand als auf den Bauernhöfen. Zwei Zahlen genügen, um diese Aussage zu erhärten: 1907 bewirtschafteten die Betriebe über 100 ha LF zwar 22,2 v. H. der LF, doch hielten sie nur 9,75 v. H. aller Milchkühe. Das Urteil trifft, die arbeitswirtschaftliche Seite der Viehhaltung sei mit absolutem Vorrang durch die Verhältnisse auf den Bauernhöfen geprägt gewesen.

Wer in Süddeutschland erlebt hat, wie der Hausflur zur Schonung des Fußbodenbelages mit Pappe ausgelegt wurde, dann der Stallmist herausgekarrt und auf der Straße auf den Wagen geladen wurde, kann im Vergleich zum rationell gestalteten ostfriesischen Gulfhaus ermessen, welche geradezu unglaublichen Unterschiede beim Arbeitsbedarf für die Viehhaltung auftraten. Das kam hinzu: das Heranschaffen des Futters erfolgte auf demselben Wege.

Der Arbeitsaufwand für das Rindvieh nahm gegenüber den anderen Tierarten mit weitem Abstand die Spitzenstellung ein. Innerhalb dieser Art bereiteten wiederum die Kühe dem Halter die meiste Arbeit. Vor allem die Zeit für das Melken verlängerte sich ganz erheblich. Stärker noch als die Bestandsvergrößerung trug dazu die höhere Milchleistung je Kuh bei. Zwischen 1850 und

1913 wuchsen die Bestände um 140 v. H., die Milchleistung jedoch um das Doppelte. Die benötigte Zeit für diesen Arbeitsgang stieg also auf 280 v. H. an. Diese enorme Steigerungsrate übertrifft bei weitem alle im Pflanzenbau vorkommenden. Dabei ist zusätzlich eine Besonderheit zu beachten. Bei den Feldarbeiten stieg der Arbeitsbedarf immer nur kurzfristig und war mit Aushilfskräften zu decken. Auch wenn das nicht im vollen Umfang geschah und die Bauernfamilie nicht voll von der Mehrarbeit entlastet wurde, so trat doch zumindest eine Milderung ein. Die Kühe mußten jedoch zweimal täglich das ganze Jahr hindurch gemolken werden. In der Beispielsgruppe von 10 bis 20 ha LF wurden rund 6 Tiere je Betrieb gehalten, und wenn sich auch die Melkarbeit fast verdreifachte, so blieb dennoch die Mehrarbeit je Tag so gering, daß weder eine Magd noch eine Tagelöhnerin deswegen zusätzlich eingestellt werden konnte. Sie wurde vielmehr den Bauersfrauen oder Mägden aufgebürdet.

Die Sachlage verbietet es, den höheren Aufwand für das Melken isoliert zu betrachten. Eine höhere Milchleistung setzt schwerere und leistungsfähigere Kühe voraus, denen das schwach gestiegene Erhaltungsfutter samt dem doppelten Leistungsfutter auch tatsächlich gereicht wird. Geschah das, so stieg der Futterbedarf um 55 v. H. an. Beim Stallmist fiel der Zuwachs nicht ganz so hoch aus, da nur die halbe Futtertrockenmasse in ihm wiederkehrt. Mit einiger Annäherung kann die Zuwachsrate auf 45 v. H. beziffert werden. Werden Anteile für das Füttern, Melken und Ausmisten an der Gesamtarbeitszeit berücksichtigt, so stieg von der Jahrhundertmitte bis 1913 der Arbeitsaufwand für 1 Kuh um rund 80 v. H.

Auch wenn man sich nicht eng an diesen Zahlenwert klammert, sondern nicht unbeträchtliche Fehlergrenzen zugesteht, bleibt dennoch der Mehrbedarf beachtlich. Er ist jedoch allem Anschein nach von den Betriebslehrern übersehen worden. 1839 meinte Albrecht BLOCK (III 58), auf 12 Kühe sei eine Magd zu rechnen, die beispielsweise noch ein Schwein nebenher füttern könne. Dazu komme noch $^1/_4$ Knecht, der im Sommer das Grünfutter zu mähen und im Winter den Häcksel zu schneiden habe. Ähnlich äußerte sich 1854 Gustav WALZ (GÖRIZ, III 19), der zwar nur 8 bis 10 Kühe einer Magd zuweist, sie aber für das Mähen und Herbeischaffen des Futters verantwortlich macht. Einfach erstaunlich ist es, wenn sich v. d. GOLTZ noch 1892 in seiner Taxationslehre auf diese Angaben beruft. Zwar war zu diesem Zeitpunkt noch nicht die volle Steigerungsrate von rund 80 v. H. erreicht, jedoch mußte mit der halben auf jeden Fall bereits gerechnet werden. Wenn also eine Magd um die Jahrhundertmitte maximal 10 Kühe betreuen konnte, so müßte dem höheren Arbeitsanfall entsprechend die Zahl bis 1913 auf 5,5 Kühe gesunken sein. Um 1850 hätten also 7,5 Mio. Milchkühe 750 000 AK erfordert, 1913 wären es dagegen bei 10,5 Mio. Kühen 1,91 Mio. Arbeitskräfte gewesen. Der **Zuwachs in Höhe von 1,16 Mio. AK** übertrifft bereits geringfügig die Summe aller errechneten Positionen in der Pflanzenproduktion.

Jedoch ist damit der Arbeitsbedarf für die Rindviehhaltung noch nicht gänzlich erfaßt. Um 1850 standen noch weitere 5,8 Mio. Stück Rindvieh weit überwiegend in den Ställen der Bauern, um 1913 waren es 10,5 Mio. Stück. In der Hauptsache waren das Färsen, Rinder und Kälber, da die Zug- und Mastochsen zahlenmäßig eine völlig untergeordnete Rolle spielten. Bei diesen Tieren braucht nur der höhere Arbeitsbedarf für das Füttern, Einstreuen und Ausmisten berücksichtigt zu werden, also rund das Anderthalbfache des Ausgangswertes. Die zuvor genanten Autoren rechneten auf 1 AK 30 Stück des genannten Viehes, so daß um 1850 193 300 AK für seine Versorgung beschäftigt werden mußten. Werden wegen des gestiegenen Arbeitsbedarfs je Stück für die Zeit um 1913 nur 20 Tiere je AK gerechnet, so wären nunmehr 525 000 AK erforderlich gewesen, also 331 700 AK mehr.

Damit aber nicht genug. Der Stallmist kann nicht auf der Dungstätte liegen bleiben. Er ist vielmehr aufs Feld zu fahren, in Haufen von Fuder abzuziehen und anschließend gleichmäßig auf dem Felde zu verteilen, damit er untergepflügt werden kann. Da die Rindviehhaltung mit großem Vorsprung gegenüber den anderen Tierarten als Hauptdüngerproduzent angesehen werden muß, kann hier gleich eine Gesamtrechnung vorgelegt werden. Nach Hahne/Bittermann stieg die Stallmistversorgung im betrachteten Zeitraum je ha LF von rund 17 dt auf 55 dt. Werden die Zeiten für das Aufladen des Dungs und des Breitens berücksichtigt, so waren rechnerisch weitere 141 000 AK für beide Zwecke einzustellen. Tatsächlich fiel die Zahl aber höher aus, da die Zeit für den Transport des Mistes zum Felde nicht berücksichtigt wurde. Eine Erhöhung auf 200 000 AK wäre nicht völlig unrealistisch.

Abschließend sei noch ein kurzer Blick auf die Schweinehaltung geworfen, bei der die Berechnung des Arbeitsbedarfs keine Probleme aufwirft. Folgt man den Angaben v. d. Goltz', die er 1892 für die Schweinehaltung machte und mittelt man die Arbeitsleistung von Knecht und Magd, so war eine Person in der Lage, rund 25 Schweine zu versorgen. Da sich das Lebendgewicht und damit ungefähr der Futterbedarf bis 1913 nur um 16 v. H. erhöhte, kann er bei dieser Überschlagsrechnung unbesorgt vernachlässigt werden. Für 25,7 Mio. Schweine mußten um 1913 rund 1 Mio. AK beschäftigt werden. Diese Zahl ist um den Aufwand um 1850 zu kürzen. Da zu diesem Zeitpunkt erst 20,6 v. H. des Bestandes um 1913 gehalten wurden und die Tiere zudem etwas leichter waren, genügt es, die errechnete Zahl an AK um 20 v. H. zu vermindern, so daß 800 000 AK verbleiben.

Allein in der Rinder- und Schweinehaltung waren nach den vorstehenden Einzelergebnissen um 1913 2,49 Mio. AK mehr erforderlich als um 1850. Ebenso wie bei der Pflanzenproduktion könnten auch für die Tierproduktion Hinweise gegeben werden, welche Arbeiten bei der summarischen Aufrechnung nicht erfaßt wurden. Bei den ohnehin gegebenen Fehlergrenzen lohnt das nicht recht, und außerdem liegt das unzweideutige Ergebnis trotz aller Unzu-

länglichkeiten in der Kalkulation bereits vor: Um die Viehhaltung zu intensivieren, mußte mehr als doppelt sowie Arbeit eingesetzt werden wie im
Pflanzenbau. Diese Differenz kann nicht damit begründet werden, auf dem
Felde und in der Scheune seien mehr Maschinen eingesetzt worden als im Stall.
Das ist zwar richtig, aber 1.) sparte die Drillmaschine gar keine AK ein; 2.)
konnten die Getreidemähmaschinen nur sehr kurzfristig verwendet werden, so
daß sich ohne sie der gesamte Mehrbedarf nur geringfügig erhöht hätte; 3.)
wurde stets Maschinendrusch unterstellt und 4.) gab es für die weit arbeits-
aufwendigere Rüben-und Kartoffelernte noch keine geeigneten Maschinen, die
bereits allgemein verbreitet waren.

Das vorstehende Ergebnis kann auch anders gefaßt werden: Da bis zum
Ersten Weltkrieg die Intensivierung durch vermehrten Einsatz des Produktionsfaktors Arbeit noch im Vordergrund stand, muß den Bauernhöfen der weit
größere Fortschritt gegenüber den Betrieben über 100 ha LF zuerkannt werden. Sicherlich haben sich auch die Bauern bemüht, das erheblich gewachsene
Arbeitsmaß herabzudrücken, indem Hilfskräfte in größerem Umfang beschäftigt wurden. Ihre Verwendung stieß jedoch in der Innenwirtschaft auf erhebliche Schwierigkeiten. Deshalb waren es die Bauernfamilie und das Gesinde,
vor allem der weibliche Teil, die im Kuh- und Schweinestall weit mehr zu tun
bekamen als vorher. Den Anreizen des Marktes, signalisiert durch die rascher
ansteigenden Preise für tierische Erzeugnisse, folgten die Bauern zupackender
als die Leiter großer Betriebe. Ob sich deshalb schon eine Arbeitsstunde in der
Tierproduktion genausogut verwerten ließ wie in der Pflanzenproduktion,
muß beim augenblicklichen Forschungsstand eine offene Frage bleiben. Auf
jeden Fall verbesserten die Bauern durch die Vergrößerung und intensivere
Nutzung des Viehstapels ihr Einkommen. Diese Vorgehensweise würde heute
als innere Aufstockung des Betriebes bezeichnet. Die äußere durch Zukauf oder
Zupacht weiterer Wirtschaftsflächen war den Bauern im Untersuchungszeitraum weitgehend verwehrt.

Zum Schluß muß noch ein denkbarer Einwand ausgeräumt werden. Während der Industrialisierungsphase ging die Schafhaltung außerordentlich stark
zurück, also wurden Arbeitskräfte eingespart, die vom Mehrbedarf abzuziehen
wären. Dieser Vorschlag läßt jedoch die nach Betriebsgrößenklassen differenzierte Art der Tierhaltung außer acht. Die Betriebe über 100 ha LF hielten rund
die Hälfte aller Schafe und die zwischen 20 und 100 ha LF ein weiteres Viertel.
Der geringere Rückgang beim letzten Viertel verteilte sich außerdem auf eine so
erhebliche Zahl von mittel- und kleinbäuerlichen Betrieben, daß er je Hof vernachlässigt werden darf.

Entschieden anders sah es bei den Großbetrieben aus. Hier wurden von 1883
bis 1907 die Schafbestände um 7,1 Mio. Stück vermindert. Da ein Schäfer 250
bis 300 Schafe betreuen kann, sparten die Betriebe über 100 ha LF mindestens
28 400 AK ein. Nun kann man einen arbeitslos gewordenen Schäfer nicht

einfach in den Kuhstall schicken. Gelang es jedoch den Betriebsleitern, ihn anderswo einzusetzen und Kräfte für die Rinderhaltung frei zu bekommen, so hätten zusätzlich rund 150 000 Kühe gewartet werden können. Das wäre ein beträchtlicher Anteil an den rund 400 000 Kühen gewesen, die diese Betriebe mehr einstellten. Aber auch in anderer Hinsicht genossen die Leiter der Großbetriebe einen erheblichen Vorteil gegenüber den Bauern. Laut Tab. 29 (S. 272) ist der höhere Rindviehbestand der Großbetriebe zu 73 v. H. als Kompensation der verringerten Schafbestände zu betrachten. Bei 73 v. H. des Zuwachses war also der Erhaltungsbedarf im Winter mit dem nicht mehr benötigten Schaffutter zu decken. Offensichtlich unternahmen die Leiter der Großbetriebe weit geringere Anstrengungen als die Bauern, um den Viehstapel aufzustocken. Diese Chance wurde nicht voll genützt, und das gilt gleichfalls für die Schweinehaltung, die mit einem Anteil von 7,3 v. H. weit hinter dem an der LF mit 22,2 v. H. zurückblieb.

Die unvermeidliche Differenzierung der Entwicklung in den Betrieben über und unter 100 ha LF, wobei die großbäuerlichen Betriebe zwischen 20 bis 100 ha LF eine gut erkennbare Mittelstellung einnahmen, stellt die ursprüngliche Zielsetzung in Frage. Ist es wirklich sinnvoll, den Mehrbedarf von 3,60 Mio. AK noch in Relation zu dem Zuwachs von 2,3 Mio. AK zu setzen, den Hoffmann auswies? An die methodischen Bedenken sei erinnert und an die Forderung, korrekterweise Betriebstypen zu bilden, für die jeweils der stark abweichende zusätzliche Bedarf an AK zu ermitteln sei. Wenn diese Forderung auch unerfüllbar bleibt, so müssen doch wenigstens Bauern- und Großbetriebe getrennt betrachtet werden, andernfalls gingen im Durchschnittswert eklante Abweichungen unter. Es genügt nicht festzustellen, bei einem Fehlbedarf in der Landwirtschaft in Höhe von 1,13 Mio. AK oder knapp 10 v. H. aller Arbeitskräfte hätte zunehmend härter gearbeitet werden müssen. Diese Aussage trifft für die Großbetriebe kaum zu, denn bei dem Ersatz der Schafe durch das Rindvieh fiel relativ weit weniger Arbeit an als auf den Bauernhöfen. Bei der Intensivierung der Feldwirtschaft kam diesen Betrieben eher der Maschineneinsatz zu statten. Deshalb kann festgehalten werden, das nunmehr zu bewältigende Mehr an Arbeit traf nahezu ausschließlich die bäuerliche Landwirtschaft.

Das Unterkapitel kann nicht abgeschlossen werden, ohne noch einen Blick in die **Reichsstatistik** zu werfen. Bislang wurde von 1850 bis 1913 ein Zuwachs von 2,3 Mio. AK unterstellt. Da die erste Berufszählung erst 1882 stattfand, muß der Vergleichszeitraum entsprechend eingeengt werden, nämlich von 1882 bis 1907. HOFFMANN zufolge hätte es 1880/84 9,64 Mio. AK in der Landwirtschaft gegeben und 1905/09 10,04 Mio. AK. Bei ihm nimmt also die Zahl der Beschäftigten während der Spanne der stärksten Intensivierung kaum noch zu. In der Reichsstatistik sank dagegen die landwirtschaftliche Bevölkerung (ohne Gartenbau und Forsten)

von 1882 mit 18,70 Mio. (37,4 v. H.)
über 1895 mit 17,82 Mio. (34,4 v. H.)
bis 1907 auf 16,92 Mio. (27,4 v. H.).
Damit ist noch nichts Bindendes über die Zahl der Beschäftigten in der Landwirtschaft gesagt. Tatsächlich wuchs die Zahl der hauptberuflich Erwerbstätigen von 1895 bis 1907 um 1,54 Mio. und erreichte 9,58 Mio. Dieser Zuwachs, noch dazu in einem recht kurzen Zeitraum, würde weit über den hinausgehen, den Hoffmann ermittelte. Tatsächlich muß an der Reichsstatistik in methodischer Hinsicht Kritik geübt werden. Sie ergibt sich aus der Tab. 30.

Während die meisten Positionen nur geringfügige Veränderungen zeigen, fällt jene der mithelfenden Familienangehörigen völlig aus dem Rahmen. Eigentlich paßt sie in die skizzierte Entwicklung recht gut hinein; denn der Schwerpunkt der Intensivierung und damit des höheren Arbeitsaufwandes lag in der Rinder- und Schweinehaltung und betraf fast ausschließlich die Bauernhöfe. Abgesehen von der Futterbeschaffung wurden das Rindvieh und die Schweine weitgehend von den weiblichen Betriebsangehörigen betreut. Deshalb ist es zuerst einmal einleuchtend, wenn sich besonders die Zahl der mithelfenden weiblichen Familienangehörigen stark vermehrte. In der Größenordnung von 1,815 Mio. innerhalb von 12 Jahren wirkt der Zuwachs aber nicht überzeugend. Schon der Bearbeiter der Reichsstatistik vermutete, „daß nicht bloß die tatsächliche Entwicklung, sondern auch **die Einrichtung der Zählung auf die Gestaltung der Ziffern eingewirkt hat.**" Das mag durchaus so gewesen sein, doch darf zusätzlich die Frage nicht unterdrückt werden, in welchem Umfange die mithelfenden Familienangehörigen als volle AK gewertet werden können. Die angedeutete Quellenlage verweist nachdrücklich auf die Grenze des Quantifizierbaren. Dennoch bleibt die Aussage im Grundsatz erhalten, wonach der Arbeitsanfall auf den Bauernhöfen besonders in der zweiten Hälfte der Industrialisierungsphase stark anstieg und aller Wahrscheinlichkeit nach die hier Tätigen zunehmend belastete.

Tab. 30: Gliederung der Erwerbstätigen in der Landwirtschaft 1895 und 1907

Art	1895			1907		
	männl.	weibl.	zus.	männl.	weibl.	zus.
Betriebsleiter	2178	345	2523	2125	326	2450
Angestellte	59	18	77	61	16	77
mithelfende Familienangehörige	881	**1017**	**1899**	1051	**2832**	**3883**
Gesinde und Arbeiter	2197	1350	3547	1787	1385	3172
Insgesamt			8045			9582

Quelle: Reichsstatistik

5. Kapitel
Die Grundsatzfrage: Agrar- oder Industriestaat?

I Das Selbst- und Fremdbild der Landwirtschaft

A Christian Garve

Zuweilen wird die Meinung vertreten, die Bevorzugung der Landwirtschaft durch die Nationalsozialisten habe ihr zu einem ausgesprochenen Selbstbewußtsein verholfen. Diese Aussage verträgt sich gut mit einer anderen Auffassung, wonach im Feudalismus der unterdrückte, oft schon verknechtete Bauer sich fatalistisch in sein Schicksal ergeben habe. Zudem scheint die flüchtige Beobachtung darauf hinzudeuten, der Bauer sei konservativ eingestellt, und das gelte gleichermaßen für die Art Landwirtschaft zu betreiben, wie für die politischen Belange. Tatsächlich ließe sich leicht eine lange Liste landwirtschaftlicher Schriftsteller zusammenstellen, die über die Abneigung des Bauern klagen, längst bewährte Neuerungen bei den verschiedenen Produktionsverfahren zu übernehmen. Bei genauerem Hinsehen hat er es dann aber offensichtlich doch getan. Besonders die eifrigsten Propagandisten, und das sind auch stets die ungeduldigsten, enttäuschte er durch das Tempo, mit dem das geschah. Der Bauer war jedoch gut beraten, wenn er zuerst einmal zögerte und sorgfältig prüfte. Seine wirtschaftliche Lage erlaubte kein Ausprobieren, das mit einem spürbaren ökonomischen Risiko verbunden war. Vor allem waren es gerade die Lautesten, die oft Innovationen anpriesen, die sich später in der Praxis nicht bewährten.

Zum Erstaunen seiner Mitwelt konnte der Bauernstand jedoch seine scheinbare Passivität sehr rasch aufgeben, wenn für ihn wesentliche Interessen auf dem Spiel standen. Bei diesen Anlässen trat unübersehbar sein Selbstbewußtsein zutage, das ihm angeblich erst die Nationalsozialisten einpflanzten. Hatte nach einem mittelalterlichen Spruch Gott drei Stände geschaffen: Ritter, Bauern und Pfaffen, so verband sich gleichzeitig mit dieser Gliederung der Stände ihr eigenständiger Aufgabenbereich. Der Ritterstand hatte die beiden andern zu schützen, die Kleriker hatten für das Seelenheil der Ritter und Bauern zu sorgen, und die Bauern hatten für die andern beiden Stände zu arbeiten, vor allem sie zu ernähren. Die angedeutete ständische Schichtung hat mancherlei Interpretationen erfahren, in einer Hinsicht stimmen sie jedoch überein: der versprochene Schutz der Ritter erwies sich nur zu oft als wertlos; Häretiker wie die Waldenser hielte die ihnen ursprünglich verordneten Priester für überflüssig;

an einem aber konnte niemand zweifeln, an der Unentbehrlichkeit des Bauern-standes. Die Ernährung ist nun einmal das elementarste und damit vordring-lichste Lebensbedürfnis. Mag diese Feststellung auch wenig tiefgründig und geradezu banal erscheinen, so hinderte sie die Bauern doch keineswegs daran, aus der Unverzichtbarkeit ihres Standes ihre Bedeutung und damit auch ihr Selbstbewußtsein abzuleiten. Das Wort PETRARCAS, das er in seinem Buch „Von der Arznei beider Glück" (De remediis utriusque fortunae, 1358) wohl zuerst formulierte: da Adam hacket und Eva spann, sage mir, wer war da ein Edel-mann? wurde 1381 zur Parole der aufständischen englischen Bauern. Grim-melshausen zitierte den Spruch, und Schubart griff ihn im späten 18. Jahrhun-dert wieder auf (vgl. S. 92).

Der Zeitraum, der diesem Band gesetzt ist, verbietet es, den Rückgriff in die Geschichte auszudehnen. Das ist auch unnötig, da sich Christian Garve als erster mit dem Selbstbewußtsein der Bauern wissenschaftlich auseinander-setzte. 1770 bis 1772 war Garve Professor für Philosophie in Leipzig. Wegen seines schlechten Gesundheitszustandes gab er diese Tätigkeit auf und ging als freier Schriftsteller in seine Geburtsstadt Breslau zurück, wo er 1798 starb. Garve gehörte zur popularisierenden Richtung der Aufklärung, und seine Wirkung auf die Zeitgenossen war beachtlich. 1786 erschien erstmalig sein Aufsatz „Ueber den Charakter der Bauern und ihr Verhältniß gegen die Guts-herrn und gegen die Regierung. Drey Vorlesungen in der Schlesischen Oeko-nomischen Gesellschaft." Die Abhandlung wurde zu Garves Lebzeiten noch einmal 1796 in den „Vermischten Aufsätzen" publiziert.

Wenn Garve eine pragmatische Moralität ohne großen theoretischen An-spruch vertreten haben soll, so muß ihm doch eine konsequente Gedankenfüh-rung bescheinigt werden, die auch einer Kritik nach gegenwärtigen Maßstäben standhält. Seine Gründe überzeugen, wenn er sich weigert, die Nationalcharak-tere verschiedener Nationen näher zu bestimmen. Selbst den Charakter des Schlesiers wollte er nicht näher eingrenzen. Aber, so meint er: „Zwischen den Sitten des Adelichen, des Bürgers, des Bauers ist, in Frankreich sowohl als in Schlesien, ein Abstand, der jedem in die Augen fällt, sobald er von der einen Classe zu der andern übergeht." Den Zweck seiner Bemühungen sieht er darin, über die **Charaktere verschiedener Stände** Kenntnisse zu gewinnen, weil sie für das „Privatleben" wie für die „innere Regierung" eines Landes von großer Wichtigkeit sind. Die Vermutung drängt sich zumindest auf, der Bauer solle für die Regierenden durch den Besitz solcher Kenntnisse besser manipulierbar werden, denn von einer grundsätzlichen Kritik am Ständestaat oder am Spät-feudalismus ist bei Garve keine Rede. Die Vermutung könnte sich zum Ver-dacht verstärken, wenn GARVE schreibt: „Will die Regierung ihn selbst zu einem bessern Wirthe machen; will ihn der Gutsherr zu seinem größern Vortheile brauchen? Beyde müssen wissen, wie sie ihm beykommen, auf welche Weise sie am sichersten auf ihn wirken können. Die Kunst mit den Bauern umzugehen, ist vielleicht das schwerste Stück bey einer großen Landwirthschaft." Allein die Sorgen sind in Hinblick auf die Gutsherren unbegründet. Das häufig unbefriedigende und spannungsreiche Verhältnis zwischen ihnen und den Bauern wird von Garve wirklichkeitsnah analysiert. Häufig wissen die Gutsherren nicht die rechte Mitte zwischen Milde und Strenge zu finden, und beides macht die Bauern aufsässig. Amtmänner und Justitiare führen die Bauern nicht konsequent und lassen es oft genug auch an einer gerechten Behandlung fehlen.

Als rechter Aufklärer erweist sich GARVE, wenn er urteilt: „Viele, auch sonst vortreffliche, Männer aus dem Adel, sehen doch den Bauer nur lediglich als Werkzeug an, welches sie wünschen mit Leichtigkeit handhaben zu können, dessen eigne Empfindungen sie aber in keine Betrachtung ziehen." Sie aber nur als Sachen anzusehen, tadelt Garve, und stellt dieser Auffassung seine eigene von der Würde eines jeden Menschen gegenüber. Der Philosoph wendet sich gegen den häufigen Wechsel der Gutsherren, der keine menschlichen Bindungen zwischen Herrn und Untertanen aufkommen lasse. Auch stört ihn die Koppelung der Grund- oder Leibherrschaft mit ihren Frondienstverpflichtungen und der Gerichtsherrschaft, wobei der Gutsherr „Parthey und Richter" in einer Person sei. Nachdem Garve die wesentlichen Ideen seiner Zeit diskutiert hat, äußert er sich distanzierend, daß er keineswegs „eine plötzliche Umkehrung der Dinge, wodurch die Gewalt aller Gutsbesitzer eingeschränkt, die Freyheit der Bauern vermehrt würde, für nützlich hielte." Der Staat, so resümiert er, habe in das Verhältnis zwischen Gutsherren und „Vasallen" nicht einzugreifen. Statt dessen empfiehlt Garve, sich jetzt doch von der Wirklichkeit entfernend, jene Adligen, die dazu in der Lage seien, möchten den Bauern etwas nachlassen und sich auf diese Weise deren Dank und den nachfolgender Generationen erwerben. Beispielgebend sollen auf diesem Wege allmählich Reformen eingeleitet werden. – Aus der Rückschau kann dieser Vorschlag nicht als realitätsnah bezeichnet werden. Womöglich hat er aber bei einem Bauernaufklärer gezündet, nämlich bei **Rudolph Zacharias Becker,** in dessen 2. Band des Noth- und Hülfsbüchleins (1799) der junge Herr von Mildheim im Dorfe Mildheim diesen Rat in die Tat umsetzt.

Wenig ist bei der Darstellung des Verhältnisses zwischen der Regierung und den Bauern zu erwarten, wenn sie in deren Rechtsbeziehung zum Gutsherrn nicht eingreifen soll. Die Voraussicht bestätigt der Text der dritten Vorlesung, der besonders im Vergleich mit der ersten wenig originell ist. Es genügt der Hinweis, auch in diesem Falle habe sich Garve um die Verbesserung des Loses der Bauern bemüht, wobei er mit Nachdruck auf eine bessere Schulbildung hinwies. Ausdrücklich zitiert er den Pestalozzi der Mark, **Friedrich Eberhard von Rochow,** dessen Wirken den Vorwurf vieler Gutsherrn widerlege, Bildung entferne den Bauern von seinem Beruf und mache ihn höchstens unzufrieden oder gar aufsässig. Der Einklang im Grundsätzlichen ergibt sich aus Rochows Definition des Bildungsziels, das er in seinen Landschulen bei den Landleuten verfolgt: „Klug und verständig werden, heißt bey mir nicht, arglistig, treulos, rebellisch, um der eingebildeten höhern und bessern Einsichten wiedersprechend, (raisonneur,) neuerungssüchtig, und seines Berufes überdrüssig werden; sondern ich nenne nur denjenigen klug, der in jedem Stande sich so verhält, daß ihm sein Leben kein Hinderniß, zu einer ewigen Glückseligkeit wird . . . Nach dieser Erklärung wird wohl die rechte Klugheit dem Landmanne nicht im Wege seyn, ein guter Arbeiter, ein treuer Dienstbote, ein tüchtiger und gehorsamer Soldat, u. s. w. zuwerden. Was schadet also der Unterricht in der rechten Klugheit dem Staate?" (Versuch eines Schulbuches für Kinder der Landleute, 1772, 4f.). Die Aufklärung wird also bejaht, auch die für den Landmann, doch hat er anders als bei Kant kein Recht auf Kritik am Souverän oder am Ständestaat.

Garve versucht im wesentlichen in der ersten Vorlesung den Charakter des Bauern zu ergründen, wobei er anfangs die Beobachtung auf den Landmann beschränkt und erst später die zuvor dargestellten Außenbeziehungen in die Betrachtung abrundend hineinnimmt. Die Art seines Vorgehens dürfte gegenwärtige Soziologen in Erstaunen versetzen, da fundamentale Erkenntnisse bereits bei ihm aufscheinen. Zuerst legt Garve Umfang und Art seiner Erfahrungen offen: „Ohnerachtet ich nicht in einer Lage bin, wo ich viel mit dem gemeinen Landmanne habe umgehen können; ob ich gleich besonders nie ein Geschäft mit ihm gemeinschaftlich getrieben habe, wobey man die Menschen am besten kennen lernt: so habe ich doch jede Gelegenheit genutzt, ihn zu beobachten, und ich bin aufmerksam auf das Betragen desselben gegen andre gewesen." Der Rat, man müsse mit den Bauern gemeinsam eine ihm wichtige Aufgabe angehen und lösen, wenn man sie richtig kennenlernen wolle, ist tatsächlich beherzigenswert, wenn auch nicht in jedem Falle zu verwirklichen.

„Die Gedanken" – im heutigen Sprachgebrauch eine Theorie von höchstens mittlerer Tragweite – „welche ich hier der Gesellschaft über diesen Gegenstand mittheile, sind nicht sowohl ausgemachte Erfahrungen, mit welchen ich dieselbe zu belehren hoffe: es sind Versuche, die ich ihr zur Prüfung vorlege, da so viele Mitglieder derselben im Stande sind, durch langjährige Erfahrungen meine Ideen zu berichtigen, oder zu widerlegen." Seine vorgetragene Theorie ist also noch nicht endgültig abgesichert, das Verifizieren oder Falsifizieren stellt er anheim.

Garve meint, der Charakter des Bauern würde hauptsächlich durch zwei Ursachen bestimmt. Es sei 1.) die körperliche, schwere, einförmige Arbeit, die auch wenig Umgang mit den Menschen anderer Stände veranlaßt. An späterer Stelle modifiziert Garve das Einförmige und ergänzt, die unteren Handwerker in den Städten übten oft eine noch eintönigere Beschäftigung aus. Auf Grund der Art wie die Bauern arbeiten müssen, „haben sie also diejenige Ausbildung des Verstandes und die Stimmung des Geistes, welche Leute bekommen, die sich nur mit einem einzigen Gegenstand beschäftigen, aber diesen Gegenstand durch beständige Erfahrung, durch eigenes Handanlegen, und durch eine vom Interesse geschärfte Aufmerksamkeit sehr genau kennen lernen. – Die Begriffe solcher Leute sind eingeschränkt, aber sie sind, so weit ihr Gesichtskreis reicht, richtig. Die Begebenheiten ihres Lebens, die Vorfälle ihrer Verwandten, Nachbarn und Bekannten, nebst dem, was zum Ackerbau und zu ihrer Wirthschaft gehört, machen den einzigen, sowie den immerwährenden, Gegenstand ihres Nachdenkens und ihrer Gespräche aus. Dies alles führt zu dem, was man bonsens (Gesunder Menschenverstand, W. A.) nennt. Wenn das Gedächtniß wenig oder nichts zu fassen bekömmt, als das, was die Sinne vorher beschäftigt hatte: – da kann der Verstand vielleicht leer bleiben, wenn der Gesichtskreis des Menschen zu klein ist; – aber er wird nicht schief und unrichtig werden." Allerdings, das sei der Deutlichkeit halber noch einmal in Erinnerung gebracht, reicht ein in dieser Art geprägter und begrenzter Gesichtskreis nur aus, um sich im Alltag des Dorflebens zurechtzufinden.

2.) Das Eigentümliche der Bauern wird durch ihr Verhältnis zu den Gutsherren und der bürgerlichen Gesellschaft bestimmt. „Sie sind die untersten Glieder der letztern, und sind oft der Verachtung, zuweilen auch der Unterdrückung von Seiten der Höhern ausgesetzt. Sie sind von den erstern zugleich Dienstleute, die ihnen arbeiten müssen, und Vasallen, die von ihnen gerichtet und gestraft werden. Diese doppelte Gewalt führt nothwendig etwas willkührliches mit sich: – und wenn sie auch gerecht ist, so ist sie doch drückend. Kein Stand wird so unaufhörlich der Oberherrschaft, die andere über ihn haben, gewahr, wie der Bauernstand."

Beide Ursachen, die Garve für das Eigentümliche der Bauern verantwortlich macht, sind durch Beobachtungen herausgefunden, deren Objektivität niemand bezweifeln kann. Bereits in diesem Punkt unterscheidet sich der Philosoph Garve deutlich von anderen, die ebenfalls die Natur des Bauern zu ergründen suchten, oder ihm einfach diejenige zuschrieben, die er aus den verschiedensten Gründen ihrer Meinung nach haben sollte. Interessant ist es, wie Garve die Basis seiner Beobachtungen verbreitert und diese dadurch absichert, indem er die Juden in sein Blickfeld einbezieht. Auch sie waren lange verachtet und durch Sondersteuern besonders gedrückt, auch sie übten nur eine einzige Beschäftigung aus, die sie nicht aus Büchern erlernen konnten, die sie vielmehr durch Erfahrung gewitzigt machte. „Die Folge bey beyden, von dieser selbsterlangten Klugheit in einer einzigen Sache, und dem Mangel von Kenntnissen in allen andern, ist, daß sie sich noch klüger zu seyn einbilden als sie sind."

Mit diesem positiven Urteil über sich selbst korrespondiert es, wenn die Bauern „von dem Verstande der vornehmen Leute keine hohe Meynung haben". Sie lassen die Höhergestellten als gelehrter gelten, halten jedoch sich und „ihres Gleichen" für klüger. Mit dieser Aussage wird bereits ein Grundsatz der heutigen Gruppensoziologie angedeutet, nämlich das positive Wir-Bild. Aus ihm zieht Garve den Umkehrschluß: „Den großen Haufen der Vornehmen sieht der Bauer für eine Art von leichtsinnigen Thoren an, die nur mit Kleinigkeiten oder ihrem Vergnügen beschäftigt sind, und die von dem Soliden und Nothwendigen, dergleichen der Ackerbau ist, keine Begriffe haben."

Garve generalisiert sodann seine These. Die **geringe Meinung vom Verstande anderer Menschen** ist allen eigen, die selbst einen eingeschränkten, aber in einer Sache durch Übung geschärften Verstand besitzen: denn von anderen Gegenständen, bei denen sich auch Scharfsinn und Klugheit beweisen können, haben sie keine Kenntnis. „Die Pedanten unter den Gelehrten sind in eben diesem Falle". Selbst der in der Gegenwart zeitweilig arg strapazierte Begriff des „Fachidioten" ist also Garve der Sache nach nicht fremd. Einen eingeschränkten Verstand, so erläutert Garve später, haben nicht nur die Bauern, sondern auch die niederen Handwerker in den Städten. Aber sie haben doch mehr Umgang mit höher Gestellten, und das schleift sie ein wenig stärker ab.

Bei den Bauern dagegen wirkt ein dritter Umstand verstärkend auf die bisher abgeleiteten Eigenschaften: „der, daß sie sehr zusammenhängen. Sie leben viel gesellschaftlicher unter sich, als die gemeinen Bürger in den Städten. Sie sehen sich einander alle Tage, bey jeder Hofarbeit; – des Sommers auf dem Felde, des Winters in der Scheune und der Spinnstube. Sie machen ein Corps aus wie die Soldaten, und bekommen auch einen esprit de corps." Die Vielzahl der Interaktionen, so würde man es heute ausdrücken, festigt den Zusammenhalt der Gruppe. Drei Kennzeichen der Gruppe nimmt Garve vorweg: Das Geborgenheitsgefühl, das sie ihren Mitgliedern vermittelt, „was die Mühseligkeiten ihres Zustandes erleichtert". Da alle Gruppenmitglieder das Wir-Bild genau kennen und akzeptieren, ist der Umgang untereinander problemlos, es entsteht eine gewisse Vertraulichkeit, die diesen ständigen Kontakt erfreulich macht. Das dritte Charakteristikum der Gruppe ist gerade bei den schlesischen Bauern von einiger Brisanz. Der feste Zusammenhalt „macht aber auch ferner, daß die Bauern wie ein politischer Körper handeln; ... daß ein einziger unruhiger Kopf aus ihrer Mitte so viel über sie vermag, und oft ganze Gemeinden aufwiegeln kann." Daraus folgt die Umkehrung, daß andere Personen und Stände so wenig Einfluß auf den Bauern haben, und das gilt ebenso für das politische Geschehen wie für das Anpreisen agrartechnischer Innovationen.

Die Lage des Bauern wird oft als statisch gesehen, doch heißt das nur, beim äußeren Anschein stehen zu bleiben. In Wirklichkeit sind vielmehr gegensätzliche Kräfte am Werk, die sich aber dem flüchtigen Blick entziehen, weil sie sich im Gleichgewicht halten. Für Dynamik, Gruppendynamik im Sinne Peter R. Hofstätters, sorgt grundsätzlich das positive Wir-Bild, mit dem der Wunsch nach sozialem Aufstieg legitimiert wird. Treffender ist für den Begriff Wir-Bild Hofstätters Synonym, der Auto-Stereotyp, der zum Ausdruck bringt, die gedachten positiven Eigenschaften der eigenen Gruppe gälten stereotyp für alle Mitglieder der Gruppe, unabhängig von ihrer Individualität. Also sind alle Bauern fleißig, auch wenn es offensichtlich Faulpelze darunter gibt. Also sind alle Vornehmen nur mit Kleinigkeiten oder ihrem eigenen Vergnügen beschäftigt. Mit dem überwiegend positiv gefärbten Auto-Stereotyp wird der stets negativ gestimmte Hetero-Stereotyp gekoppelt und so der Wunsch nach sozialem Aufstietg mit einem zweiten Vorurteil scheinbar legitimiert.

Lassen die äußeren Umstände eine Verbesserung der sozialen Lage nicht zu, so schmälert das noch lange nicht das Selbstbewußtsein der Gruppenmitglieder. Es läßt sich um so leichter bewahren, je stärker sich die Gruppe isoliert und objektiven Vergleichen aus dem Wege geht. Dann kann man sich ungestört fortlaufend gegenseitig versichern, welche hervorragenden Eigenschaften man doch besäße und wie sehr man von den andern verkannt würde. Das Dorf in seiner Isolation eignete sich hervorragend, es gleichsam in eine Schutz- und Trutzfeste zu verwandeln, die es erlaubte, sich von andern feindlich gesehenen Gruppen zu distanzieren. Das schloß, um im Bild zu bleiben, Ausfälle der Besatzung nicht aus, falls ein unruhiger Kopf die Gruppe, die wie ein einziger politischer Körper handelt, dazu aufwiegelte.

Bei dieser – modern gefaßten – Lageanalyse blieb Garve nicht stehen, sondern sann auf Abhilfe. Ein Ausweg zeichnete sich für ihn ab, als er die verschiedenen Formen beobachtete und beschrieb, in denen sich das eingefleischte Mißtrauen äußerte, das die Bauern Obrigkeiten aller Art, Fremden und unbekannten Dingen entgegenbrächten. Ihr Verhalten sei von einer scheuen Neugier gekennzeichnet, obwohl das bislang nicht Gesehene Widerwillen wie Furcht hervorrufe. Der ungebildetste Bauer stehe da wie ein Stock, gäbe auf Fragen nicht einmal eine Antwort, er sei absolut unzugänglich. Es lohne gar nicht, ihm mit Verbesserungsvorschlägen zu kommen, da er sich eine andere Lage als die gegenwärtige nicht vorstellen könne. Diese Leere des Verstandes gelte es zu ändern und dazu – und nun verbindet sich diese Aussage mit der Aufgabe des Staates, die in der dritten Vorlesung abgehandelt wurde – sei die Dorfschule berufen, die Vorstellungskraft zu bilden. Erst dann kann der Bauer Vorteile erkennen, die ihm von denjenigen angeboten werden, denen er mit übergroßem Mißtrauen gegenübersteht, und von denen er tatsächlich oft genug Widerwärtiges erfahren hat. Das Wort darf nicht fehlen, der Bauer ist über seine wahren Interessen aufzuklären und über die Mittel, mit denen sie verwirklicht werden können. Er soll ein besserer Wirt als vorher werden und damit ein nützlicheres Glied der menschlichen Gesellschaft; aber an die von Garve gezogene Grenze sei erinnert: er soll sich seines Standes freuen und nicht darüber hinausstreben.

Betrachtet man rückschauend die Typen, die Garve oft sehr anschaulich schildert, so sind kaum welche darunter, mit denen man sich auf einen näheren Verkehr einlassen möchte. Garve kennt nicht nur den blöden Bauern, dessen Wesen noch dem Kinde gleicht, er macht sich auch ausführlich Gedanken darüber, weshalb die Gutsherren den Bauern als tückisch schelten. Auch boshaften Bauern ist Garve offenbar begegnet. Er begründet gewissenhaft, weshalb man bei den Bauern die zärtlichen Gefühle zwischen Eltern und Kindern und zwischen den Ehepartnern nicht findet. Letztere verbindet die Arbeit für den Hof und nicht die Liebe. Aber selbst dann, wenn Garve bei den Bauern kaum noch eine positive Eigenschaft zu entdecken vermag, so bleibt er doch ein echter Aufklärer, der sie allen Einwänden der Mitwelt zum Trotz für besserungsfähig und besserungswürdig hält und der ihren Charakter durch eine Lage verursacht sieht, die sie nicht selber verschuldet haben. Das große Pathos eines Schubart oder Loen sucht man bei ihm allerdings vergeblich, dazu ist Garve viel zu sehr kritisch abwägender Philosoph.

B Ernst Moritz Arndt

„Wenn alle Handwerker Fabrikanten werden, wenn der Ackerbau selbst endlich wie eine Fabrik angesehen und betrieben wird – kurz wenn das Einfältige, Stetige und Feste aus den menschlichen Einrichtungen weicht, dann steht es schlecht um das Glück und die Herrlichkeit unseres Geschlechts." Sollte diese These extrem erscheinen, so läßt sie sich leicht noch zuspitzen: „Lieber wollen wir keine einzige Maschine als die Gefahr, daß dies Maschinenwesen uns die ganze gesunde Ansicht vom Staate und die alle Tugend, Kraft und Rechtlichkeit erhaltenden einfachen und natürlichen Klassen und Geschäfte der Gesellschaft zerrüttet" (im Original gesperrt, W. A.). Es ist müßig darüber zu spekulieren, wie Thaer die 1820 publizierten Ansichten Arndts aufgenommen und beurteilt hat. Einen größeren Gegensatz als den zwischen dem Historiker, Politiker und Schriftsteller Ernst Moritz Arndt und dem Begründer der rationellen Landwirtschaft läßt sich nicht denken – und über Jahrzehnte hinweg waren beide Zeitgenossen.

Ob Arndt von seiner Herkunft her dem Bauernstand näherstand als Thaer, ist wahrscheinlich, doch war die Bindung wiederum nicht allzu eng. Der Großvater war auf Rügen noch leibeigener Schäfer gewesen, der Vater stieg als Freigelassener bereits zum Gutsverwalter und zum selbständigen Pächter auf. Auch die Mutter kann nicht als typische Bäuerin angesehen werden. Dennoch ergriff Arndt schon frühzeitig für die Bauern Partei. Mit seinem „Versuch einer Geschichte der Leibeigenschaft in Pommern und Rügen" förderte er 1803 die zeitgenössische Diskussion über die Aufhebung der Leibeigenschaft. 1810 ging er einen erheblichen Schritt weiter und veröffentlichte seine kleine Schrift „Vom Wesen des Bauerntums". Die Aufgabe, darüber nachzudenken, sah sich Thaer enthoben, der Landwirtschaft nur zu dem Zweck betrieb, den höchstmöglichen Gewinn zu erzielen. Wenn er Bauernland aufkaufte (vgl. S. 185), um auf den frei gewordenen Flächen eine gewinnträchtige Schäferei einzurichten, so liegt in diesem Tun gleichzeitig der negative Bescheid. Damit stimmt überein, daß Thaer seine Mitarbeit bei den Agrarreformen auf die Separationen konzentrierte.

Die Notwendigkeit des **Bauernschutzes,** von Stein nachdrücklich betont, verneinte Thaer. Wie sollte der Boden bei seiner Realisierung zum besseren Wirt wandern? Arndt sah in diesem liberalen Grundsatz ausschließlich die Gefährdung des Bauernstandes und deklarierte ihn bei seinem unbändigen Franzosenhaß als „französische Freiheit". Gehen in einigen Landschaften die Bauern zugrunde, weil sie von der Regierung nicht hinreichend vor der Willkür ihrer Herren geschützt werden, so geschieht das in anderen, weil „Krämer und Juden und Judengenossen zum Besitz von Hufen und Höfen gelangen oder diese Hufe auch unter drei, vier Teilhaber oder Erben verteilt und zerstückelt werden können" (im Original gesperrt, W. A.).

Wenn Arndt sich mit solcher Vehemenz gegen eine Verminderung des Bauernstandes einsetzt, muß nach dessen Wesen gefragt werden, damit die Frage beantwortet werden kann, welche Aufgaben er neben dem Betreiben der Landwirtschaft, seines Gewerbes, er außerdem im Staat erfüllt oder erfüllen sollte. Das Wesen des Bauerntums glaubte Arndt in sieben Kernsätzen einfangen zu können. Bei dem hier verfolgten Ziel genügt es, beim dritten Satz zu beginnen, bei dem das Arndtsche Pathos stärker als später die Formulierungen prägt: „Der Umgang mit der Natur erhält das äußere und innere Urbild des echten alten Menschenstammes, die ewigen Gefühle und Ahndungen, die unvergänglichen Triebe und Kräfte, welche den Urnaturen innewohnten, als sie aus dem Garten Eden über die Länder zerstreut wurden." Arndt ist nur in den gewählten Ausdrücken originell, der Sachverhalt selbst ist nichts weiter als ein oft zitierter uralter Topos, der mühelos bis in die Antike zurückverfolgt werden kann. Schon damals galten Hof- und Stadtleben als sittengefährdend, und es wurde von Königen berichtet, die nach erfüllter politischer Mission wieder aufs Land zurückkehrten und dort ihr Vieh weideten oder den Pflug führten, um reineren Sitten zu folgen und ihr Leben danach auszurichten. Die Rolle, die Adam als der erste Ackerbauer in der christlichen Lehre spielt, führte zu einem gleichsinnigen Klischee.

Garve ging nur knapp und sehr zurückhaltend auf die antike Auffassung ein und sah sich zu einem längeren Exkurs genötigt, in dem er mit durchaus plausiblen Gründen dafür plädiert, die größere Reinheit der Sitten sei wohl eher bei den Handwerkern in den Städten zu finden. Das Landleben biete weit mehr Gelegenheiten, bei denen sich die Geschlechter fänden, und die Zunftsatzungen täten ein übriges, da die eheliche Geburt Voraussetzung für die Aufnahme in die Korporation war.

Aber Garve übersah wohl Entscheidendes, denn: „Das Leben in der Natur, die freie Luft und das freie Licht, der unaufhörliche Kampf mit den Elementen, die tüchtige Arbeit und der tüchtige Genuß erhalten die ursprüngliche Stärke und Macht. In einem freien Lande gehe in die Hütten der Bauern, wenn du die stärksten und schönsten Männer sehen willst, womit man vor Könige treten könnte, oder richtiger, womit Könige auftreten sollten." Der etwas merkwürdige Satz war keineswegs als poetische Stilübung gedacht. Arndt verfolgte vielmehr mit ihm eine politische Ambition, die er bald darauf in viel größerer Deutlichkeit und nicht nur andeutend wie hier, aussprechen sollte. Der politisch engagierte Schriftsteller meinte auch ganz offen gegenüber erhaltener Kritik, er stelle ein Ideal auf, doch müsse man das grundsätzlich tun, wenn man in der Politik etwas erreichen wolle. Es läßt sich allerdings die Befürchtung nicht unterdrücken, ob mit einer derartig übersteigerten Verklärung gegenüber dem Bilde der Zeitgenossen vom Bauern dem erhofften Zweck näher zu kommen war.

Selbst in den wenigen Kernsätzen wiederholt sich Arndt, wenn er ausführt:

„Weil er in mäßigem Glück und fortlaufender Arbeit gehalten wird, kann er nicht ausarten, wie allen anderen Ständen des Volks leicht begegenet. Alles andere schwächt und verschleift sich in dem Umlauf von drei vier Zeugungen. Er gießt immer frisches Lebensblut auf das Alternde und Welkende; er ist der Vorgänger und Ergänzer, und, ist sein freier und rüstiger Stamm knechtisch geworden, so kann man, ohne Prophet zu sein, das Schicksal des ganzen Volkes vorhersagen."

Womöglich liegt hier der Ursprung für die These, mit dem Untergang des römischen Bauerntums sei der Untergang des Römischen Weltreiches unabwendbar geworden. Auf jeden Fall bot sich für Richard W. Darré der Rückgriff in die Geschichte an, wenn er seinen Mythos von Blut und Boden durch eine frühe Bezeugung glaubhafter machen wollte. Bei ihm war der Bauer gleichfalls das Rückgrat der Wehrmacht, und auch in dieser Hinsicht erwies sich Arndt als schätzenswerter Vorläufer:

„Daher geht es am besten vom Pfluge zum Schwerte. Der Bauer ist der fertigste und treueste Verteidiger und Erhalter des Vaterlandes; er ist der Bürger, welchen eine unendliche Liebe an seinen Herd fesselt, welcher die sicherste Liebe zu seinem Vaterlande und seiner Regierung trägt, der letzte, der sie verläßt, der letzte, der an ihnen verzweifelt."

In Anbetracht der Reaktion der Bauern in einigen deutschen Regionen auf die Ideen der Französischen Revolution könnte es so aussehen, als ob Arndt jetzt völlig ins Utopische abgleitet. Das wäre jedoch ein Mißverständnis. Arndt legt die zitierten Eigenschaften keinesfalls jedem Bauern zu, sondern ausschließlich dem freien Bauern, wie er ihm in Tirol, Westfalen, Niedersachsen, Dithmarschen und besonders in Schweden begegnet ist. Arndt will mit diesen Äußerungen die Regierenden überzeugen, wie wertvoll – Arndt schrieb diese Sätze 1810 – der Bauernstand für sie werden kann, wenn sie ihm die Freiheit gewähren. Nicht anders steht es der Sache nach in Steins Denkschrift.

Die volle Bedeutung des Bauerntums – und damit die Notwendigkeit, es zu erhalten – wird aber erst erkennbar, wenn schließlich auch der nichtbäuerliche Teil der Nation in Betracht gezogen wird.

Der Bauer „steht endlich da als die feste und unvergängliche Regel, woran der gebildetste Mensch messen und richten kann, was und wie er sein soll. Fühlt er, daß ihm die

Einfalt, die Treue, die Tüchtigkeit, die Mäßigkeit fehlt, worin der Bauer durch eine glückliche Schranke der Notwendigkeit gehalten wird, so ist er mit allem seinem Geist und Wissen doch nur ein Halbmensch."

Mit diesen Worten wird eine Wurzel bloßgelegt, aus der die Agrarromantik nicht wenig Kraft gezogen hat. Schon Garve hob hervor, wie wohltuend für die Bauern der ständige Umgang mit ihresgleichen sei, wie sich förmlich ein Korpsgeist herausbilde, der die Bauern wie einen geschlossenen Körper handeln lasse. Vom esprit de corps bis zur Dorfgemeinschaft ist es nur ein kleiner Schritt – bis zur Volksgemeinschaft allerdings ein großer. Garve betonte nicht nur die Vertraulichkeit der Dorfbewohner untereinander – zumindest in den äußeren Formen – und das Wohlbefinden, das daraus erwächst, er ergänzte auch, gerade die Gelehrten müßten auf solch ein enges Zusammenleben inmitten Gleichgesinnter verzichten. Arndt wiederholte diese Auffassung. Während Garve aber der Versuchung widerstand, die enge Bindung der Dorfbewohner miteinander auch für sich selber als Wunschbild zu verwenden, meinte Arndt, der Gelehrte müsse sich in diese Dorfgemeinschaft zurückbegeben, um sich darin zu erneuern. Er selbst hat das nie getan, doch blieb das vertraute Miteinander, das er nur noch im Dorf verwirklicht zu sehen meinte, das Ziel seiner Sehnsucht, und es blieb gleichzeitig Leitvorstellung dafür, wie der Staatsaufbau seiner Meinung nach beschaffen sein sollte. Zumindest das Leben in der freien Natur und der engen Gemeinschaft des Dorfes ist seitdem für viele Städter das Wunschbild geblieben, wenn sie über das Land nachdachten oder darüber schrieben und sich dabei in eine Welt hineinträumten, die es so nie gegeben hat.

Es wäre zu kurz gegriffen, Arndt einfach unter die Agrarromantiker einzureihen oder gar als Nachfahren Jean Jaques Rousseaus auszugeben. Der Widerspruchsgeist und selber so widersprüchliche Rousseau wußte im Grunde genommen mit den Bauern nichts anzufangen, mit denen er innerlich nichts gemeinsam hatte. Auf dem Dorfe mit seiner strengen sozialen Kontrolle hätte es dieser ichbezogene Individualist wohl kaum lange ausgehalten, auch wenn er schrieb: „Jeder tut das, was alle andern tun. Das Beispiel ist die einzige Vorschrift. Man unterrichte das Bauerntum nicht, denn für es gehört sich kein Unterricht." Ausgerechnet dem Landedelmann will Rousseau die Erziehung der von ihm abhängigen Bauern anvertrauen. Wie soll denn bei dieser Konstruktion der Bauer an der volonté generale teilhaben? Oder ist der gemeinsame Wille nur der Transmissionsriemen, mit dem die Einsichtigen und deshalb zur Führung berufenen ihre Absichten dem Bauernstand aufzwingen? Arndts Intentionen sind das jedenfalls nicht.

Genausowenig kann Arndt bei den Bauernaufklärern eingeordnet werden. Sie fordern zwar den Unterricht und einen besseren als zuvor, aber das Erziehungsziel lautet, es solle ein gehorsamer Untertan herangebildet werden, der sich ohne zu murren in die Hierarchie des Ständestaates einfügt. Das aber ist

Arndt nicht genug, der sich ausdrücklich als Demokrat bekennt, wenn er sich auch von vorhergehenden Bewegungen distanziert, die diese Bezeichnung seiner Meinung nach korrumpierten. Es bleibt bei ihm noch genug an Neuerungen. 1815 forderte er in seiner Schrift „Über den Bauernstand und seine Stellvertretung im Staate" nicht nur einen Kaiser und einen Reichstag, dessen Gesetz im ganzen Reiche gelten, er forderte vor allem die Zugehörigkeit der Bauern zum Reichstag, während die Männer der Kirche nicht länger in dieser Ständeversammlung vertreten sein sollten. Arndt tritt nicht nur für öffentliche Verhandlungen des Reichstages ein, sondern gleichfalls für die „unbeschränkteste Preßfreiheit, ohne welche auch die bürgerliche Freiheit nicht bestehen kann." Ausführlich setzte sich Arndt mit dem Anspruch des Adels auseinander, er müsse die Interessen des Bauernstandes mit vertreten, da die Bauern selbst dazu nicht in der Lage seien. Arndt ließ sich von diesem Argument und seinen Weiterungen nicht beeindrucken. Wenn er auch mit innerer Gewißheit von der fundamentalen Bedeutung des Bauernstandes für den Staat durchdrungen war, so wird doch gleichzeitig das zweckgebundene Pathos verständlich, mit dem er die Bauern idealisierte: Arndt wollte mit dieser Überhöhung des bislang so verachteten Standes seine Zeitgenossen von seinem Grundsatz überzeugen, der Bauer könne durchaus seine Bedürfnisse und Meinungen öffentlich artikulieren und benötige dazu keinen Adeligen. Arndt galt seitdem bei vielen als Feind des Adels.

1820 ging Arndt noch einmal auf den Gültigkeitsumfang der Gesetze ein. Er argumentierte: „Da der Mensch den einzelnen Willen – ein hohes Gut, das er nur um höhere Güter aufgeben konnte – gebändigt und drein gegeben hat, so verlangt er unerbittlich, daß es keinen einzigen Willen gebe, der über die Übereinkunft hinaus oder gar gegen die Übereinkunft etwas vermöge. Er darf hier auch nicht die geringste Ausnahme zugestehen … Der dem Gesetze unterwürfige Mensch will demnach, daß alle sich demselben unterwerfen sollen, er will, daß der König seine Majestät erkennen und ihr gehorchen soll wie der Bettler. In dieser Majestät des Gesetzes setzt er die eigentliche Freiheit. Wo aber nur die geringste Ausnahme ist, wo gelehrt werden darf, daß der Herrscher über dem Gesetze ist, da nimmt er das Gebiet der Sklaverei an …" Mit dieser Grundsatzerklärung läßt sich Arndt wohl kaum noch von den Nationalsozialisten als ihr Vorläufer vereinnahmen. Aber schon die Reaktion nahm Anstoß. Der König, nicht geneigt das Verfassungsversprechen einzulösen, hätte sich nach Arndts Vorstellungen unabänderlich einem Gesetz beugen müssen, das ein Reichstag beschloß, in dem neben den Vertretern des Adels und der Bürger auch jene des Bauern gesessen hätten. Arndt wurde ein Opfer der Demagogenverfolgung und verlor 1821 seinen Lehrstuhl für Geschichte an der Universität Bonn. Erst 1840, beim Regierungsantritt Friedrich Wilhelms IV., erhielt er ihn wieder zurück. Arndt gehörte zu jener Delegation des Paulskirchen-Parlaments, die ihm 1848 die unerwünschte Kaiserkrone antrug.

Abgesehen von seinen andersartigen Aktivitäten wäre Arndt nie ein erfolgreicher Politiker geworden. Dazu war er viel zu sehr in seiner weltfremden Vorstellungswelt gefangen. Er plädierte unnachsichtlich für den Agrarstaat, in dem nur der zum Adel zählen sollte, der über Grundbesitz verfügte und auf ihm ansässig war, sozusagen als die oberste Schicht des Bauernstandes und gleichsam als dessen Vorbild. Die Hälfte bis zwei Drittel der landwirtschaftlichen Nutzfläche sollten Bauernhöfen vorbehalten bleiben, die im Mindestfalle die Größe einer Ackernahrung erreichten. Diese Höfe waren geschlossen zu vererben. Die weichenden Erben sollten sich mit einem Sechstel des Hofwertes zufrieden geben. Was aus ihnen werden sollte, kümmerte Arndt nicht. Die Bevölkerungsvermehrung führte er auf eine falsche Politik zurück, die er scharf tadelte. Demgegenüber nimmt es sich merkwürdig aus, wenn er andererseits die Wichtigkeit der Bauern für den Staat unter anderem mit ihrer zahlreicheren Nachkommenschaft begründete. Wie man mit seinem Konzept die Periode des Pauperismus überstehen oder ihn überwinden sollte, bleibt dunkel.

Dennoch darf die eigenständige und bedeutsame Rolle Arndts nicht übersehen werden. Vorläufer, die den Bauernstand verherrlichten, gab es genug. Aber die Bauern blieben bei ihnen die Bewohner Arkadiens, das nur dem Namen nach auf dem Peloponnes zu finden ist – und nicht mehr Arkadien bleibt, wenn es auf dieser Welt angesiedelt wird. Der Bauer ist nicht länger die zumindest behauptete Verkörperung des einfachen natürlichen Lebens und der reineren Sitten. Seine Tätigkeit verleiht ihm bei Arndt Gesundheit und macht ihn zum geschicktesten Verteidiger des Vaterlandes. Das Land und die Landleute sind nicht länger nur die Folie für das Treiben Abwechslung heischender genußmüder Höflinge oder der vermeintlich schützende Hort für vereinsamte Individualisten. Die Tätigkeit in der Landwirtschaft formt vielmehr Menschen mit einem spezifischen Charakter, dessen Besonderheit für den Bestand des Staates unentbehrlich ist. Landwirtschaft ist deshalb mehr als ein Gewerbe, in dem bloß – wie in allen anderen auch – nach dem höchstmöglichen Gewinn zu streben ist. Die Bauern wurden nicht länger auf die Aufgabe beschränkt, die übrige Bevölkerung zu ernähren. Sie hatten sich vielmehr ihrer Eigenart, ihrer besonderen Rolle im Staat bewußt zu werden und sie an ihre Nachfahren weiterzugeben. An der Bereitschaft, diese herausragende Position anzunehmen, ist nach allem, was Garve über ihre Mentalität herausfand, nicht zu zweifeln. Arndt hatte die nötige Vorarbeit geleistet, fortan den Bauern vom rationellen Landwirt unterscheiden zu können. Diese Unterscheidung fand einen nicht geringen Widerhall, der bis zum Ersten Weltkrieg nicht abklang. Es sei an den Schlußsatz des Vorwortes erinnert, das Waterstradt 1912 seiner „Wirtschaftslehre des Landbaus" voranstellte: „Wir waren ein Bauernvolk und müssen es bleiben, oder wir werden nicht sein."

C   Wilhelm Heinrich Riehl

Bei einem Rückblick in die Geschichte sieht es so aus, als ob Riehl gegenüber Garve und Arndt die weitaus größere Bedeutung zukäme. Zu dieser Wertung mag der anders geartete Lebensweg Riehls beitragen. Während der zweiten Hälfte fehlte es nicht an öffentlicher Anerkennung. Riehl wurde 1859 Professor für Kulturgeschichte und Statistik, 1885 Direktor des Bayerischen National-museums und Generalkonservator. 1883, 16 Jahre vor seinem Tode, war er geadelt worden. Die zweite, an öffentlichen Ehren reiche Lebensphase inter-essiert jedoch in dem hier vorliegenden Zusammenhang nicht, sondern die erste, die der Volkskunde galt und ihren Abschluß in seinem Hauptwerk fand. Der Titel ist zugleich politisches Programm: „Die Naturgeschichte des Volkes als Grundlage einer deutschen Social-Politik". Die vier Bände erschienen nicht in chronologischer Reihenfolge: Bd. 1 „Land und Leute" 1854, Bd. 2 „Die bürgerliche Gesellschaft" 1851, Bd. 3 „Die Familie" 1855 und Bd. 4 das „Wan-derbuch" sogar erst 1869. Ebenso wie die übrigen war der zweite Band sehr verbreitet und erlebte bis 1908 10 Auflagen. Er steht hier im Mittelpunkt der Betrachtung.

Riehls Vorstellungswelt ist im Grundsätzlichen den herrschenden Ideen des 19. Jahrhunderts verhaftet. Volk und Staat sind für ihn eigenständige Gebilde. Der Lehre vom Gesellschaftsvertrag, Riehl sah irrtümlich in Rousseau ihren Begründer, begegnete er mit strenger Ablehnung. Von dem Genfer heißt es bei Riehl: „Nicht die Untersuchung des Volksorganismus als einer historischen Thatsache, sondern das Phantasiebild eines ,Gesellschaftsvertrages'stellt er an die Spitze seiner neuen Gesellschaftswissenschaft. Die sociale Politik wird zur socialistischen. So ist es bis auf unsere Tage in Frankreich überwiegend geblie-ben; die Franzosen haben bis jetzt stets nur eine verneinende, nivellierende, nicht aber eine positive, conservative sociale Politik gewinnen können." Offen-bar verbindet Arndt und Riehl der unbedingte Haß auf alles Französische. Aber Arndt ist bereits demokratischer gesinnt. Im Prinzip bekennt er sich zum Gesellschaftsvertrag, und wenn die Bauern zusammen mit den Bürgern und dem Adel ihre Vertreter in den Reichstag entsenden sollen, so ist mit dieser Institution das Bindeglied zwischen Volk und Staat bereits gegeben, das Volk hat den ersten Schritt auf dem Wege zur Nation bereits getan. Arndt saß im Parlament, das in der Paulskirche tagte, Riehl hätte sich wohl kaum hinein-wählen lassen.

Riehl ist in einer Beziehung moderner als Arndt. Den damals so genannten Vierten Stand, die Arbeiterschaft, bezieht er ausdrücklich in seine Betrachtun-gen ein. Die vier Stände, in die man damals die Bevölkerung gliederte, teilte Riehl in die Mächte des „socialen Beharrens" und die Mächte der „socialen Bewegung" ein. Zu den Beharrenden zählte Riehl die Bauern und den Adel. Schon Garve hatte zwischen beiden Gruppen bedeutsame Gemeinsamkeiten entdeckt: die Abkapselung gegenüber anderen Ständen, der fortwährende Verkehr untereinander und die daraus fließende scharf profilierte standesbedingte Gesinnung. Beide wiesen auch noch ein wesentliches Kennzeichen des Standes auf, waren sie doch beim Adel weitestgehend de jure, bei den Bauern de facto Geburtsstände.

Riehl, der die deutschen Gaue durchwandert hatte, war im Grunde genommen ein nüchterner Beobachter. Selbst in dem Kapitel **„Der Bauer von guter Art"** sucht man vergeblich nach jenen pathetischen Verherrlichungen, wie sie Arndt liebte. Statt dessen überwiegen nüchterne Schilderungen, und einige Beobachtungen sind absolut deckungsgleich mit denen Garves. Riehl reihte jedoch im flotten jornalistischen Stil, er war zeitweilig Schriftleiter, jene Scenen, die er für charakteristisch hielt. Eine geistige Durchdringung oder gar eine Theoriebildung, wie sie Garve anzubieten hat, versuchte er nicht einmal ansatzweise. Wohl unterscheidet er in den einzelnen Landschaften die ethnischen Besonderheiten, die der Bauernstand weit ausgeprägter als die Bürger in den Städten bewahrte, doch dann genügte es ihm feststellen zu können, daß bei allen Abweichungen im äußerlichen Erscheinungsbild der Bauer „in den Hauptcharakterzügen, in dem eigentlichen Grundton der Sitte überall derselbe bleibt".

Im Kapitel **„Der entartete Bauer"** bringt Riehl etliche Beispiele, die zeigen sollen, wie mit der Aufgabe des alten Herkommens der wirtschaftliche Ruin einherging. An Merkwürdigkeiten fehlt es dabei nicht. So wurde seiner Meinung nach der kleine Bauer zu einem „kleinen Handelsmann". „Es geht ihm jetzt erst ein Licht auf über das Lottospiel des Fruchtmarktes und er beginnt sich demselben mit dem gleichen Eifer zu ergeben, mit welchem er sich dem Rechtsspiel (den Processen) und dem eigentlichen Geldspiel ergibt." Arndts Meinung wird fortlaufend bestätigt, der Bauer sei in seinem „mäßigen Glück" zu halten. Der Staat tut jedoch das Gegenteil und fördert den Zerfall: Er schickt Lehrer, deren Horizont jetzt deutlich über den des Bauern hinausgeht, und wissenschaftlicher gebildete Prediger. Kolonisten zwingt der Staat in die sich sträubende, in sich geschlossene Gemeinde hinein und rüttelt an deren Organisation. In dieser Korporation hatten die Bauern bislang wie in einer großen Familie zusammengelebt. Am schlimmsten ist es um die Dörfer in Stadtnähe bestellt, hier ist längst die alte Sitte verloren gegangen.

„Unsere früheren Regierungen bildeten sich nicht wenig darauf ein, daß sie die Leuchte der Aufklärung unter das dumme Bauernvolk getragen. Da aber diese Aufklärung nur auf ein ganz dürres Schema nüchterner Verständigkeit hinauslief und auf eine Loyalität abzweckte, deren Mutter die Furcht vor dem Polizeidiener ist, so wurde sie von dem unverfälschten Bauern spröde abgewiesen, den halb verderbten aber ruinierte sie vollends."

So bleibt denn in den stadtnahen Dörfern von den Bauern nichts als die Grobheit und Rohheit übrig. Das Proletariat solcher Dörfer ist das allergefährlichste, weil es an innerer Verdorbenheit dem städtischen nicht nachsteht, es aber an Rohheit übertrifft. „Ländliche Proletarier dieses Schlages waren es, welche Auerswald und Lichnowski ermordeten."

Ob es gelingt, den entarteten Bauern wieder an seine alte Sitte zu binden, vermag auch Riehl nicht mit Sicherheit zu sagen. Auf jeden Fall konstatiert er, es gäbe noch genug Bauern von der guten Art und sie seien unbedingt in den gewohnten Verhältnissen zu erhalten. Warum das geschehen muß, leidet für Riehl keinen Zweifel. Zwar weiß er als positives Charakteristikum nur die „Nervenstärke" anzugeben, doch lag für ihn die Antwort auf der Hand, indem er an das letzte herausragende politische Ereignis erinnerte: die Märzrevolution. „In den socialen Krisen unserer Tage hat der Bauer eine wichtigere Rolle gespielt als die meisten ahnen, denn er hat den natürlichen Damm gebildet gegen das Ueberfluthen der französischen Revolutionsdoctrin in die unteren Volksschichten. Nur die Passivität der Bauern hat im März 1848 die deutschen Throne gerettet ... Es war aber jene Passivität keine zufällige, sie quoll vielmehr aus dem innersten Wesen des deutschen Bauern. Der Bauer hat in unserm Vaterlande eine politische Bedeutung wie in keinem andern Lande Europa's; **der Bauer ist die Zukunft der deutschen Nation.**"

Das ist zwar nicht Arndts Stil, aber eindeutig Arndts Überzeugung. Dennoch ist der Unterschied enorm. Als Arndt den Bauern mit großem Pathos seinen Mitbürgern als nachahmenswertes Beispiel hinstellte – und welcher aufgeklärte Bürger mochte seine reale Erscheinung wohl als Vorbild anerkennen – schrieb er von einem Ideal, das höchstens in einigen nördlichen Landstrichen Deutschlands in der Realität wiederzufinden war. Arndts oft wiederholte Überzeugung, ohne einen gesunden Bauernstand könne der Staat nicht bestehen, blieb bei aller Akzeptanz doch nur eine These. Jetzt aber war sie durch den Geschichtsverlauf bestätigt worden, und das sicherte den gleichsinnigen Äußerungen Riehls eine ganz andere Überzeugungskraft. Die ungeschmälerte Erhaltung des Bauerntums wurde für viele – vor allem die konservativ eingestellten Gruppen – ein fast schon axiomatischer Leitsatz, der in der künftigen Agrarpolitik eine nicht geringe Rolle spielen sollte.

Dabei hätte man das Verhalten der Bauern auch weit nüchterner erklären können. Ulrich PLANCK und Joachim ZICHE haben wohl als letzte das sogenannte **Hofdenken des Bauern** noch einmal in aller Deutlichkeit in ihrer „Land- und Agrarsoziologie" (1979) herausgestellt. Danach kreist das Denken des Bauern um seinen Hof, dessen Erhalt all sein Fühlen und Trachten gefangen nimmt und nur eine Steigerung kennt: den Hof über den augenblicklichen Stand hinaus zu verbessern. Dazu bestand in den Jahren von 1830 bis 1860/70 auf Grund der für Vollerwerbslandwirte günstigen Agrarkonjunktur gute Gelegenheit, die Separationen halfen mit, und der Bauer hatte alle Ursache, mit der Welt, wie er sie sich wünschte, zufrieden zu sein. Warum sollte er den leichtsinnigen Toren vertrauen, zu denen er auch die Politiker zählt? Das Solide und Notwendige ist der Ackerbau, und solange der Bestand des Hofes nicht gefährdet wird, ist Politik eine höchst nachrangige Sache. Der Bauer hat seine eigenständigen Ideale, er braucht nicht jene der Politiker. Aus dem engen Umkreis seines Hofdenkens tritt der Bauer erst dann heraus, wenn er meint, das sei für den Erhalt des Hofes notwendig. Er tritt gern wieder in den engen Umkreis seiner Lebenswelt zurück, wenn er die Überzeugung gewonnen hat, der Staat sei nunmehr entschlossen, den Außenschutz zu übernehmen.

II   Die Bestätigung des Selbstbildes durch den Staat

A   Förderung des landwirtschaftlichen Vereinswesens

Summarisch ist auf das landwirtschaftliche Vereinswesen vor Gründung des Bundes der Landwirte schon oft eingegangen worden. Eine eigene Monographie fehlt jedoch. Das mag an der Unübersichtlichkeit der Materie liegen. Von 1820 bis 1840 wurden allein in der preußischen Monarchie 108 landwirtschaftliche Vereine gegründet und bis 1860 kamen noch einmal 399 hinzu. Die fast schon unübersehbare Vielzahl war durch die Zeitumstände bedingt. Die Verkehrsverhältnisse erlaubten erst wenigen begüterten Menschen weite Reisen, und wenn man auch den mittleren Landwirt erfassen und mit den Bildungsangeboten erreichen wollte, mußte man auf ihn zugehen und seine immer noch notwendige Anreise auf ein zumutbares Maß beschränken. Eine Vereinigung auf mittlerer Ebene wurde bald erreicht. Man gründete Haupt- und Zentralvereine für die einzelnen Bundesstaaten und für die preußischen Provinzen.

Der **Zweck der Vereine** läßt sich rasch definieren: Die Produktionsweise der Einzelbetriebe sollte verbessert werden. Zu diesem Zweck wurden kleine Ausstellungen durchgeführt, Betriebsmittel beschafft und ausprobiert, auf den Versammlungen wurden belehrende Vorträge gehalten, auch agrarpolitische Fragen diskutiert, und eine eigene Zeitschrift durfte nicht fehlen. Ob mit diesen Vereinen eine „neue Epoche der Agrargeschichte anhub", wie Frauendorfer meinte, muß jedoch bezweifelt werden. Sicherlich waren die neuen Organisationen der landwirtschaftlichen Praxis enger verbunden als zuvor die Ökonomischen Gesellschaften, doch ob sie die breite Masse der Bauern bereits erreichten, sei dahingestellt. Zu oft wird die Mentalität der Bauern außer acht gelassen. Der soziale Status richtete sich bis in die Gegenwart hinein nach der Größe des Besitzes, und selbst nach dem Zweiten Weltkrieg waren gesellschaftliche Kontakte zwischen Bauern und Gutsbesitzern ausgesprochene Ausnahmen. Diese Abstufungen nach dem Besitz wurden zudem durch Heiratsschranken verfestigt, vor allem wirkte das meistens recht unterschiedliche Bildungsniveau trennend zwischen den einzelnen Besitzgrößenklassen. Eine Stichprobe für

Braunschweig und Hildesheim ergab eine nur geringe Beteiligung der Mittelbauern am landwirtschaftlichen Vereinswesen. Es wäre in sozialgeschichtlicher Hinsicht äußerst wünschenswert, die soziale Struktur dieser Vereine aufzuhellen.

In welcher Weise die Spitzenorganisationen der landwirtschaftlichen Vereine mit dem Staatsapparat verknüpft waren, soll beispielhaft am Landesökonomiekollegium für die preußische Monarchie gezeigt werden, das 1842 errichtet wurde. Dieses Kollegium führte ein Direktor, dem mehrere Ministerialräte aus denjenigen Ministerien beigeordnet wurden, zu deren Ressort die landwirtschaftlichen und gewerblichen Angelegenheiten gehörten. Gelehrte wurde ebenfalls aufgenommen, die in den staatswirtschaftlichen Disziplinen oder den Naturwissenschaften oder der Statistik wohlbewandert waren. Die Landwirtschaft wurde von anerkannten Landwirten aus der Nähe Berlins vertreten, die von weiteren Landwirten aus den einzelnen Provinzen unterstützt wurden. Der Verwaltung stand ein Generalsekretär vor. Ohne den Verhältnissen Zwang anzutun, kann die gewählte Organisationsform als **Vorstufe der späteren Landwirtschaftskammern** angesehen werden.

Die doppelte **Aufgabenstellung** des Kollegiums ergab sich aus der Kabinettsordre. Es sollte 1.) die betreffenden Ministerien in landwirtschaftlichen Angelegenheiten beraten. Dieser Auftrag eröffnete den beteiligten Landwirten die Aussicht, ihre Ansichten und Vorschläge an die Staatsverwaltung heranzutragen. Bei der Ämterhäufung, die in der Landwirtschaft stets die Inhaber größerer Betriebe betraf, ist bei den genannten Landwirten anzunehmen, sie hätten auch im landwirtschaftlichen Vereinswesen eine bedeutsame Rolle gespielt. Sie wurden also gleichzeitig zu Mittelsmännern, die auch den Ansichten der einfachen Mitglieder weiterleiten konnten, falls sie das für richtig hielten.

Die 2. Aufgabe zielte in die umgekehrte Richtung. Das Kollegium sollte das Organ sein, dessen sich das Ministerium zu seiner näheren Einwirkung auf die landwirtschaftlichen Vereine bediente, um ihnen in gewerblich-technischer Beziehung „Anregung, Leitung und Richtung zu erteilen". Ausdrücklich wurde von der gemeinnützigen Tätigkeit der Vereine gesprochen, die das Kollegium zu befördern und zu unterstützen hatte. Mit dieser Passage bestätigte der Staat der Landwirtschaft ihre Bedeutung für die Monarchie. Die Landwirtschaft war sich, darüber belehrte schon Garve, ihrer Sonderrolle für das Gemeinwohl ohnehin bewußt. Wenn ihr jetzt der Staat seine besondere Aufmerksamkeit widmete, so war das aus Sicht der Landwirte nur das längst Notwendige, längst Fällige, das er bislang viel zu lange versäumt hatte. Die **finanzielle Unterstützung der Vereine** durch die Bundesstaaten wurde nicht nur zur Gewohnheit, sie begründete auch eine Erwartungshaltung der Landwirtschaft, die sich mit dem Bewußtsein ihrer Bedeutung ausgezeichnet vertrug. Diese Feststellung würde viel zu eng ausgelegt, wenn man den Vereinen unterstellte, sie spekulierten bereits auf Subventionen. Bis zu den Agrarreformen war der Staat es gewesen, der die Bauern über Gebühr belastete oder privatrechtlich gewordene Ansprüche den Berechtigten notfalls mit Hilfe der Staatsgewalt verschaffte. Wenn sich jetzt das Verhältnis umkehrte, so wurde das Bewußtsein der Betroffenen nicht sogleich verändert. Viel Mißtrauen, vor allem bei den Bauern, war zu überwinden. Sollte die Mentalität der nunmehr Begünstigten sich wandeln, so brauchte der Vorgang nicht geringe Zeit; schließlich bewirken selbst Revolutionen keinen Umbruch fundamentaler Einstellungen.

Das Streben nach der Einheit Deutschlands fand auch in der Landwirtschaft seinen Ausdruck. 1837 wurde der **Nationalverein der deutschen Landwirtschaft** gegründet. Er hatte sich ebenfalls zum Ziel gesetzt, zur Förderung und Vervollkommnung der Landwirtschaft im allgemeinen, wie in allen ihren verschiedenen Zweigen beizutragen. Zu diesem Zweck hielt er alljährlich eine Wanderversammlung ab, zu der jeder Bundesstaat eine Delegation entsandte. Gleichzeitig wurde eine Ausstellung veranstaltet. Ob dieser Institution eine größere Breitenwirkung beschieden war, muß offen bleiben. 1863 erreichte die Teilnehmerzahl in Königsberg mit 3307 Personen ihr Maximum. Bedeutsam sind dagegen die Festschriften, die aus Anlaß der Wanderversammlung regelmäßig herausgegeben wurden. Sie vermitteln oft nicht nur ein detailliertes Bild der Landwirtschaft der betreffenden Provinz oder des betreffenden Bundesstaates, sondern werfen zuweilen ein Schlaglicht auf aktuelle Probleme. Dagegen tritt die Agrarpolitik in den Hintergrund. Wie nicht anders zu erwarten, sind die einzelnen Festschriften von unterschiedlichem Wert. Geradezu dürftig ist ausgerechnet die für die Provinz Sachsen, die Versammlung fand 1850 in Magdeburg statt, die neben dem Rheinland dennoch als fortschrittlichste preußische Provinz bezeichnet werden muß. Schlägt man das Kapitel Düngung in der Festschrift für das Königreich Sachsen aus dem Jahre 1865 auf, so gewinnt man wirklich nicht den Eindruck, ein grundsätzlicher Umschwung bahne sich an. Das Wirken Liebigs hatte selbst bei der fortschrittswilligen sächsischen Landwirtschaft noch kein nachhaltiges Echo gefunden.

Auch der Nationalverein der deutschen Landwirtschaft mußte den Erfordernissen der Tagespolitik Rechnung tragen. Sie war geprägt vom Dualismus Preußens und Österreichs, zu dem noch die Eifersüchteleien der deutschen Mittelstaaten kamen. Infolgedessen bemühte sich der Verein um Neutralität, indem er den Versammlungsort jährlich wechselte. Erst die Reichsgründung gab den Weg für die Gründung einer effektiv arbeitenden Spitzenorganisation frei, der Österreich nicht mehr angehören konnte.

1872 wurde in Berlin der **Deutsche Landwirtschaftsrat** konstituiert. Entsprechend seiner Satzung war der Rat verpflichtet: „die landwirtschaftlichen Interessen im Gesamtumfang des Deutschen Reiches wahrzunehmen und überall, wo dieselben durch die Reichsgesetze oder durch Anordnungen und Maßregeln der Reichsverwaltung gefördert werden können oder geschädigt zu wer-

den Gefahr laufen, nicht nur die in etwa von ihm geforderten Gutachten abzugeben, sondern auch unaufgefordert und beizeiten an die Reichsregierung
motivierte Vorstellungen zu richten oder sich mit Anträgen an den Reichstag
zu wenden.‟

Sicherlich hat dieser Auftrag zu einer sehr positiven Lagebeurteilung beige-
tragen, die Heinz HAUSHOFER für diesen Zeitpunkt gab. Er meinte, die Landwirtschaft habe seit 1848 finanzielle Reserven angesammelt, sei als Fundament
des Staates der Gesamtwirtschft wie des Staates anerkannt worden, sie sei im
Besitz einer modernen wissenschaftlichen Schule, besäße ein sich ausbreitendes
Fachschulwesen, angesehene Akademien oder wäre an den Universitäten oder
Technischen Hochschulen vertreten. Insgesamt gesehen sei sie deshalb „für das
Eintreten in die ‚große Krise‘, die FRAAS 1866 vorhergesagt hatte, gut vorberei-
tet‟ gewesen.

Dieser ausgesprochen positiv gefärbten Lageanalyse kann aus mehreren
Gründen nicht zugestimmt werden. 1) Die Landwirtschaft war keineswegs als
Fundament des Staates und der Gesamtwirtschaft von allen anerkannt worden.
Der linke Flügel der Nationalliberalen Partei hatte sich zwar 1866/67 bei den
Zollverhandlungen mit den bestehenden alten Mächten arrangiert, und die
Entscheidungsfrage „Agrar- oder Industriestaat‟ war noch einmal zurückge-
stellt worden. 1879 verweigerte jedoch der linke Flügel trotz allen Werbens
Bismarck endgültig die Gefolgschaft, und der Kanzler mußte sich nach neuen
Partnern im Reichstag umsehen. Der Name der SPD braucht in diesem Zu-
sammenhang nur genannt zu werden. 2.) Bereits 1861 hielt Liebig als Präsident
der Bayerischen Akademie der Wissenschaft eine Rede, in der er in maßloser
Weise die Akademien abqualifizierte. Fraas konstatierte schon 1865, trotz der
Entgegnung der Betroffenen und ihrer Verteidiger „bildet sich doch allmählig
eine große Mehrzahl für die Liebig'sche Behauptung.‟ 3.) „Das sich ausbrei-
tende Fachschulwesen‟ bildete bis 1890 nur eine unbedeutende Zahl von
Schülern aus (vgl. S. 373). 4.) Schließlich war, wie sich noch zeigen wird, auch
die Wissenschaft während der Caprivi-Krise nicht in der Lage, der Landwirtschaft einen Ausweg zu weisen. 5.) Die hohe Verschuldung des Großgrundbesitzes war schon zur Zeit der Reichsgründung gegeben. Ebenfalls, wie schon
Fraas betonte, seine führende Stellung im Vereinswesen. Die Vermutung, es
könne von den Großagrarierern im Falle einer – oder ihrer? – Krise zu einem
politischen Kampfinstrument umgeformt werden, lag schon damals nicht allzu
fern.

B Die landwirtschaftliche Siedlung

Die Anlage neuer landwirtschaftlicher Stellen war fast vollständig auf das
Königreich Preußen beschränkt. Für viele Autoren schien es daher nahezu-
liegen, auf die kolonisatorische Tätigkeit Friedrichs II. zurückzugreifen und

eine Art von Kontinuität herzustellen. Das ist jedoch höchst fragwürdig. Mit dem Tode des Königs ging in Preußen eine Siedlungstätigkeit zu Ende, die von merkantilistisch-kameralistischem Geist getragen worden war. Genau hundert Jahre später wurde 1886 das Gesetz betreffend die Ansiedlung in den Provinzen Westpreußen und Posen erlassen. Posen noch stärker als Westpreußen wiesen einen erheblichen polnischen Bevölkerungsanteil auf, der zudem im Wachsen begriffen war. Die relative Zunahme sah die preußische Regierung als die gefährlichere an. Sie wurde keineswegs nur durch die höhere Kinderzahl der polnischen Familien, sondern gleichzeitig durch die Abwanderung vor allem deutscher Landarbeiter nach Berlin und den westlichen Reichsgebieten hervorgerufen. Mit der Ansiedlung deutscher Bauern gedachte man das deutsche Element in beiden Provinzen wieder zu stärken. Gleichzeitig beabsichtigte der Gesetzgeber, die bisherige Verschiebung der Agrarstruktur zugunsten der Großbetriebe zumindest teilweise wieder rückgängig zu machen. Der liberale Grundatz des freien Grundstücksverkehrs hatte inzwischen viel von seiner Überzeugungskraft eingebüßt, da er sich nach allgemeiner Auffassung zu Lasten des Bauernstandes ausgewirkt hatte. Falls das so gewesen ist, fand der Prozeß zur Zeit der Betriebszählungen für die Reichsstatistik im Durchschnitt des Deutschen Reiches keine Fortsetzung mehr. An Betrieben über 100 ha LF gab es

1882 24 991 Betriebe mit 7 786 263 ha LF und
1907 23 566 Betriebe mit 7 055 018 ha LF.

1891 wurde das Gesetz zur Beförderung der Einrichtung von Rentengütern verkündet und die Staatsverwaltung in den Dienst der national ausgerichteten Bestrebungen gestellt. Zuvor hatte ein ideologisch gefärbter Streit begelegt werden müssen. Die Erbpacht als Besitztitel war suspekt, da keine postfeudalen Abhängigkeitsverhältnisse wiedererstehen sollten. Der Verkauf solcher Güter wäre mit Sicherheit am Kapitalmangel der Bewerber gescheitert. Es erwies sich als gangbarer Ausweg, Zinsen und Tilgung in Form einer fünfzig Jahre lang zu zahlenden Rente zu erheben. Der Zinssatz von $2^1/_2$ muß als günstig bezeichnet werden. Die Güter wurden in einer Größe von 13 bis 15 ha ausgelegt, um einerseits die Familie voll auszulasten, andererseits keinen Bedarf an Fremdarbeitskräften aufkommen zu lassen. Insgesamt wurden bis 1916 45 120 Rentengüter geschaffen. Von ihnen entsprachen rund 32 000 Betriebe den angedeuteten Zielvorstellungen (SKALWEIT, 1924, 151). Für einen lohnenden Maschineneinsatz waren sie noch zu klein (vgl. S. 241).

Bei diesem Ansiedlungswerk gerieten die Großgrundbesitzer gehörig ins Kreuzfeuer der Kritik. Man tadelte, der Staat begünstige sie durch den Landkauf, da dadurch die Grundstückspreise künstlich hoch gehalten würden. Das traf besonders nach 1897 zu. Bis dahin war es gelungen, das Land zu 90 v. H. aus polnischer Hand zu erwerben. Danach überwog jedoch die Landabgabe der deutschen Besitzer. Zur Schmälerung ihres Ansehens trugen mehrere angesehene Gelehrte bei, die sich mit der ländlichen Arbeiterfrage beschäftigten. Schon 1872 war Theodor v. d. Goltz mit seinem Buch über **„Die ländliche Arbeiterfrage und ihre Lösung"** hervorgetreten. Danach wurden die Ergebnisse der Enquête veröffentlicht, die der Kongreß der deutschen Landwirte angeregt hatte. Ob das Problem durch die Ansiedlung der Landarbeiter tatsächlich zu lösen war, wie v. d. Goltz weit später vorschlug, muß bezweifelt werden. Im Gefolge der Agrarreformen hatte sich gerade in den Ostgebieten die Zahl der Klein- und Kleinststellen nicht unerheblich erhöht und dennoch waren die sozialen Spannungen gewachsen. Wichtig sind auch die Erhebungen zu Beginn der neunziger Jahre, die auf den Verein für Sozialpolitik zurückgingen. Die Befragungsaktion über die Lage der ländlichen Arbeiter erstreckte sich zwar fast über ganz Deutschland, hatte aber eindeutig ihren Schwerpunkt in den preußischen Ostprovinzen. Max Weber bearbeitete die Veröffentlichung.

Ob wirklich das sogenante „Goltzsche Gesetz" bestätigt wurde, wonach die Abwanderung vom Lande proportional mit dem Anteil des Großgrundbesitzes, mit abnehmender gewerblicher Tätigkeit und geringer werdenden Bodengüte wächst, kann getrost dahingestellt bleiben. Wesentliche Gründe sind damit sicherlich genannt, doch kamen weitere hinzu. Auf jeden Fall muß dazu der Einsatz der Dreschmaschine gerechnet werden, den Weber nachdrücklich hervorhob, und der Austausch ganzjährig beschäftigter teurer deutscher Landarbeiter gegen billigere polnische Wanderarbeiter. Weber sah in diesem Austausch eine nationale Gefahr und prangerte den **Großbetrieb als Polonisator** an. Als ein schlesischer Großgrundbesitzer für seine Klasse das Recht in Anspruch nahm, die Arbeiter nehmen zu können, woher sie wollten und so billig sie bekommen könnten, verwies Weber auf die von den Agrariern immer wieder betonte Forderung, die Verbraucher dürften das Brot oder Brotgetreide nicht dort beziehen, wo sie es wollten und wo sie es am billigsten einkaufen könnten.

Zu dieser widersprüchlichen und egoistischen Haltung des Großgrundbesitzes kam noch erschwerend ein weiteres Argument. Die polnischen Wanderarbeiter lebten in Deutschland äußerst sparsam und nahmen das überschüssige Geld mit heim. In dieser Weise sammelten sie Reserven an, die ihnen den Landkauf erlaubten, als seit 1896 die Polen zum Gegenangriff übergingen und eine eigene, durchaus schlagkräftige Siedlungsbewegung ins Leben riefen. Zwar versuchte der preußische Staat 1904 mit dem Feuerstättengesetz dieser Bewegung Einhalt zu gebieten, aber der publizistisch berühmt gewordene „Wagen des Drzymała" zeigte, wie rasch es den Polen gelang, das Gesetz zu unterlaufen. Da die Gründung einer eigenen Feuerstätte nunmehr verboten war, lebte der Bauer Drzymała in einem Wohnwagen, und vermochte es auf diese Weise, das erworbene Land dennoch zu bewirtschaften. Es ist aufschlußreich, hiermit die typisch zeitgebundene Darstellung bei Skalweit zu vergleichen.

Bei der Zielsetzung auf preußischer Seite in diesem **Nationalitätenkampf** war es trotz oder gerade wegen der dubiosen Haltung der überwiegend deutschen Großgrundbesitzer konsequent, per Erlaß 1907 auch die Anlage von Landarbeitersiedlungen zu gestatten, die eine Mindestgröße von 12,5 Ar aufzuweisen hatten. Als Empfänger der Rentenschuld durften die Gutsbesitzer selbst nicht auftreten, um unerwünschte Abhängigkeitsverhältnisse zu vermeiden. Statt dessen mußten diese Aufgabe neutrale Institutionen wie Banken übernehmen. Immerhin wies man insgesamt um 13 000 Stellen aus, auf denen deutschstämmige Landarbeiter seßhaft gemacht wurden.

Es wäre überflüssig, näher auf den Erfolg der nationalpolitisch motivierten Siedlung einzugehen, der nur bescheiden war und den Rückgang des deutschsprachigen Bevölkerungsanteils nicht verhindern konnte. Wichtig ist in dem hier auszufüllenden Rahmen etwas anderes. Nicht durch die Gesetze, sondern auch durch die nicht unbeträchtlichen Mittel, die der preußische Staat in die Siedlung steckte, bestätigte er in diesem Falle der Landwirtschaft ihre nationalpolitische Bedeutung für den Staat. Galt das anfangs nur für die bäuerliche, so konnten ab 1907 auch die Großgrundbesitzer diese Bestätigung für sich in Anspruch nehmen. Die Siedlungsbewegung ist ein ausgezeichnetes Beispiel, wie eng und fast schon unauflösbar allgemein- und wirtschaftspolitische Bestrebungen bereits in der Vergangenheit miteinander verflochten sein konnten.

C   Die Schutzzollpolitik

Sinn und Unsinn der Schutzzölle wurden bereits von den Kameralisten ausgiebig diskutiert. Im allgemeinen hielten sie nicht viel davon. Natürlich waren mit Einfuhrzöllen fremde Waren vom eigenen Markt mehr oder weniger fernzuhalten, und in diesem Mittel hätten die Regierenden voreilig ein Mittel sehen können, der merkantilistischen Maxime zu entsprechen, die Einfuhren zu drosseln und die Exporte zu erhöhen, um zu einer positiven Handels- und Zahlungsbilanz zu gelangen. Aber, so schränkten die Kameralisten sofort ein, der Handelspartner könne nicht gehindert werden, diesem Versuch mit eigenen Einfuhrzöllen zu begegnen. Da weiterhin die Überwälzung der Zölle auf den Preis des importierten Produkts bekannt war und damit dessen Verteuerung, zog man daraus den Schluß: es käme schon nach kurzer Zeit nicht eine Verschiebung der Handelsströme zustande, sondern es gäbe anschließend nur ein Spiel mit höheren Zahlen. Einschränkend wurde allerdings bemerkt, womöglich sei ein mächtiger Staat in der Lage, einen schwächeren zu zwingen, auf die Gegenzölle zu verzichten.

Das Fazit scheint auf der Hand zu liegen, nämlich keine Zölle zu erheben. Bei bilateralen Handelsbeziehungen gehört jedoch der Konsens beider Partner dazu, bei multilateralen sogar die Übereinkunft aller potenten Partner. Sie ist keineswegs so rasch zu erreichen. Bei den vielfältigen Wechselbeziehungen ist es methodisch unzulässig, nur das Handeln eines Partners zu untersuchen und darauf bereits Urteile abzustützen. Bismarck hat sich 1879 bereits dieser Argumentation bedient und das Deutsche Reich – England hat er als Ausnahme gelten lassen – als Nachzügler hingestellt, der jetzt darangehe, die notwendig gewordenen Gegenzölle einzuführen. Das Deutsche Reich sei, so Bismarck, in einem „Verblutungsprozeß begriffen", den es schnellstmöglich zu beenden gelte.

Bei der Diskussion um Schutzzölle nehmen die landwirtschaftlichen Erzeugnisse, besonders das Getreide, eine Sonderstellung ein. Da der Einsatz ertragssteigernder Hilfsmittel vor dem Ersten Weltkriege erst ein geringes Ausmaß erreicht hatte, war der Einfluß der von der Natur vorgegebenen Standortbedingungen dementsprechend größer. Bei der sogenannten Allokation der Produktonsfaktoren, also ihrer gegenseitigen Zuordnung, waren die USA und Argentinien gegenüber der europäischen Landwirtschaft eindeutig im Vorteil. Ist das Reservoir an ackerfähigem Boden so rasch nicht zu erschöpfen, nützt es wenig, beschwörend auf den Raubbau oder unvermeidliche Erosionsschäden zu verweisen. Solange die Regierung nicht Einhalt gebietet, wird der private Produzent dieses Reservoir so kostengünstig wie möglich ausschöpfen. Die Frage der Düngung und die damit verbundenen Kosten erledigt sich von selbst, indem bei nachlassender Fruchbarkeit andere „jungräuliche Böden" unter den Pflug genommen werden. Auch die Arbeitskosten lassen sich im kontinentalen Klima Amerikas, auch Rußlands, leichter minimieren als in Europa. Die Erntemaschinen können an weit mehr Tagen eingesetzt werden, denn Regentage verhindern ihren Einsatz praktisch gar nicht, so daß mit der weit größeren Fläche eine erhebliche Verminderung der Maschinenkosten einhergeht. Anders ausgedrückt: die Erntekosten und damit auch die Produktionskosten je dt Weizen sinken beträchtlich. Es ist daher kein Zufall, daß alle Erntemaschinen, von der einfachen Mähmaschine über den Flügelmäher und Bindemäher, der auch die Garben selber band, und schließlich bis zum Mähdrescher, in den USA entwickelt wurden. Verbilligte in den USA der Maschineneinsatz die Produktonskosten, so war es in Argentinien und Rußland das niedrige Lohnniveau, das es erlaubte, die in Mitteleuropa für notwendig erachteten Preise zu unterbieten.

Nachdem in den USA und im Deutschen Reich das Eisenbahnnetz hinreichend engmaschig geknüpft worden war, und nachdem weiterhin durch Schiffsschraube und Dampfmaschine der Seetransport ebenfalls erheblich verbilligt worden war, konnten die Farmer den mitteleuropäischen Preis unterlaufen, obwohl in ihrem Anbieterpreis nicht unerhebliche Transportkosten steckten. Sie produzierten so billig, daß sie ihre Produktionskosten dennoch decken konnten. Die Wirkung blieb nicht aus. Die bisherige Aufwärtsentwicklung der Getreidepreise wich einer Stagnation. Sie alarmierte die deutsche Landwirtschaft, auch deshalb, weil die Löhne stiegen. Bei geringeren oder gleichbleibenden Einnahmen und steigenden Kosten sahen die Landwirte ihre Existenz gefährdet. Seit 1880 erschien eine praktisch unübersehbare Flut von Publikationen, die sich mit der Krise in der Landwirtschaft auseinandersetzten.

Rein wirtschaftlich gesehen ist die Lösung einfach. Man macht sich fortan den Vorteil der **weltwirtschaftlichen Arbeitsteilung** zunutze. Also wird unbegrenzt Getreide eingeführt, der Brotpreis sinkt, die Reallöhne steigen oder man kommt sogar mit geringeren Nominallöhnen aus. Letzteres verbilligt die Industrieerzeugnisse, sie lassen sich leichter absetzen, und mit den steigenden Erlösen lassen sich nicht nur die Lebensmittelimporte bezahlen; es verbleibt noch ein Überschuß, der zur Steigerung des Wohlstandes oder für Innovationen genutzt werden kann. Die bisherige Wirtschaftsstruktur muß also aufgegeben und den neuen Bedingungen angepaßt werden. Trotz aller Verbrämungen können die Anhänger dieses Konzepts die Folgewirkung für die Landwirtschaft nicht bestreiten: Sie geht einem Einnahmeverlust entgegen, der von einem Vermögensverlust begleitet wird. Er wird im einfachsten Falle mit dem Einwand bagatellisiert, die Landwirte hätten vorher als Inhaber des Bodenmonopols überhöhte Gewinne genossen. Wesentlich ernsthafter sind Vorschläge zur Produktionssteigerung zu nehmen, mit denen eine Senkung der Produktionskosten je Einheit verbunden ist, so daß die Gewinne wieder steigen. Sie wären indessen, das ist nun einmal nicht wegzudiskutieren, bei diesem Vorgehen noch höher ausgefallen, wenn sich die Rahmenbedingungen nicht zuungunsten der Landwirtschaft verschlechtert hätten. Wenig überzeugend sind beispielsweise die Vorschläge Max Wirths, wenn er den Landwirten anrät, auf andere Kulturen auszuweichen. Obstbau und Ciderproduktion, Gemüse-, Gersten- und Hopfenbau sind und waren standortgebunden, und ob in jedem Falle ein aufnahmefähiger Markt vorhanden war, wäre mit Ausnahme der Gerste erst noch nachzuweisen.

Die **Umstrukturierung der Wirtschaft** geht jedoch nicht nur zu Lasten der Landwirtschaft aus. Sie schränkt gleichzeitig die politische Handlungsfähigkeit der Regierung ein. Wird der Staat von wenigen Anbietern auf dem Weltmarkt abhängig, ist er in Krisenzeiten Pressionen ausgesetzt. Im Kriegsfalle könnte seine Verteidigungsbereitschaft ernsthaft erschüttert sein. Einen ungehemmten Abbau der einheimischen Landwirtschaft konnte sich deshalb nur England leisten, das die Weltmeere beherrschte und von Zufuhren nicht abgeschnitten werden konnte. Das Deutsche Reich lag jedoch am sogenannten „Nassen Dreieck", womit die Nordseeküste gemeint war, das leicht abgeriegelt werden konnte. Deshalb erschien es den leitenden Politikern nicht statthaft, die Autarkie als nebensächlich zu erachten oder – was auf das gleiche hinausgelaufen wäre – sich der weltwirtschaftlichen Arbeitsteilung schrankenlos zu ergeben.

Zu diesem Gedankengang stand die **SPD in grundsätzlicher Opposition.** Die Abkapselung der Nationalstaaten gegeneinander verhinderte das erklärte Ziel, das Proletariat auf inernationaler Ebene zu vereinigen. Kriege entfielen daher als Argument für die volle oder nur partielle Autarkie, und damit wurde auch die Unterstützung der eigenen Landwirtschaft überflüssig. Im Gegenteil, billige Nahrungsmittelimporte waren dringend erwünscht, um den beklagenswerten Lebensstandard der Arbeiter aufzubessern. In besonders scharfen Gegensatz trat die SPD als Vertreter der Arbeiterinteressen zu den Großgrundbesitzern, die sich nicht entschließen konnten, in eine öffentliche Diskussion über die Lage der Landarbeiter einzutreten und statt einer durchgreifenden Änderung der meist unbefriedigenden Verhältnisse lieber den staatlichen Schutz vor der Abwanderung ansuchten, das Koalitionsverbot verteidigten, und schließlich die Zustimmung des Staates für den Einsatz der Wanderarbeiter forderten.

Mehrere Faktoren kamen 1878 zusammen und führten zu einer grundsätzlichen **Änderung der Politik Bismarcks.** Die SPD hatte im Gothaer Programm 1875 den gewaltsamen Umsturz der bestehenden Staatsordnung wie die Bewaffnung und die Diktatur des Proletariats gefordert. Dieser Radikalismus marxistischer Prägung verschreckte nicht nur die Besitzenden. Breite Kreise nahmen die Bedrohung des gerade geschaffenen Deutschen Reiches ernst, und im Reichstag fand sich eine Mehrheit für Bismarcks Sozialistengesetze. Bei der wirtschaftlichen Flaute, die auch die junge Industrie bedrohte, hatten liberale Ideen erheblich an Überzeugungskraft eingebüßt. Zusätzlich wurde Bismarcks Zusammengehen mit den Nationalliberalen von grundsätzlichen Differenzen mit dem linken Flügel überschattet, die sich immer klarer abzuzeichnen begannen. Die Konservativen, die stets ihre Staatstreue betont hatten, warteten nur darauf, die Nationalliberalen abzulösen. Auch das konservativ eingestellte Zentrum meinte, trotz des noch nicht beendeten Kulturkampfes essentielle Forderungen verwirklichen zu können. Es hatte bereits vor Erlaß der genannten Gesetze die „Volkswirtschaftliche Vereinigung des Reichstages" präsentiert. Zu ihr zählten die konservativen, freikonservativen Abgeordneten wie des Zentrums und mehr als ein Viertel der nationalliberalen Fraktion. Die später so genannten „Kartellparteien" traten erstmals auf den Plan. Bismarck verband sich mit den nunmehr stärkeren Bataillonen und vollzog die Schwenkung von der gemäßigt freihändlerischen zur konservativen Politik zum Schutz der nationalen Arbeit, nachdem ein letzter Versuch Bismarcks fehlgeschlagen war, die Mehrheit der nationalliberalen Abgeordneten für seine Politik zu gewinnen. Wenn Bismarck versucht hatte, die Bedeutung der Schutzzölle für industrielle und landwirtschaftliche Erzeugnisse herunterzuspielen, da mit den neuen Zollsätzen noch die von 1864 unterboten würden und dazu aufrief, von diesem rein wirtschaftlichen Ziel „alle Fragen der politischen Parteien, alle Fragen der Fraktionstaktik von dieser allgemein deutschen reinen Interessenfrage fernzuhalten", so folgte ihm der Führer des linken Flügels der nationalliberalen Partei, Eduard Lasker, trotz des dringenden Appels keineswegs. Er konstatierte vielmehr, die Schutzzölle entsprächen nur den einseitigen Interessen der ostelbischen Großagrarier und höchstens noch einigen Bereichen der

Schwerindustrie, aber keinesfalls denjenigen der Wirtschaft als ganzer. Lasker sah in der Gesetzesvorlage die bewußte Wiedereröffnung eines politischen Krieges, jenes prinzipiellen Krieges zwischen der Landwirtschaft auf der einen Seite und der Industrie und den Städten auf der anderen Seite (Lothar Gall).

Mit dieser Aussage war die entscheidende Differenz unzweideutig beim Namen genannt. Aus agrarhistorischer Sicht lohnt es nicht, den Gang der allgemeinen Geschichte weiter zu verfolgen, denn die Vorlage wurde beschlossen und der **Importzoll** in Höhe von 1,50 M/dt Weizen wurde seit dem 1. Januar 1880 erhoben. In welcher Weise er das Verhältnis von Verbrauchern und Erzeugern berührte, soll anhand der Abb. 17 verdeutlicht werden.

Jede Ausgabe oder Einnahme ist das Produkt aus Menge und Preis. Infolgedessen stand um 1870 der deutschen Landwirtschaft die Geldmenge I zur Verfügung, also das Produkt aus Weltmarktpreis und selbsterzeugte Getreidemenge. Da die inländische Erzeugung mit dem Verbrauch nicht Schritt hielt, wurden zunehmend mehr Importe benötigt. Die Geldmenge II ging dafür an die Importeure. Ab 1880 erhob der Staat einen Schutzzoll, so daß sich die Importe um seine Höhe verteuerten. Der Staat vereinnahmte die Menge III. Da auf dem Markt nur ein Preis gilt, verteuerte sich das einheimische Getreide, und die Verbraucher mußten schließlich auch noch die Menge IV aufbringen, die der deutschen Landwirtschaft zugute kam.

Da das Deutsche Reich seine Ausgaben mit den Matrikularbeiträgen der einzelnen Bundesstaaten nicht decken konnte und die Erhöhung dieser Beiträge auf etliche Schwierigkeiten stieß, bot sich als Ausweg nur an, die indirekten Steuern zu erhöhen oder Zölle einzuführen. Infolgedessen waren Bismarck die Mehreinnahmen durch die verschiedenen Schutzzölle hochwillkommen. Den-

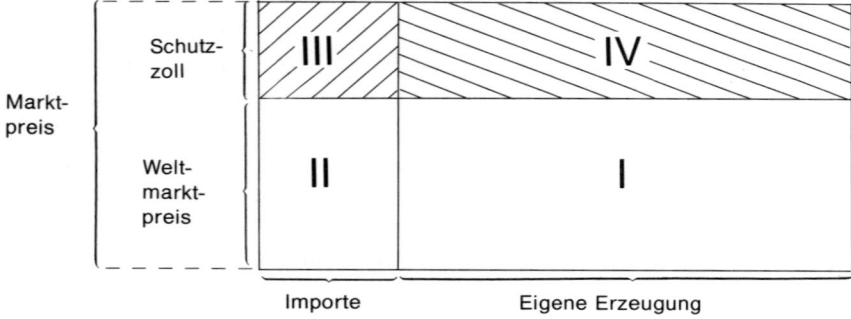

I = Ausgaben der Verbraucher für das inländische Getreide zu Weltmarktpreisen.
II = Ausgaben der Verbraucher für das importierte Getreide zu Weltmarktpreisen.
III = Mehrbelastung der Verbraucher durch den Schutzzoll.
IV = Mehrbelastung der Verbraucher zugunsten der einheimischen Landwirtschaft nach dem Preisangleich.

Abb. 17: Wirkung der Schutzzölle und ihre Aufteilung auf Staat und Landwirtschaft

noch ist er mit Bedenken zu den konservativen Kräften übergegangen, deren politisches Ziel im wesentlichen die **Erhaltung des Status-quo** war. Maßvolle Neuerungen hätten Bismarcks politischer Überzeugung besser entsprochen.

Die Landwirtschaft hatte ein politisches Grundsatzziel erreicht. Ihre Notwendigkeit hatte der Reichstag bestätigt, und wenn sie der scharfen Konkurrenz des Weltmarktes nicht gewachsen war, so war sie als staatserhaltende Kraft durch Schutzzölle in ihrem Bestand zu sichern. Es ist jedoch irreführend, immer nur von **der** Landwirtschaft zu sprechen. Der Schutzzoll stiftete, worauf bereits die Zeitgenossen hinwiesen, recht unterschiedlichen Nutzen. Am meisten profitierten davon die Großbetriebe, weil der größte Einnahmeposten bei ihnen durch die Getreideverkäufe zustande kam. Sie bauten, wie die Reichsstatistik informiert, keineswegs prozentual mehr Getreide an als die übrigen Betriebe, aber sie hielten wesentlich weniger Vieh als die Bauern und waren deswegen stark an einem Schutzzoll für Getreide interessiert. Da aber sehr bald auf nahezu alle landwirtschaftlichen Produkte Schutzzölle gelegt wurden, ist es falsch, immer nur die Großbetriebe als die Hauptnutznießer herauszustellen. Kein Interesse am Schutzzoll hatten die Schweinemastbetriebe, die ihre Tiere mit Getreide fett machten. Die überwiegende Zahl wurde mit Kartoffeln gemästet, so daß nur bei einem kleinen, nicht marktbeherrschenden Teil die Futterkosten stiegen. Diese Mäster konnten nicht mit Sicherheit darauf hoffen, daß der Markt ihren Mehraufwand honorierte. Konsequent setzten sich deshalb 1879 die Vertreter Oldenburgs für den Freihandel ein.

Wenn sich während der späteren Caprivi-Krise die ostelbischen Großgrundbesitzer lautstark und vehement für den Schutzzoll einsetzten und dabei eine starke bäuerliche Gefolgschaft fanden, so ist das kein Grund, die zu der Zeit unverkennbar herrschende Auffassung auf das Jahr 1879 vorzudatieren. Seitdem Karl W. HARDACH das einschlägige Quellenmaterial umsichtig zusammengestellt und ausgewertet hat, wäre es auch verfehlt, dem forschen Auftreten der zahlenmäßig nur kleinen Gruppe der Vereinigung der Steuer- und Wirtschaftsreformer zuviel Gewicht beizumessen. Die Sitzungsberichte des Deutschen Landwirtschaftsrates spiegeln genauer die Stimmung der Landwirte in den einzelnen deutschen Staaten und Provinzen. Das schon von den Zeitgenossen bespöttelte Bündnis zwischen „Brot und Eisen" bewies indessen bei den Landwirten eine nicht zu unterschätzende Schubkraft. Erhielt die Industrie Schutzzölle, wollte man ebenfalls in den Genuß solcher Zölle kommen. So lautete einer der Vorschläge, auf sämtliche Importwaren einen Eingangszoll in Höhe von 3 v. H. des Wertes zu erheben. Die Landwirte in den meisten Regionen waren jedoch ziemlich unentschlossen und ebenso ihre Vertreter im Rat. Ausgesprochen schutzzöllnerisch waren diejenigen aus den Provinzen Rheinland, Hannover, Hessen-Nassau und Oberschlesien gesinnt. Sie versprachen sich indessen vorrangig einen Nutzen von den Schutzzöllen für die Schwerindustrie, von deren Aufschwung sie sich einen besseren Absatz ihrer

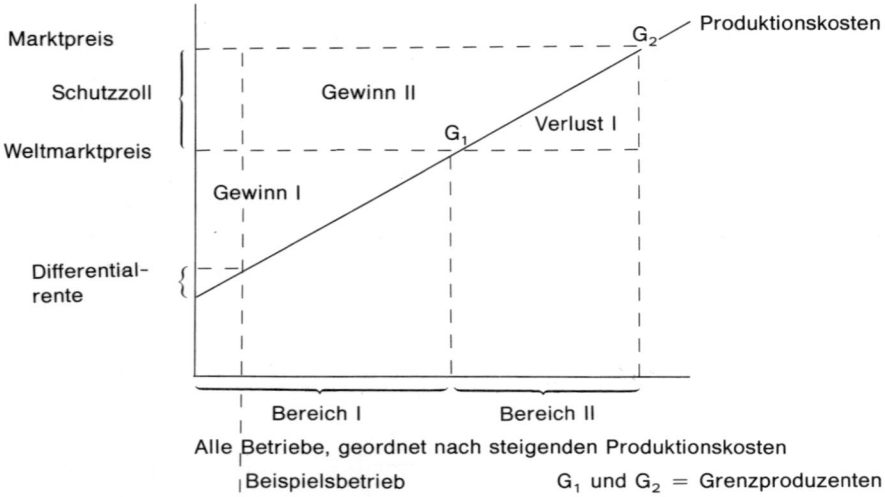

Abb. 18: Wirkung des Schutzzolls auf landwirtschaftliche Betriebe mit unterschiedlich hohen Produktionskosten (Modell für 1 dt Getreide)

Veredlungsprodukte erhofften. Ausgesprochen freihändlerisch votierten dagegen die Vertreter Oldenburgs, die der drei Hansestädte, Schleswig-Holsteins, beider Mecklenburg sowie West- und Ostpreußens. Sie waren eher an Vieh- und Getreideexporten nach Schweden und England interessiert und fürchteten im Falle eigener Zölle die Gegenzölle dieser Staaten.

Schutzzölle wirken auf verschiedene landwirtschaftliche Betriebe in unterschiedlicher Weise ein. Zumindest teilweise war das den Zeitgenossen bekannt. Am einfachsten lassen sich die verschiedenen Wirkungen an der Abb. 18 demonstrieren. Auszugehen ist von der generellen Wirkung eines Schutzzolls, der für Getreide eingeführt wird. Da aus verschiedenen Gründen die Produktionskosten in den einzelnen Betrieben unterschiedlich hoch sind, machen die Betriebe im Bereich I ungleiche Gewinne. Den höchsten erzielt jener, der durch die Ordinate gekennzeichnet wird. Gegenüber dem nicht ganz so günstig wirtschaftenden Beispielsbetrieb erzielt er aus noch zu klärenden Ursachen eine Differentialrente. Die Betriebe im Bereich II wirtschaften dagegen mit Verlust. Handelt es sich um überwiegend lohnzahlende Betriebe, müssen sie aufgeben. Familienbetriebe können dagegen auf einen Teil ihres Lohnanspruchs verzichten und weiterwirtschaften. Da in jenen Jahren die Marxisten fest von der Überlegenheit des Großbetriebes überzeugt waren, die Klein- und Mittelbauern jedoch nicht aufgaben, nahmen sie zur sogenannten Selbstausbeutung als erklärendes Moment ihre Zuflucht. Es wäre jedoch verfehlt, in einer damals so wenig mechanisierten Landwirtschaft die Klein- und Mittelbetriebe ausschließlich im Bereich II zu suchen. Dagegen spräche auch die Preisentwicklung, die eindeutig zugunsten dieser stark viehhaltenden Betriebe verlief.

Nach Einführung eines Schutzzolls ändert sich die Lage nicht unerheblich. Der ursprüngliche Grenzproduzent (G_1), der bislang lediglich die Produktionskosten erstattet bekam, erwirtschaftete fortan einen Gewinn in Höhe des Schutzzolls. Aber auch die Betriebe im Bereich II kamen aus der Verlustzone heraus und hatten nunmehr einen, allerdings ständig schrumpfenden Gewinn vorzuweisen, der beim neuen Grenzproduzenten (G_2) schließlich wieder auf Null absank. Da wieder **wesentlich mehr Betriebe rentabel** wirtschaften konnten, erhöhte sich auch die angebotene Getreidemenge. Solange deren Absatz gesichert war, brauchte ein Druck auf die Preise nicht befürchtet zu werden.

Die wesentliche Frage läßt sich nunmehr einsichtiger und genauer formulieren: Aus welchen Gründen waren die Betriebe im Bereich II nicht in der Lage, bei Weltmarktpreisen einen Gewinn zu erzielen? Zuerst ist an Ricardos Erklärung der steigenden Grundrente bei wachsender Bevölkerung zu erinnern (vgl. S. 80). Weniger fruchtbare Böden müssen ebenso wie weiter vom Markt entfernte in Kultur genommen werden, um den Gesamtbedarf zu decken. Der Beispielsbetrieb in der Abb. 18 (S. 314) könnte also etwas weiter vom Markt entfernt liegen als der Spitzenbetrieb und die fehlende Differentialrente müßte auf die höheren Transportkosten zurückgeführt werden. Genausogut könnte aber auch bei gleicher Entfernung zum Markt die Fruchtbarkeit des Bodens niedriger sein. Dann wäre die Arbeitsproduktivität je Stunde geringer – oder umgekehrt: je dt Getreide würde mehr Arbeitszeit benötigt, die Produktionskosten wären also höher und erneut geht aus diesem Grunde dem Betrieb die Differentialrente verloren. Schon um 1820 sah man diesen Zusammenhang in England ganz klar. Würden die Kornzölle aufgehoben, so müßten die sogenannten Grenzböden mit ihrer geringen Ertragskraft aus der Produktion ausscheiden. Das gleiche wurde auch von den Gegnern der 1880 eingeführten Schutzzölle für das Deutsche Reich zugestanden. Man meinte, im Hinblick auf eine billigere Versorgung mit Lebensmitteln und der damit verbundenen Verbesserung des Gemeinwohls könne es die Regierung verantworten, die wirtschaftliche Existenz dieser Betriebe aufs Spiel zu setzen. Gegen deren Verlust sträubten sich die Inhaber dieser Betriebe dennoch, nicht zuletzt in dem Bewußtsein, jahrzehntelang gebraucht worden zu sein. Gefährdet waren auch die marktfernen Gebiete im Osten, die mit den hohen Transportkosten belastet waren. Deren wirtschaftliche Existenz wollte der Staat jedoch erhalten, um das Vordringen des polnischen Elements zu verhindern. Der volkswirtschaftlich entscheidende Gesichtspunkt in Hinblick auf die Landwirte selbst, ihre Qualität als Unternehmer, verbessert sich nicht: „weil andererseits der Schutzzoll die Geschützten einschläfert, daß sie die Hände in den Schoss legen und versäumen, alle ihnen zu Gebote stehenden Mittel der Selbsthilfe anzuwenden, welche allein geeignet sind, sie dauernd und unabhängig von äußeren Zufällen sicher zu stellen." Diese Gefahr zeigt die Abb. 18 (S. 314), indem alle Landwirte im

Bereich I zum bisherigen Gewinn I den Schutzzoll als Gewinn II ohne ihr Zutun als Geschenk des Staates erhalten. Bezahlt wird dieser Zusatzgewinn von den Verbrauchern, von denen die Armen besonders hart betroffen werden, da sie dem Engelschen Gesetz zufolge den größten Teil ihres Einkommens für Lebensmittel ausgeben müssen. Den Einkommenstransfer vom armen Industriearbeiter hin zum kleinen Bauern hätten die Zeitgenossen wohl noch verschmerzt; wenn zu den Empfängern aber in weit größerem Maße auch die Gutsbesitzer zählten, konnte eine zum Teil scharfe und leidenschaftliche, aber auch bissige Kritik nicht ausbleiben.

Die oft mit Heftigkeit vorgetragenen Argumente für und wider den Schutzzoll sind geeignet, eine Grundsatzentscheidung zu verdecken. Wenn die ausländischen Produzenten natürliche Vorteile nützen können, gibt man dann die inländische Erzeugung einfach preis, oder sollte die Regierung versuchen, den Vorsprung bei den niedrigeren Produktionskosten durch einen Schutzzoll auszugleichen? Würde im Idealfall der angestrebte Ausgleich erreicht, so gewönnen die einheimischen Erzeuger keinen Einkommensvorteil vor ihren ausländischen Konkurrenten – und erst der wäre wahrhaft unsozial. Eins, das sei hier vorweggenommen, erstaunt den Landwirt: Freihandel bei Agrarprodukten ist eine ungeheure Wohltat für die arbeitenden Klassen bei Max WIRTH – gegen die Schutzzölle für Industrieprodukte findet man dagegen kein einziges Wort. Es wäre, und diesen Punkt haben die Landwirte ebenfalls in die Debatte geworfen, für sie eine Wohltat gewesen, wenn sie englische Maschinen, die immer noch als die besseren galten, ohne Zoll hätten beziehen können.

III   Die Caprivi-Krise

A   Auslösende Momente

1   Die Getreidepreisentwicklung

Wenn die Schutzzollpolitik des Deutschen Reiches analysiert werden soll, ist zuvor zu überlegen, ob es genügt, lediglich die Getreidepreise zu betrachten. Geht man von der agrarpolitischen Diskussion in den sechziger Jahren dieses Jahrhunderts aus, so wurde zumindest von landwirtschaftlicher Seite der Getreidepreis zum „Eckpreis" deklariert. Direkte Gegenstimmen gab es kaum, eher wurden Modifikationen vorgetragen. Den Sachverhalt bestätigt auch die Marktlehre, indem sie von der Interdependenz der Agrarpreise spricht. Sie ist allerdings verschieden eng. Beteht das Schweinemastfutter ganz oder zum größeren Teil aus Getreide, so folgen nach verhältnismäßig kurzer Verzögerung die Schweinepreise der Bewegung der Getreidepreise. Obwohl während der Caprivi-Zeit noch weit mehr Kartoffeln in der Mast eingesetzt wurden als heute, war der Anteil der mit Getreide ausgemästeten Schweine doch schon so hoch, daß die Interdependenz mühelos durch den Vergleich der Preisreihen nachgewiesen werden kann. Der Rat, das Getreide nicht direkt zu verkaufen, sondern in der Veredlungswirtschaft einzusetzen, war jedenfalls in der Schweinemast kein Allheilmittel (vgl. S. 318).

Recht weit ist die Interdependenz dagegen bei der Rindviehhaltung. Zwar kann Getreide ebenso an Milchkühe wie an Masttiere verfüttert werden, doch kann es aus physiologischen Gründen immer nur einen recht beschränkten Teil der Gesamtfutterration stellen. Ein Ausweg wäre also nur für marginale Mengen gegeben. Es wäre voreilig, aus diesen Beschränkungen den Schluß zu ziehen, es lohne gar nicht mehr, von einer Interdependenz zu sprechen. Immerhin läßt sich Schweinefleisch durch Rindfleisch, aber natürlich gleichermaßen Rindfleisch durch Schweinefleisch substituieren. In welchem Maße sich die Preise beider Fleischarten eigenständig bewegen, hängt nicht zuletzt von den Verbraucherwünschen ab. Die damals entstandene Präferenz für das Schweinefleisch hat sich sogar bis heute erhalten, obwohl die inzwischen geradezu unvergleichlich gestiegene Kaufkraft eine Ausweitung des Verzehrs von teurerem Rindfleisch mühelos erlaubte. Bei den Franzosen steht es dagegen nach wie vor in hoher Gunst, obwohl das Volkseinkommen je Kopf jenes in der Bundesrepublik nicht erreicht.

Würde also bei sinkenden Getreide- und Schweinefleischpreisen den Landwirten empfohlen, zum Ausgleich die Rindviehhaltung auszudehnen, so sind die zu überwindenden Schwierigkeiten zahlreich und von einigem Gewicht. 1.) Will der Verbraucher überhaupt mehr Rindfleisch verzehren, mehr Milch trinken oder mehr Butter essen? 2.) Ist er bei fallenden Schweinefleischpreisen gewillt, einen höheren Preis für die gleiche Gewichtsmenge Rindfleisch zu erlegen? Ist daran mit Fug und Recht zu zweifeln, so muß der Landwirt auch auf der Produktionsseite einige Widerstände überwinden. Kann er notfalls ein paar Schweine mehr in einem bislang ungenutzten Winkel seines Hofes unterbringen, so ist das bei Kühen unmöglich. Der Kuhstall ist also zu vergrößern, und das kostet Geld. Ferner ist die artgemäße Futtergrundlage zu schaffen. Das kostet Zeit. Bei Stallhaltung wäre auch die Transportkapazität auszuweiten. Schließlich ist mit höheren Einnahmen aus diesem Produktionszweig beim Fleisch erst nach zwei Jahren, bei der Milch nach drei zu rechnen. Es fehlt aber noch das Entscheidende: Niedrige Getreidepreise verbilligen die Produktion von Rindfleisch und Milch nur in einem völlig unerheblichen Ausmaß; sie nehmen dem Landwirt jedoch die Mittel für jene Investitionen, die benötigt werden, wenn der Rindviehstapel ausgedehnt werden soll. Ist also mit spürbar höheren Preisen nicht zu rechnen und die Produktion nicht nennenswert zu verbilligen, so stellt sich kaum eine höhere Gewinnspanne ein. Sie wird zudem noch durch die Amortisation und Verzinsung der Investitionen belastet. Fällt also die Beziehung zwischen Getreide- und Schweinefleischpreisen auch weit enger aus als jene zwischen Getreidepreisen und denen der Erzeugnisse aus der

Rinderhaltung, so darf dennoch die Interdependenz nicht einfach übergangen werden.

Aus diesem nur grob skizzierten Beziehungsgeflecht läßt sich bereits der Schluß ziehen, das Niveau der Getreidepreise habe die wesentliche Produktionszweige des landwirtschaftlichen Betriebes – wenn auch mit unterschiedlichem Gewicht – beeinflußt. Es kann daher nicht überraschen, wenn **alle** Landwirte das Auf und Ab der Getreidepreise mit wachem Interesse verfolgen.

Diese Aussage muß Historiker wie Hans ROSENBERG irritieren, die im Schutzzoll für Getreide eine einseitige Begünstigung der Getreide produzierenden Großbetriebe sehen. Eine solche einseitige Betrachtungsweise deckt sich jedoch nicht mit den Aussagen der Tab. 31, die überzeugend die Betroffenheit aller Landwirte bestätigt.

Läßt man das Jahr 1891 aus, dessen Preisgeschehen kaum zu interpretieren ist, so ist die Interdependenz während der Caprivi-Krise offenkundig, jedenfalls zwischen den Roggen- und Schweinefleischpreisen. Aber auch die Preise für Rindfleisch wurden beeinflußt, jedenfalls nach dem üblichen time-lag. Bis 1895 waren sie bei fallenden Getreide- und Schweinefleischpreisen noch gestiegen, aber dann wurden sich die Verbraucher bewußt, wieviel sie einsparen konnten, wenn sie das teurer gewordene Rindfleisch durch das billigere Schweinefleisch ersetzten, und die Rindfleischpreise wurden jetzt doch noch in Mitleidenschaft gezogen. Das Ausmaß, in dem das geschah, bedarf jedoch der Differenzierung. Die niedrigsten Preise in jeweils drei Jahren unterboten nämlich beim Roggen-, Schweine- und Rindfleisch die vorhergehenden Notierungen in recht unterschiedlicher Weise. Wird als Basis der Neunjahresdurchschnitt von 1881 bis

Tab. 31: Roggen-, Schweine- und Rindfleischpreise von 1890–1900 in Berlin in Goldmark

	Roggen 1000 kg	Schweinefleisch 50 kg	Rindfleisch 50 kg
Ø 1881/1889	146,6	49,5	52,1
1890	170,0	57,8	59,6
1891	211,2	51,1	60,2
1892	176,3	55,0	58,6
1893	133,7	54,5	54,0
1894	117,8	50,9	59,4
1895	119,8	45,1	59,5
1896	118,8	43,1	56,1
1897	130,1	52,5	56,6
1898	146,3	55,6	56,7
1899	146,0	47,4	58,0
1900	142,6	47,8	59,5

Quelle: JACOBS/RICHTER, 1935, 53–59

1889 gewählt, so sanken 1894 bis 1896 die Roggenpreise auf 81 v. H., die Schweinefleischpreise jedoch nur auf 94 v. H. Bezieht man dieselben drei Jahre jedoch auf den Durchschnitt der vier Jahre von 1890 bis 1893, so machen sie nur noch 67 und 85 v. H. aus. Daraus folgt zweierlei: 1.) Das Preistief von 1894 bis 1896 läßt sich entschärfen, wenn auf die früheren Getreidepreise abgehoben wird. Die Enttäuschung wird jedoch umso größer, wenn man in den höheren Preisen von 1890 bis 1893 bereits einen endgültigen Anstieg sah. 2.) Landwirte, die eine nennenswerte Anzahl von Schweinen hielten, und das waren besonders die Bauern (vgl. S. 270), traf die Krise bei weitem nicht so hart.

Schließlich muß auf die Rindfleischpreise eingegangen werden, die ein weit größeres Gewicht als die Schweinepreise für die landwirtschaftlichen Betriebe besaßen. In den Jahren von 1896 bis 1898 erreichten sie verspätet ihren Tiefstand, doch überboten sie den Durchschnitt von 1881 bis 1889 immer noch um 8 v. H. Gegenüber den höheren Preisen von 1890 bis 1895 sanken sie nur auf 98 v. H. ab. Bei den Schwankungen der Preise, die damals immer wieder in kurzen Abständen auftraten, können die geringfügigen Veränderungen bei der Rindviehhaltung vernachlässigt werden. Ein Hinweis darf jedoch nicht fehlen: Die Rindviehhaltung war die Domäne der Bauern, und da sie besonders bei kleineren Betrieben mit ihren Produkten den größten Posten auf der Einnahmeseite stellten, wurden sie von der Krise weit weniger und schon gar nicht existenzbedrohend betroffen.

Als Ergebnis sei folgendes festgehalten: je höher der **Anteil der Getreideverkäufe** an den Gesamtverkäufen des Betriebes ausfiel, umso stärker litten sie unter dem Fall der Getreidepreise. Von den Großbetrieben bis hin zu den Kleinbauernbetrieben gab es also nicht unerhebliche Abstufungen, in denen sich der Preisfall auf das Einkommen auwirkte. Die umgekehrte Reihenfolge ergibt sich, wenn der zu den Kleinbetrieben hin zunehmende Anteil der Erlöse aus der Viehhaltung, besonders der Rindviehhaltung, gesehen wird. Schon der Schweinehalter überstand die Krise weit besser. Noch weit besser waren jene Bauern geschützt, bei denen die Rindviehhaltung den dominierenden Betriebszweig darstellte. Ein Bauer im Alpenvorland, der Getreide nur zur Selbstversorgung oder als Viehfutter anbaute, begriff womöglich gar nicht, weshalb neuerdings die Landwirte in Nord- und Ostdeutschland so düster in die Zukunft blickten und lautstark klagten und andererseits die Regierung befehdeten.

Es wäre jedoch unzulässig, solche Ausnahmen überzubewerten. Im allgemeinen gilt vielmehr folgendes: Der Preisverfall beim Getreide brachte vor allem die ostdeutschen Gutsbetriebe tatsächlich zum Teil in Existenznot, die Bauernhöfe überstanden ihn je nach Produktionsstruktur dagegen erheblich besser. Ganz unberührt blieben jedoch nur die wenigsten. Infolgedessen nützte der Schutzzoll auf Getreide zwar am meisten den Großagrariern, doch nützte er ein wenig auch den Bauern. Unter ihnen waren es wiederum die Bewirtschafter mittlerer und großer Höfe, die stärker vom Schutzzoll profitierten. Solche Höfe waren vor allem im Norden und Osten anzutreffen. Deshalb ist es nicht erstaunlich, wenn der Bund der Landwirte hier auch bei den Bauern Gehör und eine zahlenmäßig starke Anhängerschaft fand. Rosenberg übertreibt, wenn er den Getreidezoll als „Sonderschutz" für die ostdeutschen Agrarier deklariert. Der Zoll kam ihnen lediglich am stärksten zugute.

In seiner raschen Art und mit seinem zugespitzten Urteil überspielt Rosenberg Wesentliches. In der zeitgenössischen Diskussion leugnete niemand die höhere Belastung der Verbraucher durch höhere Getreidepreise. Die relativ stärkste Belastung niedrig verdienender Arbeiter gemäß dem Engelschen Gesetz war ebenfalls hinreichend bekannt. Deshalb war auf der Erzeugerseite zu prüfen, wieviel Landwirten der höhere Getreidepreis und damit der Zollschutz zugute kam. Johannes Conrad in Halle, als „Kathedersozialist" durchaus den sozialen Implikationen des Zollschutzes zugewandt, zog jedoch rein verbalen Urteilen quantitative Erhebungen und gesicherte statistische Erhebungen vor. Über den Nutzen des Zollschutzes urteilte er anfangs folgendermaßen (Schr. d. Ver. f. Sozialpolitik, 1900, XC 114):

„Einen Vorteil von dem Zoll hat nur derjenige Landwirt, der mehr (Getreide, W. A.) produziert, als er gebraucht, und das ist erst bei einem Umfang der Ackerfläche von mindestens 2 ha der Fall ... Nach der Erhebung von 1895 stellen sich nun die betreffenden Zahlen wie folgt: In ganz Deutschland gab es 3 236 000 Betriebe mit weniger als 2 ha landwirtschaftlich nutzbarer Fläche, von 5,56 Millionen Betrieben überhaupt, das sind 58,2%, während Betriebe von 2–5 ha 981 000 Betriebe, das sind 17,6%, schon öfter, aber nicht allgemein, ein Interesse an hohen Preisen haben werden. Es sind die Inhaber von 1 233 106 Betrieben, welche in Deutschland hauptsächlich an hohen Getreidepreisen interessiert sind. Das betrifft etwa 6 Millionen Einwohner oder 12% der Bevölkerung, rechnet man noch die Betriebe von 2–5 ha dazu, so sind es 11 Millionen oder 21%, also wenig über $^1/_5$ der Bevölkerung."

Verunsichert wurde Conrad jedoch durch eine Expertenbefragung in den hessischen Landkreisen Fulda und Lauterbach, die äußerten, mit Getreideverkäufen sei erst in Betrieben mit mehr als 10 ha LF zu rechnen. Daraufhin wurde eine Stichprobe durchgeführt. Von den 62 exakt untersuchten Betrieben gehörten 49 der Größenklasse von 2 bis 5 ha LF an. Auf guten Böden begannen die Verkäufe von Getreide bereits bei 3 ha LF. Da jedoch noch weit mehr Faktoren als die Bodengüte darüber entscheiden, bei welcher Betriebsgröße Getreide auf den Markt gebracht werden kann, ist bei der geringen Zahl von 49 Betrieben noch nicht mit einem hinreichend repräsentativen Querschnitt zu rechnen. Rudolf Koenig wäre daher gut beraten gewesen, wenn er auf Hochrechnungen für das Großherzogtum Hessen und dann für das gesamte Deutsche Reich verzichtet hätte (1901, 46–53). Dennoch beweist seine Stichprobe, worauf es in diesem Zusammenhang ankommt: Der Kreis der Profiteure einer Getreideschutzzollpolitik war erheblich weiter gezogen, als Rosenberg glauben machen will. Mit dieser Feststellung ist noch keineswegs das endgültige Urteil über Wert oder Unwert dieser Politik gesprochen.

Zu dem soeben diskutierten Teilaspekt lohnt sich noch eine quellenkritische Anmerkung. Johannes Conrad gehörte zu den Gründern des Vereins für Sozialpolitik im Jahre 1873. Dieser Verein führte mehrere Enquêten durch, von denen die über die Lage der Landarbeiter hervorgehoben sei. Als 1892 die Ergebnisse in 3 Bänden veröffentlicht wurden, wurde das Verhalten der Gutsbesitzer zum Teil recht deutlich kritisiert. Mitglieder des Vereins für Sozialpolitik können deshalb nicht als Apologeten der Gutsbesitzerklasse gelten. Man kann ihnen deshalb auch nicht vorwerfen, sie hätten den „Sondervorteil" der Gutsbesitzer in Form von Getreidezöllen zu vertuschen gesucht, indem sie den Kreis der Begünstigten so weit wie möglich ausdehnten.

Mit Hilfe der Reichsstatistik läßt sich die unterschiedliche Bedeutung der Gutsbetriebe innerhalb des Deutschen Reiches immerhin andeuten. Jedoch liefert sie keine Zahlen über die Rittergutsbesitzer, sondern nur für die Betriebe über 100 ha LF. Nach einigen Untersuchungen Conrads über ostdeutsche Regionen ist die Größe eines Ritterguts im Durchschnitt höher anzusetzen, so daß die genannten Zahlen die Bedeutung dieser Klasse überbetonen. 1907 lagen in den 6 östlichen preußischen Provinzen und den beiden mecklenburgischen Großherzogtümern allein 16 699 Betriebe über 100 ha LF oder 70,8 v. H. In den relativ güterreichen Provinzen Sachsen und Schleswig-Holstein sowie im Königreich Sachsen kamen weitere 3283 Betriebe oder 13,9 v. H. hinzu. Auf die bezeichneten Gebiete – das sei in diesem Zusammenhang erwähnt – ist auch die Landarbeiterfrage zu begrenzen. Die Betriebe über 100 ha LF beschäftigten 60,4 v. H. aller Angehörigen der Gruppe Tagelöhner, ständige Landarbeiter und Insten. In den genannten Gebieten lagen auch 57,1 v. H. aller Betriebe zwischen 20 und 50 ha LF, in denen weitere 20,8 v. H. der bezeichneten Arbeitskräfte arbeiteten. Die Landarbeiterfrage ist also mit absolutem Vorrang eine Frage der ostdeutschen Großbetriebe. In sozialgeschichtlicher Hinsicht wäre zu prüfen, ob es nicht wichtiger wäre, neben den 882 732 Landarbeitern die 1 545 951 Gesindekräfte zu berücksichtigen, die bislang von der Forschung übersehen wurden.

Um die Betrachtung der Getreidepreise abschließen zu können, sei noch Tab. 32 vorgeführt, die in zweierlei Hinsicht nicht unbedeutende Aufschlüsse zu liefern vermag.

Vergleicht man die Roggenpreise in den vier verschiedenen Städten, so liegt der Schluß auf der Hand: die Konkurrenz des billigen Importgetreides machte sich in Hamburg am stärksten bemerkbar. Obwohl der Seetransport bis Königsberg kaum teurer gewesen wäre, gaben hier die Preise nicht nach, jedenfalls

Tab. 32: Relativpreise für Roggen und Kartoffeln von 1861/70 bis 1911/13

		Roggen			Kartoffeln	
	Königsberg	Berlin	München	Hamburg	Berlin	Breslau
1861/70	100	100	100	100	100	100
1871/80	108	107	122	109	131	105
1881/90	100	101	108	96	109	96
1891/1900	100	98	107	92	125	100
1901/10	111	107	108	97	132	102
1911/13	123	117	124	107	176	144

Quelle: Wie Tab. 31

nicht in den zehnjährigen Durchschnitten. Selbst in Berlin war der Preisfall ausgeprägter, doch blieb auch dieser Ort über dem niedrigen Hamburger Niveau. Da die besondere Betroffenheit ostdeutscher Großbetriebe in der Literatur immer hervorgehoben wird, sollte man künftig nicht zögern, hierfür einen methodisch abgesicherten Beweis anzutreten. An den bayerischen Bauern müßte eigentlich die Caprivi-Krise so gut wie vorbeigegangen sein. Womöglich liegt in diesem Sachverhalt ein weiterer Grund, weshalb sie längst nicht so entschlossen Front gegen die staatliche Agrarpolitik machten wie die nord- und ostdeutschen Landwirte. Trotz des inzwischen gut ausgebauten Eisenbahnwesens machte sich vor dem Ersten Weltkrieg der Preisdruck des billigen Importgetreides in unterschiedlicher Weise bemerkbar. Eine Ergänzung bietet noch die Tabelle. Der Kartoffelbau war inzwischen weit verbreitet, und wer daran teilhatte, konnte während des Krisenjahrzehnts sogar auf bessere Preise hoffen.

Der letzte Punkt bezieht sich auf die Art der Darstellung. Werden nicht Jahrespereise vorgeführt, wie in Tab. 31 (S. 318), sondern Zehnjahresdurchschnitte geboten, verliert das Geschehen fast schon jede Dramatik. Tatsächlich ist es allein durch die Darstellungsweise, nämlich die Wahl der Basis und die Zahl der zu einem Durchschnitt zusammengefaßten Jahre, in nicht geringem Maße scheinbar zu manipulieren. Die einzig korrekte Weise das Geschehen zu referieren, ist deshalb die lückenlose Angabe der Jahrespreise.

2 Änderungen des Schutzzolls

Als am 1. Januar 1880 wieder Schutzzölle eingeführt wurden, handelte es sich um Finanzzölle, die dem Reich zwar eine Einnahme verschafften, den Import aber nicht ernsthaft behinderten. Im Jahrzehnt 1871/80 hatte in Hamburg die Tonne Roggen 181,10 M an der Börse gekostet, und wenn jetzt ein Importzoll von 10 M hinzukam, verteuerte sich die Ware um ganze 5,5 v. H. Die Preisschwankungen von Jahr zu Jahr übertrafen ohnehin den Betrag von 10 M mehrmals. Über einen Zoll in dieser Höhe brauchte man nicht zu diskutieren.

Die Lage sollte sich jedoch rasch ändern. Das Preistal der Jahre 1878 und 1879 war zwar rasch überwunden, aber dennoch kam in der deutschen Landwirtschaft eine ganz erhebliche Krisenstimmung auf. Dazu trugen sicherlich die erneut sinkenden Getreidepreise bei. Da der Landwirt nicht wie der Historiker in längeren Zeiträumen denkt, ist die Stimmung jener Tage nur zu erfassen, wenn auch die Details in den Blick genommen werden, die das damalige Alltagsleben bestimmten. Offensichtlich wiederholte sich der Preisverlauf während der achtziger Jahre in der Caprivi-Zeit, weshalb die späteren Preise zum Vergleich hinzugenommen werden (Tab. 33, S. 323).

Wie sehr schon die hinzugefügten fünfjährigen Durchschnitte jenes Geschehen verdunkeln, das ins Bewußtsein der Landwirte drang, zeigen die Jahrespreise. Hatte sich der Landwirt einigermaßen in seiner Betriebskalkulation auf

Tab. 33: Weizenpreise in Hamburg von 1876 bis 1905 in M/t

1876	191,4				
1877	190,8				
1878	149,2	⌀ 178,2			
1879	158,6				
1880	201,1				
1881	211,8		1891	211,4	
1882	166,6		1892	193,7	
1883	155,4	⌀ 168.4	1893	141,2	⌀ 161,4
1884	155,7		1894	126,8	
1885	152,6		1895	133,8	
1886	139,5		1896	127,6	
1887	128,7		1897	145,7	
1888	145,2	⌀ 151,2	1898	153,7	⌀ 145,3
1889	164,7		1899	151,9	
1890	178,1		1900	147,6	
			1901	144,7	
			1902	149,8	
			1903	142,0	⌀ 146,6
			1904	141,5	
			1905	154,9	

Quelle: JACOBS/RICHTER, 1935, 52

die Preise der späten siebziger Jahre eingestellt, oder hatte er gar als Optimist die Preise der Jahre 1880/85 als nunmehriges Preisniveau gewertet, so mußte die Enttäuschung mehr oder minder groß ausfallen. Hinzu kam das Gefühl der Hilflosigkeit. Die Landwirte kannten die Ursache genau. Es waren in der Hauptsache die Weizenimporte aus den USA und die Gersteneinfuhren aus Rußland, die den Preis drückten. Gegen sie konnte der einzelne Landwirt nichts unternehmen.

Die Betroffenheit wuchs mit steigendem Anteil der Erlöse aus dem Getreidebau an den gesamten Einnahmen. Deshalb ist es nicht erstaunlich, wenn jetzt die Klasse der Gutsbesitzer aktiv wurde. Hatte sie 1879 einem Schutzzoll auf Getreide noch ablehnend oder neutral gegenübergestanden, so wurde jetzt der erneute Rückgang der Preise in Verbindung mit steigenden Löhnen als existentielle Bedrohung empfunden. Diese krasse Umkehr der Lage mußte der Klasse der Rittergutsbesitzer auch deshalb als fatal und widersprüchlich erscheinen, weil der Staat durch seine Handelspolitik die angeblich treuesten Beschützer von Thron und Altar an den Bettelstab zu bringen drohte. Aber auch den Bauernstand galt es zu schützen, der im Gegensatz zur Arbeiterklasse ebenfalls als staatserhaltendes Element angesehen wurde.

Nach dem Rechtsdruck im Reichstag war von seiner Seite kein sonderlicher Widerstand gegen eine Erhöhung des Schutzzolls zu erwarten. Ob der Kanzler

wirklich vom „Schutz der nationalen Arbeit" überzeugt war oder nicht nebenher auch noch mit den zu erwartenden Mehreinnahmen für das Reich lieb-
äugelte (vgl. Abb. 17, Pos. III, S. 312), braucht hier nicht untersucht zu werden.
Der bisherige Finanzzoll von 10 M je Tonne Brotgetreide wurde auf 30 M/t
angehoben und war ab 1885 gültig. Die Wendung vom Finanzzoll zum Prohibitivzoll war vollzogen. Eine Differenzierung darf jedoch nicht übersehen
werden: Die Zölle auf Gerste und Hafer fielen erheblich niedriger aus. Belastete
man, auf den jeweiligen Zehnjahresdurchschnitt von 1875/85 für das Königreich Preußen bezogen (GLÄSEL, 1917, 11), den Weizen mit 14,9 v. H., den
Roggen mit 18,4 v. H., die Gerste und den Hafer jedoch nur mit 3,2 und
6,7 v. H. ihres Wertes, so könnte man darin immer noch einen „Sondervorteil"
für die vor allem Roggen verkaufenden Gutsbesitzer Ostdeutschlands sehen.
Man muß aber dem Staat zubilligen, er habe auch die Interessen der weitgehend
bäuerlichen Schweinemäster berücksichtigt und die Zukaufsfuttermittel – im
wesentlichen Gerste – gegenüber der ausländischen Konkurrenz nicht nennenswert verteuert. ROSENBERG, der gar nicht erst auf die differenzierten Zollsätze
eingeht, sieht das anders (1967, 65, 70, 72).

Der Übergang zum **Prohibitivzoll** brachte offensichtlich nicht den erhofften
Nutzen. Wie Tab. 33 (S. 323) zeigt, sanken die Getreidepreise auch weiterhin.
Erst 1890 kann von einer Erholung gesprochen werden. Sie war, wie die
Rückschau lehrt, auch nur von kurzer Dauer. Max SERINGs Prognose war nicht
eingetroffen. Ihn hatte die preußische Regierung 1883 nach den USA gesandt.
Dort sollte er erkunden, wie die nordamerikanische Konkurrenz zu beurteilen
sei. Seine These, die Getreideproduktion würde bald durch die steigende
Bevölkerung in den Staaten und in der Welt kompensiert, erwies sich als irrig.
Aus den Zöllen, die er noch als Anpassungs- oder Erziehungszölle ansah und in
dieser Form befürwortete, wurden aus den verschiedensten Gründen eine bis
heute anhaltene Dauererscheinung. Aus der Flut der Publikationen, die sich ab
1880 mit „der Agrarfrage" befaßten, sei das materialreiche Werk von Max
WIRTH hervorgehoben. Auch sein Verfasser sah Grenzen der Produktion und
eine stärkere inländische Nachfrage voraus; aber er meinte abschließend: „Frei-
lich darf diese, vielleicht erst in einer langen Reihe von Jahren sich verwirk-
lichende Aussicht die europäischen Landwirthe (sic, und nicht die deutschen,
W. A.) davon abhalten, geeignete Vorsichts-Massregeln zu ihrer Sicherheit anzuwenden" (1881, 155). Wirth sah durchaus die Nachteile der Schutzzölle für
die Verbraucher. Wenn er gleichfalls die drohenden Gefahren für die europäische Landwirtschaft zu analysieren suchte, geschah das keineswegs allein aus
der Perspektive der Gutsbesitzerklasse.

Über das wechselseitige Verhältnis der Einkommenslage von Verbrauchern
und Landwirten liefert Tab. 33 (S. 323) noch einen Hinweis. Die Konsumenten
brauchten wegen der Schutzzölle keine Verteuerung des Brotes zu befürchten,
die Getreidepreise blieben bis 1905 unter dem Niveau, das sie 1876/80 bereits

erreicht hatten. Man kann natürlich die Auffassung vertreten, ohne Zölle sei das Brot noch billiger geworden, die Löhne hätten nicht so stark erhöht zu werden brauchen, und die deutsche Industrie sei noch konkurrenzfähiger geworden. Wie solche Spekulationen auch immer aussehen mögen: Trotz der wieder steigenden Agrarpreise, vor allem für die Erzeugnisse der Viehhaltung, ist die enorme Ausweitung der industriellen Produktion und ihres Exports in den letzten 20 Jahren vor dem Ersten Weltkrieg nicht an zu hohen Lebenshaltungskosten gescheitert.

Womöglich wurden die Agrarier durch die schlechten Preise im Jahre 1886 angeregt, sich erneut um einen stärkeren Außenhandelsschutz zu bemühen. Ab 1887 wurden statt 30 M je Tonne Brotgetreide 50 M/t erhoben. Das war beim Roggen immerhin ein Wertzoll in Höhe eines Drittels. Aber auch mit seiner Hilfe wurde erst 1891 ein Spitzenpreis von 211,40 M erreicht. Ein ähnlich hoher Preis hatte schon 1881 gegolten, als der Schutzzoll erst 10 M/t betrug. Offenbar wurde die amerikanische Konkurrenz immer bedrohlicher. Die Zölle vermochten den zunehmenden Preisdruck nur noch zu kompensieren, aber den einheimischen Landwirten keine höheren Preise und damit kein höheres Einkommen zu verschaffen. Ob es zutreffend ist, die letzte Zollerhöhung als Maßstab dafür zu verwenden, in welchem Maße es die Agrarier vermochten, den Staat zu ihren Gunsten zu beeinflussen, muß bezweifelt werden. Der hohe Zollschutz für Agrarprodukte hatte inzwischen im Ausland Unwillen erregt, und zwar besonders in Rußland. Da nicht nur mit diesem Handelspartner, sondern auch mit anderen in Kürze neue Handelsverträge abgeschlossen werden mußten, suchte Bismarck mit der Erhöhung einen gewissen Handlungsspielraum zu gewinnen. Ob er bei einer längeren Kanzlerschaft gleich seinem Nachfolger, dem Grafen v. Caprivi, den Schutz un 15 M/t vermindert hätte, muß der Höhe nach fraglich bleiben, ist aber in der Tendenz mit einiger Wahrscheinlichkeit zu vermuten. Immerhin nahm Caprivi die letzte Zollerhöhung nicht im vollen Umfang zurück.

Dennoch reagierten die Agrarier außerordentlich heftig. Zwei Fakten vermengten sie miteinander: den abrupten Fall der Weltmarktpreise für Getreide und den Abbau des Zollschutzes. Rechnet man die nachgelassenen 15 M Zollschutz den Preisen von 1894 bis 1896 hinzu, obwohl der Schutz in voller Höhe nur selten durchschlägt, so wären die Landwirte mit diesen fiktiven Preisen auch nicht zufrieden gewesen. Die Schuld gaben sie jedoch ausschließlich dem Reichskanzler, eröffneten einen bislang nicht gekannten Propagandafeldzug gegen ihn, und der Kaiser gab ihm 1894 den Abschied – allerding nicht nur aus diesem Grunde. Die ungewöhnliche, geradezu aufbrausende Reaktion der Landwirte läßt sich von der Preisseite her wohl kaum verständlich machen, obwohl der Verweis sicherlich propagandistisch wirkungsvoll ist, vor dem Abbau des Zollschutzes habe der Preis je Tonne Roggen noch 211,40 M betragen, danach sei er ins Rutschen gekommen und habe innerhalb von zwei

Jahren mit 126,80 M einen katastrophalen existenzbedrohenden Tiefstand erreicht. Der Blick auf die Preise während der achtziger Jahre lehrt jedoch, daß solche Preisdifferenzen schon vorher vorkamen. In den siebziger Jahren blieben sie in diesem Umfang den Landwirten erspart, im Jahrzehnt zuvor lassen sie sich wieder nachweisen. Die starken Schwankungen der Getreidepreise müßten eigentlich zum Alltag der Bauern gehört haben. Seit 1878 waren jedoch Preistäler die Ursache gewesen, den Zollschutz anzuheben. Die Landwirte sahen in dieser Maßnahme nicht nur eine wirtschaftliche Unterstützung, sondern gleichzeitig die Bestätigung ihrer Sonderrolle im Staat. Es entwickelte sich sicher auch so etwas wie ein Besitzstandsdenken, und es galt, auch den wahrscheinlich nur aus taktischen Gründen gewährten Höchstschutz von 50 M/t mit Klauen und Zähnen zu verteidigen. Gegenüber allen ökonomischen Erwägungen steht jedoch die weit schwerer wiegende Erkenntnis im sozialen Bereich: Caprivi hatte förmlich an ein Tabu gerührt, als er die **Sonderrolle der Landwirtschaft** auch nur ein wenig in Frage stellte. Die Begünstigung sah sie auf Seiten der Industrie und der Arbeiterschft. Von letzterer hatte sich gerade der Kaiser enttäuscht abgewandt, und auch er zählte sie nunmehr zu den Staatsfeinden, die es im Zaum zu halten galt. Die konservativen Kräfte, als die staatserhaltenden angesehen, bekamen neuen Auftrieb.

Im tagespolitischen Meinungsstreit standen die Getreidezölle eindeutig im Vordergrund der Debatte. Diese einengende Sicht ist jedoch nur eine der immer wieder zu beobachtenden Simplifizierungen, die sachgerechte Analysen und leidlich objektive Urteile erschweren. Bereits bei der Aufhellung der Interdepenzen (vgl. S. 316) war herausgestellt worden, in welchem Ausmaß auch die viehstarke bäuerliche Landwirtschaft mit ihren Verkaufsprodukten am Zollschutz geradezu zwangsläufig teilhatte. Schränkt man die Betrachtung auf die Preisentwicklung des damaligen Leit-Produkts ein, nämlich des Schweinefleisches, so ist folgendes zusätzlich zu bedenken: Die Verteuerung bewirkte neben der ständig steigenden Nachfrage nicht nur der relativ unbedeutende Zollschutz bei der Futtergerste, denn nur wenige Betriebe verwandten sie neben den immer notwendigen geringfügigen Zusatzfuttermitteln als Alleinfutter. Neben oder statt Gerste wurde auch Brotgetreide minderer Qualität in der Mast eingesetzt; vor allem aber waren es die Kartoffeln, deren Preise eine recht günstige Entwicklung nahmen. Die Futterkosten stiegen also spürbar und sie stellen an den gesamten Erzeugungskosten den größten Anteil. Die Preise für Schlachtvieh mußten also steigen. In den benachbarten Niederlanden blieben die Futterkosten jedoch auf Weltmarktniveau und die inländische Verteilung der importierten Futtermittel war bei dem gut ausgebauten Kanalsystem und den geringenEntfernungen kostengünstiger zu bewerkstelligen als im Deutschen Reich. Infolgedessen konnten die niederländischen Schweinemäster ihr Erzeugnis im Ruhrgebiet billiger anbieten als die westfälischen, oldenburgischen und hannoverschen Produzenten. Der Zollschutz auf Getreide reichte also nicht aus, und er mußte auf Schweinefleisch ausgedehnt werden. Das alte Wort bestätigte sich: **„Protektion heckt Protektion"**, und zwar nicht nur beim Handelspartner. Die Interdependenz zwischen Schweine- und Rindfleischprei-sen zwang dazu, auch die Rindfleischimporte mit einem Zoll zu belegen. Schon bald nach der Einführung der Getreidezölle gab es kaum noch ein Agrar-produkt, das ungehindert eingeführt werden durfte.

Die Erzeugnisse der Tierproduktion wurden mit einem recht diffizilen Zollsystem vom Weltmarkt abgeschirmt. Es lohnt nicht, sich damit auseinan-derzusetzen, wenn das Erkenntnisinteresse auf den Zweck des Einfuhrzolls begrenzt wird, also die inländische Preiserhöhung des Produkts. Die Zölle auf tierische Produkte erwiesen sich, wie Tab. 31 (S.318) und die Erläuterungen zeigen, als weit wirkungsvoller als der oft so geschmähte und nur zu oft verabsolutierte Zollschutz für Getreide. Selbstverständlich kam den Tierhal-tern zusätzlich die fortlaufende Substitution pflanzlicher Nahrungsmittel, vor allem Brot, durch Fleisch zugute (vgl. Tab. 18, S.212), und nicht zuletzt aus diesem Grunde stiegen die Preise für die Produkte der Tierhaltung rascher als die Getreidepreise.

Die günstige Preiskonjunktur mußte aber auch die Konkurrenz ausländi-scher Anbieter stärker forcieren. Ihre Exporte reichten indessen nicht aus, wie beim Getreide eine Stagnation der Preise zu bewirken. Daran mag die wo-möglich zu geringe Angebotskapazität schuld gewesen sein, oder es mögen die höheren Transportkosten die Exporteure behindert haben, auf jeden Fall ge-nügte die Höhe der Zölle, der Veredlungswirtschaft zu einer günstigeren Preisentwicklung zu verhelfen als den stärker ackerbaulich ausgerichteten Be-trieben.

Wie bereits dargestellt wurde (Tab. 29, S. 272), erreichte die Rindviehhal-tung in den klein- und mittelbäuerlichen Betrieben ihren stärksten Umfang. Das gleiche traf für die Schweinehaltung zu (vgl. S. 270). Dagegen ist bei den Betrieben über 100 ha LF nicht zu übersehen, wie scharf die Bestände beider Tierarten gegenüber denen in den anderen Betriebsgrößenklassen zurück-fielen.

Damit ist die Frage beantwortet, ob die **Bauern oder Großagrarier** stärker **vom Wilhelminischen Agrarprotektionismus profitierten.** Diese Antwort gilt nicht nur für die Zeit bis zur Jahrhundertwende. Danach entwickelten sich die Preise für die Erzeugnisse der Tierhaltung eher noch günstiger. Bezogen auf den Preisdurchschnitt der Jahre von 1861 bis 1870 stiegen 1911/13 die Preise für Roggen in Berlin um 17 v. H., für Schweinefleisch um 37 v. H. und für Rindfleisch sogar um 44 v. H. (JACOBS/RICHTER, 1935, 52). Für das gesamte Königreich Preußen ergaben sich für die Veredlungsprodukte noch weit gün-stigere Werte. Bei gleicher Basis stiegen die Roggenpreise nur um 12 v. H., die Schweinepreise jedoch auf 50 v. H. und die Rindfleischpreise verdoppelten sich fast mit einer Steigerungsrate von 98 v. H. (GLÄSEL, 1917, 12).

3   Die Entwicklung der landwirtschaftlichen Einkommen

Max ROLFES mußte schon 1976 bedauernd feststellen: „Über die Entwicklung der Rentabilität, also des geldlichen Erfolges, liegen keine wirklich allgemeingültigen Materialien vor." Seitdem ist der Forschungsstand der gleiche geblieben, so daß es nach wie vor sehr schwierig ist, Verbindliches auszusagen. Über einige Hinweise ist tatsächlich nicht hinauszukommen.

Ehe sie gegeben werden, ist es angebracht, zuvor zwei grundsätzliche Probleme zu diskutieren. Das erste betrifft den Maßstab, mit dem die Rentabilität eines landwirtschaftlichen Betriebes gemessen werden soll. Für diesen Zweck verwendete schon Thaer den Reinertrag, doch gab es bis zum Ersten Weltkrieg keine Definition, die allgemein anerkannt worden wäre. Diese Vieldeutigkeit könnte dem Agrarpolitiker ganz gelegen gewesen sein, konnte er sich doch im politischen Tageskampf diejenige Definition auswählen, die dem jeweiligen Zweck am besten entsprach.

Ernster ist der Streit unter den Wissenschaftlern zu nehmen, der über die damals grundsätzlich vertretene Einstellung Aufschluß gibt. Den Umfang des Reinertrages bestimmten schon Thaer und später v. d. Goltz nach den auch heute noch gültigen Grundsätzen. Danach werden – bezogen auf ein Wirtschaftsjahr – von allen geldwerten Leistungen des Betriebes sämtliche geldwerten Aufwendungen für die Bewirtschaftung abgezogen, und der Rest wird als Reinertrag bezeichnet. In ihm sah man ebenfalls wie heute die Verzinsung des gesamten Betriebskapitals. Aber nun beginnt das Verwirrspiel. Ihm stimmte indirekt auch v. d. Goltz zu, weil er sich mit der Kenntnis der Gesamtsumme nicht begnügen will. Der Boden stellt nämlich eine sichere Geldanlage dar, weshalb der Zinsanspruch auf 4 v. H. beschränkt wird. Einige Ökonomen ziehen den hierfür errechneten Betrag vom zuerst genannten Reinertrag ab und belegen den Rest mit demselben Namen. Andere sehen außerdem eine Verzinsung des Inventars in Höhe von 6 bis 8 v. H. als erforderlich an. Auch diese Zinsen werden vom Reinertrag abgesetzt und die verbleibende Summe führt immer noch dieselbe Bezeichnung. Wollte man die Notlage der Landwirtschaft demonstrieren, war es sicherlich das beste, das zuletzt genannte Verfahren zu bevorzugen. Am weitesten trieb das Spiel wohl Settegast, der für das umlaufende Kapital Zinsen in Höhe von 10–12 v. H. ansetzte.

In den beschriebenen Verfahrensweisen offenbart sich ein mehr oder minder ausgeprägtes Anspruchsdenken. Das wird vollends deutlich, wenn die heutige Auffassung dagegengesetzt wird. In der Gegenwart wird der Reinertrag als Maßstab für die Tüchtigkeit des Betriebsleiters gewertet. Sie findet ihren zahlenmäßigen Ausdruck in dessen Höhe oder anders formuliert in der erwirtschafteten Zinshöhe des im Betriebe steckenden Kapitals einschließlich des Bodens. Wer statt dessen von einer festen Verzinsung ausgeht und danach die Höhe der Agrarpreise ausrichten will, kann die Bezeichnung Unternehmer nicht für sich in Anspruch nehmen.

Wie statisch man damals noch dachte, beweist v. d. GOLTZ auch an anderer Stelle seiner Taxationslehre von 1892. Er verglich die einzelnen Inventargruppen einschließlich des umlaufenden Kapitals in ihren Relationen untereinander und zum Boden und stelle nach vielen Vergleichen fest, größere Abweichungen seien nicht aufgetreten, woraus er schloß, aus den betreffenden Relationen ließen sich Regeln für die Betriebsorganisation ableiten. Eine solche statische Betrachtungsweise entspricht nun gerade nicht der Dynamik des Kapitalismus. In einer kapitalistisch betriebenen Landwirtschaft ist vielmehr laufend das umlaufende Kapital wie Zukaufsfuttermittel, anerkanntes Saatgut, Handelsdünger, zu erhöhen, um höhere Erträge und gleichzeitig höhere Einkommen zu erwirtschaften. Das umlaufende Kapital müßte also im Verhältnis zu den übrigen Kapitalgruppen laufend steigen, und in diesen Intensivierungsprozeß wären sehr bald auch das tote und lebende Inventar einzubeziehen. Wie die geschilderte Entwicklung der Boden- und Tierproduktion lehrt, ist die deutsche Landwirtschaft auch den bezeichneten Weg gegangen. Dem Anschein nach geschah das aber mehr empirisch und wenig reflektiert. Jedenfalls bot die Betriebswirtschaftslehre den Praktikern noch **keine brauchbare Entscheidungshilfen** an.

Das zweite hier zu erörternde Problem hatten die Wissenschaftler jedoch fest im Griff. Sie wußten genau, wie sich das Auf und Ab der Preise auf das Einkommen verschieden großer Betriebe auswirkte. Diese Differenzen veranschaulicht die Abb. 19 (S. 330).

Aus Gründen der Vereinfachung und besseren Verständlichkeit wurden dem Schaubild einige Annahmen zugrunde gelegt, die das herauszuholende Ergebnis in der Wirklichkeit zwar modifizieren, aber nicht grundsätzlich in Frage stellen. Ausgegangen wird von dem Eigentümer eines Gutsbetriebes, der ihn ausschließlich von fremden Arbeitskräften bewirtschaften läßt, also auch die Betriebsführung einem Verwalter anvertraut hat. Er kann nur einen Zinsanspruch geltend machen für das zur Verfügung gestellte Kapital einschließlich des Bodens; er erhält deshalb als Einkommen den Reinertrag. Dieses Einkommen fällt bei der notwendigerweise gewählten Darstellungsart erst dann höher aus als das des Großbauern, wenn der Gutsbetrieb mehr als doppelt so viel ha LF umfaßt wie der Großbauernhof. Sinkt jetzt das gesamte Agrarpreisniveau gleichmäßig um 10 v. H., so fällt auch der Rohertrag um eben diese Spanne. Der Gutsbesitzer muß also auf sein ganzes **Einkommen** verzichten und der Großbauer immerhin auf die Hälfte. Beim Mittelbauern fällt die Einbuße bereits bedeutend geringer aus und der Kleinbauer kommt offensichtlich am besten davon. Er lebt im wesentlichen von seiner Hände Arbeit, und die Kapitalverzinsung ist nur eine Zubuße. Deshalb ist auch die oft zu hörende Behauptung wörtlich genommen falsch, der Bauer könne Krisen besser überstehen, weil er in der Lage sei, „den Gürtel enger zu schnallen". Dazu wird er nur im geringen Maße gezwungen, während der Großbauer das in drakonischer

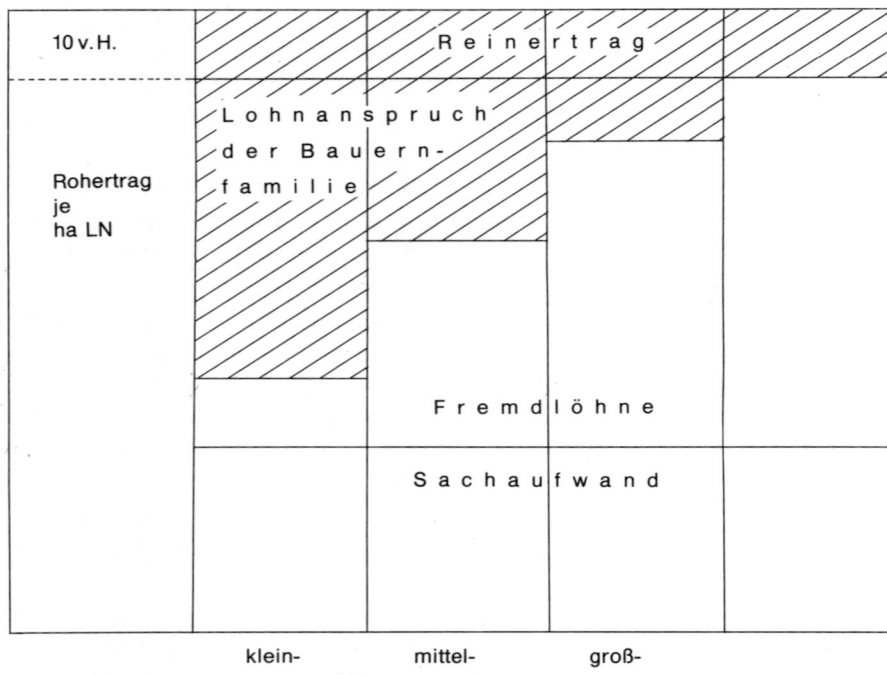

Abb. 19: Vereinfachte Darstellung der Einkommensstruktur verschiedengroßer Betriebe

Weise tun müßte. Der Gutsbesitzer kann sogar nur dann weiterwirtschaften, wenn es ihm durch geeignete Maßnahmen gelingt, den Rohertrag kurzfristig zu steigern.

Im Schaubild wurden die obersten 10 v. H. des Rohertrages absichtlich ohne Definition gelassen. Das angenommene Fehl braucht nämlich nicht auf einer Preissenkung zu beruhen, es kann ebensogut durch eine schlechte Ernte hervorgerufen werden, und sie schwankten vor dem Ersten Weltkrieg weit stärker als heute. Das Ergebnis ist genau das gleiche wie bei fallenden Preisen. Auch diesmal verliert der Gutsbesitzer sein gesamtes Einkommen. Deshalb warnte schon v. d. GOLTZ die Gutsbesitzer eindringlich davor, in guten Erntejahren zu viel Geld auszugeben, in schlechten würde es nämlich dringend benötigt. Der Rat scheint jedoch wenig gefruchtet zu haben. Vielmehr meinte man, der Stand verpflichte zu einem gewissen Lebensstil – und nur in dieser Beziehung kann der Bauer den Gürtel leichter enger schnallen – und die Folgen lagen nur zu bald auf der Hand: Nach schlechten Ernten nahmen die Inhaber großer Betriebe Kredite auf, wozu die Ritterschaftlichen Kreditanstalten ihre Hand boten, und nach reichen Ernten wurden sie nicht vollständig zurückgezahlt.

Benötigte man anschließend den halben Reinertrag für den Schuldendienst, und das ist durchaus eine realistische Annahme, so stand der verschuldete Betriebsinhaber bereits bei einer Verminderung des Rohertrages um 5 v. H. ohne Einkommen da. Die Existenz des Betriebes war nunmehr eindeutig gefährdet.

Diese unerfreuliche Entwicklung blieb der preußischen Regierung nicht verborgen. 1883 wurde in 42 als typisch angesehenen Bezirken eine Erhebung über die Höhe der hypothekarischen **Verschuldung** durchgeführt. Es fehlte jedoch der geeignete Bezugsmaßstab. Deshalb wurde 1896 in nunmehr 56 Bezirken die Erhebung wiederholt und in 44 gleichzeitig der Wert der Betriebe nach einheitlichen Grundsätzen geschätzt. Das Ergebnis spricht für sich (Tab. 34).

Wie dramatisch sich für 42,9 v. H. der Gutsbesitzer die wirtschaftliche Lage verschlechtert hatte, ergibt folgende Überlegung. Wird der Anschaulichkeit wegen die Verschuldung in Höhe von zwei Dritteln des Schätzwertes unterstellt, so wäre ein durchschnittlicher Reinertrag in Höhe von 6 v. H. des Gesamtwertes bereits vollständig aufgezehrt worden, wenn die Schuldzinsen im Schnitt 9 v. H. ausgemacht hätten. Einen Einkommensanspruch konnten die Eigner nur noch geltend machen, wenn sie das Gut selbst bewirtschafteten. Aber schon ein Zeitgenosse bemerkte ironisch, und v. d. Goltz sagte in höflicheren Worten das gleiche: der Husarensattel war meistens nicht der geeignete Ort, um die Führung eines größeren landwirtschaftlichen Betriebes zu erlernen. Das muß besonders für die Güter in den Gebieten östlich der Elbe gegolten haben. Der Bearbeiter der Statistik hob die hier zu beobachtende höhere Verschuldung hervor und bemerkte, von den 379 unverschuldeten Gütern lägen immerhin 231 oder 61 v. H. in den Provinzen Hannover und Rheinland. Die Provinz Posen wies die stärkste Verschuldung auf und hier wiederum – wie auch anderswo – waren es jene Güter, die auf leichten Sandböden lagen. Eins aber verdient festgehalten zu werden: Bezogen auf den Grundsteuerreinertrag stieg die hypothekarische Verschuldung von 1883 bis 1896 im Durchschnitt aller Betriebsgrößenklassen um 24,0 v. H., die der Güter aus nicht erkennbaren Gründen nur um 18,7 v. H. Womöglich war man schon vorher in etlichen

Tab. 34: Verschuldung preußischer Landwirtschaftsbetriebe in v. H. des Schätzwertes im Jahre 1896

Höhe der Verschuldung	Fideikom- misse	Allod- güter	groß	Bauernhöfe mittel	klein
0	31,5	14,4	25,1	25,5	31,5
unter 30 v. H.	54,4	15,2	31,8	34,7	25,4
30 bis 60 v. H.	10,3	27,5	28,5	27,5	25,0
über 60 v. H.	3,8	42,9	14,6	12,3	18,1
	100,0	100,0	100,0	100,0	100,0

Quelle: Zs. d. Kgl. preuß. Stat.-Bureaus, 1898, 139

Fällen an die Verschuldungsgrenze gestoßen und die Kreditfähigkeit war erschöpft. Ökonomisch gesehen wäre alles ganz einfach gewesen, wenn die Gutsbesitzer ihren Lebensstandard nach dem nachhaltig zu erwartenden Reinertrag ausgerichtet hätten. Statt dessen suchten sie jedoch überhöhte Ansprüche zu verwirklichen, wozu oft genug der Konformitätsdruck der Gruppe oder Klasse wesentlich beitrug. Waren die ersten Schulden aufgenommen, so verminderten Zinsen und Amortisation das Einkommen. Neue, höhere Kredite waren vonnöten und der circulus vitiosus begann. Er mußte, wenn nicht radikal Einhalt geboten und eine Wende vollzogen wurde, zwangsläufig mit dem Konkurs enden. Diese Entwicklung und die daraus folgende Krise war bereits Anfang der siebziger Jahre das Fazit eines Geprächs, das v. d. Goltz mit zwei erfahrenen ostpreußischen Großlandwirten führte. Einen Aufschub gewährte ein Verfahren, das schon von 1850 bis 1875 praktiziert wurde. Der verschuldete Gutsbesitzer übertrieb den Gutswert, um gleichzeitig die Beleihungsgrenze zu erhöhen und weitere Darlehen aufnehmen zu können. Offensichtlich machten die Ritterschaftlichen Kassen dieses Spiel mit, und die günstige konjunkturelle Entwicklung bis 1875 glich die sonst unvermeidlich auftretenden Defizite aus. Bereits bei einem Stillstand der Preise – falls nicht höhere Naturalerträge erzielt wurden – mußten jedoch Finanzierungslücken auftreten. Da das bloße Aufbauschen des Gutswertes den Reinertrag nicht erhöhte, mußte er prozentual fallen. Die niedrigen Prozentwerte als **Beweis für die Notlage der Landwirtschaft** heranzuziehen, mag zwar in menschlicher Hinsicht verständlich sein, in Bezug auf das Allgemeinwohl ist diese Manipulation jedoch nicht zu verantworten.

Wie die preußische Subhastationsstatistik zeigt, nahm die Zahl der Versteigerungen nicht zu. Sie ist jedoch von geringer Aussagekraft, solange der zum Verkauf Gezwungene noch einen Käufer findet. Über diese Form des Eigentumswechsels gibt es leider keine zusammenfassende Darstellung. Dennoch ist ein Erosionsprozeß nicht zu übersehen. Die Zahl der Betriebe über 100 ha LF stieg von 24 991 Betrieben bei der Betriebszählung 1882 sogar noch geringfügig bis auf 25 061 im Jahre 1895 an, sank aber bis 1907 auf 23 566 Betriebe oder auf 94,0 v. H. Auch der Landbesitz vergrößerte sich in unbedeutender Weise bis 1895. Anschließend fiel er auf 90,1 v. H. ab. Der stärkere Fall beim Landbesitz spiegelt sich in der Abnahme der durchschnittlichen Betriebsgröße, die sich von 312,5 ha LF auf 299,4 ha verringerte. Damit wird ein Aushilfsmittel sichtbar, auf das man auch zurückgriff: man verkaufte Land. Zu erstaunlichen Ergebnissen gelangt man, wenn der **Rückgang der Betriebe** von 1895 bis 1907 betrachtet wird. In diesem Zeitraum gaben in der Klasse über 1000 ha LF 35,5 v. H. der Betriebe auf, in der von 500 bis 1000 ha 13,3 v. H., 200 bis 500 ha LF 2,6 v. H., 100 bis 200 ha LF 5,1 v. H., 50 bis 100 ha LF 13,4 v. H. und 20 bis 50 ha LF 3,8 v. H. Die Krise zeigte offensichtlich eine Spätwirkung, die auch die großbäuerlichen Betriebe ergriff. Versuchten sie am Ende, den Lebensstil der Gutsbesitzer zu kopieren? Jedenfalls war für nicht gerade wenige Betriebe über 20 ha LF die Einkommenslage unbefriedigend, doch müssen die Ursachen dafür wohl weitgehend im außerökonomischen Bereich gesucht werden.

Die Preise sind in Bezug zur Einkommenslage hinreichend dargestellt worden. Es sei an den gleichzeitigen **Einfluß der erzeugten Mengen** erinnert, der oft weit größer ausfiel (vgl. S. 223). Während der Caprivi-Krise wurde darauf jedoch nur in der Form verwiesen, die Landwirte könnten die Erzeugung steigern, um bei den schlechten Preisen ihre Einkommen zu verbessern. Daß die Naturalerträge längst stiegen, scheint den Zeitgenossen entgangen zu sein. Auf diese objektiven Hinweise zur Einkommenslage soll anschließend eingegangen werden; denn Preis-Kosten-Scheren waren und sind nun einmal kein taugliches Mittel, um Veränderungen des Einkommens zu beschreiben. Solche Scheren sind nur Rahmenbedingungen, deren Bedeutung allerdings nicht unterschätzt werden sollte.

Schon 1936 bezog Georg BRANDAU neben den Preisen die zugehörigen Mengen, allerdings nicht gerade in expliziter Form, in seine Darstellung ein. Max ROLFES schloß sich 1976 zwar anfangs diesem Verfahren an, verzichtete aber bei der Diskussion des Einkommens wieder darauf. Begonnen sei mit dem Produkt mit der schlechtesten Preisentwicklung, dem Roggen. Als Menge wird der saatgutfreie Hektarertrag gewählt, weil nur er für den Landwirt verfügbar ist. Wie sich der Geldrohertrag vor, während und nach der Krise entwickelte, zeigt die Tab. 35.

Geht man nicht gerade von den Hochpreisjahren 1888/92 aus, so gibt es vorerst keinen Anlaß zur Besorgnis. Im Gegenteil, obwohl sich die Preise bis 1902 nur schwach erholten, erreichte der Geldrohertrag in diesen fünf Jahren bereits einen Spitzenwert. Einer Zeit äußerster finanzieller Anspannung folgte also schon rasch die Erholungsphase – vorausgesetzt, daß man an der allgemeinen Ertragssteigerung im vollen Umfang teilhatte. Diese optimistische Aussage würde Rolfes zutreffend mit der Bemerkung einschränken, der Geldrohertrag sei kein Rentabilitäts-, sondern ein Produktivitätsmaßstab. Um im heutigen Sprachgebrauch zu bleiben: die Spezialkosten dürften sich, abgesehen

Tab. 35: Geldrohertrag eines ha Roggen von 1883/87 bis 1893/97 in M

Zeitspanne	saatgutfreier Ertrag dt/ha	Preis/dt	Geldrohertrag
1883/87	10,4	13,60	141,44
1888/92	10,2	16,95	172,89
1893/97	12,4	12,40	153,76
1898/1902	13,4	14,40	191,52

Quellen: Erträge s. BITTERMANN, 1956, 34; Preise s. JACOBS/RICHTER, 1935, 53

von den Löhnen, auf die noch eingegangen wird, von 1888 bis 1897 nicht gravierend verändert haben. Eher ist das von der Jahrhundertwende bis zum Ersten Weltkrieg anzunehmen. Von 1898/1902 bis 1908/12 stiegen die Roherträge noch einmal von 13,4 auf 16,3 dt/ha. Gleichzeitig kletterten auch die Preise, so daß der Geldrohertrag auf 283,29 M/ha anschwoll. Das war innerhalb von nur zehn Jahren eine Zunahme von 47,9 v. H. Es wird augenfällig, weshalb die Agrarier die Diskussion auf die Preise beschränkten.

Wären sie auf die **Ertragssteigerung** verwiesen worden, hätten sie dem Kritiker mit Sicherheit die steigenden Kosten entgegengehalten. Beim Mineraldünger sind sie auch unabweislich. Ungefähr 4 kg N, 18 kg P_2O_5 und 13 kg K_2O wurden je ha mehr aufgewandt (vgl. Tab. 22, S. 237). Dafür waren nach GLÄSEL rund 11 M/ha aufzuwenden. Mit Hilfe dieses Aufwandes hatten die Landwirte rund 3 dt/ha mehr geerntet. Welchen Preis je dt jetzt man auch immer ansetzt, der Mineraldüngereinsatz war hoch rentabel; die Krisenjahre mit ihren Tiefstpreisen machten keine Ausnahme. Hinzu kam noch eine Erleichterung, die vor allem den Gütern zugute kamen, weil sie am stärksten mechanisiert waren. Die Maschinenpreise sanken auf breiter Front, einschließlich der Dresch- und Mähmaschinen. Der Anreiz, die Handmahd durch stärkeren Maschineneinsatz zu ersetzen, scheint jedoch nicht sonderlich groß gewesen zu sein, sonst hätten nicht auch die großen Getreidebaubetriebe des Ostens polnische Wanderarbeiter herangezogen. Insgesamt geschah das in einem Ausmaß, wie ständige deutsche Arbeitskräfte die Betriebe verließen.

In welchem Umfang dadurch Kosten eingespart wurden, läßt sich nur andeuten. Die wenigen Erhebungen, die durch Zahlen abgesichert sind, lassen keine nennenswerten Unterschiede bei den Tagelöhnen erkennen. Die Ersparnis für die Gutsbesitzer lag wohl im wesentlichen in der Verringerung des Personals während der arbeitsschwachen Zeit.

An der **Steigerung der Löhne** für landwirtschaftliche Arbeitskräfte während und nach der Krise läßt sich einfach nicht zweifeln. Dennoch läßt sich auf diesem Felde kräftig streiten, da einfach kein repräsentatives Material vorliegt, das den Zeitvergleich erlaubte. Anders ausgedrückt: die Steigerungsraten vor allem in industrienahen Landschaften oder bei Einführung des Zuckerrübenbaus sind wahrhaft imponierend und können von der Vorkrisenzeit bis zum Ersten Weltkrieg 100 v. H. erreichen. Diese Verdoppelung des Lohnaufwandes bedrückte aber nicht die Gutsbetriebe des Ostens. Nicht zuletzt durch das Anmieten ausländischer Wanderarbeiter verlief hier die Kostensteigerung deutlich langsamer.

Drei Schwierigkeiten sind es, die das spärliche Material über die Einkommensentwicklung noch weiter entwerten:

1.) Wieviel Prozent des Rohertrages für Fremdlöhne einschließlich des Lohnanspruches der mitarbeitenden Besitzerfamilie ausgegeben werden müssen, hängt von der Intensität ab, mit der gewirtschaftet wurde. Infolgedessen wirkte sich eine gleichhohe Lohnsteigerung in verschieden intensiv wirtschaftenden Betrieben unterschiedlich aus.

2.) Da sich der Arbeitskräftebesatz in der deutschen Landwirtschaft nur geringfügig veränderte, die Naturalerträge aber ab 1890 wieder beträchtlich zunahmen, wuchs die Arbeitsproduktivität je AK. Sie ist immer noch die Summe der Produkte aus Menge mal Preis **aller** verkauften Erzeugnisse abzüglich der verbrauchten. Es ist deshalb irreführend, die Löhne im Zeitvergleich in kg Roggen auszudrücken, dem Produkt mit der schlechtesten Preisentwicklung. Gläsel, der so vorgeht, begeht an dieser Stelle einen beachtlichen Methodenfehler und schafft für die Landwirte scheinbare Erschwernisse, mit denen sie in dieser Form gar nicht zu ringen hatten.

3.) Der Anteil der Naturalentlöhnung spielt eine kaum zu unterschätzende Rolle. Ihr Wert war zudem nur schwer in exakte Zahlen zu fassen. Nahm auch der naturale Anteil zugunsten des Barlohns ständig ab, so machte er 1913 in der Provinz Ostpreußen, dem einen Extremfall, noch 82,5 v. H. aus. Mit Ausnahme des Mietwertes der Wohnung wurde der Betrieb durch den Naturallohn gleichbleibend belastet, da sich die Mengen kaum veränderten. Die Preise spielten dagegen keine Rolle. Dieselben Mengen erscheinen nämlich bei der Ertrags-Aufwands-Rechnung auf beiden Seiten des Jahresabschlusses, sie sind ein sogenannter durchlaufender Posten. Fallen die Preise, sinkt der auf den Naturallohn entfallende Teil des Rohertrages ebenso auf der Ertrags- wie auf der Aufwandsseite. Bei steigenden Preisen geschieht das gleiche. Da in Ostpreußen nur ein wesentlich kleinerer Betrag des Rohertrages für den Barlohn aufgewendet werden mußte, konnte sich dessen Erhöhung längst nicht stark bemerkbar machen wie im Königreich Sachsen, dem anderen Extremfall, wo er bereits auf 92,5 v. H. angewachsen war. – Gelang es, den ausländischen Wanderarbeitern Betriebserzeugnisse als Lohnanteil aufzuzwingen, die einheimischen Landarbeiter gewannen diese Erzeugnisse zum großen Teil in ihrer kleinen Eigenwirtschaft, so erlangte der Gutsbesitzer auf die beschriebene Weise einen weiteren Einkommensvorteil.

Um das Bild abzurunden, seien noch einige wenige Angaben aus der **Viehhaltung** angefügt. Bei gleichbleibenden Preisen stiegen von 1891 bis 1900 bei der Rindfleischproduktion allein durch die größeren Mengen die Geldroherträge um 27 v. H. Ähnliches gilt für die Butter, deren Preis sich höchstens ganz unbedeutend erhöhte, wenn man die Angaben der peußischen Statistik für das gesamte Königreich benutzt. Immerhin gab es aber auch hier eine Einnahmesteigerung, die bei gleichzeitig wachsenden Beständen auf 19 v. H. zu beziffern ist. Je Kuh wuchs in diesen zehn Jahren die Milchleistung um 18 v. H. Unterstellt man, die höhere Leistung sei ausschließlich auf die zusätzliche Verfütterung ausländischer Ölkuchen zurückzuführen, so konnte mit einem Aufwand von 5 bis 6 Pfg. 1 l Milch im Wert von 11 bis 16 Pfg. erzeugt werden. Der Einsatz des Kraftfutters war also durchaus rentabel. Noch günstiger sah es bei der Schweinehaltung aus. Die Mengensteigerung betrug in diesen zehn Jahren 40 v. H., und die in Preußen belegte Preissteigerung um 5,7 v. H. sorgte für eine Erhöhung auf 48 v. H. Der Gewinn je Mastschwein stieg besonders bei den Mästern, die ihre Tiere ganz oder weitgehend mit der billiger gewordenen Gerste fütterten.

Wer, und das ist allerdings eine unabdingbare Voraussetzung, an der allgemeinen Ausdehnung der Veredlungswirtschaft teilnahm, spürte die sogenannte Caprivi-Krise nur in der Form, daß die Einkommensentwicklung deutlich hinter jener in der Industrie zurückblieb, und allein diese Beobachtung stimmte die benachteiligten Landwirte mißmutig.

Bei jeder Aussage über das Einkommen mit größerem Gültigkeitsumfang dürfen zwei Faktoren nicht übersehen werden. Der verkaufende Landwirt erhielt nicht die abstrakten Durchschnitts-, sondern Loco-Hof-Preise. Sie konnten 1.) bei weiten Entfernungen zum Markt beträchtlich darunter liegen; 2.) spielte eine regional abweichende Nachfrage immer noch eine beträchtliche Rolle, die in nicht geringem Maße die Preise und damit das Einkommen der Landwirte beeinflußte.

Im Abschnitt über die **Tierproduktion** ist bereits die **überproportional anwachsende Erzeugung** von der Jahrhundertwende bis zum Ersten Weltkrieg dargestellt worden. Hinzu kam die weiterhin steigende Nachfrage, so daß die Preise weit schneller stiegen als jene für pflanzliche Produkte. So verteuerte sich in Preußen die Butter um 31 v. H., das Schweinefleisch um 22 v. H. und das Rindfleisch immerhin um 38 v. H. Die Einkommenslage mußte sich jetzt deutlich verbessern. Wer allerdings überdurchschnittlich viel Roggen baute, hatte den geringsten Anteil an dem allgemeinen Aufschwung. Sein Boden hätte es zumindest gestattet, die Kartoffelanbaufläche zu vergrößern und mit diesem Futtermittel die Schweinemast auszudehnen. Wie die Reichsstatistik zeigt, machten die Großbetriebe nur zögernd von dieser Möglichkeit Gebrauch.

Recht häufig werden die Leiter größerer Betriebe als die Träger des Fortschritts angesehen. Sie mögen auch mehr Mineraldünger angewendet haben, doch fehlt bis heute der quantitative Beweis. Bei der Mechanisierung läßt sich dagegen der stärkere Maschineneinsatz belegen. Wie jedoch die Kalkulationen der Betriebswirtschaftler zeigen und genauso der Einsatz „polnischer Schnitter", war mit diesem nur kurzfristigen Maschineneinsatz die Rentabilität nur geringfügig zu erhöhen. Die Signale des Marktes wiesen vielmehr auf eine umfangreiche Veredlung, die ganz andere Einkommenssteigerungen verhieß. Die Bauern hatten das jedenfalls begriffen und handelten danach.

Da das Einkommen ganz grob die Differenz zwischen Einnahmen und Ausgaben darstellt, ist es zumindest theoretisch ebenso durch eine Erhöhung der Einnahmen wie durch eine Senkung der Ausgaben zu vergrößern. Da im untersuchten Zeitabschnitt jedoch mit einer Intensivierung zu rechnen ist, mußten vor allem die Ausgaben für Löhne und ertragssteigernde Betriebsmittel steigen. Sollten diese Mehrausgaben die Rentabilität des Betriebes verbessern, mußten sich also im vorliegenden Falle die Einnahmen noch rascher erhöhen. Die Mehrnachfrage nach ertragssteigerndern Betriebsmitteln stimulierte die industrielle Produktion. Damit wird die bereits oft diskutierte Frage aktuell, ob der industriellen Revolution eine „Agrarrevolution" vorausgehen muß.

Kürzlich hat sie Toni Pierenkemper aufgegriffen und für England, den ersten Industriestaat der Welt, zuerst einmal dahingehend beanwortet, die Prosperität der Landwirtschaft habe ihren Niederschlag in einer deutlichen Erhöhung der landwirtschaftlichen Einkommen und Grundrenten gefunden (1989, 10). Die Doppelung der Begriffe Einkommen und Grundrente ist methodisch eher irreführend. Die Grundrente ist, falls sie die Prosperität der Landwirtschaft und nicht ausschließlich rentenbeziehender Grundbesitzer erhöht, Teil des Einkommens. Aber, und darauf wurde bereits ausdrücklich verwiesen (vgl. S. 80), sie ist in einer Zeit rascher Bevölkerungsvermehrung ein Einkommensbestandteil besonderer Art. Nach Ricardo, der bekanntlich die englischen Verhältnisse als Beobachtungsbasis benutzte, ist sie eine Knappheitsrente, die jenen zufließt, die in ihrer Gesamtheit das Bodenmonopol besitzen. Das Steigen der Grundrente fördert keineswegs das Nationaleinkommen, es verteilt es nur um, und zwar zugunsten der Bodenbesitzer. Die Konsumenten dagegen verarmen. Die Input-Bedingungen für eine Industrialisierung werden also durch eine Einkommenssteigerung in der Landwirtschaft keineswegs verbessert. Die Engländer zogen aus dieser Gegebenheit die Konsequenz und importierten Getreide, um dessen Preis zu drücken.

Auch unter deutschen Verhältnissen ist kurz vor und um 1800 mit einer erheblichen Einkommenssteigerung in etlichen Fällen zu rechnen. Roman Sandgruber zitiert im gleichen Band den deutschen Kameralisten v. Justi, der meinte, wenn der Bauer Geld habe, lege er es in den Kasten (79). Dieses Verhalten wurde für die Bauern im Herzogtum Braunschweig-Wolfenbüttel auch quantitativ belegt (ACHILLES, 1965, 97–100), und deshalb wird die Frage geradezu brisant, wofür er es ausgeben sollte, um die Industrialisierung zu befördern. Sandgrubers Aufzählung (aus PIERENKEMPER 1988, 81) ist auch für Braunschweig nichts Wesentliches hinzuzusetzen. Man kaufte bessere Stoffe, erwarb Zinn- oder Porzellangeschirr, leistete sich auch bessere Möbel und, wenn es hoch kam, eine silberne Taschenuhr. Die Anteile, die vom Einkommen oder gar vom Rohertrag des Betriebes für diesen höheren Aufwand abgezweigt werden mußten, hielten sich in äußerst bescheidenen Grenzen. Ob sie bereits für einen Take-off ausreichten, braucht der Agrarhistoriker nicht zu entscheiden. Hinzufügen muß er jedoch, die Landwirtschaft sei erst dann zu einem ernstzunehmenden Marktpartner geworden, als sie einen weit größeren Teil des Rohertrages aufwandte, um Maschinen und ertragssteigernde Hilfsmittel einzukaufen. Davon kann aber in der Zeit der **Frühindustrialisierung** noch keine Rede sein. In dieser Phase beruhte die Intensivierung der Landwirtschadft noch mit absolutem Vorrang auf einem höheren Arbeitseinsatz, während die Nachfrage nach Industrieerzeugnissen noch eine zu vernachlässigende Größe blieb. Sicherlich benötigten auch damals schon die für die Landwirtschaft tätigen Handwerker mehr Rohstoffe. Aber Leder und Holz lieferte nicht die deutsche Industrie. Höchstens das Eisen für die Dorfschmiede könnte in diesem Zusammenhang genannt werden.

Gegenüber diesen Verhältnissen trat bis 1893/97 ein deutlicher Wandel ein. Für diesen Zeitabschnitt veröffentlichte Leo HUSCHKE 1902 für vier Betriebe im mittleren Thüringen die Ertrags-Aufwands-Rechnungen, und leider genügen nur sie von allen überprüften Erhebungen den heutigen Ansprüchen. Der zu beschreibende Wandel kann also allerhöchstens nur ganz knapp angedeutet werden, da vier Betriebe alles andere als repräsentativ für die deutsche Landwirtschaft sind. Anhand des berichteten Maschineneinsatzes und der ermittelten Verwendung von Mineraldüngern ist die Wirtschaftsweise der vier Betriebe als überdurchschnittlich einzustufen. Dennoch gaben sie je ha LF nur 9,71 M für die Unterhaltung des toten Inventars und 12,57 für Düngemittel aus. Bezogen auf den Rohertrag waren das 4,0 und 5,1 v. H. Da beide Ziffern nur einen Bruchteil des Sachaufwandes darstellen, war er insgesamt gegenüber der vorindustriellen Zeit nicht unerheblich gestiegen. Dennoch muß vor einem Trugschluß gewarnt werden. Die sogenannten „komplizierten Maschinen" machten in jeweiligen Zeitwerten nur ein Drittel es toten Inventars aus. Der weitaus größte Teil entfiel noch auf Wagen, Pflüge, Walzen und Eggen. Der erreichte **Mechanisierungsgrad** darf deshalb auf keinen Fall überbewertet werden. Von den 3,7 v. H. des Rohertrages, den diese überdurchschnittlich ausgestatteten Betriebe für die Abschreibung des toten Inventars aufwandten, entfielen nur 1,2 v. H. auf die Dresch-, Drill-, Mäh- und Hackmaschinen.

In absoluten Zahlen stellt dieser Prozentsatz jenen Betrag dar, den die vier Betriebe jährlich für Maschinenkäufe aufwandten. Da diese Betriebe nicht die deutsche Landwirtschaft repräsentieren können, wäre eine Hochrechnung völlig verfehlt. Statt dessen empfiehlt sich ein anderer Weg. Laut Reichsstatistik wurden 1907 341 563 Mähmaschinen gezählt. Da zur Getreidemahd umgerüstete Grasmäher noch überwogen und der Anteil der Garbenbinder noch verschwindend klein war, stellt der angenommene Neuwert von 500 M eher die Obergrenze dar. Da ein zwanzigjährige Nutzung unbedenklich unterstellt werden darf, gab die deutsche Landwirtschaft jährlich rund 85 Mio. M für diese Maschinen aus. Für die Dreschmaschinen ist analog immerhin die dreifache Summe anzunehmen. Alle übrigen Maschinenarten fallen jedoch nach Zahl und Wert bereits stark ab. Überschlägig könnte mit 500 Mio. M. je Jahr gerechnet werden, die den Landmaschinen- und Geräteherstellern zuflossen. Mit dieser Annahme ist indessen wenig gewonnen. Jener nicht zu unterschätzende Anteil entzieht sich nämlich jeder Quantifizierung, den die Fabrikanten in den USA und England erhielten. Weiterhin ist kein geeigneter Bezugsmaßstab zu entdecken. So konnten bislang weder die Jahreswerte der eisenverarbeitenden

Industrie noch der Landmaschinenindustrie ermittelt werden. Auf jeden Fall wurde der Landmaschinenbau von andern Branchen ganz erheblich überflügelt, so daß 1907 in diesem Zweig nur 8,7 v. H. aller Beschäftigten im Maschinenbau tätig waren, obwohl sich seit 1882 das Auftragsvolumen ungefähr vervierfacht haben mag. Die genannten Umstände weisen nicht gerade auf eine führende Rolle der Landmaschinenindustrie im Industrialisierungsprozeß hin.

Auch die **Ausgaben für Handelsdünger** kamen der deutschen Industrie nur zu einem Teil zugute. Zwar wurde seit 1909 der nur speziell verwendbare Kalkstickstoff in Deutschland hergestellt und ab 1911 war die Haber-Bosch-Synthese industriell nutzbar, doch wurde als reiner Stickstoffdünger bis zum Kriegsausbruch praktisch nur Chilesalpeter verwendet. Importiert wurde auch der Guano, der neben Stickstoff Phosphate enthält. Immerhin wurden die aus Nordafrika stammenden Rohphosphate in deutschen Fabriken in Superphosphat umgewandelt, und das Thomamehl stammte gänzlich aus der inländischen Produktion. Auch die Kalisalze wurden ausschließlich im Reichsgebiet gewonnen und zu Düngemitteln aufbereitet.

B   Reaktionen

1   Die Gründung des Bundes der Landwirte (BdL)

Als die Caprivi-Krise ausbrach, war die deutsche Landwirtschaft längst in vielfältiger Weise organisiert. Das bereits beschriebene landwirtschaftliche Vereinswesen, das seine Spitze im Deutschen Landwirtschaftsrat fand, eignete sich jedoch kaum zur Vertretung agrarpolitischer Interessen. Zu sehr hatten sich diese Vereine auf die Förderung der Produktionstechnik konzentriert, und nicht wenige hatten in ihrer Satzung sogar ausdrücklich auf agrarpolitische Aktivitäten verzichtet. Ähnliches kann von den christlichen Bauernvereinen gesagt werden, die sich zudem das Ziel steckten, das sittliche Niveau ihrer Mitglieder zu heben. Der 1909 gegründete Deutsche Bauernbund kann schon deshalb unberücksichtigt bleiben, weil schon vor diesem Datum die entscheidenden agrarpolitischen Fragen geklärt waren und bis zum Kriegsausbruch ein entscheidender Neuansatz nicht erfolgte.

Eindeutig wurde die Zollsenkung für Getreide von 5 M/dt auf 3,50 M/dt, die Ende 1891 das Deutsche Reich im Handelsvertrag mit Österreich vereinbarte, zum Anlaß für die Gründung des BdL. Das Jahr 1892 verging mit den Vorbereitungen. Aber schon im Mai 1893 zählte der Bund 178 939 Mitglieder, von denen allerdings allein 40 000 zuvor dem 1885 gegründeten ersten Deutschen Bauernverband angehört hatten. Ebenfalls war der Fränkische Bauernverein unter dem Freiherrn v. Roßbach-Thüngen geschlossen zum BdL übergetreten. Dennoch bleibt die große Mitgliederzahl erstaunlich, die von keinem der übrigen Verbände auch nur annähernd erreicht wurde. Als 1894 der noch wichtigere Handelsvertrag mit Rußland zur Debatte stand, erreichte die Mit-

gliederzahl Ende des Jahres mit 201 756 Landwirten einen vorläufigen Höchststand. Danach nahm sie etwas ab, wurde aber 1899 mit 206 000 Mitgliedern
bereits wieder übertroffen. Anschließend stieg sie bis 1906 kontinuierlich auf
283 000 an. Damit war ein nicht unerheblicher Teil der Vollerwerbslandwirte
im BdL organisiert; wobei die Zahl von 49 000 Mitgliedern erstaunlich ist, die
als Beruf „Handwerker" angaben.

Das schnelle **Anwachsen der Mitgliederzahl** hat schon bei den Zeitgenossen Aufsehen erregt, vor allem weil der Anteil der Großgrundbesitzer ziemlich
konstant bei 1500 Mitgliedern verblieb, aus ihren Reihen aber praktisch ausschließlich die Führer des Bundes stammten. Was veranlaßte also die Mittel-
und Kleinbauern und sogar die Landhandwerker, diesem radikal agierenden
Verbande beizutreten? Der linksliberale Reichstagsabgeordnete Georg Gothein versuchte 1910/11 folgende Antwort (106): Die Großagrarier gäben vor,
sie verträten die Forderungen der Bauern, während es doch jene des Großgrundbesitzes seien und ergänzt (im Original gesperrt): „Der deutsche Bauer
ist der Bruder des Junkers, wenn es gilt für diesen die Kastanien aus dem Feuer
zu holen, im übrigen aber ist er der dumme Bauer, der nicht in den Kreistag,
geschweige denn den Kreisausschuß, den Provinziallandtag, nicht in die Land-
wirtschaftskammer und den Landwirtschaftsrat gehört. Und die berühmte
Solidarität der Interessen zwischen Großgrundbesitzer und Bauer ist in Wirklichkeit eine Interessendisharmonie, worüber ja in Bauernkreisen sich immer
mehr Klarheit herausbildet." Der letzte Halbsatz war wohl eher ein Wunschbild; denn von einem Mitgliederschwund beim BdL ist nichts bekannt.

Die Interessendisharmonie betonte Rosenberg, Hans-Jürgen Puhle und Jens
Flemming schlossen sich dieser Auffassung im Grundsatz an. Sie kam ihnen
womöglich gelegen, weil sie es erlaubt, den Gruppenegoismus der Führungs-
elite schärfer herauszuarbeiten und ihre Rolle im Wilhelminischen Kaiserreich
als besonders negativ herauszustellen. Das gilt besonders für Rosenberg. Hier
wird keineswegs beabsichtigt, eine Ehrenrettung der Handlungsweise der
„Junkerklasse" zu versuchen. Nachdem aber die Entwicklung der Getreidepreise, jener für tierische Erzeugnisse, die Interdependenz zwischen beiden und
nicht zuletzt die Getreideverkäufe auch kleiner Bauernbetriebe belegt wurden,
kann nicht länger der Feststellung beigepflichtet werden, die Getreideschutzzollpolitik habe ausschließlich den (Ritter-)Gutsbesitzern genützt. Sie profitierten allerdings am stärksten davon. Da aber der Agrarprotektionismus beim
Getreide zwangsläufig den für andere landwirtschaftliche Produkte nach sich
zog, waren es die Bauern, die aus den deutlich rascher steigenden Viehpreisen
den größeren Nutzen zogen. Die Großgrundbesitzer errangen dagegen nur
einen Achtungserfolg. Schon der Zeitgenosse Adolf Buchenberger stellte
1897 fest, die Zölle hätten zu keiner Erhöhung der Getreidepreise geführt,
sondern nur ihren weiteren Verfall unterbunden, und diese Feststellung läßt
sich auf die Zeit bis 1905 ausdehnen.

Es mutet auch etwas merkwürdig an, die Bauern einfach als Mitläufer eingestuft zu sehen, die trotz einer anders gearteten Interessenlage den Groß-agrariern blindlings folgten. Deshalb soll versucht werden, ihre Motive ein wenig zu erhellen, die sie bewogen, dem BdL beizutreten.

In einer sich rasch wandelnden Umwelt einte, wie schon RIEHL hervorhob, Adel und Bauern der konservative Grundzug ihres Denkens. Diese Haltung wurde auch durch die zahlreicher werdenden bürgerlichen Rittergutsbesitzer nicht in Frage gestellt, die sich fast alle dem Prestige verheißenden Konfor-mitätsdruck der Gruppe beugten. Auch die oft recht beweglichen und dem Fortschritt verpflichteten Domänenpächter entwickelten schon wegen der en-geren Bindung an den Staat auf standespolitischem Felde keine Gegenkräfte. Die konservativen Elemente mußten zusammenstehen, wenn sie sich in einer zunehmend feindlicher werdenden Umwelt behaupten wollten. Die Freihändler forderten die volle Konkurrenz mit Erzeugungsgebieten, die von der Natur gegenüber den Verhältnissen im Deutschen Reich bevorteilt waren. Die SPD verlangte sogar noch 1891 im Erfurter Programm zumindest die Kollektivie-rung des Ackerlandes als erster Stufe. Allein mit diesem Ansinnen versperrte sie sich den Zugang selbst zum Kleinbauern, der gleich den größeren Land-wirten in der Selbständigkeit das höchste Gut erblickte – und bis heute sieht.

Wohin eine Landwirtschaft treibt, die in vollem Umfang der **Konkurrenz des Weltmarktes** ausgesetzt wird, bewies den Zeitgenossen und sicher auch den nachdenkenden Bauern die englische. Die Weizenanbaufläche ging fort-laufend zurück und das Grünland nahm zu. Allein von 1868 bis 1885 hatte sich die mit Weizen bestellte Fläche von 3,982 Mio. Acres auf 2,553 Mio. Acres vermindert. Die Schlußfolgerung lag für jeden denkenden Landwirt auf der Hand. Da 1 ha Grünland ein geringeres Einkommen abwirft als 1 ha des weit intensiver bewirtschafteten Ackerlandes, muß die Zahl der landwirtschaftli-chen Betriebe scharf zurückgehen. Die Landwirte, ob groß oder klein, sahen durch eine rigorose Freihandelspolitik ganz einfach ihre Existenz bedroht. Für ihren Erhalt hat noch jeder gekämpft, der das mit einiger Aussicht auf Erfolg tun konnte. Als 1892 die Getreidepreise verfielen, war es keineswegs die real verspürte Not, die kurz darauf viele Bauern die Mitgliedschaft im BdL erwer-ben ließ. Es war vielmehr eine allgemeine Existenzangst, die durch die Sorge vor einer betont freihändlerischen Handelspolitik hervorgerufen wurde.

Die Empörung über das vermeintliche Vorgehen des Staates nahm auch deshalb so scharfe Formen an, weil es im Gegensatz zum Selbstverständnis der Landwirtschaft stand. Die Großagrarier sahen sich als die geborenen Stützen von Thron und Altar und leiteten bereits aus dieser Funktion die Pflicht des Staates ab, sie zu erhalten. Dieser ebenso hehren wie brüchigen These folgten die Bauern sicherlich nicht. Aber an ihrem Anspruchsdenken ist dennoch nicht zu zweifeln. Sie beschäftigten sich nicht mit eitlen Dingen – wie schon Garve konstatierte –, sondern mit einer so unbestritten notwendigen Tätigkeit wie dem Ackerbau und sahen darin unreflektiert ihre besondere Bedeutung für das Staatswesen. Bis in die Gegenwart hinein ist es vielen Bauern unverständlich, weshalb der Staat den **Strukturwandel** zuläßt und die Zahl selbständiger landwirtschaftlicher Betriebe abnehmen darf. Gleich den Großagrariern fühlten sich die Bauern, wenn auch in anders gearteter Zielrichtung, als ein Stand, an dessen Erhalt der Staat vorrangig interessiert sein mußte, wollte er nicht seine eigene Existenz gefährden.

Von Rosenberg verbal, von Puhle zahlenmäßig belegt wurde das **Mißverhältnis von Führern und Geführten** im BdL besonders herausgestellt. Alle wesentlichen Posten im Bund bekleideten Großgrundbesitzer, die aber nur rund 0,75 v. H. aller Mitglieder stellten. Wird die Interessendisharmonie in eine bedingte Interessenharmonie umgeformt, so verliert das Mißverhältnis bereits einiges von seiner Schärfe. Dazu tragen aber auch einige politologische Überlegungen bei. Wenn es der BdL, und an der Zweckmäßigkeit des Verfahrens hat noch niemand gezweifelt, als das wesentliche der „Großen Mittel" ansah, möglichst viele ihm genehme Kandidaten als Inside-Lobbyisten in den Reichstag zu schleusen, so vermochten Bauern bei diesem Geschäft nur wenig auszurichten. Dazu gehörten gesellschaftliche Beziehungen und gewandte Umgangsformen, die der Bauer damals noch nicht besaß. Bis heute ist bei den größeren Landwirten ein Bildungs- und Ausbidungsvorsprung nachzuweisen, der sie zu Führungsrollen prädestiniert. Das Resultat ist eine Ämterhäufung bei dem bezeichneten Personenkreis.

Einigkeit herrscht heute darüber, daß es nur zwei Möglichkeiten für pressure-groups gibt, die Politik zu ihren Gunsten zu beeinflussen: nämlich Geldspenden für die Arbeit nahestehender Parteien oder die Drohung mit dem Stimmentzug der Verbandsmitglieder. Das erste Verfahren wählte schon vorher der Centralverband deutscher Industrieller, der auf Grund seiner geringen Mitgliederzahl niemals eine Reichstagswahl nennenswert beeinflussen konnte. Seine unbestrittene Wirksamkeit beruhte jedoch ebenfalls auf den gesellschaftlichen Kontakten, die führende Industrielle längst mit Regierungskreisen und dem Kaiser pflogen. Es ist deshalb zu einseitig, solche Kontakte immer nur bei den Großagrariern herauszustellen. Der Geld fordernde BdL dagegen konnte den Parteien keine finanzielle Unterstützung anbieten, selbst wenn er dazu in der Lage gewesen wäre. Eine solch inkonsequente Handlungsweise hätte seine Glaubwürdigkeit erschüttert. Er mußte vielmehr das Stimmgewicht seiner Mitglieder in die Waagschale werfen, und das konnte nur dann überzeugend gelingen, wenn der Bund nach außen hin geschlossen auftrat. Notwendigerweise war die **Organisationsstruktur des BdL** diesem Ziel entsprechend ausgeformt. Sie entsprach dem von Lenin so genannten Transmissonsriemen, der den Willen der Führung dem letzten Mitglied als seine eigene Meinung übermittelt. Würde dagegen die Meinungsbildung von unten nach oben erfolgen und die Vielfalt der Auffassungen an die Öffentlichkeit gelangen, so wäre die Schlag-

kraft des Vereins entscheidend geschwächt. In Erkenntnis dieser Zusammenhänge haben bis heute Deutscher Gewerkschaftsbund und Deutscher Bauernverband ihre Satzungen gestaltet.

Es wäre überzogen, den Bauern einfach zum hörigen Mitglied seines Verbandes abzustempeln. Im Gegenteil, gegenüber den Oberen – auch den größeren Landwirten – bewahrt er bis heute eine mißtrauische Reserve. Was soll er
jedoch tun? Auch ihm ist bewußt, daß nur eine möglichst große Mitgliederzahl
einigen Einfluß auf das politische Geschehen verspricht, und soll er selbst in die
Führung drängen, um seine Interessen durchzusetzen? Nichtlandwirte übersehen zuweilen die Unabkömmlichkeit des Betriebsleiters vom Betrieb, und sie
nimmt in dem Maße zu, wie der Betrieb kleiner wird. Kleinbauern können sich
infolge dieser Bindung nur in geringerem Maße informieren, und infolgedessen
sind es Informationsvorsprung und Abkömmlichkeit vom Betrieb, die mit einer
gewissen Zwangsläufigkeit den größeren Landwirten vor Kriegsausbruch die
führende Positionen zuwiesen, und daran hat sich – jedenfalls tendenziell – bis
heute nichts geändert.

Nach dem Lesen der von ROSENBERG 1969 veröffentlichten Essays über die
Pseudodemokratisierung der Rittergutsbesitzerklasse und den Überlegungen
zur sozialen Funktion der Agrarpolitik im Zweiten Reich könnte der Eindruck
entstehen, als ob sich die genannte Klasse mit dem BdL ein Instrument geschaffen habe, das sie ungehemmt zum Durchsetzen ihrer engen Klasseninteressen
befähigte. Das war jedoch nicht der Fall. Schon unter den Interessenverbänden
erwuchs dem BdL im **Centralverband deutscher Industrieller** ein nicht zu
unterschätzender Gegner, falls überzogene Zielvorstellungen angemeldet wurden oder sie eine einseitige Begünstigung der Großagrarier darstellten. Vor
allem aber ist die Fraktionsstärke der einzelnen Parteien im Deutschen Reichstag zu berücksichtigen, in den 1898 und 1903 397 Abgeordnete, 1907 396 und
1912 391 hineingewählt wurden. Die enge Verbundenheit mit den beiden
konservativen Parteien garantierte noch keinerlei Erfolge, verfügten sie doch
nur über 79, 75, 84 und 57 Abgeordnete. Auch das Zusammengehen mit den
Nationalliberalen verhalf noch zu keinem Durchbruch, da 32 bis 51 weitere Abgeordnete immer noch keine Mehrheit schafften. Entscheidend war das Mitgehen des Zentrums, das nach den genannten Wahlterminen über 91 bis 105 Abgeordnete verfügte. Das Zentrum jedoch fühlte sich weit enger den Arbeitern
und dann den christlichen Bauernvereinen verbunden, die zwar auch überwiegend von Großagrariern geführt wurden, aber keineswegs die Interessen dieser
Klasse mit jener Einseitigkeit vertraten wie der BdL. Die Grenzen des Ein-
flusses, den der BdL ausüben konnte, werden dann auch deutlich, wenn man der
Aufstellung Puhles folgt, der in übersichtlicher Form jene Abgeordneten in den
verschiedenen Parteien zusammenstellte, die dem BdL verpflichtet waren. Bei
den genannten vier Wahlterminen kamen von diesem Personenkreis 118, 89,
138 und 79 Kandidaten durch.

Die Grenzen, die der Interessenpolitik der Großagrarier gezogen waren, lassen sich am Scheitern des Antrages des Grafen Kanitz zeigen. Der erste und wichtigste Punkt diese Antrages hatte den Wortlaut: „Der Ein- und Verkauf des zum Verkauf im Zollgebiet bestimmten ausländischen Getreides mit Einschluß der Mühlenfabrikate erfolgt ausschließlich für Rechnung des Reiches. Die Verkaufspreise sollen im Mindestbetrage wie folgt festgesetzt werden: a) für Weizen auf 215 M pro Tonne, für Roggen auf 165 M pro Tonne..." Mit dieser Bestimmung wäre nun tatsächlich, wie Puhle konstatiert, des Produzentenrisiko den Großagrariern genommen worden. Zu ergänzen wäre, der gesamten Getreide verkaufenden Landwirtschaft, wenn auch in geringer werdendem Maße. Kanitz brachte den Antrag noch zweimal in modifizierter Form ein, doch bewies die breite Ablehnung, welche Grenzen einseitig großagrarischer Interessenpolitik auch in der Wilhelminischen Ära gezogen waren.

Dem Antrag liegt auch ein merkwürdiges Politikverständnis zugrunde. In der dritten Fassung des Antrages wurden nur noch Getreidepreise auf mittlerer Höhe gefordert. Der schlesische Rittergutspächter Ernst KLEINSCHMIDT glossierte den Antrag in durchaus überzeugender Form. Wäre er Abgeordneter der SPD, wovor ihn Gott behüten wolle, so würde er seinen ganzen Einfluß aufbieten, um den Antrag durchzubringen. Die hohe Dotation der Grundbesitzer (nicht Großagrarier, W. A.) würde er in Kauf nehmen. „Hat der Staat die Preisbestimmung für landwirtschaftliche Produkte erst in die Hand bekommen, ist der Getreidehandel erst verstaatlicht worden, so steht es dem Staat auch frei, von seiner Macht auch denjenigen Gebrauch zu machen, der ihm für das Allgemeinwohl am besten scheint." Er kann jetzt den Preis auch herabsetzen, und wenn dabei die Herren Grundbesitzer nicht mehr existieren können, so kann er die Landwirte auch als Staatsdiener für die Allgemeinheit arbeiten lassen. „Daß hierbei die Großgrundbesitzer eigentlich ganz überflüssig werden würden, liegt wohl greifbar nahe" (aus JENTSCH, 1899, Anhang). Kleinschmidt zweifelte zu recht daran, wie mit diesem Antrag auf Staatssozialismus die SPD bekämpft werden sollte. Entweder waren die Großagrarier nicht scharfsichtig genug, oder sie glaubten tatsächlich, den Status quo auf unbegrenzte Zeit aufrecht erhalten zu können. Sie mußten es jedoch noch erleben, daß die Zahl der SPD-Abgeordneten im Reichstag von 56 im Jahre 1898 auf 110 im Jahre 1912 anstieg.

Der BdL erhob schon kurz nach seiner Gründung den Anspruch, die gesamte Landwirtschaft im Deutschen Reich zu vertreten. Dieser Anspruch war jedoch überzogen. Am ehesten konnte er in Preußen verwirklicht werden, und zwar wohnten 1903 von 250000 Mitgliedern 111000 in den östlichen preußischen Provinzen. Der Bund hatte als Untergliederung das Gebiet der Wahlkreise gewählt, und von den 250 Organisationen lagen allein 141 im Osten. Vor allem aber ist die starke **Stellung des Bundes im preußischen Herrenhaus** zu bedenken, die ihm großen Einfluß auf die preußische Agrarpolitik verschaffte.

Ganz so günstig war die Lage im Reich jedoch nicht zu beurteilen. Grundsätzlich industriefeindlich eingestellt, mußte der Bund in Gegensatz zur mächtigsten pressure group neben ihm geraten: zum Centralverband Deutscher Industrieller. Der Geschäftsführer Bueck, früher selbst Landwirt, lehnte während seiner Amtszeit bis 1910 eine Zusammenarbeit mit dem BdL ab: „Ich für meine Person habe das wüste, agitatorische Treiben der extremen Agrarier in der Deutschen Tageszeitung (dem Organ des BdL; W. A.) stets als gemeingefährlich bekämpft, ich bin einer der von ihnen bestgehaßten!" (KAELBLE, 1967, 132). Aber auch mit den konkurrierenden Bauernverbänden mußte sich der Bund außerhalb Preußens arrangieren, und innerhalb des Königreiches in den Provinzen Rheinland und Westfalen. Sie waren christlich ausgerichtet und lehnten sich eng an das Zentrum an, in der Provinz Hannover an die Nationalliberalen. Da ohne das Zentrum Reichstagsbeschlüsse nicht durchzubringen waren, dürfte der Einfluß der übrigen Bauernvereine doch etwas höher einzuschätzen sein, als es zuweilen geschieht (PYTA, 1991, 107).

Wenn den Führern des Verbandes, Dr. Gustav Roesicke und Berthold v. Ploetz, den 1898 Conrad Freiherr v. Wangenheim ersetzte, in nationalsozialistischer Zeit für ihre Tätigkeit einiges Lob gespendet wurde, so mag das an dem de facto durchgehaltenen Führerprinzip und dem gleichfalls vertretenen Antisemitismus gelegen haben. Aus diesem Sachverhalt einen Baustein zur Kontinuitätsthese zu formen, kann in überzeugender Weise nur dann gelingen, wenn man dem BdL eine Bedeutung für die Gesamtpolitik beimißt, die er in dem als nötig zu erachtenden Umfang nicht besaß.

2 Die Gründung der Landwirtschaftskammern

Am 30. Juni 1894 erließ der preußische Staat das „Gesetz über die Landwirtschaftskammern". Das Datum könnte die Vermutung nahelegen, es sei eine Gegenorganisation gegen den oppositionellen BdL geplant gewesen. Dieser Verdacht läßt sich jedoch sofort zerstreuen, da die Vorüberlegungen zum Gesetz bereits 1884 einsetzten. Man erwog, wie man die landwirtschaftliche Vereinstätigkeit beleben und die Bauern stärker daran interessieren könne. 1888 besaßen die 33 preußischen Zentralvereine 148 342 Mitglieder, und der in dieser Zahl zum Ausdruck kommende Organisationsgrad war tatsächlich stark verbesserungsfähig.

Vorbild für eine intensivere Erfassung der Berufszugehörigen waren die Handelskammern, und man überlegte zuerst, ob den Zentralvereinen ein Besteuerungsrecht zu verleihen sei, das jenem der Kammern entsprach. Für die Landwirte des Bezirks hätte das die Pflichtmitgliedschaft bedeutet bei gleichzeitiger Entrichtung eines Pflichtbeitrages. 1890 sprachen sich nur vier der preußischen Zentralvereine für ein Besteuerungsrecht aus, das jenem der Handelskammern nachgebildet sein sollte. Dennoch setzte das Ministerium eine Kommission ein, die das Vorhaben weiter vorantrieb.

Nach einigem Hin und Her, wobei vor allem das Wahlrecht diskutiert wurde, wurde vier Jahre später das Gesetz verabschiedet. Aus heutiger Sicht erscheint der Wahlmodus wirklich merkwürdig. Dabei mag es noch angehen, wenn nur die Besitzer oder Nutznießer einer selbständigen Ackernahrung das aktive Wahlrecht besaßen, denn nur so konnte die Kammer gleichzeitig zu einer Berufsvertretung werden (§ 6). Wenn jedoch das passive Wahlrecht nur Mitgliedern des Kreistages zustand, die gleichzeitig das aktive Wahlrecht besaßen (§ 8), so war die Wahl von Landwirten mit größerem Landbesitz vorprogrammiert. Tatsächlich konnte Gothein die dominierende Stellung der Rittergutsbesitzer in den preußischen Landwirtschaftskammern eindeutig belegen, wobei nur die Kammer für den Regierungsbezirk Wiesbaden eine Ausnahme machte. Aber auch in den übrigen deutschen Staaten besetzten Vertreter des Großgrundbesitzes in den Kammern oder vergleichbaren Organisationen die führenden Plätze. Es überrascht daher, wenn der sonst so nüchtern urteilende v. d. Goltz lobend hervorhebt, mit der Einrichtung von Landwirtschaftskammern sei es endlich gelungen, eine Vertretung der gesamten Landwirtschaft zu schaffen.

Im Vergleich mit den heutigen Landwirtschaftskammergesetzen vermag aber auch der § 2 nicht zu befriedigen, in dem die Aufgaben der Kammern eher angedeutet als exakt beschrieben werden. Was ist real gemeint, wenn die Kammern die Gesamtinteressen der Land- und Forstwirtschaft ihres Bezirks wahrnehmen und zu diesem Behufe alle Einrichtungen fördern sollen, die auf die Hebung der Lage des ländlichen Grundbesitzes abheben? Die Landwirtschaftskammern haben ferner die Verwaltungsbehörden bei allen die Land- und Forstwirtschaft betreffenden Fragen durch „thatsächliche Mittheilungen und Erstattung von Gutachten zu unterstützen". Die Landwirtschaftskammern haben außerdem den technischen Fortschritt der Landwirtschaft durch zweckentsprechende Einrichtungen zu fördern. Zu diesem Zweck waren sie befugt, die Einrichtungen und das Vermögen der bisherigen Zentralvereine zu übernehmen, und sie sollten sonstige Vereine und Genossenschaften unterstützen, die sich ebenfalls die Förderung der Landwirtschaft zum Ziel gesetzt hatten.

1910 brachten die Kammern nach Gotheins Angaben noch nicht einmal ein Viertel ihrer Ausgaben selber auf. Der Staat und die Provinzen schossen vielmehr 2,5 Mio. M zu, so daß die Kammern insgesamt über 3,3 Mio. M verfügen konnten. Die von ihm gleichzeitig berichteten Förderungsbeiträge erreichten jedoch ein Volumen von knapp 5 Mio. M, so daß diese Mittel keineswegs ausschließlich von den Kammern ausgegeben sein können, die ja auch noch ihre eigene Verwaltung finanzieren mußten. Eins überspielt Gothein großzügig bei seiner aggressiven Art gegen den Großgrundbesitz zu agitieren: Unter den einzelnen Posten läßt sich keiner entdecken, der zu seiner bevorzugten Förderung geeignet gewesen wäre. Allenfalls könnte man noch in gewissem Umfang den Dispositionsfond zu Prämien für die Pferdezucht dazu rechnen, der immerhin mit 593 420 M dotiert war. Er wurde aber mit 950 000 M weit überboten, die für die übrigen Tiergattungen vorgesehen waren und auch die 135 000 M für die Unterstützung der Geflügelzucht dürften den Großagrariern so gut wie gar nicht genützt haben. Das gleiche traf für die 1,2 Mio. M zu, die für landwirtschaftliche Mittelschulen und Fortbildungsschulen ausgegeben wurden. Auch die 910 000 M für den Dispositionsfond für wissenschaftliche und Lehrzwecke wird man nicht als Subvention der Großagrarier ausgeben können. Mögen die Kammern auch von Großgrundbesitzern geführt worden sein, so förderten sie doch den technischen Fortschritt in Bereichen, an denen die bäuerliche Landwirtschaft ein vorrangiges Interesse hatte.

Dieses Urteil schließt aber keineswegs die Feststellung ein, die Kammern hätten sich zur Wahrung großagrarischer Interessen grundsätzlich nicht geeignet. Sie boten immerhin zwei Möglichkeiten, Einfluß auf die Agrarpolitik zu nehmen. Erinnert sei an die Aufgabe, die Verwaltungsbehörden durch „thatsächliche Mitteilungen und Erstattung von Gutachten zu unterstützen". Verkörperten so die Kammern quasi den personifizierten Sachverstand, so war es ihnen durch das Aufzeigen wirklicher oder auch nur vorgeblicher Sachzwänge möglich, die Verwaltungsbehörden wie die Regierung in die Richtung der von ihnen verfolgten agrarpolitischen Ambitionen zu lenken. Diese Chance der Kammern wurde noch durch das ihnen zugestandene Recht verstärkt, „selbständige Anträge zu stellen". Bei diesen Gegebenheiten wird es verständlich, wenn es die Großgrundbesitzer auch in die Führungsgremien der Landwirtschaftskammern drängte.

In Preußen fanden die Kammern ihre Spitze im Landesökonomiekollegium. Zusammen mit denen in den übrigen deutschen Staaten oder vergleichbaren Organisationen waren sie im **Deutschen Landwirtschaftsrat** vereinigt. Im Gegensatz zum BdL arbeitete mit ihm der Centralverband Deutscher Industrieller regelmäßig zusammen. Allein diese Tatsache weist die Kammern und den Deutschen Landwirtschaftsrat als agrarpolitischen Machtfaktor aus. Im Gegensatz zum BdL, der sich im tagespolitischen Meinungskampf stets lautstark zu Wort meldete, bevorzugte der Rat jedoch eine Arbeitsweise, die der Öffentlichkeit eher verborgen blieb. Wenn auch im Grundsatz an der Beteiligung des Deutschen Landwirtschaftsrates an den realisierten agrarpolitischen Entscheidungen nicht zu zweifeln ist, so bedarf es doch noch näherer Untersuchungen, ehe abgeschätzt werden kann, welches Gewicht ihm dabei zufiel.

C   Die Schutzzollpolitik im Meinungsstreit

Im Zweiten Kaiserreich wurden nicht nur die politischen Debatten mit einiger Schärfe geführt. Auch in den wissenschaftlichen Diskussionen wurde häufig ein Ton angeschlaen, der heute nicht mehr allgemein verbreitet ist. Es nimmt daher nicht wunder, wenn die beiden herausragenden Kontrahenten, die Professoren Lujo Brentano und Adolph Wagner, auch als die Hauptkampfhähne bezeichnet worden sind. Man muß aber Wagner bescheinigen, er habe 1902 zu einem relativ gemäßigten Ton zurückgefunden, als er sein Buch „Agrar- und Industriestaat" erscheinen ließ. Die wirklichkeitsfremde Alternative „Agrar- oder Industriestaat" war kein ernstzunehmender Streitpunkt mehr. Man stritt jetzt nur noch darüber, welches Tempo die unvermeidliche Industrialisierung nehmen sollte. Der starre Standpunk des BdL, den Status-quo um jeden Preis zu bewahren, wurde auch von den Verfechtern eines gemäßigten Schutzzolls nicht geteilt.

Wagner, der gemäß dem Untertitel den agrarischen Schutzzoll mit besonderer Berücksichtigung der Bevölkerungsfrage rechtfertigen will, argumentiert auch aus heutiger Sicht durchaus plausibel. Das außerordentlich starke Anwachsen der Bevölkerung führte er zu Recht auf die fortschreitende Industrialisierung zurück und ist über das Ausmaß beunruhigt. Er glaubt nicht an die überzogenen Versprechungen des BdL, ließe man die Landwirte nur gewähren und gäbe ihnen auskömmliche Preise, so würden sie die Ernährung des deutschen Volkes schon gewährleisten. Vielmehr sieht er in dem zunehmenden Zwang, Nahrungsmittel zu importieren und mit Exporterlösen zu bezahlen, eine wachsende Abhängigkeit vom Ausland, die er für gefährlich hält. Mit dieser Ansicht stand Wagner keinesfalls allein da. Mit Ausnahme Englands waren die übrigen bedeutenden europäischen Staaten zum **Schutzzoll auf Agrarprodukte** übergegangen, um wenigstens bei den wichtigsten Konsumgütern, den Nahrungsmitteln, nicht schon bei den geringsten Pressionen nachgeben zu müssen. Dieser Standpunkt, das sei ergänzt, bestimmte bis in die Gegenwart die deutsche Agrarpolitik und später die der Europäischen Gemeinschaft. Wie unzuverlässig der Weltmarkt bei der Lieferung existentiell notwendiger Güter sein kann, hat sich oft genug gezeigt.

Dagegen warf Brentano Wagner vor, er male das Malthusianische Schreckgespenst einer zur Krise führenden Verschärfung von wachsender Bevölkerung und nicht ausreichender Nahrungsmittelproduktion an die Wand (vgl. S. 186). Bei den Ressourcen, die auf der Welt vorhanden wären und dem entwickelten Transportwesen seien solche Bedenken überflüssig. Statt dessen sei die weltwirtschaftliche Arbeitsteilung zu verwirklichen, die den höchsten Wohlstand für die einzelnen Volkswirtschaften verheiße. Offensichtlich verabsolutiert Brentano ökonomische Gedankengänge und übergeht politische Erwägungen. Natürlich fanden auch diese Überlegungen ihre Anhänger, und zwar nicht nur bei den Vertretern der Exportindustrie, sondern auch bei denen, die den Ärmeren zu billigen Nahrungsmitteln verhelfen wollten.

Das zuletzt genannte Ziel gipfelte in dem Vorwurf des „Brotwuchers", den die Agrarier trieben, indem sie Schutzzölle forderten. Wie man seinerzeit „Beweis führte", läßt sich sehr schön bei Gothein zeigen. So referiert er, als ein adliger Herr gegenüber dem Kaiser den Antrag Kanitz vertrat, habe dieser entgegnet, „sie können von mir doch nicht verlangen, daß ich Brotwucher treibe". Bekanntlich ging der Antrag weit über jenen Schutz hinaus, den feste Zollsätze gewähren können (vgl. S. 344) und ob der Kaiser grundsätzlich gegen Schutzzölle eingestellt war, müßte Gothein erst einmal beweisen. Zuzustimmen ist ihm jedoch, wenn er einige Argumente des BdL nicht gelten läßt. Der Bund hatte die Verteuerung des Brotes durch den Schutzzoll zwar nicht grundsätzlich geleugnet, aber dagegen eingewandt, die Börsenspekulation, der Zwischenhandel und das Bäckergewerbe würden für weit stärkere Preiserhöhungen sorgen. Trotz einiger Nachforschungen des Berliner Magistrats gelang es damals nicht, eine stringente Korrelation zwischen Getreide- und Brotpreisen zu ermitteln. Es blieb also offen, in welchem Ausmaß höhere Getreidepreise den Endverbraucher belasteten. Für Gothein besteht diese Schwierigkeit jedoch nicht. Er legt einfach den Zoll in vollem Umfang auf das Getreide, dann das Mehl und schließlich das Brot um. Das ist jedoch nicht statthaft. Bei guten Inlandsernten schlägt der Zoll keineswegs in voller Höhe durch. Außerdem, und das ist das Entscheidende, trotz der Zölle blieben die Getreidepreise bis 1905 annähernd stabil, und wenn sich in dieser Zeit das Brot dennoch verteuerte, so deshalb, weil Müller und Bäcker an der allgemeinen Lohn- und Einkommenssteigerung teilhaben wollten. Die Vorgehensweise Gotheins wird verständlich, da er 1910 sein ,,Agrarpolitisches Handbuch" beim Handelsverein, dem Verband zur Förderung des deutschen Außenhandels, herausgab.

Ein Punkt, der im Zusammenhang mit den Schutzzöllen seinerzeit heftig diskutiert wurde, war der **Einfluß der Agrarpreise auf die Grundrente.** In ökonomischer Hinsicht bedeutet diese Zuspitzung eine Simplifizierung, denn nicht nur der Produktiosfaktor Boden muß für seine Mitwirkung im Produktionsprozeß entlohnt werden, sondern das müssen ebenso die Faktoren Kapital und Arbeit. Allem Anschein nach schloß man mindestens die Verzinsung des Faktors Kapital in recht ungenauer Weise in die Grundrente mit ein und zuweilen geschah das auch noch, erneut die Aussage bis zur Wertlosigkeit vergröbernd, mit dem Faktor Arbeit. An einem Wechselspiel zwischen dem Agrarpreisniveau, dem daraus resultierenden Einkommen der Landwirte und den Preisen für landwirtschaftlich nutzbaren Boden ist jedoch grundsätzlich nicht zu zweifeln. Die Liberalen warfen den Großagrarien vor, sie hätten durch Güterspekulation die Ankaufspreise unzulässig überhöht und forderten nun Schutzzölle, damit sich der Kaufpreis angemessen verzinste. Noch anklagender war eine zweite Version. Danach habe der Großgrundbesitz sich ungebührlich verschuldet, sozusagen den Wert seines Grundbesitzes verlebt, und nun fordere er von der Allgemeinheit aufzubringende Schutzzölle, um mit deren Hilfe die Güter wieder schuldenfrei zu machen. Soweit die vorhergehende Darlehensaufnahme konsumtiven Zwecken diente, und daran ist in einem beträchtlichen Maße nicht zu zweifeln, war der Unmut dieser Kritiker nur zu berechtigt, wenn im Endeffekt die Brotkonsumenten für das flotte Leben eines Teils der Großagrarier aufkommen sollten.

Geradezu naiv mutet aber eine andere Variante an, mit der den Bauern der Fortfall der Zölle schmackhaft gemacht werden sollte. Der Autor gab von vornherein zu, die Grundrente würde sinken. Aber so meinte er beschwichtigend, das Beispiel Englands beweise, diesen Verlust hätten nicht die Pächter, sondern die Grundbesitzer zu tragen. Sie müßten ihren Pächtern an Pacht so viel nachlassen, um wieviel sich bei sinkenden Getreidepreisen ihr Einkommen vermindere. Zu diesem Pachtnachlaß seien sie auch in der Lage, da sie in ihren Industrieunternehmungen genug Geld verdienten. Ein Blick in die Reichsstatistik belehrt, wie andersgeartet die Betriebsgrößenstruktur, die Eigentums- und Besitzverhältnisse in Deutschland lagen. Der Pachtbesitz spielt von wenigen Kleinlandschaften abgesehen, eine völlig untergeordnete Rolle. Lediglich der Zupacht kam – und kommt – eine gewisse Bedeutung zu. Infolgedessen verteilte sich bei einer güstigen Agrarkonjunktur in Deuschland der Einkommenszuwachs auf viele Köpfe. Je Betrieb blieb die Geldmenge im allgemeinen so gering, daß es den Bewirtschafter wie in Frankreich nicht drängte, sein Geld in Industrievorhaben zu investieren. Bei der andersartigen Agrarstruktur Englands mag es dort günstiger um solchen Kapitaltransfer bestellt gewesen sein. Wie es scheint, steht die Vielgestalt realer Verhältnisse der dennoch notwendigen Theoriebildung weit öfter im Wege, als häufig vermutet wird. Was Gothein in seinem liberalen Credo den Bauern auf dem Gebiet der Agrarpolitik anbietet, wird sie nicht sonderlich beeindruckt haben. Es sind „die Freiheit der Bewegung, der unverteuerte Bezug seiner Produktionsmittel, die Förderung seines Absatzes durch Genossenschaften und die Hebung seiner Technik durch ein gutes landwirtschaftliches, nicht auf den Großbetrieb zugeschnittenes Unterrichtssystem nach dänischem Muster" (107). Unter Freiheit der Bewegung versteht Gothein in geradezu ideologischer Verhärtung die grundsätzliche Mobilisierung des Grundbesitzes. Er lobt deshalb die Realteilung, und meint, wo sie praktiziert würde, wäre die „Neigung zu ungesunder Verkleinerung" der Betriebe keineswegs gewachsen. Schon die Zeitgenossen sahen das anders.

Von einer ernstzunehmenden Förderung des Genossenschaftswesens durch die Liberalen ist bislang nichts bekannt geworden. Gothein bevorzugt erstaunlicherweise die städtischen Schulze-Delitzschen Kassen, während doch die von ihm kritisch gesehenen Raiffeisen-Genossenschaften zusätzlich das Bezugs- und Absatzgeschäft betreiben und damit Gotheins eigenen Forderungen entsprechen. Es wäre leicht darzulegen, wie geringfügig die Bauern durch Importzölle auf Industriewaren bei der Führung ihres Betriebes belastet wurden, doch erübrigt sich das schon deshalb, weil bei aller Dürftigkeit des Materials doch eins klar erkennbar ist: In der Ertrags-Aufwands-Rechnung dieser Höfe spielte der Bezug aller industriell gefertigten Betriebsmittel, also einschließlich der im Reich erzeugten, noch eine völlig untergeordnete Rolle.

Wenn der Geschäftsführer des Centralverbandes Deutscher Industrieller das „wüste, agitatorische Treiben" des BdL als „gemeingefährlich" apostrophierte, so bedarf diese Aussage einer Ergänzung. Das agitatorische Treiben kann nur potentiell allgemeingefährlich sein. Zu einer realen Gefahr wird es erst dann, wenn es eine negativ zu beurteilende Veränderung der Lebensverhältnisse breiter Kreise der Bevölkerung bewirkt. Bei den Forderungen der Agrarier ist deshalb stets zu prüfen, in welchem Maße die Regierung ihnen entsprach. SPD und Liberale würden in diesem Zusammenhang sofort auf die Schutzzölle verweisen, die besonders oder gar ausschließlich den Großagrariern zugute kamen. Die Reichsregierung müßte indessen ziemlich kurzsichtig gewesen sein, wenn sie bei der zu erwartenden negativen Reaktion der Verbraucher und der Exportindustrie lediglich die Förderung von rund 14 000 Rittergutsbesitzern beabsichtigt hätte.

Zu dieser Einengung der Betrachtungsweise mögen einige Sonderrechte geführt haben, die tatsächlich den Großagrariern gewährt wurden. Während sie einerseits fortlaufend über die „Leutenot" klagten, versuchten sie andererseits, die bestehenden unzureichenden Arbeits- und Lohnverhältnisse zu stabilisieren. Die Regierungen wirkten insoweit dabei mit, als sie teilweise den Landarbeitern das Koalitionsrecht vorenthielten. Das Koalitionsverbot bestand für Preußen, und zwar für den Gebietsstand von 1854, für Sachsen, Anhalt, Braunschweig, beide Mecklenburg und Reuß. Dieses Verbot blieb nicht ohne Folgen. Zwar gab es seit 1909 auf Grund einer Initiative der SPD den **Deutschen Landarbeiter-Verband** mit 20- bis 25 000 Mitgliedern und seit 1912 den vom Zentrum gegründeten **Zentralverband der Land- und Forstarbeiter Deutschlands** mit knapp 4000 Mitgliedern; bei knapp 3 Mio. abhängig Beschäftigter in der Landwirtschaft blieb der Organisationsgrad aber mehr als bescheiden, und bis zum Kriegsausbruch war beiden Verbänden eine erwähnenswerte Wirksamkeit nicht mehr beschieden.

Auch andere wesentliche Rechtsbereiche waren für die landwirtschaftlichen Arbeitskräfte gesondert geregelt und keineswegs zu ihrem Vorteil. Besonders die 44 unterschiedlichen **Gesindeordnungen** sind hervorzuheben mit ihren Strafen bei Kontraktbruch durch das Gesinde, nicht des Arbeitgebers, und deren eingeschränktes, aber im Grundsatz weiterbestehendes Züchtigungsrecht. Eine reichseinheitliche Gesindeordnung scheiterte an der Uneinigkeit der Parteien. Bei den Berufsgenossenschaften, die den Arbeiter vor den Folgen eines Betriebsunfalles schützen sollten, war erneut die Vielfalt der Bestimmungen verwirrend. Das Reichsgesetz stellte es den Ländern frei, bei landwirtschaftlichen Arbeitnehmern die Bestimmungen des Gesetzes weitgehend wieder aufzuheben und davon machten Preußen, Bayern, Sachsen, Württemberg, Hessen, beide Mecklenburg, Oldenburg, Braunschweig, Lippe-Detmold, Hamburg und Bremen Gebrauch. Die Einrichtungen auf diesem Gebiet waren also durchaus nicht gleichartig und gleichwertig. Umgekehrt lagen die Verhältnisse bei der Krankenversicherung. Das Reichsgesetz nahm die land- und fortwirtschaftlichen Arbeitnehmer von vornherein aus und überließ es den

Ländern, entsprechende Vorkehrungen für den Schutz dieses Personenkreises zu treffen. Das Ergebnis war allerdings das gleiche. Auch in diesem Falle war die Vorsorge weder gleichartig noch gleichwertig.

Die Liste der Begünstigungen, die von den Regierungen dem Großgrundbesitz gewährt wurde, ließe sich fortsetzen. Jedoch ist an dem grundlegenden Sachverhalt schon jetzt nicht zu zweifeln, und die noch zu nennenden Tatbestände wären außerdem minderen Ranges. Es kann daher ein abschließender Blick auf die Schutzzölle geworfen werden, die nach Meinung einiger allein den Großagrariern zugute kamen und ihnen von der Reichsregierung zu Lasten des Gemeinwohls gewährt wurden. Die Vertreter dieser These übergehen – auf ihre Weise konsequent – die Schutzzölle auf Produkte der Viehhaltung. Allein aus ihnen läßt sich folgern, Reichsregierung und zustimmender Reichstag hätten mit dem **Agrarprotektionismus** weitergesteckte Ziele verfolgt, als nur die Großbetriebe vor dem Bankrott zu bewahren.

Wurden die Rittergutsbesitzer auch nicht müde, sich als Stützen des monarchischen Systems, des damaligen deutschen Nationalstaates herauszustellen, so beurteilten schon die Zeitgenossen ihre Rolle deutlich anders. Indem diese Klasse polnische und weißrussische Wanderarbeiter auf ihre Betriebe holte und dadurch deutsche Landarbeiter verdrängte, mußte sie sich die Bezeichnung „Polonisatoren" gefallen lassen, und in diesem Punkt arbeitete sie eindeutig der von Preußen in seinen östlichsten Provinzen verfolgten Nationalitätenpolitik zuwider. Wie krass diese kleine Schicht ihre ökonomischen Interessen über die vorgebliche staatspolitische Funktion stellen konnte, beweist die schon eher törichte Drohung, wenn die Getreidepreise weiter fielen, würde man chinesische Kulis ins Land holen, um weiterhin die Güter rentabel bewirtschaften zu können. Wie die Frage nach der Behandlung der Restgüter bei der Siedlung beweist, entzog die Regierung den Großagrariern dennoch nicht ihre Gunst, die aller Wahrscheinlichkeit nach in einem schichtspezifischen Solidaritätsgefühl wichtiger Mitglieder der Reichsregierung und der Klasse der Rittergutsbesitzer wurzelte.

Neben solchen emotional bedingten Zielen, den „Standesgenossen" zu helfen, traten bei der Regierung aber auch weit nüchternere Erwägungen. Die Großagrarier waren der Zahl nach viel zu gering, als daß sie allein schon ausgereicht hätten, eine im Grundzug konservative Politik abzusichern. Nicht nur diese politische Leitlinie, sondern den Staat überhaupt sah man durch die Industriearbeiterschaft, die sich weitgehend in der SPD organisiert hatte, als gefährdet an. Mag die Parteileitung dem Gedanken an einen gewaltsamen Umsturz auch ferner gestanden haben als die Parteiideologen, so ließ sie doch die Revolutionsidee von ihnen fortwährend diskutieren, und nicht zuletzt war sie Bestandteil des Erfurter Programms von 1891. Die Partei durfte sich deswegen nicht wundern, wenn sie von den Herrschenden zumindest als unzuverlässig eingestuft und in krassen Fällen zum Staatsfeind erklärt wurde.

Diese Vielzahl unzuverlässiger Staatsbürger wählte eine zunehmende Zahl von Reichstagsabgeordneten, die sich dem Regierungskurs entgegenstellten. Die Herrschenden bedurften daher dringend einer hinreichend großen Wählergruppe, die über ihre Repräsentanten im Reichstag in der Lage war, als Gegenkraft aufzutreten und der Reichsregierung die benötigte Unterstützung zu verschaffen. Getreu den Vorstellungen Riehls hatten diese Rolle die Bauern zu übernehmen, die schon 1848 einen Damm vor den Thronen gebildet hatten, an denen die Revolution gescheitert war.

Das Ziel der letzten Reichsregierung läßt sich präzisieren. **Die Schutzzölle hatten eine Doppelfunktion.** Sie sollten einmal die einheimische landwirtschaftliche Produktion schützen, ohne die keine ernstzunehmende Verteidigungsbereitschaft im Krisenfall gegeben war. Sie sollten aber nicht zuletzt die landwirtschaftlichen Produzenten vor dem wirtschaftlichen Ruin bewahren, damit der wachsenden Industriearbeiterschaft ein ausreichendes Gegengewicht gegenübergestellt werden konnte. BUCHENBERGER sei zitiert, der sehr sohl die Gefahren einer überzogenen Schutzzollpolitik für breite Bevölkerungskreise herausgestellt hatte, und deshalb nur eine mäßige befürwortete, bei der den Landwirten bewußt blieb, zur Staatshilfe müsse die Selbsthilfe treten, wenn der Bestand der Betriebe gesichert bleiben solle. Dem Präsidenten des badischen Finanzministeriums wird man so rasch keine besondere Affinität zu den Großagrariern und den von ihnen geforderten „Allheilmitteln" nachsagen können, die er aus kritischer Distanz heraus als unzweckmäßig ablehnt (1897, 304). Aber auch er betont die positive Wirkung der Getreidezölle ab einer Betriebsgröße von 5 ha und fordert die Erhaltung dieser Höfe, weil die Tugenden und Eigenschaften des sie bewirtschaftenden Landvolkes „es politisch als Element des Beharrens, wirtschaftlich als Inhaber des wichtigsten Produktionsmittels, social als Jungbrunnen der übrigen Stände zu einem so bedeutungsvollen Bestandteile der Volksgemeinschaft erheben" (308). Diese Ansichten verraten ganz sicherlich den Zeitgeist, aber gerade er war zu erfassen, und Buchenberger stand, das beweist mehr als eine Passage seines Buches, dem BdL ablehnend gegenüber.

Die Wogen der Erregung, die anfangs in der Schutzzolldebatte sehr hoch gingen, verebbten zwar nicht ganz, aber eine erhebliche Beruhigung war nicht zu verkennen. Es war auf die Dauer nicht überzeugend, den absoluten Freihandel zu propagieren, wenn mit Ausnahme Englands alle wichtigen Handelspartner Deutschlands einschließlich der USA eine handfeste Schutzzollpolitik verfolgten. Auch das in der Theorie so bedeutsame Gegenargument des „Brotwuchers" erwies sich als weitgehend wirklichkeitsfremd. Der BdL vermochte die fortschreitende Industrialisierung nicht zu bremsen, und das Deutsche Reich exportierte im Sinne des Caprivi-Wortes nicht länger Menschen, sondern zunehmend mehr Maschinen. Anders wäre die wachsende Bevölkerung nicht zu beschäftigen und im übertragenen Sinne auch nicht zu ernähren gewesen.

Die Reallöhne breiter Bevölkerungsschichten stiegen und Brot wurde durch teurere Nahrungsmittel substituiert (vgl. S. 254). Die prognostizierte Verelendung fand nicht statt. Deshalb ist es nicht erstaunlich, wenn die Zahl der Befürworter eines mäßigen Zollschutzes wuchs. Es bleibt die Aufgabe der nächsten beiden Abschnitte zu untersuchen, ob die staatliche Hilfe so bemessen war, daß die Landwirtschaft den Zwang zur Selbsthilfe in hinreichendem Maße verspürte.

IV   Die Beilegung der Krise

A   Maßnahmen des Staates

Gleich nach seiner Gründung 1893 hatte sich der BdL in den agrarpolitischen Meinungskampf eingeschaltet. Lautstark und vehement hatte er in der Debatte über den Handelsvertrag mit Rußland die Beibehaltung des Kampfzolles von 7,50 M/dt für Roggen und Weizen gefordert. Als der unglückselige Handelskrieg durch die Annahme des Vertrages im Reichstag am 16. März 1894 endlich beendet wurde, galt fortan auch für den russischen Getreideexport ein Brotgetreidezoll von 3,50 M/dt. Die Agrarier hatten sich nicht durchsetzen können.

Zwei Tage vor der Annahme des Vertrages machte die Reichsregierung unter Caprivi der ostdeutschen Landwirtschaft, soweit sie Getreide verkaufte, ein nicht unbedeutendes Zugeständnis: Sie hob den Identitätsnachweis bei Getreideexporten auf. Die Großmühlen in Stettin, Danzig und Königsberg hatten aus einheimischen und importierten Getreidepartien ein Mischmehl bereitet, das im Ostseeraum guten Absatz fand. Beim Reexport erhielten die Händler, falls sie die Identität mit einer zuvor eingeführten Menge belegen konnten, einen Ausfuhrschein, bei dessen Vorlage der zuvor gezahlte Importzoll zurückgezahlt wurde. Dieser Identitätsnachweis fiel am 14. März 1894. Die bisherigen Ausfuhrscheine wurden in **Einfuhrscheine** umbenannt, denn jetzt konnte man bei ihrer Vorlage im westlichen Deutschland den Einfuhrzoll sparen, wenn Weizen eingeführt wurde. Das geschah Jahr für Jahr; denn schon damals mußte kleberreicher Aufmischweizen eingeführt werden, um beim Mehl eine hinreichende Backfähigkeit zu erzielen. Später konnte man mit diesen Scheinen nicht nur den Einfuhrzoll bei Getreide, sondern auch bei Kaffee und Petroleum erlegen. Die Spesen des Transfers abgezogen, glichen die Scheine einem Wertpapier, das gehandelt werden konnte. Sie stellten für den ostdeutschen Exporteur eine **Ausfuhrprämie** dar, mit der die Konkurrenzfähigkeit des deutschen Getreides erhöht wurde. Rußland, den zweiten Exporteur im Ostseeraum, kann das nicht erfreut haben. Der rasche Abfluß des ostdeutschen Getreides vom Inlandsmarkt verursachte eine Getreidepreiserhöhung, die ausschließlich den dortigen Produzenten nützte. Die Begünstigung überstieg jedoch keinesfalls jene, die den Landwirten im Westen ohnehin zugute kam. Bei dem ständigen Fehlbedarf an Getreide erhöhten die einzelnen Einfuhrzölle den Preis mehr oder minder stark, während sie bei einem Überschuß, wie er in Frankreich ständig auftrat, ihre Wirkung weitgehend einbüßten.

Im Deutschen Reich gab es also beim Getreide eine Zweiteilung in ein Überschußgebiet südlich der Ostseeküste und ein weit größeres Zuschußgebiet. Bei den damaligen Transportverhältnissen war es nicht rentabel, das im Osten des Reiches zuviel erzeugte Getreide in den Westen oder Süden zu schicken. Dazu hätte sich jedoch für den Westen der damals projektierte Mittellandkanal geeignet. Die Großagrarier im Osten fürchteten jedoch umgekehrt den Zustrom importierten Getreides, und es gelang ihnen, den Bau des Herzstückes zu verhindern, nämlich die Strecke von Hannover bis Magdeburg. Dafür war der BdL der Regierung beim Flottenbauprogramm und der Heeresvermehrung entgegengekommen.

Als Caprivi am 28. Oktober 1894 gehen mußte, löste ihn Fürst **Chlodwig von Hohenlohe-Schillingsfürst** ab. In seiner Programmrede vor dem Reichstag führte er aus, die **Sorge für die Landwirtschaft** müsse künftig im Vordergrund der Politik stehen. Der Verheißung folgten jedoch nur Taten, deren Auswirkung nicht besonders hoch eingeschätzt werden kann. Sieht man vom Teilerfolg des BdL beim Bau des Mittellandkanals ab, so war es während Hohenlohes Amtszeit nur das 1896 verabschiedete Börsengesetz, das wenigstens das Verbot des Terminhandels mit Getreide enthielt. Der BdL hatte zwar einerseits eine Schuld an der Verteuerung des Brotgetreides bestritten und als Ursache auf die Börsenspekulation verwiesen, andererseits aber war er ernsthaft an der Aufrechterhaltung höherer Getreidepreise interessiert. Deshalb warf er den „Börsianern" vor, sie bevorzugten die aussichtsreichere Baisse-Spekulation gegenüber der Hausse-Spekulation und drückten dadurch fortlaufend die Getreidepreise. Eine Anhebung des Getreidepreisniveaus versprach sich der BdL auch von einer auf Gold und Silber basierenden Doppelwährung gegenüber der reinen Goldwährung, doch konnte er sich mit dieser Forderung nicht durchsetzen. Sie war auch wirtschaftstheoretisch nicht ausreichend zu begründen.

Die Diskussion um die Schutzzölle flammte noch einmal auf, als der nunmehrige Reichskanzler Fürst **Bülow** die **Einführung neuer Zolltarife** beabsichtigte. Es lohnt sich nicht, die Argumente erneut vorzustellen, da das Repertoire schon zu Caprivis Zeiten alle wesentlichen enthielt: 1902 wurden die neuen Tarife beschlossen und der Zoll für Weizen, Roggen und Hafer auf 5,50 M/dt, für Gerste auf 4 M/dt festgesetzt. Die höheren Sätze von 7,50 und 7 M/dt verbesserten lediglich das Erscheinungsbild des Gesetzes, denn es war der Regierung bei den bis 1906 abzuschließenden Handelsverträgen freigestellt, auf die zuvor genannten Beträge herunterzugehen, was auch geschah.

Es wäre zu einseitig, die Förderung der Landwirtschaft durch die Regierungen auf die Schutzzölle zu beschränken. Einen noch stärkeren Schutz konnten –

und können – veterinärpolizeiliche Vorschriften bewirken. 1904 hatte eine schlechte Futterernte zur Verringerung der Viehbestände geführt und danach wurde mit Hilfe des **Schlachtviehbeschaugesetzes** und des **Viehseuchengesetzes** die Einfuhr erheblich gedrosselt. Fleisch wurde deshalb nicht nur knapp, sondern auch teurer. Vor allem beim Schweinefleisch stiegen die Preise vom Januar bis September 1905 um 27 v. H., jedoch beim Rindfleisch nur um den halben Satz. Erst 1907 normalisierte sich die Lage, wozu größere Importe und die erneute Aufstockung der eigenen Bestände gleichermaßen beitrugen.

Einen Übergang zu den Subventionen stellte die Förderung des Staates dar, die er der **Einrichtung von Getreidelagerhäusern** angedeihen ließ. Mit der Konzentration des Getreides wurde bezweckt, die Marktposition der Anbieter zu verbessern. Dieser Gedanke hatte sich längst durchgesetzt. Wenn Gothein auch dagegen wetterte und auf das ungenügende Funktionieren der genossenschaftlich organisierten Kornhäuser verweisen konnte, so mag er bei dem zuletzt genannten Punkt durchaus recht gehabt haben. Es ist nicht ganz einfach, sich beim Getreidegeschäft in das Gebaren auf dem Inlands- und Weltmarkt rasch genug hineinzufinden. Solche Anfangsschwierigkeiten wurden jedoch überwunden, und wenn damals das Bezugsgeschäft als Aushilfe hinzukam, so entsprach das absolut dem Aufgabenbereich der Genossenschaften, wie er schon längst als zweckentsprechend und legitim anerkannt war. Womöglich wurde Gothein auch deshalb zu seiner ablehnenden Haltung bewogen, weil sich der BdL für die Gründung von Kornhäusern eingesetzt hatte.

Auf einen Punkt muß abschließend noch hingewiesen werden. Allein der preußische Staat unterstützte die Landwirtschaft durch ganz erhebliche **Förderbeiträge,** die zu einem Teil von den Landwirtschaftskammern ausgegeben wurden (vgl. S. 346). Der gesamte Ausgabenetat der landwirtschaftlichen Verwaltung, ohne die Forstverwaltung, war mit 31 Mio. M dotiert, während die gesamte Handels- und Gewerbeverwaltung mit 19 Mio. M auskommen mußte. Immerhin, das belegen die einzelnen Zweckbestimmungen, wurden diese Mittel nicht einfach zur Einkommensstützung der Landwirte ausgegeben; mit ihnen wurde vielmehr versucht, die Produktivität der Landwirtschaft anzuheben und ihr auf diesem volkswirtschaftlich vertretbaren Wege erst nach eigenen Anstrengungen zu einem höheren Einkommen zu verhelfen.

B   Die Eigenleistung der Landwirtschaft

Die Anregungen Preußens und weiterer Bundesstaaten zur Intensivierung nahm die Landwirtschaft auf. In den neunziger Jahren begann sie die Erzeugung in einem Ausmaß zu steigern, wie es zuvor noch nicht geschehen war. Damit leistete sie den bedeutsamen eigenen Beitrag, um die Krise – soweit sie von ihr betroffen war – zu überwinden. Der Verweis auf die unverkennbare Selbsthilfe der Landwirtschaft macht aber die Frage Buchenbergers nicht überflüssig, ob der Zollschutz mäßig genug bemessen war, daß die Landwirtschaft in ausreichendem Umfang den Zwang verspürte, bei der gebotenen Intensivierung mitzuwirken.

Über Buchenbergers Frage hatten im Prinzip schon die Kameralisten nachgedacht, als sie die zweckmäßigste Art der Besteuerung diskutierten. Die einen plädierten für relativ hohe Steuern je Betrieb. Dann würden die Faulen mit geringem Einkommen gezwungen, alle Kräfte anzuspannen, um neben der Steuerbürde auch noch einen leidlichen Lebensunterhalt zu erwirtschaften. Die andern sahen dagegen nur jene Steuerquote als gerecht und vertretbar an, die sich nach der wechselnden Höhe des Einkommens richtete. Im Grunde genommen ist der Streit bis heute nicht eindeutig entschieden, und theoretische Deduktionen vermögen offenkundig die Empirie nicht zu ersetzen. Wird die Steuerschraube zu weit angezogen, dafür ließen sich genügend Beispiele bringen, verließ früher so mancher Bauer heimlich Haus und Hof, weil der den hohen Anforderungen nicht genügen konnte oder wollte. In der Zwickmühle dieser Problematik verfing sich auch Rosenberg. Zuerst teilt er die weitverbreitete Ansicht, Schutzzölle schläferten die Aktivitäten der Begünstigten ein, kurz darauf aber meint er, die steigenden Preise – und dazu verhalf den Getreideproduzenten der Bülow-Tarif – hätten sie zur Intensivierung angeregt. Soviel sei an dieser Stelle gesagt: steigende Preise haben stets die tüchtigsten Landwirte ermuntert, erfolgversprechende Innovationen zu verwirklichen. Bewährten sie sich in der Praxis, so fanden sich schon im 18. Jahrhundert genügend Nachahmer, die sich eine Einkommenssteigerung nicht entgehen lassen wollten.

Zur Erklärung des Verhaltens könnte auch die psychologische Komponente herangezogen werden, die heute in der Konjunkturtheorie eine bedeutsame Rolle spielt. Ihr zufolge hätte sodann die Verminderung der Schutzzölle wie ein Schock auf die Landwirte gewirkt, der alle Aktivitäten lähmte. Als jedoch der Staat, wenn auch zögernd, den Schutz der Landwirtschaft in den Vordergrund seiner Politik stellte, faßten sie wieder Vertrauen und fanden den Mut zu neuen Anstrengungen. Dieses Erklärungsmodell hat jedoch zwei Nachteile: 1.) Diese bei den Großagrariern wahrscheinliche Reaktion wird in unzulässiger Weise auf die gesamte Landwirtschaft übertragen. 2.) Der Einfluß der staatlichen Agrarpolitik wird verabsolutiert, die genannte Wechselbeziehung wäre monokausal.

Wie unabhängig von staatlichen Eingriffen die Entwicklung verlaufen kann, sei am Beispiel des **Rübenbaus** angedeutet. Nachdem die Züchtung der Rüben auf Zuckergehalt auch nur einigermaßen vorangeschritten war und die Verarbeitungstechnik auch nur einen leidlichen Stand erreicht hatte, ergriffen Magdeburger Cichorienfabrikanten die Initiative und gründeten in der Börde Zuckerfabriken. Zu einem Teil besorgten sie den Anbau der Rüben selbst, zu einem Teil erhielten sie die Rüben von den umwohnenden Landwirten. Das Beispiel regte die Bauern im Herzogtum Braunschweig und im Regierungsbezirk Hildesheim an, selber Zuckerfabriken in der Form von Aktiengesellschaften zu gründen. Mit den zu zeichnenden Aktien war gleichzeitig ein Lieferzwang verbunden. Die Rüben bauenden Landwirte mußten die Rüben drillen, damit später die in Reihen stehende Saat gehackt werden konnte. Ließ sich letzteres auch mit der Hand ausführen, so gehörte zum Drillen die entsprechende Maschine. Infolgedessen übernahmen diese Betriebe bei der Einführung der Drillsaat eine Vorreiterrolle (Vgl. S. 247). Rüben erhielten nahezu von Anfang an auch Handelsdünger. Zuerst nur Phosphate und Kali, später auch Stickstoff. Nur zu bald erkannten diese Landwirte die Vorteile, die ihnen das Drillen des Getreides verschaffte und die günstige Wirkung der Handelsdünger, mit denen auch die Getreideerträge erheblich gesteigert werden konnten. Das Einkommen dieser Landwirte entwickelte sich vorzüglich. Der Staat half nur, die bald darauf erzeugten Zuckerüberschüsse auf dem Weltmarkt zu verwerten und den Inlandspreis hoch zu halten, und das war überflüssig.

Das Urteil ist fest gegründet: Vor dem Ersten Weltkrieg wurde die modernste Landwirtschaft in den Rübenbaubetrieben praktiziert und an deren Modernisierung hatte der Staat so gut wie keinen Anteil. Der Rübenbau, in der Literatur oft unzulässig in den Vordergrund gespielt, entfaltete jedoch keine Breitenwirkung, die auf die gesamte deutsche Landwirtschaft ausstrahlte. Das ist einerseits verständlich, da die rübenfähigen Böden an der landwirtschaftlichen Nutzfläche des Deutschen Reiches nur einen geringen Anteil stellten. Es ist andererseits schwer einzusehen, weshalb nicht anderswo jene Errungenschaften übernommen wurden, die auch hier hätten Nutzen stiften können. Darunter wären das Drillen des Getreides und seine und der Kartoffeln Düngung mit Handelsdüngern zu verstehen.

In beiderlei Hinsicht, vor allem bei der Verwendung von Mineraldüngern (vgl. S. 238), blieb die deutsche Landwirtschaft eindeutig hinter den Erwartungen zurück, die man berechtigterweise an sie stellen durfte. Es ist deshalb zu überlegen, ob der Zollschutz, besonders das dadurch hervorgerufene starke Steigen der Viehpreise, nicht doch der bäuerlichen Landwirtschaft ein Einkommen bescherte, das sie subjektiv als ausreichend empfand und die eigenen Anstrengungen auf ein zu bescheidenes Maß beschränkte. In dieser Beziehung darf ein Punkt nicht übersehen werden: Der bäuerlichen Landwirtschaft fehlte noch weitgehend die fachliche Bildung (vgl. S. 373), um sachgerecht Handelsdünger anwenden zu können. Das Beispiel Dänemarks – auch der Niederlande – lehrt, wie **Fachausbildung und Intensivierung der Landwirtschaft** Hand in Hand gehen müssen, wenn dieser Wirtschaftszweig der Konkurrenz des Weltmarktes trotzen soll. Beide Beispiele lehren aber noch etwas anderes: Längst nicht alle Landwirte waren den höheren Anforderungen gewachsen, und manche mußten ihren Betrieb aufgeben. Ihr Land wanderte zum besseren Wirt, die verbleibenden Betriebe wurden größer, die Agrarstruktur dieser Länder verbesserte sich. Letztere erfuhr dagegen im Deutschen Reich keine nennenswerte Veränderung. Daran hatte die Schutzzollpolitik einen nicht zu unterschätzenden Anteil.

Als Max Eyth 1885 die **Deutsche Landwirtschaftsgesellschaft** gründete, beabsichtigte er, eine in England bewährte Einrichtung nach Deutschland zu übertragen, die er für die Landwirtschaft als außerordentlich nützlich erachtete. Vorbild war die Royal Agricultural Society, vor allem mit ihrem Ausstellungswesen. In der Satzung wurde verankert, die Gesellschaft (D.L.G./DLG) sei unpolitisch und wolle nur dem produktionstechnischen Fortschritt dienen. Infolgedessen wurde auch keine Unterstützung durch den Staat gefordert. Man begnügte sich vielmehr mit den eigenen Einnahmen. Als Eyth 1896 siebzigjährig die Geschäftsführung abgab, hatte die DLG 12 000 Mitglieder. 1910 war die Zahl auf knapp 18 000 angestiegen. Überwiegend entschlossen sich die Inhaber größerer Betriebe zur Mitgliedschaft, und immerhin die Hälfte wirtschaftete in Ostelbien. Aus beiden Gründen stellte die DLG keinen repräsentativen Querschnitt durch die Gesamtlandwirtschaft dar.

Die DLG informierte ihre Mitglieder laufend in den „Mitteilungen" über den neuesten Stand der Produktionstechnik. Darüberhinaus gab sie bei den Wanderausstellungen, die jährlich an wechselnden Orten stattfanden, allen Landwirten Gelegenheit, sich über die Fortschritte, besonders auf den Gebieten der Landmaschinentechnik und der Tierzucht zu informieren. Aber nicht nur diese beiden Zweige der Landwirtschaft wurden gefördert, wobei die Maschinenprüfungen eine gesonderte Erwähnung verdienen. Die DLG widmete ihre Aufmerksamkeit auch dem Sortenwesen und der damit verbundenen Saatenanerkennung. Außerdem stellte sie Feldversuche an und prüfte die Handelsdünger auf ihren Gehalt. Weiterhin bot sie Beratung beim Neubau von Wirtschaftsgebäuden an.

In zweierlei Hinsicht geriet die im Statut festgeschriebene Neutralität in Gefahr. Die DLG vermittelte Saatgut, Futtermittel und Handelsdünger. Sie akzeptierte die Vorgabe des Kalisyndikats, das die Preise der Kalisalze zum Schaden der Landwirte künstlich hochhielt, die preisgünstig eingekauften Salze mit hohem Aufschlag an die Landwirte weiterzugeben. Der nunmehr der DLG zufließende Gewinn machte es ihr wohl leichter, die Preispolitik des Syndikats stillschweigend hinzunehmen. Weiterhin muß auf die Buchstelle der DLG hingewiesen werden. Sie formierte die Abschlüsse der Betriebe in einer Weise, mit der die Notlage der Betriebe scheinbar zu beweisen war (vgl. S. 328). Der preußische Finanzminister gab daraufhin einen scharfen Erlaß an die Einschätzungskommissionen gegen deren Buchführungsergebnisse heraus. Es wäre aber überzogen, aus den beiden aufgezeigten Schwächen ein negatives Gesamtbild abzuleiten.

Vom Umfang her war die **Ausbreitung des landwirtschaftlichen Genossenschaftswesens** weit bedeutungsvoller als die Tätigkeit der DLG, und durch dessen Tätikeit wurde bevorzugt der kleine und mittlere Landwirt gefördert. 1867 hatte der preußische Staat bereits ein Genossenschaftsgesetz erlassen und 1889 folgte das Reichsgesetz für die Wirtschafts- und Erwerbsgenossenschaften. Das Wirken der beiden Initiatioren, **Friedrich Wilhelm Raiffeisen** unf **Carl Haas** reicht bedeutend weiter zurück und wird häufig mit Akribie geschildert. Ohne das Verdienst dieser Männer schmälern zu wollen, muß jedoch festgestellt werden, daß ihre Ideen erst weit später eine Verbreitung erfuhren, die dieser Art landwirtschaftlicher Selbsthilfe eine hinreichende Bedeutung sicherte. So gab es nach Haushofer 1890 erst 3006 landwirtschaftliche Genossenschaften, deren Zahl sich sprunghaft bis 1900 auf 13 636 und 1910 auf 23 751 erhöhte. Der Anstieg wurde wahrscheinlich durch die seit 1889 bestehende Möglichkeit gefördert, die Haftung der Mitglieder einzuschränken.

Leider sind die genannten Zahlen nicht allzu aussagekräftig. Zwar lassen sie sich auf die einzelnen Sparten aufgliedern, und für die Kreditgenossenschaften kann auch für 1910 die Zahl der Mitglieder mit rund 1,2 Mio. angegeben werden, doch fehlt der Bezugsmaßstab, wie er bereits für die Molkereigenossenschaften vorgestellt werden konnte (vgl. S. 263). Die Bedeutung der Genossenschaften für die Landwirtschaft und ihre Entwicklung kann daher mit ausreichender Sicherheit nicht bestimmt werden. Immerhin ist es erwähnenswert, welche Verbindlichkeiten im Durchschnitt auf ein Mitglied entfielen. Es waren in laufender Rechnung 1908 rund 400 M und an festbefristeten Darlehen gut 900 M. Auf die gleiche Summe beliefen sich im Durchschnitt die Spareinlagen je Mitglied, so daß zumindest in diesem Bereich der Kreditgewährung von einer sonderlichen Verschuldung der Bauern nicht die Rede sein kann.

Der Zusammenhang zwischen einer erleichterten **Vergabe billiger Kredite** und der **Intensivierung der Landwirtschaft** wird, jedenfalls für die Zeit vor dem Ersten Weltkrieg, nur zu leicht überschätzt. Das sei an drei Beispielen gezeigt. Werden vermehrt Handelsdünger eingesetzt und wird dafür ein Kredit aufgenommen, so kann er nach der Aufnahme im Frühjahr bereits im Herbst nach dem Einbringen einer höheren Ernte wieder zurückgezahlt werden. Der Geldwert der zusätzlich erzeugten Produkte müßte darüberhinaus ausreichen, den im nächsten Frühjahr vermehrt einzukaufenden Dünger zu finanzieren. Nach der zweiten Ernte müßte dem Landwirt, falls er sachgerecht vorgeht, bereits ein höherer Geldüberschuß zur Verfügung stehen. Bargeld wurde auch kaum benötigt, wenn der Viehbestand aufgestockt werden sollte, da hierfür die eigene Nachzucht herangezogen wurde. Der Landwirt mußte sich lediglich einen zeitlich begrenzten Konsumverzicht auferlegen. Wie die Reichsstatistik ausweist, wurden auch nur geringe Mittel benötigt, um die seinerzeit benutzten Maschinen zu kaufen. Der bäuerlichen Landwirtschaft kam zudem die Preiskonjunktur vor allem bei den tierischen Erzeugnissen zu Hilfe, so daß der Kreditbedarf aufs Ganze gesehen gering blieb.

Dennoch darf der erleichterte Zugang zu relativ billigen Darlehen nicht unterschätzt werden. Waren die Betriebe, wie im Westerwald, bereits durch die

Realteilung so verkleinert worden, daß mit dem Einkommen nur noch der notdürftigste Lebensunterhalt zu bestreiten war, war bei Mißernten ein Überbrückungskredit unerläßlich, wenn die physische Existenz der Familie erhalten werden sollte. Waren die Zinsen zu hoch, machten solche Betriebe oft schon nach wenigen Jahren bankrott. Dieser Sachverhalt bewog Raiffeisen zum Eingreifen. Gerade die landarmen Kleinbetriebe bewiesen einen eminenten Landhunger, der sie veranlaßte, bei Landverkäufen sich gegenseitig zu überbieten und untragbar hohe Darlehen aufzunehmen. Eine Erscheinung, die in Preußen ebenso wie in Bayern zu beobachten war. In den Anerbengebieten war es die Abfindung weichender Erben, die zumindest in den Anfangsjahren den Hoferben übermäßig belasten konnte. In vielen Fällen läßt sich also die Kreditaufnahme der Landwirte mit einer intensiveren Betriebsführung nicht in Verbindung bringen. Weitsichtige Zeitgenossen hatten das längst erkannt und hielten mit ihrer Kritik nicht zurück.

V   Der Importbedarf an Nahrungsmitteln

Die Sonderstellung der Landwirtschaft wurde von den Regierenden und der Landwirtschaft selbst gleichermaßen damit begründet, ihre Funktionstüchtigkeit sei unerläßlich, um die Bevölkerung im Kriegsfalle ausreichend ernähren zu können. Angesichts der fortlaufenden, sogar steigenden Agrarimporte büßte das Argument jedoch zunehmend an Glaubwürdigkeit ein. Der BdL verkündete dennoch, die deutschen Landwirte könnten das Volk allein ernähren, wenn man sie nur gewähren ließe und die nötigen Voraussetzungen schaffte. Damit war nichts anderes als die Anhebung des Agrarpreisniveaus gemeint, das den Landwirten den Impuls zur Produktionssteigerung geben sollte. Vereinzelt schlossen sich auch Ministerialbeamte und Wissenschaftler dieser Auffassung insoweit an, als sie die Selbstversorgung als erreichbares Ziel ansahen. Wie die Geschichte lehrt, behielten indessen die Zweifler recht.

Wie bereits ausgeführt wurde, ist der Verzehr an GE/Kopf der Bevölkerung keine feststehende Größe (vgl. S. 256f.). Vielmehr wechselte die Zusammensetzung der Nahrungsration in der Zeit von der Reichsgründung bis zum Kriegsausbruch ganz erheblich (vgl. Tab. 18, S. 212). Die Veredlungsprodukte nahmen erheblich zu und drängten den Verzehr pflanzlicher Erzeugnisse zurück. Infolgedessen wuchs auch der Veredlungsverlust, und es mußten je Kopf zunehmend mehr GE aufgewandt werden, um bei gleichbleibendem Kalorien- oder Joulegehalt der Tagesration den stetig wachsenden Anteil an Veredlungsprodukten erzeugen zu können. Die Verschiebung innerhalb der Nachfrage nach Nahrungsmitteln bewirkte also einen **überproportional ansteigenden Bedarf an GE** je Kopf der Bevölkerung, den die deutsche Landwirtschaft aus eigener Kraft oder auch aus eigener Scholle nicht zu decken vermochte.

Die Verfechter des Freihandels hatten so unrecht nicht. Die deutsche Volkswirtschaft konnte sich der weltwirtschaftlichen Arbeitsteilung bereits nicht mehr entziehen. Beim Export mußte mindestens jene Summe erlöst werden, die erforderlich war, um die fehlenden Nahrungsmittel, Düngemittel und Zukaufsfuttermittel im Auslande kaufen zu können. Der Einwand des BdL, würde die Kaufkraft der Landwirtschaft angehoben, so könne der innere Markt ersetzen, was auf dem äußeren verloren ginge, kann aus mehreren Gründen nicht überzeugen. Vor allem die importierten landwirtschaftlichen Produktionsmittel wurden dringend benötigt, wollte man nicht die Nahrungsmittelration der Verbraucher in ihrer Zusammensetzung auf einen Standard zurückschrauben, mit dem man sich in der ersten Hälfte des 19. Jahrhunderts zufrieden gegeben hatte. Aber selbst dieser unzeitgemäß gewordene Minimalbedarf war bei der rasch wachsenden Bevölkerung nur dann zu erzeugen, wenn Handelsdünger und Zukaufsfuttermittel eingeführt wurden.

Beim **Brotgetreide** muß eine unzureichende Anpassung der landwirtschaftlichen Erzeugung an den Markt konstatiert werden. Das Deutsche Reich importierte vor dem Ersten Weltkrieg um 2 Mio. t Weizen über die Nordseehäfen, exportierte jedoch 0,5 Mio. t Roggen über die Ostseehäfen. Die Auffassung, die Schutzzölle hätten es den Großagrariern in Ostelbien erspart, den Roggenbau einzuschränken und hierzu hätten die Exportprämien in Form der Einfuhrscheine beigetragen, ist indessen etwas schlicht. Der Weizen stellt deutlich höhere Anforderungen an den Boden als der Roggen, so daß bis heute östlich der Elbe mehr Roggen als im übrigen Bundesgebiet angebaut wird. Übersehen wird auch ein anderer Zusammenhang. Die Schutzzölle für Weizen und Roggen waren gleichhoch, der Weizen erzielte aber stets den höheren Preis, so daß durchaus ein Anreiz bestand, dieser Art einen größeren Anteil auf dem Acker einzuräumen. Es müßte auch erst einmal durch Spezialuntersuchungen nachgewiesen werden, daß die damaligen Weizensorten auf den Böden östlich der Elbe ausreichend hohe und sichere Ernten hätten erbringen können. Womöglich, aber auch das kann nur eine Vermutung sein, hätte eine stärkere Mineraldüngung den Anbau des Weizens auf den geringeren Böden im östlichen Teil des Reiches erlaubt.

Wird das Defizit von 1,5 Mio. t Brotgetreide auf die saatfreie Ernte an Roggen und Weizen bezogen, so erreicht es ein Größenordnung von 9 bis 10 v. H. Um diese Spanne hätte die deutsche Erzeugung angehoben werden müssen, um die Selbstversorgung auf diesem Gebiet zu erreichen. Bei dem hohen Stand der Bodenbearbeitung vor dem Ersten Weltkrieg hätte die Steigerung nur durch eine höhere Mineraldüngung verwirklicht werden können. Dabei wurden die Fortschritte der Pflanzenzucht unberücksichtigt gelassen, weil der Landwirt sie nicht selbst vorantreiben kann, sondern auf das warten muß, was der Züchter ihm anbietet. Eine Erhöhung der Ernten um rund 10 v. H. im Reichsdurchschnitt stößt zwar auf nicht unerhebliche Schwierigkeiten, erscheint aber – wie auch einige Zeitgenossen meinten – nicht völlig unrealistisch. Allerdings hätten in diesem Falle weit mehr Handelsdünger importiert werden müssen und das Reich wäre in seiner Versorgung mit Nahrungsmitteln nicht unabhängiger geworden. Ökonomisch gesehen liegen jedoch die Vorteile auf der Hand. Die fixen Kosten der Produktion steigen bereits definitionsgemäß nicht und ihr Anteil sinkt bei höheren Ernten je dt. Aber selbst die variablen Kosten für die verschiedenen Arbeitsgänge, vor allem bei der Bestellung, aber auch bei der Pflege, Ernte und beim Dreschen steigen nur unterproportional gegenüber dem Ertragszuwachs, so daß auch diesmal ihr Anteil je erzeugter dt geriger wird. Durch vermehrten Handelsdüngereinsatz hätten die Landwirte einen erheblich höheren Geldüberschuß je dt herauswirtschaften können.

Der vorstehenden Überlegung wird jedoch völlig der Boden entzogen, wenn die Versorgung mit **Futtergetreide** betrachtet wird. Die Gersteneinfuhr, die im wesentlichen der Versorgung der enorm gestiegenen Schweinebestände diente, übertraf mit 3,2 Mio. t bereits geringfügig die deutsche Ernte. Eine Verdoppelung der Hektar-Erträge ist schlichtweg illusorisch, allenfalls hätte die Bedarfslücke ein wenig eingeengt werden können. Es ist daher unverständlich, wenn der BdL in der Verhandlungsrunde zum Bülow-Tarif forderte, auch die Gerstenimporte mit einem Zoll von 7,50 M/dt wie bei den übrigen drei Getreidearten zu belegen.

Diese Forderung war extrem verbraucherfeindlich, allerdings nicht zugunsten der Großagrarier, da sie sich an der Schweinemast nur in einem sehr bescheidenen Maße beteiligten und auf Zukaufsfuttermittel verzichteten. Werden die Einfuhren an sonstigem Getreide und die Reexporte saldiert, so konnte die deutsche Landwirtschaft noch einmal über 1 Mio. t bei der Verfütterung verfügen. Hätte man – vereinfachend – aus den 4,2 Mio. t ausschließlich Schweinefleisch erzeugt, so wären das 35 v. H. der Gesamtproduktion dieser Fleischart oder 23 v. H. aller Fleischarten überhaupt gewesen. Auf jeden Fall handelte die bäuerliche deutsche Landwirtschaft ökonomisch gesehen richtig, wenn sie die Gersteneinfuhr der Veredlung zuführte, dabei die eingesetzte Arbeitskraft sinnvoll verwertete und eventuell auch noch einen Gewinn erzielte.

Ein wenig hinkte die Erzeugung jedoch hinter der Nachfrage her, und die Landwirte nutzten die Chance, die ihnen der Markt bot, nicht vollständig aus. Zwischen 1901 und 1910 waren zwar die Fleischimporte nahezu unbedeutend, doch erreichten die **Lebendvieheinfuhren** einen spürbaren Umfang. Rechnet man sie nach den üblichen Ausschlachtungssätzen auf Fleisch um, so stellten sie an der Gesamterzeugung rund 6 v. H. Der Gewinn der deutschen Viehhalter hätte also höher ausfallen können, wenn sie noch mehr ausländisches Futtergetreide bei der Veredlung eingesetzt hätten und dadurch die Fleisch- und Viehimporte überflüssig geworden wären.

Von hoher Effizienz waren die Importe an verschiedenen **Ölkuchen,** die sich insgesamt auf 1,3 Mio. t je Jahr beliefen. Da den Kühen das Erhaltungsfutter bereits verabreicht war (vgl. S. 265), vermehrten sie ausschließlich das Leistungsfutter, so daß aus dieser Menge das Doppelte an Milch erzeugt werden konnte, wodurch die eigene Produktion um 13 v. H. angehoben wurde. Hinzu kamen noch Butter- und Käseimporte, die aber von den Einfuhren an Schmalz deutlich übertroffen wurden.

Selbst Gothein sah, daß nicht nur die Zölle die Lebenshaltung verteuerten, sondern auch die zunehmende Bevorzugung höherwertiger Lebensmittel. Aber, so konterte er sofort, dahinter ständen Sachzwänge. Der „industrialisierte Arbeiter" müsse mehr Weizenbrot statt kleiehaltigem Roggenbrot essen, und die jetzt im Zunehmen begriffene sitzende Lebensweise erfordere einen höheren Fleischverzehr. Nach den Erkenntnissen der Ernährungsphysiologie oder Oekotrophologie ist das barer Unsinn, genau das Gegenteil wäre richtig. Aber vielleicht vertrat Gothein eine damals gängige Meinung, die auch von Medizinern geteilt wurde. Einfacher ist wohl folgende Erklärung: Die Realeinkommen stiegen und mit ihnen das Ausmaß, in dem die Verbraucher Konsumfreiheit verwirklichen konnten. Sie kauften – und das gilt im wesentlichen bis heute – zunehmend das, was ihnen besser schmeckte. Das waren überwiegend Veredlungsprodukte, und der steigende Verbrauch hatte – wie die Zahlen zeigen – Deutschland in eine erhebliche Abhängigkeit von ausländischen Zufuhren gebracht.

Wurde von den Verantwortlichen diese unzureichende Selbstversorgung übersehen, als man in den Krieg eintrat und dabei bewußt nach der Weltmacht griff oder hineinschlidderte? Die Wahrscheinlichkeit spricht dafür, und diese Vermutung wird auch nicht durch den Hinweis entkräftet, Regierung und Generalstab hätten 1914 auf eine rasche Beendigung der Kampfhandlungen im Westen gehofft. Als sich 1916 die Ernährungslage noch einmal deutlich verschlechtert hatte, führte man dennoch eine Debatte über Kriegsziele, die erst langfristig zu erreichen waren. Nach dem Steckrübenwinter 1917/18 rächte sich die Geringschätzung, mit der die Regierung die Sorge um eine ausreichende Ernährung behandelt hatte. Industriepotential und Bevölkerungszahl können noch keinen Großmachtanspruch begründen. Die Abhängigkeit von Zufuhren aus dem Ausland, der irreversible Prozeß der Einbindung in den Welthandel hätten zu größerer politischer Zurückhaltung führen müssen.

6. KAPITEL:
Forschung und Lehre im Überblick

I Die Forschung

Forschung ist stets an historische Bedingungen geknüpft. Mit der Zunahme des allgemeinen Wissensstandes lassen sich die Methoden verfeinern und im angewandten Bereich auch die Effizienz der Ergebnisse erhöhen und ihre Zahl vermehren. Rückschauend den früheren Erkenntnisstand gering zu achten, vielleicht auch weil er längst überwundene Irrtümer einschloß, wäre ein beachtlicher Methodenfehler des Historikers. Wer auf die Leistungen seiner Vorgänger aufbauen kann, hat es leichter, ein höheres Niveau zu erreichen. Oft ist es weit schwieriger, das Fundament zu legen.

Im späten 18. Jahrhundert wurde noch keine landwirtschaftliche Forschung betrieben. Die Experimentalökonomen wurden bereits vorgestellt (vgl. S. 40). Fand dieser Ausdruck auch nicht die Billigung FRAUENDORFERS, weil bei ihnen „von einer zentralen Stellung des Versuchswesens" noch nicht die Rede sein konnte, so ist er dennoch treffender als die „anspruchslosere" Bezeichnung Agronomen. Reichart mußte manches Jahr dem Ausprobieren opfern, bis er eine Fruchtfolge herausgefunden hatte, die ertragreicher als die bisher bekannten war. Es war das Experiment, das ihm seine Erkenntnisse lieferte. Allerdings war von einer antizipierenden Planung noch keine Rede. Er probierte einfach etwas aus. Traf man glücklicherweise bei der geringen Zahl durchführbarer Versuche das Richtige und bewährte es sich auch in der Folge, konnte man zur Feder greifen und den Zeitgenossen den Erfolg verkünden. Die mit Sicherheit zahlreicheren Mißfolge fanden dagegen höchstens in Biographien Eingang in die Literatur.

Anfangs ging auch **Thaer** den beschriebenen Weg. Er experimentierte auf seinem kleinen Versuchsgut in Celle, bis er eine Fruchtfolge entdeckte, die dauerhafte Mehrerträge versprach. Aber er ging gleich seinem berühmten Zeitgenossen **Johann Nepomuk (v.) Schwerz** noch einen bedeutsamen Schritt weiter. Beide erkundeten ausländische Landwirtschaften, Thaer die englische, Schwerz vor allem die belgische, um auf diese Weise mehr „geglückte Experimente" anderer Landwirte kennenzulernen. Erschienen sie geeignet und übertragbar, sollten sie für die deutsche Landwirtschaft nutzbar gemacht werden. Im Vergleich zum Aufwand blieb der Erfolg bescheiden. Ursache dafür war das Theoriedefizit, die Unkenntnis allgemeiner Gesetzmäßigkeiten, die es nicht erlaubte, bei einer Übernahme der im Ausland erprobten Methoden auch nur annähernd vorauszusagen, ob sie sich unter deutschen Verhältnissen bewährten. Zweifel konnten nur durch erneutes Ausprobieren beschwichtigt werden. Wahrscheinlich hat diesen Mangel niemand schmerzlicher empfunden als Thaer selbst. Der damalige Wissensstand, vor allem auf dem Gebiet der Naturwissenschaften, erlaubte es jedoch nicht, ihn zu beheben.

Das Defizit planmäßiger Forschung um 1800 läßt sich noch an einem zweiten Beispiel belegen. Gern wird behauptet, **Johann Beckmann** habe als erster die Landwirtschaftslehre auf ein wissenschaftliches Fundament gestellt. Das ist zwar nicht gänzlich falsch, aber doch in dieser Form eher irreführend. Mit dem Forschungsstand über Botanik wohlvertraut fand diese Naturwissenschaft breiten Raum in seinem Lehrbuch „Grundsätze der teutschen Landwirthschaft". Von eigenen Forschungen kann jedoch keine Rede sein, auch wenn er in Göttingen einen ökonomischen Garten anlegte, in dem die verschiedensten Nutzpflanzen betrachtet werden konnten. Es war vielmehr **Carl Sprengel**, der sich erst in Göttingen, dann in Braunschweig planmäßig mit der Pflanzenernährung befaßte und zu beachtlichen Erkenntnissen vorstieß. Gleichzeitig um die Umsetzung der Forschungsergebnisse bemüht, ging er von Braunschweig nach Regenwalde, wo ihm größere Versuchsflächen zur Verfügung gestellt wurden. Weshalb die Forschungsergebnisse Sprengels kein sonderliches Echo fanden und er fast in Vergessenheit geriet, läßt sich bis heute nicht mit Bestimmtheit sagen.

Wahrscheinlich trug der hell strahlende Ruhm Liebigs dazu bei, das Werk Sprengels zu überschatten. Mit 21 Jahren wurde **Liebig** Professor in Gießen, wo er das erste Labor für Lehrzwecke einrichtete. Hier entdeckte er das Chloral und Chloroform, entwickelte die Analysetechnik weiter und lieferte beachtliche Beiträge zur theoretischen Physik. Seine Forschungstätigkeit auf dem Gebiet der Pflanzenernährung fand ihren ersten Abschluß 1840, als er sein Buch „Die organische Chemie in ihrer Anwendung auf Agrikultur und Physiologie" veröffentlichte, das bis 1846 bereits sechs Auflagen erlebte. Enthielt das Werk auch noch Irrtümer, die seine Verwendbarkeit für die praktische Landwirtschaft einschränkten, so fehlte es trotzdem nicht an öffentlichen Ehrungen. 1845 wurde der Chemiker vom Großherzog von Hessen in den erblichen Freiherrnstand erhoben, 1852 wurde er nach München berufen und 1860 ernannte ihn der bayerische König zum Präsidenten der Akademie der Wissenschaften. Wohl selten ist die Tat eines Forschers derart gefeiert worden, obwohl sie noch mit einigen nicht gerade geringfügigen Fehlern behaftet war. Die außerordentliche Würdigung ist wohl nur aus den Zeitumständen zu erklären. „Entdeckte" man um und nach 1800 immer noch neue „Düngerstoffe", um höhere Ernten zu erzielen, so erwiesen sie nur zu bald ihre Unzulänglichkeiten. Auch Thaers Fruchtwechsel, der den Düngermangel endgültig beheben sollte, fand trotz seiner Praxisreife nur vereinzelte Nachahmer. Sollte Malthus doch noch mit seinen Prognosen recht behalten? Tatsächlich wuchs in den Jahrzehnten nach 1800 die Bevölkerung weiterhin beträchtlich an und woher sollte die nötige Nahrung kommen? Die Erträge der Landwirtschaft stiegen zwar, aber langsam. Der Pauperismus schien auf die Diskrepanz zu verweisen. In dieser Situation mußten Liebigs Erkenntnisse als der endlich sich öffnende Ausweg aus einer hoffnungslosen Lage erscheinen.

In der Stickstoffrage mußte Liebig Widerspruch erfahren. Er ging vor allem von vier Agrarwissenschaftlern aus: **Friedrich Gottlob Schulze** in Jena, der die dortige landwirtschaftliche Lehranstalt leitete, **Julius Adolf Stöckhardt** an der Akademie in Tharandt sowie **Emil Wolff** und **Gustav Walz** an der Akademie in Hohenheim. Damit treten Stätten in Erscheinung, an denen ebenfalls die Forschung vorangetrieben wurde, die aber bis auf Hohenheim das 19. Jahrhundert nicht überdauerten. Der zwei Jahrzehnte dauernde Streit um die Stickstoffrage scheint die Forschungskapazität nahezu ganz auf die Agrikulturchemie konzentriert zu haben. Sie kann man förmlich als die landwirtschaftliche Leitwissenschaft des 19. Jahrhunderts bezeichnen. Auf jeden Fall überwog die naturwissenschaftliche Ausrichtung bei weitem. So meinte 1888 **Julius Kühn,** die Landwirtschaft sei eine Disziplin, „die nach ihrem wesentlichen Inhalte als die Physiologie oder Biologie der Kulturorganismen bezeichnet werden kann." Diese Überbetonung der Produktionstechnik mußte sich fatal in wirtschaftlichen Notzeiten auswirken, und es ist bezeichnend, daß sich an der wissenschaftlichen Debatte über Nutzen oder Schaden des Schutzzolls fast ausschließlich Nationalökonomen und kaum Landwirte beteiligten.

Stöckhardt setzte sich engagiert dafür ein, in allen deutschen Ländern agrikulturchemische Kontroll- und Versuchsstationen einzurichten, in denen die Landwirte Bodenproben, Dünge- und Futtermittelproben untersuchen lassen konnten. 1863 gab es im Deutschen Bund 19 derartige Versuchsstationen. Damit war ihre Zahl schon weit über jene der Akademien hinausgegangen, mit denen sie zuvor mit wenigen Ausnahmen verbunden gewesen waren. Um 1900 sollen knapp 70 Stationen bestanden haben. Bereits die Kontrollaufgabe ist nicht zu unterschätzen. So äußerte sich noch 1879 **Rümpler** recht skeptisch über die Zuverlässigkeit der Gehaltsangaben bei den Handelsdüngemitteln. Da sie im Vergleich zu heute weit teurer waren, lag in dieser Unsicherheit eine nicht zu unterschätzende psychologisch begründete Barriere für die Landwirte, die damals so genannten künstlichen Düngestoffe einzukaufen und bei diesem ungewissen Handel Geld zu verlieren.

Mit seiner Schilderung des Treffens der Agrikulturchemiker 1864 in Göttingen wirft Wolfgang Böhm ein kennzeichnendes Schlaglicht auf die damalige Situation. Bei den anzustellenden Fütterungsversuchen wurde man sich rasch einig, die von **Wilhelm Henneberg** an der Weender Akademie bei Göttingen entwickelte und noch heute nach diesem Ort benannte Analysemethode zu verwenden. Nach einer Debatte stimmten die Teilnehmer weiterhin darin überein, die gleichen Futterstoffe zu verwenden. Die Auswahl der Schweinerassen wurde jedoch den einzelnen Anstalten überlassen. Weit stärker unterschieden sich die Ansichten über den Wert von Feld- oder Düngungsversuchen. Auf der vorhergehenden Tagung hatte die Versammlung eine Kommission berufen, und nun wurde referiert, die Mitglieder hätten sich „so ziemlich dahin geeinigt, daß Feldversuche, bis jetzt wenigstens, ohne wissenschaftlichen Werth seien, da man die Factoren ihres Gelingens durchaus nicht übersehen könne, wohl aber sei ihnen der practische Werth unter anderen nicht abzusprechen, daß man durch sie dem Landwirthe die Richtigkeit der auf wissenschaftlichem Wege erlangten Resultate klar machen könne." Eine fast schon orakelhafte Aussage, die dahingehend interpretiert wurde, die Agrikulturchemiker wollten sich auf Demonstrationsversuche beschränken.

Es ist nur zu verständlich, wenn dagegen ein Praktiker opponierte. Ihn interessieren Erkenntnisse der Chemiker nur dann, wenn er sie nutzbringend in seinem Betrieb anwenden kann. Wenn Handelsdünger einen höheren Ertrag bewirken, muß deren Einkaufspreis vom zusätzlichen Verkaufserlös überboten werden. Trifft das nicht zu, sind Handelsdünger für den rechnenden Landwirt ohne Wert. Die Chemiker beschränkten sich noch zu sehr auf die reine Forschung und glaubten, bereits damit der Landwirtschaft und dem Allgemeinwohl einen großen Dienst erwiesen zu haben. Den Landwirten aber waren die bezeichneten quantitativen Relationen wichtig, die nur im Feldversuch gewonnen und erhärtet werden können. Solche Versuche gehören untrennbar zur Forschung. In größerer Zahl stellte man sie jedoch erst in den achtziger Jahren an.

Neben den chemischen Eigenschaften des Bodens wandte man auch den physikalischen bereits vor 1900 seine Aufmerksamkeit zu. So wurde das Zusammenspiel der festen Bodenmasse und der Struktur des Bodens geklärt. Sie entscheidet über den Wasser-, Luft- und Wärmehaushalt des Bodens. Wasser, Sauerstoff, Kohlendioxid und Wärme wurden als ganz wesentliche Wachstumsfaktoren erkannt. Diese Erkenntnisse trugen dazu bei, die Bodenbearbeitungsgeräte ganz erheblich zu verbessern. Vor allem beim Pflug wurden Streichblechformen entwickelt, die bis heute keine nennenswerte Abänderung erfahren haben.

Vor dem Ersten Weltkrieg hatte die wissenschaftliche Fundierung der Tierernährung bereits einen Stand erreicht (vgl. S. 265), der im Grundsatz heutigen Ansprüchen genügt. Auch die theoretische Durchdringung der Bodenbearbeitung zeigte bereits ein hohes Niveau. Bedeutsame Fragen der Mineraldüngung harrten jedoch immer noch einer Antwort. So kann es nicht befriedigen, wenn der Stallmist vorrangig als Humusbildner gewertet wurde, der die physikalischen Eigenschaften praktisch aller Bodenarten verbessert und daneben bei seiner Zersetzung auch noch Nährstoffe liefert. Die verschiedenen Humusformen verfügen nämlich über eine außerordentlich hohe Sorptionskapazität. Sie können Mineraldünger zwischenzeitlich festlegen, so vor der Auswaschung bewahren, jedoch bei Bedarf wieder an die Pflanzenwurzeln abgeben. Die Humusbestandteile genügen dieser Funktion in weit höherem Maße als die Tonminerale. Das ist auf den leichten Böden von geradezu existentieller Bedeutung, da sie am meisten von der Auswaschung bedroht sind. Die Erkenntnis dieser Zusammenhänge fehlte noch und gestaltete besonders die Bewirtschaftung dieser Böden schwierig.

Zu diesem Defizit, das sich nur regional auswirkte, kam noch ein generelles: das **geringe Ausmaß betriebswirtschaftlicher Foschung.** Zwei Gründe hatten sie zu lange als überflüssig erscheinen lassen: 1.) die manchmal schon euphorische Hochschätzung naturwissenschaftlicher Erkenntnisse, besonders agrikulturchemischer. Sie verführte nicht wenige Forscher zu der Ansicht, es genüge, sie den Regeln der Natur gemäß in der praktischen Landwirtschaft zu verwirklichen. Die Beweislast auf ökonomischen Gebiet entfiel so lange, wie die anhaltend günstige Preiskonjunktur bei steigenden Roherträgen auch steigende Reinerträge garantierte. 2.) die geringschätzige Wertung renommierter Nationalökonomen, die eine eigenständige Betriebswirtschaftslehre als unnötig ansahen. Sie war ihrer Meinung nach vollständig durch die Anwendung der Prinzipien der Nationalökonomie auf den landwirtschaftlichen Betrieb zu ersetzen.

Noch ein dritter Grund mag mitgespielt haben. Die Landwirtschaftswissenschaft in einer Gewerbslehre gipfeln zu lassen, wie es am Anfang des Jahrhunderts Thaer praktiziert hatte, erschien den deutschsprachigen Wissenschaftlern unangemessen. So setzte sich noch 1889 **Johann Pohl** nicht nur für die Selbständigkeit des Faches ein und verteidigte sie gegen andersdenkende Nationalökonomen, er wetterte gleichzeitig gegen eine „manchesterliche Nationalökonomik", „banausische Erwerbsgier" und „wüste Produktionssucht". Die Betriebslehre hatte seiner Meinung nach auch die ästhetische und ethische Seite des Menschen zu entwickeln. Arndts, vor allem Riehls Schriften waren auch bei den Fachvertretern einer Privatökonomik nicht ohne Folgen geblieben. In fachlicher Hinsicht trifft Pohls Kritik, man könne die Wirtschaftssysteme nicht einfach auf eine Beschreibung verschiedener Fruchtfolgesysteme reduzieren. An den Mangel, die verschiedenen Betriebszweige nicht nur bezüglich der Bodenfruchtbarkeit aufeinander abzustimmen, sondern auch mit dem Ziel der höchstmöglichen Rentabilität, sei ebenso erinnert wie an das Unvermögen, die Intensivierung kalkulatorisch aufzuarbeiten. – Bei dieser Zurückhaltung in „privatökonomischen" Fragen kann es nicht verwundern, wenn ihre Einbindung in das gesamtwirtschaftliche Bezugssystem in Form einer wissenschaftlichen Agrarpolitik nur eine untergeordnete Bedeutung erlangte.

II Die Lehre

Aus mehreren Gründen wurden die Vertreter der Landwirtschaft an den Universitäten diesem Abschnitt zugeordnet, obwohl sie auch forschten. Mehrere Akademien, die sich insgesamt stärker der Lehre zugewandt hatten, waren in nahe gelegenen Universitäten aufgegangen. Die Forschung hatte bei diesen Vorläufern nicht allgemein befriedigt, vor allem nicht im Bereich der **Agrikulturchemie.** Hierfür richtete man in München und Leipzig Lehrstühle ein, ehe dort das Studium der Landwirtschaft aufgenommen werden konnte. Ähnlich verlief die Entwicklung in Göttingen. Die vorgenommene Zuordnung wird noch aus einem anderen Grunde bekräftigt. Bis um 1900 erwartete man von einem Dozenten, der sich für das Fach Landwirtschaft habilitiert hatte, er müsse zumindest in der Lage sein, über jedes Teilgebiet eine Vorlesung zu halten. Wie bei der geforderten Breite eine gezielte Forschung betrieben werden kann, bewegte durchaus einige Institutsdirektoren. Andere dagegen hielten zäh an der Organismustheorie des landwirtschaftlichen Betriebes fest und leiteten daraus den Widerspruch gegen eine weitergehende Spezialisierung ab.

1863 konnten sich erstmalig Studenten für das **Fach Landwirtschaft** an der Universität Halle-Wittenberg immatrikulieren. Wenn man im nächsten Jahr bereits 100 Studenten zählte, spricht das nicht gerade für eine Wertschätzung der Akademien. Mängel hatten sich vor allem wegen der Abgelegenheit dieser Institutionen eingestellt. Sie beschleunigten die Aufnahme der Landwirtschaft in den Angebotskatalog der Universitäten. Das geschah 1869 in Leipzig, 1871 in Gießen, 1872 in Göttingen, 1874 in München und 1876 in Königsberg. Bald darauf folgten Jena, Kiel, Bonn und Heidelberg. In der Neckarstadt wurde der neue Studiengang jedoch bald wieder aufgegeben. Eine Sonderstellung nahm die 1881 gegründete Landwirtschaftliche Hochschule in Berlin ein, an der zehn ordentliche Professoren lehrten. Nur Albert Orth und Hermann Settegast vertraten die eigentlichen landwirtschaftlichen Fächer. 1889 wurde ein Betriebswirtschaftliches Seminar eingerichtet, dessen Vorstand die Rindviehzucht mit zu übernehmen hatte.

Breite des Wissens und vertiefte Kenntnisse schließen sich nun einmal aus. Das wurde recht deutlich empfunden, auch wenn vor allem Privatdozenten manches Teilfach übernahmen und allein vertraten. Kurt v. Rümker in Breslau war es, der die Aufteilung des Faches in vier Bereiche forderte, in **Ökonomie, Pflanzen- und Tierproduktion und Landtechnik.** Bis hin zum Ersten Weltkrieg lohnt es nicht, die Zahl der Studierenden zu erfassen. Die Intensität des Studiums fiel noch viel zu unterschiedlich aus. So machte v. d. Goltz in seiner Betriebslehre (!) Vorschläge für den Vorlesungsplan eines zwei-, vier- und sechssemestrigen Studiums. Mit dieser Dreiteilung sind nicht geringe didaktisch-methodische Schwierigkeiten verbunden. Las man parallel eine in sich abgerundete Betriebslehre für Studierende, die sich zu einem ein-, zwei- oder dreijährigen Besuch der Universität entschlossen hatten? Oder bevorzugte man das Prinzip der konzentrischen Kreise? Dann könnten die „Einjährigen" aber sinnvollerweise nur in jedem dritten Jahr ihr Studium beginnen. Goltz geht auf diese Fragen nicht ein, so daß die Effektivität der damaligen akademischen Ausbildung nicht über jeden Zweifel erhaben ist. Wer das Studium mit einer Promotion abschließen wollte, mußte den Titel eins Dr. phil. erwerben. Schließlich setzte sich die sechssemestrige Studiendauer mit vorhergehender zweijähriger Praxis durch und der preußische Staat erließ 1922 die **Prüfungsordnung für Diplomlandwirte,** die bis in die sechziger Jahre hinein Bestand hatte.

Der Schweizer Wehrli entwickelte das Konzept, Waisen und Kinder aus armen Familien in eine Internatsschule aufzunehmen, sie durch tätige Mithilfe im Ackerbau praktisch auszubilden und ihnen gleichzeitig theoretischen Unterricht zu erteilen. Als 1818 die Akademie in Hohenheim gegründet wurde, gliederte man ihr eine sogenannte **Wehrlischule** an. Das vorhandene Versuchsgut wahrte die Einheit von Theorie und Praxis, die Thaer forderte und in Möglin verwirklicht hatte, in doppelter Weise: Für die Besucher der Akademie diente es als Demonstrationsobjekt, für die Internatsschüler war es gleichzeitig der Ausbildungs- und Arbeitsplatz. Durch ihre Mithilfe trugen sie einen Teil zu den Unterhalts- und Ausbildungskosten bei. Später wurden diese Schulen als **Ackerbauschulen** geführt und der frühere Schülerkreis verschwand. Durch die allmähliche Auflösung von zwölf Akademien erhöhte sich deren Besucherzahl. So wurde in Preußen 1882/83 mit 33 Schulen der Höchststand erreicht, doch sank bis zum Beginn des Ersten Weltkrieges die Zahl auf 11 Schulen wieder ab. Da die Schülerzahlen je Schule nicht allzu hoch waren, konnte diese Schulform das Bildungsniveau der Landwirtschaft insgesamt nicht spürbar verbessern.

Aus anderem Grund gilt das gleiche für die **Landwirtschaftsschulen,** deren Gesamtzahl vor dem Ersten Weltkrieg auf 30 beziffert wird. Dieser Schultyp geht auf ein Modell zurück, das Konrad Michelsen in Hildesheim entwarf und 1855 verwirklichte. Ein guter Landwirt konnte seiner Meinung nach nur werden, wer über ein gutes Allgemeinwissen verfügte. Dessen Vermittlung stand deshalb absolut im Vordergrund. Dementsprechend entfielen von 36/37 Wochenstunden bloß 4 bis 6 auf den landwirtschaftlichen Unterricht. Schulen dieser Art entsprachen fast ganz den Realschulen. Eine ernstzunehmende Vorbildung für den landwirtschaftlichen Beruf vermittelten sie den jungen Absolventen nicht. Verließen sie nach dreijährigem Besuch mit 16 Jahren die Anstalt, hatten sie bei erfolgreichem Abschluß die Berechtigung zum Einjährig-freiwilligen Dienst erworben. Wohl aus diesem Grunde nahm die Zahl dieser Schulen in den achtziger Jahren stark zu. Sie machten den Großbauernsöhnen ein Statussymbol zugänglich, das in der damaligen Gesellschaftsordnung einen nicht geringen Stellenwert besaß: Sie konnten Reserveoffizier werden. Verzichteten sie darauf, so hatten sie es als „Einjähriger" immerhin erheblich bequemer als der „gemeine Soldat".

Wie unzulänglich dieser Schultyp für die Vorbereitung auf den Beruf war, empfand man in Hildesheim selbst. Der sogenannte „Deutsche Zweig" wurde eingerichtet, bei dem die landwirtschaftlichen Fächer den Schwerpunkt des Unterrichts bildeten. Geschichte wird ganz greifbar, wenn ergänzt wird, daß die Angehörigen andersfarbige Schülermützen trugen und von den Stadtbewohnern „Ackerbolzen" genannt wurden. Der Ausdruck verweist auf soziale Implikationen. Schüler vom Lande hatten es oft in der Stadt nicht leicht, und bei dieser Schulform blieben sie unter sich. Schon Garve machte auf die Annehmlichkeit aufmerksam, nur unter seinesgleichen zu verkehren. Die Eltern schickten ihre Söhne gern auf solche Schulen, weil dann ihre Furcht geringer wurde, ihre Söhne könnten in der Stadt dem bäuerlichen Lebenskreis und der Landwirtschaft entfremdet werden.

Neben den offiziell so genannten Landwirtschaftsschulen, deren Name mehr verdeckt als enthüllt, wurden die eigentlichen Träger der Ausbildung bäuerlicher Betriebsleiter die **Winterschulen.** Ihre Bezeichnung rührt von der Zeit her, in der sie tätig sind. An ihnen wurden und werden die Schüler zwei Winter lang unterrichtet. Hierin liegt eine Anpassung an den wechselnden Arbeitsbedarf des landwirtschaftlichen Betriebes, der in den Sommermonaten deutlich höher liegt. Vor allem auf kleineren Höfen konnte in dieser Zeit der mithelfende Sohn nicht entbehrt werden.

Die Lehrer, noch bis in die dreißiger Jahre hinein auch Wanderlehrer, sollten zusätzlich die Bauern beraten. Im Sommer hatten die Lehrer die meiste Zeit dazu, aber dann war der Bauer nur schwer ansprechbar, weil er viel zu tun hatte. Im Winter wurden die Lehrer dagegen oft physisch überfordert, weil sie neben dem Unterricht am Vormittag abends vor den Bauern noch Vorträge hielten – und halten. Wie man sich bei der Vielzahl von Geschäften ordnungsgemäß auf den Unterricht vorbereiten soll, bleibt eine offene Frage. Allerdings ist die enge Verbindung des Lehrers mit der Praxis ein Positivum, das bis heute den Bestand dieser Schulform sichert.

Wenn Haushofer meint, das System stünde in den achtziger Jahren in einer Reihe deutscher Staaten fertig vor uns und habe sich in den Grundlinien bis heute nicht wesentlich verändert, so ist das richtig. Wenn dann aber hinzugesetzt wird, dieses System habe sehr zur Ausbreitung elementarer fachlicher Bildung beigetragen und es ginge von ihm eine Welle des technischen Fortschritts aus, der wiederum eine „gewaltige Welle der Produktionssteierung" nach sich gezogen hätte, so bedarf diese Aussage für die Zeit bis zum Ersten Weltkrieg einer Einschränkung. Auch wenn dieser Schultyp schon früh fertig dastand, so ist doch die Frage nicht zu umgehen, wie groß die Diffusionsgeschwindigkeit der Innovation war, und das heißt gleichzeitig danach zu fragen, welche Wirksamkeit sie in bestimmten Zeiträumen entfaltete.

Im Winter 1864/65 nahmen erstmals zwei Winterschulen in Baden den Unterricht auf. Acht Jahre später konnte Bayern auf eine größere Schülerzahl verweisen, drei Jahre danach überholte Preußen Bayern. 1882 zählte man im Deutschen Reich 1972 Winterschüler. Da sich der Besuch über zwei Winter erstreckte, ist im Schnitt mit der Hälfte als Absolventen zu rechnen. Bis zum Krisenwinter 1895/96 stieg die Zahl der Besucher auf 5013 an. Bis zum Ausbruch der Caprivi-Krise hatten schätzungsweise 20 000 Hofnachfolger eine Winterschule besucht. Gemessen an seiner Größe hinkte Preußen vor allem hinter der Entwicklung in Baden hinterher, auch gegenüber Bayern war es noch etwas zurückgeblieben. In beiden Ländern spielte jedoch der Getreidebau nicht die Rolle wie in Preußen, und die Aussage ist deshalb nicht übertrieben, die betroffenen Bauern seien dort praktisch ohne spezifische Berufsausbildung in die Krise hineingeraten.

Von 1895 bis 1913 hatte die Zahl der Winterschulen noch einmal kräftig zugenommen, statt 147 wurden jetzt 327 gezählt, an deren Unterricht 15 425 Schüler teilnahmen. Um wenigstens einen Anhalt über den nunmehr erreichten Ausbildungsstand zu gewinnen, sei eine Überschlagsrechnung gewagt. Im allgemeinen wird eine dreißigjährige Berufsausübung unterstellt. Bis zum letzten Friedensjahr wären demnach alle Abgänger zu berücksichtigen, die seit dem Winter 1882/83 die Schulen verließen. Das mögen um 130 000 Schüler gewesen sein. Die schwierige Frage ist jetzt, mit welchem Maßstab diese Zahl gewichtet werden soll. Natürlich ist sie auf die Landwirtschaftsbetriebe unter 100 ha LF zu beziehen, aber wo liegt die untere Grenze? Darüber wurde in früheren Untersuchungen keine Einigkeit erzielt. Man setzte sie mit über 2, aber auch über 5 ha LF fest. Eine einheitliche Grenzziehung ist sicherlich mehr als schwierig. Vor allem in Baden ist wegen des Gemüsebaus in der Rheinebene und dem Weinbau an den Hängen mit recht kleinen, dennoch lebensfähigen Vollerwerbsbetrieben zu rechnen. In den Ackerbauregionen muß die Grenze jedoch deutlich höher angesetzt werden und erst recht in den Grünlandgebieten, die bei extensiverer Wirtschaftsführung eine größere Nutzfläche benötigen. Die Grenze ab 5 ha LF ist deshalb als die wahrscheinlichere zu bevorzugen. Als Hauptbetriebe sind nach der Reichsstatistik rund 1,2 Mio. anzunehmen, so daß überschlägig vor Kriegsausbruch jeder zehnte bäuerliche Betriebsleiter eine Winterschule besucht haben mag.

Ein kurzer Ausblick läßt zwei wesentliche Perspektiven erkennen. Durch die Mobilmachung wurde der Bildungsstand der Landwirtschaft drastisch gesenkt. Die letzten Schülerjahrgänge waren zahlenmäßig die weitaus stärksten gewesen, und sie wurden durch die Einberufung der Landwirtschaft entzogen. Erst nach dem Kriege nahm das Winterschulwesen seinen eigentlichen Aufschwung. 1924/25 wurden 33 047 Schüler gezählt, und dieser Stand wurde in den nächsten Jahren beibehalten. Die Zahl der Schulen betrug 1927 immerhin 636.

Literaturverzeichnis und Literaturnachweise

Literaturverzeichnis
Literatur, die für mindestens zwei Kapitel herangezogen wurde

ARNDT, E. M.: Volk und Staat. Seine Schriften in Auswahl herausgegeben von P. Requadt. Leipzig 1934.

DERS.: Agrarpolitische Schriften. Herausgegeben von W. O. W. Terstegen. Goslar 1938.

Bäuerliche Wirtschaft und landwirtschaftliche Produktion in Deutschland und Estland (16. bis 19. Jahrhundert) (JfW, Sonderband 1981, Berlin 1982).

BENNACK, J. (Hrsg.): Friedrich Eberhard von Rochow. Schulbücher Gesamtausgabe. Köln/Wien 1988.

BECKER, R. Z.: Noth- und Hülfsbüchlein für Bauersleute. Gotha u. andere Orte 1788 (Dortmund 1980).

BERGEN, J. C.: Anleitung zur Viehzucht oder vielmehr zum Futtergewächsanbau und Stallfütterung des Rindviehs. Berlin [2]1800.

BITTERMANN, E.: Die landwirtschaftliche Produktion in Deutschland 1800–1950. Halle 1956.

CONRAD, J.: Die Latifundien im preußischen Osten, in: JbNÖStat, 16/1888.

DERS.: Agrarstatistische Untersuchungen, in: JbNÖStat, 57/1891, 58/1892, 61/1893.

ECKHART, J. G. v.: Vollständige Experimental-Oeconomie über das vegetabilische, animalische und mineralische Reich. Jena 1754.

ENNEN, E./JANSSEN, W.: Deutsche Agrargeschichte. Vom Neolithikum bis zur Schwelle des Industriezeitalters. Wiesbaden 1979.

FRAAS, C.: Geschichte der Landbau- und Forstwissenschaft. München 1865.

FRANZ, G.: Geschichte des deutschen Bauernstandes vom frühen Mittelalter bis zum 19. Jahrhundert. Stuttgart [2]1976.

FRAUENDORFER, S. v.: Ideengeschichte der Agrarwirtschaft und Agrarpolitik im deutschen Sprachgebiet. Bd. I: Von den Anfängen bis zum Ersten Weltkrieg. Bonn/München/Wien 1957.

V. D. GOLTZ, Th. Frhr.: Geschichte der deutschen Landwirtschaft, 2 Bde., Stuttgart 1902/03 (Neudruck Aalen 1963).

HAUSHOFER, H.: Die deutsche Landwirtschaft im technischen Zeitalter. Stuttgart [2]1972.

HENNING, F.-W.: Dienste und Abgaben der Bauern im 18. Jahrhundert. Stuttgart 1969.

DERS.: Landwirtschaft und ländliche Gesellschaft in Deutschland. Bd. 2: 1750–1986. Paderborn [2]1988.

HIPPEL, W. v.: Die Bauernbefreiung im Königreich Württemberg. 2 Bde. Boppard/Rhein 1977.

KIESEWETTER, H.: Industrialisierung und Landwirtschaft. Sachsens Stellung im regionalen Industrialisierungsprozeß Deutschlands im 19. Jahrhundert. Köln/Wien 1988.

KLEIN, E.: Geschichte der deutschen Landwirtschaft. Stuttgart 1969.

DERS.: Geschichte der deutschen Landwirtschaft im Industriezeitalter. Wiesbaden 1973.

KÖLLMANN, W.: Bevölkerungsgeschichte 1800–1970 in: H. Aubin/W. Zorn (Hrsg.): Handbuch d. deutsch. Wirtsch.- u. Soz.-Gesch., 2. Bd., Stuttgart 1976.

KRAATZ, H.: Die Generallandesvermessung des Landes Braunschweig von 1746–1784. Göttingen/Hannover 1975.

KRZYMOWSKI, R.: Geschichte der deutschen Landwirtschaft (bis zum Ausbruch des Weltkrieges 1914). Stuttgart 1939.

LANGETHAL, C. E.: Geschichte der teutschen Landwirthschaft. 4. Buch: Vom Dreißigjährigen Kriege bis auf Thaer. Jena 1856.

LEOPOLDT, J. G.: Nützliche und auf die Erfahrung gegründete Einleitung in der Landwirtschaft. 5 Tle. Berlin/Glogau 1759.

LÜTGE, F.: Geschichte der deutschen Agrarverfassung vom frühen Mittelalter bis zum 19. Jahrhundert. Stuttgart [2]1967.

MOLL, G.: „Preußischer Weg" und bürgerliche Umwälzung in Deutschland. Weimar 1988.

PIERENKEMPER, T. (Hrsg.): Landwirtschaft und industrielle Entwicklung. Stuttgart 1989.

POHL, J.: Landwirtschaftliche Betriebslehre. 2 Bde. Leipzig 1885/89.

Probleme der Agrargeschichte des Feudalismus und des Kapitallismus. Teil VIII. Rostock 1977.

REICHART, C.: Einleitung in den Garten- und Ackerbau. 2 Tle. Erfurt 1758.

RIEHL, W. H.: Die Naturgeschichte des Volkes als Grundlage einer deutschen Sozial-Politik. 2. Bd.: Die bürgerliche Gesellschaft. Stuttgart/Augsburg [3]1855.

SCHISSLER, H.: Preußische Agrargesellschaft im Wandel. Wirtschaftliche, gesellschaftliche und politische Transformationsprozesse von 1763 bis 1847. Göttingen 1978.

SIEGERT, R.: Aufklärung und Volkslektüre, in: Archiv f. d. Gesch. d. Buchwesens, 19/1978.

ULBRICHT, O.: Englische Landwirtschaft in Kurhannover in der zweiten Hälfte des 18. Jahrhunderts. Berlin 1980.

Umwälzung der deutschen Wirtschaft im 19. Jahrhundert (JfW, Sonderband 1989, Berlin 1990).

WATERSTRADT, F.: Die Wirtschaftslehre des Landbaues. Stuttgart 1912.

Literatur zum 1. Kapitel

ABEL, W.: Massenarmut und Hungerkrisen im vorindustriellen Europa. Hamburg/Berlin 1974.

DERS.: Agrarkrisen und Agrarkonjunktur (A). Eine Geschichte der Land- und Ernährungswirtschaft Mitteleuropas seit dem hohen Mittelalter. Hamburg/Berlin [3]1978.

DERS.: Geschichte der deutschen Landwirtschaft vom frühen Mittelalter bis zum 19. Jahrhundert (G). Stuttgart [3]1978.

ACHILLES, W.: Vermögensverhältnisse braunschweigischer Bauernhöfe im 17. und 18. Jahrhundert. Stuttgart 1965.

DERS.: Die steuerliche Belastung der braunschweigischen Landwirtschaft und ihr Beitrag zu den Staatseinnahmen im 17. und 18. Jahrhundert. Hildesheim 1972.

DERS.: Die Bedeutung des Flachsanbaus im südlichen Niedersachsen für Bauern und Angehörige der unterbäuerlichen Schicht im 18. und 19. Jahrhundert, in: H. Kellenbenz (Hrsg.): Agrarisches Nebengewerbe und Formen der Reagrarisierung im Spätmittelalter und 19./20. Jahrhundert, Stuttgart 1975.

DERS.: Die Lage der hannoverschen Landbevölkerung im späten 18. Jahrhundert. Hildesheim 1982.

DERS.: Landwirtschaft in der Frühen Neuzeit. München 1991.

BENEKENDORF, C.F.v.: Oeconomia forensis oder kurzer Inbegriff aller derjenigen landwirthschaftlichen Wahrheiten, welche allen sowohl hohen als niedrigen Gerichts-Personen zu wissen nöthig. 8 Bde. Berlin 1780/84.

BORN, M.: Die Entwicklung der deutschen Agrarlandschaft. Darmstadt 1974.

BRÜMMEL, P.: Die Dienste und Abgaben bäuerlicher Betriebe im ehemaligen Herzogtum Bremen-Verden während des 18. Jahrhunderts. Diss. agr. Göttingen 1975.

ENGEL, L.H.H.v.: Briefe über die Maaßregeln, welche der Landwirth bey der immer mehr steigenden Menschenmenge zu nehmen hat. Freyberg 1797.

FISCHER, C.: Fleißiges Herren-Auge. 3 Bde. Nürnberg 1719.

FLORINUS, F.P.: Oeconomus prudens et legalis, oder allgemeiner kluger und rechtsverständiger Haus-Vatter. Nürnberg/Franckfurt/Leipzig 1722 (Stuttgart 1981).

FREIBURG, H.: Agrarkonjunktur und Agrarstruktur in vorindustrieller Zeit. Die Aussagekraft der säkularen Wellen der Preise und Löhne im Hinblick auf die Entwicklung der bäuerlichen Einkommen, in: VSWG 64/1977.

GERHARD, D.: Das Abendland 800–1800. Freiburg/Würzburg 1985.

GERHARD, H.-J.: Das Diensteinkommen Göttinger Offizianten. Göttingen 1978.

GERICKE, F.K.G.: Praktische Anleitung zur Führung der Wirthschafts-Geschäfte für angehende Landwirthe. Berlin [2]1808/15.

GERMERSHAUSEN, C. F.: Der Hausvater in systematischer Ordnung. 5 Bde. Leipzig 1783/86.

GOERTZ-WRISBERG, W. Graf: Die Entwicklung der Landwirthschaft auf den Goertz-Wrisbergschen Gütern in der Provinz Hannover. Jena 1880.

HARNISCH, H.: Produktivkräfte und Produktionsverhältnisse in der Landwirtschaft der Magdeburger Börde von der Mitte des 18. Jahrhunderts bis zum Beginn des Zuckerrübenanbaus in der Mitte der dreißiger Jahre des 19. Jahrhunderts, in: H. J. Rach, Landwirtschaft und Kapitalismus, 1. Halbband, Berlin 1978.

DERS.: Bäuerliche Ökonomie und Mentalität unter den Bedingungen der ostelbischen Gutsherrschaft in den letzten Jahrzehnten vor den Agrarreformen, in: G. G. Iggers, Ein anderer historischer Blick, Frankfurt 1991.

HENNING, F.–W.: Bauernwirtschaft und Bauerneinkommen in Ostpreußen im 18. Jahrhundert. Würzburg 1969.

DERS.: Die Innovationen in der deutschen Landwirtschaft im ausgehenden 18. und 19. Jahrhundert, in: F. R. Pfetsch (Hrsg.), Innovationsforschung als multidisziplinäre Aufgabe, Göttingen 1975.

HINTZE, O.: Wesen und Verbreitung des Feudalismus, in: Sitzungsberichte d. Preuß. Akademie d. Wissensch., phil.-hist. Kl. 1929, XX.

KAAK, H.: Die Gutsherrschaft. Theoriegeschichtliche Untersuchungen zum Agrarwesen im ostelbischen Raum. Berlin/New York 1991.

KARBACH, J.: Die Bauernwirtschaften des Fürstentums Nassau-Saarbrücken im 18. Jahrhundert. Saarbrücken 1977.

KAUFHOLD, K. H.: Das Handwerk der Stadt Hildesheim im 18. Jahrhundert. Göttingen [2]1980.

DERS.: Das Gewerbe in Preußen um 1800. Göttingen 1978.

KNAPP, G. F.: Die Bauernbefreiung und der Ursprung der Landarbeiter in den älteren Teilen Preußens. 2 Bde. München/Leipzig [2]1927.

KOPITZSCH, F. (Hrsg.) u. a.: Studien zur Sozialgeschichte des Mittelalters und der Frühen Neuzeit. Hamburg 1977.

KORTH, S.: Die Entstehung und Entwicklung des ostdeutschen Großgrundbesitzes. Diss. agr. Göttingen 1952.

LUDWIG, Th.: Der badische Bauer im 18. Jahrhundert. Straßburg 1896.

LÜTGE, F.: Die bayerische Grundherrschaft. Untersuchungen über die Verfassung Altbayerns im 16.–18. Jahrhundert. München 1949.

DERS.: Die mitteldeutsche Grundherrschaft und ihre Auflösung. Stuttgart [2]1957.

MAIER, H.: Die ältere deutsche Staats- und Verwaltungslehre. München [2]1986.

MEYER: Georg der Dritte als königlicher Landwirth (Cellische Nachrichten für Landwirthe besonders im Königreich Hannover, 1. Bd., 3. St., Hannover 1822).

MÜLLER, H. H.: Märkische Landwirtschaft vor den Agrarreformen von 1807. Entwicklungstendenzen des Ackerbaues in der zweiten Hälfte des 18. Jahrhunderts. Potsdam 1967.

DERS.: Der agrarische Fortschritt und die Bauern in Brandenburg vor den Reformen von 1807, in: H. Harnisch u. a., Deutsche Agrargeschichte des Spätfeudalismus, Berlin 1986.

OGRISSEK, R.: Dorf und Flur in der DDR. Leipzig 1961.

REININGHAUS, W.: Gewerbe in der Frühen Neuzeit. München 1990.

RIEM, J.: Riemisch-Leopoldtische practische Landwirthschaft. 5 Bde. Breslau/ Leipzig 1803.

RISTO, U.: Abgaben und Dienste bäuerlicher Betriebe in drei niedersächsischen Vogteien im 18. Jahrhundert. Diss. agr. Göttingen 1964.

SAALFELD, D.: Bauernwirtschaft und Gutsbetrieb in der vorindustriellen Zeit. Stuttgart 1960.

DERS.: Die Bedeutung des Getreides für die Haushaltsausgaben städtischer Verbraucher in der zweiten Hälfte des 18. Jahrhunderts, in: H.–G. Schlotter (Hrsg.), Landwirtschaft und ländliche Gesellschaft in Geschichte und Gegenwart. Hannover 1964.

DERS.: Die ständische Gliederung in Deutschland im Zeitalter des Absolutismus, in: VSWG, 67/1980.

DERS.: Ländliche Bevölkerung und Landwirtschaft Deutschlands am Vorabend der Französischen Revolution, in: ZAA, 37/1989.

DERS.: Bedeutungs- und Strukturwandel der Ausgaben für Ernährung in den privaten Haushalten Deutschlands von 1800–1913, in: D. Petzina (Hrsg.): Zur Geschichte der Ökonomik der Privathaushalte, Berlin 1991.

SCHILLING, R.: Schwedisch-Pommern um 1700. Studien zur Agrarstruktur eines Territoriums extremer Gutsherrschaft. Weimar 1989.

SCHNEIDER, S.: Die geographische Verteilung des Großgrundbesitzes im östlichen Pommern und ihre Ursachen. Leipzig 1942.   .

SCHREMMER, E.: Agrarverfassung und Wirtschaftsstruktur. Die südostdeutsche Hofmark – eine Wirtschaftsherrschaft? In: ZAA, 20/1972.

DERS.: Überlegungen zur Bestimmung des gewerblichen und agrarischen Elements in einer Region, in: H. Kellenbenz (Hrsg.): s. Achilles, 1975.   ·

DERS.: Zu wenig städtisches und zuviel ländliches Gewerbe in Baden um 1790? In: H. Kellenbenz/H. Pohl (Hrsg.): Historia socialis et oeconomica, Stuttgart 1987.

SCHUBART, J. C. (v.): Ökonomisch-kameralistische Schriften. 6 Bde. Leipzig 1783/85.

SCHUMACHER, C. W. C.: Das gerechte Verhältnis der Viehzucht zum Ackerbaue, aus der verbesserten Mecklenburgischen Wirthschafts-Verfassung abgeleitet. Franckfurt/Leipzig 1763.

SINCLAIR, Sir J.: Grundgesetze des Ackerbaues. Wien 1819.

ŠOLTA, J.: Die Ertragsentwicklung in der Landwirtschaft des Klosters Marienstern. Bautzen 1958.

STEINBORN, H.-C.: Abgaben und Dienste holsteinischer Bauern im 18. Jahrhundert. Neumünster 1982.

STRAUB, A.: Das badische Oberland im 18. Jahrhundert. Die Transformation einer bäuerlichen Gesellschaft vor der Industrialisierung. Husum 1977.

THAER, A.: Grundsätze der rationellen Landwirthschaft (1809/12). Neue Ausgabe, hg. v. G. Krafft u. a. Berlin 1880.

WEHLER, H.-U.: Deutsche Gesellschaftsgeschichte. 1. Bd. München 1987.

ZIMMERMANN, C.: Reformen in der bäuerlichen Gesellschaft. Studien zum aufgeklärten Absolutismus in der Markgrafschaft Baden 1750–1790. Ostfildern 1983.

Literatur zum 2. Kapitel

ACHILLES, W.: Waren die Stein-Hardenbergischen Reformen Vorbild der hannoversch-braunschweigischen Ablösungsgesetze? In: Nds Jb, 46/47/1975.

ARNDT, C. A.: Uiber die Beförderung des Zutrauens zwischen Regenten und Unterthanen. Ein Wort zur Wiederbelebung der erstorbenen Vaterlandsliebe vornämlich in deutschen Reichslanden. Germanien 1797.

BERDING, H.: Napoleonische Herrschafts- und Gesellschaftspolitik im Königreich Westfalen 1807–1813. Göttingen 1973.

BERTHOLD, R.: Der sozialökonomische Differenzierungsprozeß der Bauernwirtschaft in der Provinz Brandenburg während der industriellen Revolution (1816 bis 1878/82), in: JfW, II/1974.

DERS.: Die Veränderungen im Bodeneigentum und in der Zahl der Bauernstellen, der Kleinstellen und der Rittergüter in den preußischen Provinzen Sachsen, Brandenburg und Pommern während der Durchführung der Agrarreformen des 19. Jahrhunderts, in: JfW, Sb. 1978.

BRAKENSIEK, S.: Agrarreform und ländliche Gesellschaft. Die Privatisierung der Marken in Nordwestdeutschland 1750–1850. Paderborn 1991.

BRASE, K.: Der Einfluß der Bauernbefreiung auf die Belastung der Scharwerksbauern in Ostpreußen. Göttingen 1967.

CONZE, W.: Die liberalen Agrarreformen in Hannover im 19. Jahrhundert. Hannover 1947.

DERS.: Quellen zur Geschichte der deutschen Bauernbefreiung. Göttingen/Berlin/Frankfurt 1957.

DEDENER, H.: Vom Schäferleben zur Agrarwirtschaft. Poesie und Ideologie des „Landlebens" in der deutschen Literatur, in: K. Garber (Hrsg.): Europäische Bukolik und Georgik, Darmstadt 1976.

DIPPER, C.: Die Bauernbefreiung in Deutschland 1790–1850. Stuttgart/Berlin/Köln/Mainz 1980.

GROPP, V.: Der Einfluß der Agrarreformen des beginnenden 19. Jahrhunderts in Ostpreußen auf Höhe und Zusammenfassung der preußischen Staatseinkünfte. Berlin 1967.

GROSS, R.: Die bürgerliche Agrarreformen in Sachsen in der ersten Hälfte des 19. Jahrhunderts. Weimar 1968.

HAASE, C.: Obrigkeit und öffentliche Meinung 1789–1803, in: Nds Jb, 39/1967.

HARNISCH, H.: Kapitalistische Agrarreform und industrielle Revolution. Weimar 1984.

HAUPTMEYER, C.-H.: Die Bauernunruhen in Schaumburg-Lippe, in: Nds Jb, 49/1977.

HAUSMANN, F.: Die Agrarpolitik während der Regierung Montgelas in Bayern als Problem des gesellschaftlichen Strukturwandels um die Wende des 18. zum 19. Jahrhundert. Diss. Berlin 1974, *oder:* Die Agrarpolitik der Regierung Montgelas. Frankfurt 1975.

KLEIN, E.: Von der Reform zur Restauration. Berlin 1965.

KNITTLER, H.: Nutzen, Renten, Erträge. Struktur und Entwicklung frühneuzeitlicher Feudaleinkommen in Niederösterreich. München 1989.

KOSELLECK, R.: Preußen zwischen Reform und Revolution. Stuttgart [2]1975.

KRAUS, A.: Geschichte Bayerns. Von den Anfängen bis zur Gegenwart. München 1983.

LÜDERSSEN, R.: Die Befreiung und Mobilisierung des Grundbesitzes im Herzogtum Braunschweig. Braunschweig 1881.

MEYER, G.: Die Verkoppelung im Herzogtum Lauenburg unter hannoverscher Herrschaft. Hildesheim 1965.

PRANGE, W.: Die Anfänge der großen Agrarreformen in Schleswig-Holstein bis um 1771. Neumünster 1971.

SAKAI, E.: Der kurhessische Bauer im 19. Jahrhundert und die Grundlastenablösung. Melsungen 1967.

SCHMÖLDERS, G.: Geschichte der Volkswirtschaftslehre. Reinbek 1977.

SCHREMMER, E.: Die Bauernbefreiung in Hohenlohe. Stuttgart 1963.

SCHULZE, W. (Hrsg.): Aufstände, Revolten, Prozesse. Beiträge zu bäuerlichen Widerstandsbewegungen im frühneuzeitlichen Europa. Stuttgart 1983.

SENSBURG, E. P.: Praktische Anleitung zur richtigen Bilanzierung des reinen Ertrages und gleichzeitige Würdigung des statistischen Werths   ganzer Herrschaften und einzelner Städte, Dörfer und Gefälle. Karlsruhe 1806.

STÜVE, C.: Über die Lasten des Grundeigenthums und Verminderung derselben, in Rücksicht auf das Königreich Hannover. Hannover 1830.

WINKEL, H.: Die Ablösungskapitalien aus der Bauernbefreiung in West- und Süddeutschland. Stuttgart 1968.

DERS.: Die Ablösung der Grundlasten im Hgm. Nassau im 19. Jahrhundert, in: VSWG, 52/1965.

WITTICH, W.: Die Grundherrschaft in Nordwestdeutschland. Leipzig 1896.

WITTMANN, R.: Der lesende Landmann. Zur Rezeption aufklärerischer Bemühungen durch die bäuerliche Bevölkerung im 18. Jahrhundert, in: Dan Berindei (Hrsg.) u. a.: Der Bauer Mittel- und Osteuropas im sozio-ökonomischen Wandel des 18. und 19. Jahrhunderts, Köln/Wien 1973.

WRASE, S.: Die Anfänge der Verkoppelungen im Gebiet des ehemaligen Königreichs Hannover. Hildesheim 1973.

ZIEKURSCH, J.: Hundert Jahre schlesischer Agrargeschichte. Breslau ²1927.

ZÜCKERT, H.: Die sozialen Grundlagen der Barockkultur in Süddeutschland. Stuttgart/New York 1988.

Literatur zum 3. Kapitel

ANDREWS, G. H.: Moderne englische Landwirthschaft... Weimar 1855.

BECKMANN, J.: Grundsätze der teutschen Landwirthschaft. Göttingen ⁶1806.

BUCHHOLZ, E. W.: Ländliche Bevölkerung an der Schwelle des Industriezeitalters. Der Raum Braunschweig als Beispiel. Stuttgart 1966.

DIETERICI, C. F. W.: Der Volkswohlstand im preußischen Staate. Berlin 1846.

DERS.: Handbuch der Statistik des preußischen Staates. Berlin 1861.

GÜLICH, G. v.: Ueber die Verhältnisse der Bauern im Fürstenthume Calenberg. Hannover 1831.

DERS.: Ueber die gegenwärtige Lage des Ackerbaues, der Gewerbe und des Handels im Regierungsbezirke Minden mit besonderer Berücksichtigung des physischen und moralischen Zustandes der arbeitenden Classen. Rinteln 1843.

DERS.: Geschichtliche Darstellung des Handels, der Gewerbe und des Ackerbaues der bedeutendsten handeltreibenden Staaten unsrer Zeit. 5 Bde. Jena 1830–1845 (Graz 1972).

GÜNTZ, M.: Handbuch der landwirtschaftlichen Literatur. 3 Bde. Leipzig 1897–1902.

Katalog der Albrecht-Thaer-Bibliothek, Celle/Hannover 1987.

KOPPE, J. G./KLEBE, C. W. H.: Oekonomie oder die Lehre von den Verhältnissen der einzelnen Theile der Landwirthschaft zueinander und zum Ganzen. 2 Tle. Leipzig 1831.

KÖRTE, W.: Albrecht Thaer. Sein Leben und Wirken, als Arzt und Landwirth. Leipzig 1839 (Uelzen 1975).

MEITZEN, A.: Der Boden und die landwirtschaftlichen Verhältnisse des preußischen Staates nach dem Gebietsumfange vor 1866. 8 Bde. Berlin 1868/71 u. 1894/1908.

MILLS, J.: Vollständiger Lehrbegriff von der Praktischen Feldwirthschaft. 5 Bde. Wien 1767/68.

MÜLLER, H.-H.: Akademie und Wirtschaft im 18. Jahrhundert. Berlin 1975.

MÜNCHHAUSEN, O. Frhr. v.: Der Hausvater. 2. Theil. Hannover 1766.

NIPPERDEY, T.: Deutsche Geschichte 1800–1866. Bürgerwelt und starker Staat. München [4]1987.

PETERSEN, A.: Die fundamentale Standortlehre J. H. v. Thünens, wie sie bisher als Intensitätslehre mißverstanden wurde und was sie wirklich besagt. Jena 1936.

DERS.: Thünens isolierter Staat. Die Landwirtschaft als Glied der Volkswirtschaft. Berlin 1944.

SCHLESSWIG-HOLSTEIN-BECK, F. Herzog zu: Ueber die Wechelwirthschaft und deren Verbindung mit der Stallfütterung des Nutz- und Arbeitsviehes. Leipzig 1803.

SCHULZE, M.: Die Anfänge der landwirtschaftlichen Literatur in niedersächsischen Bibliotheken. Diss. agr. Göttingen 1967.

SCHWERZ, J. N.: Anleitung zum praktischen Ackerbau. 3 Bde. Stuttgart 1823/28.

DERS.: Einleitung der Kenntniß der belgischen Landwirthschaft. 3 Bde. Halle 1807/11.

THAER, A.: Einleitung zur Kenntniß der englischen Landwirthschaft und ihrer neueren practischen und theoretischen Fortschritte in Rücksicht auf Vervollkommnung teutscher Landwirthschaft für denkende Landwirthe und Cameralisten. 3 Bde. Hannover 1798/1800.

DERS.: Grundsätze der rationellen Landwirthschaft. 4 Bde. Berlin 1809/12.

DERS.: Landwirthschaftliche Gewerbs-Lehre. Berlin 1815 (Uelzen 1967).

WEBER, F. B.: Handbuch der ökonomischen Literatur. 6 Thle. Breslau 1832.

WEHLER, H.-U.: Deutsche Gesellschaftsgeschichte. 2. Bd. Von der Reformära bis zur industriellen und politischen „Deutschen Doppelrevolution" 1815–1845/49. München 1987.

Literatur zum 4. Kapitel

ACHILLES, W.: Die Wechselbeziehungen zwischen Industrie und Landwirtschaft, in: H. Pohl (Hrsg.): Sozialgeschichtliche Probleme in der Zeit der Hochindustrialisierung (1870–1914), Paderborn/München/Wien/Zürich 1979. Bäuerliche Zustände in Deutschland (Schr. d. Vereins f. Socialpolitik 22–24), 3 Bde., Leipzig 1883.

BENTE, H.: Landwirtschaft und Bauerntum. Berlin 1937.

BENTZIEN, U.: Landbevölkerung und agrartechnischer Fortschritt in Mecklenburg vom Ende des 18. bis zum Anfang des 20. Jahrhunderts. Berlin 1983.

BERTHOLD, R.: Die Entstehung der deutschen Landmaschinen- und Dünge-mittelindustrie zwischen 1850 und 1870, in: K. Lärmer (Hrsg.): Studien zur Geschichte der Produktivkräfte. Deutschland zur Zeit der industriellen Revolution. Berlin 1979.

BLOCK, A.: Mittheilungen landwirthschaftlicher Erfahrungen, Ansichten und Grundsätze. Breslau 1830.

BÖHM, W.: Die Stickstoff-Frage in der Landbauwissenschaft im 19. Jahrhundert in: ZAA, 34/1986.

DERS.: Die Anfänge des Feldversuchswesens in Deutschland, in: ZAA, 38/1990.

DERS.: Die Wanderversammlung deutscher Agrikulturchemiker am 16. und 17. August 1864 in Göttingen, in: Göttinger Jb., 38/1990.

DERS.: Johann Beckmanns ökonomischer Garten an der Georg-August Universität Göttingen, in: Mitt. d. Joh. Beckmann-Gesellsch., 4/1990.

COMBERG, G.: Die deutsche Tierzucht im 19. und 20. Jahrhundert. Stuttgart 1984. Die Entwicklung des landwirtschaftlichen Maschinenwesens in Deutschland. Berlin 1910.

FRANZ, G.: Landwirtschaft 1800–1850, in: H. Aubin/W. Zorn (Hrsg.): Handbuch d. deutsch. Wirtsch.- u. Soz.-Gesch., Bd. 2, Stuttgart 1976.

GÖRIZ, K.: Die landwirthschaftliche Betriebslehre als Leitfaden für Vorlesungen und zum Selbststudium für Landwirthe. 3 Bde. Stuttgart 1853/54.

HERRMANN, K.: Pflügen, Säen, Ernten. Landarbeit und Landtechnik in der Geschichte. Reinbek 1985.

HOFFMANN, W.G.: Das Wachstum der deutschen Wirtschaft seit der Mitte des 19. Jahrhunderts. Berlin/Heidelberg/New York 1965.

JÄGER, E.: Die Agrarfrage der Gegenwart. 4 Bde. Berlin 1882/93.

JAKOBEIT, W. (Hrsg.) u. a.: Idylle oder Aufbruch? Das Dorf im bürgerlichen 19. Jahrhundert. Ein europäischer Vergleich. Berlin 1990.

KAUTSKY, K.: Die Agrarfrage. Stuttgart [2]1902.

KELLNER, O.: Die Ernährung der landwirtschaftlichen Nutztiere. Berlin 1905.

DERS.: Grundzüge der Fütterungslehre. Berlin 1908.

KIESSLING, L.: Ackerbauvereine und einschlägige Organisationsmaßnahmen zur Förderung des Acker- und Saatfruchtanbaues. Berlin 1913.

KNISPEL, O.: Die Verbreitung der Rinderschläge in Deutschland nebst Darstellung der öffentlichen Zuchtbestrebungen. Berlin 1907.

KRAFFT, G.: Lehrbuch der Landwirtschaft auf wissenschaftlicher und praktischer Grundlage. Bd. 1: Ackerbaulehre; Bd. 2: Pflanzenbaulehre; Bd. 3: Tierzuchtlehre; Bd. 4: Betriebslehre. Viele Auflagen. Berlin ab 1875 bis um 1925.

LAMBL, J.B.: Die Grundrente als Zweck aller Landwirthschaft und Viehzucht. Prag 1880.

LAUR, E.: Grundlagen und Methoden der Bewertung, Buchhaltung und Kalkulation in der Landwirtschaft. Berlin 1911.

LIEBIG, J.: Die organische Chemie in ihrer Anwendung auf Agrikultur und Physiologie. Braunschweig 1840.

LÖBE, W.: Die Landwirthschaft und ihr Einfluß auf das sociale und materielle Wohl der Völker. Leipzig 1853.

DERS.: Die Ernährung der landwirthschaftlichen Haustiere nach naturwissenschaftlichen Grundsätzen. Leipzig 1871.

DERS.: Handbuch der rationellen Landwirthschaft für praktische Landwirte, Oekonomie-Verwalter und Schüler landwirtschaftlicher Lehranstalten, Weimar [7]1887.

MENDEL, H. v.: Die Rindvieh-, Schaf- und Schweinezucht im Großherzogtum Oldenburg. Bremen 1883.

MÜLLER, A.: Die Grundlagen der pfälzischen Landwirtschaft und die Entwicklung ihrer Produktion im 19. Jahrhundert bis zur Gegenwart. Leipzig 1912.

NIPPERDEY, T.: Deutsche Geschichte 1866–1918. Bd. I: Arbeitswelt und Bürgergeist. München 1990.

PERELS, E.: Handbuch des landwirtschaftlichen Maschinenwesens. 2 Bde. Jena 1879.

RACH, H.-J./WEISSEL, B.(Hrsg.): Landwirtschaft und Kapitalismus. Zur Entwicklung der ökonomischen und sozialen Verhältnisse in der Magdeburger Börde vom Ausgang des 18. Jahrhunderts bis zum Ende des ersten Weltkrieges. 2 Halbbde. Berlin 1978/79.

DIES.: Bauer und Landarbeiter im Kapitalismus in der Magdeburger Börde. Zur Geschichte des dörflichen Alltags vom Ausgang des 18. Jahrhunderts bis zum Beginn des 20. Jahrhunderts. Berlin 1982.

Rathgeber bei Wahl und Gebrauch landwirtschaftlicher Geräte und Maschinen. Berlin 1867.

ROSCHER, W.: Nationalökonomik des Ackerbaues und der verwandten Urproductionen. Stuttgart [9]1878.

RUEMPLER, A.: Die käuflichen Düngerstoffe, ihre Zusammensetzung, Gewinnung und Anwendung. Berlin [2]1879.

SCHLIPF, J. A.: Populäres Handbuch der Landwirthschaft in besonderer Beziehung für den würdigen Bauernstand … Reutlingen 1841.

DERS.: Populäres Handbuch der Landwirthschaft … Berlin [9]1880.

SCHÜRMANN, A.: Deutsche Agrarpolitik. Neudamm 1941.

STUTZER, A.: Düngerlehre. Leipzig [15]1906.

VIEBAHN, G. v.: Statistik des zollvereinten und nördlichen Deutschlands. 2. Theil: Bevölkerung, Bergbau, Bodenkultur. Berlin 1862.

WAGNER, P.: Einige praktisch wichtige Düngungsfragen … Darmstadt [4]1885.

WALZ, G.: Landwirthschaftliche Betriebslehre. Stuttgart 1867.

WOLFF, E.: Landwirthschaftliche Fütterungslehre. Berlin [6]1894.

WÜST, A.: Landwirtschaftliche Maschinenkunde. Berlin [2]1889.

Literatur zum 5. Kapitel

BRANDAU, G.: Ernteschwankungen und wirtschaftliche Wechsellagen 1874–1913. Jena 1936.

BRENTANO, L.: Agrarpolitik. Stuttgart 1897.

DERS.: Die Getreidezölle als Mittel gegen die Not der Landwirte. Berlin 1903.

DERS.: Das Freihandelsargument. Berlin-Schöneberg [2]1910.

BUCHENBERGER, A.: Grundzüge der deutschen Agrarpolitik unter besonderer Würdigung der kleinen und großen Mittel. Berlin 1897.

CRÜGER, H.: Einführung in das deutsche Genossenschaftswesen. Berlin 1907.

Festschrift zum 150jährigen Bestehen der Königlichen Landwirtschafts-Gesellschaft Hannover. Hannover 1914.

FISCHER, W.: Bergbau, Industrie und Handwerk, in: H. Aubin/W. Zorn (Hrsg.): Handbuch d. deutsch. Wirtsch.- u. Soz.-Gesch. 2. Bd., Stuttgart 1976).

FLEMMING, J.: Landwirtschaftliche Interessen und Demokratie. Ländliche Gesellschaft, Agrarverbände und Staat 1890–1925. Bonn 1978.

FRANZ, G. (Hrsg.): Die Geschichte der Landtechnik im 20. Jahrhundert. Frankfurt 1969.

FRUWIRTH, C. siehe Krafft, G.

GALL, L.: Bismarck der weiße Revolutionär. Frankfurt [3]1980.

GARVE, C.: Ueber den Charakter der Bauern und ihr Verhältniß gegen die Gutsherrn und gegen die Regierung (1786), in: Ders.: Vermischte Aufsätze, Breslau 1801.

GEORGE, H.: Schutz oder Freihandel. Untersuchung der Zollfrage mit besonderer Berücksichtigung auf die Interessen der Arbeit. Berlin 1887.

GLÄSEL, E. J.: Die Entwicklung der Preise landwirtschaftlicher Produkte und Produktionsmittel während der letzten 50 Jahre und deren Einfluß auf Bodennutzung und Viehhaltung im deutschen Reiche. Berlin 1917.

GOLTZ, T. Frhr. v.: Die ländliche Arbeiterfrage und ihre Lösung. Danzig 1872.

DERS.: Die soziale Bedeutung des Gesindewesens. Danzig 1873.

DERS.: Die Lage der ländlichen Arbeiter im Deutschen Reich. Berlin 1875.

DERS.: Handbuch der landwirtschaftlichen Betriebslehre. Berlin 1886.

DERS.: Landwirtschaftliche Taxationslehre. Berlin [2]1892.

DERS.: Die agrarischen Fragen der Gegenwart. Jena [2]1895.

DERS.: Agrarwesen und Agrarpolitik. Jena [2]1904.

GOTHEIN, G.: Agrarpolitisches Handbuch. Berlin 1910/11.

HAILER, H.: Studien über den deutschen Brot-Getreidehandel in den Jahren 1880–1899 insbesondere über den Einfluß der Staffeltarife und der Aufhebung des Identitätsnachweises. Jena 1902.

HARDACH, K.-W.: Die Bedeutung wirtschaftlicher Faktoren bei der Wiedereinführung der Eisen- und Getreidezölle in Ostdeutschland 1879. Berlin 1967.

DERS.: Die Haltung der deutschen Landwirtschaft in der Getreidezolldiskussion 1878/79, in: ZAA, 15/1967.

HENNING, F.-W.: Vom Agrarliberalismus zum Agrarprotektionismus, in: H. Pohl (Hrsg.): Die Auswirkungen von Zöllen und anderen Handelshemmnissen auf Wirtschaft und Gesellschaft vom Mittelalter bis zur Gegenwart, Stuttgart 1987.

HOFSTÄTTER, P. R.: Gruppendynamik. Kritik der Massenpsychologie. Hamburg 1971.

HUSCHKE, L.: Landwirtschaftliche Reinertrags-Berechnungen bei Klein-, Mittel- und Großbetrieb dargelegt an typischen Beispielen Mittelthüringens. Jena 1902.

JACOBS, A./RICHTER, H.: Die Großhandelspreise in Deutschland von 1792 bis 1934. Berlin 1935.

JENTSCH, C.: Die Agrarkrisis. Besteht eine solche und worin besteht sie? Leipzig 1899.

KAELBLE, H.: Industrielle Interessenpolitik in der wilhelminischen Gesellschaft, Centralverband Deutscher Industrieller 1895–1914. Berlin 1967.

KEMPTER, G.: Agrarprotektionismus: Landwirtschaftliche Schutzzollpolitik im Deutschen Reich von 1879 bis 1914. Frankfurt/Bern/New York 1985.

KOENIG, R.: Statistische Mitteilungen aus 62 kleinbäuerlichen Betrieben über Erzeugung, Verbrauch, Verkauf und Zukauf von Getreide. Jena 1901.

LAMBI, J. N.: Free Trade and Protection in Germany 1868–1879. Wiesbaden 1963.

MANCKE, W.: Ein Kompromiß des Agrarstaats mit dem Industriestaat. Berlin 1894.

MOCK, W.: Neue historische Literatur. „Manipulation von oben" oder Selbstorganisation an der Basis? Einige neuere Aufsätze in der englischen Historiographie zur Geschichte des deutschen Kaiserreiches in: HZ, 232/1981.

PERELS, E.: Handbuch des landwirtschaftlichen Transportwesens. Jena 1882.

PLANCK, U./ZICHE, W.: Land- und Agrarsoziologie. Eine Einführung in die Soziologie des ländlichen Siedlungsraumes und des Agrarbereiches. Stuttgart 1979.

PUHLE, H.-J.: Agrarische Interessenpolitik und preußischer Konservatismus im wilhelminischen Reich (1893–1914). Bonn/Bad Godesberg [2]1975.

PYTA, W.: Landwirtschaftliche Interessenpolitik im deutschen Kaiserreich. Der Einfluß agrarischer Interessen auf die Neuordnung der Finanz- und Wirtschaftspolitik am Ende der 1870er Jahre am Beispiel von Rheinland und Westfalen. Stuttgart 1991.

QUANTE, P.: Die Abwanderung vom Lande und das „Goltzsche Gesetz", in: SchmJb, 55/1931.

ROLFES, M.: Landwirtschaft 1850–1914 in: H. Aubin/W. Zorn (Hrsg.): Handbuch d. deutsch. Wirtsch.- u. Soz.-Gesch., 2. Bd., Stuttgart 1976.

ROSENBERG, H.: Probleme der deutschen Sozialgeschichte. Frankfurt 1969.

DERS.: Große Depression und Bismarckzeit. Berlin 1976.

ROSS, O.C.D.: Der Niedergang der Landwirtschaft und des Handels. Seine Ursachen und seine Abwehr. Stuttgart 1886.

ROTHKEGELS W.: Die Kaufpreise für ländliche Besitzungen im Königreich Preußen von 1895 bis 1906. Leipzig 1910.

RUHLAND, G.: Die Lehre von der Preisbildung für Getreide. Berlin 1904.

SEELHORST, C. v.: Das Zusammenwirken von Betriebsorganisation und Betriebsdirektion auf den Betriebserfolg. Berlin 1904.

SERING, M.: Die landwirtschaftliche Konkurrenz Nordamerikas in Gegenwart und Zukunft. Leipzig 1887.

DERS.: Die Verteilung des Grundbesitzes und die Abwanderung vom Lande. Berlin 1910.

SKALWEIT, A.: Agrarpolitik. Leipzig 1923.

SKALWEIT, B.: Die ökonomischen Grenzen der Intensivierung der Landwirtschaft. Berlin [2]1909.

STUMPFE, E.: Der landwirtschaftliche Groß-, Mittel- und Kleinbetrieb. Eine Darstellung seiner privat- und volkswirtschaftlichen Vor- und Nachteile ... Berlin 1902.

Die Verhältnisse der Landarbeiter in Deutschland (Schrift. d. Vereins f. Socialpolitik 53–55), 3 Bde. Leipzig 1892.

WAGNER, A.: Agrar- und Industriestaat. Die Kehrseite des Industriestaats und die Rechtfertigung des agrarischen Zollschutzes mit besonderer Berücksichtigung auf die Bevölkerungsfrage. Jena [2]1902.

WARSTAT, H.-G.: Die Preisentwicklung landwirtschaftlicher Produkte und Produktionsmittel vor dem Kriege und nach der Inflation und ihr Einfluß auf die Betriebsweise der deutschen Landwirtschaft. Diss. agr. Bonn 1933.

WEBER, M.: Die ländliche Arbeitsverfassung (1893).

DERS.: Entwicklungstendenzen in der Lage der ostelbischen Landarbeiter (1894), beide in: Ders., Gesammelte Aufsätze zur Sozial- und Wirtschaftsgeschichte, Tübingen 1988.

WIRTH, M.: Die Krisis in der Landwirthschaft und Mittel zu ihrer Abhülfe. Berlin 1881.

Literatur zum 6. Kapitel

Anleitung zur Erkenntniß der Gründe und des Verfahrens bei der Landwirth-schaft zum Gebrauche der Landschulen in den kaiserlichen königlichen Staaten. Wien 1776.

BÖHM, W.: Geschichte des Landwirtschaftsstudiums in Deutschland, in: Ber. üb. Landwirtsch., 66/1986.

DERS.: Strukturen, Methoden und Ziele in der Landbauwissenschaft. Zur Erinnerung an den 50. Todestag Kurt v. Rümkers, in: Ber. üb. Landwirtsch., 68/1990.

DICK, R.: Die niedersächsischen Bauern und ihre berufsbildenden Schulen seit Anfang des 19. Jahrhunderts. Hildesheim 1963.

HANSEN, J.: Das landwirtschaftliche Unterrichtswesen und die Ausbildung des Landwirts. Berlin [2]1920.

KÜHNER, M.: Die bäuerlichen Fachschulen im Rahmen des deutschen landwirt-schaftlichen Schulwesens (hier weitere Literatur für das Schulwesen in den einzelnen Bundesstaaten und für die einzelnen landwirtschaftlichen Schular-ten). Diss. agr. Hohenheim 1929 (Waldkirch i. Br. 1930).

SCHNEE, G. H.: Lehrbuch des Ackerbaues und der Viehzucht für Landschulen und zum Selbstunterricht für angehende Landwirthe. Halle 1815.

TORNOW, W.: Die Entwicklungslinien der landwirtschaftlichen Forschung in Deutschland. Unter besonderer Berücksichtigung ihrer institutionellen For-men. Hiltrup 1955.

Sachregister

(Falls einem Stichwort ein eigener Abschnitt gewidmet ist, wird es in ihm nicht eigens nachgewiesen.)

Ackerbau, Verhältnis zur Viehhaltung, s. Verhältnis
Ackernahrung 26, 140, 162, 298
Ackerweide 199, 215
Adel als Stütze der Monarchie, s. auch Rittergut 113, 127, 155, 157, 341
Agrarimporte 195, 211, 213f., 266, 270, 313, 321f.
Agrarpolitik (ohne 2. und 5. Kap) 41, 369
Agrarrevolution 170, 172, 222f., 337
Agrarromantik 295f., 298
Agrarstaat 210
Agrarstruktur 41, 46, 160, 306
Agrarverfassung 42, 49, 95, 98, 100, 111, 130, 151, 218
Agromanie 98
Akademien (ohne 6. Kap.) 235f., 305
Altenteiler 24
Altsiedelland 15, 36, 46, 187
Anerbengebiete (-recht) 24f., 37, 105, 188, 298
Anglomanie 98
Arbeiterschaft 299, 311, 316, 326, 364
Arbeitsbelastung 201, 207, 218, 224, 282
Arbeitskräftebesatz 222
Arbeitsrente 47f.,78f., 117
Arbeitszeit 278
Aufklärung 38, 287ff., 289
Ausbeutung 80f.
Ausgaben für Nahrungsmittel 210f.
Autarkie (Selbstversorgung) 88, 214, 255, 310f., 361, 364

Bauer (ohne 5. Kap. I) 21, 23, 41, 45, 59, 84, 91, 93ff., 105, 115, 117, 121, 136, 214, 302, 304, 342, 350, 357
Bauern, freie 42
Bauernaufklärung (s. auch Becker u. Rochow) 296, 300
Bauernbund, Deutscher 339

Bauernschutz 22, 25, 41, 47, 73, 108, 111, 113, 293
Bauernstand (ohne 5. Kap. I) 48, 95, 128, 323
Bauernvereine, chtistl. 339, 343, 345
Bergbau 38
Berufsgenossenschaft 351
Besitzwechselabgaben 113
Betriebseinkommen 82
Betriebsgrößenstruktur (s. auch Agrarstruktur) 20f., 29, 35
Betriebsorganisation 164, 198f., 200, 258, 270, 329
Bevölkerungswachstum 36, 44, 77, 86, 100, 115, 151, 162, 186f.
Bodenfruchtbarkeit 51, 233ff., 369
Bodenstatik 217f.
Brachanteil 56, 108, 198, 216, 221, 277
Brennerei 217f.
Brotwucher 348f., 353
Buchführung 164, 180, 273
Bund der Landwirte 320, 345, 348f., 350, 353ff., 361ff.

Caprivi-Krise 195, 220, 305, 313, 373
Centralverband deutscher Industrieller 342f., 345, 347,350
Code Napoléon 155

Depekorationstheorie 257
Deutsche Landw. Ges. (DLG) 262, 359
Deutscher Landwirtschaftsrat 304, 339, 347
Dienste (ohne 2. Kap.) 41, 45ff., 62, 73ff., 81ff., 86, 95f.
Dienstgeld 41, 45, 62
Dreifelderwirtschaft 51ff., 55f., 106, 108, 165, 169, 175
Dreschmaschine 201, 240f., 246f., 277, 307, 338

Drillmaschine 60, 170f., 173, 241, 248, 283, 338
Dorfgemeinschaft 15, 18, 291, 295, 300

Einkommensmischung 29, 87
Englische Landwirtschaft 98
Entfeudalisierungsprozeß 76, 84, 110, 134
Erbpacht (ohne 2. Kap.) 43
Erbzinsrecht (ohne 2. Kap.) 43f., 76, 112
Erbuntertänigkeit 135, 137
Experimental-Ökonomen 40, 51, 177

Fallehen 108, 114
Familienangehörige, mithelfende 285
Feldgraswirtschaft 17
Feldversuche 235f., 238, 359, 365, 368
Feudalquote 72, 74f., 82–85, 116, 155
Flegeldrusch 201, 241, 246
Flurordnung 15
Flurzwang 100
Franz. Revolution 41, 45, 95, 122, 125, 295
Freistift 44, 108
Fruchtfolge 167ff., 173f., 225, 369
Fruchtwechselwirtschaft 63, 65, 106, 179, 181, 197f., 201, 215, 220, 233f.
Fünffelderwirtschaft 52, 55

Gare 172ff.
Geldrente 131, 219
Genossenschaften, Ldw. 263f., 350, 359f.
Gerichtsherrschaft 46, 71, 73–76, 83, 109f., 118, 288
Gesinde 26, 85, 88, 220, 281, 283, 321, 351
Getreidepreise (ohne 5. Kap. III u. IV) 39, 44, 53, 79f., 85f., 194f., 309, 316, 318
Gewerbe 16
Gewinnmaximierung 220, 245, 258, 264ff., 369
Grenzproduzent 99ff.
Grundherrschaft, Nordwestdeutsche 42
–, Südwestdeutsche 75, 147
–, Renten- 116
Grundrente (s. auch Ricardo) 80f., 349f.
Gründüngung 258
Grünland, natürliches 199, 258

Gruppensoziologie 290ff., 352
Güterhandel 80, 332, 349
Gutsbezirke 48

Hackmaschine (ohne Kap. II E) 60
Häufelpflug 201
Hausväter 40, 51, 163, 165
Heuerlinge 87, 159f.
Historischer Materialismus 116f., 125, 150, 218
Hofdenken 301f.
Hornviehseuche 164

Industrialisierungsprozeß 129, 170, 172, 192, 207f., 285, 337, 339, 343, 353
Industrieexporte 195
Innovationen 292, 357, 372
Inquilinen 26, 89, 160, 194
Intensität 197, 276, 334
Intensivierung 131, 215–219, 222, 228, 240, 269, 274f., 283ff., 329, 336f., 357f., 360, 369
Interdependenz d. Agrarpreise 316ff.

Johannisroggen 229
Junirevolution s. Revolution

Kameralismus 54, 357
Kapitalismus 14
Kapitalistische Landwirtschaft 218ff., 329
Kartoffel 55f., 61, 63, 71, 77, 93, 115, 174, 191, 194, 198, 200ff., 206f., 210, 215–219, 224f., 230, 253, 267, 270, 274, 276–279, 283, 322, 326, 336, 358
Kataster (Vermessung) 40f., 105f., 130
Kaufkraft 215
Klee 56f., 61, 63, 166, 168, 173, 182, 215
Kohl 55, 63, 167, 174
Kolonie (Kolonisierung) 18f., 20, 135, 305
Kolonisationsgebiet 15, 36, 46, 187
Konsumumschichtung 210f., 252ff., 267
Koppelwirtschaft 17f., 53, 130
Krankenversicherung 351
Kruggerechtigkeit 35

Landarbeiter (-stand) 141, 214, 247, 306ff., 311, 321, 351

Landesökonomiekollegium, Preuß. 303, 347

Landleben als moral. Qualität 294 ff., 298, 353

Landwirtschaftskammern 303, 340

Lebendes Inventar 28, 329

Leguminosen 55 f., 63, 85, 167, 174, 225, 238

Leibgeding 43 f.

Leibherrschaft (Schollenpflichtigkeit) 42, 44, 46, 71, 73, 110, 123, 135

Lein 55 f., 60, 72, 174

Leinen (-garn) 30, 32 f., 36, 89, 157, 161

Liberalismus 112, 161, 349, 351

Löhne 77, 80, 82, 85 f., 189 f., 192, 211, 309 f., 323

Maschinenwesen 293

Mechanisierung 27, 168 f., 222, 275 f., 314, 336, 338, 359

Meierrecht 108 f., 113

Mobilisierung d. Grundbesitzes 178, 306, 350, 357

Mortuarium (Todfallsabgabe) 44 f.

Müller 34, 87

Nationalitätenkampf 308 f., 315, 352

Nationalliberale Partei 305, 311, 343

Nationalsozialismus 286, 295, 297, 345

Nationalverein d. deutsch. Ldw. 304

Naturalrente 131, 219

Nebenerwerb (-sbauern) 23, 33, 188, 209, 241

Nutzvieh 28

Ökonomische Gesellschaften 181 f., 287, 312

Organismustheorie 39, 270

Pertinenzqualität 43

Pflug 59, 171 f., 250 f., 368

Philantropismus (ohne 2. Kap. I A) 132 f.

Preismechanismus 99, 101, 113

Preuß. Landrecht 41

Produktenrente 48, 77

Protoindustrialisierung 208

Rationalisierung 15, 18, 241

Realteilung 15, 17, 26, 37, 71, 161, 188, 294, 350, 361

Reichsstatistik (Zuverlässigkeit) 284 f.

Reinertrag 181

Revolution von 1830 112, 126, 146, 149, 151, 157

-, von 1848 112, 126, 146, 149, 150 f., 301, 353

Rittergut (-sbesitzer) 23, 70, 75, 78 f., 111, 321, 323, 340 f., 346, 351 f.

Ritterstand (ohne 1. Kap. III D) 48, 123, 286

Roheinkommen 82

Röm. Weltreich 295

Sachaufwand 28 f., 77 f., 82, 85, 223, 338

Schäfer 34, 283

Schichtbewußtsein 24 f.

Schollenpflichtigkeit s. Leibherrschaft

Selbstausbeutung 224, 314

Selbstversorgung 34

Sortenversuche s. Feldversuche

Sozialismus 299

Spaten 60

SPD 305, 310 f., 341, 344, 351 f.

Stallhaltung 63, 65, 104, 117, 167 f., 175, 182, 185, 199, 279

Ständestaat 41, 74, 94, 98, 286 f., 296

Statik s. Bodenstatik

Steuern 40 f., 44 f., 50, 71, 73 f., 95, 97, 127, 133, 159, 162, 357

Straßenhufendorf 19

Subsistenzlandwirtschaft 14

Tagelöhner 35, 87 f., 200, 241, 278, 281, 321

Take-off 337

Thünensche Kreise 179

Tierzucht, Anfänge der 171

Totes Inventar 28 f., 329, 338

Unterbäuerliche Schicht 33, 159 ff., 208

Veredlungsverlust 253 f.

Verein f. Socialpolitik 307, 321

Vereinigung d. Steuer- u. Wirtschaftsreformer 313

Vereinödung 18

Verhältnis d. Ackerbaus : Viehhaltung 39, 63, 164, 180

Verkoppelung 17, 106

Vermessung s. Kataster
Verschuldung 305, 330f., 360
Versuchsanstalten 238, 265, 367
Vertretung des Bauernstandes 48ff.,
 296f., 344, 346
Viehhaltung im Verhältnis z. Ackerbau
 s. Verhältnis
Vierfelderwirtschaft 51 f., 55, 165
Volkswirtschaftliche Vereinigung 311
Vollarbeitskraft (AK) 209f., 278
Vollerwerbslandwirtschaft 21, 23ff., 31,
 35f., 209

Waldenser 286
Walzen 170
Wanderarbeiter 307, 311, 334ff., 352

Weideservitut 34, 58, 66, 95, 100, 102,
 150f., 174, 176f.
Weltwirtsch. Arbeitsteilung (Freihandel)
 310, 316, 348, 353, 363f.
Widerstand, bäuerlicher 44f., 50, 85,
 121, 126, 151
Wolle(Garn, Tuch) 30, 58, 66, 70f., 102,
 164, 175, 273

Zehnte 58f., 71, 73–76, 82
Zentrumspartei 311, 343, 345, 351
Zuckerrüben 174, 217f., 220, 225f.,
 230f. (Zucht), 248, 251, 275ff., 279,
 283, 334, 357
Zuerwerb (-sbauern) s. Nebenerwerb
Zugvieh 28, 62, 250, 256, 273

Namens- und Ortsregister

(Falls einem Stichwort ein eigener Abschnitt gewidmet ist, wird es in ihm nicht eigens nachgewiesen.)

Abel, W. 5, 20f., 39, 47, 66, 76–80, 87f., 115
Achard, F. K. 230
Achilles, W. 28, 30, 53, 62, 73f., 83, 87, 103, 127, 337
Aerebo, F. 264
Allgäu 18, 71
Alpen 31
Alte Land 76
Altenstein, K. Frhr. v. 135
Andrews, G. B. 169
Anhalt, Hztm. 76, 98, 248f., 253, 276, 351
Argentinien 256, 309
Arndt, C. A. 92f., 112, 148, 299, 301
Arndt, E. M. 117, 299, 369
Augustinus 93

Baden, Ghztm. 30f., 98, 188, 198f., 372
–, C. F. Mgf. v. 97, 132
Ballüer, H. 65
Bayern, Kgr. 16, 19, 31f., 76, 95, 111, 126, 157, 322, 351, 361, 373
Becker, R. Z. 93f., 288
Beckmann, J. 38, 165ff., 366
Belgien 365
Bente, H. 242
Bergen, J. C. 18, 63, 165, 167
Berlin 186, 321f., 349
–, Ldw. Hochsch. 370
Bismarck, O. Ft. v. 305, 309, 311f., 324f.
Bittermann, E. 61, 66ff., 198, 200–204, 206, 216, 221ff., 237, 255, 257, 333
Blickle, P. 49
Block, A. 281
Böhm, W. 367
Böhmen 56, 92, 132, 165
Boitzenburg 86
Boussingault, T. v. 232
Brabant 251, 275

Brakensiek, S. 107
Brandau, G. 333
Brandenburg, Mark/Prov. 36, 48, 51, 56, 108, 120
Brase, K. 117, 136f., 143
Braunschweig 366
–, Hztm. 17f., 29, 30f., 36, 39, 41, 43, 46, 51, 56, 62, 66, 68, 70, 75ff., 82, 86, 89, 98, 105f., 110, 115f., 118, 127f., 140, 154, 159, 188, 195, 208, 247ff., 253, 276, 302, 337, 351, 357
–, Kr. 276
Bremen 351
–, Hztm. 39
Brentano, L. 347f.
Breslau 287, 305, 321
–, Univ. 370
Buchenberger, A. 340, 353, 356f.
Buchholz, E. W. 188
Bülow, B. Ft. v. 355

Calbe, Kr. 218
Caprivi, L. Gf. v. 195
Celle 365
–, Ldw.-Ges. 181f.
Conze, W. 159
Cooke 171
Correns, K. 230

Dänemark 358
Danzig 354
Darré, R. W. 295
Dieterici, C. F. W. 193
Dipper, C. 102, 116, 123, 128, 159ff.
Dithmarschen 295
Dombasle, M. de 251
Dresden 151

Eberhard, Fa. 252
Eckert, H. F. und Fa. 251
Eckhart, J. G. v. 51, 165

Einsiedel, D. Gf. v. 103, 151
Elsaß-Lothringen 252
Engel, E. 189
Engels, F. 196
England 60, 98, 101, 168, 184, 193,
    226, 248, 256, 260, 267, 310, 314f.,
    337f., 341, 343, 350, 353, 365
Ewald, J. L. 92
Eyth, M. 358

Fischer, C. 55f.
Flandern 251, 274
Florinus, F. P. 55f., 165
Fraas, C. 177, 183, 305
Frankfurt/Oder, Univ. 37
Frankreich 49, 95, 98, 112, 156, 206,
    253, 287, 299, 314, 350, 355
Franz, G. 5, 87, 95, 187, 205
Frauendorfer, S. v. 138, 164, 179, 214,
    302, 365
Freiburg, H. 86ff.
Friedrich I., Röm. Ks. 12
Friedrich II., Kg. v. Preußen 18, 111,
    132, 135, 305
Friedr. Wilh. I., Kg. v. Preußen 134
Friedr. Wilh. III., Kg. v. Preußen 138
Friedr. Wilh. IV., Kg. v. Preußen 297
Fruwirth, C. 226, 229f., 239

Galiani, Abbé 97
Galizien 133
Gall, L. 312
Garve, C. 294, 296, 299f., 303, 341,
    372
Gerhard, D. 13f.
Gerhard, H.-J. 85
Germershausen, C. F. 40, 52, 55f., 165f.,
    169
Gießen, Univ. 234, 366, 370
Gläsel, E. J. 324, 327, 334f.
Goltz, T. Frhr. v. 39, 134ff., 165, 188,
    195, 206, 241, 243f., 246f., 264, 273,
    278, 281f., 307, 328–332, 346, 370
Gothein, G. 340, 346, 348ff., 364
Göttingen 85, 157
–, Univ. 38, 101, 366f., 370
Grimmelshausen, H. J. C. v. 92, 287
Gropp, V. 136
Gross, R. 102f., 118, 122, 152f.
Gülich, G. v. 193ff.
Güntz, M. 163

Haas, C. 360
Halberstadt, Ftm. 51, 188
Halle, Univ. 37, 274, 370
Hamburg 66, 130, 198, 321f., 351
Hannover 355
–, Kgr./Prov. 19, 24, 26–30, 32, 35,
    39, 46, 51, 53, 56, 58, 62, 66, 68,
    70, 73ff., 84f., 87f., 92, 95, 98, 101,
    106, 115ff., 121, 125, 127, 133, 198,
    200, 208, 225, 248, 274, 313, 326,
    331, 343
Hardach, K. W. 313
Hardenberg, K. A. Ft. v. 101, 135, 138,
Harnisch, H. 48, 65, 86, 102, 108, 119f.,
    141f., 204
Haushofer, H. 228f., 236, 240ff., 305,
    360, 372
Heidelberg, Univ. 370
Heimpel, C. 44
Heinrich, Hz. v. Braunschweig 91
Hellriegel, H. 236
Helmstedt, Kr. 218ff., 276
Henneberg, W. 367
Henning, F.-W. 24, 26–30, 36, 71, 83,
    86, 117
Hessen 188
–, Ghztm. 198, 320, 351
Hessen-Nassau, Prov. 313
Hildesheim 89, 371f.
–, Ftm./Reg.-Bez. 33, 45, 92, 95, 249,
    253, 303, 358
–, Kr. 218ff.
Hintze, O. 11
Hinüber, G. v. 182
Hippel, W. v. 83, 111, 113, 122, 126ff.,
    147, 150
Hoffmann, W. G. 210f., 254, 284
Hofstätter, P. R. 291
Hohenlohe-Schillingsfürst, C. Ft. v. 355
Holstein 188
Holstein-Gottorf 82
Huschke, L. 338

Jacobs, A./Richter, H. 318, 321, 323,
    327, 333
Jena, Univ. 367, 370
Jérôme, Kg. v. Westphalen 155f.
Josef II., Röm. Ks. 98, 132ff.
Justi, J. H. G. v. 38–41, 53, 337
Jütland 182

Kaak, H. 142
Kanitz, H. Gf. v. 344, 348
Kant, I. 91, 95, 97, 289
Karbe, Amtsrat 181
Kellner, Oskar 265ff.
Kiel 228
–, Univ. 370
Kiesewetter, H. 150, 192, 205
King, G. 77
Klein, E. 137
Kleinschmidt, E. 344
Koenig, R. 320
Köllmann, W. 187ff.
Köln 133
Königsberg 304, 321, 354
–, Univ. 101, 370
Koppe, J. G. 175
Körte, W. 183
Korth, S. 22
Knapp, G. F. 47f., 131, 136f., 142, 160
Knaus, Prof. 112
Kraatz, H. 17, 105
Krafft, G. 239
Kraus, A. 144f.
Kraus, C. J. 101
Kühn, J. 260f., 367
Kurland 136

Lambl, J. B. 257
Langethal, E. 167
Lasker, E. 311f.
Lauenburg, Hztm. 17
Lehmann, C. 267
Leipzig 151, 182
–, Univ. 287, 370
Lenin, W. I. 342
Leopold II., Röm. Ks. 133
Leopoldt, J. G. 40
Liebig, J. Frhr. v. 231–236, 239, 366
Lippe-Detmold, Ftm. 200, 351
Löbe, W. 229, 240, 247f., 259ff.
Lochow, F. v. 228
Loen, M. v. 91f.
Lübeck 130, 198
Lüderßen, R. 116, 118
Lüneburg, Ftm. 76, 106
Lüneburger Heide 27, 56
Lütge, F. 5, 42f., 45, 48, 75, 102, 116, 122, 139–142, 144, 152f.

Magdeburg 304, 355
–, Reg.-Bez. 249
Magdeburger Börde 47f., 51, 218f., 357
Mähren 133
Malthus, R. 186, 366
Maria Antoinette, Kgn. v. Frankreich 98
Maria Theresia, Röm. Ksn. 134
Marienstern, Kl. 61
Marwitz, F. A. L. v. d. 50
Mecklenburg, Ghztmm. 13, 17, 21f., 49, 53, 80, 111, 198, 314, 321, 351
Meitzen, A. 206
Mendel, H. v. 270
Merseburg, Reg.-Bez. 253
Meyer, J. F. 63
Michelsen, K. 371
Mills, J. 170
Minden-Ravensburg, Reg.-Bez. 188
Mitscherlich, E. 239
Mittelmark 22
Möglin 182
Moll, G. 14, 102, 117, 125, 127, 150, 153
Montesquieu, C. Baron de La Brède et de 97
Montgelas, M. J. Gf. v. 143
Möser, J. 44
Müller, H.-H. 36
München 321
–, Univ. 370
Münchhausen, O. Frhr. v. 163
Münster, E. F. H. Gf. v. 154

Napoleon I., Ks. v. Frankreich 136, 155ff., 230
Nassau 16, 56
Neumark 26
Niederlande 87, 130, 182, 263, 326, 358
Niederrhein 108
Niedersachsen 24, 26, 29, 47, 131, 194, 274, 295
Nipperdey, T. 240
Nordafrika 339
Norddeutschland 79, 107
Nordwestdeutschland 42, 51

Oberlausitz 19
Oberpfalz 56
Oberschlesien, Reg.-Bez. 313
Oderbruch 18

Ogrissek, R. 19
Oldenburg, Hztm. 76, 154, 200, 221, 268, 270, 274, 313f., 326, 351
Orth, A. 370
Oschersleben, Kr. 218
Osnabrück, Hochst. 44
Ostdeutschland 79
Österreich 92, 102, 129, 132, 134, 145, 304, 339
Ostfriesland 280
Ostpreußen, Prov. 21, 26f., 46, 56, 75f., 83, 85, 108, 116, 187, 193, 215, 221, 273, 276, 314, 332, 335

Paderborn, Hochst. 36, 76, 87
Petersen, A. 179
Petrarca 287
Pfalz (Rhein-) 16f., 26, 188
Pfeiffer, J. F. v. 39, 53
Pierenkemper, T. 337
Pistorius 251
Planck, U. 301
Ploetz, B. v. 345
Podolien 182
Pohl, J. 201, 248, 369
Polen 179
Pommern, Prov. 21f., 48, 108, 120, 193
Posen, Prov. 120, 193, 306, 331
Prange, W. 130
Preußen, Kgr. 18f., 21ff., 25, 30, 41, 46, 48, 94, 98, 103f., 107f., 110, 114f., 122, 127, 145, 157, 186, 192, 201, 205f., 219, 221, 231, 249, 302, 304f., 321, 327, 331, 335f., 344ff., 351, 356, 360f., 371, 373
Preußen, Prov. 120
Promnitz, Rgf. v. 40
Puhle, H.-J. 340, 342ff.
Pyta, W. 345

Quesnay, F. 112

Raiffeisen, F. W. 350, 360ff.
Rantzau, H. Gf. 130
Regenwalde, Akad. 235f., 366
Reichart, C. 165, 180, 182, 369
Reuß, Ftm. 351
Rheinland, Prov. 248, 313, 331, 345
Ricardo, D. 80, 81, 337
Riehl, W. H. 117, 341, 353, 369

Riem, J. 40
Rimpau, W. 228
Rochow, F. E. v. 93f., 288
Roesicke, G. 345
Rolfes, M. 328, 333
Roscher, W. 166, 214ff.
Rosenberg, H. 318, 320, 324, 340, 342f., 354, 357
Roßbach-Thüngen, Frhr. v. 339
Rousseau, J. J. 296, 299
Ruhrgebiet 216
Rümker, K. v. 370
Rümpler, A. 367
Rußland 252, 270, 309, 323, 325, 339

Saalfeld, D. 26, 66, 68, 70, 78f., 85, 153
Sachsen, Kgr. 36, 47, 51, 56, 76, 92, 95, 98, 102f., 113, 117f., 165, 192, 205, 249f., 321, 335, 351
–, Prov. 193, 204, 248, 304, 321
Sack, R. und Fa. 252f.
Salzgitter-Lesse 65
Salzmann, C. G. 93
Sandgruber, R. 337
Saussure, T. de 231
Scharnweber, C. F. 114, 138
Schlanstedt 228
Schlesien, Prov. 95, 108, 120, 132f., 151, 165, 188, 193, 199, 221, 246, 248, 287, 291
Schleswig-Holstein, Prov. 17f., 53, 106, 129ff., 179, 321
Schleswig-Holstein-Beck, C. Hz. zu 173f., 176, 188
Schissler, H. 219f.
Schlipf, J. A. 248
Schmölders, G. 96
Schneider, S. 22
Schottland 251
Schremmer, E. 29ff.
Schubart, J. C. Edler v. d. Kleefelde 53, 56, 91f., 94, 100, 165–168, 173, 180, 182, 287
Schulenburg, Gf. v. d. 65
Schultz-Lupitz, A. 236
Schulze, F. G. 367
Schulze, M. 163f.
Schulze-Delitzsch, H. 350
Schumacher, C. W. C. 17
Schweden 295, 314

Schweiz 168, 182
Schwerz, J. N. 168, 251, 365
Sensburg, C. P. 114
Sering, M. 324
Settegast, H. 328, 370
Simmenthal 65, 262
Skalweit, A. 306f.
Smith, A. 95, 97, 112f., 117
Somerville, R. 182
Spanien 66
Sprengel, C. 232, 235f., 366
Stein, K. Rfrhr. v. und z. 113, 135f.,
    293, 295
Steinborn, H.-C. 82
Stettin 354
Stöckhardt, J. A. 367
Stuttgart-Hohenheim, Ldw. Hochsch.
    237, 251, 367, 371
Stutzer, A. 239
Stutzer, D. 144
Stüve, C. B. 117f., 148, 156–159, 161f.
Süddeutschland 280

Thaer, A. 235
Thaer, A. D. 51, 63f., 106, 114, 165,
    168, 175f., 197, 231, 233ff., 279f.,
    293f., 328, 365f.
Tharandt, Akad. 367
Thünen, J. H. v. 99, 102, 179, 215
Thüringen 47, 56
Tirol 295
Tschermack-Seisenegg, E. v. 230
Tübingen, Univ. 112
Tull, J. 170, 182
Turgot, A. R. Baron de l'Aulne 97

Uckermark 48
Ulbricht, O. 166, 171, 182
Ungarn 133, 179, 181
USA 197, 251, 267, 309, 323f., 338, 353

Verden, Hztm. 39
Viebahn, G. v. 198f., 216
Vries, H. de 230

Wagner, A. 347f.
Wagner, P. 238f.
Walz, G. 281, 367
Wangenheim, C. Frhr. v. 345
Wanzleben, Kr. 218
Warthebruch 18
Waterstradt, F. 214
Weber, F. B. 163
Weber, M. 307
Weckherlin, A. v. 251
Weende, Akad. 367
Wehrli, J. J. 371
Weserbergland 276
Westdeutschland 42
Westerwald 17, 360
Westfalen, Prov. 26, 87, 193, 326, 343
Westindien 193
Westphalen, Kgr. 154ff., 295
Westpreußen, Prov. 108, 193, 306, 314
Wiesbaden, Reg.-Bez. 346
Wilhelm II., Deutsch. Ks. 325f., 342,
    348f.
Wirth, M. 310, 316, 324
Wittich, W. 43, 156ff.
Wittmann, R. 94
Wolfenbüttel, Ftm. s. Braunschweig
    –, Kr. 218ff., 276
Wolff, E. 239, 260f., 367
Wolmirstedt, Kr. 218
Wuppertal 33
Württemberg, Kgr. 83, 112, 114, 122,
    126f., 157, 188, 253, 351

Ziche, J. 301
Zückert, H. 144

Ulrich Planck / Joachim Ziche

Land- und Agrarsoziologie

Das äußere Bild des Dorfes hat sich verändert. Gleichzeitig vollzog
sich ein sozialer Wandel von geschichtlichem Ausmaß. Aus den meisten
Bauerndörfern sind Wohnsiedlungen von Industriearbeitern und
Angestellten geworden. Zwar wird das werktägliche Gesicht der länd-
lichen Siedlungen noch von landwirtschaftlichen und handwerklichen
Tätigkeiten mitgeprägt, aber nach Arbeitsschluß treten die Züge einer
urbanisierten Gesellschaft um so deutlicher hervor. Ist angesichts
dieser Tatsache eine „ländliche" Soziologie überhaupt noch gerechtfertigt? Die Autoren bejahen diese Frage. Immerhin haben in der
Bundesrepublik Deutschland noch rund 18 Millionen Menschen ihren
Dauerwohnsitz auf dem Lande; im Weltmaßstab beläuft sich die
Landbevölkerung auf etwa 2,5 Milliarden Menschen. Die Mehrzahl
der Landbewohner ist genötigt, ihre herkömmlichen Lebensformen
und Verhaltensweisen zu ändern. Dadurch eröffnet sich dem
soziologischen Betrachter ein Arbeitsfeld dramatischer gesellschaftlicher Vorgänge. Der Tatsache, daß Land nicht mehr mit Landwirtschaft gleichgesetzt werden kann, sucht das vorliegende Buch
gerecht zu werden.

Planck, Ulrich / Ziche, Joachim: Land- und Agrarsoziologie.
Eine Einführung in die Soziologie
des ländlichen Siedlungsraumes
und des Agrarbereiches.
1979, 520 S., 61 Übersichten, 36 Abb.
Ln 108,– / ÖS 843,– / SFr 109,- (3-8001-2123-9)

Verlag Eugen Ulmer